Civilización y cultura de España

Segunda edición

Vicente Cantarino

The Ohio State University

Macmillan Publishing Company
New York

THE SCRIBNER SPANISH SERIES

General Editor, Carlos A. Solé

The University of Texas at Austin

Macmillan Publishing Company
866 Third Avenue, New York, New York 10022

Collier Macmillan Canada, Inc.

Library of Congress Cataloging-in-Publication Data

Cantarino, Vicente, 1925-
Civilización y cultura de España.

(Scribner Spanish series)
Includes index.
1. Spain—Civilization. I. Title. II. Series.
DP48.C235 1988   946   87-31270
ISBN 0-02-319000-0

Printing: 5 6 7   Year: 1 2 3 4

PHOTO CREDITS

Cover photo: Vicente Cantarino

Courtesy of The National Tourist Office of Spain, New York: A, E, F, 1.4, 2.1, 3.4, 3.5, 4.1, 4.7, 4.13, 5.8, 5.21, 8.25, 8.26, 8.27, 9.22, 9.27, 11.1, 11.4, 12.7

(*continued on page 498*)

A

BÄRBEL,
Cristina, Susana y Myra,
para que conozcan mejor el pueblo del
que son parte.

❧ Preface ☙

Gratified by the reception accorded my *Civilización y cultura de España*, I am now pleased to be able to offer the reader a revised and expanded second edition.

My major concern during the preparation of this edition has been to bring into perspective the events that have shaped Spanish life during recent years. A new concluding chapter surveys the political, social, and cultural life of Spain during 1975-1985, the ten years immediately following the death of Francisco Franco. For this decisive period, I have rejected the denomination *Período de transición*, favored by many Spanish writers, and chosen to refer to it instead as the *Reinado de Juan Carlos I*. This title seems an improvement, first because it draws attention to the Monarch's great contribution in promoting democratic change, and second because I believe these changes will prove to be not a transitional phase, but a permanent institutional change in Spanish political life.

Because of our proximity to some of these events, describing them seems at times more the province of the journalist than the historian; yet their obvious importance in changing our interpretation of the past and in shaping our expectations for the future fully justifies their inclusion.

The number of illustrations in the new edition is greatly increased. As in the first edition, the illustrations are linked to the text by figure numbers and cross references. These illustrations should add to the reader's understanding for and appreciation of Spanish artistic achievements.

Other changes are minor, and aim solely at improving the presentation

v

or general appearance of the book.

My hope for this edition, as for the first, is that it will contribute to our pool of knowledge about the past and present of Spain, and lead to a greater appreciation of its achievements and a better understanding of the reasons for its shortcomings, as it enters a new era in its political life and joins more fully the community of European nations.

Vicente Cantarino
The Ohio State University

Preface to First Edition

Civilización y cultura de España offers the reader a historical survey of political, social, economic, religious, literary and artistic life in Spain from earliest times to the present. It addresses the college student at the junior-senior level with an intermediate—third and fourth semester—knowledge of Spanish language, and aims at providing information that will help in understanding the special role played by the Spanish people in the community of nations throughout history.

The book has been conceived as an *interpretative history*. It not only presents the basic political, social, economic, religious and cultural data that constitute the structure of Spanish history, it singles out and explains those elements that have been decisive in forging the cultural history of Spain. Although I have my own opinions on most of the topics discussed, I have carefully avoided judging ideas and events from a partisan or personal point of view. Whenever a judgment is necessary for a better presentation of the subject matter, it is not my own personal opinion which has been expressed in the text, but that of Spanish authors, present or past.

This book has also been conceived as a *comparative history*. It is obvious that Spain's greatest achievements and failures cannot be effectively discussed and taught if they are presented as isolated historical phenomena having a merely linear projection from their Spanish past to their future. Thus besides this vertical line that stretches from yesterday to tomorrow, I have also tried to show the horizontal line connecting Spanish events with those of other nations of the European community with which Spain was in close contact.

Such an approach to Spanish civilization can be, I believe, justified on several grounds:

1. A nation's cultural life does not consist of a series of events, all equally important, connected only by chronological sequence. Although we may speak, as we often do, of a chain of events, the history of a nation is more like a biography of a person, whose life is shaped by all his experiences, not all of which have the same importance.
2. There is really no such thing as a Spanish civilization independent from, and unrelated to, that of the rest of Europe. There is indeed a Spanish version of a culture and a civilization fundamentally common to all members of the so-called Western Civilization, although their particular development in Spain might, and in fact often does, differ from that in others.
3. From a more practical point of view, presentation of the subject matter along these lines will provide students with a fuller comprehension of Spanish civilization and offer them points of reference that will help them to better understand not only Spanish cultural history but also all cultural history.

The reader will find in this book a wealth of information about a number of disciplines—political, economic and religious history, art and literature—without the need for auxiliary readings. In most cases the whole book can be used as the material for a semester course. However, the student more pressed for time and the teacher who prefers to discuss specific themes more fully will find that the book lends itself to use by subjects, whether political, social or cultural, since each section is self-contained.

In the text the dates following important names in the sciences, letters and arts refer to their birth and death dates. For rulers, kings and popes, however, the dates given indicate the length of their reign.

Each chapter is followed by a series of questions and a list of important terms. These serve as a learning guide for students by stressing the major points contained in each chapter. They can also be used in the classroom either for discussion or for testing students' progress.

In writing this book I have kept in mind the linguistic ability of the book's prospective readers. Thus, though the book preserves the linguistic fluidity characteristic of the Spanish language, it uses a simple vocabulary and straightforward manner of expression. Footnotes clarifying the content of the text, a vocabulary and an index are provided to make the student's task easier.

Vicente Cantarino
The University of Texas at Austin

❧ Índice ❧

✥ Introducción ✥

El país

La Península Ibérica está situada en el extremo suroeste del continente europeo. Tiene una extensión total de 583.500 kilómetros cuadrados, de los cuales 492.247 km^2, o sea un 84%, corresponden a España y el resto a Portugal.[1] Se considera parte integrante del territorio español las Islas Baleares en el mar Mediterráneo y las Canarias en el océano Atlántico. España es el tercer país de Europa en extensión, tras Rusia y Francia, y ocupa una vigésima parte del territorio europeo. El número de sus habitantes se estima en la actualidad en más de 37 millones, que viene a representar un 5.5% de la población total del continente europeo.[2]

La distribución demográfica española ofrece unas peculiaridades dignas de mención. A pesar de ser un país agrícola, de un desarrollo industrial menor, si se la compara con otras naciones europeas, España ofrece la mayor concentración urbana de todo el continente europeo, con marcada tendencia además hacia una aglomeración en zonas o centros muy determinados. Mientras regiones enteras mantienen una población muy reducida, en las veinticuatro ciudades mayores de España reside más del 40% de la población y en los centros urbanos de Madrid y Barcelona se aglomeran unos siete millones, es decir, casi el 20% de la población total. Esta desproporción en la distribución demográfica tiene importantes consecuencias, ya que tiende a dar a esos centros un peso, también desproporcionado, en la vida económica, política y social de la nación.

El territorio español está limitado de una manera natural al norte por el mar Cantábrico y los montes Pirineos que lo separan de Francia, al sur por el océano Atlántico y al este por el mar Mediterráneo. Sólo al oeste la división de fronteras entre España y Portugal consiste en unos límites arbitrarios de origen político, que han ido adquiriendo una justificación histórica al pasar de los siglos.

1

Mapa físico
de la Península

Corinne Abbazia Hekker

Desde el punto de vista de su verticalidad, no hay territorio europeo, excepto Suiza, tan montañoso y elevado como el español. Una sexta parte del suelo español (unos 100.000 km^2) tiene una elevación de más de mil metros y más de la mitad se halla situada entre quinientos y mil metros de altura sobre el nivel del mar. Madrid, por ejemplo, es la capital más elevada de Europa y cuatro capitales de provincia están situadas a más de mil metros de altura. Se puede afirmar que la totalidad de la Península forma una elevada meseta inclinada suavemente hacia el Atlántico, rodeada casi toda ella por una franja litoral relativamente estrecha.

El suelo de la Península está dividido en varias zonas geográficas separadas unas de otras por cadenas de montañas, algunas de ellas de gran altura. Esta división tiene gran importancia no sólo por ser causa de la gran variedad que se observa en la Península, sino además por haber contribuído a lo largo del tiempo a determinar las diferentes características económicas y sociales de su sociedad.

La zona cantábrica

En el norte la cordillera Cántabro-Pirenaica se extiende a lo largo de toda la Península. Su tramo oriental, que recibe el nombre de montes Pirineos, forma con sus elevadas montañas una barrera de separación entre España y Francia que solo permite el cruce por contados pasos. Su continuación, los montes Cantábricos, forma en la vertiente norte una estrecha faja litoral en la que las nubes condensadas en torno a sus altos picos se transforman en frecuentes lluvias. Sus numerosos ríos, muchas veces torrenciales, tienen un curso muy corto y llegan en rápida pendiente al mar, donde desembocan en una costa rocosa y maciza en la zona cantábrica, o sinuosa y quebrada en hermosas rías en la gallega. De un clima húmedo y templado, con inviernos suaves y veranos frescos, toda la zona está cubierta de prados de gran fertilidad cuyo color verde claro contrasta con los tonos oscuros de los bosques de pinos, robles, chopos, olmos, castaños y hayas que cubren sus montes. A esta región pertenecen las provincias vascas, cuyas ciudades más importantes son San Sebastián y Bilbao, Asturias con su capital Oviedo y, en el extremo oeste, la región gallega con sus ciudades más importantes, La Coruña y Santiago de Compostela. Los recursos naturales de esta zona son múltiples, aunque sobresalen la pesca, la ganadería y la explotación minera del hierro y del carbón, ambos muy abundantes en su subsuelo. Este tipo de riqueza ha contribuído a que esta zona tuviera siempre en la vida española una importancia mucho mayor de lo que su superficie relativa le pudiera dar.

La Meseta Central

La zona geográfica más característica de España está constituída por la Meseta Central, que abarca casi toda la parte interior de la Península y ocupa más de una tercera parte de la superficie total del país. Las tierras que forman la Meseta están divididas por una cadena de montañas que recibe el nombre de Sistema Central.

La parte septentrional incluye las regiones de León y Castilla la Vieja y en su mayor parte consiste de tierras uniformes y rocosas, cuya altitud oscila entre los 680 y los 920 metros sobre el nivel del mar. Toda ella está cruzada de este a oeste por el río Duero, de 937 kilómetros de longitud, que recoge con sus varios afluentes todas las aguas de la meseta septentrional antes de desembocar en el Atlántico por la ciudad portuguesa de Oporto. Las ciudades leonesas y castellanas, León, Zamora, Salamanca, Valladolid y Burgos, tienen una muy larga historia y mantienen

A Valle de Liébana (Pirineos cantábricos)

B Vista de Ávila

todavía el prestigio de haber sido en ellas donde se llegó a forjar España como nación. El clima es continental extremado, de inviernos fríos y largos y veranos calurosos pero cortos. Sus pocas y escasas lluvias permiten solamente una vegetación pobre y esteparia, con muy pocas arboledas. El principal medio de vida de su población, la menos densa de toda la Península, es la agricultura, sobre todo el cultivo de cereales, aunque junto a los ríos el regadío hace posible también el cultivo de legumbres.

La zona meridional de la Meseta, que incluye las regiones de Extremadura y Castilla la Nueva, tiene una elevación algo inferior a la de la zona norte, aunque alcanza todavía una altura que oscila entre 500 y 700 metros sobre el nivel del mar. Toda ella está recorrida de este a oeste por el Tajo, con 1008 kilómetros de longitud, el río más largo de la Península. Gran parte de su curso lo hace por terrenos rocosos y duros en los que sus aguas, en erosión de siglos, han abierto profundos tajos, de aquí su nombre. En otras zonas de su curso el río se ensancha y toma aspecto de río de llanura, dando lugar a hermosas y fértiles vegas. Después de atravesar Portugal, el Tajo desemboca en el Atlántico formando el hermoso estuario donde se halla Lisboa, la capital de Portugal.

La zona este de la meseta meridional constituye una región de gran personalidad geográfica por la continuidad ininterrumpida de su planicie, conocida por el nombre famoso de La Mancha.[3] La ciudad más importante de esta zona es Madrid, inmensa aglomeración humana de casi cuatro millones de habitantes, desde el siglo XVI capital de España. Otras ciudades importantes de esta zona son Toledo y Aranjuez, de gran importancia histórica y artística, ambas a las orillas del río Tajo.

C Campos de la provincia de Cuenca, La Mancha

Hacia el sur y apenas separado de Castilla la Nueva y de Extremadura por un macizo de sierras, los montes de Toledo, corre el Guadiana, el río más estepario de todos los españoles. Después de perderse en filtraciones subterráneas a pocos kilómetros de su nacimiento vuelve a reaparecer en los llamados Ojos del Guadiana. Más adelante su caudal se acrecienta con las aguas de numerosos afluentes, y su trazado se convierte en suave y ancho aunque de escasa profundidad. Ciudades importantes de esta zona son Mérida y Badajoz, fundadas por los romanos a las orillas del Guadiana, también Ciudad Real, la ciudad manchega por excelencia. Todas ellas reflejan la riqueza agrícola y ganadera de la región. No muy lejos, en plena sierra, se encuentra Almadén, ciudad no muy importante, pero famosa desde la antigüedad por sus inagotables y ricas minas de mercurio. El clima, aunque más benigno que en la meseta septentrional durante el invierno, es más caluroso y seco durante sus largos veranos.

Muy poco poblada, la principal fuente de riqueza es la agricultura, en la que predomina el cultivo de los cereales y la vid. Importante es también el olivo que hace de la industria aceitera, con la del vino, una de las más importantes de la región.

La zona andaluza

Al sur de la Meseta se extiende la región de Andalucía, una de las más famosas de España por su colorido y personalidad. El río andaluz por excelencia es el Guadalquivir,[4] que en su largo recorrido de unos 680 kilómetros va recogiendo las aguas de una cuenca delimitada al norte por los montes de Sierra Morena y al sur por la cordillera Penibética. La cuenca del Guadalquivir, de forma triangular abierta hacia el mar, forma una zona de gran riqueza, más ganadera que agrícola en el norte, agrícola en el sur con gran abundancia de legumbres, hortalizas, arroz y frutas de todas clases. En la desembocadura del río se halla la región de Jerez de la Frontera, cuyos viñedos producen uno de los vinos más conocidos y apreciados del mundo.[5] En su carrera hacia el mar el río Guadalquivir atraviesa, entre otras, dos ciudades famosas. Todavía en las estribaciones de Sierra Morena pasa por Córdoba, de gran importancia histórica y artística; más adelante y en plena vega, atraviesa Sevilla, la ciudad andaluza por antonomasia. Con sus 700.000 habitantes es hoy Sevilla una de las ciudades más populosas de España. De una extraordinaria riqueza artística, herencia de la importancia que tuvo a través de los siglos, mantiene un gran nivel económico, reflejo de la productividad de esta región. Merced a trabajos de dragado y canalización, el Guadalquivir es navegable hasta Sevilla, que ha sido desde muchos siglos un puerto español de notable importancia.[6]

La cordillera Penibética se extiende por todo el sur de la Península, dejando tan sólo una pequeña franja litoral donde se encuentran las ciudades de Cádiz, llamada por su belleza *Perla del Atlántico,* y en la costa mediterránea Almería y Málaga, famosa ésta por sus hermosas playas. En las tierras altas, frente a las cumbres de Sierra Nevada y como presidiendo sobre una serie de vegas menores pero de gran riqueza agrícola, se encuentra Granada, llena todavía de tradiciones y monumentos artísticos herencia de sus reyes moros.

La cuenca del Ebro

En el este de la Península, la cordillera Ibérica, que sirve de límite a la Meseta, divide a la vez el litoral mediterráneo en dos zonas de características marcadamente diferentes. Al norte, entre la cordillera Ibérica y los montes Pirineos se abre una depresión de forma triangular abierta hacia el mar que sirve de cuenca al Ebro, el río más caudaloso de España. Nace el río Ebro en los montes Cantábricos, cerca de Santander, y después de recoger casi todas las aguas de los Pirineos desemboca en el mar Mediterráneo, donde su fuerte y constante sedimentación ha formado un inmenso delta.

En el ángulo occidental de la depresión del Ebro se halla la región conocida con el nombre de la Rioja, muy famosa por sus viñedos, de los que se obtienen unos excelentes vinos de mesa. Su exportación al resto de la Península y al extranjero constituye una de sus fuentes de riqueza más importantes. Tienen importancia también la producción ganadera y la agrícola, especialmente de los cereales, posible por el intenso uso que se hace de las aguas del río Ebro y sus afluentes para el riego de sus tierras. La ciudad principal de esta región es Logroño, en la que se hace evidente la sana economía de la región.

D Río Ebro, a su paso por Zaragoza

Hacia el norte, en las estribaciones de los montes Pirineos y a las orillas del río Arga, afluente del Ebro, se encuentra Pamplona. Es ésta la capital de la provincia de Navarra y heredera de las tradiciones políticas y culturales del antiguo reino del mismo nombre. Limita Navarra hacia el este con Aragón, heredero también de tradiciones muy antiguas mantenidas merced a su situación montañosa y aislada.

Al salir de la Rioja, el río Ebro pasa por unas zonas secas y rocosas, hasta llegar a la región aragonesa donde se hace amplio y majestuoso y su curso, lleno de meandros, sirve para que sus aguas fertilicen las vegas del bajo Aragón. Junto al río se halla Zaragoza, ciudad de economía floreciente, con una larga historia religiosa y política que llega hasta la época romana, hoy el centro espiritual de toda la región aragonesa.

La zona catalana

La zona de Cataluña está formada principalmente por una franja relativamente estrecha que se extiende desde las estribaciones orientales de los montes Pirineos por el norte y el oeste hasta la depresión del Ebro, que constituye su límite por el sur. Aislada del resto de la Península por los montes Pirineos y la cordillera Ibérica, Cataluña tiene por el contrario un acceso relativamente fácil por tierra a Francia y por mar al resto de la Europa mediterránea. Ello ha sido causa de que, desde hace ya miles de años, se fuera constituyendo en la región catalana una población con peculiaridades étnicas y espirituales distintas de las que caracterizan a la población del interior o del sur, como la castellana, la extremeña o la andaluza. El punto de contacto natural con el resto de la Península es hacia el sur, a lo largo del litoral mediterráneo, donde Cataluña ha ejercido siempre una notable influencia económica, social y lingüística.

El clima de la zona catalana es riguroso en las montañas, más suave y templado en el litoral. El litoral catalán es muy variado. En el norte, los montes Pirineos, cubiertos de pinos, llegan hasta el mar, formando una línea retorcida de pequeñas calas de arena suave y fina excavadas en las rocas amarillas y rojas de la montaña por un mar de color azul intenso. Toda ella es conocida con el nombre de Costa Brava y ha sido durante muchos años un centro de atracción turística de primer orden. Al sur de esta zona el litoral se ensancha, dando lugares a las planicies costeras características del litoral mediterráneo. En ellas y como disputándose el terreno se concentran las ciudades, con sus grupos industriales y comerciales, rodeadas de tierras cultivadas que dan prueba del gran adelanto agrícola e industrial de la región. El centro tradicional de la economía catalana es Barcelona, donde tiende a concentrarse toda la producción industrial y agrícola de Cataluña antes de repartirse por el resto de la Península. Barcelona es además el centro espiritual de toda la región catalana. Ya desde la antigüedad, con una población desproporcionadamente más numerosa que la de las demás ciudades catalanas, fue capaz de

E   Costa Brava, Cataluña

imprimir a la población de la región el carácter urbano y comercial que la distingue de la castellana. Con más de tres millones de habitantes, casi la mitad de la población total de la región, Barcelona mantiene su papel de representante y defensora de las peculiaridades étnicas, lingüísticas y sociales de la región catalana. Más hacia el sur, cerca ya de la desembocadura del Ebro se encuentra la ciudad de Tarragona, que con sus numerosas ruinas romanas da testimonio de la importancia que esta zona tuvo ya en la época romana.

La zona de Levante

Al sur de los montes Ibéricos se extiende la zona del Levante español, o región de Valencia. Franja estrecha entre los montes que la separan de la Meseta y el mar, su extraordinaria riqueza agrícola le proporciona una importancia en la vida económica de la nación sin relación con su extensión territorial. La fertilidad de su suelo y el cultivo esmerado de que se la ha hecho objeto desde hace muchos siglos han hecho de la huerta valenciana un modelo de explotación agrícola. El clima templado, de lluvias moderadas, se hace más seco y caluroso a medida que se avanza hacia el sur. En el interior, el cultivo de la tierra responde a la falta de agua; sus montes rocosos y de poca vegetación están rodeados de franjas en las que se han plantado numerosos olivos y viñedos, ambos fuente importante de riqueza para esta zona. Más cerca del litoral las aguas de sus ríos, Mijares, Turia, Júcar y Segura, se desvían en una complicada red de canales, que sirven para regar sus tierras. En ellas se cultivan las famosas naranjas de Valencia, como también limoneros y otros árboles

F Huerta de Valencia

frutales y gran variedad de cereales y hortalizas. En las zonas más bajas se cultiva además el arroz, del que la región valenciana es la primera productora en la Península. Como consecuencia del aprovechamiento de las aguas para el riego, el cauce de los ríos aparece seco durante la mayor parte del año, llenándose tan sólo y temporalmente como consecuencia de las lluvias torrenciales que plagan sobre todo la región del Júcar y del Segura, donde causan grandes inundaciones. La ciudad principal es Valencia, con unos 800.000 habitantes, el centro económico de la región. Tienen también gran importancia Castellón de la Plana hacia el norte y Alicante hacia el sur de Valencia. La configuración geográfica del suelo, montañoso y de paso difícil hacia la Meseta pero fácil hacia el norte, ha sido causa de que la población de la región valenciana haya tenido siempre unas relaciones muy estrechas con la catalana, a la que está unida por muchos lazos históricos y con la que comparte muchos elementos lingüísticos y culturales.

Las islas

El territorio nacional se completa con las Islas Baleares en el Mediterráneo y las Canarias en el Atlántico.

Las Baleares están formadas por un conjunto de cinco islas, Mallorca, Menorca, Ibiza, Formentera y Cabrera, y un gran número de otras islas, islotes y peñascos de menor o ninguna importancia. Tanto geológica como geográficamente el archipiélago Balear es continuación del Levante español, con el que comparte la naturaleza del subsuelo, el clima y la vegetación. Históricamente, los habitantes de las islas han mantenido estrecha relación con la población del litoral peninsular, con la que hoy se sienten muy unidos a pesar de las peculiaridades culturales de los isleños.

Su riqueza principal es agrícola y ganadera, aunque la abundancia de bosques en sus montes sostuvo durante mucho tiempo una floreciente industria de carbón vegetal. La extraordinaria belleza de sus costas agrestes y rocosas, abiertas en numerosas playas, junto con un clima suave y la maravilla de sus grutas subterráneas, han hecho de las Islas, especialmente Mallorca, un centro de atracción turística sin igual en toda Europa.

Las islas Canarias, situadas en el océano Atlántico frente a las costas africanas, están constituídas por un grupo de trece islas, de las que Tenerife y Gran Canaria son las principales. Geográficamente, son parte del continente africano, del que solamente distan 115 kilómetros, comparados con los 1005 kilómetros que distan de Europa. Sin embargo, histórica y culturalmente las islas nunca han estado unidas a ninguna otra nación que la española, que las ha considerado desde antes del siglo XV como parte del territorio castellano.

Su población primitiva, *guanche,* que no era la misma en todas las islas, [7] ha desaparecido completamente en una mezcla incesantemente renovada con los elementos étnicos peninsulares. Tanto lingüística como culturalmente la población canaria es hoy una extensión de la peninsular, de la que apenas se distingue.

De clima africano moderado por su proximidad al mar, el régimen económico de las islas es fundamentalmente agrícola, aunque también mantiene algo de ganadería. En los últimos años, las islas, con su fama de clima ideal, se han ido convirtiendo en punto de atracción para el turismo europeo, siendo éste en la actualidad su industria más importante.

Las lenguas

El mapa lingüístico de la Península, aun sin llegar a la complicación de otros países del centro y sureste europeo, es muy variado y no ofrece la unidad que se pudiera esperar de un país no muy extenso y situado al margen de constantes influencias de otros pueblos.

En el norte de la Península, en la región vasco-navarra, se habla el vascuence, un idioma totalmente distinto de los demás, cuyo origen y relación con otras lenguas no ha podido ser determinado hasta el presente. Es, según se cree, uno de los más antiguos del continente europeo y probablemente derivado directamente del que usaron los habitantes primitivos de la Península Ibérica.

El resto de la Península es, lingüísticamente, un país latino. Es decir, a lo largo de su historia fue abandonando sus idiomas primitivos, para adoptar, en cambio, el latín introducido por los conquistadores romanos, hace ya más de dos mil años. Bajo la influencia de las peculiaridades étnicas y lingüísticas de los pueblos sometidos al Imperio romano, el latín hablado fue transformándose hasta convertirse en la variedad de las lenguas llamadas latinas, como el francés, el italiano, el rumano y las lenguas peninsulares. Éstas, además de la variedad lingüística causada por razones de tipo étnico, presentan también un reparto geográfico que responde a la historia de la Península, concretamente a las luchas de Reconquista contra los árabes (711-1200) que fueron los años decisivos en su formación. Así, por ejemplo, el grupo lingüístico central, originariamente hablado en Castilla la Vieja, de la que recibe su nombre, se extiende por toda la Meseta, Extremadura, Andalucía, Murcia, Aragón y las Islas Canarias.[8] Más tarde, a causa de la hegemonía castellana en la vida política y cultural de España, el castellano llegó a ser idioma oficial de la nación y recibir el nombre de español con que generalmente se le conoce. Esta denominación ha sido siempre causa de fricción entre los diversos grupos étnico-lingüísticos peninsulares, que insisten en que también sus idiomas son españoles. Éstos son: en el oeste peninsular, el gallego, que se habla en Galicia, y su variante, el portugués, que es el idioma oficial de Portugal; y en las zonas orientales el catalán con sus variantes, el valenciano y el mallorquín. A pesar de la gran preponderancia cultural, económica y política del castellano, casi una tercera parte de la población de España considera otro como su idioma propio. Entre éstos el catalán por su mayor número, unos seis millones, y mayor nivel cultural y económico es sin duda el de mayor importancia. Pero de todos se puede afirmar que la tendencia de los siglos pasados a una unificación lingüística en torno al castellano ha desaparecido en los últimos años y al proceso de "castellanización" ha sucedido un mayor interés en el cultivo de las lenguas peculiares a cada región.

División administrativa

España está dividida en cincuenta provincias, cuarenta y siete peninsulares y tres insulares, agrupadas en quince regiones. Los orígenes de estas regiones son varios; mientras unas regiones son naturales y reflejan la geografía del país, o responden a divisiones administrativas introducidas por los romanos hace unos dos mil años, otras son de origen más reciente y responden a la configuración política de España durante la Reconquista.

En general se puede afirmar que la división regional, sin que necesariamente refleje una división administrativa, tiene una gran importancia porque tiende a señalar las características étnicas, lingüísticas, culturales o simplemente históricas de los grupos regionales. De éstos, hoy el grupo catalán y el vasco son sin duda los más fuertes, pero, como el aspecto lingüístico, también el regional de los otros tiende a marcar más su propia personalidad.

Las regiones y provincias están agrupadas del modo siguiente: **Andalucía** (Almería, Cádiz, Córdoba, Granada, Huelva, Jaén, Málaga y

Sevilla); **Aragón** (Huesca, Teruel y Zaragoza); **Asturias** (Oviedo); **Castilla la Nueva** (Ciudad Real, Cuenca, Guadalajara, Madrid y Toledo); **Castilla la Vieja** (Ávila, Burgos, Logroño, Santander, Segovia y Soria); **Cataluña** (Barcelona, Gerona, Lérida y Tarragona); **Extremadura** (Badajoz y Cáceres); **Galicia** (La Coruña, Lugo, Orense y Pontevedra); **León** (León, Palencia, Salamanca, Valladolid y Zamora); **Murcia** (Albacete y Murcia); **Valencia** (Alicante, Castellón y Valencia); **Navarra** (Pamplona); **Vascongadas** (Álava, Guipúzcoa y Vizcaya); **Baleares** (Baleares); **Canarias** (Las Palmas y Tenerife).

Las provincias llevan generalmente el nombre de su ciudad más importante, que es también su capital. Las regiones, sin embargo, por no ser divisiones administrativas, no tienen capital propiamente hablando. Aunque con frecuencia, por razones económicas, culturales o históricas tienden a agruparse en torno a una o más ciudades, que llegan a ser así el centro de la región, como por ejemplo Barcelona en Cataluña, Zaragoza en Aragón y Burgos en Castilla.

NOTAS

1. Equivalen estas dimensiones, que no incluyen las islas Baleares y Canarias, a 225.290 y 190.057 millas cuadradas respectivamente. En comparación, el Estado de Texas mide 692.402 km^2 (267.338 m^2) y el de California 411.013 km^2 (158.693 m^2).

2. En 1978 Francia contaba con una población aproximada de 53.196,000 habitantes, Inglaterra de 55.870,000, Italia de 56.600,400 y Alemania de 61.352,700. Portugal, en cambio, tenía solamente unos 9.832,000 habitantes.

3. Debe su fama sobre todo a Miguel de Cervantes, que la escogió como patria del inmortal *Don Quijote de la Mancha*.

4. Llamado por los romanos *Betis,* el antiguo nombre se ha conservado en varias denominaciones. La más importante es el de la zona entera, que todavía es conocida con el nombre de *Región Bética.*

5. Jerez, pronunciado *sherris* por los ingleses y tomado como una palabra en plural, dio origen al nombre *sherry,* con que se han hecho famosos sus vinos.

6. Importante ya desde la época romana, lo fue mucho más durante los siglos XVI y XVII al convertirse en centro desde donde se organizó la exploración del Nuevo Mundo y por haber mantenido durante un tiempo completo monopolio sobre su explotación comercial.

7. Los *guanches* pertenecían probablemente al grupo de pueblos llamados bereberes, que habitaban la zona costera del norte de África.

8. Aunque el castellano es el idioma más importante de toda la zona, todavía se distinguen otras modalidades lingüísticas, algunas de las cuales, como el leonés y el aragonés, tienen una historia tan larga como el mismo castellano.

❧ 1 ❧

España prehistórica

Al hablar de la historia primitiva o la prehistoria de España se tiende a proyectar hacia el pasado la misma imagen política y cultural que hoy presenta. No se debiera hacer. Por la misma razón que los elementos que se usan en la construcción de un edificio, piedra, hierro, cemento, no son edificio todavía, así tampoco los pueblos que más o menos permanentemente coinciden en un punto geográfico forman una sociedad ni son una nación mientras les falte una función comunitaria.

De la misma manera, el punto geográfico que hoy se llama España, es decir la Península Ibérica, estaba habitada y ofrecía unas muestras de actividad humana desde mucho antes de ser una nación. España se fue formando, al pasar de los siglos, a medida que esos elementos humanos dispersos fueron adquiriendo un sentido comunitario en su vida económica y cultural hasta llegar a formar una sociedad. Pero, de la misma manera que se analizan los materiales de un edificio, es lícito también comenzar la historia de España, como la de toda otra nación, por sus elementos componentes, es decir por su prehistoria.

El hombre primitivo

Poco se conoce de los primeros habitantes de la Península. Los restos humanos más antiguos que han sido hallados (una mandíbula en Gerona y un cráneo de mujer y otro de niño en Gibraltar) pertenecen a la raza llamada de *Neanderthal,* que habitaba en muchas partes de Europa y toda la zona mediterránea durante el Paleolítico, o época de la piedra tallada; es decir, hace más de 25.000 años. El hombre vivía entonces con un régimen nómada, sin formar grupos permanentes, residiendo con preferencia junto a los ríos. Su ocupación primordial era la caza y la pesca y, probablemente, también la recolección de frutas silvestres. Aunque residía,

Los pobladores primitivos de la Peninsula Hispánica hasta la conquista romana

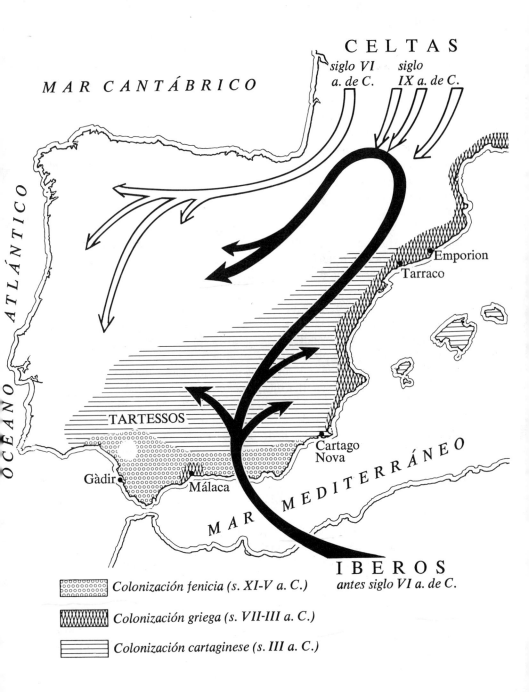

MAR CANTÁBRICO

CELTAS

siglo VI a. de C.   *siglo IX a. de C.*

OCÉANO ATLÁNTICO

Emporion
Tarraco

TARTESSOS

Gàdir

Málaca

Cartago Nova

MAR MEDITERRÁNEO

IBEROS
antes siglo VI a. de C.

Colonización fenicia (s. XI-V a. C.)

Colonización griega (s. VII-III a. C.)

Colonización cartaginese (s. III a. C.)

por lo general, al aire libre, durante las épocas frías del año buscaba refugio en cuevas para defenderse de las inclemencias del tiempo. Llegó a conocer el uso del fuego y tambien la talla de la piedra, que usaba para hacer armas e instrumentos para la caza. Esta raza pobló principalmente la zona francocantábrica y perdura hoy, tal vez, en el grupo étnico vasco.

Durante el período Paleolítico Superior, que se inició hace unos 10.000 años, se extendió por la Península un nuevo tipo racial. Se trata del grupo *capsiense,* que había ido poblando las zonas del norte de África, de donde pasó a ocupar el sur y el sureste de la Península. Esta población, más adelantada que la del norte, conocía la producción de instrumentos cortantes, primero de piedra y más tarde también de hueso y marfil. Aunque vivía la mayor parte del año al aire libre, usaba también de cavernas y cuevas en las que buscaba refugio durante el invierno. Su economía era principalmente recolectora, pero también la caza tenía gran importancia, en cuya actividad usaba con ventaja los instrumentos que había perfeccionado. Se caracterizaba esta población por su mayor sentido comunitario, en cuya organización destacaban por su importancia el jefe con sus guerreros.

Aunque se trata todavía de grupos humanos muy primitivos, ambos han dejado muestras de una sensibilidad artística notable. Consisten éstas en placas de piedra, de reducido tamaño, cubiertas de grabados o dibujos y pinturas sobre rocas, el llamado *arte rupestre,* de las que se han encontrado un gran número.

El arte rupestre de la región francocantábrica se ha conservado en centenares de cuevas de la zona pirenaica tanto española como francesa. La representación más grandiosa y magnífica de este arte se halla en las cuevas de Altamira, en la provincia de Santander.

Estas cuevas consisten en un vestíbulo, que posiblemente servía de habitación, y una serie de galerías que se adentran en la montaña.

Las galerías están decoradas con una serie de figuras relativamente grandes, con un promedio de metro y medio de longitud. Son además polícromas, con una combinación de colores rojos, amarillos y negros. Se trata de bisontes, mamuts, renos y osos; unos en reposo, otros en movimiento, pero dibujados todos con un gran poder de observación y un gran sentido realista, que sabe usar incluso del relieve de la roca para conseguir un mayor efecto (fig. 1.1). Se estima que fueron pintadas hace más de 10.000 años.

El arte de la región levantina se encuentra en toda la zona mediterránea desde los Pirineos hasta Andalucía, extendiéndose por la zona del norte de África. El carácter de estas pinturas es totalmente distinto del anterior. En su mayoría fueron pintadas en *refugios,* o cuevas muy poco profundas, y aunque se usen colores diversos, las figuras son todas de un solo color. En su realización se insiste en una abstracción idealizada y esquemática de las figuras. En contraste con el aislamiento de las figuras del norte, éstas representan por lo general escenas articuladas de grupos

1.1 Bisonte rupestre de Altamira, Santander

en acción: animales y hombres en escenas de caza, hombres luchando, en danzas y aun en conjuntos domésticos (fig. 1.2). Los hombres están representados desnudos o con tocados de plumas o un gorro y con bandas en brazos y piernas. Las mujeres, aunque llevan el torso desnudo, visten unas faldas que llegan a media pierna. Estas pinturas parecen datar desde hace 5.000 años; es decir, son posteriores a las de Altamira. Los ejemplares más importantes se han encontrado en Cogul (Lérida), Teruel y Alpera (Albacete). Al contrario de las pinturas de Altamira, que demuestran una relación con los pueblos del interior de Europa, éstas últimas señalan una dependencia étnica y cultural con los habitantes del norte de África, donde se han encontrado otras muy semejantes.

Otros grupos de pobladores, a pesar de ser más recientes, dejaron menos huellas de su paso por la Península. Sin embargo se puede afirmar

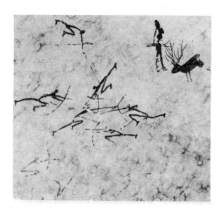

1.2 Escena de caza de Alpera, Albacete

que ellos también repiten, por sus puntos de origen, África o Europa, la carrera de todos los pueblos que se han asentado en la Península.

La Edad Antigua

Al comienzo de los tiempos históricos, la Península estaba habitada por varios pueblos de marcadas peculiaridades étnicas y culturales. Dan testimonio directo de su existencia numerosos restos arqueológicos, objetos varios y utensilios. También se ha encontrado un gran número de inscripciones, pero éstas, que demuestran un estadio de escritura muy primitivo, no han podido ser descifradas todavía.

La mayor parte de las noticias que de estos pueblos se tiene se debe a geógrafos y escritores antiguos, bíblicos, griegos y romanos, que han hablado de ellos. Muchos de los datos ofrecidos han podido ser corroborados por las ciencias modernas; otros muchos, en cambio, no lo han sido y pueden muy bien ser productos de la fantasía de los autores mismos o de las fuentes de información que ellos usaron.

Los tartesios

Los escritores bíblicos y posteriormente los griegos y los romanos hacen referencia a un pueblo que habitaba el litoral atlántico del sur de la Península junto a la desembocadura del río Guadalquivir (el río Betis de los romanos). Aunque los restos arqueológicos encontrados hasta el presente son escasos y de poca importancia, son suficientes para confirmar las noticias de aquellos escritores. Según se cree los tartesios fueron un pueblo venido del norte de África. Una vez en la Península formaron un imperio que llegó a extenderse sobre su región meridional, es decir Murcia y Andalucía, formando así el substrato étnico de los andaluces modernos.

Los mismos autores hacen frecuente referencia a la riqueza del pueblo tartesio. Según ellos los tartesios se dedicaban a la agricultura y a la ganadería. En la vega andaluza pastaban rebaños de toros y se cultivaba el trigo, mientras que las colinas estaban cubiertas de viñedos y olivos. Fueron también hábiles navegantes y sus barcos surcaban el Atlántico norte en busca del estaño, que usaban, aleándolo con el cobre de sus minas, para fabricar el famoso cobre tartesio. El geógrafo griego Estrabón afirma que estaban gobernados por reyes y según un código de leyes de gran antigüedad.

La decadencia del imperio tartesio se debió a las relaciones, no siempre amistosas, que mantuvieron con los fenicios, quienes llegaron a dominarlos. Las noticias que se tienen de su destrucción por los cartagineses se refieren todas hacia el año 500 antes de la Era cristiana.

Los iberos

Los historiadores y geógrafos griegos dan el nombre de iberos a los habitantes de la Península, concretamente a los de la región de río Ebro (llamado antiguamente *Iber*). Las últimas investigaciones tienden a ver en ellos unos grupos que llegaron a la Península procedentes del África, extendiéndose por la costa este y sur. Se trataría así de la población peninsular mediterránea desde el neolítico hasta la época histórica, en la que continuaría formando el fondo étnico de la población en los siglos siguientes.

Según los escritores antiguos, los iberos eran hospitalarios y leales, pero de un carácter indomable que los hacía extremadamente valiosos y a la vez temibles como soldados. Usaban para el combate puñales, lanzas y dardos. Muy común era también el uso de la *falcata*, especie de sable corto y de hoja curva, posiblemente de origen griego. Para defenderse vestían una coraza, se cubrían la cabeza con cascos y esgrimían unos escudos redondos y pequeños. De su inclinación a la guerra dan frecuente testimonio los escritores romanos que de ellos hablan. El poeta Horacio, por ejemplo, les da el nombre de *belicosa Iberia*. Vivían divididos en tribus, que se agrupaban en pequeños estados, aunque no parecían tener una tradición clara de un gobierno común. Aparte del interés común, las tribus no tenían más vínculo de unión que su conciencia de unidad racial. Su economía era principalmente agraria, aunque también se dedicaban a la caza y a la pesca. Aparte del intercambio de productos entre las tribus, el comercio estaba en manos de colonizadores extranjeros, griegos y fenicios, que ofrecían objetos de adorno, cerámica y joyas a cambio de los productos del país.

Los hallazgos arqueológicos indican que los iberos vivían en poblados fortificados, edificados generalmente sobre cerros o colinas para su más fácil defensa. Algunos, como los hallados en la provincia de Teruel, constituían verdaderas ciudades, con su acrópolis, muros, foso y puente levadizo, y, en el interior, templos, y casas alineadas en calles. Un ejemplar magnífico de murallas iberas es el recinto ciclópeo de Tarragona.

El nivel cultural de las tribus iberas era muy variado y, mientras que las que poblaban la costa mediterránea, gracias a sus contactos con los colonizadores y mercaderes griegos y fenicios, llegaron a poseer un nivel elevado de civilización, las del interior tenían uno mucho más bajo, en algunos casos lindando con la barbarie.

Muy poco se ha conservado de la arquitectura ibera, no así de su escultura, que ofrece una gran riqueza y un interés verdaderamente extraordinario. En general se puede afirmar que el arte ibero muestra claramente influencias griegas sobre un fondo oriental. Sus figuras, por ejemplo, con la majestuosa rigidez de sus gestos, la simetría del cabello y sus joyas y adornos, recuerdan el arte púnico. La técnica, sin embargo, la línea y el cuidado con que se labraron sus facciones recuerdan más bien

1.3   Toros de Guisando

el arte griego primitivo, siendo notable el detalle realista del decorado. En la escultura se pueden distinguir dos grupos. Uno es decorativo, representado por toros, esfinges y otros animales, en el que destacan el toro con cabeza humana conocido por el nombre de *Bicha de Balazote*, la esfinge de Bocairente y los famosos toros de Guisando (fig. 1.3). El segundo comprende figuras votivas, en piedra o bronce, realizadas con fines religiosos. Entre las muestras de este grupo se deben citar las halladas en la provincia de Albacete, algunas casi de tamaño natural, que representan figuras masculinas y femeninas en actitud de presentar ofrendas. La obra cumbre del arte ibérico es sin duda la llamada *Dama de Elche* (fig. 1.4), busto femenino de tamaño mayor que el natural, labrado en piedra originalmente policromada. También se ha conservado un gran número de vasijas que presentan como novedad el uso del torno de alfarero. En su decoración se hace ya patente la influencia griega.

A pesar de sus características raciales y culturales en común, los iberos mantuvieron una organización en la que dominaba el sistema de tribu, unas veces independiente, otras en pequeñas confederaciones determinadas más por razones económicas y geográficas que políticas.

La cultura ibera, también su independencia política, decayó y terminó primero a causa de su alianza con los cartagineses y después con la conquista romana de la Península.

Los celtas

Durante el último milenio antes de Jesucristo, llegaron a la Península unas tribus procedentes del continente europeo. Conocidos con el nombre

1.4 Dama de Elche, Alicante

genérico de *celtas,* y posiblemente presionados por los germanos en el Rin, entraron por los Pirineos occidentales ocupando la meseta castellana y las regiones occidentales de la Península, Galicia y Portugal. Los tartesios los contuvieron por el sur y los iberos por el este. Expulsados más tarde de la Meseta por los iberos, los celtas se establecieron definitivamente en la región occidental, donde llegaron a formar el fondo étnico galaicoportugués, o *lusitano,* nombre con que los identificaban ya los romanos.

La ocupación de los celtas era normalmente el pastoreo y una agricultura primitiva, aunque no faltaban la caza y la pesca. También desarrollaron una incipiente industria de cerámica y tejidos y conocían la fabricación de los metales.

Los celtas nunca formaron grandes naciones. Aunque se unieron en momentos de peligro, estaban generalmente organizados en gentilidades, es decir, unas unidades políticas más reducidas que una tribu pero superiores a un clan familiar. Eran muy belicosos y hacían constantemente la guerra, en la que practicaban el sistema de guerrillas y emboscadas, con el que atacaban y se defendían con ventaja incluso de fuerzas muy superiores. Los romanos, que nunca lograron dominarlos completamente, les llamaban "bandoleros" con un sentido en el que había tanto de desprecio como de temor. A juzgar por los cementerios, *necrópolis,* que se han conservado y por las armas y adornos que en ellos se han encontrado, los celtas guardaban un gran respeto por sus muertos.

Los celtíberos

El historiador griego Diodoro Sículo (siglo primero antes de Cristo), en su *Historia Universal,* explica el origen de los celtíberos en los siguientes términos:

> Estos dos pueblos, iberos y celtas, en otros tiempos habían peleado entre sí por causa del territorio, pero, hecha la paz, habitaron en común la misma tierra; después, por medio de matrimonios mixtos, se estableció afinidad entre ellos y por esto recibieron un nombre común.

A pesar de su excesivo simplismo, esta explicación aclara en los puntos esenciales la historia del pueblo celtibérico. Según parece, hacia el siglo V antes de Jesucristo, varios grupos de origen ibero, establecidos en un principio en el sur de Francia, fueron expulsados de su territorio por los galos, viéndose obligados así a desplazarse hacia la Península, donde prefirieron atacar a los celtas que ocupaban la Meseta a luchar con sus hermanos de raza. Aunque los iberos consiguieron, tras larga lucha, vencer y dominar a la población celta, no los expulsaron del territorio, iniciándose así la fusión de las dos razas. Nunca formaron éstas, divididas como estaban en tribus, un imperio unificado; sin embargo, se designaba con el nombre genérico de *celtíberos* a los habitantes de la zona norte de la Meseta Central y Celtiberia a la región.

Los celtíberos se mantuvieron siempre organizados en grandes tribus que tendían con frecuencia a dividirse en torno a ciudades más o menos independientes. Una de ellas era Numancia, cerca de Soria, famosa por el valor con que se defendieron sus habitantes en la guerra contra los romanos.

No tenían los celtíberos un régimen político establecido, sino que estaban gobernados por asambleas del pueblo o jefes militares. Pero eran muy independientes y belicosos y se dedicaban con frecuencia a la guerra como mercenarios. Los historiadores antiguos hacen referencia a ellos como aliados primero de los cartagineses y más tarde de los romanos. Su táctica guerrera consistía en una gran movilidad que conseguían con su famosa infantería ligera y su caballería.

Su modo de vida era normalmente la caza y la ganadería; más tarde se dedicaron también a la agricultura, sobre todo al cultivo de los cereales, que representa todavía hoy la riqueza fundamental de la región. La cultura celtibérica se caracteriza por los amplios contactos con la ibérica, que se filtraba a través de la cuenca superior del Ebro. Su cerámica, muy abundante, demuestra una gran perfección técnica y una marcada tendencia al uso de motivos geométricos y figuras estilizadas.

Los celtíberos perdieron su importancia política durante los últimos siglos antes de Jesucristo tras la conquista romana de la Meseta, donde quedaron, más o menos romanizados, como sustrato étnico de su población moderna.

Los pueblos colonizadores

Durante los años 1500 y 1000 antes de Jesucristo, el desarrollo del arte de la navegación y su aplicación al comercio produjo en toda la zona del litoral mediterráneo una actividad mercantil desconocida hasta entonces. Fuentes antiguas hablan de viajes marinos y viajeros que marchaban a países lejanos en busca de productos exóticos. En la mayoría de los casos se trataba de una navegación de cabotaje, es decir, en la que el barco nunca pierde de vista la costa. Este sistema de navegación trajo muy pronto como consecuencia la fundación, a lo largo de las rutas costeras, de una serie de colonias que servían de escala en los viajes marítimos y desde las que se ejercía una actividad comercial con la población indígena.

Con el tiempo, muchas de estas colonias recibieron la protección de una guarnición más o menos fuerte y permanente que tenía la misión, en un principio, de asegurar el tráfico comercial de sus barcos. La permanencia que algunas colonias consiguieron, hizo de ellas un comienzo de ocupación militar y política. En ellas fueron introducidas muchas de las instituciones y formas de vida de la metrópolis, dando así lugar a que se convirtieran también en centros desde los que se irradiaba la cultura y las formas de vida social de los pueblos colonizadores.

Entre los años 1000 y 500 antes de Jesucristo, el mundo del litoral mediterráneo se hallaba dividido en dos esferas de dominación mercantil. Por el norte, a lo largo de la costa europea, se iban multiplicando las colonias griegas. En el sur, los fenicios, procedentes del oriente, fundaron sus colonias sobre el litoral africano. De todas las colonias fenicias la más importante y famosa fue Cartago, fundada en el siglo IX antes de Jesucristo, origen y centro del que fue más tarde imperio cartaginés.

La configuración cerrada del litoral mediterráneo fue causa de que, ya durante el primer milenio antes de Jesucristo, se encontraran en la Península varios pueblos colonizadores que habían llegado atraídos por la fama de la riqueza mineral de su suelo. De éstos, los principales y los que ejercieron mayor influencia fueron los griegos, que se establecieron en la costa norte, y los fenicios, que ocuparon la zona meridional. La rivalidad comercial de griegos y fenicios, complicada más tarde por la ayuda de Roma a los primeros y de Cartago a los segundos, dio lugar a las llamadas Guerras Púnicas,[1] las más duras y destructivas que el mundo antiguo había conocido.

LOS FENICIOS   Hacia el año 1100 antes de Jesucristo, navegantes procedentes de la colonia fenicia de Tiro (hoy parte del Líbano) llegaron a la costa atlántica del sur de la Península, donde establecieron la colonia de *Gádir* (Cádiz) junto a la ciudad de Tartessos, a la que, con el tiempo, terminaron dominando.

La nueva colonia se convirtió muy pronto en ciudad próspera y activa y constituyó durante siglos un centro mercantil de gran importancia, favoreciendo el establecimiento de nuevas colonias, algunas de las cuales todavía existen, tales como *Onoba* (Huelva), *Málaca* (Málaga) y Sexi (Almuñécar). Estas fundaciones, que podían ser particulares o pertenecer a una de las ciudades fenicias, estaban regidas, según parece, por la aristocracia mercantil, que monopolizaba el poder.

La atracción principal para los mercaderes fenicios había sido la riqueza mineral, oro, plata y cobre, del país. Los colonizadores se aprovecharon muy pronto también de la industria pesquera, sobre todo el atún, y de la fabricación de la sal, que usaban para la conserva del pescado.

A pesar de poseer el pueblo fenicio un elevado nivel de cultura, ha dejado de ella muy pocos restos en la Península, y aún no es siempre claro si fueron producidos éstos en las colonias peninsulares o simplemente importados del oriente en sus viajes. Tampoco se puede determinar con certeza en todos los casos si se trata de arte fenicio o púnico (cartaginés). Uno de los restos más importantes es un sarcófago de mármol blanco con cabeza humana, encontrado en Cádiz. También se han hallado numerosas joyas de oro, plata y bronce: diademas, cadenas, pendientes y anillos.

LOS CARTAGINESES   Al ser atacada la ciudad de Tiro por los ejércitos de Asiria en 754 antes de Jesucristo, el poderío de la metrópolis decayó y Cartago, su colonia más fuerte y próspera, se constituyó en heredera del poderío económico y político de los fenicios en la zona occidental del Mediterráneo.

A causa de la ambición cartaginesa por la supremacía, su sistema de colonización tomó desde muy pronto un aspecto agresivo de invasión y ocupación militar que fue causa de conflictos armados con sus vecinos y con los indígenas. Ya en 540 antes de Jesucristo derrotaron a los griegos en Aleria (Córcega), adueñándose así de la navegación en el Mediterráneo occidental y, hacia el año 500, conquistaron la ciudad de Tartessos y extendieron su predominio por todo el sur de la Península. En general, los cartagineses respetaron la organización de las antiguas colonias fenicias, aunque impusieron una mayor dependencia de la metrópolis, cuyo gobierno estaba dominado por una aristocracia mercantil.

Los cartagineses continuaron la explotación de los metales y de los productos naturales e industriales iniciada ya por los fenicios, siendo por ello causa de un mayor florecimiento económico. Éste se tradujo en un gran número de nuevas colonias, cuyo centro fue *Carthago Nova* (Cartagena), ciudad de gran valor estratégico y comercial.

Con las tribus iberas y celtíberas mantuvieron los cartagineses unas relaciones de relativa amistad. Durante muchos años respetaron su independencia política, aunque fueron imponiéndoles cada vez mayores obligaciones económicas y humanas. Los mercenarios iberos y celtíberos llegaron a constituir una gran parte del ejército cartaginés.

1.5 Templo griego, Ampurias, Gerona

LOS GRIEGOS   En el siglo VII a. de C. llegaron los primeros navegantes griegos a las costas de la Península Ibérica atraídos, como los fenicios, por la fama de su riqueza en metales. Durante esta época fundaron varias colonias a lo largo de la costa mediterránea, entre las que figuran *Hemeroscopion* (Denia) y *Mainake,* en las proximidades de Málaga, que fue el límite sur de la colonización griega. Hacia el año 600 fundaron los griegos la colonia de *Massalia* (Marsella) en la costa mediterránea francesa que, al aparecer los cartagineses en el sur de la Península, llegó a ser el centro del comercio griego de toda la región y, a medida que desaparecían las colonias griegas del sur de la Península, fue intensificando su comercio con otras colonias nuevas, como *Emporion* (Ampurias; fig. 1.5), *Kallipolis,* cerca de Tarragona, y *Akra Leute* (Alicante).

La más importante de todas las colonias griegas fue *Emporion,* cuya población creció rápidamente con los elementos griegos que venían procedentes de las colonias del sur, destruídas por los cartagineses. La población griega vivía separada de los iberos por una muralla de tipo ciclópeo, que rodeaba la ciudad griega. Encerraba ésta casas, pórticos, templos, calles y cementerios, cuyas ruinas han podido ser excavadas dejando al descubierto el trazado de la ciudad. Es aquí donde se ha encontrado la mayor parte de restos griegos: estatuas de mármol, gran cantidad de cerámica, vidrios, joyas y monedas.

La actividad comercial de esta colonia debió ser muy grande, por lo que se le atribuyó como propio el nombre de *emporion,* que en griego significa sencillamente "un lugar de comercio" y pasó después al castellano como designación especial de lugar donde florecen notablemente el comercio y las artes.

La penetración de la civilización griega en la Península fue escasa y su influencia sobre las culturas indígenas no muy profunda. Sin embargo tuvo una marcada influencia en ciertos aspectos, sobre todo en la escultura y la cerámica iberas, que demuestran rasgos, técnicas y estilos claramente identificables como de origen griego.

A pesar del innegable interés de estas aportaciones económicas y artísticas, la mayor importancia de la colonización griega de la Península radica en las consecuencias políticas que ella tuvo en el desarrollo de la historia en los siglos siguientes. Merced a la colonización griega, la población del litoral mediterráneo, griega e ibera, no cayó bajo la esfera de influencia de los cartagineses y, cuando éstos intentaron su dominación, buscó su defensa en una alianza con Roma, a la que se sentía unida por lazos de intereses comunes, políticos y económicos. En cierto sentido se puede afirmar que la colonización griega preparó la romanización posterior de la Península y aseguró su alianza con la cultura europea.

NOTA

1. El adjetivo púnico se refiere estrictamente a todo lo relativo a la cultura fenicia procedente del norte de África, es decir, la cartaginesa.

Preguntas para estudio y repaso

1. ¿De dónde provenían los principales grupos de población peninsular durante la prehistoria? 2. ¿Qué clase de vida llevaban? 3. ¿Qué tipo de arte han dejado? 4. ¿Cuáles son sus características? 5. ¿Con qué otros grupos de pueblos demuestran haber tenido relaciones étnicas y culturales?

6. ¿Quiénes eran los tartesios? 7. ¿De dónde procedían y dónde se establecieron en la Península? 8. ¿De dónde procedían los iberos? 9. ¿Qué clase de sociedad formaban? 10. ¿Qué restos artísticos han dejado? 11. ¿Qué influencias señalan? 12. ¿De dónde eran originarios los celtas? 13. ¿En qué parte de la Península se situaron? 14. ¿Cómo vivían? 15. ¿A quiénes se dio el nombre de celtíberos? 16. ¿Dónde residían? 17. ¿Qué género de vida llevaban?

18. ¿A quiénes se da el nombre de colonizadores? 19. ¿Por qué se les da este nombre? 20. ¿Quiénes eran los fenicios? 21. ¿A quiénes se dio el nombre de cartagineses? 22. ¿En qué partes de la Península ejercieron su influencia? 23. ¿Qué carácter tuvo la colonización cartaginesa? 24. ¿Quiénes eran los griegos? 25. ¿Por dónde se extendieron en el Mediterráneo? 26. ¿En qué partes de la Península ejercieron mayor influencia?

27. ¿Qué influencia ejerció el arte griego en la Península? 28. ¿Qué importancia tuvo la colonización griega?

Términos y nombres para estudio y repaso

Neanderthal	Iberos	Celtiberia
Grupo *capsiense*	Bicha de Balazote	Fenicia
Arte rupestre	Dama de Elche	Cartago
Altamira	Celtas	Cartagena
Alpera	Lusitania	Emporion

2

Roma y la romanización de la Península

De todos los pueblos antiguos que ocuparon el territorio peninsular ninguno ejerció una influencia tan grande como Roma. Se puede muy bien afirmar que con la dominación romana de la Península y la consiguiente romanización de los pueblos peninsulares comenzó la historia de España como nación. Muchas de las características culturales, políticas y sociales de la nación española tienen su comienzo y su base en esta primera alianza entre la Península Ibérica y el Imperio romano.

Roma

Al mismo tiempo que Cartago, heredera de las colonias fenicias del Mediterráneo, acrecentaba su poderío militar, Roma se engrandecía por toda la Italia peninsular y manifestaba la ambición de heredar el predominio griego sobre el Mediterráneo occidental. La confrontación de ambos imperios hundió el mundo mediterráneo durante más de un siglo en una serie de conflictos bélicos que se conocen con el nombre de *Guerras Púnicas* (264-146 a. de C.). La importancia de éstas para la historia europea y española es muy grande, pues la victoria definitiva de Roma con la conquista y destrucción de Cartago en 146 a. de C. señaló por muchos siglos el fin del predominio africano sobre el Mediterráneo y el comienzo de la romanización de los pueblos europeos. En la Península la lucha contra Cartago llevó a su conquista por Roma y la consiguiente romanización de la población peninsular. Desde la derrota de Cartago hasta la llegada de los árabes, casi mil años más tarde, la Península se mantuvo sin interrupción dentro de la esfera de influencia política y cultural establecida por Roma.

La primera Guerra Púnica (264-241 a. de C.), en la que se ventiló el

28

dominio sobre Sicilia, había terminado con la derrota de los cartagineses, que perdieron además las islas de Córcega y Cerdeña. Buscando compensación a estas pérdidas, el senado cartaginés se decidió a conquistar nuevos territorios en la Península, para lo que envió a sus mejores generales, Amílcar Barca, Asdrúbal y Aníbal. La ambición de éste, que quiso apoderarse también de las colonias griegas del litoral levantino, y la decisión de la población de Sagunto (Valencia) de pedir ayuda a Roma fueron causa de que la campaña de Aníbal se convirtiera en la segunda Guerra Púnica (218-201 a. de C.).

Ésta se llevó a cabo en dos frentes. Uno fue Italia donde Aníbal, tras su famosa y atrevida marcha a través de los Pirineos y de los Alpes, derrotó a los romanos en sucesivas campañas antes de ser vencido casi a las puertas de Roma; en el segundo frente, la Península Ibérica, los mejores generales romanos, los Escipiones,[1] trataron de conquistar el territorio cartaginés para así cerrar la retirada al ejército de Aníbal. Las campañas victoriosas de Publio Cornelio Escipión llevaron en 209 a. de C. a la conquista de *Carthago Nova,* la capital cartaginesa en la Península, y tres años más tarde a la ocupación de *Gádir,* su último baluarte. La segunda Guerra Púnica terminó con la retirada de Aníbal a África, donde el año 202 a. de C. fue derrotado por el general Escipión que, por ello, recibió el título de *el Africano* con el que hoy se le conoce.

Conquista romana de la Península

Se insiste comúnmente en hacer notar que la conquista romana de la Península, a diferencia de la cartaginesa, fue dura, penosa y larga, tardando los romanos más de dos siglos antes de que la resistencia de los pueblos indígenas pudiera considerarse por terminada. Aunque ello es cierto, no representa bien la realidad histórica ni el desarrollo de los acontecimientos de la época. Por una parte, los cartagineses nunca llegaron a dominar toda la Península, conformándose, en la mayoría de los casos, con alianzas más o menos forzadas con los pueblos peninsulares y dictadas por conveniencia de estrategia militar. Los romanos, por otra parte, llevaron a cabo una conquista en un principio muy semejante, por su sentido y rapidez, a la cartaginesa, pero que, con el tiempo, fue tomando un carácter muy distinto. No se trató, además, de una conquista llevada a cabo sin interrupción, sino que, por el contrario, sus varias etapas estuvieron seguidas de unos períodos de paz, algunos de los cuales duraron muchos años.

La primera etapa de la conquista romana coincidió con la segunda Guerra Púnica, desde el desembarco de Cneo Escipión en Ampurias en 208 a. de C. hasta la rendición de Gádir en 205. Como resultado de estas luchas, en las que ya participaron iberos como aliados y mercenarios de Roma, las regiones levantinas y meridionales, sometidas antes a los cartagineses, quedaron dominadas por los romanos y muy pronto incorporadas a su sistema administrativo de provincias. Así nacieron la _Hispania citerior,_ que incluía las regiones del este peninsular, y la _Hispania ulterior,_ que comprendía todo el sur de la Península.

Mucho más larga y difícil fue la conquista de la Meseta Central, donde las tribus lusitanas y celtibéricas se mantuvieron durante muchos años apenas sometidas o en franca rebeldía contra los romanos.

Hacia el año 151 a. de C., el pretor Galba fue encargado de dirigir las operaciones contra los lusitanos, quien, al verse incapaz de vencerlos en el campo de batalla, les hizo una serie de promesas y ofrecimientos de libertades a los que faltó una vez los lusitanos engañados depusieron las armas. Este llamado "latrocinio de Galba" fue causa de una rebelión de las tribus lusitanas, que tuvieron en jaque a las legiones de Roma por más de diez años. Héroe de estas campañas fue Viriato, un pastor lusitano, cuyo talento natural y extraordinario conocimiento del terreno le permitieron defenderse con ventaja y aun vencer en numerosas ocasiones a la superioridad militar de las legiones romanas. Incapaz de someter a los rebeldes, el cónsul romano se vio obligado a pactar con Viriato, reconociéndole como rey de los lusitanos. Sin embargo, el Senado romano se negó a ratificar el tratado y envió a la Península a un nuevo cónsul para que continuara la guerra contra las tribus lusitanas. Viriato, hallado desprevenido, tuvo que someterse, siendo más tarde asesinado por tres de sus jefes vendidos a Roma.

Coincidiendo con la rebelión lusitana, se sublevaron también los celtíberos. Contra ellos luchó el cónsul Metelo, famoso por sus victorias en Macedonia, quien logró dominar algunas tribus pero fue incapaz de conquistar la ciudad de Numancia (Soria). Era ésta, con una población en tiempo de paz de unos 8.000 habitantes y rodeada de murallas, una de las ciudades más importantes y sede de una de las tribus celtíberas más guerreras. Ante el fracaso de varios cónsules y la vergonzosa derrota del cónsul Mancino, que fue sorprendido en su campamento y tuvo que rendirse con 20.000 soldados de sus legiones, Roma, alarmada, decidió hacer un esfuerzo decisivo. Para ello, envió a la Península a Escipión Emiliano, el vencedor de Cartago, quien con un ejército de más de 60.000 legionarios puso cerco a la ciudad, rodeándola además con zanjas y murallas que hacían imposible cualquier ayuda exterior. Cuando al cabo de ocho meses el hambre comenzó a hacer estragos entre los numantinos, Escipión Emiliano se negó a aceptar una capitulación honrosa. Los defensores de la ciudad, desesperados, mataron a los que no podían luchar, a sus mujeres y a sus hijos, incendiaron sus casas e hicieron una salida que puso fin a su vida. Con la caída de Numancia, Roma pudo dominar fácilmente la Meseta superior, subyugando a las tribus que se habían aliado con los numantinos.

Tanto Viriato, indómito, independiente e invencible en el campo de batalla, como Numancia, cuyos habitantes prefirieron la muerte a la sumisión al invasor y a la pérdida de la libertad e independencia de su pueblo, han pasado a la historia española como símbolos de las virtudes nacionales.

Vencida Numancia, la conquista romana se extendió por el resto de la Península, distinguiéndose en ella el general Pompeyo y, años más tarde, el mismo Julio César, que fue a la Península como pretor de la Hispania ulterior. Al estallar la guerra civil entre los partidarios de éstos, la Península se convirtió en el primer campo de lucha entre César y Pompeyo. César, que se hallaba en Roma, regresó a la Península y fue capaz en pocos años (49-45 a. de C.) de derrotar a las legiones pompeyanas, consiguiendo así que Hispania siguiera como una provincia de la República Romana. A la muerte de César, en el año 44 a. de C., estalló el conflicto entre su sobrino Octavio y Marco Antonio, en el que las provincias hispanas no tomaron parte, por lo que al quedar aquél triunfante y creyendo pacificado todo el territorio peninsular decretó el año 38 su incorporación definitiva al Imperio.[2]

Sin embargo, los pueblos cántabros y astures, en el extremo norte, intentaron todavía una sublevación contra Roma. Para conquistarlos definitivamente el propio emperador Octavio Augusto acudió a la Península (26 a. de C.) y decidió dirigir personalmente el ataque contra los rebeldes. Pero sintiéndose enfermo se retiró a Tarragona, desde donde regresó a Roma, dejando a sus generales en cargo de la campaña. Con su rendición (20-10 a. de C.) se completó la ocupación romana de la Península iniciada dos siglos antes con el desembarco de Escipión en Ampurias (218 a. de C.). A ello se refería el historiador romano Tito Livio al afirmar que "España ha sido la primera provincia que se atacó y la última que se venció."

Organización romana de la Península

Desde los primeros años de la conquista de la Península, los romanos fueron imponiendo sobre la población peninsular la misma organización militar y política que habían impuesto en los demás territorios ya conquistados. La nueva organización, que en muchos casos coexistía con los sistemas políticos indígenas, servía principalmente para garantizar la autoridad de Roma y asegurar los privilegios de los ciudadanos romanos sobre todos los demás.

El Derecho romano

La base de la organización romana era un sistema de leyes que reglamentaban las relaciones de los individuos entre sí y con el Estado. Este sistema de leyes, conocido con el nombre de *Derecho romano*, fue sin duda la mayor contribución que Roma hizo a la civilización occidental.

Frente al colectivismo social de las tribus primitivas, en el que el individuo se perdía completamente, el Derecho romano veía en éste el fundamento de la sociedad. El individuo necesita para actuar que tanto la sociedad como los demás individuos le reconozcan ciertas libertades básicas. Éstas, que son los derechos básicos del individuo, engendran en todos los demás una obligación a respetarlas. En el complicado sistema de derechos y obligaciones el más importante era sin duda el derecho a la propiedad. También tuvo gran importancia el principio de que los mismos derechos se pudieran aplicar a los grupos, llamados por ello *personas jurídicas,* y que la persona jurídica fundamental en la sociedad era la familia, cuyo jefe, el *paterfamilias,* asumía la obligación y el derecho de representarla. Estos derechos, si bien se fundaban en el hombre, eran poseídos por éste solamente en tanto en cuanto formaba parte de la sociedad. Por ello era esencial la manera como el hombre se unía a la sociedad, es decir, la clase de *ciudadanía* de que gozaba. Este aspecto del Derecho romano tuvo una gran importancia en la configuración de la sociedad romana puesto que permitía su aplicación, bajo ciertas condiciones, a todos los pueblos sometidos a Roma.

Clases sociales

La población romana se dividía en tres clases: libres, semilibres y esclavos. La más importante era la clase libre que, a su vez, estaba dividida en ciudadanos romanos, latinos y peregrinos, o extranjeros. De éstos solamente los primeros gozaban de los mismos derechos y privilegios que los habitantes de Roma. Los ciudadanos latinos recibían este nombre por estar gobernados por el *Jus Latii,* el cual suponía un estado de participación en el Estado romano y concedía una serie de derechos que no todos tenían. Este derecho sirvió, a partir del tiempo de Julio César (64 antes de Jesucristo-14 después de Jesucristo), como puente para adquirir la ciudadanía romana. El emperador Vespasiano (69-79) concedió el derecho latino a toda la Península, con lo que se dio gran impulso a su romanización. Más tarde Caracalla (211-217) concedió la ciudadanía romana a todos los súbditos del Imperio.

Colonias, ciudades y municipios

Los romanos daban el nombre de colonias a las ciudades fundadas en territorios más o menos recientemente conquistados que estaban habitadas por ciudadanos romanos o latinos. En la Península la mayoría de los colonos eran de origen nativo, aunque también había muchos legionarios romanos que tras cumplir con su servicio militar habían recibido en recompensa tierras en las colonias.

España romana
(s. III d. de C.)

GALLAECIA

TARRACONENSIS

Numantia •   • Caesaraugusta

Salamanca

• Barcino

CARTHAGINENSIS

LUSITANIA

• Toletum

• Valentia

BAÉTICA

Italica •
• Hispalis

Cartagena
Carthago
Nova

• Málaca

Las demás ciudades indígenas podían mantener su libertad a base de un estatuto de alianza o federación con Roma que les concedía el derecho de administrarse con gran autonomía. Una ciudad libre, con el territorio que le rodeaba, podía obtener el privilegio de gobernarse a sí misma por unas asambleas populares, o *comicios,* con el derecho a elegir sus magistrados y a promulgar sus propias leyes. Esta organización, que en realidad repetía la de Roma durante la República, se llamaba también *municipio* y tuvo gran arraigo en la Península. Bajo el emperador Caracalla todas las colonias hispanorromanas adoptaron esta organización municipal y sus ciudadanos recibieron los derechos de ciudadanía romana.

Provincias

Con este nombre se designaba en un principio el conjunto de atribuciones que un magistrado romano podía ejercer sobre el territorio a él asignado, pero muy pronto llegó a significar una de las demarcaciones territoriales en que Roma dividía los territorios.

En la Península, ya desde los primeros años de la conquista, las regiones dominadas por los romanos habían sido agrupadas jurídicamente en dos provincias: la Hispania citerior, que comprendía la cuenca del Ebro y la costa levantina, y la Hispania ulterior, que se extendía por todo el sur de la Península. En tiempo del emperador Octavio Augusto (27 a. de C.) esta división fue cambiada, quedando entonces la Península dividida en tres provincias: *Tarraconense, Lusitania* y *Bética.* A éstas, bajo el emperador Caracalla (216 d. de C.), se añadió otra, con el nombre de *Gallaetia,* que comprendía Galicia, Asturias y el norte de Portugal.

Finalmente el emperador Diocleciano, el año 285, reconoció la Península como una unidad política especial con la designación especial de *diócesis,*[3] aunque se mantuvo la división en provincias, cuyo número se aumentó con la *Cartaginense* y la *Mauritania,* que comprendía al norte del África. Posteriormente se añadió a éstas la provincia *Balearica.*

Romanización de la Península

A lo largo de los siete siglos que duró la dominación romana (218 a. de C.-409 d. de C.) la población de la Península fue sufriendo la transformación más importante de toda su historia. Al ser forzados por la conquista de Roma a formar parte de la República y más tarde del Imperio, los varios pueblos peninsulares fueron perdiendo su sentido de independencia a medida que se sentían parte de una agrupación unificada por los intereses políticos y económicos de Roma. A ello se añadía el predominio cultural de Roma que, con el prestigio de vencedores, iba suplantando las formas de vida de los indígenas. En consecuencia se fue formando en la Península una unidad social, política y cultural muy distinta del atomismo de tribus y pueblos colonizadores que había precedido a la conquista romana. En este sentido se puede afirmar que la dominación de Roma fue causa de la formación de Hispania.

No quiere esto decir que se borraran completamente las tradiciones de los distintos pueblos indígenas. Por el contrario, el pragmatismo de la administración romana y el respeto de Roma hacia las formas religiosas, sociales e incluso políticas de la vida local, en tanto en cuanto éstas no se opusieran al dominio romano, fueron causa de que las tribus y los pueblos peninsulares fueran adoptando las formas de vida de los vencedores de una manera peculiar y a un ritmo muy distinto.

Así, por ejemplo, la lengua latina, aunque una de las grandes fuerzas unificadoras en la Hispania romana, fue tomando muy pronto características distintas en las varias regiones hasta llegar a formar los diversos idiomas--gallego, catalán, castellano, con sus múltiples dialectos. También tuvo gran importancia el sistema de provincias en que la Península llegó a estar dividida. Esta división, por estar basada en consideraciones pragmáticas, geográficas o económicas, tendía a reconocer las regiones naturales y, de hecho, también la identidad especial de los varios grupos peninsulares. Por ello, no obstante la unidad hispanorromana, se mantuvieron muchas de las peculiaridades étnicas, lingüísticas y sociales de las diferentes regiones.

A pesar de todo, la influencia de Roma fue fundamentalmente unificadora y, a la caída del Imperio romano en el siglo V d. de C., las tribus primitivas se habían ya convertido en grupos sociales nuevos unificados todos por el concepto político de la nación hispana.

En la Península las zonas que más fácilmente y con mayor profundidad se romanizaron fueron aquellas que desde tiempos antiguos habían estado abiertas a la influencia de los pueblos colonizadores y eran, en general, más ricas y avanzadas; es decir, todas las zonas costeras, excluyendo la cantábrica. El interior, en cambio, más aislado y cerrado en sí mismo, fue mucho más reacio a dejarse conquistar militarmente y lento en aceptar la cultura romana.

Entre las principales ciudades romanizadas se contaban, en el este, Ampurias, Barcelona, Tarragona, Zaragoza y Sagunto; en el sur Sevilla, Itálica, Cádiz, Córdoba y Málaga; en el oeste Mérida y Lisboa; en el noreste, León, Astorga y Lugo. Según los historiadores romanos, hacia el siglo I d. de C. había en la Península más de 500 ciudades, en gran mayoría indígenas pero que poco a poco se iban romanizando.

Prueba del elevado grado de romanización que alcanzaron algunas ciudades hispanas y de su gran adelanto cultural e importancia en la vida política y económica, es el número y la calidad de restos artísticos que se han conservado. Dado el carácter urbano de la cultura romana, es natural que muchos de estos restos se relacionaran con las ciudades y sirvieran para hacer la vida ciudadana más grata y apacible, como circos para pruebas gimnásticas y carreras, teatros para las representaciones escénicas (fig. 2. 1) y sobre todo los famosos baños romanos.

Servían al interés ciudadano los acueductos con que se abastecían de agua las ciudades (fig. 2.2) y las vías, calzadas y puentes (fig. 2.3) que hacían posible las comunicaciones entre las ciudades y con Roma. De todas las vías era la más antigua la *via Augusta,* que entrando por los Pirineos llegaba hasta Cartagena y de aquí llegaba, por el interior, a

2.1 Teatro romano de Segóbriga, Cuenca

el deseo de permanecer

2.2 Acueducto de Segovia

El Poder

Córdoba y, por el litoral, hasta Cádiz. De interés político eran los arcos de triunfo (fig. 2.4) destinados a conmemorar las glorias de los emperadores. Entre las artes decorativas se distinguían la escultura, de la que se han conservado numerosos retratos de marcado realismo, y los mosaicos de gran colorido (fig. 2.5), unos representando escenas mitológicas o campestres, otros jugando con motivos geométricos de muy cuidadoso trazado.

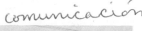

2.3 Puente sobre el río Guadiana en Mérida, Badajoz

2.4 Arco de Bará, Tarragona

2.5 Mosaico romano de Itálica, Sevilla

Ya a partir del siglo I a. de C. los hispanos comenzaron a figurar honrosamente en la vida literaria de Roma. Notables fueron el naturalista Columela, originario de Cádiz y autor de doce libros *De re rustica* que ejercieron gran influencia en la teoría agrícola de la antigüedad y la Edad Media; y Pomponio Mela, cuyo tratado *De chorographia* es la primera descripción del mundo hecha en lengua latina.

Las más grandes figuras de las letras hispanorromanas fueron, sin duda, los miembros de la familia cordobesa de los Séneca. El primero, Marco Anneo Séneca, fue famoso por su oratoria y sus escritos políticos muy apreciados que le valieron el sobrenombre de *el Retórico.*

Más famoso todavía fue su hijo Lucio Anneo Séneca, político y orador extraordinario, gran filósofo, senador en tiempo del emperador Calígula, preceptor de Nerón y durante cinco años regente del Imperio. Como es sabido, fue acusado de traición y obligado por el emperador Nerón a quitarse la vida.

Las obras de Séneca se dividen en literarias y filosóficas. Las primeras consisten en una serie de tragedias desarrolladas sobre una base de filosofía moral que las hace muy distintas de sus modelos griegos. En sus obras filosóficas, *De clementia, De tranquillitate animi* y *De providentia,* Séneca propone una filosofía fundamentalmente estoica, pero en la que incluye una fe profunda en la existencia de Dios y en la inmortalidad del alma, dando mucha importancia a la conciencia del individuo que es, según él, la norma de toda virtud. Estas doctrinas hicieron de Séneca el escritor pagano más estimado por los autores cristianos de la antigüedad y el más leído durante la Edad Media y el Renacimiento.

También cordobés y sobrino de Séneca fue Lucano. Su obra *Farsalia* describe grandiosamente las luchas entre Pompeyo y César. Su estilo, de un gran realismo desprovisto de elementos maravillosos, pero grandilocuente y lleno de metáforas brillantes, hace que desborde la tradición épica latina a la vez que crea un estilo literario ya auténticamente hispano.

Uno de los poetas romanos más inspirados fue el celtíbero Marco Valerio Marcial (40-104), natural de Bílbilis (Calatayud), cerca de Zaragoza. Cultivó con maestría sin rival la poesía satírica, para la que prefería la forma breve, mordaz, aparentemente sin pretensiones retóricas, del epigrama. El retrato implacable que ha dejado de la sociedad romana ha hecho de Marcial uno de los epigramistas más extraordinarios de todos los tiempos.

Contemporáneo suyo fue Marco Fabio Quintiliano (35-95), natural de Calahorra, cónsul y protegido del emperador Domiciano, el primer maestro público subvencionado por el fisco. Sus doce libros, *Institutio oratoria,* sobre la educación del orador, de gusto mesurado y base moralizante, fueron extraordinariamente estimados hasta los tiempos mismos del Renacimiento.

La religión de Roma

En general y contra lo que frecuentemente se afirma, Roma fue sumamente respetuosa, o indiferente, con las religiones indígenas. Se limitó a prohibir algunas observancias bárbaras, como los sacrificios humanos, y a perseguir algunas asociaciones que, por mantener vivo el espíritu independiente de los pueblos o atacar la persona del emperador, eran consideradas como focos de agitación política y, por tanto, peligrosas para la seguridad del Estado.

La religión romana consistía en una mezcla, a veces incoherente, de mitología griega, como Júpiter, Marte y Mercurio; divinización del Estado y de los emperadores: diosa Roma; y de abstracciones sociales, políticas o de fenómenos naturales, como Victoria Augusta y Juventud. De todos ellos el culto a los emperadores llegó a tener mayor arraigo en la Península, con gran aparato de sacerdotes, que eran elegidos por las asambleas provinciales.

La religión cristiana y el Imperio

Un paso decisivo hacia la formación de la cultura occidental fue la extensión del cristianismo por todo el Imperio romano. A la estructura política y legal que Roma impuso a la sociedad, la nueva religión añadió el sentido éticorreligioso que le es característico. Durante más de un milenio al hablar de Roma y de su cultura se hacía referencia no a su época imperial, sino a su período cristiano, cuando con la conversión de los emperadores a la religión cristiana se creía haber llegado a "la plenitud de los tiempos" como solían decir los escritores de la época.

En otro sentido, si fue grande la influencia del cristianismo sobre la cultura romana, no fue menor la que ésta ejerció sobre el desarrollo de la religión cristiana. Había comenzado ésta sobre una base de subjetivismo religioso de tipo social—amor a Dios, amor al prójimo—sólo vagamente estructurado en una jerarquía representada por los apóstoles y misioneros y cuya autoridad era exclusivamente moral. Pero al extenderse por los dominios del Imperio romano, los apóstoles y sus sucesores fueron adoptando para la nueva religión las mismas estructuras de la organización romana y, por ser Roma todavía la capital del Imperio, fue aceptada también como el centro espiritual del mundo cristiano. Muy rápidamente, el cristianismo, que había comenzado como una nueva interpretación del judaísmo, se convirtió en una religión universal, sin base étnica propia, pero expresada según la mentalidad y las formas de la cultura grecorromana.

Los primeros siglos del cristianismo se habían presentado como una gran lucha entre la naciente religión y la gigantesca organización estatal del Imperio romano. Ante la actitud de los primeros cristianos, que negaban al emperador cualquier atributo sobrehumano o divino y afirmaban la igualdad de todos los hombres ante Dios, y la rapidez de la expansión de la nueva religión, el Imperio se sintió amenazado en las bases de su tradición política y social. El conflicto, que vino a durar unos trescientos años, se manifestó en una serie de persecuciones cruentas, entre las que destacan las ordenadas por los emperadores Nerón, Domiciano y Diocleciano. A pesar de ellas el triunfo del cristianismo fue total y, a finales del siglo III, no sólo grandes núcleos de la población urbana pertenecientes a todas las clases sociales del Imperio eran cristianos, sino que también representaban éstos la única organización con verdadera fe en sus propios principios morales y religiosos. Los demás grupos religiosos o se basaban en cultos esotéricos minoritarios o no tenían mayor importancia que las prácticas rituales que ofrecían. Lo mismo ocurría con el pensamiento filosófico, que o se perdía en extrañas doctrinas de origen oriental o aceptaba un estoicismo cada vez más próximo a la religión cristiana.

En realidad, ante la degeneración moral y espiritual de la sociedad, sólo el cristianismo podía dar una doctrina de Estado, de jerarquía social, de moral pública capaz de salvar el Imperio y, con él, la civilización romana. El emperador Constantino inició la aproximación entre Iglesia e Imperio con el edicto de Milán promulgado el año 313. Con él terminaron las persecuciones de los cristianos, a la vez que se aseguraba la igualdad de todas religiones ante la ley y se garantizaba la libertad religiosa. Medio siglo más tarde, con el emperador Teodosio *el Grande* (379-395), el último que gobernó conjuntamente sobre Oriente y Occidente, esta aproximación se convirtió en alianza, al imponer éste a los súbditos de Roma el reconocimiento y aceptación de la religión cristiana. Según un decreto promulgado el año 380, el emperador afirmaba que "era su voluntad que todos los pueblos sometidos a su cetro abrazasen la fe que la Iglesia romana había recibido de San Pedro."

Con ello la influencia del cristianismo se hizo decisiva. Se cristianizó el Estado y se humanizó el Derecho. La literatura y el arte adquirieron nuevas formas de expresión y las antiguas escuelas filosóficas perdieron su importancia ante los escritos de los Padres de la Iglesia, nombre con que se conoce a los grandes escritores eclesiásticos de esta época. Rápidamente, la religión pagana perdió su fuerza y prestigio, y, abandonando las ciudades, tuvo que buscar refugio en los pueblos *(pagi),* por lo que muy pronto recibió el nombre despectivo de *paganismo.* No obstante esta transformación, la religión cristiana no fue capaz de salvar el orden social y político del Imperio romano. Durante el siglo IV las legiones romanas se mostraron cada vez menos capaces de defender la enorme extensión de sus fronteras. El traslado de la capital de Roma a Constantinopla el año 330 y la división del Imperio a la muerte del emperador Teodosio *el Grande* entre Oriente y Occidente eran prueba de la desintegración del poderío político de Roma.

De todas las organizaciones nacidas durante el período de predominio romano, sólo la Iglesia cristiana logró sobrevivir la caída de Roma. Esta supervivencia de la Iglesia cristianorromana tuvo una importancia decisiva en la formación de Europa, siglos más tarde, y en el desarrollo de una cultura europea y occidental. Durante muchos siglos, la Iglesia romana se mantuvo con una autoridad moral muchas veces de mayor peso que la militar y política de los reyes, y su interpretación cristiana de la cultura romana fue la única expresión de una civilización ideal. Al hablar de *Roma eterna* los escritores se referían generalmente a la Roma cristiana de Constantino y Teodosio, y no a la imperial de Nerón o Diocleciano.

Cristianización de la Península

El mayor grado de romanización de las provincias peninsulares fue causa de que el cristianismo se extendiese muy pronto por ellas. Una tradición muy arraigada en España hace del apóstol Santiago *el Mayor* el primer predicador de la doctrina cristiana en la Península.[4] Noticias más fidedignas hablan de una visita del apóstol San Pablo entre los años 63 y 67. Otra tradición relata también que "siete varones apostólicos" fueron consagrados por San Pedro y San Pablo como obispos de otras tantas ciudades hispanas. En todo caso es indudable la pronta y rápida difusión del cristianismo en las provincias romanas de la Península, donde, como en el resto del Imperio, tuvo que sufrir violentas persecuciones a lo largo de los tres primeros siglos. Muchas ciudades españolas conservan todavía vivas las tradiciones de sus mártires: Justa y Rufina de Sevilla; Félix de Gerona; Cucufate y Eulalia de Barcelona; Vicente de Valencia; Leocadia de Toledo; "los dieciocho mártires" de Zaragoza, inmortalizados todos ellos en los versos de Prudencio, el mejor poeta hispanorromano de su época.

Al igual que en el resto del Imperio, el cristianismo peninsular disfrutó de la paz de Constantino y más tarde de la alianza con el Imperio decretada por Teodosio *el Grande.* También en la Península comenzó la Iglesia a ejercer una influencia moderadora en la legislación romana, humanizando su aplicación y procurando, a la vez, una inclusión más general de la población hispana.

Idéntica influencia que en la legislación y el pensamiento, ejerció también en el arte. Aunque sigue las huellas del romano, el arte cristiano lo desviste de sus formas paganas y motivos de divinidades mitológicas, aumentando, en cambio, una inspiración y simbolismo propios. La arquitectura aprovechó el tipo de basílica pagana pero adaptándola a las necesidades del culto cristiano, más íntimo que los ritos paganos. Decayó la escultura, no muy apreciada entre los primitivos cristianos, temerosos todavía de los antiguos cultos idolátricos; los bajorrelieves se hicieron más toscos y las figuras humanas más hieráticas, pero lo que se perdía en técnica escultórica se compensaba con su mayor y más exaltado sentido místico y simbolismo religioso. Ya a partir del siglo IV se fueron extendiendo las artes cristianas por la Península, de las que han quedado muestras muy valiosas y de gran sentido artístico.

Es notable la gran actividad cultural que la Iglesia hispana mostró durante el siglo IV. Hispanos fueron algunos de los hombres más ilustres de este siglo. Tales fueron Osio de Córdoba, obispo y consejero de emperadores, autor del llamado *Símbolo de Nicea,*[5] que llegó a ser expresión de la ortodoxia cristiana en Occidente; San Dámaso, el papa más famoso de su tiempo; y Teodosio *el Grande,* el emperador que mejor representó la idea de un Imperio romano cristiano.

En el campo de las letras hispanorromanas hay que citar al poeta Cayo Vetio Juvenco, famoso por su poema sobre la vida de Cristo con el que quiso iniciar una tradición de épica cristiana. También fue hispano el poeta cristiano por antonomasia, Aurelio Prudencio, que vivió durante la segunda mitad del siglo IV. Su obra *Peristéfanon,* en la que canta el triunfo de los mártires, se distingue por su gran simbolismo cristiano, su riqueza de expresión, gran colorido y dominio de la lengua latina. Se le considera como "el poeta lírico más inspirado después de Horacio y antes del Dante" y muchos de sus himnos se han conservado incorporados a la liturgia latina de la Iglesia católica.

NOTAS

1. Varios fueron los generales romanos que llevaron este nombre. Intervinieron en las guerras de la Península Cneo Escipión (m. 212 a. de C.) su hijo, Publio Cornelio Escipión (236 a. de C.-183), llamado *el Africano* por sus victorias sobre Aníbal, y Publio Cornelio Escipión Emiliano (185 a. de C.-129), conocido como *el Africano o el Numantino,* por haber conseguido destruir Cartago y Numancia.

2. Con esta fecha se inició la llamada *Era hispánica o española,* que se mantuvo vigente hasta muy entrada la Edad Media.

3. El territorio peninsular, aunque jurídicamente unificado en una sola *diócesis,* dependía de la prefectura de las Galias.

4. La creencia de que el apóstol Santiago predicó el Evangelio en España se remonta al siglo VIII. Más tarde, hacia fines del siglo XI, se añadió a ésta la creencia de que el cuerpo del Apóstol había sido sepultado en España, en la ciudad por ello llamada Santiago de Compostela.

5. Llamado así por haber sido aprobado en el primer Concilio universal, celebrado en Nicea el año 325. Es más conocido hoy con el nombre de *Credo* (yo creo), que es la primera palabra con que comienza su traducción latina.

Preguntas para estudio y repaso

1. ¿Qué importancia tuvo Roma para la historia de España? 2. ¿A qué se debió la grandeza de Roma en el Mediterráneo? 3. ¿A qué conflictos se llamó guerras púnicas? 4. ¿Cuál fue su causa? 5. ¿A qué se debió la ocupación romana de la Península? 6. ¿Cómo fue la conquista romana de la Península? 7. ¿Qué importancia tuvo la sublevación de los celtíberos contra los romanos?

8. ¿Qué organización impuso Roma en la Península? 9. ¿Qué ocurrió con la organización política de los indígenas? 10. ¿A qué se dio el nombre de *Derecho romano?* 11. ¿Cuáles son sus bases principales? 12. ¿Qué clases sociales reconocía la sociedad romana? 13. ¿A quiénes se aplicaba el *Jus Latii?* 14. ¿Cuál fue su importancia para la romanización de los pueblos? 15. ¿A qué llamaban *colonias* los romanos? 16. ¿Qué eran los municipios? 17. ¿Qué eran las provincias? 18. ¿En cuántas provincias dividieron los romanos la Península?

19. ¿Qué se entiende por romanización de la Península? 20. ¿En qué se nota su carácter pragmático? 21. ¿En qué aspectos se percibe su acción unificadora? 22. ¿Qué regiones de la Península se romanizaron más fácilmente? 23. ¿A qué se debió el diferente grado con que se aceptó la cultura romana? 24. ¿Por qué se dice que la civilización romana tuvo un carácter urbano? 25. ¿Qué restos artísticos quedan en la Península

de la civilización romana? 26. ¿Qué influencias romanas se han mantenido hasta el presente? 27. ¿Cuál fue la participación hispana en la civilización romana?

28. ¿Qué actitud adoptó Roma por lo general con las religiones y cultos indígenas? 29. ¿Qué religión tenía Roma en la antigüedad? 30. ¿Qué importancia tuvo el cristianismo en el Imperio romano? 31. ¿Cómo comenzó el conflicto entre Roma y el cristianismo? 32. ¿Por qué razón aceptaron más tarde los emperadores romanos la religión cristiana? 33. ¿En qué se diferencia la actitud ante el cristianismo adoptada por Constantino de la impuesta por Teodosio *el Grande*? 34. ¿Qué resultados tuvo la cristianización de Roma? 35. ¿Cómo comenzó la cristianización de la Península? 36. ¿Qué contribuciones ofreció la Península a la cultura cristiana hispanorromana? 37. ¿Qué restos han quedado del arte cristiano hispanorromano? 38. ¿Cuáles son sus características?

Términos y nombres para estudio y repaso

Aníbal	*Paterfamilias*	Diocleciano
Escipionos	Derecho latino	Constantino
Sagunto	Comicio	Teodosio *el Grande*
Hispania	Municipio	Paganismo
Hispania citerior	Tarraconense	*Roma eterna*
Hispania ulterior	Diócesis	Santiago *el Mayor*
Latrocinio de Galba	los Seneca	Varones apostólicos
Viriato	Senequismo	Osio de Córdoba
Numancia	Lucano	Juvenco
Derecho romano	Marcial	Prudencio

❄ 3 ❄

La Edad Media

Los historiadores de todos los tiempos han preferido dar a las épocas históricas unos límites exactos, casi matemáticos. En favor de esta preferencia habla que lo que estas divisiones pierden de exactitud lo ganan con creces en sentido dramático. Según ellos, una época de historia europea comienza con las invasiones de los bárbaros, iniciadas al cruzar éstos el Rin el invierno del año 406 y completadas cuatro años más tarde con su saqueo de la Ciudad Imperial, y termina con la caída de Constantinopla en manos de los turcos en 1453. Ambos puntos de referencia, además de su extraordinaria importancia política, fueron causa de una crisis espiritual y cultural de muy difícil paralelo en nuestros días.

La Edad Media en España coincide sólo aproximadamente con las fechas que se asignan a la cronología europea. Se considera que comienza en 414 con la entrada en la Península de las tribus visigodas. Queda dramáticamente dividida con la invasión árabe, iniciada en 711, y concluye con la reconquista de Granada, último baluarte moro en la Península, y el descubrimiento de América, acaecidos ambos hechos en 1492.

En ambos casos queda entre esas dos fechas un capítulo de la historia española y europea de más de mil años de duración, al que comúnmente se conoce con el nombre de Edad Media y que no fue en realidad la época de barbarie, improductiva y falta de civilización con que con tanta frecuencia se la define. Por el contrario, durante la Edad Media los pueblos europeos, como también los peninsulares, fueron adquiriendo sus características más esenciales, políticas, religiosas y culturales, muchas de las cuales se han conservado hasta el presente.

La gran diferencia entre la Edad Media peninsular y la europea consiste en la diferente manera como ambos grupos fueron adquiriendo esas características. Mientras en el resto de Europa fue el resultado de un juego, no siempre amistoso, entre el Estado y la Iglesia, en el que ambos

trataban de imponer a los pueblos su propia interpretación de la civilización romana, en la Península entró además en juego el conflicto del
predominio africano y europeo, árabe y latino, musulmán y cristiano. A
partir del año 711 se ventiló en realidad el problema si la población
peninsular sería o no, al llegar la Edad Moderna, un país europeo, latino,
cristiano y heredero de la cultura romana, tal como la interpretaban las
demás naciones de Occidente.

La invasión de los bárbaros

Los romanos, como los griegos, designaban con el nombre de bárbaros,
o extranjeros, a todos aquellos pueblos que no estaban sometidos a su
imperio y no hablaban el latín o el griego. Aunque en esta denominación
estaban incluídos algunos pueblos, como el persa, que poseían una muy
antigua y avanzada civilización, fue quedando restringida para las tribus
más o menos nómadas y primitivas que residían a lo largo de las fronteras
del Imperio romano.

En Europa eran bárbaros para los romanos principalmente los pueblos
germanos, eslavos, búlgaros y magiares, que constituían una amenaza
constante a la frontera norte del Imperio, desde la desembocadura del
Rin, en el mar del Norte, hasta la del Danubio en el mar Negro. De todos
ellos los más temidos eran los germanos, con sus varios grupos, francos,
sajones, alemanes, vándalos y godos. César, Tito Livio y Tácito, entre
otros historiadores romanos, hablan en sus obras de los heroicos esfuerzos
realizados por las legiones romanas para someter a los bárbaros o mante-
nerlos alejados de las fronteras del Imperio y de la feroz resistencia de
éstos a ser dominados por los romanos.

Durante los primeros siglos, según ellos narran, Roma había sido capaz
de contener la presión de los pueblos bárbaros que intentaban ocupar los
territorios del Imperio, bien con una lucha abierta o bien con una política
de alianza y absorción. Para la primera, los romanos habían ido constru-
yendo a lo largo de la frontera un sistema de grandes fortificaciones cuya
defensa estaba encomendada a numerosas y disciplinadas legiones. De
acuerdo con la segunda, Roma aceptaba dentro de sus fronteras a algunos
pueblos, a los que imponía una alianza militar por la que se comprometían
a defender los territorios que se les asignaba.

Mientras el Imperio se mantuvo fuerte, estas medidas fueron eficaces.
Pero a partir del siglo IV los pueblos bárbaros se fueron aprovechando de
la debilidad de Roma, haciendo incursiones en sus territorios para saque-
arlos o, en algunos casos, para establecerse en ellos de una manera
permanente.

Ante estas amenazas el emperador Constantino decidió, el año 330,
trasladar la capital del Imperio de Roma a Constantinopla. Con ello se
aseguró la independencia de las provincias orientales que, con el nombre

de Bizancio, continuaron la tradición grecorromana hasta su conquista por los turcos bien avanzado el siglo XV. Las provincias occidentales del Imperio, por el contrario, con una fuerza militar impotente y una autoridad política más simbólica que real fueron cayendo presa de los pueblos bárbaros. Ante el ímpetu arrollador de éstos, era con frecuencia la Iglesia, con su jerarquía, la única estructura social romana que podía servir de árbitro y como moderador entre los nuevos conquistadores y los restos de la civilización de Roma.

Cuando el año 406 los pueblos germanos cruzaron el Rin invadiendo la Galia romana repetían, en realidad, algo que otros muchos pueblos habían intentado o realizado anteriormente. La importancia que se da a esta invasión germana, estriba principalmente en la serie de reacciones que inició. A causa de ellas, el mapa de Europa quedó convertido durante los siglos siguientes en una estructura política que consistía en un conglomerado de pueblos bárbaros, inquietos y sin fronteras fijas, sobre una base cultural romana y cristiana que la Iglesia trataba de mantener.

La invasión de la Península

También en la Península Ibérica se dejaron sentir las consecuencias de las invasiones germanas iniciadas en 406. Desviadas de Italia, éstas fueron dirigiéndose hacia el sur y en 409, tras atravesar los Pirineos, se extendieron por la Península. En esta primera invasión los godos no tomaron parte, siendo los principales grupos invasores los suevos, los vándalos y los alanos.

De todos éstos, los suevos fueron los más importantes en la historia de España. Establecidos en la zona noroeste de la Península, aproximadamente la correspondiente a la provincia romana de *Gallaecia*, los suevos lograron formar un reino que se mantuvo como aliado y federado de Roma al principio e independiente después, hasta su anexión al reino visigodo durante la segunda mitad del siglo VI. La independencia política del reino suevo y las características étnicas y culturales de su pueblo, unidas a la base lusitana y celta de la región, fueron causa de las peculiaridades propias que caracterizan la población de esta región, incluso en nuestros días.

De los otros dos grupos, los vándalos ocuparon las zonas meridionales, la provincia Bética,[1] y los alanos, el grupo más numeroso, ocuparon el territorio centro y el litoral sureste de la Península, correspondiendo aproximadamente con la provincia *Lusitania* y la *Cartaginense*. Las destrucciones y la desorganización política y económica que estos dos grupos causaron en la sociedad hispanorromana debieron ser muy grandes, si se da crédito a los cronistas de este tiempo.[2] Fueron sin embargo de poca duración, ya que los visigodos entraron en la Península como aliados de Roma, derrotaron a los alanos en 416 y obligaron a los vándalos, en

429, a pasar al África, quedando ellos, con los suevos, como únicos señores sobre los territorios romanos de la Península.

Los visigodos

No se sabe mucho de los visigodos primitivos. Su historia comienza en realidad en el período inmediatamente anterior a su llegada a la Península. Se puede, sin embargo, afirmar que pertenecían al grupo de los germanos orientales y procedían de las regiones bálticas. Hacia el siglo II y por causas no conocidas, emigraron los godos hacia el sur, llegando a establecerse en las regiones al norte del mar Negro, donde se dividieron en dos grupos, los orientales, u ostrogodos, y los occidentales, o visigodos, sirviendo por muchos años como federados de Roma en la defensa de sus fronteras.

A fines del siglo IV, huyendo del empuje de los hunos, los visigodos comenzaron su emigración hacia el oeste. Primero se establecieron al norte de Grecia, entre Tracia y Macedonia, donde el emperador Teodosio *el Grande* los protegió, aceptándolos como federados del Imperio en los nuevos territorios. Por este mismo tiempo los visigodos fueron convertidos al arrianismo[3] por el obispo Ulfila, quien tradujo la Biblia a la lengua goda, atrayéndoles así a esta secta del cristianismo.

La muerte de Teodosio, ocurrida en 395, fue un acontecimiento fatal para el decadente Imperio y la señal de guerra para los visigodos. Estaban éstos dirigidos entonces por Alarico, cuya alianza con el Imperio se basaba tan sólo en la admiración personal que el jefe visigodo sentía por el gran emperador romano. Al fallecer éste, Alarico se negó a reconocer a su sucesor y poniéndose al frente de su pueblo inició una invasión de Italia que terminó en 410 con la toma de la Ciudad Imperial. A la muerte de Alarico fue elegido rey de los visigodos Ataúlfo, quien, buscando hacer la paz con el pueblo romano, salió de Italia y ocupó, como aliado del Emperador, la parte sureste de la Galia y la provincia Tarraconense en la Península. Con Ataúlfo se cerró la historia errante de los visigodos y, al establecerse en las provincias más romanizadas del Imperio, aceptaron su cultura convirtiéndose rápidamente de horda bárbara en nación romana.

La Hispania visigoda

La dominación visigoda de la Península duró aproximadamente tres siglos: desde su entrada a las órdenes de Ataúlfo como aliados de Roma en 414, hasta la derrota del último de sus reyes, don Rodrigo, por los árabes invasores el año 711 en la batalla del río Guadalete.

Su importancia para la historia de España estriba en que, aunque el reino visigodo se fundó sobre las bases políticas establecidas ya por Roma desde hacía siglos, se convirtió rápidamente en una sociedad política enteramente nueva. Bajo la autoridad política y militar de los visigodos, la sociedad peninsular dejó de ser un elemento más, una diócesis, del Imperio romano y se constituyó en Hispania independiente. En ello intervinieron dos factores importantes, la independencia de Roma y la mutua asimilación de los dos pueblos, hispanorromanos y visigodos, sobre la herencia cultural y cristiana de Roma.

La historia de los visigodos en la Península se deja dividir fácilmente en tres períodos: de dependencia de Roma (414-476); de hegemonía visigótica o arriana (476-589); de asimilación de visigodos e hispanorromanos y predominio católico (589-711).

El primer período de la dominación visigoda se caracterizó por una falta de estabilidad política. Durante más de medio siglo, los jefes visigodos actuaron en la Península como federados de Roma en lucha constante con los alanos y los vándalos.

El año 476 tuvo lugar la desmembración definitiva del Imperio romano de Occidente y los pueblos que habitaban las antiguas provincias se hicieron independientes con sólo un reconocimiento formal de la dignidad del Emperador, cuya sede sería desde entonces Constantinopla.

En la Península reinaba entonces Eurico (466-484), gran legislador, guerrero y político, fundador de la grandeza del reino visigodo en la Península. A él se debe una de las primeras y la más importante codificación de leyes visigodas. Redactada por jurisconsultos galorromanos hacia el año 475, contiene, además de los preceptos visigodos, algunos del Derecho romano y del eclesiástico. Servía ante todo como leyes de vencedores y se aplicaba a los visigodos y a sus relaciones con los hispanorromanos. Para éstos promulgó años más tarde, en 506, el rey Alarico, hijo y sucesor de Eurico, la llamada *Ley romana de los visigodos,* que era una compilación de preceptos del Derecho romano.

Durante todo el siglo siguiente (476-567), la política de los reyes visigodos estuvo encauzada, sobre todo, a estabilizar el dominio de su pueblo sobre la Península. No buscaban una asimilación con la población hispanorromana ni sentían identificación alguna con los intereses de los peninsulares. En realidad, se trataba de una sociedad con estructuración doble de sus miembros: visigodos e hispanorromanos, regidos por sistemas jurídicos distintos en los que sólo los primeros gozaban de los derechos políticos de gobierno, aunque junto a los grandes propietarios territoriales y altos funcionarios civiles y eclesiásticos que formaban la nobleza visigoda *(seniores),* también los nobles y altos eclesiásticos hispanorromanos *(senatores)* gozaban de una situación privilegiada. La región más importante del reino visigodo era todavía el antiguo reino de Tolosa en el sur de Francia, cuya capital, Tolosa, lo era también del reino peninsular hasta que el rey Atanagildo (554-567) la trasladó a Toledo.

Atanagildo, uno de los mejores gobernantes entre todos los reyes visigodos, era un noble importante y ambicioso que para asegurarse el poder solicitó la ayuda del emperador Justiniano (527-565). Los bizantinos, después de asegurarle el trono, se reservaron toda la zona sur y sureste de la Península, cediéndola sólo poco a poco en una guerra que duró setenta años.

El sucesor de Atanagildo fue el rey Leovigildo (568-586), el verdadero creador de la grandeza visigoda. Influido por el ejemplo de Bizancio, introdujo en su corte las formas y ceremonias de sus emperadores. Hombre, además, dotado de grandes cualidades militares, fue capaz de vencer a los suevos, cuyos territorios incorporó al reino visigodo. Su gran preocupación por la unificación de los pueblos visigodo e hispanorromano le llevó a imponer a éstos el arrianismo de los visigodos. Ello dio lugar a la sublevación de su propio hijo, el príncipe Hermenegildo. Éste, casado con una princesa católica de origen franco, había abrazado, en 579, la religión católica. Esta conversión tuvo por efecto que Hermenegildo se convirtiera en el campeón de la población hispanorromana.[4] Por ello cuando el rey Leovigildo, deseando unificar la Península según la religión arriana, comenzó a perseguir a los católicos, éstos eligieron rey a Hermenegildo, quien se alzó en armas contra su padre. La sublevación terminó con la derrota del partido católico y la muerte de Hermenegildo. Sin embargo ella representó, a la larga, la victoria del catolicismo hispanorromano sobre el arrianismo visigodo, al demostrar la incapacidad de éste de atraer la mayoría de la población peninsular, católica todavía a pesar de casi dos siglos de dominación visigoda.

El gran paso hacia la unidad nacional lo dieron los reyes visigodos con su conversión al catolicismo. Recaredo (586-601), hijo y sucesor de Leovigildo, comprendió, como su padre, que para consolidar el reino visigodo era necesario unificar en uno los dos grupos principales en que se dividían sus súbditos y que para ello era preciso unificar sus creencias religiosas. A diferencia de su padre, Recaredo decidió aceptar como base para la unidad las creencias religiosas de los hispanorromanos, puesto que éstos constituían la mayoría de la población. A este fin, el año 589, tras vencer la oposición de los nobles y obispos arrianos, el rey Recaredo hizo profesión de fe católica ante los obispos católicos hispanorromanos reunidos en el famoso Concilio III de Toledo. Este acto tuvo una importancia trascendental por dos razones. En primer lugar dio un gran impulso al elemento hispanorromano, más numeroso y culto que el visigodo, haciendo así que en la unión de ambos pueblos fuera aquél y no éste el que predominara. En segundo lugar, con la conversión de Recaredo se inició la colaboración de la Iglesia en las tareas políticas de la nación, lo cual ha sido una de las características de la nación española durante casi mil quinientos años.

La conversión de Recaredo al catolicismo causó una violenta reacción entre los nobles y obispos arrianos, quienes en los años siguientes se rebelaron por ello repetidas veces contra el rey. Esta oposición fue causa de que, en 612, el rey Sisebuto decretara la primera ley religiosa. En virtud de ella se perseguía a los arrianos como enemigos del reino y se exigía de los judíos que se convirtiesen al catolicismo bajo pena de expulsión. A estas leyes se opusieron los obispos católicos más distinguidos, entre ellos San Isidoro de Sevilla.

Durante el gobierno de los reyes sucesivos se acentuó la preponderancia del elemento eclesiástico católico. Uno de los aspectos más importantes de la intervención eclesiástica en la vida política de la nación fue la autoridad que adquirieron los Concilios de Toledo. En un principio habían sido los concilios unas reuniones, sínodos, de tipo eclesiástico, en los que los obispos católicos discutían problemas concernientes a la doctrina cristiana y leyes morales aplicables tan sólo a los católicos. Sin embargo, con la conversión de Recaredo llegaron a tomar un carácter especial muy semejante a *asambleas del reino*. Eran convocados por el rey y tomaban parte en ellos, además de los obispos, un número de nobles, elegidos unos por el rey, otros por el Concilio mismo. La autoridad de los Concilios en materias religiosas se mantuvo, pero su importancia en la vida nacional aumentó notablemente al atribuírsele también jurisdicción sobre los asuntos legales y políticos del reino.

A mediados del siglo VII el rey Recesvinto (649-672) dio el paso definitivo hacia la integración de visigodos e hispanorromanos con la promulgación del *Liber judiciorum* (654), llamado más tarde *Fuero juzgo*. Su importancia estriba en haber sido el primero que aplicó en la Península un concepto territorial al derecho, al someter a él por igual a todas las personas y pueblos del reino. Este código, al incluir indistintamente visigodos e hispanorromanos, fue decisivo en la forja de una unidad nacional.

Los últimos años de este período estuvieron ensombrecidos por luchas de sucesión entre los varios aspirantes al trono, inconscientes de la amenaza árabe que se iba extendiendo con asombrosa rapidez por todo el norte de África. Al tener noticias de las incursiones de bandas guerreras procedentes de África, el rey Rodrigo, que se hallaba en el norte de la Península luchando contra los vascones, acudió precipitadamente hacia el sur para hacerles frente. A causa de la traición de los hijos de Witiza, rivales suyos en la sucesión al trono, que se pasaron al adversario, don Rodrigo fue totalmente derrotado en la batalla del Guadalete (711). La desaparición del rey, fantaseada por numerosas leyendas y romances, representó el hundimiento de la monarquía visigoda y la rápida conquista del territorio peninsular por los nuevos invasores.

La civilización visigoda

Al entrar los visigodos en la Península repartiéronse una gran parte de las tierras hispánicas, dejando el resto a los vencidos. Pero no se debe olvidar que los invasores eran una pequeña minoría, que acaso no llegara a 250.000, y que se establecieron sin dispersarse en determinadas regiones, una de ellas la Meseta Central. Es decir que, en términos generales, la invasión visigoda representó un cambio de estructuras más políticas que sociales o económicas. La mayoría de la población, hispanorromana, pudo mantener sus formas de vida tradicionales, tanto más cuanto que la separación de los pueblos estaba sancionada por el derecho. Lo mismo se puede decir de la agricultura y la ganadería, que se mantuvieron muy florecientes, y de la industria y el comercio, que como en siglos anteriores se concentraban en los puertos mediterráneos.

Por otra parte, cuando los visigodos entraron en la Península ya llevaban largos años de contacto con Roma y habían adoptado muchas de las costumbres políticas y sociales romanas. De aquí que el contacto de la civilización visigoda y la hispanorromana no tuviera carácter de ruptura o conflicto profundo. Por el contrario, fue más que nada un proceso de síntesis en el que los elementos visigodos solamente matizaron y dieron personalidad distinta a la tradición romana de los hispanos.

Desde un principio el Estado estaba organizado a base de una monarquía en la que el rey ejercía su poder, más que sobre un territorio, sobre el pueblo visigodo, por lo que recibía el título de *rex gothorum.* Según la tradición visigoda la monarquía era electiva y la elección del nuevo rey se realizaba en asambleas populares, pero en la que sólo visigodos tomaban parte. Más tarde, desde la conversión de Recaredo, la elección quedó a cargo de los nobles y obispos, que constituían el Concilio.

Para el gobierno y la administración de los territorios, los visigodos mantuvieron las divisiones establecidas ya por los romanos. Aunque la monarquía era absoluta, el rey estaba auxiliado por ciertas asambleas de visigodos, sustituídas más tarde por el *Aula regia,* en la que entraban a formar parte tanto nobles como obispos. Algunas de las facultades legislativas de estas asambleas fueron asumidas por los Concilios de Toledo, verdaderas asambleas mixtas a las que el rey convocaba a los nobles y a los obispos del reino. A través de ellos se verificó la transformación de la monarquía visigoda que, aunque fundamentalmente absoluta, estaba cada vez más moderada por la influencia de los obispos.

La Iglesia y la cultura hispanovisigoda

Uno de los factores más decisivos en la formación de la nación hispanovisigoda fue la Iglesia, pero no hay que creer que fue la suya una influencia exclusivamente política o que sólo se trataba de un deseo de dominio sobre el pueblo. Por el contrario, desde la invasión visigoda hasta la conversión de sus reyes a la fe católica, fue la Iglesia hispanorromana la única capaz de representar ante los invasores la fe y la cultura de los hispanorromanos quienes, aunque vencidos, constituían la mayoría de la población.

El cristianismo se había desarrollado en la Península, como también en el resto del mundo convertido, en una sociedad cuya fuerte estructuración jerárquica imitaba en lo esencial la de la antigua Roma. Sus últimos siglos, con sus emperadores cristianos, habían dado lugar a la formación de un concepto de sociedad cuya religión era la cristiana y su cultura la romana. Por ello, en la Península, como en el resto de la Europa romana, al desaparecer la autoridad del Imperio ante las invasiones de los bárbaros, la Iglesia defendió no sólo la religión cristiana, sino también la cultura de Roma. Se puede muy bien afirmar que a la romanización de la Iglesia se debe en gran parte la supervivencia de la herencia romana en Europa. En ninguna parte se ve ello tan claramente como en la Península, donde a la influencia de la Iglesia se debe que la asimilación de los dos pueblos, visigodo e hispanorromano, se hiciera sobre las bases de un acercamiento de los vencedores a la lengua, religión y cultura de los vencidos. En consecuencia, los visigodos no sólo se convirtieron al cristianismo hispanorromano, sino que olvidando su idioma adoptaron el latín como la lengua oficial, mientras que los dialectos del latín vulgar continuaron siendo el idioma de la población.

El momento más interesante de la confrontación y asimilación de los pueblos visigodo e hispanorromano, se dio tras la conversión de los visigodos a la fe católica romana. A partir de entonces, los cronistas e historiadores hispánicos dejaron de referirse a los visigodos como a un pueblo de invasores para nombrarlo como sucesor de Roma en la Península, parte ya de la nación hispana. Así, por ejemplo, escribe San Isidoro de Sevilla:

De todas las tierras, cuantas hay desde Occidente hasta la India, tú eres la más hermosa, sagrada Hispania, madre siempre feliz de príncipes y pueblos . . . tú, honor y adorno del mundo, la más ilustre porción de la tierra, en que la gloriosa fecundidad de la raza goda se recrea y florece.

La figura más representativa y característica de la cultura hispanovisigoda es, sin duda, San Isidoro (570-636), gran educador y escritor infatigable, que, como obispo de Sevilla, ejerció una gran influencia en la vida política y religiosa de su tiempo. Entre sus obras, unas históricas, *Historia de los reyes godos, vándalos y suevos,* o de educación religiosa, *Sentencias,* destacan sus *Etimologías,* alarde extraordinario de erudición, que en forma enciclopédica define y analiza todo el saber antiguo. San Isidoro, sobre todo por sus *Etimologías,* ejerció durante siglos una gran influencia en la formación espiritual y cultural de los monasterios hispánicos y europeos.

Otras figuras notables de la cultura hispano-visigoda son San Ildefonso de Toledo (m. 667), poeta y teólogo; San Leandro (m.¿600?), obispo de Sevilla, hermano de San Isidoro, educador de monjes; San Braulio (m.¿656?), consejero de abades y reyes; San Eugenio (m. 657), teólogo, poeta y músico; San Julián (m. 690), historiador; San Valerio (m. 695),

místico visionario y fundador de monasterios, autor de una notable autobiografía.

El arte hispanovisigodo

Por lo que respecta del arte, aunque no se han conservado huellas
suficientes para un estudio completo, se puede afirmar que continúa el
patrón romano provincial. La arquitectura religiosa sigue las formas
latinas de planta regular y techo de madera, como se observa en la iglesia
de San Juan de Baños en Palencia; o adopta la planta bizantina cuadrada
con techo abovedado, como la de Santa Comba de Bande en Orense;
aunque hay otros ejemplares que no parecen ajustarse a ninguno de estos
tipos, como San Pedro de la Nave en Zamora (fig. 3.1). En las construc-
ciones hispanovisigodas es típico el arco de herradura, posiblemente de
origen oriental y muy usado más tarde en la arquitectura musulmana (fig.
3.2).

La escultura de este tiempo parece demostrar todavía una aversión a la
representación de figuras y está subordinada a una finalidad estrictamente
decorativa. Sus motivos suelen ser geométricos y repetitivos, cruces,
rosetas o círculos. Aunque también se encuentran algunas representaciones
de plantas, animales e, incluso, figuras humanas, todos muy esquematiza-
dos y de posible influencia bizantina (fig. 3.3). Como consecuencia de la
afición que los pueblos germánicos sentían por el adorno personal, la
orfebrería hispanovisigoda tuvo un gran desarrollo, a la vez que se mantuvo, más que otras formas artísticas, fiel a la tradición visigoda. Sólo
hacia la segunda mitad del siglo VII se empieza a percibir en la orfebrería una influencia bizantina. Como ejemplos de la orfebrería visigoda se
han conservado cruces, vasos de oro y plata, collares, colgantes, cintu-
rones y numerosas coronas, entre las que destaca la del rey Recesvinto
(fig. 3.4).

El desarrollo de la nueva nación fue cortado por la invasión musulmana, la cual dejó para los siglos siguientes la cultura hispanorromana y
cristiana, más que la visigoda, como herencia de la Hispania visigoda. De
la dominación visigoda han quedado como supervivientes numerosos nombres de lugar, Gudé (Lugo), Godos (Teruel), Revillagodos (Burgos); o de
familias, Recaré (Lugo), Castrogeriz (Burgos); y nombres propios como
Alfonso, Ramiro, Elvira y algunas palabras que pasaron al castellano:
ganso, espuela, tregua, adobar, entre muchos otros.

La invasión de los árabes

La caída del reino visigodo ante el empuje árabe divide la Edad Media
española en dos partes completamente distintas; una corresponde al

3.1 Iglesia de San Pedro de la Nave, Zamora

Poco común
el cruz es rentral

3.2 Interior de la iglesia de San Pedro de la Nave

3.3 Capitel visigodo de San Pedro de la Nave

Probably in memory of a king.

← *Hard to wear*

3.4 Corona votiva del rey Recesvinto

período visigodo, la otra a la dominación árabe y la reconquista cristiana. Durante la primera, de la llamada Hispania visigoda, los invasores godos que ocuparon las provincias romanas se apropiaron y se asimilaron a la cultura hispanorromana, llegando así a formar un pueblo continuador de las tradiciones godas y romanas, pero a la vez distinto y con características que muy bien se pueden llamar hispanas. Durante esta misma época otras provincias romanas, Galia, Britannia, fueron sufriendo un proceso semejante. Como en la Península, también en ellas la Iglesia fue el gran instrumento civilizador y romanizador de las nuevas sociedades. En Europa este proceso de formación de lo que llegarán a ser naciones, continuó sin interrupción durante siglos sin que la religión cristiana y la cultura romana dejaran de ser las bases únicas sobre las que Europa se iba formando.

En la Península Ibérica la invasión árabe detuvo este proceso, y, durante un tiempo, convirtió la civilización musulmana en base de una nueva sociedad, que era espiritual y culturalmente independiente de la religión cristiana y de la cultura romana.

Cuando los grupos cristianos comenzaron a reconquistar los territorios peninsulares y, así, a restablecer la sociedad cristiana, no fueron ya capaces de continuar la tradición visigoda, sino que comenzaron una tarea de reconstrucción política, religiosa y cultural que era en realidad algo nuevo. En esta tarea la Iglesia, otra vez, desempeñó un papel muy importante, más si cabe que antes, pues no se trataba entonces de romanizar la población de la Península sino sencillamente de cristianizarla como medio de regresar a la unidad espiritual del Occidente europeo. Por esta razón tuvo la religión una importancia decisiva en la formación de España y después en su mantenimiento como nación. Ahora bien, éste, que hay que llamar segundo período en la Edad Media española, no se da en el resto de Europa, y a ello se debe que la espiritualidad de los hispanos vaya desarrollándose de una manera distinta precisamente por la importancia distinta que se dio a la religiosidad en la formación de la nueva sociedad.

Para el estudio de este período hay que tener en cuenta que al hablar primero de la Hispania árabe y después de los Reinos cristianos de la Reconquista no se trata sencillamente de dos períodos sucesivos. Se trata más bien de una balanza en la que uno de sus platillos con su peso domina completamente en un principio, pero que poco a poco se va equilibrando, incluso perdiendo hasta que el peso del otro platillo llega en definitiva a dominar.

En el caso de los reinos árabes y cristianos en la Península, el predominio casi exclusivo de los árabes dura casi tres siglos, 711-1000. A ellos siguen dos más, 1000-1200, en los que el poder, aunque equilibrado, se va inclinando en favor de los cristianos, llegando a un predominio total de éstos durante los tres últimos siglos, 1200-1492, que median hasta la reconquista de Granada. A lo largo de estos períodos las relaciones entre ambos, musulmanes y cristianos, fueron cambiando, como fue cambiando también la importancia relativa, cultural y religiosa, de ambos. Pero la supervivencia, incluso hoy en día, de muchos elementos culturales y de maneras de ser del español, resultados de esta mezcla y conflicto de lo musulmán y lo cristiano, es lo que hace de este período el más trascendental de toda la historia española.

Los árabes

A fines del siglo VII y comienzos del VIII, mientras la unidad de la Hispania visigoda estaba en crisis a causa de las luchas entre los hijos del rey Witiza y su sucesor, don Rodrigo, y de las rebeldías de los pueblos del norte de la Península, los pueblos que habitaban el norte de África sufrían una convulsión bélica comparable a la conquista cartaginesa y romana casi mil años antes. Bandas de guerreros procedentes de Arabia habían invadido y dominado con una rapidez asombrosa toda la zona costera desde Egipto hasta el Atlántico y estaban procediendo a establecer un nuevo poder, el Imperio árabe, o del Islam.

La religión islámica, o musulmana, había nacido en Arabia con la predicación de Mahoma (c. 579-632), un comerciante de la ciudad de la

Meca, quien en la madurez de su vida se había convertido en fogoso propagador del monoteísmo. Aunque en un principio rechazado, incluso perseguido por sus compatriotas, a su muerte, ocurrida el año 632, Mahoma había logrado unir la mayor parte de las tribus árabes con los lazos de la nueva religión.

El choque inicial de las tribus árabes con los dos grandes imperios de aquel tiempo, el de Persia en el este y el de Bizancio en el oeste, fue estrictamente un conflicto local y fronterizo, más *razzia* que guerra. Sin embargo, la rivalidad entre las dos potencias, causa de numerosos y largos conflictos, y el deseo de independencia de los pueblos a ellas sometidos, contribuyeron a que las bandas de guerreros árabes fueran capaces de conquistar fácilmente regiones enteras con una población muy superior en número a la propia. Y como en un principio la lucha iba dirigida contra las tropas bizantinas y persas, los árabes pudieron contar para la conquista de nuevos territorios con la ayuda de los pueblos que iban dominando. De esta manera, al cabo de un siglo desde la muerte de Mahoma las bandas guerreras árabes habían sido capaces de dominar la mayor extensión de territorios y el mayor número de pueblos que jamás se habían reunido bajo un solo poder, alcanzando sus fronteras desde el río Ganges en la India, en el este, hasta el Atlántico y el corazón de Francia, en el oeste.

Aunque en un principio el naciente imperio se basaba casi exclusivamente en una serie de alianzas políticas y promesas de sumisión al *califa,* vicario (de Mahoma), como se llamó a su jefe, la situación cambió muy rápidamente. Por una parte, la curiosidad y el interés que las culturas persa y bizantina despertaron en los árabes y, por otra, el deseo de los pueblos vencidos de imitar y asimilarse a los vencedores, produjeron el proceso de asimilación social y cultural que se conoce con el nombre de civilización árabe, o musulmana, de la que primero Damasco y después Bagdad fueron el centro durante siglos.

La invasión árabe de la Península

La ocupación árabe de la Península no respondió, como tampoco su expansión en el este, a un plan preconcebido de conquista. Comenzó con una serie de incursiones realizadas por el jefe beréber Tarik,[5] aliado de los árabes, quien al frente de algunos centenares de guerreros atacó repetidas veces el sur de la Península aprovechándose de las guerras civiles hispanogodas. El año 711 Tarik, con un contingente de unos 5.000 beréberes y árabes, se enfrentó con las tropas visigodas, muy superiores en número, mandadas por el rey don Rodrigo. En el curso de la batalla, algunos nobles visigodos partidarios de los hijos del rey Witiza se rebelaron contra don Rodrigo, permitiendo así la victoria de los invasores africanos. La batalla del Guadalete convenció a Tarik de la facilidad con que podía conquistar el territorio peninsular y así lo advirtió a Musa, gobernador árabe de la Mauritania. La llegada de éste al mando de unos 15.000 guerreros, árabes en su mayoría, significó el comienzo de la conquista árabe. Ante el empuje de los dos ejércitos invasores las tropas visigodas fueron derrotadas definitivamente y las ciudades sólo se defendieron con el objeto de conseguir una capitulación en mejores condiciones. Como resultado, los árabes y sus aliados beréberes se apoderaron en pocos meses de toda la Península, en lo que se puede considerar una de las campañas más asombrosas de la historia. Solamente en la zona montañosa del norte algunos grupos visigodos encontraron refugio entre los pueblos que ellos mismos habían tratado de dominar. Una vez conquistada la Península, la atención de los árabes se dirigió hacia Francia y, cruzando los Pirineos el año 718, comenzaron la conquista del continente europeo. La mayor extensión de la conquista se alcanzó con las incursiones árabes en el norte de Francia, donde fueron derrotados, entre Tours y Poitiers, por las tropas de Carlos Martel (732). Aunque los historiadores árabes nunca dieron a esta derrota la misma importancia que le prestaron los cronistas cristianos, y las tropas árabes mantuvieron su dominio sobre extensas zonas del territorio franco durante más de medio siglo, la batalla de Tours, como ha venido llamándose, tuvo una gran importancia por representar el final de la expansión árabe en el territorio europeo y, sobre todo, porque obligó a los árabes a consolidar su dominio sobre la Península. Esta tarea incumbió al hijo de Musa, Abd al-Azziz ibn Musa, y a sus sucesores, quienes como *emires,* gobernadores dependientes, del califa de Damasco, se dedicaron a pacificar la Península y a organizar sus territorios como parte ya del imperio árabe.

Al-Andalus = Lo España Musulmana

Durante este mismo tiempo tuvo lugar en el Este una gran escisión entre los árabes fieles a los califas de la tribu de Umayya reinante en Damasco y los partidarios de la tribu de Abbas. Con la victoria de éstos se inició la dinastía llamada de los abasidas, cuya capital fue Bagdad. El nieto del último califa omeya, Abderramán, logró escapar de la matanza organizada por los abasidas contra los omeyas (750) y, tras largo y peligroso viaje, pudo desembarcar en la Península, donde fue reconocido como emir independiente con el nombre de Abderramán I (756-788). Bajo su gobierno los territorios peninsulares se fueron constituyendo en una sociedad nueva e independiente, que recibió el nombre de al-Andalus, todavía hoy usado para referirse a la España musulmana.

EMIRATO INDEPENDIENTE Durante el período del emirato independiente (756-912), los omeyas hispanos se propusieron dar cohesión a los elementos dispares que existían en la Península. Los emires no sólo consiguieron la unificación política de los territorios peninsulares con Córdoba como capital, sino que lograron además el establecimiento de una civilización árabe, imitación de Damasco y Bagdad, muy superior a la nativa hispanovisigoda. La mayoría de la población peninsular, atraída por las formas de vida de los árabes vencedores, se mezcló rápidamente con ellos, formando un grupo mayoritario hispanomusulmán en el que se confundían los elementos étnicos hispanos, mezclados o no con árabes, con un deseo de ser y actuar como los musulmanes de origen oriental.

Los últimos años del emirato independiente fueron críticos para la dominación árabe. Por una parte la presión de los nuevos reinos cristianos en el norte comenzaba ya a dejarse sentir; por otra parte, los musulmanes de origen árabe y los hispanomusulmanes ensangrentaban con sus luchas el sur de la Península, y se declaraban independientes de la autoridad de los emires.

CALIFATO DE CÓRDOBA En esta situación subió al poder Abderramán III (912-961) quien, gracias a sus dotes extraordinarias de guerrero y político, fue capaz de conjurar los peligros que amenazaban a su autoridad. Durante su gobierno Córdoba se convirtió en la ciudad más rica e importante de Europa. Mérito especial suyo fue la creación de un concepto nacionalista hispanomusulmán que se manifestó en la declaración del territorio árabe peninsular, al-Andalus, como califato independiente de la autoridad de Bagdad.

El poder militar y el esplendor del Califato de Córdoba se mantuvieron, incluso aumentaron, durante el gobierno de sus sucesores Alhaquem II (961-976) y Hixam II (976-1016), cuyo ministro Al-Mansur, el famoso y temido Almanzor, aterrorizó a los cristianos con la conquista de Barcelona (985), de León y Astorga (988), y la destrucción de Santiago de Compostela (988).

A la muerte de Almanzor, ocurrida en 1002, cundió por todo el Califato la más espantosa anarquía. Tras muchas vicisitudes, en las que abundaron los asesinatos, fue nombrado califa Hixam III (1027-1031) quien, hombre de carácter débil, se mostró pronto incapaz de restablecer el orden, y ante una revuelta popular abandonó la capital. Esta huída señaló el fin de la unidad política hispanomusulmana y el comienzo de una serie de pequeñas soberanías independientes que se conocen con el nombre de reinos de Taifas.

REINOS DE TAIFAS La desmembración del Califato a la muerte de Almanzor demuestra que los árabes, incluso tras tres siglos de dominación sobre la Península, no habían logrado generar un concepto nuevo de nación. A pesar de la unidad cultural, lingüística y religiosa de la mayoría de la población, los antiguos focos de rebeldía contra la autoridad de Córdoba reaparecieron, formando una serie de grupos políticos cuyo número cambiaba al cambiar las razones de su existencia. De ellos, que llegaron a ser veintitrés en algunos momentos, los más importantes fueron aquellos en que dominaba el elemento beréber o africano, como Málaga y Granada, y los que presentaban un predominio de población hispanomusulmana, como Córdoba, Valencia, Sevilla y Zaragoza, entre otros. De ambos grupos eran éstos los más estables y a ellos se debió el gran esplendor que la cultura hispanomusulmana mantuvo durante todo este período. Desde el punto de vista político, sin embargo, tuvieron los otros mayor importancia, al ser causa determinante de un acercamiento a los reinos africanos para defenderse con su ayuda de la presión que ejercían los reinos cristianos.

ALMORÁVIDES, ALMOHADES Y BENIMERINES   La primera de estas alianzas de los reinos de Taifas con los africanos tuvo como consecuencia la invasión de los almorávides. Eran éstos unas tribus beréberes que, convertidas al islamismo en el siglo IX, habían llegado a dominar el norte de África. Llamados a la Península por los reyes de Granada y otros, fueron capaces de infligir una tremenda derrota al rey Alfonso VI en la batalla de Zalaca (1086). Con el prestigio y poder militar conseguidos en esta victoria sobre los cristianos, los almorávides impusieron su voluntad a los reinos peninsulares hasta 1147, fecha en que, vencidos en África por los almohades, desapareció su imperio.

Los almohades eran unas tribus africanas fanatizadas por Mohamed ben Tumart, un reformador religioso que se decía ser el enviado especial, *mahdi,* anunciado por Mahoma. En 1146, tras haber dominado el norte de África, entraron en la Península sometiendo fácilmente los reinos en que predominaba el elemento africano. En 1195 se enfrentaron con las tropas del rey de Castilla, Alfonso VIII, a las que hicieron sufrir, en la batalla de Alarcos, una terrible derrota. Sin embargo, pocos años más tarde el papa Inocencio III proclamó una guerra de Cruzada contra ellos, y los reyes de Castilla, Navarra y Aragón, con la ayuda de cruzados de otros reinos cristianos, consiguieron derrotar a los almohades en la decisiva batalla de las Navas de Tolosa (1212). Dos años más tarde se desmoronó el imperio almohade.

La última invasión africana fue la de los benimerines, miembros de una tribu beréber que había dominado en Marruecos desde la desaparición de los almohades. Aliados con el reino de Granada, invadieron la Península en una auténtica guerra santa contra los cristianos, pero tras algunas victorias sufrieron una derrota decisiva en la batalla del Salado (1340) ante las tropas del rey castellano Alfonso XI, a quien ayudaban los reyes de Aragón y Portugal. Esta victoria puso el estrecho de Gibraltar en manos de los cristianos, obligando así a las tribus africanas a abandonar los asuntos de la Península.

REINO DE GRANADA   De todo este caos político y militar se salvó el rey Mohamed I, o Boabdil, fundador de la monarquía nazarí de Granada.

Proclamado independiente en 1231, mantuvo su independencia en un reino famoso por su riqueza y su cultura hasta su conquista por los Reyes Católicos en 1492. Con su capitulación, el 2 de enero, terminó la dominación árabe de la Península.

La civilización árabe   origen Bizantino

La llamada civilización árabe, o musulmana, es uno de los fenómenos más extraordinarios en la historia de la cultura. Es también uno que ejerció una influencia decisiva en el desarrollo de la cultura occidental. Desde el momento de las primeras conquistas de territorios bizantinos y persas, realizadas por los guerreros árabes, tanto los vencedores como los vencidos demostraron una gran capacidad para la asimilación de nuevas formas lingüísticas y culturales. En menos de un siglo, aquellos guerreros árabes dotados de un nivel cultural relativamente primitivo habían logrado establecer una situación política y social capaz de continuar y superar en árabe las tradiciones culturales bizantinas y persas.

En un principio, bajo la dinastía omeya y con la capital en Damasco, fueron las formas de la cultura helenista[6] predominante en toda la región mediterránea oriental las que más influyeron en la nueva civilización árabe. Más adelante, a partir de la revolución abasida, con el consiguiente traslado de la capital a Bagdad, las antiguas provincias del Imperio persa, y con ellas su civilización, adquirieron una gran importancia, dando a la civilización árabe muchos de los aspectos orientales que la caracterizan.

Contra lo que generalmente se afirma, la sociedad musulmana no era belicosa ni guerrera. Por el contrario, tras el empuje de expansión conquistadora de las primeras décadas, la nueva sociedad se fue estableciendo sobre bases económicas urbanas en las que sobresalían la artesanía y el comercio. Los muchos cuentos y otras narraciones de esta época que se han conservado dicen de grandes ciudades con una numerosa burguesía cuyos ideales eran, sobre todo, el lujo y el bienestar. Para satisfacer esas necesidades, comerciantes de todas nacionalidades y razas recorrían el mundo conocido en busca de productos nuevos que pudieran vender fácilmente y con provecho en las grandes ciudades musulmanas: Bagdad, Damasco, Cairo y Alejandría. De esta manera la civilización musulmana no sólo se aprovechó con el intercambio de productos de las varias provincias del Imperio musulmán, sino que se enriqueció con la importación de otros hasta entonces desconocidos. Se podría citar, entre otros muchos, el papel, la pólvora, la seda y el cristal, tan importantes en el mundo moderno.

Uno de los aspectos más notables de esta civilización era su arte. Aunque en todas sus manifestaciones demuestra claramente su origen bizantino y persa y la influencia india e incluso china, el llamado arte musulman desarrolló rápidamente características tan marcadas que dan a todas sus manifestaciones artísticas una personalidad indiscutible. Se asocia de una manera especial con el arte musulmán el detalle, la delicadeza, el sentido sensual del color, el entrelazamiento decorativo y el juego espacial arquitectónico. Adornos típicamente musulmanes son la caligrafía decorativa y el dibujo geométrico con que compensan la falta de figuras humanas, cuyo uso estaba prohibido por la religión musulmana.

A la par que la nueva sociedad desarrollaba sus necesidades y gustos por lujos y adelantos materiales, desarrollaba también el Islam una gran cultura espiritual, literaria, religiosa y científica. Para su expresión se adoptó el árabe como el idioma oficial. La técnica para escribir la lengua se había desarrollado rápidamente, permitiendo su uso tanto en la formulación de conceptos abstractos, filosóficos y científicos, como en la expresión de las más ricas descripciones y sentimientos poéticos más refinados. No sólo por la cantidad, sino también por la calidad de los escritos, la cultura árabe fue una de las más literarias de todos los tiempos. El saber leer y escribir era un título de distinción y el canto y la versificación eran considerados como una parte muy importante de la educación. En realidad, pocas civilizaciones ha habido que dieran tanta importancia a la poesía como la cultura árabe. Su codificación, análisis, comentario, incluso composición de poesía original era la base de la educación musulmana, sólo menos importante que el estudio y memorización del Corán.

En las ciencias del espíritu, filosofía y teología, el estudio del texto del Corán, como se llama a la revelación de Dios a Mahoma, fue siempre fundamental, recibiendo por ello una gran atención. Pero al entrar los musulmanes en contacto con escritores cristianos, algunos muy versados en problemas de filosofía y teología helenistas, comenzaron ellos también a interesarse por los filósofos griegos y helenistas, traduciendo sus obras al árabe a la vez que las enriquecían con sus propios comentarios. Tan importante fue su contribución que fueron precisamente los filósofos musulmanes, como el árabe al-Kindi, el turco al-Farabi, el persa Avicena y el hispano Averroes, quienes preservaron en árabe las obras de los grandes filósofos griegos, sobre todo Aristóteles, sirviendo de puente más tarde para su transmisión en traducciones latinas a Europa.

En el campo de las ciencias, la civilización musulmana también alcanzó un desarrollo notable y sus contribuciones, al llegar a Europa, hicieron posible e iniciaron el desarrollo de las ciencias modernas. En matemáticas, los sabios musulmanes sintetizaron y con estudios originales avanzaron los conocimientos de sabios griegos e indios, cuyas obras se han preservado gracias a las traducciones árabes. Durante siglos, fueron los estudios de aritmética, álgebra y astronomía realizados por los sabios musulmanes los más avanzados del mundo civilizado y en los que se basaron los adelantos posteriores. Se les atribuye la adaptación del sistema numeral indio, la introducción del "cero" como número, y el desarrollo y aplicación del sistema decimal, sin los cuales no se concibe la matemática moderna.

Las ciencias experimentales y medicina también se enriquecieron rápidamente con las traducciones que los sabios musulmanes hicieron de libros griegos, egipcios e indios, sobre los que basaron sus propias observaciones, llegando también a gozar por ellas de una fama indiscutible. No sólo era la alquimia-química-una ciencia árabe, sino también la farmacología, la física y la medicina, en las que muchos adelantos conseguidos por los sabios musulmanes (tales como destilación, filtración, sublimación, etc.), todavía hoy tienen aplicación.

La influencia que la civilización musulmana ejerció sobre Europa fue extraordinaria. A pesar de la oposición de Bizancio y los pueblos occidentales contra el imperio del Islam, las relaciones comerciales entre ambos grupos nunca se interrumpieron completamente. En consecuencia, tanto los productos orientales como las noticias de los avances culturales, filosóficos y científicos de los musulmanes, fueron causa en el Occidente cristiano de un gran interés por las ciencias y la cultura filosófica y artística musulmanas. En ello desempeñó la Península Ibérica un papel extraordinario, al ser ella el punto de contacto más importante y como el puente de transmisión de la cultura musulmana a Europa.

La cultura hispanoárabe

La rapidez con que se llevó a cabo la conquista de la Hispania visigoda y el hecho de que fuera realizada por un número reducido de invasores explican que la vida social y económica de los hispanos cambiara muy poco durante los primeros años después de la invasión árabe. Sólo poco a poco las ciudades hispanas fueron transformándose de latinas y visigodas en árabes y musulmanas.

La población musulmana en la Península, en un principio una minoría tan sólo de origen árabe y beréber, se vio incrementada rápidamente por numerosos elementos hispanovisigodos, paganos y cristianos, que, sinceramente o por motivos de interés personal, aceptaban fácilmente la religión de los conquistadores. Éstos, a quienes se les dio el nombre de *muladíes,* llegaron a constituir el núcleo más numeroso de la población hispanoárabe, y aunque su relación étnica con los árabes fue muy superficial o no existente, su completa arabización, en lengua y costumbres, hizo de ellos el fundamento de la sociedad musulmana en la Península, que llegó a ser así una mezcla de elementos hispanovisigodos y árabes.

La nueva sociedad hispanomusulmana siguió en su desarrollo conscientemente y muy de cerca las formas que iba desarrollando la sociedad árabe y musulmana del oriente, Damasco y Bagdad, con la que los emires y califas cordobeses mantuvieron siempre, a pesar de sus diferencias políticas, muy estrechas relaciones mercantiles y culturales. Estas relaciones tomaron en muchos casos el aspecto de imitación consciente, que llegó a dar a la civilización hispanomusulmana un marcado sabor oriental a pesar de sus numerosos elementos occidentales. Un ejemplo de esta imitación lo ofrece Ziryab, *el Pájaro Negro,* amigo del famoso califa de Bagdad Harún al-Rashid[7] (786-809), quien al perder el favor oficial aceptó la invitación de los emires cordobeses Alhaquem II y Abderramán II a que entrara a su servicio. Una vez en Córdoba, según cuentan los cronistas árabes, Ziryab hizo una gran fortuna enseñando música y canto al estilo oriental, introduciendo también las modas de Bagdad.

En rivalidad con Bagdad, Córdoba, capital del Emirato y después del Califato de al-Andalus, se convirtió en el centro del lujo y de la civilización musulmana en el occidente. Ya en el siglo X Córdoba era la ciudad más avanzada de Europa con sus 113.000 edificios privados, palacios y mezquitas, 70 bibliotecas, 900 baños públicos, calles pavimentadas e iluminadas por la noche desde las casas a ambos lados. Aunque con menos esplendor, eran centros muy importantes Sevilla, Valencia, Zaragoza, Toledo, entre otras muchas ciudades.

La base de esta civilización fue el desarrollo económico conseguido en los tiempos de relativa paz. Sobre todo, la agricultura avanzó notablemente con la introducción de nuevas formas y técnicas de cultivo y la mejora de las antiguas ya usadas por los visigodos y los romanos. Se consiguió una gran perfección del cultivo de regadío merced a un sistema de riegos a base de canales y acequias, todavía en uso. Se extendió el cultivo del olivo y del algarrobo en las tierras altas y de los naranjos y limoneros en las más templadas. Además, se introdujeron granos y vegetales desconocidos hasta entonces, como el arroz y la berenjena. La producción minera fue incrementada con la aplicación de nuevas técnicas, por ejemplo las de mercurio en Almadén, cuyo nombre árabe atestigua la importancia que llegó a tener durante este tiempo.

Florecieron además de manera extraordinaria las industrias del consumo, unas basadas en materias primas de origen local, como sedas, cueros, cerámicas, otras en la transformación o elaboración de materiales importados del oriente. Fue muy importante la industria de la plata, hierro, cobre, vidrio y cristal. Todo ello determinó un florecimiento comercial que desbordaba los límites políticos, estableciendo relaciones mercantiles de exportación a los países cristianos. Gracias a estas relaciones se propagaron rápidamente numerosos adelantos científicos y técnicos que iban llegando a la Península desde el Oriente musulmán.

Como consecuencia de un comercio activo y de muy estrechas relaciones culturales con el Este musulmán, también las ciudades musulmanas de la Península alcanzaron muy pronto un nivel cultural y científico que rivalizaba con el del Oriente musulmán y sobrepasaba con mucho el de las ciudades de la Europa cristiana. De tal manera que cuando los reyes de León, Castilla y Navarra, o los condes de Barcelona necesitaban arquitectos, cantantes, artesanos o médicos, los iban a buscar a al-Andalus cuya cultura, ya a partir del siglo X, era proverbial en toda Europa.

La poesía hispanoárabe había comenzado como una continuación de la árabe tradicional. Como en ésta, los temas tratan del desierto preislámico, nómada y guerrero, de donde también sacaba sus principales metáforas: dunas, palmeras, caballos y camellos. En la Península la poesía de los primeros siglos toma además un aire de nostalgia por el Oriente lejano que demuestra su actitud de literatura de exilio. Ejemplo de ella son los versos atribuídos al emir Abderramán I (755-788):

> Tú, palmera, eres, como yo, extranjera en occidente,
> lejos de tu tierra.

Muy pronto bajo la influencia de la cultura y civilización hispanomusulmana, también la poesía fue adquiriendo una mayor seguridad, mezcla de sobriedad occidental y afición al detalle luminoso de influencia oriental y persa. Ya en el siglo XI la poesía hispanoárabe había alcanzado una especial distinción, entre otros muchos, con Ibn Zaydún (1007-1070), cuya lírica amorosa está considerada como una de las más finas aportaciones de la poesía árabe.

Característica de la poesía hispanoárabe es la incorporación de elementos indígenas que son elaborados con el virtuosismo formal que distingue a la poesía árabe en general. Entre ellos hay que citar la división en estrofas y combinación de la rima en las poesías llamadas *zéjeles* o incluso en poemas bilingües *(muwashshahas)* en los que el árabe juega con refranes y cancioncillas romances *(kharjas)*.

La prosa recibió gran atención no sólo en su uso científico, sino también en el literario, dejando ejemplos de gran valor como *El collar de la paloma,* epístola literaria sobre el amor, escrita por Ibn Hazm (994-1063). Aunque a veces de menor calidad literaria, pero no por ello sin interés, es la gran afición que la literatura hispanoárabe manifestó por la forma narrativa de cuentos y fábulas, sirviendo así de puente hacia Europa de este género literario en que se basa la novela.

Las ciencias filosóficas fueron cultivadas igualmente con gran interés y a ellas contribuyeron nombres famosos como Ibn Tufail (c. 1110-1185), autor de la novela filosófica *(Hayy ibn Yaqthan)* muy conocida más tarde en Europa con el título de *El filósofo autodidacto* y, sobre todo, el gran comentador de Aristóteles, Averroes (1126-1198), cuyas ideas sobre el alma, razón, y fe revolucionaron el pensamiento político y teológico de la Europa del siglo XIII.

Los sabios hispanoárabes sobresalieron además en la ciencias exactas y naturales. Sus contribuciones en matemáticas, óptica, astronomía, medicina, botánica y química enriquecieron las ciencias musulmanas y sirvieron con ellas de base al desarrollo científico europeo a partir del siglo XII.

Entre las manifestaciones más conocidas de la cultura hispanomusulmana hay que nombrar la arquitectura y las artes decorativas. Ambas recibieron fuerte inspiración oriental, con la que forman una unidad artística innegable. Como en el arte musulmán oriental también el peninsular señala claramente sus elementos de origen helénico, persa e incluso indio. Sin embargo, bajo la influencia hispanorromana y visigoda, cuyos elementos fueron también incorporados, el arte hispanoárabe llegó a formar en sus varias manifestaciones una interesante combinación de motivos orientales y occidentales. En términos generales, se puede afirmar que el arte hispanoárabe, como todo el arte musulmán, responde más a un deseo de adorno que de creación de nuevas formas artísticas.

Característica de este arte son así los motivos florales, geométricos o caligráficos con los que se forman unos adornos de extraordinaria finura y estilización a los que se da el nombre de arabescos. Para la construcción, por ejemplo, se usaban materiales blandos, ladrillos, azulejos y yeso, que reciben con mayor facilidad los elaborados adornos árabes. El arco de herradura, ya usado por los visigodos, recibió la estilización característica de este arte y los muros interiores y paredes fueron recubiertos con azulejos, formando complicadas combinaciones o con yeso labrado y policromado.

En arquitectura han quedado de la época cordobesa, siglos VIII y IX, las ruinas del palacio de *Medina az-Zahra* y la parte antigua de la famosa mezquita (fig. 3.5). Fue ésta construida por Abderramán I, agrandada por su sucesor Abderramán II y completada finalmente por el califa al-Haken II, quien le dio la forma que aun hoy mantiene. De especial interés arquitectónico es el progreso decorativo que en la mezquita se observa, desde la simplicidad polícroma primitiva hasta el recargamiento de sus arcos múltiples (fig. 3.6), y bóvedas de magnífica decoración geométrica o floral (fig. 3.7). De la época almohade, siglos XI y XII, son el incomparable minarete de la antigua mezquita de Sevilla, la famosa Giralda (fig. 3.8) y la llamada Torre del Oro (fig. 3.9), junto al río Guadalquivir. Del período granadino, siglos XIII y XIV, se han conservado los famosos palacios de la Alhambra (fig. 3.10, 3.11, 3.12) y el Generalife (fig. 3.13) muestras sin igual de la delicada gracia y adorno de la arquitectura árabe.

De las artes decorativas y comerciales las más importantes fueron las de tejidos, bordados, labrado de marfil (fig. 3.14), cueros cordobeses, aceros damasquinados, cerámica y, sobre todo, la marquetería, cuyo nombre antiguo, taracea, ya indica su origen árabe *(tarsi)*. Tan importantes fueron y tan natural expresión del sentido artístico del pueblo que todas ellas se han mantenido hasta el presente, en su técnica y tradición artística, como la expresión más auténtica de la artesanía española.

La religión del Islam

La religión del Islam predicada por Mahoma en Arabia había sido, hasta el momento de la expansión, el lazo de unión entre las varias tribus árabes. Más tarde, cuando la conquista puso a éstas al mando de sociedades muy diversas, la religión de los vencedores se convirtió en la oficial

3.5 La mezquita, Córdoba

3.6 Arco de la mezquita, Córdoba

3.7 Bóveda del Mihrab de
la mezquita, Córdoba

3.8 La Giralda, Sevilla

3.9 La Torre del Oro, junto al río Guadalquivir, Sevilla

del nuevo imperio. Su defensa y expansión era, al menos en teoría, la primera obligación del *califa,* por ello llamado vicario o representante del Profeta.[8] La religión musulmana está basada en un concepto estrictamente monoteísta. "No hay más que un solo Dios y Mahoma es su Apóstol", dice la fórmula fundamental de la profesión de fe del Islam. El apostolado de Mahoma consistió principalmente en la predicación de la revelación divina contenida en su libro sagrado, el Corán.

En muchos sentidos muy semejante al judaísmo y distinto del cristia-

3.10 Patio de los Leones de la Alhambra, Granada

3.11 Arco de una galería del Patio de los Leones de la Alhambra

nismo, el Islam nunca desarrolló un gran cuerpo de doctrina teológica cual hicieron los escritores y teólogos cristianos, pero sí, al pasar el tiempo, una serie de prácticas rituales, que, en algunos casos, llegaron a absorber todo otro sentimiento religioso.

En el aspecto ético, el Islam representaba un gran avance sobre el nivel primitivo de las tribus árabes del desierto, por ejemplo, regulando la poligamia tradicional, aunque nunca llegó a adoptar la actitud negativa que busca el ideal de la perfección religiosa en el abandono de riquezas, lujos y placeres, tal como predicaban los monjes cristianos. Es notable observar que como resultado de esta actitud, los escritores musulmanes han tratado siempre la doctrina cristiana con mayor respeto que tratan el Islam los escritores y teólogos cristianos, para quienes la religión musulmana es un regreso a la inmoralidad y desorden ético del paganismo.

El Islam aceptó además, desde la época de las grandes conquistas, la realidad de una sociedad pluralística en la que convivían, bajo el dominio árabe musulmán, una gran variedad de grupos de cultura y religión muy diversos. En consecuencia, al contrario de las naciones cristianas en las que la aceptación de la religión era obligatoria para todos sus súbditos por ver en ella la base jurídica de la unidad nacional, en los países musulmanes, salvo en contadas ocasiones, reinaba una tolerancia religiosa, conformándose las autoridades con que los seguidores de otras religiones guardaran el respeto debido a las leyes y costumbres del Islam. El reconocimiento de otras religiones se había ido estipulando durante las campañas de la conquista, generalmente como parte de las condiciones de capitulación, requiriendo éste el pago de un impuesto especial.

Como en las demás partes del imperio musulmán, los conquistadores árabes de la Península aceptaron con tolerancia la pluralidad étnica y cultural de sus habitantes. Solamente siglos más tarde, y durante los períodos en que dominaron las tribus africanas, almorávides, almohades y benimerines, el fanatismo religioso de éstas llevó a duras persecuciones religiosas de las que, por otra parte, tampoco se libraron muchos musulmanes hispanos.

3.12 Sala de los Reyes de la Alhambra

3.13 Patio del Generalife, Granada

3.14 Arqueta de marfil

Las minorías religiosas

Las ventajas políticas y económicas que se ofrecían a los que adoptaban la religión y costumbres de los vencedores hizo que grandes grupos de la población peninsular, paganos, arrianos e incluso cristianos, aceptaran muy pronto la religión musulmana. Con ello la religión cristiana, hasta entonces, predominante y mayoritaria se convirtió rápidamente en una minoritaria y al margen de la vida política de la nueva sociedad, comparable a la otra minoría étnica y religiosa de vieja historia en la Península, la judía. Los cristianos que vivían sometidos al gobierno musulmán, los mozárabes, y los judíos son las únicas minorías de cierta importancia durante este período.

Los mozárabes

Los cristianos, visigodos e hispanorromanos, que poblaban el territorio peninsular dominado por los musulmanes formaban un grupo de características muy marcadas. Por una parte, al haber perdido, con la caída del reino visigodo, todos los privilegios políticos acordados a la Iglesia, los líderes cristianos mantuvieron una actitud hostil hacia el dominio musulmán, complicada y hecha más profunda por el desprecio que sentían por la religión del Islam. Por otra parte, y a medida que se hacían más extensos los territorios reconquistados, las minorías cristianas iban adquiriendo una importancia desproporcionada con su número.

Por lo general, las comunidades cristianas peninsulares, como las demás de otras regiones del Imperio musulmán, gozaron de una notable libertad religiosa. Podían edificar templos y mantener monasterios y escuelas; sus obispos, sacerdotes y monjes ostentaban las insignias propias de su estado y rango, eran libres de convocar sínodos y concilios, manteniendo estrecho contacto con los monasterios e iglesias del norte. Los cristianos vivían agrupados en barrios especiales en los que estaban gobernados según las leyes y costumbres tradicionales, visigodas e hispanorromanas, por un noble cristiano al que se otorgaba el título de *conde de cristianos.*

A pesar del sentido conservador de estas comunidades cristianas, tan adversas a la sociedad musulmana, su cultura decayó rápidamente y, aunque mantuvieron el latín como su lengua litúrgica y literaria e incluso desarrollaron un dialecto romance especial, la influencia de la cultura árabe fue evidente, por lo que se les dio el nombre de mozárabes, es decir, arabizados.

El acontecimiento más importante de estas comunidades fue la llamada persecución de Córdoba, que tuvo lugar durante la segunda mitad del siglo IX. Ya por aquel tiempo la cultura hispanovisigoda estaba en franca decadencia y los cristianos se sentían cada vez más atraídos por la cultura árabe. Así al menos lo dice uno de sus escritores más famosos, Álvaro de Córdoba (m. 861):

Todos nuestros jóvenes. . .intoxicados con la elocuencia árabe, manejan con la mayor avidez, leen con la mayor atención. . .los libros de los [musulmanes] . . .mientras ignoran la belleza de la literatura eclesiástica. . .como si fuera la cosa más vil. ¡Oh dolor! Los cristianos ignoran su propia lengua. . y entre mil apenas se encuentra uno que puede puede escribir una carta familiar a un amigo en latín inteligible, pero incontables son los que pueden usar elegantemente las pompas de la erudición [árabe].

De esta época son la mayoría de escritos morzárabes, no muchos, que se han conservado. En general, son éstos de tipo religioso, y tienen como fin exaltar la religión cristiana a la vez que atacan la religión musulmana, a cuyo fundador, Mahoma, dan el nombre de Anticristo.

Aunque la predicación de Alvaro y otros líderes cristianos produjo frecuentes encuentros con las autoridades musulmanas y algunos de éstos terminaron con el encarcelamiento y ajusticiamiento, *martirio,* de los cristianos rebeldes, el movimiento no llegó a producir la reacción esperada, continuando la decadencia de la cultura cristiana. La importancia de estos martirios radica en la imagen de un Islam fanático y perseguidor de cristianos que a causa de ellos se formó en Europa y que, aunque injustamente, se ha mantenido en la historia de España hasta el presente.

Los judíos

Una minoría muy distinta de la que formaban los cristianos era la judía. Su presencia en la Península está atestiguada desde el tiempo de los romanos, cuando, sin duda siguiendo las rutas comerciales del Imperio, los judíos se habían ido estableciendo en algunas ciudades peninsulares, en las que por su origen étnico y costumbres distintas vivían sin confundirse con la población indígena. Ya durante el período visigodo los judíos hispanos constituían una minoría de la población cuyas riquezas y actividades comerciales daban una importancia mayor de la que su número concedía, a la vez que su lealtad a la fe y costumbres judías impedía una identificación con el resto de la población peninsular cristiana. Por ello, al tratar los reyes visigodos de unificar la Península bajo una legislación cristiana, tuvieron que enfrentarse con las comunidades judías y las intentaron someter con una legislación tan dura y persecutoria que fue condenada por los mismos obispos cristianos, a quienes favorecía. Como consecuencia, en el momento de la invasión árabe de la Península, los judíos no sintieron lealtad hacia la autoridad visigoda e hicieron causa común con los invasores, a los que ayudaron en la capitulación de ciudades y en los primeros intentos de establecer una nueva jerarquía política y administrativa.

En términos generales, los judíos gozaban de la misma tolerancia religiosa que los cristianos. Como éstos, vivían agrupados en barrios especiales, ejerciendo libremente su religión, gobernados según sus leyes y preceptos tradicionales.

El aspecto más notable de las minorías judías es sin duda su actitud hacia la nueva sociedad musulmana. Contrario a la actitud cristiana cada vez más hostil, adversa y alejada de la cultura árabe e hispanomusulmana, los judíos no sólo mantuvieron estrechas relaciones comerciales sino que se integraron rápidamente a la nueva sociedad. En ella llegaron a figurar muy pronto como embajadores, consejeros y ministros de gobernadores, emires y califas, como Hasdai ben Shaprut, ministro de Abderramán III y gran protector de la cultura judía; Yequtiel ben Hasan, consejero de los reyes árabes de Zaragoza; y el príncipe Shamuel ben Nagrella de los de Granada. Gracias a esta protección y a la actitud misma de las comunidades judías hacia la cultura árabe se inició para la cultura judía un siglo de oro sin igual en otros países o en otros períodos, que se conoce con el nombre de cultura *sefardí* o sefardita.[9]

Es ésta una cultura que se caracteriza por su dependencia de la civilización árabe, de la que toma direcciones, temas, gustos, estilos, incluso la lengua, aunque todo ello queda transformado de acuerdo con las peculiaridades étnicas y religiosas de los hispanojudíos.

Poetas famosos fueron Salomón ben Gabirol (1021-1070), Moisés ben Ezra (m. 1138) y Yehudá Haleví (1081-1143), éste último conocido sobre todo por sus *Siónidas,* composiciones lírico-místicas dedicadas a Jerusalén, y los tres considerados como los mejores que ha producido el genio judío de todos los tiempos. Notables filósofos, además de los ya nombrados, Ben Gabirol y Yehudá Haleví, fueron Abraham ben Daúd (m. 1180) y Moisés ben Maimón (1135-1204), mejor conocido con el nombre de Maimónides, cuyas ideas influyeron grandemente tanto en los pensadores judíos como en los teólogos cristianos de siglos posteriores.

De gran importancia fue también la actividad traductora ejercida por los judíos, sobre todo en la Península aunque también en otras ciudades europeas, y en la que se distinguió entre otros muchos la famosa familia de Ben Tibbón de Barcelona. Sus traducciones y comentarios hicieron conocer y mantuvieron vivo el recuerdo de la ciencia y la filosofía árabe en Europa durante toda la Edad Media.

NOTAS

1. A causa de los vándalos recibió toda la región el nombre de *Vandalicia,* que más tarde transformaron los árabes en al-Andalus, dando así origen al nombre moderno de Andalucía.

2. La fama de su ferocidad ha pasado a la historia con la palabra *vandalismo,* con que se califica toda destrucción bárbara y sin sentido.

3. Nombre derivado de su iniciador Arrio. Su doctrina, que insistía principalmente en la unidad de Dios, ponía en peligro la noción de la Trinidad. La importancia de esta

herejía en el caso de los visigodos consistía en su negación de obediencia a Roma, cuya confesión seguían los hispanorromanos, estableciéndose así una división político--religiosa entre los dos pueblos.

4. La tradición católica española ha concedido a Hermenegildo los títulos de santo y mártir. Su festividad se celebra el 13 de abril.

5. Se da el nombre de beréberes, derivado posiblemente de *bárbaros,* al grupo de pueblos que habitaban el norte de África. Más tarde se les dio el nombre de berberiscos y Berbería a la región en que vivian.

6. Helenista, en oposicion a griego, se refiere al mundo del Oriente Medio, muy influenciado por la cultura griega.

7. Las aventuras del califa Harún al-Rashid son muy conocidas a los lectores de los cuentos de *Las mil y una noches.* En la tradición popular árabe su nombre se ha mantenido como prototipo de elegancia, riqueza y refinamiento.

8. Los escritores cristianos consideran al califa como el papa de los musulmanes. Esta comparación no es acertada porque un califa no tiene funciones religiosas. Más exacto sería compararlo con un emperador cristiano de la Edad Media.

9. Derivado de *Sefarad,* nombre bíblico en el que se ha creído ver una referencia a la Península Ibérica, se ha aplicado durante muchos siglos a los judíos de origen hispano, hoy también a los procedentes de países árabes.

Preguntas para estudio y repaso

1. ¿A qué se llama Edad Media? 2. ¿A qué se debe su gran importancia en la historia de España y de Europa? 3. ¿Qué diferencia hay entre la Edad Media europea y la española? 4. ¿A quiénes se daba el nombre de bárbaros? 5. ¿Qué política había seguido Roma con los bárbaros? 6. ¿Qué tribus invadieron la Península? 7. ¿En qué regiones se establecieron?

8. ¿Quiénes eran los visigodos? 9. ¿Cómo llegaron a la Península? 10. ¿Qué importancia llegó a tener su dominación? 11. ¿Por qué era importante el hecho de que fueran arrianos? 12. ¿En qué periodos se divide la historia de la dominación visigoda de la Península? 13. ¿Cuál fue el paso decisivo de los visigodos hacia la unidad nacional? 14. ¿Cómo gobernaban los reyes visigodos antes de su conversión al cristianismo romano? 15. ¿Por qué fue importante la diferencia de confesión religiosa en la unificación nacional? 16. ¿Qué cambios políticos introdujo la conversión de los reyes al cristianismo romano? 17. ¿Por qué no se puede hablar de una cultura estrictamente visigoda? 18. ¿A qué se llama cultura hispanovisigoda? 19. ¿Cuál fue la figura más representativa de la cultura hispanovisigoda? 20. ¿Qué formas cultivó el arte hispanovisigodo? 21. ¿A qué fines servía? 22. ¿Qué formas adoptó su arquitectura? 23. ¿Qué características demuestra su escultura? 24. ¿Qué restos han quedado de la dominación visigoda?

25. ¿Qué importancia tuvo la invasión de los árabes para la historia de España? 26. ¿Qué papel desempeñó la religión en este segundo período de la Edad Media española? 27. ¿Quiénes eran los árabes? 28. ¿Cómo se inició su expansión? 29. ¿Cómo se llevó a

cabo la invasión de la Península? 30. ¿Qué carácter tuvo la ocupación árabe? 31. ¿En qué períodos se divide la historia de la España musulmana? 32. ¿A qué se debió el desmembramiento de la unidad política de los árabes en la Península? 33. ¿Qué tribus africanas invadieron la España musulmana? 34. ¿Qué importancia tuvo el reino de Granada?

35. ¿Qué carácter tenía la llamada civilización árabe? 36. ¿De qué elementos se había formado? 37. ¿Cuáles eran sus aspectos principales? 38. ¿Cuáles fueron sus contribuciones más importantes? 39. ¿A qué se debió la rápida formación de una cultura hispanoárabe? 40. ¿Qué bases tenía la civilización hispanoárabe? 41. ¿Qué industrias florecieron especialmente? 42. ¿Cómo comenzó la poesía árabe en al-Andalus? 43. ¿Qué características ofrece la poesía hispanoárabe? 44. ¿Qué atención recibió la prosa? 45. ¿En qué campos sobresalieron los sabios hispanoárabes? 46. ¿Qué restos han quedado de la arquitectura hispanoárabe? 47. ¿Qué características presentan sus adornos? 48. ¿Qué otras artes decorativas cultivaron los musulmanes españoles? 49. ¿En qué consiste la religión del Islam? 50. ¿En qué puntos esenciales difiere de la cristiana? 51. ¿Por qué no es acertada la equiparación del *califa* con el papa? 52. ¿Por qué se dice que la musulmana era una sociedad pluralística? 53. ¿Cómo se explica la rápida conversión de los peninsulares al Islam? 54. ¿Quiénes eran los mozárabes? 55. ¿Cómo vivían? 56. ¿Qué cultura desarrollaron? 57. ¿A qué se debió su decadencia cultural? 58. ¿Qué sentido tuvo la llamada persecución de Córdoba? 59. ¿Desde cuándo había comunidades judías en la Península? 60. ¿Qué relaciones culturales y religiosas mantuvieron los judíos españoles con sus gobernantes musulmanes? 61. ¿Qué carácter tuvo la cultura hispano-judía bajo los musulmanes? 62. ¿Qué actividad cultural de especial importancia ejercieron los judíos españoles?

Términos y nombres para estudio y repaso

Edad Media	Concilios toledanos	*Zéjel*
Bárbaros	Isidoro de Sevilla	*Muwashshaha*
Germanos	Don Rodrigo	*Kharja*
Suevos	Guadalete	Ibn Hazm
Vándalos	Mahoma	Ibn Tufail
Hunos	Califa	Averroes
Godos	Tarik	Damasquinado
Arrianismo	Tours	Mozárabes
Ataúlfo	Al-Andalus	Conde de cristianos
Eurico	Abderramán I	Álvaro de Córdoba
Leovigildo	Abderramán III	Hasdai ben Shaprut
Tolosa	Almanzor	Sefarad
Toledo	Reinos de Taifas	Ben Gabirol
Hermenegildo	Almohades	Yehudá Haleví
Recaredo	Almorávides	Siónidas
Fuero juzgo	Ziryab	Ben Tibbón
Aula regia	Ibn Zaydún	

❧ 4 ☙

La reconquista cristiana (718–1492)

Se llama reconquista cristiana o sencillamente *Reconquista* a la serie de esfuerzos guerreros que varios grupos, luego reinos cristianos, realizaron contra el dominio musulmán en la Península. Para la historia de España este período de casi ocho siglos tiene a la vez una importancia real y simbólica. Su importancia real estriba en el hecho de que es durante este tiempo cuando se llegaron a establecer las bases de la España moderna. Su valor simbólico se percibe ya en que, aunque las guerras de los reinos cristianos entre sí, o sus alianzas con los musulmanes fueron tan frecuentes como las guerras de cristianos contra musulmanes, sólo éstas son consideradas parte de la Reconquista. Ello se debe a que, al pasar del tiempo, solamente la victoria cristiana y la unificación de los reinos peninsulares en una nación fundada en tradiciones cristianas, latinas y europeas serán vistas como parte de la historia de España, quedando relegadas la dominación árabe y la cultura hispanomusulmana, a pesar de su duración, a ser un mero paréntesis de ocupación extranjera.

Los reinos cristianos

Cuando los guerreros árabes y beréberes de Tarik invadieron la Península, el rey visigodo don Rodrigo se hallaba con una gran parte de su ejército en las provincias septentrionales tratando de poner fin a una de las frecuentes insurrecciones de los pueblos vascones. Tras la victoria de los invasores en la batalla del Guadalete (711) y la consiguiente caída del reino visigodo, restos de aquellas tropas y otros nobles fugitivos buscaron refugio en las asperezas de los montes Cantábricos y Pirineos, donde formaron unos núcleos de resistencia contra el invasor. Aunque ésta no

España en 1035

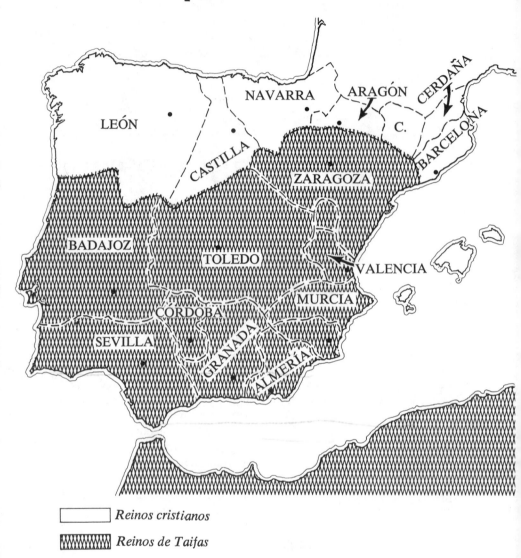

LEÓN

NAVARRA

ARAGÓN

CERDAÑA

CASTILLA

C.

BARCELONA

ZARAGOZA

BADAJOZ

TOLEDO

VALENCIA

CÓRDOBA

MURCIA

SEVILLA

GRANADA

ALMERÍA

☐ *Reinos cristianos*

▨ *Reinos de Taifas*

parece que respondiera en un principio a un plan organizado de defensa, al asociarse los fugitivos visigodos con los habitantes de las montañas, comenzaron a formar unos grupos de carácter permanente que muy pronto se organizaron como nuevas sociedades políticas. Estos grupos demostraron desde un principio características muy marcadas, cuyo desarrollo posterior no sólo determinó el curso de la Reconquista sino que, además, llegó a tener gran influencia a lo largo de la historia de España, desde la Edad Media hasta el presente.

Cabe distinguir, como más importante, el *núcleo occidental* o *cántabro-asturiano,* que fue incorporando todos los grupos de resistencia de la región de Galicia y Cantabria. Su rasgo más saliente es su escasa romanización pero gran receptividad de los elementos visigodos fugitivos procedentes del sur. A ello se debió que este núcleo se considerara a sí mismo dèsde un principio como continuador de la monarquía visigoda y sintiera por ello una especial agresividad bélica y deseo de expansión reconquistadora hacia el Sur musulmán. En sus montañas se halla Covadonga, donde, según la leyenda, Pelayo hizo frente a los invasores, el año 718, en la batalla que ha llegado a simbolizar el comienzo de la Reconquista. De este núcleo nacieron Portugal, León y Castilla, que tanta importancia han tenido en la historia de España.

Otro grupo estaba formado por el *núcleo central* o *vasco-navarro* cuyo rasgo más sobresaliente, mantenido hasta nuestros días, era su aislamiento. Este rasgo, a la vez que les indujo a mantener su independencia en un principio, les hizo después despreocuparse de la Reconquista, en la que no desempeñaron un papel muy importante. Su mayor batalla, en efecto, no fue contra los árabes invasores, sino contra las tropas del emperador Carlomagno. Al atravesar éstas las montañas pirenaicas en su regreso a Francia, tras una expedición desafortunada contra los musulmanes de Zaragoza, fueron atacados en el paso de Roncesvalles por los vascones, quienes les infligieron una espantosa derrota. Aunque muy idealizada por la fantasía popular, esta batalla fue inmortalizada por el famoso poema épico francés *La canción de Rolando.*

El tercer grupo es el *núcleo pirenaico oriental,* que dio origen a Cataluña y a toda la zona levantina. Sus características más destacadas fueron una profunda romanización, su participación en la organización del Imperio carolingio y una relativa despreocupación por la expansión territorial de la Reconquista, junto a un mayor contacto con los pueblos de más allá de las fronteras pirenaicas.

Núcleo occidental o cántabro-astur

El núcleo de resistencia occidental comenzó en las montañas de la cordillera cántabro-astur tras la legendaria victoria de Covadonga (718), donde el visigodo don Pelayo fue elegido rey de Asturias.

ASTURIAS Este ι_   υˉ l primero en formarse y por ello el funda-
nc·tal en la Rεcοnι   ι ˉmportancia política y cultural que tuvieron
                            ι:ás tarde, los mozárabes emigrados de las

zonas dominadas por los musulmanes contribuyó a que ya desde el principio se considerara continuador de la monarquía visigoda y, por lo tanto, con derecho a todos los territorios dominados por los invasores árabes. Las crónicas de esta época dan expresión a esta ambición de los reyes asturianos al atribuirles el título de *ordo gothorum,* es decir, continuación de la *dinastía visigoda.*

Durante los dos siglos que duró el reino de Asturias, la Reconquista se extendió desde los montes vasco-navarros en el este hasta Galicia en el oeste. La capital del reino estuvo primero en Cangas de Onís, luego en Pravia y, finalmente, en Oviedo, que ha continuado siendo hasta hoy capital de la región asturiana. El acontecimiento político más importante del siglo IX fue el malogrado intento del rey Alfonso II (791-842) de aliarse con el emperador de los francos, Carlomagno. La actitud de los nobles, temerosos de la influencia imperial, hizo que la alianza fracasara, dejando así al reino asturiano al margen del desarrollo político y cultural del llamado renacimiento carolingio. A mediados del siglo IX la frontera sur estaba formada por una línea fortificada a lo largo del río Duero que después dio origen a Castilla.

La importancia de Asturias terminó con el reinado de Alfonso III, quien a su muerte (910) dividió el reino entre sus tres hijos formando así, además del de Asturias, los reinos de Galicia y León.

LEÓN Y CASTILLA   Aunque los tres reinos volvieron a unirse bajo Ordoño II, hijo de Alfonso, que tomó el título de rey de Galicia y León, la guerra civil que precedió fue aprovechada por los condes de Castilla para declararse independientes. El héroe de la independencia castellana fue el conde Fernán González, a quien la leyenda convirtió más tarde en uno de los grandes campeones de la Reconquista.

En un principio el reino leonés apareció como sucesor del asturiano y, así continuador de los derechos de la monarquía visigoda. Sin embargo, la anarquía que siguió a la muerte del rey Ramiro II (951) y las incursiones del terrible caudillo musulmán Almanzor (m. 1002) fueron causa de que el reino de León perdiese su puesto predominante en la Península. Éste fue asumido por Castilla, cuyo primer rey, Fernando I (1035-1065), y sus sucesores hicieron del antiguo condado castellano el centro de la política de los reinos peninsulares. A partir del siglo XI fue Castilla el reino que con mayor tesón prosiguió las campañas de la Reconquista, ocupando cada vez más extensos territorios hacia el sur y el este de la Península.

Una de las figuras más sobresalientes de este período fue Alfonso VI (1072-1109), gran defensor de la unidad castellano-leonesa, protector de monjes, emparentado por matrimonio con los poderosos duques de Aquitania y los condes de Borgoña. Con la conquista de Toledo, en 1085, aseguró la hegemonía de Castilla sobre los demás reinos cristianos. A este rey se deben también los orígenes de Portugal, cuyos territorios el rey había concedido al esposo de su hija Teresa, el conde francés Enrique de Borgoña. Figura muy notable de este tiempo fue Rodrigo Díaz de Vivar (m. 1099), quien caído en desgracia y expulsado por el rey, pasó gran parte de su vida como mercenario al servicio, casi por igual, de moros y cristianos. Sus más importantes batallas fueron en el Levante donde, en 1095, llegó a conquistar el reino moro de Valencia, que permaneció dependiente de Castilla hasta 1102, fecha en que fue conquistado de nuevo por los almorávides. En torno a sus hazañas la leyenda y la poesía crearon la figura épica más importante de la literatura castellana. Con los títulos de *Mío Cid* y *Campeador*, Rodrigo Díaz de Vivar se convirtió en héroe central de las crónicas de la Reconquista y del poema épico que lleva su nombre.

La hegemonía castellana sobre los reinos moros y cristianos se hizo definitiva en 1212. Acosado por la invasión africana de los almohades, el rey castellano Alfonso VIII (1158-1214) formó una alianza con los reyes de Navarra y Aragón y, con la bendición del papa Inocencio III, que dio título de Cruzada a la empresa, hizo frente a los guerreros africanos, a los que pudo infligir un verdadero desastre en la famosa batalla de las *Navas de Tolosa* (1212). A consecuencia de esta victoria quedó abierto a la Reconquista cristiana el camino de Andalucía.

Durante el reinado de su sucesor Fernando III *el Santo* (1217-1252), los reinos de León y Castilla se unieron definitivamente a la vez que la Reconquista avanzaba rápidamente hacia el sur: Córdoba fue conquistada en 1236, Jaén en 1246 y Sevilla en 1248. El dominio musulmán sobre territorios peninsulares quedaba así reducido al reino de Granada, mientras el centro de la Península se constituía en el reino más extenso y poderoso de todos. Sin embargo con Alfonso X (1252-1284), su hijo y sucesor, el proceso de la Reconquista se detuvo. Llamado *el Sabio* por el interés que demostró por las ciencias, fue, a la vez, un político desafortunado. Sus pretensiones al ducado de Suabia y a la corona imperial germánica y los gastos a que ellas le obligaron debilitaron el poder real en Castilla frente a los nobles rebeldes, durando esta situación hasta el advenimiento de los Reyes Católicos, ya avanzado el siglo XV.

Núcleo pirenaico central

Los orígenes de la Reconquista en la zona pirenaica central son muy oscuros; quedan además confusos con las batallas que los vascones llevaron a cabo para conseguir su independencia. A ello se debe, sin duda, el poco interés que ellas despertaron en los monjes cronistas de los siglos siguientes.

NAVARRA   Los primeros reyes navarros no tuvieron gran importancia, aunque intervinieron repetidas veces en las luchas civiles del reino de León y, más tarde, aliados con los leoneses y castellanos, lucharon también contra los moros que ocupaban las zonas vecinas.

Con Sancho III *el Mayor* (1000-1035), el reino de Navarra alcanzó el momento de mayor poderío y extensión, llegando a dominar los destinos de Castilla, cuyo primer rey, Fernando I, era hijo suyo. A su muerte sus sucesores no fueron capaces de mantener la paz con sus vecinos y perdieron en varias guerras parte de sus territorios, que fueron anexionados a Aragón y Castilla. Al apoderarse los reyes de Castilla de la región sur de Navarra, La Rioja, dejaron a este reino sin fronteras de moros, impidiendo así efectivamente su expansión hacia el sur. A causa de ello, Navarra vivió durante la mayor parte de la Reconquista aislada y como ahogada entre Castilla y Aragón, apoyándose en Francia para mantener su independencia.

ARAGÓN   El reino de Aragón fue fundado por el rey de Navarra, Sancho *el Mayor,* para su hijo bastardo Ramiro (1035-1063). Territorio muy reducido en un principio, alcanzó su momento culminante con el rey Alfonso *el Batallador* (1104-1134), quien con los territorios a lo largo del río Ebro arrebatados a Navarra y la conquista de Zaragoza del poder musulmán, sentó las bases de la región aragonesa moderna.

Durante el corto reinado de su sucesor Ramiro II (1134-1137), Aragón estuvo amenazado por el expansionismo castellano, por lo que el rey se vio obligado a buscar una alianza matrimonial con Cataluña. Con el matrimonio de su hija Petronila (1137) con el conde Ramón Berenguer IV (1131-1152) quedaron definitivamente unidos Aragón y Cataluña.

Núcleo pirenaico oriental

La zona oriental de la Península, el Levante, ofrecía, al llegar la invasión musulmana y la consiguiente reconquista cristiana, una historia marcadamente distinta de la del centro castellano-leonés, atribuible, en parte, a su situación geográfica y, en parte también, a su sustrato ibero más marcado y a su más larga y profunda colonización griega y romana. Todo ello contribuyó a crear en toda la zona levantina una identidad, social, cultural e histórica, muy definida, cuyos efectos se han dejado sentir a lo largo de los siglos de la historia de España.

A diferencia del núcleo occidental, en el que la Reconquista comenzó como continuación y restauración de la tradición visigoda, en el oriental fue la alianza con los francos y la influencia de éstos el factor determinante de la lucha contra los árabes.

CATALUÑA   La reconquista de la región catalana, en efecto, fue iniciada como parte de la política de expansión del imperio del emperador Carlomagno. Sólo después del fracaso que éste sufrió en Roncesvalles (778) al ser atacado por los vascones, confió el Emperador la conquista de los territorios y su gobierno a los condes francos de la frontera. De este modo se estableció una provincia fronteriza, la Marca Hispánica, que al mismo tiempo que ampliaba el Imperio, servía de muro de contención contra los ataques musulmanes. El año 801, fue reconquistada Barcelona, que muy pronto se convirtió en el centro de los dominios francos en la Península. Durante el siglo IX los condes francos y catalanes de la Marca comenzaron a reclamar para sí la independencia, pero sin que ello pusiera término a las alianzas políticas y relaciones culturales entre francos y catalanes. Con el conde Ramón Berenguer III (1096-1131), llamado *el Grande,* las fronteras catalanas quedaron establecidas, siguiendo aproximadamente las mismas líneas de las provincias modernas llegando hasta Tortosa, junto a la desembocadura del río Ebro. Con su hijo y sucesor Ramón Berenguer IV se unieron Aragón y Cataluña, creando así un reino peninsular, por su extensión y poder, rival de Castilla.

Bajo la dirección guerrera de los reyes aragoneses comenzó la expansión territorial del nuevo reino. Pero mientras Castilla consideraba Córdoba como dirección principal de su expansión, Cataluña buscó la suya hacia el norte europeo, con el resultado que, a fines del siglo XII, la Reconquista apenas había llegado por el sur más allá de Zaragoza, mientras que en el norte había conseguido anexionarse el Rosellón y hacer tributarios a numerosos feudos francos, entre ellos, Nimes, Beziers y Carcasona.

Durante el siglo XIII, Jaime I (1213-1276), llamado *el Conquistador,* uno de los reyes aragoneses más famosos, conquistó las islas Baleares (1229-1235) y el reino musulmán de Valencia (1238). Las nuevas fronteras llegaron a ser los límites máximos de la influencia catalana al firmar Jaime I un tratado con Alfonso X de Castilla y otro con Luis de Francia, en los que renunciaba en favor de Castilla a toda expansión hacia el sur y de Francia a sus derechos sobre los condados francos.

A partir de entonces y como consecuencia de estos tratados, las ambiciones políticas de los reyes de Aragón y Cataluña fueron dirigidas hacia el Mediterráneo, dando como resultado la conquista del reino de Sicilia (1282), la incorporación de Córcega (1323) y Cerdeña (1325) y finalmente del reino de Nápoles (1442).

Es decir, que mientras Castilla y León se formaron con la expansión hacia el sur en una confrontación continua con los reinos musulmanes, la expansión de Aragón y Cataluña fue más bien ajena al territorio peninsular e incluyó tanto reinos cristianos como musulmanes. Sin duda a causa de estas diferencias históricas, los sentimientos nacionales en el Levante español tomaron formas muy distintas de los castellanos, diferencias que se perciben incluso en nuestros días.

La vida social

La vida social de los diferentes reinos se fue formando como resultado de las tradiciones antiguas visigodas y romanas, modificadas de acuerdo con las necesidades prácticas que la Reconquista impuso en las varias regiones peninsulares.

La zona central

La sociedad de los reinos en el centro peninsular se basaba en la división fundamental de hombres nobles, libres y siervos. Dentro de ella, sin embargo, había una serie de divisiones que variaban según la época o las necesidades concretas de cada reino.

La clase de hombres libres más fuerte e importante era la nobleza, heredada o adquirida por concesión real, en la que se concentraba además la mayor parte de la riqueza del reino. La clase noble se dividía en nobleza alta, que proporcionaba al rey consejeros y administradores, a la vez que formaba su corte y su séquito, y la nobleza baja, constituída por nobles cuyos privilegios se basaban en su calidad de guerreros y combatientes. Otra clase de nobleza era la clerical, normalmente formada por aquellos eclesiásticos, en su mayoría de origen noble, que llegaban a ocupar altos cargos en la administración eclesiástica, tales como obispos y abades. En oposición a ellos, el bajo clero correspondía más bien a las clases libres, o burguesas, de que procedían.

La clase más importante frente a la nobleza estaba constituída por los hombres libres, habitantes de las ciudades, jurídica y económicamente independientes, dedicados generalmente a actividades comerciales o industriales. En Castilla y León, cuyas ciudades nunca desarrollaron una gran actividad comercial, la clase libre pertenecía en su mayoría a los municipios. Eran éstos unas instituciones especiales organizadas por los reyes con la intención de atraer colonos con que repoblar ciudades y poblados abandonados o para construir nuevos en los territorios reconquistados a los musulmanes. Los municipios eran independientes de la nobleza y, aunque sometidos al rey, se regían generalmente por derechos y privilegios especiales que éste les concedía, llamados fueros municipales. El gobierno de los municipios estaba a cargo de sus vecinos, que en consejo abierto elegían sus representantes, quedando así encargados de la administración de los bienes comunes y de la reglamentación de los privados. Una función política de los municipios era enviar sus representantes a las cortes cuando en ellas se discutían medidas económicas de interés general. La configuración económica y etnográfica de León y Castilla hizo que los reyes tuvieran que recurrir a este sistema para repoblar las tierras de la Meseta Central durante los primeros siglos de la Reconquista, por lo que los municipios llegaron a ser una de las características más importantes de la sociedad castellano-leonesa.

Los siervos constituían una clase intermedia entre la esclavitud y la libertad, vivían adscritos a la tierra o en dependencia personal de un señor. En términos generales, la servidumbre en León y Castilla durante la Edad Media fue menos dura que en otros reinos peninsulares o países europeos.

La forma de gobierno en la Península era la monarquía, ya heredada de los visigodos. Sólo con la persona de un rey adquiría la sociedad una independencia absoluta frente a los otros reinos. En un principio el poder real no fue absoluto, y estaba limitado por los fueros, privilegios y otras costumbres del país, que el rey juraba respetar al ser elevado al trono. Más tarde, a partir del siglo XIII, al definirse mejor la participación de las clases sociales en el gobierno del pueblo se afirmó más la idea de la limitación del poder real. Aunque en el siglo XIV se nota una tendencia hacia el absolutismo real, es precisamente la limitación de su poder lo que distingue las monarquías peninsulares de las europeas hasta bien avanzado el siglo XVII.

El gobierno del reino radicaba en la persona del rey. Para su realización el rey usaba del *Consejo real,* cuerpo consultivo formado por los nobles y obispos. Si al consejo asistían los representantes de los municipios, recibía éste el nombre de *Curia plena,* más tarde *Cortes,* cuya misión específica era la de establecer servicios e impuestos.

La zona oriental

En la sociedad del levante peninsular se distinguían claramente los dos grupos que la componían, el aragonés y el catalán.

En Aragón, como en Castilla, la clase media, o burguesa, se fue desarrollando al amparo de las libertades que gozaban sus municipios. Aunque los municipios aragoneses tuvieron menos importancia que los castellanos, al tener también derecho a intervenir en las Cortes, dieron un marcado sentido democrático al gobierno del reino, que impidió en Aragón el desarrollo de un absolutismo regio tal como ya se iba ejerciendo en Francia e Inglaterra.

Característica de la sociedad aragonesa eran las minorías mudéjares,[1] mucho más numerosas que en Castilla. El rey Alfonso I *el Batallador,* tras sus expediciones guerreras por tierras musulmanas de Levante (1125-1126), había concedido tierras de cultivo a lo largo de la ribera del Ebro, como medio de poblar la zona devastada por las guerras. Los mudéjares llegaron a poseer fueros especiales en algunas ciudades, gozando así de libertad religiosa e, incluso, de ciertos privilegios políticos.

La sociedad catalana se caracterizaba por un fuerte contraste entre un sistema feudal muy arraigado y una clase burguesa muy desarrollada. La jerarquía feudal predominaba en el interior del país y era una extensión histórica del sistema feudal franco, mucho más rigurosa y despótica en el trato de las clases serviles que la aragonesa o la castellana.

La clase libre catalana se agrupaba en los municipios que el conde de Barcelona había ido organizando en los territorios arrebatados a los musulmanes y que, por lo tanto, estaban al margen del dominio feudal. Sin embargo, donde más floreció la clase libre burguesa fue en Barcelona, cuya importancia e influencia económica y cultural sobre el resto de Cataluña no tuvo paralelo en el resto de la Península. Ya desde 1265 el gobierno de la ciudad estuvo a cargo del famoso *Consejo de Ciento,* llamado así por estar compuesto por cien ciudadanos libres de todas clases sociales que eran elegidos por los *concellers,* o magistrados, a quienes ellos debían asesorar. Este régimen de gobierno, único en la Península, llegó a tener una gran importancia y se mantuvo en vigor hasta 1714, fecha en que fue suprimido por Felipe V.

Por el contrario, los siervos gozaron en la sociedad catalano-aragonesa de menos libertad que en León y Castilla. En Cataluña eran importantes los *payeses de remensa,* o sea los cultivadores de tierras adscritos a las mismas de manera forzosa y hereditaria. Estos obtuvieron su emancipación por decreto de Fernando el Católico en 1486.

La vida religiosa

Uno de los aspectos más importantes de la Reconquista y, quizás, el de mayor trascendencia para la historia de España fue la restauración de la religión cristiana como la base jurídica y espiritual de los nuevos reinos. Aunque se toleraba la existencia de musulmanes y judíos dentro de sus fronteras, a medida que avanzaba la Reconquista era ésta una tolerancia que no permitía su plena incorporación a la vida política del reino sin una previa conversión a la religión cristiana. Sólo los judíos, dada su educación científica y capacidad lingüística, eran empleados con frecuencia en tareas políticas y administrativas, a veces, de gran importancia. Ello no obstante, el ideal político de los nuevos reinos era cristiano y tanto sus leyes como su educación tendían al establecimiento de la religión cristiana como base de la nueva sociedad.

Durante los primeros siglos de la Reconquista, cuando los reyes cristianos parecían estar interesados en la restauración de la monarquía visigoda derrotada por los invasores árabes, también obispos y abades intentaron la reorganización de la Iglesia según las leyes hispanovisigodas. En esta tarea sobresalieron numerosos monjes mozárabes que habían emigrado del sur huyendo de la dominación musulmana. Su influencia se caracterizó tanto por la continuidad de las tradiciones hispanovisigodas, como por su evidente aceptación de formas artísticas influídas ya por los estilos y técnicas árabes.

A principios del siglo XI, tras las destrucciones causadas por el temido caudillo árabe Almanzor, los reyes cristianos se propusieron reorganizar la vida eclesiástica de los monasterios valiéndose de la ayuda de los monjes de la orden de Cluny. Había comenzado ésta el siglo anterior en Francia como una reforma de la orden de San Benito[2] con la finalidad de una dedicación total al culto divino, alejados de las ciudades, independientes de los nobles feudales con obediencia tan sólo a sus propios abades y al Papa. La austeridad de la nueva orden, su rígida disciplina y su interés por el establecimiento de una sociedad cristiana hicieron de ella el instrumento preferido por papas y reyes en la renovación de la cristiandad medieval. A esta orden encomendaron los reyes hispanos la restauración cristiana de sus reinos. Introducida en Cataluña a principios del siglo XI, fue llevada a Navarra por el rey Sancho III *el Mayor* a mediados del mismo siglo y, con la protección decidida de Alfonso VI de Castilla, se extendió rápidamente por el centro y el este de la Península.

La orden de Cluny introdujo en España la cultura francesa y una espiritualidad frecuentemente en conflicto con las costumbres tradicionales. A la influencia cluniacense se debe la sustitución de la liturgia visigoda por la romana, la escritura visigoda por la carolingia y el arte mozárabe por el románico. En el campo espiritual, se debe a ellos también la introducción de las devociones francesas, en especial a la Virgen, la conversión del sepulcro de Santiago en centro europeo de peregrinaciones y, sobre todo, la idea de que la Reconquista, más que una restauración visigoda, era una guerra santa del cristianismo contra el Islam.

La obra de Cluny fue continuada el siglo siguiente por otra orden de monjes también procedente de Francia, el Cister. Orden de gran ascetismo, buscaba para sus monasterios tierras pobres o abandonadas, que sus monjes trabajaban como parte de su plan de vida. En la Península esta orden tuvo su extensión principal en la Meseta donde fundó numerosos monasterios en tierras fronterizas de reconquista todavía sin poblar, en las que los monjes organizaban pueblos y municipios cristianos en torno al monasterio. La idea de guerra santa y la necesidad de defender sus monasterios de los ataques de los moros hizo popular en la Península la organización de órdenes de monjes guerreros, al estilo de los Templarios en Tierra Santa,[3] naciendo así las órdenes de Caballeros de Santiago, Calatrava, Alcántara y Montesa, cuya misión guerrera y religiosa a la vez se convirtió en ideal de la nobleza española.

A partir del siglo XIII la formación religiosa de la Península estuvo compartida además por las llamadas órdenes mendicantes.[4] De éstas, las más importantes fueron, en Cataluña, la fundada por Francisco de Asís y, en Castilla, la fundada por Domingo de Guzmán para combatir la herejía albigense[5] en Francia. De ambas es la de los dominicos la que mayor influencia tuvo en la Península y, ya a mediados del siglo XIII, eran dominicos los consejeros y confesores de los reyes y a quienes se confiaba la misión de convertir los infieles musulmanes y de dirigir las instituciones de enseñanza.

La vida cultural

La literatura

A diferencia de Inglaterra y Francia, donde un sistema político feudal y cortesano había favorecido el desarrollo de una literatura caballeresca y de trovadores cortesanos, y a diferencia también de Italia, donde el florecimiento de una economía comercial había contribuido a la formación de una literatura burguesa, la literatura medieval castellana manifiesta claramente el predominio de las órdenes monásticas de origen francés. Dedicadas como estaban al servicio de la religión cristiana, todos sus escritos son predominantemente moralizantes y consisten en composiciones piadosas, vidas de santos o narraciones de milagros muy del gusto de la espiritualidad monástica y popular de la época.

En Castilla y León la forma más común que se da a esta literatura es la de poemas de longitud muy variable, divididos en estrofas de cuatro versos con la misma rima, constando cada verso de catorce sílabas divididas en dos hemistiquios de siete, a los que ya sus autores dieron el nombre de *mester de clerecía.* Dado el predominio de las órdenes monásticas que lo usaron, esta forma tuvo gran aceptación siendo usada en composiciones muy variadas, líricas, épicas y satíricas, hasta bien avanzado el siglo XIV.

El poeta más famoso en este género y el primero conocido es Gonzalo de Berceo, monje en el monasterio cluniacense del que tomó su nombre, que vivió a mediados del siglo XIII. Su producción literaria, *Milagros de Nuestra Señora, Vida de San Millán,* y *Vida de Santa Oria,* entre otros títulos, es extensión castellana de la espiritualidad característica de la orden. Sin embargo el gran acierto en su adaptación al vocabulario y al ambiente popular de la época hace de ellas la primera y una de las grandes joyas de la poesía castellana.

En contraposición a estas composiciones está el llamado *mester de juglaría,* de versificación menos cuidada y variada, mucho más dependiente de las exigencias y necesidades impuestas por su declamación oral. A este género pertenece el gran poema épico de la literatura castellana, el *Poema de Mío Cid.* Compuesto a mediados del siglo XII, el *Poema* canta las hazañas de Rodrigo Díaz de Vivar desde su caída en desgracia de su rey, Alfonso VI de Castilla, hasta su triunfo final sobre sus enemigos y el matrimonio de sus hijas con los infantes de Navarra y Aragón. Es notable en el poema, a pesar de las numerosas batallas en que el Cid interviene, muchas contra los moros, a quienes arrebata el reino de Valencia, la poca importancia que se da a la Reconquista. El Cid, que ha llegado a ser una de las figuras de la literatura épica universal, más que guerrero, es el vasallo honorable, el esposo y padre sin tacha. El drama del honor del Cid se realiza, no en el campo de batalla, sino en la Corte del rey y su gloria culmina en el favor que el rey otorga a Mío Cid al aceptar el matrimonio de sus hijas con los príncipes.

En el siglo XIII la figura más representativa es la de Alfonso X (1252-1280), llamado *el Sabio* por su interés por las letras y la ciencia de su tiempo. Poeta él mismo, compuso unas famosas *Cantigas de Santa María,* que se han conservado en un manuscrito magníficamente ilustrado con numerosas miniaturas. Alfonso X demostró también gran interés por las ciencias astronómicas y en su *scriptorium* colaboraron eclesiásticos con moros y judíos en la elaboración de sus famosas *Tablas de Astronomía,* que fueron usadas en toda Europa por siglos como la regla en los estudios astronómicos. También se deben a su protección obras de historia, *Grande e General Estoria,* y las *Siete Partidas,* primera gran enciclopedia jurídica en España.

Al siglo XIV pertenecen ya dos figuras literarias que representan las dos vertientes del saber hispano. La primera es el Infante don Juan Manuel, uno de los nobles más importantes e influyentes de su siglo. A él se atribuyen entre otras obras *El Conde Lucanor,* colección de cuentos de notable mérito narrativo, y *El libro de los Estados,* en el que predomina la preocupación doctrinal de la cultura oficial hispana. La segunda figura es la de Juan Ruiz, arcipreste de Hita, que, por el mismo tiempo, compuso su *Libro de buen amor.* En él, el autor, bajo el pretexto de escribir su autobiografía amorosa, se deleita en presentar una serie de parodias literarias, cuya gracia especial radica en la mezcla de lo ideal literario con la realidad, a veces exagerada, de su mundo. En este sentido el *Libro de buen amor,* aunque escrito por un eclesiástico, representa en Castilla la aserción de la burguesía frente a la literatura monástica y clerical.

La cultura de los estados orientales de la Península durante el medioevo tuvo, como en León y Castilla, un carácter predominantemente religioso tanto por los temas, vidas de santos y temas moralizantes, como por ser monjes la mayoría de los escritores de esta época. En este sentido el monasterio de Ripoll fue uno de los centros más importantes de la Península. Sin embargo, las relaciones políticas y culturales de Cataluña con el sur de Francia, junto con la mayor importancia económica y política de la burguesía barcelonesa, fueron causa que la literatura catalana reflejara mejor la europea que la castellana. Bajo influencia de la lírica provenzal se desarrolló una importante escuela lírica al estilo trovadoresco que se mantuvo con gran vigor hasta el siglo XV, cuando la influencia renacentista italiana la hizo decaer. Sin igual en la Península es también la *Escuela de Gay Saber* (1393), en la que se enseñaba el arte de componer según las normas trovadorescas.

Figura cumbre de la cultura catalana fue Raimundo Lulio (1235-1315), teólogo, filósofo, poeta y místico que murió martirizado por los musulmanes de Bujía (África), a quienes había ido a predicar el cristianismo. En el siglo XIV, Bernat Metge (1350?-1413) se destacó como uno de los mejores prosistas catalanes y, a principios del siguiente, Ausias March

(1347-1450) con una lírica delicada ya influída por Petrarca, que influyó a su vez en la poesía peninsular posterior.

Los traductores

Una actividad cultural de importancia, tanto o más europea que exclusivamente española es la de las traducciones. Inducida por el desnivel cultural entre el mundo cristiano y el Imperio musulmán se inició, ya hacia el siglo X, una actividad traductora del hebreo y del árabe al latín de libros de medicina, matemáticas y luego filosofía. Desde fines del siglo X, clérigos y monjes franceses, italianos, ingleses y alemanes fueron acudiendo a la Península en busca de libros científicos y filosóficos árabes que con ayuda de musulmanes y judíos bilingües traducían al latín.

Tras la conquista de Toledo (1085) esta ciudad, centro cultural de moros y judíos, se convirtió también en centro de una gran actividad traductora. Además de Toledo, se traducía en Barcelona, Zaragoza y en otros lugares de Europa. Esta actividad culminó en la Península hacia los siglos XII y XIII, influyendo notablemente en el desarrollo del saber europeo, donde estas traducciones eran estudiadas.

El arte

La evolución del arte medieval hispánico está determinada por la situación política peninsular y por las formas que fue tomando la restauración cristiana en la Península.

Durante el primer período de la Reconquista, el llamado *asturianomozárabe,* que se extiende hasta principios del siglo XI, la arquitectura se caracteriza por una fuerte tradición visigótica, tanto en la planta como en el uso del arco de herradura, a la vez que se perciben ya elementos decorativos mozárabes. De este tiempo se han conservado numerosas iglesias, sobre todo en la región pirenáica asturiana (fig. 4.1) y norte de la Meseta castellana (fig. 4.2). Ejemplo muy importante del arte decorativo de este período son las ilustraciones hechas al comentario del *Apocalipsis* de Beato de Liébana (siglo VIII) por el "archipictor" Magius (m. 968). En sus miniaturas, de gran colorido y magnífica finura de trazado, se mezclan adornos de evidente influencia mozárabe con figuras que manifiestan también claramente un contacto directo con la tradición artística de los monasterios francos (fig. 4.3).

Un segundo período artístico lo constituye el *románico,* llamado así porque busca su inspiración en las antiguas formas cristianas, bizantinas y romanas, cuya continuación quiere ser. Se llama también estilo cluniacense por haber sido los monjes de esta orden sus mayores propagadores, al aceptarlo como expresión de su espiritualidad. En la Península este estilo

4.1 Iglesia de San Miguel de Liño, o Linio, en las proximidades de Oviedo

4.2 Interior de San Baudelio de Casillas, Soria

Arco de herradura

4.3 Ilustración mozárabe del Apocalípsis de Beato

acompañó la expansión de la orden de Cluny por Cataluña y el norte de Castilla hasta León y Galicia, dejando como herencia un número de bellas iglesias, catedrales y monasterios, con sus magníficos claustros.

El arte arquitectónico románico se caracteriza por su torre cuadrangular, más alta y esbelta en Cataluña, más baja y maciza en Castilla, y el uso extenso del arco de medio punto descansando generalmente sobre columnas de altura media. De gran sencillez en sus orígenes, el arte románico desarrolló rápidamente una gran complejidad decorativa que sirve exclusivamente para fines educativos. En el exterior tímpanos, portadas y arcos se cubren de esculturas religiosas y simbólicas; en el interior bóvedas, paredes y techos sirven de lienzo a un gran número de frescos representando escenas bíblicas e imágenes de santos que rebosan simbolismo religioso.

Aunque de un gran naturalismo, tanto la escultura como la pintura románica tienden a ser representaciones simbólicas de la espiritualidad cristiana. Por ello, su aspecto, actitudes y gestos no repiten lo humano sino sus relaciones con lo divino. Nacido además en el ambiente caballeresco y feudal francés, expresan la religión y la Divinidad en términos de la realeza; por ello, la representación preferida para Jesucristo es la de rey, juez y dominador de la creación y la de la Virgen como reina, madre y señora.

Monumentos principales de la arquitectura románica son, entre otros muchos, del siglo XII, el Pórtico de la Gloria (fig. 4.4) y la Puerta de *Las*

4.4 *Pórtico de la Gloria* de
la catedral, Santiago
de Compostela

Platerías (fig. 4.5) de la catedral de Santiago de Compostela, la fachada de Santa María de Ripoll (fig. 4.6), la iglesia de San Clemente de Tahull (fig. 4.7), y, del siglo XIII, la iglesia de Santo Domingo de Soria (fig. 4.8) y la colegiata de Santa María de Toro, Zamora (fig. 4.9). Importantes muestras de la escultura románica, además de las muchas que se encuentran incorporadas a las obras de arquitectura (fig. 4.10) merecen citarse las figuras de los apóstoles que adornan la Cámara Santa de la catedral de Oviedo (fig. 4.11). Los restos más importantes de pintura románica son los frescos de la iglesia de San Clemente de Tahull (Lérida) y del panteón de los reyes de la iglesia de San Isidoro (León), ambos magníficos ejemplos del arte del siglo XII.

A finales del siglo XII hizo ya aparición en la Península otro estilo, éste introducido desde Francia por los monjes de la orden del Cister. Como protesta, según afirmaban ellos, contra el arte excesivamente recargado y lujoso de Cluny, la nueva orden adoptó la sencillez desnuda de la arquitectura de arco apuntado, popular entre los pueblos del norte europeo, que por ello recibió el nombre de *gótico*.[6]

Como el románico, tampoco el estilo gótico se mantuvo fiel a la sencillez primitiva, sino que, con el pretexto de una glorificación del templo divino y de mejor servir sus fines didácticos, se cubrió también de estatuas y adornos recargados. Así se formó el estilo gótico hispano, que se diferencia del europeo por su mayor recargamiento. Características de la arquitectura gótica son el arco ojival que sirve de prolongación a

4.5 Puerta de *Las Platerías* de la catedral,
Santiago de Compostela

4.6 Fachada del monasterio de Santa María
de Ripoll, Gerona

[handwritten notes:]
arbotantes.
fly butress

- arco Romano
- ladrillo
- No ventana , stability
- no Tanguesa pared

4.7 Iglesia de San Clemente de
Tahull, en los Pirineos catalanes
4.8 Iglesia de Santo Domingo, Soria

4.9 Colegiata de Toro, Zamora

4.10 Esculturas de la fachada de la
iglesia de San Isidoro, León

columnas de gran altura, bóvedas de crucería y los arbotantes que refuerzan las paredes exteriores. A diferencia de las iglesias románicas, las góticas dejan sus paredes de piedra desnudas. Sólo las superficies mayores se abren con inmensas rosetas, o ventanales, que cierran verdaderos mosaicos de cristales polícromos. Dada la importancia que tuvo la orden cisterciense, la mayor parte de iglesias, monasterios y catedrales edificados a partir del siglo XIII responden ya al estilo gótico, entre las que sobresalen las catedrales de León (fig. 4.12), Burgos (fig. 4.13), Toledo (fig. 4.14) y Segovia, todas terminadas siglos más tarde.

Como el románico, también el arte decorativo gótico es adaptado a la expresión de una espiritualidad específica, en este caso la cisterciense. Característica de esta espiritualidad y en general de la religiosidad europea a partir del siglo XII es su sentido emotivo. Dejando un tanto de lado el simbolismo abstracto y la realeza como expresión de la Divinidad, las nuevas devociones insisten en recordar a Jesucristo como el Redentor doliente y compasivo, a la Virgen como hermosa doncella o madre amorosa y la relación de los cristianos con Dios, no de vasallaje sino de afecto amoroso. Esta nueva dirección en la religiosidad popular se percibe muy bien en la escultura y pintura góticas, cuyas obras más características

4.11 San Pedro y Santiago en la Sala de
   los Apóstoles de la Cámara Santa, Oviedo

4.12 Catedral de León

4.13 Catedral de Burgos   **4.14** Puerta de San Ildefonso de la catedral de Toledo

representan con un marcado realismo a Cristos sufrientes, madonas hermosas y amables o santos sonrientes.

Caraterísticas primordiales de la escultura y la pintura góticas son la finura, la delicadeza y, a la vez, el realismo con que los artistas llevan a cabo su obra (fig. 4.15). Notables son la *Virgen con el Niño,* obra frecuentemente repetida que se halla, entre otras, en las catedrales de Toledo, León (fig. 4.16) y Tarragona; el sepulcro de Santa Eulalia, en la Catedral de Barcelona; y, en pintura, las maravillosas miniaturas que adornan las *Cantigas* y el *Libro de los juegos de ajedrez, dados y tablas* del rey Alfonso X, en las que además del estilo gótico se percibe la influencia árabe.

Junto a estos dos estilos procedentes de Francia, se da en España el arte mudéjar. Es éste una mezcla de elementos románicos o góticos elaborados según las técnicas árabes con cuyo arte se combina, recibiendo este nombre por haber sido obra en un principio de los moros establecidos en los reinos cristianos. Características del arte mudéjar son, en la arquitectura, el empleo del ladrillo, yeso y madera en vez de piedra, para la construcción, y policromía y adornos geométricos para la decoración de sus paredes y bóvedas artesonadas. Tienen gran popularidad en el arte mudéjar el azulejo y la cerámica policromada, de pura tradición árabe, en cuya producción destaca Manises (Valencia). Se han conservado numerosas obras de este arte en la zona mudéjar por excelencia, la región del bajo

4.15 Tímpano de la Puerta del Sarmental de la catedral de Burgos

4.16 La Virgen Blanca, en la fachada principal de la catedral de León

Aragón y Teruel; en esta última ciudad las hermosísimas torres de San Martín y el Salvador y en Zaragoza la iglesia de Santa María Magdalena (fig. 4.17). También son notables la antigua sinagoga, después iglesia de Santa María *la Blanca* (fig. 4.18), la antigua mezquita, después iglesia del Cristo de la Luz (fig. 4.19) y la Puerta del Sol (fig. 4.20) en Toledo, así como las muchas iglesias del "románico de ladrillo" en pueblos y ciudades de la meseta castellano-leonesa (fig. 4.21).

La importancia del arte mudéjar radica, además de la influencia que tuvo sobre los demás estilos, en su supervivencia, incluso hasta nuestros días, como expresión del arte tradicional español.

De importancia también para la historia de la arquitectura medieval peninsular son los castillos. Originariamente construidos para defensa de los territorios fronterizos, se amplían o construyen otros más tarde para residencia de reyes y nobles según estilos arquitectónicos europeos, árabes o mudéjares (figs. 4.22, 4.23, 4.24 y 4.25). Algunos de estos castillos, muy bien preservados o reconstruidos, se alzan en la meseta castellana como testimonio orgulloso de una edad guerrera ya pasada.

4.17   Torre de la iglesia de Santa
         María Magdalena, Zaragoza

mudejas
Árabe en territorio cristiano

sinagoga

4.18 Interior de Santa María
la Blanca, Toledo

4.19 Iglesia del Cristo de la Luz, Toledo

4.20   Puerta del Sol, Toledo

4.21   Torre y ábside de la iglesia de San Tirso, en Sahagún, León

4.22   Castillo de Belmonte, Cuenca

4.23 Castillo de Valencia de don Juan, León   **4.24** Alcázar de Segovia

4.25 Castillo de Coca, Segovia

NOTAS

1. Palabra árabe que quiere decir *tributario*. Se dice de los musulmanes que al rendirse quedaban sometidos a los reyes cristianos sin mudar de religión.

2. San Benito de Nursia (480-543) fue el gran patriarca del monacato occidental. Su interpretación de las reglas monásticas orientales, con un mayor equilibrio entre la oración y el trabajo, *ora et labora,* sirvió de base a la espiritualidad monástica de Occidente.

3. Fueron llamados Caballeros del Temple, o Templarios, una asociación de nobles que se comprometieron con votos religiosos a la defensa del Templo de Jerusalén durante el tiempo de las Cruzadas.

4. Se llama mendicantes a una serie de órdenes fundadas a partir del siglo XIII que tomaron la mendicidad como base de su vida ascética.

5. Dícese de ciertos grupos religiosos que florecieron durante los siglos XII y XIII en el sur de Francia, teniendo como centro la ciudad de Albi, de donde les viene el nombre. Su doctrina esotérica y opuesta al culto externo y a la jerarquía eclesiástica fue duramente reprimida por la Iglesia.

6. En contraposición al románico que quiere ser continuación de formas romanobizantinas, el arte gótico nace de las formas locales de origen germano. Durante el renacimiento llamósele *gótico,* es decir bárbaro, por su alejamiento de las líneas clásicas.

Preguntas para estudio y repaso

1. ¿Qué importancia tuvo la Reconquista cristiana para la historia de España? 2. ¿Cómo se inició la Reconquista? 3. ¿Qué núcleos de resistencia se formaron? 4. ¿Qué importancia especial tuvo el reino de Asturias? 5. ¿A qué se debió la importancia política de Castilla? 6. ¿Por qué no se interesó Navarra por la Reconquista? 7. ¿Cuál fue el factor determinante de la política de reconquista de los reyes del Levante? 8. ¿Por qué se dirigió la ambición política aragonesa-catalana hacia el Mediterráneo?

9. ¿Qué clases sociales se dieron en Castilla durante la Edad Media? 10. ¿Cómo ejercían el poder los reyes castellanos? 11. ¿Qué aspecto especial distinguía la sociedad aragonesa? 12. ¿Cómo se caracterizaba la sociedad catalana? 13. ¿Qué importancia tuvo la religión cristiana en la restauración política y cultural de los nuevos reinos? 14. ¿Qué actitud se mantuvo en ellos con respecto a las minorías religiosas de musulmanes y judíos? 15. ¿Qué tipo de cultura y de espiritualidad introdujo en la Península la orden de Cluny? 16. ¿Qué espiritualidad propagaba la orden del Cister? 17. ¿Qué fueron las Ordenes militares? 18. ¿A qué debieron su importancia en España? 19. ¿Cuál era la misión de los dominicos?

20. ¿Qué clase de literatura predominaba en Castilla durante la Edad Media? 21. ¿A qué se llama *mester de clerecía?* 22. ¿A qué se debió su importancia y su popularidad? 23. ¿A qué se llama *mester de juglaría?* 24. ¿Qué clase de poema fue el *Cantar de Mío*

Cid? 25. ¿Qué tipo de héroe fue *Mío Cid?* 26. ¿Por qué se le dio el título de *el Sabio* al rey Alfonso X de Castilla? 27. ¿Qué dos figuras de gran interés para la literatura castellana se dieron en el siglo XIV? 28. ¿Qué características especiales tuvo la cultura de los estados del Levante peninsular? 29. ¿Qué papel desempeñó España en la transmisión a Europa del saber árabe y judío? 30. ¿Qué determinó la evolución del arte medieval en la Península? 31. ¿Cuáles son las características del arte asturianomozárabe? 32. ¿Cuál es el ejemplo más notable del arte decorativo asturianomozárabe? 33. ¿A qué se llama arte románico? 34. ¿Qué notas distintivas ofrece la arquitectura románica? 35. ¿A qué tipo de espiritualidad responden la escultura y la pintura románicas? 36. ¿Cómo la expresan? 37. ¿Qué actitud representa el arte gótico? 38. ¿Cuáles son las características de la arquitectura gótica? 39. ¿Cómo se manifiesta la espiritualidad gótica en la pintura y en la escultura? 40. ¿A qué se llama arte mudéjar? 41. ¿Cuáles son sus características? 42. ¿A qué se debe su importancia?

Términos y nombres para estudio y repaso

Reconquista	Sancho *el Mayor*	*Mester de juglaría*
Núcleo cántabro-asturiano	Ramón Berenguer III	*Cantar de Mío Cid*
Covadonga	Jaime *el Conquistador*	*Cantigas de Santa María*
Núcleo vasco-navarro	Consejo Real	*Conde Lucanor*
Carlomagno	Consejo de Ciento	*Libro de buen amor*
Núcleo pirenaico oriental	Payeses de remensa	Escuela de Gay Saber
Ordo gothorum	Cluny	Raimundo Lulio
Fernán González	Cister	Beato de Liébana
Alfonso VI	Órdenes militares	Románico
Toledo	Santo Domingo de	Gótico
Rodrigo Díaz de Vivar	Guzmán	Arco ojival
Navas de Tolosa	*Mester de clerecía*	Mudéjar
Alfonso X *el Sabio*	Gonzalo de Berceo	

❧ 5 ❧

La Edad Moderna

Se llama *Edad Moderna* al lapso de tiempo comprendido entre la conquista de Constantinopla por los turcos, el año 1453, y el comienzo de la Revolución francesa en 1789. Se toman estas fechas por representar, la primera, la caída del Imperio bizantino y con ella la desaparición de la última gran institución medieval y, la segunda, por significar la instauración de las bases políticas de la sociedad contemporánea. Durante los tres siglos que estas dos fechas encierran, las naciones europeas sufrieron una profunda transformación que los historiadores dividen en tres períodos, cada uno cubriendo aproximadamente un siglo: el primero se caracteriza por la formación de las grandes monarquías, en Inglaterra con los Tudor, en Francia con Luis XI y en España con los Reyes Católicos; el segundo período comprende las guerras entre Francia y España por la supremacía europea y las guerras religiosas suscitadas por la Reforma protestante; el tercer período se define por la ruptura del equilibrio europeo. En éste último, España entró en clara decadencia, mientras que la monarquía absolutista francesa llegó a su apogeo con el reinado de Luis XIV, el *Rey Sol,* y el establecimiento en España de los reyes franceses de la Casa de Borbón. Por otra parte, Inglaterra se fue convirtiendo, durante el mismo tiempo, en árbitro político de Europa y, aunque no pudo evitar la independencia de los Estados Unidos, aseguró, con la destrucción de las flotas francesa y española, su poderío preeminente en el mundo durante los siglos siguientes.

Sólo en términos generales y aproximadamente se pueden aplicar estas divisiones a la historia de España y los historiadores prefieren usar para ella otra que expresa mejor su desarrollo histórico. Según esta división la Edad Moderna española comenzó en España con el reinado de los Reyes Católicos, más concretamente en 1492, fecha de la conquista de Granada y del descubrimiento de América, acontecimientos ambos que modificaron fundamentalmente el curso de la historia de la nación española durante los siglos siguientes. Como término se le señala el año 1808, fecha en que comenzó la guerra de Independencia contra Napoleón, con la que se introdujeron en España los problemas políticos y sociales planteados ya en Europa por la Revolución francesa. Los tres siglos que dura esta época se suelen dividir en cuatro períodos: la España de los Reyes Católicos (1479-1517); la España Imperial de Carlos V y Felipe II (1517-1598); España en Decadencia (1598-1700); y, finalmente, la Casa francesa de Borbón (1700-1808). Por razones prácticas esta división es la que se sigue en los capítulos siguientes.

Tres son los movimientos culturales que dominan y dan forma a esta época: el Renacimiento, con el que se secularizan la cultura y las instituciones políticas; la Reforma protestante, con la que se afirma y vence en Europa el subjetivismo individual frente al dogmatismo católico; y, finalmente, la Ilustración, que se podría definir como la declaración de los derechos de la razón humana ante los postulados religiosos, sobre todo, aunque no exclusivamente, del catolicismo. Esta división, que sólo aproximadamente coincide con las anteriores, basadas en acontecimientos políticos, es quizá la que mejor expresa la transformación que la sociedad europea sufre en su paso desde la Edad Media hasta la Contemporánea.

Europa durante el reinado de los Reyes Católicos

Los años que duró el reinado de los Reyes Católicos fueron unos de transición no sólo para España sino también para las demás naciones europeas. Inglaterra se hallaba todavía sumida en los horrores de la guerra llamada de las *Dos Rosas* entre las Casas de York y de Lancaster (1455-1485), que señaló el comienzo de la dinastía Tudor. Su primer rey, Enrique VII, suprimió las libertades tradicionales, introduciendo así una monarquía absoluta que sus súbditos aceptaron sin gran oposición por el orgullo y la riqueza que les producía el poderío exterior y la expansión comercial que la nueva monarquía les proporcionaba. En Francia la dinastía reinante de la Casa de Valois, con una política de conquistas y matrimonios, consiguió realizar la unidad territorial. Luis XI (1461-1483), enemigo declarado de Fernando de Aragón, cuyas posesiones francesas ambicionaba, se erigió en fundador del absolutismo monárquico francés. Su sucesor, Luis XII (1498-1515), de la Casa de Orleáns, aunque no siempre afortunado en sus frecuentes guerras con los Reyes Católicos, robusteció el poder absoluto de los reyes, que así quedó como sistema político tradicional en Francia hasta la Revolución francesa casi tres siglos más tarde.

Los Reyes Católicos (1479-1517)

Para la historia de España el reinado de los Reyes Católicos representó el paso decisivo desde la Edad Media a la Moderna. Durante los largos años que éste dura se transformó el concepto de una nación hispana compuesta de los reinos hispanos medievales en uno que veía en la unidad territorial las bases primordiales de la nueva nación española. Aunque esta idea había partido de Aragón, fue en Castilla donde se realizó, por lo que fueron los ideales políticos y religiosos castellanos los que más influyeron en la formación de la España moderna. Ello explica que la unidad territorial que se consigue en este período responda a las aspiraciones castellanas a reconquistar el reino moro de Granada, pero no incluya a Portugal, cuya legitimidad Castilla había reconocido desde la Edad Media. Por la misma razón, el reino de Navarra, que Castilla también reconocía, no fue incorporado hasta 1512, después de haber fallecido la reina castellana. En todo este proceso de unificación no se trató tanto de una simple federación de los reinos medievales sino de su progresiva absorción por Castilla. La España moderna nace así como una castellanización de la Península, de la que sólo parcialmente queda al margen la región catalana. La idea de que Castilla es ideal y cuna de la nación española ha sido uno de los mitos más importantes de la historia española, cuya influencia se ha dejado sentir hasta bien entrado el siglo XX.

Nada, sin embargo, en la situación política de los reinos hispanos presagiaba tales cambios. Durante la segunda mitad del siglo XV las relaciones entre los reinos principales, Castilla y Aragón, eran de un antagonismo que rayaba en la hostilidad. La situación interna de Castilla bajo los Trastámara no podía ser más desastrosa. La autoridad real estaba totalmente desprestigiada. La nobleza, altanera y rebelde, usaba de las guerras civiles para mantener sus privilegios y acrecentar sus riquezas y posesiones, mientras la economía del país, en franca ruina, no permitía el desarrollo de una burguesía mercantil o industrial. En Aragón el conflicto, aunque distinto, no era menos profundo, ya que a lo largo del siglo XIV había ido experimentando una serie de revueltas que sucesivamente habían abarcado todas las clases sociales: los campesinos contra sus señores, los gremios y artesanos contra los principales de las ciudades y los nobles contra la autoridad de los reyes.

En medio de este ambiente caótico se llevó a cabo el matrimonio del príncipe heredero de Aragón, Fernando, con Isabel, hermana y heredera de Enrique IV de Castilla. Esta unión fue bien recibida tan sólo en Aragón, que esperaba recibir así ayuda castellana en las guerras contra Luis XI de Francia. En Castilla, por el contrario, las viejas rivalidades con el reino vecino movieron a Enrique IV y a ciertos miembros de la nobleza a oponerse a Isabel, nombrando como heredera en su lugar a Juana *la Beltraneja*, hija ilegítima del rey. Cuando, a pesar de ello, a la muerte de Enrique IV (1474) Isabel fue proclamada reina, una parte de la nobleza se alzó en armas con la ayuda del rey de Portugal, dando lugar a una guerra civil que terminó en 1479 tras la intervención de Aragón en favor de la reina Isabel.

Con la proclamación de los nuevos reyes una gran parte del territorio peninsular quedó unificado bajo una sola autoridad real. Castilla se extendía desde Galicia y el mar Cantábrico por toda la Meseta Central hasta el Mediterráneo y el Atlántico por el sur, y Aragón, además de su territorio, comprendía Cataluña, Valencia, y las islas de Mallorca, Cerdeña y Sicilia. Independientes quedaban solamente los reinos de Portugal, Navarra y el moro de Granada, que entonces se extendía desde Almería hasta Cádiz, incluyendo parte de las provincias de Jaén, Sevilla y Córdoba.

Al finalizar la guerra civil castellana y tras la derrota de Portugal en las batallas de Toro y Albuera, los nuevos soberanos se dedicaron a fortalecer la autoridad real y a restablecer el orden en sus estados, sometiendo a la nobleza rebelde, a la que revocaron la mayor parte de sus privilegios. A la vez crearon una especie de guardia nacional, la *Santa Hermandad,* que tenía por objeto proteger los pueblos de los ataques de malhechores y nobles rebeldes. Con objeto de fortalecer la autoridad real, los monarcas concedieron a los nobles adictos la oportunidad de servir en la Corte como consejeros y administradores del reino. Esta medida tuvo por efecto alejarlos de sus territorios, con la consiguiente pérdida de influencia en los pueblos, convirtiéndolos en una nobleza cortesana, instrumento y brazo político de la Corona.

Conquista de Granada

Una vez pacificado el territorio castellano, los Reyes Católicos decidieron continuar la política exterior. Contra el parecer del rey Fernando, que hubiera preferido prestar primero atención a la amenaza francesa, la reina Isabel insistió en dar preferencia a las aspiraciones castellanas sobre los territorios todavía sometidos a los musulmanes. Para realizarlas era preciso conquistar el reino de Granada.

Aprovechándose de la división de los musulmanes causada por las disensiones entre el sultán granadino Abulhasán Alí (Muley Hacén), su hijo Boabdil y su hermano *el Zagal,* los Reyes Católicos exigieron pago del tributo tradicional, que el sultán se había negado a pagar durante la guerra civil castellana. Ante su negativa, los Reyes Católicos le declararon la guerra a la vez que pedían del papa Sixto IV (1471-1484) que la declarase Cruzada contra el infiel. A pesar de la falta de unidad en el campo musulmán, usada con habilidad por el rey Fernando, la campaña fue muy lenta y sólo tras ocho años de hostilidades, con la caída de Almería en 1489, llegaron las tropas cristianas a las murallas de Granada, cuyo sitio se formalizó en 1491. Tras casi dos años de lucha, que según narran las crónicas fue pródiga en hechos caballerescos por parte de moros y cristianos, el rey Boabdil pidió la capitulación, comprometiéndose los reyes cristianos a respetar las personas, bienes y libertad administrativa y religiosa de los musulmanes. Los Reyes Católicos tomaron posesión de Granada el 2 de enero de 1492. Esta victoria, muy celebrada por toda la Península, fue recibida con gran júbilo también en Roma, donde fue interpretada por el papa Inocencio VIII (1484-1492) como un triunfo de la fe y las armas cristianas.

Política europea

Así como la política castellana de la reina Isabel, y más tarde del cardenal Cisneros estuvo orientada hacia Granada, África y América, el rey Fernando contribuyó la orientación europea tradicional de la política catalano-aragonesa. Según ésta, la gran enemiga de España era Francia, ya que ambas naciones ambicionaban el dominio sobre los territorios del Rosellón y Cerdaña y el control sobre el reino de Nápoles. Las guerras de Italia a que este conflicto de intereses dio lugar duraron, con pocas interrupciones, todo el reinado de Fernando y estuvieron con frecuencia complicadas por la intervención del emperador de Austria, el Papa, y los señoríos de Milán y Venecia. Héroe de las victorias españolas en Italia fue Gonzalo Fernández de Córdoba, cuyo genio militar y brillantes campañas le valieron el título de *Gran Capitán* con que se le conoce.

Basándose en el deseo de aislar a Francia, rodeándola de aliados de España, los Reyes Católicos concertaron las bodas de sus hijos, cuatro mujeres y un varón, con herederos de las casas de Austria, Navarra, Portugal e Inglaterra. Una de ellas, Catalina de Aragón, destinada para Arturo de Inglaterra se casó, al morir éste, con su hermano, el futuro Enrique VIII. De todos estos matrimonios sólo el de la princesa Juana, llamada más tarde *la Loca,* que se casó con Felipe *el Hermoso,* hijo de Maximiliano, emperador de Austria, llegó a tener descendencia. Su primer hijo varón, Carlos, heredero también a la corona imperial, introdujo en España la dinastía de los Habsburgos.

La reina Isabel falleció el año 1504, amargada por desgracias familiares, dejando a su hija Juana como heredera con el rey Fernando como regente, ya que su estado de salud mental la incapacitaba para gobernar el reino.

Durante los doce años que duró la regencia, Fernando inició una serie de expediciones militares contra el territorio africano, que llevaron a la conquista de varias plazas estratégicas (Orán, Bujía, Trípoli, etc.) situadas a lo largo de la costa mediterránea, que habían sido usadas por los piratas como base para sus ataques a las costas españolas. El alma de esta política africana fue el consejero y confesor de la reina, el cardenal Jiménez de Cisneros, que veía en ella una continuación de la política castellana de Reconquista contra los musulmanes; aunque acabó por prevalecer la opinión del rey Fernando, que las proseguía tan sólo como defensa contra una posible invasión africana y como medio para asegurar el territorio aragonés de Sicilia y el reino de Nápoles contra los ataques de los piratas turcos. La derrota sufrida por los españoles en las islas de los Gelves (1511) y el peligro de una nueva guerra con Francia pusieron fin a la política africana del rey Fernando.

El acontecimiento más importante de la regencia de Fernando fue la incorporación a España del reino de Navarra. Su independencia a lo largo de la Edad Media se había debido a su orientación francesa y a las rivalidades entre Aragón y Castilla. Pero con la unión de ambos y cuando, ante la amenaza de guerra entre España y Francia, Navarra se decidió por una alianza con ésta (tratado de Blois, 1512), el rey Fernando envió un ejército castellano, que, al mando del duque de Alba, ocupó en pocos días todo el territorio navarro. En 1515 las Cortes de Navarra juraron fidelidad al rey Fernando y éste se comprometió a respetar los fueros y privilegios del antiguo reino, que quedó así incorporado definitivamente a España.

Sólo Portugal, cuyo rey Manuel I (1495-1521), llamado *Señor de la conquista, navegación y comercio de India, Etiopía, Arabia y Persia,* había mantenido un amistoso distanciamiento de Castilla, quedó al margen de la unidad hispánica. El rey Manuel, quizá con la esperanza de ser él mismo el unificador de la Península bajo el signo de Portugal, había contraído matrimonio con Isabel, hija mayor de los Reyes Católicos; a su muerte, con su hermana María, y, a la muerte de ésta, con Eleonor, hermana del emperador Carlos V.

A la muerte de Fernando, ocurrida en 1516, quedó como heredera de todos sus estados su hija Juana y, como regente su nieto Carlos, ocupando su lugar, hasta que el príncipe llegara a España, el ya anciano cardenal Cisneros.

Régimen político

La diferencia más notable entre el sistema político tal como iba desarrollándose en Inglaterra y Francia durante este tiempo y el que los Reyes Católicos aceptaron para España radicaba en la manera diferente como los respectivos monarcas concebían la supremacía real. Mientras ésta llevó en Francia e Inglaterra a un absolutismo de los reyes en el ejercicio de su poder, no así en España, donde se estableció una división entre la autoridad y el poder.

Los Reyes Católicos, como los demás monarcas cristianos, creían en el origen divino de la autoridad en ellos investida. Sólo los reyes representaban la soberanía de la nación y su autoridad alcanzaba por igual a todos sus súbditos. Sin embargo, los Reyes Católicos reconocían que el ejercicio de la autoridad real debía reconocer tanto las leyes divinas y eclesiásticas, como las instituciones de los reinos, los fueros y *usatges* tradicionales del pueblo.

En consecuencia, la unión de ambos monarcas, aunque unía la autoridad real, no pretendía, al menos en principio, hacer desaparecer la identidad política tradicional de los respectivos reinos. Así lo habían asegurado los Reyes Católicos en la *Concordia de Segovia,* firmada al comienzo de su reinado, y prometido el rey Fernando para Navarra al ser ésta incorporada a la unidad hispánica.

Se debe apuntar que estas medidas, adoptadas al empezar el gobierno común de los Reyes Católicos, aunque válidas para ambos reinos, iban directamente destinadas a proteger a Castilla de una excesiva influencia aragonesa; cuando en realidad el peligro era el contrario y, en efecto, no se hizo Castilla aragonesa, sino Aragón castellano. Esto se explica por la situación de la monarquía aragonesa, débil ante una nobleza todavía poderosa y de su sociedad dividida por el antagonismo de la burguesía catalana contra las instituciones tradicionales aragonesas. En Castilla, por el contrario, la debilitación del sistema nobiliario tras la guerra civil de sucesión hizo que los reyes pudieran asumir poderes más absolutos y, en consecuencia, usaran Castilla, y no Aragón, como base de su política unificadora.

La labor unificadora de los Reyes Católicos se nota sobre todo en su reforma administrativa, de clara tendencia centralizadora. Por una parte las Cortes medievales, aunque continuaron existiendo, perdieron su poder legislativo, con excepción de las leyes concernientes a la imposición de impuestos y tasas. Por otra parte los Consejos, órganos consultivos de los reyes compuestos principalmente por letrados, adquirieron una gran importancia. Una *ordenanza* declarada por los Reyes Católicos en 1480 determina que el Consejo Real estaría compuesto por ocho letrados, tres caballeros y un prelado. Nobles y obispos podían asistir a sus deliberaciones, aunque sin derecho a emitir voto. Había otros varios Consejos, encargado cada uno con aspectos concretos de la administración. Durante mucho tiempo uno de los más importantes fue el Consejo de Aragón, a quien correspondía la administración de este reino.

Los antiguos municipios fueron reconocidos, aunque su autoridad quedó disminuída tanto por el menor poder de las Cortes como por la autoridad real que sobre ellos ejercían los *veedores* y *corregidores* nombrados por el rey.

De gran importancia fue la legislación social de los Reyes Católicos. Por una parte fueron promulgadas numerosas ordenanzas que regulaban los gremios y *pragmáticas,* o disposiciones reales, referentes a la ganadería, agricultura, y otros aspectos de la vida comercial.[1] Por otra parte intervinieron activamente en la mejora de los vasallos y *solariegos,* o siervos de la gleba, a quienes permitieron trasladarse de residencia con familias y bienes si así lo querían. Esta medida, aceptada en Castilla y Cataluña, encontró gran oposición entre los nobles aragoneses.

Gran importancia tuvo también la reforma militar. Hasta este tiempo no existía propiamente un ejército. Cuando los reyes querían declarar la guerra, convocaban a los nobles e instituciones que disponían de mesnadas propias. Al terminar las campañas estos grupos se dispersaban. Pero ante la necesidad de las guerras cada vez más costosas y largas, que requerían cada vez un mayor número de guerreros, hubo que cambiar el sistema medieval. En su lugar se formó un ejército permanente, *Guardias Viejas de Castilla,* con servicio obligatorio para todos los hombres entre veinte y cuarenta años de edad, de los que era escogido uno de cada doce.

Gonzalo Fernández de Córdoba, el *Gran Capitán* de las guerras de Italia, introdujo además la división del ejército en grupos técnicos de infantería, caballería y artillería, creando así la estructura militar moderna. Más tarde se inició también la distinción entre la marina mercante y la de guerra con navíos de construcción y armamento distinto.

El orden interior fue confiado a la *Gente de Ordenanza,* fundada por el cardenal Cisneros. Era ésta una milicia compuesta por vecinos conocidos de pueblos y ciudades que tenía por finalidad mantener el orden y la defensa nacional.

Descubrimiento de América

El descubrimiento de América fue un acontecimiento cuya importancia es difícil de exagerar. En todos sentidos, religioso, cultural, político o económico, el descubrimiento del *Nuevo Mundo,* como fue llamado, cambió, ampliando, los horizontes de la sociedad europea, en especial de la española. En la misma medida que ante la visión europea el mundo se acrecentaba con los descubrimientos, Europa disminuía al ser considerada tan sólo como una parte del mundo. Europa, sin embargo, por su cultura y su mentalidad religiosa y política, continuó todavía durante siglos creyendo ser centro del mundo y poseedora de las únicas religión y civilización verdaderas.

La afición viajera era en realidad muy vieja en Europa. Además de las excursiones guerreras de algunos pueblos bárbaros, como los vikingos y normandos, eran conocidas en la Europa medieval las aventuras de comerciantes árabes, ya en el siglo X, por mar en torno al continente africano, o por tierras de Asia hasta los países entonces misteriosos del Extremo Oriente. También muy vivos en la fantasía europea estaban los famosos viajes del más famoso viajero europeo, el veneciano Marco Polo (1254-1323). Durante el siglo siguiente el rey de Portugal, Enrique (1394-1460), había recibido el sobrenombre de *el Navegante* precisamente por su interés y protección de la navegación, viajera y peregrina.

Sin embargo, sólo es a partir del siglo XV cuando el número y los resultados de los viajes llegaron a ser tan importantes que por ellos recibe ésta el nombre de época de las grandes exploraciones. Aunque en ellas participaron muchas naciones europeas, fueron de hecho españoles y portugueses los que con sus esfuerzos contribuyeron más a la exploración de nuevas rutas y al descubrimiento de tierras hasta entonces desconocidas.

Muy complejas fueron las razones que contribuyeron al desarrollo del espíritu viajero de los europeos. Una fue el creciente espíritu mercantil, resultado de una sociedad cuya burguesía era cada vez más importante. Al apoderarse los turcos del Oriente Medio cerraron a los países europeos las rutas comerciales hacia el Oriente, de donde llegaban la mayoría de artículos de lujo: tejidos, joyas y especias. Consecuentemente el espíritu mercantil europeo trató de hallar otras rutas por las que pudiera restablecer el comercio interrumpido. Además de la codicia mercantil, habría que añadir la ambición política. En efecto, muchos de los navegantes exigían de los reyes y recibían como recompensa de sus descubrimientos y conquistas título de posesión de los nuevos territorios. Otra razón también importante fueron los adelantos técnicos y científicos, la brújula, la cartografía, nuevos tipos de navíos y sobre todo la carabela.[2] Ellos hicieron posible a los navegantes el intento de viajes cada vez más largos y alejados de las costas.

Ya desde mediados del siglo XV, los portugueses, alentados por la escuela de navegación que el infante Enrique *el Navegante* había fundado, se lanzaron a la búsqueda de nuevas rutas hacia la India, generalmente costeando el África. Así se fueron descubriendo las islas Madera, las Azores, y, el año 1486, Bartolomé Díaz llegó a doblar, aunque sin saberlo, la punta meridional de África, llamada más tarde Cabo de Buena Esperanza. Años más tarde, en sucesivos viajes, el famoso navegante Vasco de Gama llegaba a las costas de Malabar,[3] por lo que el rey Juan III le nombró virrey de las Indias orientales.

Uno de estos inquietos navegantes fue Cristóbal Colón (¿1450?-1506). Nacido con toda probabilidad en Génova, estudió en Pavía, comenzando a navegar cuando apenas contaba catorce años. En Italia entró en relaciones con el florentino Toscanelli, cuyas ideas y técnicas cartográficas aprendió. A los veinte años fijó su residencia en Portugal, donde conoció al navegante Perestrello, con cuya hija contrajo matrimonio, heredando más tarde todos sus mapas y observaciones de viajes.

Con esta formación, Cristóbal Colón concibió el plan de llegar a las Indias orientales sin seguir la ruta de África, sino navegando hacia el oeste. Propuesto ello a los reyes de Portugal, Inglaterra y Francia, fue rechazado por todos, por lo que Colón, en 1485, pasó a España.

Los Reyes Católicos, sólo recientemente concluida la guerra civil con Portugal e iniciadas ya las campañas contra Granada, no recibieron favorablemente los planes para una empresa que no les podía parecer de acuerdo con la política o los intereses de los reinos de Aragón y Castilla. Además, las condiciones exigidas por Colón, título de virrey absoluto y hereditario de todos los territorios que se llegaran a descubrir, debieron parecer especialmente exageradas y ambiciosas a unos monarcas tan interesados en fortalecer el poder real y, a la vez, en disminuir el de los nobles.

Sólo por la protección dispensada por el poderoso cardenal Mendoza y otros frailes y nobles se firmaron el 17 de abril de 1492 las *Capitulaciones de Santa Fe,* por las que se aceptaban los términos exigidos por Colón y eran estipuladas las aportaciones económicas para la empresa.

La expedición salió del puerto de Palos (Huelva) el 3 de agosto del mismo año, compuesta por 120 hombres, entre ellos los hermanos Pinzón y el cartógrafo Juan de la Cosa. El 12 de octubre de 1492 a las dos de la madrugada divisaron tierra firme. En este primer viaje fueron descubiertas varias de las islas del mar Caribe, las Lucayas, a las que llamó San Salvador, Fernandina, Isabela, Juana (Cuba), y Española (Haití). Dejando en ésta una guarnición, Colón regresó a España llegando a Palos el 15 de marzo de 1493, desde donde se dirigió a Barcelona llamado por los reyes, que le colmaron de honores.

Para asegurar su autoridad sobre los nuevos territorios, el rey Fernando pidió del papa Alejandro VI (1492-1503) su reconocimiento oficial. Ante la protesta de Portugal se firmó el Tratado de Tordesillas (1494), en el que se trazaba la famosa *Línea de Demarcación* por la que se asignaba la autoridad de los descubrimientos ya hechos y repartían las zonas todavía por descubrir entre Portugal y España.

Durante los once años siguientes Cristóbal Colón organizó tres viajes más, en los que fue ampliando los territorios descubiertos. Fue en su tercer viaje (1498-1500) que Colón desembarcó en la desembocadura del río Orinoco, poniendo así pie por vez primera en el continente americano. Al regresar de su último y más desafortunado viaje (1502-1504) Colón fue a vivir en Sevilla y luego en Valladolid, donde murió en 1506 olvidado de todos.

Colón es considerado, además de descubridor, el primer historiador de las Indias por las cartas, documentos y relaciones que de su primer, tercer y cuarto viajes nos ha dejado.

Al mismo tiempo que Colón proseguía sus descubrimientos, algunos navegantes y exploradores iniciaron otros, a los que se llama *viajes menores* en comparación con los de Colón. De éstos, los más importantes fueron los realizados por el florentino Américo Vespucio (1454-1512). También al servicio de España, marchó a América a raíz del tercer viaje de Colón y exploró parte del Amazonas y de los territorios que hoy corresponden a Venezuela y Colombia. Sus narraciones exageradas de sus viajes fueron causa de que todo el continente fuera nombrado en su honor.[4]

Otros exploradores de este tiempo que alcanzaron gran fama fueron Alonso de Ojeda (1473-1515), Vicente Yañez Pinzón (m. 1515), Vasco Núñez de Balboa (1475-1517), Juan Díaz de Solís (m. 1516) y Ponce de

León (1460-1521), que descubrió la Florida (1512), así llamada por haber llegado a ella el día de Pascua (florida).

El impulso viajero y descubridor de los españoles fue continuado en los años siguientes con nuevos descubrimientos en el centro y el sur del continente americano. Al mismo tiempo, una expedición iniciada el año 1520 al mando del portugués Fernando de Magallanes intentaba la circunnavegación del planeta. La hazaña, llevada a cabo a la muerte de Magallanes por Juan Sebastián Elcano, abrió para España una nueva ruta de expansión territorial. De los descubrimientos y conquistas españolas en el Oriente la más famosa fue la de las islas Filipinas, llamadas así en honor del rey Felipe II, en cuyo nombre fueron ocupadas a partir de 1565.

Unidad religiosa

Con la unidad territorial hispana y la tendencia hacia una centralización política y administrativa, se manifestó en España la idea de la unidad religiosa como base necesaria para la nación.

No era ésta una idea nueva, ni resultado de una maniobra política de reyes o eclesiásticos, sino la conclusión natural de un largo proceso que había comenzado con las guerras de Reconquista y la restauración cristiana tal como la concebían los monjes medievales a quienes ésta estuvo confiada. A ello se añadió más tarde el peligro real que durante muchos años los musulmanes africanos y piratas turcos representaban para la seguridad de España.

Reforma cisneriana

Un gran triunfo político de los Reyes Católicos en sus tratos con la Iglesia fue el reconocimiento por parte de los papas de un *derecho de patronato y presentación* por el que los reyes podían determinar la elección de obispos y otras jerarquías eclesiásticas. Aunque, estrictamente hablando, este derecho fue concedido sólo para el reino de Granada, los Reyes Católicos hicieron uso de él para justificar su selección de prelados para otras partes de la Península. En contra de la conducta general de los demás reyes europeos que habían usado de poderes semejantes para acrecentar su propia autoridad, incluso contra el Papa, los Reyes Católicos usaron de ellos para nombrar una serie de prelados ejemplares, que iniciaron una verdadera reforma espiritual en España. Entre éstos, habría que citar al franciscano fray Hernando de Talavera, primer arzobispo de Granada, educador de clérigos y gran apóstol entre los moriscos, y el dominico Diego de Deza, notable teólogo y Gran Inquisidor. La figura cumbre de este período fue, sin duda, el franciscano fray Francisco

Jiménez de Cisneros (1436-1517), cardenal, arzobispo de Toledo, consejero de los Reyes, confesor de la reina Isabel y dos veces regente del reino.

El cardenal Cisneros, hombre de gran austeridad, aunque un tanto crédulo e inclinado en el ejercicio de la religión a la emotividad característica de su orden, pero de una lealtad sin compromisos al Papado y a las instituciones de la Iglesia, fue quien más influencia ejerció en la formación de la espiritualidad cristiana de la España de su tiempo y aun después. En muchos aspectos es la actitud reformista del cardenal Cisneros, de mejora espiritual, pero sin cambio, de las instituciones tradicionales, la norma que se impuso al aceptar o rechazar las corrientes espirituales que más tarde irían llegando desde Europa.

Las minorías religiosas

Ya desde la Edad Media y a medida que la Reconquista extendía sus fronteras hacia el sur musulmán, los reinos cristianos habían ido aumentando el número de sus habitantes con la incorporación de la población musulmana de los territorios conquistados. De ella una gran parte fue rápidamente asimilada, en religión, lengua y costumbres, a la sociedad cristiana en un proceso semejante, aunque inverso, al de los cristianos durante el primer siglo de dominación árabe en la Península. Otros grupos también numerosos, aunque habían aceptado el gobierno cristiano, habían recibido en las condiciones de capitulación el derecho a mantener su religión, lengua y costumbres. Éstos recibieron el nombre de *mudéjares*. Más tarde, cuando muchos de los musulmanes aceptaron la religión cristiana bajo la presión de las autoridades cristianas, aunque continuando fieles a su religión, la que ejercían en secreto, se generalizó el nombre de *morisco*. En la Península fueron las regiones de Aragón, Valencia, Andalucía, y especialmente Granada, las que contaban con una población mudéjar y morisca más numerosa. Aunque los derechos que las cláusulas de capitulación concedían fueron raramente respetados, la población mudéjar y morisca llegó a tener en estas regiones una gran importancia económica por su pericia y dedicación tanto al cultivo del campo como a las pequeñas industrias de artesanía en las que sobresalían.

Otra minoría religiosa en los reinos cristianos era la judía. Menos numerosa y dedicada a otras tareas, la minoría judía tuvo también una gran importancia económica, aunque diferente de la que tenían los mudéjares y moriscos. Los judíos, dotados muchos de ellos de una notable cultura, se dedicaron al estudio de las ciencias y al ejercicio de la medicina. Otra profesión comúnmente ejercida por los judíos hispanos, como también por los de otros países europeos, fue la bancaria, por lo que fueron empleados con frecuencia por los reyes cristianos para que se hicieran cargo de las finanzas del reino. Ello dio a la minoría judía una gran visibilidad y una importancia en la sociedad cristiana que la población cristiana y, sobre todo, las autoridades eclesiásticas resentían y que llegó a veces a ser causa de persecuciones violentas.

A medida que se formaba el concepto de una unidad religiosa nacional, se hacía más evidente a la Iglesia la necesidad de convertir las minorías judías y mudéjares a la fe cristiana. A esa tarea se dedicaron con gran celo un gran número de predicadores populares.

La predicación popular

Fue ésta un fenómeno de la espiritualidad europea de fines de la Edad Media con raíces tanto religiosas como socio-económicas. Por una parte, el deseo de una reforma de la vida cristiana y, por otra, la importancia que habían adquirido las ciudades y, con ellas, sus habitantes, movieron a un gran número de hombres de religión a usar de la predicación para la reforma de los cristianos. Algunos de ellos, como el maestro Eckhart (m. 1327), Gerardo Groote (m. 1384), y sobre todo, más tarde en Florencia, Jerónimo Savonarola (1452-1498), tuvieron una gran influencia en la formación de la espiritualidad de su tiempo y la de los siglos siguientes.

También en España se practicó con frecuencia esta forma de apostolado, aunque iba dirigido primordialmente a la conversión de las minorías judías y mudéjares. Entre los más famosos predicadores de fines de la Edad Media hay que nombrar al dominico San Vicente Ferrer (1350-1419), a cuya ardiente predicación se debió la conversión de millares de judíos y no pocas violencias contra ellos. También importante, aunque de otro estilo, fue el franciscano Alonso de Espina (m. hacia 1495). Más que corregir costumbres o convertir a los infieles, Alonso de Espina propugnaba la defensa de la religión cristiana de la contaminación de doctrinas y prácticas de los cripto-judíos. Ya en 1461 Alonso de Espina proponía la fundación de la Inquisición en Castilla "como se hace en Francia e en otros muchos reynos."

La Inquisición

La institución del tribunal de la Inquisición está asociada generalmente con la historia de España y, más concretamente, con el fanatismo religioso de los españoles, del que se dice ser a la vez causa y efecto. En realidad ni la Inquisición fue una invención española, ni España fue la única nación, tampoco la primera, que mantuvo un tribunal semejante.[5]

Los Reyes Católicos, decididos a conseguir la unidad religiosa en sus reinos, tuvieron que enfrentarse con el problema que presentaban los llamados *falsos conversos*. Para ello solicitaron del Papa autorización para establecer el tribunal de la Inquisición, la cual fue otorgada en 1478. Dos años más tarde se estableció en Sevilla el primer tribunal y el año siguiente se efectuaron los primeros *autos de fe*. En 1482 fue autorizada la implantación de un Consejo de la Suprema en los Reinos de Castilla y León, con fray Tomás de Torquemada como primer Gran Inquisidor. Años más tarde se introdujo también, aunque no sin resistencia, en Aragón, Cataluña y Valencia y finalmente en Navarra (1516) y en los dominios de América.

El Papa hubiera deseado que la Inquisición dependiera directamente de su autoridad, pero cedió ante la insistencia de los monarcas que querían desligarla de toda intervención extranjera. De esta manera adquirió la Inquisición española las características que la distinguieron de todas las demás: su dependencia de los reyes españoles, cuando otros tribunales habían dependido directamente de la autoridad eclesiástica, del obispo o del Papa, y, su jurisdicción sobre todos los territorios de la nación española, cuando en otros casos la jurisdicción estaba generalmente restringida a un error o herejía. Estas características de la Inquisición española hicieron inevitable la asociación de ideales religiosos y políticos: España al servicio de la religión católica y ésta al servicio de España.

La actuación del tribunal de la Inquisición ha dado lugar a encarnizadas polémicas. Para unos, su crueldad e intolerancia fue causa de que España quedase al margen de las corrientes culturales, científicas y filosóficas que transformaron el resto de Europa. Para otros, los métodos usados por la Inquisición ni fueron excesivamente intolerantes, ni más crueles que los usados por los demás tribunales de la época en las demás naciones europeas, ni tampoco hizo que España quedase atrás culturalmente, señalando como prueba el Siglo de Oro español que precisamente entonces se iniciaba.

En todo caso sería inexacto creer que la Inquisición fuese el instrumento usado por la autoridad eclesiástica o civil para dominar el pueblo. Por el contrario, aunque algunas de sus medidas no lo fueran, la Inquisición fue, hasta su desaparición en el siglo XIX, bien vista por la mayoría del pueblo, que veía en ella la defensa de la ortodoxia católica, considerada ya como un aspecto esencial de la nación española.

La expulsión de los judíos

Para asegurar la unidad religiosa y evitar los conflictos que causaba el trato de los conversos con sus antiguos correligionarios, se decidieron los Reyes Católicos a expulsar los judíos de España.[6] Su expulsión verificóse como consecuencia de un edicto real promulgado el 31 de marzo de 1492. En virtud de él, los judíos debían de salir de España o ser bautizados en el plazo de cuatro meses. Se les permitía vender sus bienes y llevar consigo sus riquezas.

Según parece, salieron unas 36.000 familias que se dispersaron por varios países, en especial Grecia y Turquía, donde sus descendientes han conservado hasta el presente su lengua y costumbres castellanas, conociéndoseles todavía con el nombre de *judíos sefarditas*. La expulsión de los judíos, con la pérdida cultural y económica de que fue causa, trajo a España muy graves perjuicios tanto en el orden económico como en el intelectual.

De los judíos que decidieron permanecer en España, en realidad su mayoría, unos aceptaron la religión en apariencia tan sólo, manteniéndose en secreto fieles a su religión y costumbres. A éstos se les llamó *marranos*, o cripto-judíos. Otros se convirtieron sinceramente al cristianismo y se asimilaron rápidamente al resto de la población. Éstos recibieron el nombre de *conversos* y sus descendientes el de *cristianos nuevos*.

Los moriscos

Una de las consecuencias más graves del celo misionero de los predicadores populares fue su abierta oposición a las condiciones de tolerancia religiosa que los Reyes Católicos habían ofrecido a la población musulmana del reino de Granada al tiempo de su capitulación. Ante la resistencia de los musulmanes granadinos a convertirse a la religión cristiana, el cardenal Cisneros inició una campaña misionera dirigida a forzar su conversión, transformando sus mezquitas en iglesias y quemando públicamente los libros árabes de los conversos.

Ante estas acciones abiertamente contrarias a las condiciones de capitulación ofrecidas por los Reyes Católicos, la población de Granada se amotinó en 1499. Este motín, aunque breve y sin gran resonancia, fue usado por el cardenal Cisneros como prueba del gran peligro que la población musulmana podía representar para la seguridad del reino cristiano, insistiendo además que la rebelión musulmana había abrogado las condiciones de tolerancia concedidas con la capitulación.

Por insistencia del cardenal Cisneros, la reina Isabel firmó un decreto en 1502 por el que se obligaba a todos los musulmanes del reino de Castilla a aceptar la religión cristiana bajo pena de expulsión. Ante esta amenaza, la gran mayoría de musulmanes aceptó la religión cristiana, creándose así la clase de los moriscos, que aunque oficialmente eran cristianos, en secreto se mantenían tenazmente fieles a su religión y sus costumbres.

La cultura bajo los Reyes Católicos

Durante el siglo XV la vida cultural de España, como también la de las demás naciones europeas, tomó unas direcciones marcadamente distintas de las medievales a causa de la creciente influencia de las corrientes humanistas y renacentistas italianas. Ambos movimientos, Humanismo y Renacimiento, tuvieron como punto de origen a Italia, que pasó así a ser también el centro de la nueva cultura, como Francia lo había sido el de la cultura medieval.

Renacimiento y Humanismo

En términos generales se da el nombre de Renacimiento al período de historia que sirve de transición desde la Edad Media a la Moderna, coincidiendo aproximadamente con el siglo XV. En su sentido más estricto se aplica este nombre al movimiento cultural--literario, artístico y filosófico--que nacido en Italia durante el siglo XIV se fue extendiendo por todo el occidente europeo durante los siglos XV y XVI.

Un fenómeno muy complejo, el Renacimiento tuvo muchas causas, unas generales que lo hicieron posible, otras más concretas que sirvieron para darle la forma específica que adoptó. Entre las primeras habría que citar las circunstancias económicas de la sociedad italiana de la época. Debido a la división política que imperaba en la península italiana, sus sociedades y grupos políticos se fueron agrupando en torno a algunos centros urbanos en forma muy semejante a un sistema de ciudad-estado. Gracias a ello, las ciudades italianas fueron alcanzando, ya durante la Edad Media, un notable desarrollo, que tuvo por consecuencia la acumulación de riqueza en los centros urbanos, la incrementación y circulación de ésta por actividades comerciales e industriales y la creación de una clase urbana, burguesa, que por su ocupación y oficio, participaba de aquella. No sería cierto afirmar que la riqueza creó el Renacimiento, pero sí que lo hizo posible, puesto que ella proporcionó los medios para el desarrollo y mantenimiento del lujo y del refinamiento urbano como ideal de la sociedad.

La causa concreta y directa del Renacimiento hay que buscarla en el llamado Humanismo. Es éste el que dio la forma concreta y específica que tomó el Renacimiento italiano tal como se le conoce. Se llama humanistas a los escritores de este tiempo, hombres cultos, generalmente salidos de las universidades, eclesiásticos muchos de ellos, médicos, maestros y funcionarios políticos, independientes o al servicio de príncipes u otros personajes poderosos, dedicados al estudio de la civilización clásica, romana y griega. Ésta, nunca totalmente olvidada en Italia, se convirtió por el esfuerzo de estos humanistas en ideal de la perfección humana, literaria, artística, filosófica y social. Esta admiración se convirtió en Italia muy pronto en deseo de su imitación y emulación, que son las características del Renacimiento. Al estar dirigido éste a una emulación de la civilización pagana de Roma y Grecia y basada en el lujo y refinamiento de una sociedad burguesa, sus ideales fueron muy distintos de los propuestos por la cultura medieval predominantemente monástica. Pero no representó por ello un rompimiento con la Iglesia, ni una renuncia a la religión cristiana, sino que, por el contrario, incluyó ambas en su concepto del mundo. En consecuencia, si bien el Humanismo renacentista creó una visión cristiana del mundo antiguo, impuso, a la vez, una interpretación de la religión cristiana y de la Iglesia que era nueva por su aceptación de las "formas mundanas" del lujo renacentista. La cuna del Renacimiento fue Italia, donde las glorias de la civilización romana, nunca completamente olvidadas, estaban consideradas como parte de su pasado histórico. Y en Italia, Florencia bajo la familia de los Médicis, Venecia con sus sabios y artistas bizantinos, Nápoles bajo Alfonso V de Aragón, llamado *el Magnánimo,* y Roma con los papas "renacentistas", Pio II (1458-1464), Alejandro VI (1493-1503) y Julio II (1503-1513), se convirtieron en centros de la nueva cultura.

Generalmente se considera al poeta Petrarca (1304-1374), por su amor a las lenguas clásicas y la elegancia con que escribía el latín, como padre del Humanismo. Aunque es en el siglo XVI cuando el Renacimiento llega a su mayor esplendor, ya durante el XV ofrece tan importantes exponentes como el poeta Lorenzo de Médici (1449-1492), duque de Florencia, llamado por su liberalidad *el Magnífico,* fino poeta y gran humanista; Leonardo da Vinci (1452-1519), además de genial pintor, escritor de claro y conciso estilo y gran hombre de ciencia; los pintores Guido di Pietro (1387-1455) llamado por su devoción y delicadeza *Fra Angélico,* Fra Filippo Lippi (1406-1469), Botticelli (1444-1510) y Vannucci (1446-1523) mejor conocido como *el Perugino;* los arquitectos Brunelleschi (1377-1446) y Ángelo Bramante (1444-1514); Nicolás de Maquiavelo (1469-1527), quien en su obra *El príncipe* revive la noción romana del estado poderoso; y finalmente, Baltasar de Castiglione (1478-1529) que propone en *El cortesano* el ideal de caballero renacentista. Un rasgo común a todos ellos es la importancia que daban al desarrollo espiritual del hombre como individuo y como miembro de la sociedad. El humanista fue con frecuencia escritor, político, poeta, arquitecto y pintor al mismo tiempo. Y aunque buscaban su inspiración en la antigüedad clásica, rasgo esencial de todos ellos era su gran independencia e individualismo. Debido a esto, más que de una imitación se trataba de una reinterpretación, de un renacimiento del espíritu clásico.

La figura cumbre del humanismo europeo fue el holandés Erasmo de Rotterdam (¿1466?-1536), quien introdujo con sus obras la lengua y la erudición clásicas en el norte de Europa. Sus obras más famosas son *Elogio de la locura,* en la que satiriza la locura de la sociedad fingiendo su alabanza, el *Enchiridion* o *Manual del caballero cristiano* y el *Tratado sobre la educación del príncipe cristiano,* en los que propone su doctrina ética y moral religiosa. Humanista apasionado, pero católico tibio, Erasmo sentía gran desprecio por la ignorancia, lo que le llevó a criticar duramente algunas instituciones y prácticas católicas en las que no veía sino un resultado de la superstición del pueblo. Su amor por la paz y por la concordia hizo que más tarde terminara atacado por todos. Como en Italia, también el Humanismo norteño se mezcla con un renacimiento. En parte imitación del italiano y, a la vez, muy distinto de éste, ofrece ya a fines del siglo XV magníficos frutos en todas las artes y ramos del saber científico alcanzando su mayor esplendor durante el siglo siguiente.

Humanismo y Renacimiento en España

La influencia italiana en España se había dejado sentir en Castilla ya durante el reinado de Juan II (1406-1454) de Castilla, padre de Isabel la Católica, en que autores italianos como Dante y Petrarca fueron traducidos y estudiados. Era esta influencia mucho mayor en Aragón y Cataluña, a causa de las relaciones e intereses políticos que este reino mantenía en Italia, sobre todo con Alfonso V de Aragón (1416-1458) *el Magnífico,* que pasó la mayor parte de su vida en Nápoles, y de los papas Calixto III (1455-1458) y, más tarde, Alejandro VI (1492-1503), ambos de origen español. Gracias a estas relaciones, numerosos eclesiásticos y funcionarios de los monarcas frecuentaron escuelas italianas o residían en Italia representando los intereses españoles. Éstos fueron quienes, durante su estancia en Italia o a su regreso a España, comenzaron a propagar los nuevos estilos y formas.

El primero de los grandes humanistas españoles fue Antonio de Nebrija (1441-1522). Había vivido diez años en Italia cuando regresó, en 1470, a España. Fue profesor de la universidad de Salamanca y, más tarde, de la de Alcalá, en las que se dedicó a la enseñanza del latín. Trabajó en las materias más diversas, destacándose por sus escritos sobre teología, derecho, filología y retórica. A Nebrija se deben las *Institutiones in latinam grammaticam,* obra muy apreciada en toda Europa, traducida por él mismo al castellano, y un muy interesante tratado sobre la educación de los jóvenes. Suya es también una *Gramática de la lengua castellana,* dedicada a la reina Isabel y considerada como la primera en lengua vulgar.

Su representante máximo fue, sin embargo, Juan Luis Vives (1492-1540). Nacido en Valencia, marchó a estudiar a París (1509) y a Brujas (1512), y fue nombrado a los veintiséis años profesor de la Universidad de Lovaina y, más tarde, de la de Oxford. Sus numerosos escritos, todos en latín, tratan en su mayoría sobre temas pedagógicos y moralizantes pero ya concebidos con unas actitudes hacia la persona y la conciencia humanas claramente humanistas. Aunque su edición comentada de *La ciudad de Dios* de San Agustín fue puesta en el *Índice de libros prohibidos* después de su muerte, su espíritu cristiano y su crítica moderada sirvieron de norma para los humanistas católicos posteriores.

También en España tuvieron gran importancia las doctrinas del gran humanista holandés Erasmo. En un principio, los españoles vieron en ellas una espiritualidad interior y pacifista muy en consonancia con una reforma del cristianismo tal como la promulgaban los reformadores hispanos, sobre todo, el cardenal Cisneros. Fieles seguidores de Erasmo fueron con frecuencia los conversos, cuya sensibilidad religiosa estaba influida todavía por las religiones judaica y musulmana, por lo que no siempre aceptaban de grado lo que ellos creían ser excesiva exteriorización y reglamentación de los sentimientos religiosos.

El erasmismo español fue pronto transformado por la reacción del cardenal Cisneros. Éste insistía en una reforma de la vida cristiana y de las prácticas religiosas estrictamente en conformidad con la autoridad y magisterio de la Iglesia. Fue Cisneros, más que Erasmo, quien dió forma al Humanismo español, convirtiendo así el Renacimiento en España en una imitación cristiana de las nuevas formas y estilos que venían de Italia.

En general, el Humanismo español está caracterizado por su respeto a las instituciones eclesiásticas y prácticas religiosas, que quiere reformar pero no abolir. Renueva la enseñanza de la teología tradicional, pero la mantiene como parte integral de los estudios impartidos en las universidades. Acepta las nuevas inquietudes y formas de expresión literarias y artísticas, pero sólo si éstas son compatibles con la ortodoxia y el magisterio de la Iglesia. Admite, en fin, las influencias italianas pero rechaza con frecuencia el espíritu secularizante que les da vida. Frente a este Humanismo ortodoxo cada vez más generalizado, el Humanismo erasmista se mantuvo por un tiempo al margen de las corrientes del pensamiento español, hasta llegar a ser confundido más tarde con las doctrinas protestantes.

LA UNIVERSIDAD DE ALCALÁ   Los historiadores españoles consideran la Universidad de Alcalá como la joya más preciosa del Humanismo español. Es también su aspecto más significativo y demuestra mejor que ninguna otra institución la dirección del pensamiento español durante esta época.

Aunque el número de las universidades españolas había crecido considerablemente durante el siglo XIV, se habían mantenido éstas sin gran distinción académica, fieles a una norma de educación en la que predominaban las disciplinas y métodos medievales. La más famosa de todas, la de Salamanca, debía su gran importancia a los estudios de derecho, mientras las lenguas clásicas ocupaban un lugar secundario y la teología era enseñada según los métodos usados en París durante el siglo XIII.

En parte como reacción y en parte con la intención de reformar las universidades, el cardenal Cisneros concibió la idea de fundar la suya propia. En ella se daría preferencia a estudiantes pobres y a la enseñanza de la teología según los métodos más recientes. Para ello escogió la ciudad de Alcalá de Henares, lejos de las grandes ciudades y al margen de la tradición universitaria medieval. El edificio, comenzado en 1498, abrió sus puertas a sus primeros estudiantes en 1502. Para la educación de éstos, el cardenal Cisneros invitó a los maestros más prestigiosos de su tiempo. Uno de ellos, Antonio de Nebrija, fue profesor de lógica desde 1513 a 1522. Según se dice, fue con motivo de una invitación para enseñar en Alcalá que Erasmo dijo la famosa frase *non placet Hispania* (España me desagrada).

La innovación de Alcalá consistió en la incorporación, junto a la enseñanza de la teología escolástica, o antigua, de las doctrinas y métodos de la teología nueva, o nominalista. Ésta daba menor importancia a la especulación abstracta para darla mayor, en cambio, a los métodos empíricos: a una teología bíblica, a la lógica, a las humanidades, en suma, a todas las disciplinas, en consonancia con un Humanismo cristiano.

Sin embargo, a pesar de su sentido renacentista, la Universidad de Alcalá, fue más promesa que realidad. No obstante la importancia dada a los estudios tan en boga entre los humanistas, al poner todas las disciplinas al servicio de la doctrina religiosa y de la ortodoxia cristiana, Alcalá se opuso al espíritu secular e individualista característico del Renacimiento europeo. Su mérito principal estriba en que al introducir la reforma de los estudios teológicos puso la base a los fundamentos doctrinales de la Contrarreforma. Pero los grandes teólogos españoles no salieron de Alcalá sino de Salamanca. La gloria mayor de la Universidad de Alcalá fueron sus estudios bíblicos, que dieron como fruto más distinguido la preparación de la *Políglota complutense*.

LA IMPRENTA Y LA BIBLIA DE ALCALÁ   Como en el resto de Europa, también en España tuvo la imprenta una gran influencia en el desarrollo del Humanismo. Atraídos por el favor que el cardenal Cisneros y los Reyes Católicos concedían a los tipógrafos, numerosos artesanos alemanes y flamencos acudieron con sus instrumentos a España e iniciaron con entusiasmo la publicación de libros en varias ciudades de la Península. Ya en 1470 se publicó en Sevilla un *Flos sanctorum* (Vidas de Santos) en castellano y en 1474 en Valencia las *Troves en lohors de la Verge María* (Cantigas en alabanza de la Virgen María) a los que siguieron otros muchos entre los que abundaban los libros de devoción religiosa. Este florecimiento de literatura devocional, que entonces comenzó a repartirse por todos los conventos y monasterios, fue causa del gran número de ascetas y místicos que caracterizan el siglo XVI español.

El año 1480, a petición de las Cortes, se eximió de impuestos la importación de libros del extranjero. Pero en 1502 se introdujo la primera *Censura de libros*, con que se intentó evitar la propagación de creencias y doctrinas cuya ortodoxia parecía dudosa.

El monumento del Humanismo español y la gloria mayor de la incipiente imprenta fue la *Biblia políglota complutense*. Realizada en la Universidad de Alcalá entre 1511 y 1517, intervinieron en su preparación los mejores filólogos españoles, algunos de ellos judíos conversos, bajo la dirección del cardenal Cisneros. Al verla terminada, el ya anciano cardenal exclamó:

Muchas cosas he hecho en beneficio de la república difíciles y costosas; pero ninguna, amigos míos, como ésta por la que me debéis felicitar muy de veras, pues desde hoy quedan patentes a todos los manantiales de nuestra religión en los cuales se podrá beber mucho más pura la ciencia teológica.

En su conjunto la Biblia complutense fue la primera de las políglotas, y su edición del Nuevo Testamento, terminada ya en 1514, fue la primera de cuantas se hicieron del texto griego. De ella se valió Erasmo para la preparación de la suya publicada en 1516.

La literatura

Los escritores de esta época manifiestan claramente el carácter indeciso del Humanismo español, mantienen, es cierto, una notable lealtad a temas o géneros tradicionales, pero los desarrollan con frecuencia con una atención al detalle humano, a la psicología y a las pasiones de los personajes en que se percibe la influencia renacentista italiana.

Persistencia de temas y formas tradicionales son los *romances,* composiciones en versos, generalmente de ocho sílabas y rima asonante, en las que se cantan temas épicos o líricos en su mayor parte de origen medieval. De éstos, unos son de carácter histórico, *El rey don Rodrigo, Fernán González, Bernardo del Carpio;* otros pertenecen a los ciclos carolingio y bretón, mientras que otros, los más característicos de esta época, tratan de las aventuras caballerescas y bélicas a que dieron lugar las últimas campañas de la Reconquista. Éstos, llamados *romances fronterizos,* están inspirados por un ardiente nacionalismo cristiano, aunque demuestran, a la vez, un gran respeto por los moros. Es muy importante el romance *Abenámar, Abenámar, Moro de la Morería* . . . en el que se presenta a Granada como la novia del rey moro, que no quiere casarse con el rey de Castilla.

Otras formas poéticas señalan también esta misma indecisión ante las nuevas formas y estilos. Son características de esta época las colecciones poéticas. Entre ellas destacan el *Cancionero de Baena* dedicado al rey de Castilla Juan II, en parte tradicional y en parte italianizante, y el *Cancionero de Stúñiga* que refleja mejor la influencia de la corte de Alfonso V en Nápoles, donde se llevó a cabo.

Entre los escritores de esta época se destaca Iñigo López de Mendoza (1398-1458), mejor conocido por su título, marqués de Santillana. Caballero influyente y guerrero contra los moros fue, a la vez, hombre de gran cultura y afición a las letras. Su poesía se divide en italianizante, *Sonetos fechos al itálico modo,* y tradicional, francesa y provenzal. Según este estilo son famosas sus *Serranillas.*[7]

Es famoso también Jorge Manrique (1440-1479), noble y caballero guerrero. Fue también autor de numerosas composiciones poéticas, en las

que alcanza una gran corrección. Jorge Manrique es recordado especialmente por sus *Coplas por la muerte de su padre*, llenas de melancolía
renacentista, rebosantes a la vez de resignación cristiana, motivos y temas
medievales. De las *Coplas* son las siguientes estrofas, todavía muy apreciadas:

> Recurde el alma dormida,
> avive el seso y despierte
> contemplando
> cómo se pasa la vida,
> cómo se viene la muerte
> tan callando,
> cuán presto se va el placer,
> cómo después de acordado,
> da dolor;
> cómo, a nuestro parecer,
> cualquier tiempo pasado
> fue mejor.

> * * *

> Nuestras vidas son los ríos
> que van a dar en la mar
> qu' es el morir;
> allí van los señoríos
> dechos a se acabar
> e consumir;
> allí los ríos caudales,
> allí los otros, medianos
> y más chicos,
> allegados son iguales
> los que viven por sus manos
> e los ricos.

Otra figura que representa muy bien el carácter de esta época es Juan
del Encina (1468-1529). Secretario durante años del duque de Alba, se
hizo sacerdote al final de su vida. Fue autor de numerosas poesías, unas
de pura inspiración religiosa, otras amorosas. Se le considera además como
iniciador del drama en España por sus *Églogas*, obras dramáticas cortas
escritas para ser representadas en los palacios de los nobles a quienes
servía. Son éstas una secularización de los *misterios*[8] medievales y están
escritas en un lenguaje convencional, con evidente influencia del poeta
latino Virgilio cuyas obras introdujo en España.

Porque su inclinación clasicista e italianizante fue más en la forma que
en el contenido y por el sentido cristiano de sus temas, Juan del Encina

fue un autor más medieval que estrictamente renacentista. Este juicio, sin embargo, es también aplicable a otras muchas manifestaciones del Renacimiento hispano.

La obra en prosa más importante del reinado de los Reyes Católicos es *La tragicomedia de Calisto y Melibea,* obra del converso Fernando de Rojas. Por una parte su tema amoroso es tradicional y está inspirado en obras latinas conocidas durante el medioevo, por otra parte el tratamiento de las pasiones humanas, no ya pecado, sino resultado de una psicología humana estrictamente burguesa, es auténticamente renacentista. *La Celestina,* como también se llama esta obra, fue publicada en 1499 y, a pesar de su estructuración teatral en diálogo de personajes, es considerada como la primera novela de la literatura castellana.

Gran importancia tuvieron también los llamados *libros de caballería.* Derivados por su tema del género típicamente medieval de la épica caballeresca, expresan los antiguos ideales de una forma asequible y agradable a un público ya ciudadano y burgués. La primera obra de este tipo que circuló por España fue el *Amadís de Gaula,* cuyo autor pudo ser español o portugués, y que es una imitación de las novelas caballerescas del ciclo bretón. A juzgar por la burla que de ella hizo Cervantes años más tarde, ésta y otras novelas del mismo género debieron ser muy del agrado de los españoles durante el siglo XVI.

El arte

También el arte español demuestra una actitud ambivalente hacia los estilos y técnicas tradicionales y los renacentistas italianizantes. Se nota además la influencia directa de artistas extraneros flamencos, borgoñones e italianos que acudieron a España atraídos por el favor y la protección que les ofrecían los Reyes Católicos y el cardenal Cisneros. A consecuencia de ello este período llegó a ser uno de los más ricos de la historia del arte español, sobre todo en escultura y arquitectura, en las que los elementos extranjeros y mudéjares se mezclan en estilos muy peculiares y propios.

AQUITECTURA El gótico flamígero, introducido en España por arquitectos flamencos y borgoñones fue usado en las nuevas catedrales, Sevilla (fig. 5.1), o para completar otras ya en construcción, como la de Burgos (fig. 5.2). Por su gran uso de motivos decorativos florales recibió el nombre de gótico florido, La Casa de las Conchas en Salamanca (fig. 5.3), y al fundirse con elementos mudéjares dio lugar al estilo isabelino, caracterizado por su extraordinaria exuberancia de ornamentación. Entre sus obras más puras se cuentan Santa María de Aranda de Duero (fig. 5.4 y 5); y la iglesia de San Pablo (fig. 5.6 y 7) y el colegio de San Gregorio de Valladolid, (fig. 5.8).

5.1 Puerta de los Naranjos de la Catedral, Sevilla

5.2 Cimborio de la catedral de Burgos

5.3 Casa de las Conchas, Salamanca

gótico florido

Mudéjares / exuberancia do ornamentation

5.4 Detalle de la fachada de Santa María la Real, Aranda de Duero

5.5 Iglesia de Santa María la Real, Aranda de Duero, Burgos

5.6 Iglesia de San Pablo, Valladolid

La transformación de las líneas decorativas italianas de origen lombardo o florentino, según el gusto de los artistas educados en la tradición mudéjar o isabelina resultó en el estilo plateresco, llamado así por recordar la decoración usada por los plateros. Obras notables en este estilo son la fachada de la Universidad de Salamanca (fig. 5.9), la catedral (fig. 5.10) y la iglesia de San Esteban de la misma ciudad, el Hospital de los Reyes Católicos en Santiago de Compostela y San Marcos de León (fig. 5.11).

Una mezcla más fuerte todavía de elementos decorativos mudéjares y renacentistas dan como resultado al llamado estilo Cisneros, cuyos monumentos principales son la sala capitular de la catedral de Toledo y la capilla de San Ildefonso en la universidad de Alcalá.

El predominio de elementos decorativos mudéjares sobre los renacentistas produce las mejores obras en el estilo mudéjar "a lo romano", como el palacio de los duques de Medinaceli, Casa de Pilatos (fig. 5.12), y el famoso Alcázar (fig. 5.13, 14) ambos en Sevilla, y la puerta de la capilla de Nuestra Señora en la catedral de Sigüenza.

La exuberante decoración del arte castellano está en claro contraste con las líneas más sencillas y elegantes que mantiene el gótico catalán y valenciano (fig. 5.15).

ESCULTURA   Las mismas influencias flamencas y direcciones que se señalan en la arquitectura se perciben en la escultura, sea ésta en mármol o de talla de madera generalmente dorada y policromada con que se adornan los altares.

Sobresalen el flamenco Gil de Siloé, autor del magnífico sepulcro de Juan II y su esposa Isabel (fig. 5.16) y del suntuoso retablo de la Capilla, ambos en la Cartuja[9] de Miraflores (Burgos); Francisco de Colonia, autor de la talla plana y menuda, imitación en parte del estilo mudéjar, del retablo mayor de la catedral de Sevilla; Juan de Guás, autor de las decoraciones con motivos heráldicos de San Juan de los Reyes (Toledo) (fig. 5.17); el florentino Domenico Fancelli, autor del mausoleo en la iglesia de Santo Tomás de Ávila y el francés Juan de Juni, escultor de un dramatismo ya casi barroco (figs. 5.18 y 5.19). Serena y tranquila es, en cambio, la figura reclinada de don Martín Vazquez de Arce, *el Doncel* de Sigüenza, de autor desconocido (fig. 5.20). Es notable también el magnífico retablo de la catedral de Toledo, obra en colaboración de artistas españoles, alemanes y flamencos (fig. 5.21).

PINTURA   La pintura castellana y andaluza de esta época se caracteriza también por una gran influencia flamenca, que resulta en una verdadera escuela hispanoflamenca en la que se combina el colorido flamenco con el realismo propio de los artistas castellanos. El pintor más famoso de esta escuela fue, sin duda, Pedro Berruguete, nacido a mediados del siglo XV. En su obra, de una austera religiosidad, se percibe poco del renacimiento

5.7   Detalle de la fachada de la iglesia de San Pablo, Valladolid

5.8   Patio del Colegio de San Gregorio, Valladolid

5.9   Fachada de la Universidad, Salamanca

5.10 Detalle de la fachada de la Catedral, Salamanca

5.11 Antiguo convento de San Marcos, Léon

5.12 Patio del palacio de los Duques de Medinaceli, Casa de Pilatos, Sevilla

5.13 Patio del Alcázar, Sevilla

5.14 Salón de Embajadores del
Alcázar, Sevilla

5.15 Fachada del Palacio Municipal, Barcelona

5.16 Sepulcro de los reyes Juan II y su esposa en la Cartuja de Miraflores, Burgos

5.18 *Virgen de las Angustias,* de Juan de Juni

5.17 Motivos heráldicos de Juan de Guás, en San Juan de los Reyes, Toledo

5.19 *Santo Entierro,* de Juan de Juni

5.20 Sepulcro de Don Martín Vazquez de Arce, *El Doncel,* catedral de Sigüenza

5.21 Retablo del altar mayor de
la catedral de Toledo

italiano, dando preferencia a los escenarios interiores, como en la pintura flamenca, y la decoración gótica, que realiza con técnica precisa y uniforme. Son notables sus *Auto de fe* y *Visita a la tumba de San Pedro Mártir*.

En Cataluña y Valencia se observa, en cambio, además de la flamenca, una mayor influencia italiana. En ésta es importante la obra del valenciano Rodrigo de Osona. En él, como en otros de esta escuela, se mantiene, a pesar de la influencia de los grandes maestros italianos, la sobriedad austera y sosegada característica del Renacimiento español.

Es notable observar además en los pintores españoles una mayor religiosidad y un menor interés por el espíritu pagano, con una ausencia casi completa de temas mitológicos y desnudos, ambos tan del gusto renacentista italiano.

NOTAS

1. De todas éstas, las concernientes a la ganadería son las que con mayor frecuencia se usan para criticar la política económica de los Reyes Católicos por proteger excesivamente los derechos de la Mesta. Era ésta una hermandad o congregación de pastores y dueños de ganado de historia muy antigua. Ya Alfonso X le había concedido, en 1273, importantes privilegios, ampliados por sus sucesores, quienes además tomaron a la Mesta bajo la protección real. Los privilegios de la Mesta, entre los que se contaban el derecho de paso de los ganados y la prohibición a la agricultura de roturar ciertas tierras o cercar heredades, si bien ayudó a las industrias ganadera y de la lana, sirvió para impedir el desarrollo agrícola de Castilla.

2. Tipo de embarcación ligera, con una sola cubierta, popa llana, un castillo en cada extremidad y tres mástiles. Por lo rápida y manejable era apropiada para descubiertas y servicios urgentes.

3. Recibe este nombre la costa suroeste de la India. Era muy famosa por sus especias que formaban la base de su comercio.

4. Sus narraciones fueron publicadas junto con la *Cosmographiae introductio* del alemán Martin Waltzenmüller en 1507. Éste fue quien propuso que al Nuevo Mundo se le diera el nombre de América. Aunque no es cierto que Vespucio fuera el primero en llegar al continente americano, sí fue el primero en darse cuenta que éste era un continente nuevo situado entre Europa y Asia.

5. Antes que en España, hubo tribunales de Inquisición en Francia, Italia y Alemania. La diferencia entre estos tribunales y el de la Inquisición española estriba en que fueron locales o para perseguir un delito concreto, mientras que en España tuvo desde el principio un carácter general, con autoridad sobre todos los territorios del reino.

6. La tolerancia de los reyes con los grupos de población musulmana y judía era tradicional desde el principio de la Reconquista, como también lo era la oposición intransigente de los eclesiásticos a la política tolerante de los reyes. Aquellos, más que éstos, fueron los responsables.

7. Se da el nombre de *serranilla* a ciertas composiciones, escritas en metro corto, que tratan de temas villanescos o rústicos, muchas veces eróticos.

8. Durante la Edad Media, se daba el nombre de *misterio* a la representación dramática de temas relativos al nacimiento, vida, pasión y muerte de Jesucristo. Obra generalmente de monjes, servía su escenificación a la enseñanza religiosa del pueblo, dirigiéndose a este fin todo su arte dramático. En un principio, la representación de los *misterios* tenía lugar en las iglesias, más tarde también en las plazas de los pueblos, formando siempre una parte muy importante en la celebración de la Navidad y de la Pascua.

9. Perteneciente a la Cartuja, orden muy austera fundada por San Bruno en 1086, que se distingue por su vida retirada y silenciosa.

Preguntas para estudio y repaso

1. ¿A qué se llama Edad Moderna? 2. ¿Cómo se caracterizan los varios períodos en que se divide la Edad Moderna? 3. ¿Por qué se usan otras fechas para delimitar la Edad Moderna española? 4. ¿En qué períodos se divide ésta? 5. ¿Cuáles fueron en Europa los movimientos más importantes durante este tiempo? 6. ¿Qué dinastías y reyes gobiernan las demás naciones europeas?

7. ¿Qué importancia tuvo el reinado de los Reyes Católicos para la historia de España? 8. ¿Cómo se desarrolló la idea de unidad territorial? 9. ¿Cómo era la situación política en Castilla y Aragón antes de su unión? 10. ¿Cuál fue el primer objetivo de la política interior de los Reyes Católicos? 11. ¿Por qué se intentó la conquista de Granada? 12. ¿Qué diferencia había entre la política internacional de Isabel y la de Fernando? 13. ¿Quién era el enemigo principal de Aragón y qué hizo Fernando para defenderse de él? 14. ¿Cuál fue el acontecimiento más importante de la regencia de Fernando? 15. ¿Qué diferencia había entre el sistema político inglés, el francés y el español? 16. ¿Cuál era la política de los Reyes Católicos con los respectivos reinos? 17. ¿Cómo se explica el predominio de Castilla sobre Aragón? 18. ¿Qué reforma administrativa introdujeron los Reyes Católicos? 19. ¿Qué otras reformas iniciaron? 20. ¿Qué importancia tuvo el descubrimiento de América para España y Europa? 21. ¿Qué razones contribuyeron al desarrollo del espíritu viajero en Europa? 22. ¿Qué motivos empujaban a los viajes hacia el sur y el oeste? 23. ¿Por qué se negaron los Reyes Católicos a aceptar el plan de Colón? 24. ¿Por qué se dio el nombre de América al nuevo continente?

25. ¿A qué causas respondió la tendencia española hacia la unidad religiosa? 26. ¿A qué se dio el nombre de reforma cisneriana y en qué consistió? 27. ¿Qué minorías religiosas había en España durante el reinado de los Reyes Católicos? 28. ¿En qué se distinguían unas de otras? 29. ¿En qué consistía la predicación popular? 30. ¿Por qué se introdujo en España el tribunal de la Inquisición? 31. ¿En qué se distinguía de otros tribunales de la Inquisición? 32. ¿A qué se debió la expulsión de los judíos? 33. ¿Qué consecuencias tuvo la predicación popular para la población musulmana y judía de la Península? 34. ¿Qué consecuencias tuvo para los moriscos la sublevación de Granada (1499)?

35. ¿A qué se llama Renacimiento? 36. ¿Cuáles fueron sus causas? 37. ¿A qué se da el nombre de Humanismo? 38. ¿Quiénes eran los humanistas? 39. ¿Quiénes fueron las figuras cumbres del Renacimiento italiano? 40. ¿Quién fue la figura cumbre del Humanismo europeo y a qué debió su fama? 41. ¿Cómo se introdujo el Renacimiento en España? 42. ¿Qué influencia tuvieron en España las doctrinas de Erasmo? 43. ¿Cuáles son las características del Renacimiento y del Humanismo españoles? 44. ¿Qué importancia tuvo la Universidad de Alcalá en el Renacimiento español? 45. ¿Qué resultados inmediatos tuvo la introducción de la imprenta en España?

46. ¿Por qué se habla de un *carácter indeciso* del Renacimiento español? 47. ¿Cómo manifiestan esa indecisión los escritores de esta época? 48. ¿Qué formas y temas pueden ser llamados tradicionales y cuales italianizantes? 49. ¿A qué clase social pertenecen los escritores más famosos de este tiempo? 50. ¿Cuál es la obra en prosa más importante de esta época y por qué se dice que es medieval y renacentista al mismo tiempo? 51. ¿Cómo expresan los *libros de caballerías* los ideales caballerescos? 52. ¿Cuáles son los tres estilos arquitectónicos más importantes durante este tiempo y cuáles son sus características? 53. ¿Qué influencias y direcciones se señalan en la escultura? 54. ¿Cómo se caracteriza la escuela de pintura castellana y en qué se distingue de la levantina? 55. ¿Qué motivos y temas renacentistas faltan en el Renacimiento español y cómo se explica su falta?

Términos y nombres para estudio y repaso

Edad Moderna	Mudéjares	Juan del Encina
Juana *la Beltraneja*	Moriscos	*La Celestina*
Santa Hermandad	San Vicente Ferrer	*Amadís de Gaula*
Boabdil	Tomás de Torquemada	Estilo mudéjar
El Gran Capitán	Marranos	Gótico florido
Juana *la Loca*	Cristianos nuevos	Plateresco
Concordia de Segovia	Erasmo de Rotterdam	Estilo Cisneros
Guardias viejas	Antonio de Nebrija	Gil de Siloé
Cristóbal Colón	Luis Vives	Pedro Berruguete
Línea de Demarcación	*Políglota complutense*	
Viajes menores	Romances	
Américo Vespucio	Cancioneros	
Francisco Jiménez de	Serranillas	
Cisneros	Jorge Manrique	

6

España bajo los Habsburgos (1517–1700)

Los siglos XVI y XVII forman en la historia de España una unidad cultural, política y económica muy difícil de ignorar. El concepto hispánico de unidad nacional, concebido durante la Edad Media y realizado bajo los Reyes Católícos, sufre en estos siglos su prueba más difícil, al intentar los monarcas españoles aplicarlo también a Europa y a América. Los españoles han mirado siempre este intento de hispanizar Europa y el mundo como uno de los momentos más gloriosos de su historia, prestando menos atención al fracaso de la empresa. En realidad, ésta llevó a los españoles a intervenir en una serie de guerras sin solución, que contribuyeron, más que ninguna otra causa, a la decadencia política y económica, y a la actitud pesimista, entre fatalista y resentida, que son características de la cultura española de estos siglos.

La historia de España bajo los Habsburgos es fácilmente divisible en dos períodos: uno¹ ascendente, imperial y de apogeo, con los exponentes de Carlos V y Felipe II, cuyo reinado cubre la mayor parte del siglo XVI; y otro² descendente, en rápida decadencia durante el reinado de los demás reyes de esta dinastía, que se extiende hasta fines del siglo XVII.

Europa durante la dinastía austriaca

En Europa, el acontecimiento más importante del siglo XVI fue la Reforma protestante, con la serie interminable de guerras religiosas a que ella, directa o indirectamente, dio lugar y en las que se vieron envueltas la mayor parte de las naciones europeas.

En Francia, la Casa de Valois Orleáns Angulema comenzó con su primer rey, Francisco I (1515-1547), el gran adversario de Carlos V. Su preocupación por las guerras contra España fue aprovechada por los reformistas para introducir el protestantismo en Francia, por lo que también ella se vió envuelta en sangrientas guerras religiosas durante la segunda mitad del siglo XVI.

En Inglaterra la dirección política y religiosa estuvo determinada por Enrique VIII (1509-1547) y sobre todo por Isabel I (1557-1603), durante cuyo reinado Inglaterra sufrió una evolución decisiva.

El siglo XVII, ya de clara decadencia política para España, fue para Inglaterra uno de transición, en que las pretensiones absolutistas de los Estuardo chocaron con las aspiraciones liberales de la nación, ganando éstas en la revolución de 1648, que dio el poder a Oliver Cromwell (1599-1658), y la de 1688, por la que obtuvo el trono Guillermo de Orange (1689-1702). La historia de Francia, en cambio, se caracterizó por un desarrollo del absolutismo real bajo la dinastía de los Borbones, cuyos reyes más distinguidos fueron Luis XIII (1610-1643) y Luis XIV (1643-1715). Tan importantes como estos reyes fueron los cardenales Richelieu y Mazarino, ambos ministros de Luis XIII, éste último también de Luis XIV hasta su muerte en 1661, que fueron los verdaderos creadores de la grandeza real de Francia. Alemania, por el contrario, agotada por los horrores de la llamada Guerra de los Treinta Años, perdió durante este tiempo mucha de la importancia política que había tenido anteriormente.

La Reforma

Se da el nombre de Reforma a la revolución político-religiosa que, iniciada en Alemania durante el siglo XVI, se extendió rápidamente por Inglaterra, Escocia, Suiza, Francia y los países escandinavos, rompiendo así la unidad cristiana, ya tradicional en Europa.

A consecuencia de la Reforma religiosa, las naciones del continente europeo se dividieron en dos grupos, de clara demarcación geográfica, en los que se distingue el fin de un largo proceso iniciado ya en la antigüedad romana. En el sur quedaron los pueblos que habían sido más profundamente romanizados y cuya tradición cristiana era más antigua, es decir, los pueblos latinos, en los que predominó el cristianismo católico romano; en el norte, en cambio, en los pueblos germánicos, menos romanizados y de una conversión más reciente, quedó predominante el cristianismo protestante. No fue la Reforma solamente una consecuencia del pasado, sino que obedeció también y de manera muy directa a unas causas de carácter religioso y otras de carácter político. Entre las causas religiosas habría que nombrar el excesivo lujo de la Iglesia y la conducta no ejemplar de muchos eclesiásticos. Como reacción contra todo ello y para introducir una reforma religiosa, las doctrinas de Lutero, Zuinglio y Calvino, entre otros, crearon la imagen de una Roma opresora que había que derrotar destruyendo las instituciones en que basaba su poder sobre los pueblos. Entre las políticas hay que indicar las ambiciones y maquinaciones de los príncipes y reyes de la época. Las primeras causas llevaron a los reformados a un conflicto religioso con el Papado; las segundas convirtieron este conflicto religioso en uno político, al confrontarse los grupos y príncipes reformados con el Emperador católico, es decir, Carlos V. Así se convirtió España en defensora al mismo tiempo de los derechos imperiales y de la ortodoxia católica y romana.

Martín Lutero (1483-1546) había nacido en Eisleben (Sajonia), hijo de una familia modesta de mineros. A los dieciocho años entró en la Universidad de Erfurt, donde cursó filosofía según la llamada *via moderna*, en la que se da más importancia a la voluntad humana y menos al influjo divino. El año 1505 entró en la orden de San Agustín, enseñando filosofía durante unos años en la Universidad de Wittenberg. Su primer contacto directo con Roma fue con ocasión de un viaje hecho por asuntos de la Orden en 1510. A su regreso continuó Lutero sus estudios en la Universidad de Wittenberg, donde recibió el título de doctor en 1512 y, poco después, fue encargado de la cátedra de Sagrada Escritura.

La causa inmediata de su rebeldía fue la predicación de las indulgencias[1] concedidas por el papa León X (1513-1521) con el fin de recaudar fondos para la construcción de la Basílica de San Pedro de Roma. Este mercantilismo eclesiástico llevó a Lutero a una reexaminación de las doctrinas y prácticas cristianas, fijando su propia interpretación, según la costumbre de la época, en la puerta de la Universidad de Wittenberg (1517). Condenado por los obispos alemanes en 1518 y por el Papa en 1521, fue invitado por Carlos V, todavía con ánimo conciliatorio, a presentarse en la Dieta de Worms celebrada el mismo año. Ante la actitud intransigente de todos, católicos y protestantes, y la condena impuesta por la Dieta, el Emperador se vio obligado a decretar la expulsión de Lutero del Imperio.

Para defenderse, tanto de la autoridad eclesiástica como de la imperial, Lutero buscó la protección de los príncipes alemanes más rebeldes al Emperador, iniciándose así el conflicto político de la Reforma.

Todavía en vida de Lutero, la Reforma protestante fue introducida en los cantones suizos alemanes por Ulrico Zuinglio (1484-1531), quien le dio una formulación mucho más radical. A pesar de la gran popularidad de su iniciador, no todos los cantones aceptaron la nueva reforma y al intentar imponérsela por la fuerza, los cantones católicos pidieron ayuda al Emperador, quien se vio así obligado a una intervención militar en defensa de la religión de sus súbditos.

En estos primeros años de luchas religiosas no se trataba de la libertad del individuo a seguir la religión que la propia conciencia y su fe le dictaran; más bien, se ventilaba el derecho de los gobernantes a imponer a sus súbditos una confesión religiosa diferente de la ortodoxa romana.[2] Con la paz de Westfalia (1648), en la que se aceptó la derrota de la unidad católica, se reconocía a los príncipes protestantes el libre ejercicio de su religión y el derecho de imponerla a sus súbditos.

A partir de 1534 surgió un nuevo movimiento religioso, que con el título de *Iglesia reformada* llegó a ser la expresión más poderosa del protestantismo, el calvinismo. Juan Calvino había nacido en 1509 en Noyon (norte de Francia) y, tras de haber estudiado filosofía en París y derecho en Orleáns y Bourges, fue iniciado en las doctrinas protestantes por Andrés Alciati. Después de su rompimiento con Roma, ocurrido hacia 1534, Calvino, convertido ya en predicador vehemente y revolucionario, vióse obligado a huir de Francia, marchando a Ginebra, donde se dedicó a proponer sus doctrinas con el título de *lector* de Sagrada Escritura (1536) y más tarde de *pastor* (1537).

Una vez convertida esta ciudad, Calvino estableció en ella una especie de república religiosa en la que Iglesia y Estado estaban regidos por una jerarquía de pastores, doctores, presbíteros y diáconos, representantes de la congregación. Aunque en un principio el calvinismo tuvo un sentido de teocracia estricta, bajo la oposición de muchos de sus miembros, éste fue abandonado en favor de un mayor sentido democrático. Durante este conflicto fue condenado a muerte como hereje el médico español Miguel Servet, descubridor de la circulación de la sangre, gran humanista y teólogo. Sus doctrinas en esta materia, rechazadas por católicos y protestantes, le llevaron a Ginebra donde, a instigación de Calvino, el *Gran Consejo* lo condenó a morir en la hoguera en 1553.

Se ha dicho que la monarquía del Papado romano fue atacada por la aristocracia luterana y ésta destruida por la democracia calvinista. Se podría también afirmar que donde Lutero quiso subordinar la Iglesia al Estado, Calvino por el contrario subordinó el Estado a la Iglesia y ésta al pueblo. La importancia del calvinismo consiste en que con su organización y fuerza expansiva consiguió confinar el luteranismo a Alemania, mientras él mismo se extendió por Suiza, Francia, Inglaterra, Escocia, Irlanda y, más tarde, América del Norte.

La Contrarreforma

En términos generales se llama Contrarreforma a la reacción del catolicismo romano a las doctrinas protestantes. De modo más concreto, se da este nombre a la oposición del catolicismo español, tanto dentro de la Península como en los territorios del Imperio, a todas las manifestaciones de la Reforma protestante.

La Contrarreforma en su sentido más concreto se manifestó, como también la Reforma, en conflictos estrictamente religiosos y en otros en los que Religión e Imperio iban lastimosamente mezclados. Los primeros están representados en el Concilio de Trento (1545-1563), en el que se reafirmó la posición ortodoxa y se condenaron los aspectos heterodoxos de la Reforma; los últimos en las guerras religiosas de Carlos V y Felipe II, únicos monarcas europeos que se identificaron totalmente con la causa del catolicismo.

A insistencia del emperador Carlos V, que estaba interesado en ver definidas y solucionadas pacíficamente las diferencias religiosas, el papa Paulo III convocó en 1537 un concilio universal. Tanto el Papa como otros monarcas se mostraron reacios a la convocación del concilio temiendo la excesiva influencia del Emperador en las decisiones que en él se pudieran tomar. El concilio se reunió finalmente el año 1545 en Trento, aunque sin la asistencia de los delegados protestantes, quienes, invitados a instancias del Emperador para que asistieran, pusieron unas condiciones que los obispos católicos se negaron a aceptar.

Aunque es evidente exageración llamar, como se ha hecho, al de Trento un concilio español, no deja de ser cierto que la autoridad moral y peso político del Emperador y la importancia y número de los delegados españoles (de 200 prelados y 200 teólogos, 66 y 110 respectivamente eran españoles) hicieron que tanto las fórmulas teológicas españolas como las formas de espiritualidad concordes con las españolas fueran las preferidas en las discusiones. En consecuencia, las definiciones aprobadas en este concilio tuvieron en España una resonancia mucho mayor que la que encontraron en los demás países católicos. En ellas el catolicismo español encontró su formulación más clara y como una aceptación oficial ante el protestantismo. Tanto por razón del Imperio como por el sentido español del catolicismo aprobado en Trento, la Contrarreforma, es decir la lucha contra el protestantismo, adquirió unas proporciones de empresa nacional comparable a la unificación religiosa de la Península o la Reconquista, ahora ya glorificada como Cruzada y Guerra Santa contra el Islam.

El conflicto fundamental entre el protestantismo y el catolicismo era el de un subjetivismo religioso frente a la institución de la Iglesia, extensión, número y boato de las prácticas religiosas y dogmatismo oficial eclesiástico que habían predominado hasta la fecha.

Para los católicos y para los protestantes, la Iglesia es una sociedad invisible y espiritual. Pero para los católicos, la Iglesia es además visible y esencialmente estructurada con una jerarquía cuya cabeza oficial—representante de Jesucristo—es el Papa de Roma. Sólo la Iglesia es depositaria de la revelación contenida en la Sagrada Escritura, y sólo ella tiene la autoridad para un *magisterio universal* que es infalible.[3] Según la doctrina católica definida en Trento, los frutos de la salvación se aplican al hombre a través de los sacramentos, cuya única administradora es también la Iglesia.

A todos estos puntos se oponían los protestantes, que veían en ellos una contaminación de verdades religiosas y prácticas políticas. En especial atacaban la doctrina de los sacramentos, que en su opinión mecanizaba los efectos de la salvación con perjuicio de la fe individual, punto esencial en la teología protestante. También atacaban el Magisterio oficial de la Iglesia, que consideraban dogmatismo excesivamente autoritario, para defender en su lugar la doctrina del *libre examen,* es decir, el juicio que se forma el individuo de las verdades religiosas contenidas en la Revelación.

En puntos de moral y ética las posturas de ambos, católicos y protestantes, diferían también de manera esencial. El catolicismo mantenía la postura tradicional, predicada ya desde hacía muchos siglos, de que la perfección moral consistía en un alejamiento del mundo y de sus valores materiales. Las normas éticas eran tenidas como parte integral de la Revelación y la Iglesia tenía autoridad divina para definir y enseñar tanto la verdad religiosa como la diferencia entre el bien y el mal.

Lutero rechazaba el monasticismo y atacaba toda exteriorización religiosa institucionalizada y, en general, toda forma de arte, lujo y riqueza con más rigor que incluso los católicos, pero insistiendo, en cambio, en las normas éticas, en el juicio personal y la percepción del individuo, como criterio de la moralidad de las acciones.

Juan Calvino, aunque admitía la posición luterana en cuanto al lujo personal y al criterio de ética individual, sostenía que la riqueza, es decir, el capital, el crédito y el comercio, eran queridos por Dios. El artesano, el trabajador o el comerciante que busca el provecho y beneficio en su empresa con las virtudes que exige el éxito económico--trabajo, frugalidad, sobriedad y orden--responde a una llamada divina, su acción es buena y el éxito en su empresa signo del favor divino. De esta manera ensalzaba Calvino las virtudes de la laboriosidad burguesa, lo cual explica que sus doctrinas tuvieran tanta aceptación en centros urbanos, comerciantes e industriales, como Amberes, Londres y Amsterdam.

En general se puede afirmar que el protestantismo calvinista inculca entre sus seguidores, mucho más que el catolicismo, una gran laboriosidad y respeto al trabajo, actitud que ha venido a ser conocida por ello con el nombre de *ética protestante de trabajo.* Al propio tiempo, su énfasis en el libre examen y la importancia dada al juicio individual invitaban, más que el dogmatismo católico, al desarrollo del racionalismo norteuropeo, aspectos ambos en que los países protestantes difieren notablemente de los católicos. En términos generales se puede afirmar que mientras que la Reforma protestante abría camino a la transformación de las formas sociales y culturales tradicionales en Europa, la Contrarreforma buscaba principalmente su retención.

El exponente más claro del espíritu de la Contrarreforma española fue la Compañía de Jesús. Fundada por Ignacio de Loyola en 1534, tenía como fin específico ponerse a disposición del Papa dedicándose al apostolado católico entre infieles, protestantes, cismáticos y entre los mismos fieles. Aunque su vida espiritual se basaba en una percepción emotiva, íntima y contemplativa, de los sentimientos religiosos, su dedicación al apostolado misionero fue en un principio su aspecto más importante. También fue importante su estructuración jerárquica, copiada de la organización militar, puesta al servicio directo del Papa por medio de un "cuarto voto" con que se comprometían a su obediencia más fiel.

La expansión de la nueva orden fue extraordinaria. Rápidamente fueron acudiendo a sus filas hombres eminentes, tanto en las letras como en el apostolado, lo cual fue causa, a la vez, de una mayor influencia y expansión. Al morir Ignacio de Loyola el año 1556, la Compañía, dirigida ya desde Roma, tenía centros en casi todos los países europeos y misioneros en la India, Japón, África y América. Dedicados también a los estudios, los primeros jesuitas fundaron numerosos centros de los que salieron más tarde notables y famosos maestros, escritores y misioneros. Fueron jesuitas Diego Laínez y Alfonso Salmerón, los teólogos más distinguidos en el Concilio de Trento, Pedro Canisio, el más famoso adversario del protestantismo, y Francisco Javier, el gran apóstol de la India, Japón y China.

La independencia de los jesuitas frente al absolutismo de los reyes y su defensa incondicional de los derechos del papado contra las aspiraciones de los monarcas y avances de los protestantes hicieron que la Compañía de Jesús fuera objeto de ataques especiales durante los siglos siguientes.

Carlos V (1517-1555)

Carlos V era hijo de Juana *la Loca* y de Felipe *el Hermoso,* nieto, por tanto, de los Reyes Católicos y del emperador Maximiliano de Austria. Heredero de ambas coronas al morir Fernando el Católico en 1516 y Maximiliano de Austria en 1519, Carlos se convirtió en el monarca más poderoso de Europa y señor de unas posesiones gigantescas que ocupaban gran parte de la Europa continental y, además, España, Sicilia, Cerdeña, el norte de África y los territorios, cada vez más extensos, de América.

Con la unión de los territorios del Imperio alemán y de España bajo la autoridad de Carlos V en 1516 y la protesta de Martín Lutero, proclamada oficialmente el año siguiente en Wittenberg, comenzó uno de los períodos más decisivos de la historia europea y española. Los problemas sociales y religiosos del norte de Europa, al hacerse políticos por la presencia del Imperio español, recibieron una importancia que no hubieran tenido de otra manera. En general, se puede afirmar que la escisión europea entre católicos y protestantes contribuyó, más que ningún otro acontecimiento, a formar la fisonomía espiritual de la Europa moderna.

Para España también la fusión de los problemas político-nacionales con los religiosos influyó, como pocos otros hechos de su historia, a forjar la personalidad espiritual de los hispanos. Su actitud contra la Reforma, hecha posible tan sólo por su Imperio europeo, contribuyó eficazmente, por una parte, a su distanciamiento de la espiritualidad europea, y, por otra, a la creación de una tradición peculiar, que aunque se basa en su

Territorios europeos
y africanos de Carlos V

+ America

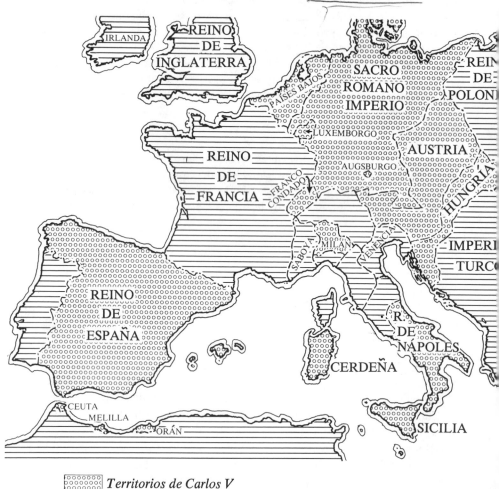

IRLANDA

REINO DE INGLATERRA

PAÍSES BAJOS

SACRO ROMANO IMPERIO

REIN DE POLONI

LUXEMBORGO

AUSTRIA

AUGSBURGO

HUNGRÍA

REINO DE FRANCIA

FRANCO CONDADO

SABOYA

MILÁN

VENECIA

IMPERI TURC

REINO DE ESPAÑA

CEUTA
MELILLA
ORÁN

CERDEÑA

R. DE NÁPOLES

SICILIA

Territorios de Carlos V

Que Poder

concepto católico del mundo, no es esencial al catolicismo. Se puede afirmar que sin el Imperio y sus conflictos con la Reforma, la espiritualidad hispana hubiera terminado siendo mucho más próxima a la italiana o la francesa de lo que es, y muy distinta de lo que fue durante los siglos siguientes.

Política interior

El futuro rey Carlos había nacido en Gante (1500), donde había sido educado, según las costumbres flamencas, por Margarita, hermana de Felipe *el Hermoso*. Su llegada a España, en 1516, rodeado por un séquito de flamencos, produjo entre los españoles un gran descontento, que se manifestó abiertamente en las Cortes de Castilla y Aragón convocadas para la entronización del nuevo rey. La oposición de las Cortes al "rey extranjero" se convirtió en rebeldía cuando el rey Carlos, a la muerte de Maximiliano de Austria, pidió nuevos subsidios con que pagar los gastos de su coronación como emperador de Alemania. Por ello, al ausentarse de España el rey, el descontento rebelde de sus súbditos se tradujo en sublevaciones armadas: una en Castilla, de tipo político, y otra en Valencia y Mallorca, que tuvo más bien un carácter social.

La sublevación de Castilla, que llegó a llamarse *guerra de las Comunidades* por ser éstas, ciudades y municipios, quienes la iniciaron, tuvo como causa primordial la política extranjerizante del rey. Toledo, que se puso a la cabeza de las ciudades sublevadas, exigía del rey que no se ausentara de España, que no diera cargos públicos a los extranjeros y que no sacara, ni permitiera sacar, oro ni plata del reino.

Las ciudades rebeldes formaron la *Junta Santa,* a cuyo frente se pusieron Juan de Padilla, Juan Bravo y Pedro Maldonado. Los historiadores del siglo pasado han interpretado románticamente los esfuerzos de estos *comuneros* de Castilla como una lucha de las libertades regionales contra el centralismo absoluto del poder real. Los historiadores contemporáneos, sin embargo, se inclinan más a ver en esta contienda la tradición medieval castellana, en sí alejada de Europa, en pugna con el universalismo europeo representado por Carlos V. Habría que pensar que los comuneros, defensores de sus libertades tradicionales medievales, se oponían abiertamente a las imposiciones de un rey extranjero y a tasas exigidas para empresas de las que ellos sabían poco y con las que no se podían identificar. La guerra de las Comunidades terminó en 1521 con la derrota de las ciudades rebeldes y con el ajusticiamiento de los comuneros cabecillas de la sublevación.

En parte resultado de ella fue la castellanización de Carlos V y la mayor autoridad del rey sobre Castilla. Debilitado el poder de la nobleza en la guerra de sucesión de Isabel la Católica, y el de los municipios con la derrota de las Comunidades por Carlos V, Castilla se convirtió en base del régimen autoritario y centralista de los Habsburgos. Es ironía dramática que Carlos V, aunque vencedor, terminó cumpliendo con los deseos de los comuneros vencidos, y que Castilla, precisamente por haber sido derrotada, pudo mantener su posición predominante en la vida política española.

La sublevación de Valencia y Mallorca (1521-1523), llamada *guerra de Germanías,* estuvo también ocasionada por la ausencia del rey. Pero en contra de la rebeldía castellana, no estaba ésta dirigida contra la persona del rey ni contra la política real. En ella las hermandades de menestrales y obreros—germanías—intentaron ventilar su resentimiento tradicional contra la nobleza privilegiada. En Mallorca, a los obreros se unieron además los campesinos, *payeses,* que se sublevaron contra la burguesía rica. Con ayuda de las tropas reales, los nobles vencieron a los sublevados, sin que las clases populares obtuvieran satisfacción o beneficio alguno. Por el contrario, la persecución violenta contra la nobleza local y contra la burguesía llevada a cabo por las tropas reales, castellanas en su mayoría, originó un sentimiento de oposición contra Castilla, que con el tiempo fue causa de otras y graves sublevaciones.

En 1525, ya pacificada la Península y reconciliada con su nuevo rey, las Cortes de Castilla se reunieron para pedir al rey que se casara, expresando además el deseo de que lo hiciera con Isabel de Portugal. El matrimonio se efectuó al año siguiente y de esta unión nació como primogénito Felipe, heredero a la corona de España y aspirante también a la de Portugal. A la muerte de Isabel, ocurrida en 1539, Carlos, que contaba entonces con cuarenta años, se negó ya a toda otra unión matrimonial.

Política exterior

La política exterior de Carlos V consistió en una confrontación casi continua con Francia, el Imperio turco y los príncipes luteranos.

FRANCIA Las guerras contra Francia, que, excepto algunos períodos de paz, duraron durante los treinta y seis años del reinado de Carlos V, tuvieron causas muy variadas. Se podría citar entre las más importantes el orgullo lastimado del rey francés Francisco I, aspirante también al título de emperador, al ser elegido Carlos V. Otra causa fue el deseo de los dos reyes de apoderarse de los territorios del Ducado de Milán, el Milanesado, sobre el que ambos monarcas creían tener derechos. Pero la causa más importante de estas guerras fue sin duda el miedo del rey francés ante el cerco en que los Habsburgos y sus aliados mantenían a Francia.

La primera guerra comenzó cuando las tropas francesas, aprovechándose del levantamiento de los comuneros contra Carlos V, invadieron Navarra y el Milanesado. A pesar de algunas victorias iniciales del rey francés, la guerra terminó con una desastrosa derrota de sus tropas en Pavía (1525), en la que Francisco I fue hecho prisionero y llevado a Madrid. Allí, tras un año de cautiverio, firmó, en 1526, el tratado de Madrid.

Una vez en libertad no fue difícil a Francisco I encontrar aliados entre las naciones europeas, temerosas también del poder de Carlos V. En alianza con Francia entraron Florencia, Milán, Venecia, Enrique VIII de

Inglaterra y el papa Clemente VII, formando por la presencia de éste una _Liga Santa_ contra el Emperador español. Notable en esta campaña fue la conquista de Roma (1527) por las tropas alemanas al servicio del Emperador. No contentas con el saqueo de la Ciudad Eterna, hicieron prisionero al papa, quien tuvo que comprar su libertad con un cuantioso rescate. La guerra terminó con la paz de Cambray (1529), tras la cual el papa accedió a coronar como emperador a su antiguo enemigo Carlos V.

Dos veces más se rompieron las hostilidades entre Francia y España en vida de Francisco I, sin que ninguno de los combatientes consiguiera una victoria clara sobre el adversario. A la muerte del rey francés, su hijo Enrique II, aprovechándose de las contiendas de Carlos con los protestantes alemanes, declaró una vez más la guerra a España. Ésta terminó a los cuatro años de hostilidades con una tregua favorable a Francia.

LOS TURCOS   Desde la caída de Constantinopla en 1453, el poderío del Imperio turco en el Mediterráneo se había incrementado, a la vez que hacía avances en las regiones orientales del continente europeo, llegando a su apogeo con Solimán el Magnífico (1520-1566), contemporáneo de Carlos V. Las contiendas entre ambos se desarrollaron en las fronteras orientales de Austria y en el mar Mediterráneo. En el Mediterráneo, el famoso Barbarroja II con un sistema de piratería organizada y, tomando Argel y Túnez como bases, devastaba con audaces y constantes ataques las costas de Italia y de España. En el este, dueño ya de Hungría, el sultán turco dirigió sus ataques contra Viena (1529), pero ante la llegada de las tropas del Emperador tuvo que abandonar su cerco. En el Mediterráneo fue importante la expedición contra Túnez dirigida personalmente por el Emperador en la que entró triunfante en 1525, poniendo en libertad a más de 20.000 cristianos cautivos de los moros. Menos afortunado en otras expediciones, Carlos V fue incapaz de derrotar el poderío turco sobre el Mediterráneo. La confrontación definitiva con éste correspondió al reinado de su hijo Felipe II.

LOS PRÍNCIPES PROTESTANTES   La contienda de Martín Lutero y sus adeptos, algunos de ellos príncipes alemanes, con los católicos tuvo, sobre todo durante el reinado de Carlos V, unos aspectos políticos que no deben ser confundidos con los religiosos o los culturales.

En un principio, el Emperador, aunque decididamente a favor de los príncipes y obispos católicos, intentó, no menos decididamente, buscar una fórmula que satisfaciendo a los católicos al menos apaciguara a los príncipes protestantes. Razón para ello era, en parte, la urgencia con que Carlos V buscaba solución a un problema que amenazaba con debilitar su poder en Alemania, comprometido como estaba al mismo tiempo en las guerras con Francia en el oeste y contra los turcos en el este europeo.

Con ánimo de restablecer la paz, Carlos V consiguió que fuera convocada la Dieta de Worms (1521), ante la que se presentó Lutero provisto de un salvoconducto imperial. La intransigencia de los católicos, que exigían una retractación formal, y de Lutero, que se negó a reconocer error alguno en sus doctrinas, fue causa de que la asamblea publicase un edicto por el cual se expulsaba a Lutero del Imperio y se ordenaba que fueran quemados todos sus escritos. Las Dietas de Spira (1528) y de Augsburgo (1530), reunidas con el mismo deseo conciliatorio por parte del Emperador, fracasaron igualmente ante la intransigencia de ambos partidos.

En 1531 los príncipes protestantes formaron la liga de Smalkalda y se aliaron con Francia y Dinamarca. El Emperador, amenazado a la vez por Solimán *el Magnífico,* cuyas tropas habían llegado ya hasta las puertas de Viena, se vio obligado a firmar la Paz de Nuremberg, por la que se concedía a los luteranos el libre ejercicio de su religión hasta que un concilio general decidiese sobre los aspectos doctrinales del problema.

Ante la insistencia de Carlos V, el papa Paulo III (1534-1549) accedió a convocar el Concilio de Trento (1545-1563), al que ya se negaron a asistir los protestantes. Al mismo tiempo el Emperador, temeroso de que los alzamientos y sublevaciones que acompañaban a la reforma luterana se extendieran a los Países Bajos, se dispuso a poner fin a la lucha religiosa con las armas. A pesar de una gran victoria que las tropas españolas al mando del duque de Alba obtuvieron en Mühlberg, la alianza de los príncipes protestantes con Francia y una nueva guerra contra los turcos obligaron al Emperador a firmar el tratado de Passau (1552) y más tarde la Paz de Augsburgo (1555). Según los términos de ésta, los príncipes luteranos obtuvieron el libre ejercicio de su religión y el derecho de imponerla a sus súbditos. Con ella terminó, en fracaso, la política expansionista de un imperio católico bajo un emperador español, idea a la que se oponían las demás naciones católicas de Europa e incluso el mismo Papa.

Un año más tarde, el emperador Carlos V, enfermo y cansado bajo el peso de su enorme imperio, abdicó, dejando a su hijo Felipe la corona de España, los territorios de Italia y de los Países Bajos y las posesiones de ultramar, y a su hermano Fernando el Imperio de Austria. Libre ya de cuidados, Carlos V regresó a España y se retiró a un monasterio situado en Yuste (Cáceres), donde falleció en 1558.

Carlos V está considerado todavía por la mayoría de los españoles como el realizador de los ideales nacionales, religiosos y políticos de los Reyes Católicos y creador, a su vez, del concepto imperial de una España católica. Nadie ha definido este concepto de Carlos V y de su política mejor que Hernando de Acuña (m. 1580) en los siguientes versos dedicados al Emperador:

> Ya se acerca, Señor, o es ya llegada
> la edad gloriosa en que promete el cielo
> una grey, y un pastor solo en el suelo,
> por suerte a vuestros tiempos reservada;

ya tan alto principio en tal jornada
os muestra el fin de vuestro santo celo,
y anuncia al mundo para más consuelo
un Monarca, un Imperio y una Espada:
    Ya el orbe de la tierra siente en parte
y espera en todo vuestra monarquía
conquistada por vos en justa guerra.
    que a quien ha dado Christo su estandarte,
dará el segundo más dichoso día
en que vencido el mar, venza la tierra.

Conquistas en el Nuevo Mundo

A la etapa de descubrimientos y exploraciones siguió muy pronto la gran época de conquista y colonización. Aunque ambas fueron continuadas con la fundación de Manila (1581) en las islas Filipinas, la colonización de las tierras argentinas en el continente sur y de grandes extensiones de las zonas meridionales de Norteamérica (Florida, Texas, New Mexico y California), los momentos fundamentales de la expansión colonial hispana quedan marcados con la anexión de Méjico y del Perú, coincidiendo ésta aproximadamente con el reinado de Carlos V. Con esta empresa están asociados los nombres de Cortés y Pizarro quienes, a pesar de sus errores y defectos, son para los españoles todavía los héroes de una obra idealizada por su historia.

MÉJICO   Desde época muy antigua Méjico había estado habitado por varios pueblos, de los cuales los principales fueron los mayas, los toltecas, los chichimecas y los aztecas. Estos últimos, procedentes del norte, se habían establecido en el Anahuac, o valle de Méjico, donde fundaron la ciudad de Tenochtitlán (Méjico). En los años que precedieron a la conquista, los aztecas disfrutaban de una elevada civilización y a la vez de un vasto territorio en el que dominaban sobre las demás tribus indígenas.

Las primeras noticias sobre Méjico se deben a Francisco Hernández de Córdoba quien, en 1517, había descubierto su territorio. Al ser rechazado éste por los indios mayas, el gobernador de Cuba, Diego Velázquez, se decidió a enviar una expedición al mando de Juan de Grijalba quien, tras haber entrado en contacto con los indios aztecas, regresó a Cuba, dejando la empresa de la conquista para otra expedición, ésta al mando de Hernán Cortés.

Había nacido Hernán Cortés en Medellín (Badajoz) en 1485 y, después de estudiar en Salamanca, pasó a la isla de la Española en 1504 y a Cuba en 1511. Allí se ganó la confianza del gobernador Diego Velázquez quien, en 1519, le encomendó la conquista de Méjico. Al desembarcar Cortés en la costa mejicana, venció a los indios mayas y fundó la ciudad de Vera

Cruz junto al río Tabasco, aliándose con los indios de la tribu Compoala. Después de haber hundido los barcos para evitar deserciones, Cortés se dirigió contra Moctezuma, jefe de la confederación azteca, derrotando en el camino a los tlaxcaltecas, quienes se unieron con los españoles contra los aztecas. Cortés entró en Méjico bien recibido por Moctezuma. No obstante, al ser atacados los españoles de Vera Cruz y desconfiando Cortés de la sinceridad de Moctezuma lo aprehendió, obligándolo a declararse vasallo del rey de España.

Envidioso de esos triunfos y con objeto de restar autoridad al conquistador, el gobernador de Cuba envió una fuerte tropa al mando de Pánfilo de Narváez, pero Cortés se dirigió contra Narváez al que pudo derrotar, aumentando sus tropas con las de su rival.

Al regresar Cortés a Méjico los naturales se sublevaron, y Cortés tuvo que abandonar la ciudad tras sufrir enormes pérdidas en la retirada conocida en la historia española con el nombre de *La noche triste* (1 julio 1520). Reorganizadas sus fuerzas, Cortés venció a los aztecas en Otumba y, tras largo asedio, entró de nuevo en Méjico.

En los años siguientes se impulsó la conquista y colonización del territorio, que, con el nombre de Nueva España, sirvió de base al poderío español en América central, anexionando además las regiones de Guatemala y Honduras.

A su regreso a España, Cortés, a pesar de recibir de Carlos V el título de marqués del Valle de Oaxaca, no encontró el reconocimiento que esperaba, por lo que, desengañado, dispuso que a su muerte sus restos fuesen trasladados a la tierra que fue teatro de sus hazañas. Cortés falleció en Castilleja de la Cuesta (Sevilla) en 1547.

PERÚ Más fácil que la de Méjico fue la conquista del Perú. Descubierto el océano Pacífico por Balboa, en 1513, se fundó a los pocos años la ciudad de Panamá (1519), que se convirtió en centro de la actividad de expansión hacia el norte por la América Central y hacia el sur por los territorios del Perú, que comprendían los estados actuales de Bolivia, Perú y Ecuador. Desde tiempos antiguos había florecido en estas regiones la civilización de los aymaras y quechuas. Ya en el siglo X, los incas, procedentes del lago Titicaca, habían logrado dominar las otras tribus, fundando un gran imperio cuya capital era Cuzco. Su conquista fue obra de Francisco Pizarro, Diego de Almagro y el sacerdote Hernando de Luque.

Francisco Pizarro había nacido en Trujillo (Cáceres), pero había pasado muy joven a América, donde se distinguió como soldado a las órdenes de Ojeda y Nuñez de Balboa. Una primera expedición a las costas de la actual Colombia (1524-1525) terminó en desastre por la oposición de los indios y la deserción de los más de sus hombres. Es famosa sin embargo por las frases de Pizarro quien, ante el deseo de sus soldados de regresar a Panamá, desenvainó su espada y trazando una raya en la arena dijo:

"Por aquí–señalando al sur–se va al Perú a ser ricos y por allá–al norte–a Panamá a ser pobre. ¡Escoja el que sea buen castellano lo que más bien le estuviere!" Sólo trece, *los trece de la fama,* siguieron al conquistador.

El año 1531, tras haber conseguido nuevas concesiones de Carlos V, Pizarro organizó una segunda expedición. Ésta desembarcó en Tumbes y procedió a internarse en el Perú. Aprovechándose de la guerra civil que entonces dividía el Imperio inca por disputarse la corona los dos hermanos, Atahualpa y Huáscar, Pizarro, en apoyo de éste, atravesó los Andes entrando en Cajamarca, donde hizo prisionero a Atahualpa.

Atahualpa, que fue tratado con miramiento y continuaba en contacto con sus tropas, ofreció al conquistador como rescate llenar de oro y plata el cuarto en que se hallaba. Pizarro tras aceptar la oferta y el oro, lo sentenció a muerte bajo pretexto de que había el mandado asesinar a su hermano Huáscar.

Seguidamente, Pizarro continuó la conquista del territorio apoderándose de Cuzco (1533), la ciudad principal de los incas, en la que dejó como rey a Manco Capac, hermano de Huáscar que se declaró vasallo del rey de España. Mientras Pizarro fundaba la ciudad de Lima (1535) e iniciaba la colonización, Almagro se dirigió hacia el sur a la conquista de Chile.

Una sublevación de Manco, que puso sitio a Cuzco, hizo peligrar la dominación española; pero Almagro, que regresó de Chile, derrotó a las huestes incas entrando en el Cuzco y haciéndose dueño de la ciudad (1537).

Muy pronto, sin embargo, se desencadenó una violenta guerra entre los conquistadores, en la que los mismos Pizarro y Almagro fueron las víctimas principales. Reprimidas ambas facciones por las tropas de Carlos V, entró el Perú en un período de tranquilidad que permitió el avance del proceso colonizador español.

OTRAS CONQUISTAS   En los años siguientes las conquistas de Pedro de Valdivia por la costa del Pacífico añadieron nuevas colonias y ciudades, La Serena, Concepción, Imperial, Valdivia y Villa Rica, estableciendo así las bases de la colonización de Chile. Al mismo tiempo, en 1534, Carlos V concedió a Pedro de Mendoza la conquista y colonización de los territorios del río de la Plata, en cuya desembocadura fundó la ciudad de Nuestra Señora de Buenos Aires. Su tarea fue continuada años más tarde por Alvar Nuñez Cabeza de Vaca, Martínez de Irala y Juan de Garay, quienes establecieron definitivamente el poderío español sobre el territorio argentino.

Felipe II (1555-1598)

Felipe II, primogénito de Carlos V e Isabel de Portugal, nació en Valladolid en 1527. A diferencia de su padre, Felipe fue educado exclusivamente en España y tuvo que valerse siempre de la lengua castellana, la única en que podía expresarse con libertad. En su educación política intervino directamente el Emperador, aprovechando sus pocos descansos en España, haciendo además que el príncipe le acompañara a las diversas reuniones de las Cortes. Cuando la necesidad de combatir obligó a Carlos V a embarcarse con rumbo a Alemania, Felipe, que entonces contaba con 15 años, quedó ya a cargo del gobierno del reino, en cuyo ejercicio demostró una gran prudencia y una excepcional preocupación por la justicia. De un temperamento poco guerrero, Felipe II fue un fiel discípulo y continuador de la política de su padre, por el que sintió siempre gran afecto y devoción.

Política exterior

Aun sin el Imperio, que Carlos V había cedido a su hermano, los territorios europeos de la Corona de España y los conquistados en el Nuevo Mundo hacían de Felipe II el monarca más poderoso de Europa. Consistían éstos, además de España, en el Rosellón, Nápoles, Sicilia, Milán, Cerdeña, Holanda, Bélgica, el Franco Condado, Islas Canarias, algunas ciudades en el Norte de África, Cabo Verde, Islas Filipinas, parte de las Molucas y, en América, desde Méjico hasta el Paraguay y el río de la Plata. Pero con este poder el monarca español heredó también una serie de problemas políticos que se tradujeron en largas y sangrientas contiendas.

FRANCIA   Las hostilidades con Francia comenzaron en Italia al aliarse el papa Paulo IV con los franceses y con los turcos para combatir el poder español en Italia. Los rápidos avances del duque de Alba en Italia obligaron al papa a pedir la paz, mientras que en Francia las tropas españolas se apoderaron de varias plazas y obtuvieron la gran victoria de San Quintín (1557), en conmemoración de la cual se edificaría más tarde el monasterio de El Escorial. Los avances que hacían los calvinistas en Francia movieron a Felipe II y Enrique II a negociar la paz y concertar además la boda de Isabel de Valois, hija del rey francés, con Felipe II, ya viudo de María Tudor, su segunda esposa.

Hacia el final de su reinado, Felipe II volvió a intervenir en los asuntos de Francia, esta vez en favor de los católicos franceses. Al fallecer sin sucesor directo el rey Enrique III, el partido calvinista de Francia, los hugonotes, propusieron como heredero al príncipe protestante, Enrique de Borbón. Frente a éstos, el partido católico defendía los derechos de Isabel Clara Eugenia, hija de Isabel de Valois y del propio Felipe II, y los del duque de Guisa, a quien la princesa estaba prometida en matrimonio. Tanto por razones religiosas como familiares y políticas, el rey español se decidió a defender los derechos del partido católico.

La conversión al catolicismo del príncipe protestante Enrique de Borbón, aunque política e interesada--a él se le atribuye la frase "París bien vale una misa"--sirvió para desvirtuar la oposición católica, decidiéndose ambos partidos a aclamarle como Enrique IV, rey de Francia. A Felipe II le cupo el consuelo de haber salvado, al menos oficialmente, el catolicismo francés.

PAÍSES BAJOS   Uno de los acontecimientos más graves de todo el reinado de Felipe II y que más pesaron sobre el reino español, sin proporcionarle ventaja alguna, fue la sublevación de Flandes y los Países Bajos que duró durante todo su reinado. Las causas de esta sublevación fueron, a la vez, políticas y religiosas. El problema religioso estaba causado por la división de la población predominantemente calvinista en las provincias del norte, frente a la católica en las del sur. Felipe II se propuso resolverlo sometiendo a los herejes, aun por la fuerza si fuera necesario. Causa del problema político fue el sentido castellano de su gobierno. Para organizar sus estados, Felipe II había establecido su capital definitivamente en Madrid (1561) y para el gobierno de los Países Bajos, nombró a funcionarios españoles en quienes podía confiar, prescindiendo de las clases sociales del país representadas por sus Estados Generales. El rey dispuso además que un ejército español ocupara permanentemente el país a disposición de sus gobernadores. El genio militar de éstos, el duque de Alba, don Juan de Austria y Alejandro Farnesio, fue sólo capaz de someter por fuerza y nunca de manera definitiva a los rebeldes, sin poder atraerse el afecto de la población. En 1597, tras casi cuarenta años de esfuerzos políticos y contiendas militares que, aunque frecuentemente victoriosas, no fueron capaces de asegurar una paz estable en los Países Bajos, Felipe II se decidió a cederlos a su hija, Isabel Clara Eugenia, casada con el archiduque Alberto de Austria.

LOS TURCOS   Durante la primera parte de este reinado la confrontación de España con el Imperio turco había quedado reducida a frecuentes ataques de sus piratas a navíos y puertos cristianos, a los que Felipe II contestaba con numerosas expediciones de castigo. Pero hacia el fin de su reinado el sultán Solimán *el Magnífico* volvió a demostrar ambiciones territoriales sobre Europa, lanzando un terrible ataque contra la isla de Malta (1565), puerta hacia el Mediterráneo occidental, y otro contra Austria en el corazón de Europa. Su sucesor, el sultán Selim II, conquistó Túnez en 1569 y el año siguiente asaltó la isla de Chipre, posesión entonces de los venecianos y última avanzada de los reinos cristianos en el Mediterráneo oriental.

A instigación del papa Pio V se formó una alianza entre el papa, Venecia y España con objeto de hacer frente a la amenaza turca. Una flota aliada, puesta bajo el mando de don Juan de Austria, salió en persecución de la flota otomana, que, tras su ataque a Chipre y Creta, se había retirado al golfo de Lepanto (Grecia). Sorprendida allí, el año 1571, sufrió una desastrosa derrota ante la superioridad naval española y el genio militar del almirante cristiano. Sin embargo el fallecimiento del papa Pio V, ocurrido el año 1572, y las desavenencias entre España y Venecia pusieron fin a la alianza sin que se pudieran recoger los frutos de tan gran victoria. El año siguiente Venecia tuvo que resignarse a la pérdida definitiva de Chipre, que fue cedida a los turcos en 1573.

La batalla de Lepanto causó en Europa un efecto moral extraordinario y, de hecho, puso fin al predominio marítimo de los turcos en el Mediterráneo occidental. Aunque los historiadores extranjeros dan considerable importancia a la intervención veneciana, en España la victoria ha sido siempre considerada como una hazaña atribuible principalmente a los españoles y como el momento cumbre del reinado de Felipe II y del sentido cristiano de su Imperio.

INGLATERRA   Menos afortunada fue la actuación española contra los ingleses. El matrimonio de Felipe II con María Tudor, *la Católica,* en 1554, había herido los sentimientos de numerosos nobles y una gran parte de la población inglesa, y la reacción, no siempre pacífica, hacia el catolicismo que este matrimonio había iniciado terminó en 1558 con la subida al trono de su hermanastra, la princesa protestante Isabel. Ella inició la ruptura de la armonía angloespañola, a la vez que aseguraba el triunfo de la reforma anglicana con una cruenta persecución de los católicos. La enemistad de España hacia Inglaterra se fue exacerbando a causa de la ayuda que los ingleses prestaban a los protestantes de los Países Bajos en su rebelión contra España y la protección que ofrecían a los piratas, Drake, Cavendish, Hawkins, entre otros, que con sus ataques a las flotas españolas interrumpían el tráfico comercial con las colonias americanas.

Tomando como pretexto la ejecución de la princesa católica María Estuardo (1587), prima de la reina y posible heredera al trono, Felipe II se decidió a destronar por la fuerza a la reina Isabel. Para ello reunió una poderosa flota compuesta de 131 de los mejores y más grandes navíos españoles, a la que con orgullo se dio el nombre de *Armada invencible*. A causa de la muerte inesperada del almirante Álvaro de Bazán, el mejor marino de su época, héroe de Lepanto e inspirador de la empresa, asumió el mando el duque de Medina-Sidonia, de gran alcurnia, pero de conocida incompetencia como marino.

La expedición, salida de Lisboa y La Coruña en junio de 1588, terminó en terrible desastre. La flota española acosada por la escuadra inglesa, más rápida y maniobrera, en el canal de la Mancha, fue puesta en fuga frente a Calais en la noche del 7 al 8 de agosto del mismo año. Una gran tempestad terminó la obra apenas iniciada por los ingleses, hundiendo los más de los navíos españoles, mientras que el resto, averiado y en desorden, tuvo que dar la vuelta a Escocia e Irlanda para regresar por el Atlántico a los puertos españoles.

La destrucción de la Invencible fue celebrada estruendosamente en Inglaterra y recibida con gran alegría por todos los demás paises protestantes europeos; los calvinistas de los Países Bajos, por ejemplo, acuñaron una medalla conmemorativa de la derrota del rey católico. En cambio Felipe II, según se dice, recibió la noticia con su acostumbrado estoicismo, conformándose con exclamar: "yo envié mi flota a luchar contra los hombres, y no contra los elementos".

Para España el desastre acarreó las más graves consecuencias. A causa suya, la hegemonía marítima en el Atlántico pasó a Inglaterra, quedando España incapacitada para proteger sus puertos y su comercio con los territorios americanos. Con la supremacía del mar asegurada, Inglaterra pudo pensar ya en el establecimiento de un imperio a costa, sobre todo, de los dominios españoles en América.

Política peninsular

LA REBELIÓN DE LOS MORISCOS   A medida que el poder del Imperio turco avanzaba amenazador por el Mediterráneo, la presencia en la Península de unos grupos de población no asimilados a la religión y a la cultura españolas y de una lealtad política a España muy dudosa se fue convirtiendo en el problema interno de mayor gravedad. Ya desde la conquista del reino de Granada las libertades religiosas y políticas concedidas a su población musulmana habían sido vistas como obstáculo a la unidad religiosa y política de España. Por ello, ya desde el principio los términos de la capitulación, nunca respetados en su totalidad, fueron siendo eliminados con la introducción de medidas que tenían por objeto restringir sus libertades y así acelerar su asimilación a la población cristiana española.

Con este fin y para evitar una posible unión con los turcos y los musulmanes africanos, Felipe II promulgó en 1567 un edicto por el que se prohibía a los moriscos andaluces hablar el árabe, vestir a la usanza mora y mantener o practicar sus costumbres tradicionales, a la vez que exigía la asistencia de los niños a escuelas donde serían instruídos en la religión cristiana y aprenderían a hablar castellano.

Ante estas medidas, los moriscos de Granada se sublevaron a la vez que pidieron ayuda a los musulmanes de África, pudiendo hacer frente por más de tres años desde las agrestes sierras de las Alpujarras a las mejores tropas del rey. Su caudillo más importante fue Fernando de Válor, quien tomó el nombre de Aben Humeya. A su muerte, ahorcado por los suyos, le sucedió Aben Aboo. Ambos han pasado a la historia como los héroes de la resistencia morisca. Cuando al fin las tropas reales al mando del marqués de los Vélez y el famoso don Juan de Austria lograron derrotarlos en 1571, los moriscos fueron desterrados en su mayoría a tierras de Castilla y Extremadura. Otros prefirieron emigrar a las ciudades del norte de África, donde sus descendientes se han mantenido hasta el presente fieles a sus costumbres españolas.

INCORPORACIÓN DE PORTUGAL   El mayor éxito político de Felipe II y el que, de no haberse malogrado, más hubiera podido influir en la historia de España, fue la incorporación de Portugal a la unidad política de la Península. Al morir sin descendencia don Sebastián, rey de Portugal, durante una infortunada expedición contra Marruecos (1578), le sucedió su tío abuelo, el anciano cardenal don Enrique. A causa de su edad y falta de heredero directo, su breve reinado, de menos de dos años, se convirtió en un juego político en el que intervinieron varios pretendientes al trono portugués. Entre ellos los más importantes eran el propio Felipe II, cuya madre la princesa Isabel era hija del rey Manuel I de Portugal, y don Antonio, prior del monasterio de Crato, que era un hijo bastardo del mismo rey. Mientras que la nobleza y el clero favorecían al rey español, el pueblo prefería el pretendiente portugués. Francia e Inglaterra reconocían también los derechos de don Antonio, deseando naturalmente impedir a toda costa la unidad peninsular. A la muerte de don Enrique, Felipe II hizo invadir Portugal por un ejército al mando del duque de Alba, quien, tras someter una sublevación popular en favor del pretendiente portugués, don Antonio, hizo valer los derechos del rey español. Reunidas las Cortes en Thomar el año 1581, Felipe II juró los fueros portugueses y fue reconocido como rey de Portugal.

Realizada la unidad territorial ibérica, se incorporó al Imperio español el portugués, con todas sus posesiones de África, Asia y el Brasil, llegando así los dominios de Felipe II a alcanzar su mayor extensión. Esta unión que hubiera podido tener una importancia transcendental para la historia de España, de Portugal y, quizá, del mundo entero, no fue duradera. La política torpe y desacertada de los sucesores de Felipe II causó un gran descontento en la población portuguesa, que al fin se alzó en armas contra España. El año 1665, tras veinticinco años de duras guerras, Portugal consiguió su independencia definitiva de España. La unión había durado solamente poco más de medio siglo.

EL PRÍNCIPE DON CARLOS   La muerte prematura del hijo primogénito de Felipe II, cuando apenas contaba veintitrés años, fue uno de los acontecimientos que más amargaron la vida del monarca español y el más usado por sus detractores como prueba de la crueldad del rey español.

Don Carlos era hijo de Felipe II y de su primera mujer María Manuela, hija del rey de Portugal, y había nacido en 1545. Como hijo primogénito y heredero a la corona, don Carlos fue educado por preceptores según la costumbre de su tiempo y, más tarde, cursó estudios, junto con Juan de Austria, Alejandro Farnesio y otros nobles, en la universidad de Alcalá.

A pesar de su conducta claramente anormal, Felipe II hizo que las Cortes reunidas a ese efecto en Toledo (1560) reconocieran a don Carlos como heredero al trono y más tarde lo nombró presidente del Consejo Real. Sin embargo, el príncipe comenzó muy pronto a dar pruebas de una locura progresiva gravemente complicada por sus maquinaciones políticas. El año 1565, don Carlos intentó huir a Flandes y más tarde a Alemania. Finalmente, cuando, en 1568, entró en tratos con nobles protestantes complicados en la sublevación de los Países Bajos, Felipe II lo hizo recluir en su palacio, donde a los dos meses murió en circunstancias extrañas.

Sobre la muerte del príncipe don Carlos se ha tejido una larga leyenda inmortalizada por el drama de Schiller y por la ópera de Verdi que llevan su nombre. Según unos historiadores los desarreglos en el comer y el beber, juntamente con otros desórdenes, acarrearon su muerte; otros creen, en cambio, que la muerte fue por envenenamiento ordenado por su padre Felipe II. Donde los historiadores y escritores extranjeros, en su mayoría, condenan sin piedad la conducta del rey, los españoles, en cambio, o no aceptan la versión del asesinato del príncipe, o ven en su muerte trágica un acto a la vez de piedad paternal y prudencia real. Con la muerte de don Carlos, dicen, Felipe II quiso evitar que llegara a reinar sobre España un ser contrahecho de cuerpo y alma, dominado además como estaba por rebeldes y protestantes de los Países Bajos, Inglaterra y Francia.

ANTONIO PÉREZ   El asunto de Antonio Pérez, todavía no completamente aclarado, tiene especial interés sobre todo porque su libro *Relaciones* constituye uno de los argumentos más usados en la leyenda difamatoria de Felipe II.

Había sido Antonio Pérez secretario del rey encargado de los asuntos de los Países Bajos cuando don Juan de Austria era gobernador y Juan de Escobedo su secretario. Por enemistad personal y para librarse de éste, Antonio Pérez engañó al rey, presentando a Escobedo como un hombre intrigante que alentaba las ambiciones políticas de don Juan de Austria contra el propio rey. Conseguida la condenación a muerte de Escobedo, Antonio Pérez se apresuró a comprar sus propios esbirros para llevarla a cabo. Se dice que la causa de la enemistad había sido la amenaza de Escobedo de revelar al rey las relaciones ilícitas que Antonio Pérez mantenía con la famosa princesa de Éboli. Averiguada la verdad del caso, cuando Escobedo había ya sido ejecutado, Felipe II decretó la prisión de su antiguo secretario, pero éste logró escapar a Aragón, a cuyos fueros se acogió.

Para conseguir su extradición Pérez fue acusado de herejía y reclamado por la Inquisición, pasando entonces a sus cárceles. Pero el pueblo, viendo en ello una maniobra en contra de sus fueros, se amotinó y Antonio Pérez, aprovechándose del tumulto, logró escapar huyendo más tarde a Francia y a Inglaterra, donde reveló numerosos secretos de Estado. Su libro *Relaciones,* escrito después de su huída de España, recibe todavía más atención de la que se merece dados los obvios prejuicios de su autor.

La confrontación de Felipe II con Aragón terminó con la ejecución de Juan de Lanuza, su Justicia mayor, y con severas restricciones de los fueros aragoneses en favor de la autoridad real.

Juicio sobre Felipe II

Es muy difícil aún hoy dar un juicio breve y justo sobre una figura tan compleja como la de Felipe II, posiblemente el monarca más odiado y temido de sus adversarios, pero más amado y respetado de sus propios súbditos. Los juicios tan duros que algunos historiadores extranjeros han dado, y todavía siguen dando, se explican más bien por una incomprensión de los principios religiosos y políticos según los cuales se regía el monarca español, que porque ellos acepten el cuadro de rey incestuoso, asesino, cruel, fanático y tétrico que han pintado los enemigos del rey.

Era Felipe II un trabajador infatigable que gustaba de resolver personalmente todos los asuntos, aunque ello fuera causa de una excesiva lentitud, que hacía a veces ineficaces las soluciones tomadas. Era estrictamente justo y procuraba huir del favoritismo poniendo en cada cargo la persona, a su juicio, más idónea. Reaccionó, acaso excesivamente, contra la afición andariega de su padre, instalándose primero en Madrid, constituida en capital y corte permanente en 1561, más tarde en el retiro castellano del monasterio de El Escorial, hecho edificar para celebrar la victoria de *San Quintín* sobre los franceses.

A pesar de ser un rey burócrata y de haber pasado la mayor parte de su tiempo en las tareas administrativas del Estado, Felipe II era un monarca más bien idealista, guiado más bien por sus creencias religiosas y convicciones políticas que por el pragmatismo sin principios tan común en su época. Los dos pensamientos que dominaron su reinado fueron el de la grandeza y autoridad real, y el de la importancia religiosa y política del cristianismo. Para él, el bien mayor de la sociedad era su verdad religiosa y para preservar a los españoles de la contaminación herética sacrificó más de una vez deliberadamente el interés material de la nación.

Frente a esas cualidades tuvo Felipe II grandes defectos, de los cuales el mayor fue su intransigencia, que hacía a veces de su justicia fría crueldad. Sin embargo, la leyenda difamatoria que se ha formado en torno a la figura de este rey, más que dictada por la realidad histórica, estuvo fomentada por la virulencia de las guerras religiosas y por el odio de los protestantes al gran defensor del catolicismo europeo, y está basada en las obras de sus más encarnizados enemigos, la *Apologia* de Guillermo de Orange y las *Relaciones* de Antonio Pérez.[4]

En general se puede afirmar que Felipe II encarna, para la tradición española, las virtudes de un gran monarca, fiel súbdito de la Iglesia, abnegado en el servicio de España; en una palabra, el *Rey Prudente,* título con que se le conoce. Los historiadores españoles y la opinión popular asocian con este monarca, más que con ningún otro, las glorias políticas de España y los ideales de una tradición hecha ya mito. Sin embargo, no es éste el juicio que otros escritores, generalmente los extranjeros, se han formado del monarca español. Según ellos, Felipe II fue un hombre orgulloso, cruel, fanático y tétrico, que bien merece el título que con frecuencia se le da de *Demonio del Mediodía.*

La gran desgracia de Felipe II y tragedia de España consistió en que este gran monarca no tuvo sucesor digno y capaz del gobierno de sus reinos. Aunque contrajo matrimonio cuatro veces y tuvo ocho hijos, sólo el séptimo, Felipe, llegó a heredar el trono. De él dijo su padre la famosa frase: "Dios, que me ha dado tantos reinos, me ha negado un hijo capaz de regirlos. Temo que me lo gobiernen".

Felipe II falleció el año 1598 en el monasterio de El Escorial, su residencia preferida, y la obra que mejor representa el espíritu austero y majestuoso de éste, el más respetado de todos los monarcas españoles.

Los últimos Habsburgos

En comparación con los reinados precedentes, el de los últimos reyes de la dinastía austriaca fue lamentablemente anticlimático. Tras la intensa actividad política y militar de Carlos V y el régimen personalista de Felipe II, sus sucesores, Felipe III, Felipe IV y Carlos II o no querían o no sabían gobernar, y dejaron los asuntos del reino en manos de favoritos con frecuencia escogidos más por inclinación y afecto personales que por confianza en sus dotes políticas. La decadencia política que en esta época se inicia fue casi tan rápida como lo había sido el ascenso hacia la grandeza imperial.

Felipe III (1598-1621)

Felipe III, nacido en 1578, era hijo de Felipe II y de Ana de Austria, hija del emperador Maximiliano II. De carácter débil y melancólico, no había participado en los asuntos de gobierno mientras vivía su padre, quien lo sometía a un régimen de vida austera y económica. De ello se valió un noble ambicioso, el marqués de Denia, luego mejor conocido como duque de Lerma, para ganarse la confianza del joven príncipe. Ya a poco de morir su padre, Felipe III dejó todos los negocios del estado en manos de su favorito, el duque de Lerma. Durante su gobierno, que duró más de veinte años, dirigió los destinos de España con un absolutismo y una arbitrariedad inconcebibles. Como es también inconcebible que la estulticia y abulia de un monarca pudiesen tolerar la evidente venalidad y desvergonzada corrupción que el ejemplo del favorito real causó en toda la administración del reino. Los únicos que se opusieron abiertamente al duque eran los confesores del rey, quienes con sus amonestaciones y consejos influyeron con frecuencia en la resolución de los asuntos del gobierno. Durante este reinado se trasladó la corte a Valladolid (1601), hasta que regresó a Madrid en 1606, después de haberse aprovechado de la rivalidad de ambas ciudades para conseguir grandes sumas de dinero, que los cortesanos gastaron en fiestas suntuosas.

La política exterior continuó dominada por los problemas religiosos heredados del reinado anterior. Para apoyar a los católicos irlandeses se declaró la guerra a Inglaterra (1601-1604), que terminó con la paz firmada con Jacobo I (1604). En Flandes, tras nueve años de guerra (1600-1609) en la cual las tropas españolas al mando del general genovés Ambrosio de Espínola se apoderaron de algunas plazas importantes, al mismo tiempo que se infligían grandes pérdidas al comercio holandés, se firmó la *Tregua de los doce años* (1609).

Las relaciones con Francia mejoraron a la muerte de Enrique IV, ya que su viuda, María de Médicis, era favorable a España, llegándose a concertar el matrimonio de Luis XIII con Ana de Austria, hija de Felipe III y la del príncipe heredero Felipe (IV) con Isabel de Borbón, hija de Enrique IV. Ya hacia fines del reinado, las relaciones con el Imperio de Austria obligaron a España a intervenir, de 1618 a 1621, en la Guerra de los Treinta Años (1618-1648) en auxilio de los católicos.

LA EXPULSIÓN DE LOS MORISCOS   En la política interior sobresale por su importancia el viejo problema de los moriscos. Nunca sinceramente convertidos al catolicismo ni asimilados al resto de la población, los moriscos formaban, de hecho, una nación distinta dentro de la sociedad española. Sin embargo, su laboriosidad y su ocupación casi exclusiva en los trabajos de agricultura e industria artesana daban a su presencia en la sociedad una gran visibilidad y una importancia económica extraordinaria.

A pesar de la defensa de los nobles, cuyas tierras trabajaban laboriosamente, se decretó en 1609 la expulsión de los moriscos valencianos y, en años sucesivos, se extendió el decreto a los de Andalucía, Murcia, Aragón y Castilla. Se excluyó tan sólo una familia de cada cien para que enseñaran sus oficios a los nuevos colonos y artesanos. A pesar de ello, desde el punto de vista económico la medida fue desastrosa pues, con los moriscos, España perdió sus mejores artesanos y agricultores. La agricultura levantina, en especial, sufrió un trastorno del que sólo muy lentamente se pudo recuperar.

Se insiste todavía en que una de las razones principales para su expulsión fue la amenaza que los moriscos representaban para la unidad y seguridad de la nación. Esta razón, válida en los siglos anteriores, no lo era ya a principios del siglo XVII. Hay que afirmar que los moriscos fueron expulsados por su actitud reacia a integrarse a una sociedad en la que la religión cristiana era la única aceptable. Gran apóstol de los moriscos y más tarde abogado de la necesidad de su expulsión fue el virrey y arzobispo de Valencia, Juan de Ribera.

Felipe IV (1621-1665)

Felipe IV había nacido en Valladolid en 1605 y era hijo de Felipe III y la princesa Margarita de Austria, heredando el trono a la muerte de su padre cuando apenas contaba dieciséis años. De escasas dotes políticas, estuvo durante toda su vida más interesado en espectáculos y diversiones que en los asuntos del reino, defecto que había heredado de su padre.

Durante su reinado, España continuó el proceso de desintegración ya iniciado bajo el gobierno de su padre, que ahora se manifestó en los intentos de independencia de algunas regiones. Todas pudieron ser dominadas, menos Portugal, que en 1668 se separó definitivamente de España, poniendo fin a la unidad ibérica. Durante el largo reinado de Felipe IV, el gobierno del estado estuvo influído por dos figuras tan distintas como interesantes: el conde-duque de Olivares y sor María de Jesús de Ágreda.

Durante los primeros años, el rey dejó todos los asuntos del reino en manos de su favorito el conde-duque de Olivares, quien ejercía un poder absoluto sobre el rey. Era Olivares un hombre de grandes dotes y una inteligencia poco común, pero de un carácter irascible, ambicioso y soberbio. Su primera actuación al subir al poder fue la de eliminar todos aquellos ministros del reinado anterior que podían ser sus rivales en la confianza del rey. Su política, más ambiciosa que preocupada por el interés y el bienestar de la nación, llevó a ésta a innumerables guerras en el exterior y revoluciones en el interior. Bajo su dirección, el reinado de Felipe IV se vio envuelto en continuas guerras contra los adversarios de siglos pasados: Flandes, Italia y los príncipes protestantes alemanes. Aunque España, en la política exterior, quería continuar siendo rectora de la política europea y las tropas españolas consiguieron notables victorias, como en Flandes con la rendición de Breda (1626), era Francia, y no España, la nación que iba asumiendo el papel principal en la política europea.

A causa de las maquinaciones del famoso cardenal Richelieu, ministro de Luis XIII de Francia, y de su ayuda a los protestantes alemanes, España se vio obligada a intervenir de nuevo en favor del Emperador en la Guerra de los Treinta Años. España, agotada por la guerra y debilitada su monarquía por sublevaciones internas, firmó en 1648 la paz de

Westfalia, reconociendo a Holanda su independencia y la posesión de las colonias de Asia que había arrebatado a los portugueses, y, en 1659, la *Paz de los Pirineos,* cediendo a Francia los territorios de Artois, Rosellón y Cerdaña.

En la Península misma, a causa de las guerras exteriores, la desmoralización general y la política centralizadora y absolutista del conde-duque de Olivares, poco inclinado a respetar los fueros tradicionales, se produjo un proceso de desintegración manifestado en varios intentos de independencia.

La sublevación de Cataluña comenzó con el asesinato del virrey por los campesinos catalanes ocurrido en 1640, pero se complicó porque, a instigación del cardenal Richelieu, los catalanes proclamaron una república independiente bajo la protección de Luis XIII de Francia. La guerra fue dura y pudo concluirse cuando los vejámenes de los franceses contra los catalanes convencieron a éstos que el absolutismo francés sería todavía más opresivo que el español. Barcelona y, con la ciudad, todo el principado se rindieron en 1652.

Con seis meses de diferencia se produjo la sublevación de Portugal. Tuvo unas causas análogas a las de la guerra separatista catalana, aunque a ellas se añadía la pérdida de gran parte del imperio colonial portugués en las guerras contra Holanda e Inglaterra. El duque de Braganza se proclamó rey con el nombre de Juan IV y sus tropas, con el apoyo de Inglaterra y Francia, pudieron oponerse al rey durante casi treinta años. Carlos II, sucesor de Felipe IV, reconoció en 1668 la independencia de Portugal.

Al caer en desgracia el conde-duque de Olivares, el rey, indolente y de voluntad débil, abrumado por el peso de los negocios de estado, buscó consuelo en los consejos espirituales de una monja famosa por su saber y virtudes, sor María de Jesús de Ágreda. A lo largo de veintidós años, en una larga correspondencia, la Madre Ágreda, como se la llegó a conocer, aconsejó al monarca con gran severidad, amonestándole a ejercer el poder directamente sin entregarse a favoritos, insistiendo que pusiera remedio a los desórdenes interiores y fin a las guerras en el extranjero.

Felipe IV ha pasado a la historia con el sobrenombre de *el Grande,* que le dio la astuta adulación del conde-duque, aunque está totalmente injustificado, dadas las calamidades que tuvo que sufrir el país bajo su gobierno. La única nota de grandeza la dan a España las artes y las letras de este tiempo en el que el Barroco llega a su cumbre con Velázquez, Quevedo y Calderón de la Barca.

Carlos II (1665-1700)

Al fallecer Felipe IV, fue nombrado sucesor al trono su hijo Carlos II, que contaba entonces con sólo cuatro años de edad. De naturaleza raquítica y enfermiza, el nuevo monarca pasó una larga y triste infancia y, luego, casi toda su vida en manos de médicos, curanderos y exorcistas, incapaz de ocuparse de los asuntos del reino. A pesar de ello, quizá por su continente grave y majestuoso, su carácter noble y su piedad religiosa, gozó de una gran popularidad.

A causa de la debilidad del príncipe y para prevenir una repetición de las calamidades ocasionadas por los favoritos durante su reinado, Felipe IV había dispuesto que, durante la minoría de Carlos II, la reina madre, Mariana de Austria, quedase como regente, asistida por una junta de gobierno. Sin embargo, pronto sucedieron una serie de privanzas que sólo sirvieron para acentuar aún más la decadencia de la monarquía española, tanto durante la minoría del rey (1665-1675) como después durante su mayoría (1675-1700).

La política exterior estuvo dominada por los conflictos con Francia. Debilitado ya el poder del Imperio austríaco como resultado de la actuación de los ministros Richelieu y Mazarino, Luis XIV de Francia dirigió su atención al problema español. En consecuencia, España se vio envuelta en una serie de guerras incitadas por Francia, que terminaron por agotar a la nación, perdiendo en ellas el Franco Condado y varias plazas importantes en Flandes. A causa de estas guerras, España se vio obligada a liquidar el conflicto peninsular reconociendo la independencia a Portugal.

Aunque Carlos II había contraído matrimonio dos veces, de ninguno había tenido descendencia, por ello el tema de la sucesión española llegó a convertirse en el asunto más importante en todas las cortes europeas. El rey, que se hallaba en un estado lastimoso de salud y estaba sometido a prácticas de exorcismos, al enterarse de que los soberanos europeos en el *tratado de La Haya* (1689) habían acordado un reparto de los dominios españoles, nombró heredero a José Fernando de Baviera, hijo de su hermana María Antonia.

Ante la muerte prematura del heredero austríaco y un segundo convenio de partición firmado en Londres el año 1700, Carlos II, convencido ya de que sólo la protección de Luis XIV podía garantizar la integridad del Imperio español, puso de lado el tradicional antagonismo con Francia y nombró heredero a Felipe de Anjou, nieto de su hermana María Teresa y Luis XIV de Francia. Pocos días más tarde moría el último representante de los Habsburgos de España, a pesar de su incapacidad ingénita para gobernar, muy querido y respetado por sus súbditos.

A la muerte de Carlos II el Imperio hispánico mantenía su grandeza territorial conservando casi intacta la herencia de Carlos V. El Imperio hispánico comprendía, además de los territorios peninsulares excepto Portugal, Nápoles, Sicilia, Cerdeña, el Milanesado, las ciudades de la costa toscana, Flandes y sus colonias del Nuevo Mundo, salvo Jamaica y algunas de las pequeñas Antillas. A pesar de la decadencia económica, política y militar, cada vez más evidente, y el cansancio y desgaste que las continuas guerras causaban a la nación, España a fines del siglo XVII todavía podía influir mucho en los destinos del mundo.

NOTAS

1. Se llama *indulgencia* al perdón ante Dios de la pena debida por los pecados ya perdonados por el sacramento de la penitencia que la Iglesia concede, requiriendo a cambio alguna buena acción, generalmente en esta época, una limosna.

2. Ya en la paz de Augsburgo (1555) se aceptó el llamado *derecho a reformar,* expresado con la fórmula *cuius regio, eius et religio.* Según ella, los súbditos debían aceptar la confesión preferida por su señor o emigrar si querían mantener la suya propia.

3. Llama la Iglesia católica *Magisterio* a la autoridad de interpretar y enseñar de manera oficial e infalible las verdades contenidas en la Revelación. Como tal es diametralmente opuesto al principio de *libre examen.*

4. Los autores españoles se quejan con frecuencia de la imagen de ignorancia, crueldad e intolerancia religiosa que numerosos historiadores, en su mayoría extranjeros, ofrecen de España y de los españoles, basándose en su interpretación de la vida de Felipe II, la colonización española del Nuevo Mundo y el tribunal de la Inquisición. A ésta, que consideran campaña anticatólica y antiespañola, han dado el nombre de *leyenda negra.*

Preguntas para estudio y repaso

1. ¿Quiénes fueron los reyes principales en Europa durante los siglos XVI y XVII? 2. ¿Cuáles fueron las causas y consecuencias de la Reforma protestante? 3. ¿Qué causas inmediatas tuvo la rebelión de Martín Lutero? 4. ¿A qué se llamaba *via moderna?* 5. ¿Qué importancia tuvo el conflicto luterano? 6. ¿Cómo se inició el conflicto político de la Reforma luterana? 7. ¿A qué se llama calvinismo y cuál fue su importancia? 8. ¿A qué se da el nombre de Contrarreforma? 9. ¿Qué papel realizó España en la Contrarreforma? 10. ¿Por qué se dice que el Concilio de Trento fue un concilio español? 11. ¿Qué importancia tuvo el Concilio de Trento en la formación de la espiritualidad española? 12. ¿Cuál era el conflicto fundamental entre el protestantismo y el catolicismo? 13. ¿Cuáles eran las características del protestantismo calvinista?

14. ¿Cómo se formó el imperio de Carlos V? 15. ¿Por qué se sublevó Castilla contra Carlos V? 16. ¿Qué diferentes significados se dan a esta rebelión? 17. ¿Qué consecuencias tuvo para Castilla, para España y para el mismo Carlos V? 18. ¿Qué sentido tuvo la sublevación de Valencia y Mallorca? 19. ¿Qué causas tuvieron las guerras contra Francia? 20. ¿Por qué se daba tanta importancia al peligro turco? 21. ¿Por qué se declararon muchos príncipes alemanes en favor de la Reforma? 22. ¿Qué juicio tienen los españoles de Carlos V y de su idea imperial? 23. ¿Por qué se habla de *justa guerra?* 24. ¿Cómo se llevó a cabo la conquista de Méjico? 25. ¿Cómo fue la conquista del Perú? 26. ¿Qué educación política tuvo Felipe II? 27. ¿A qué se debieron los conflictos de Felipe II con el rey de Francia? 28. ¿Qué causas tuvo la sublevación de Flandes? 29. ¿Qué causas y qué resultados tuvo el conflicto con los turcos? 30. ¿Cómo se puso fin a la amenaza turca? 31. ¿Qué causas y qué consecuencias tuvo el conflicto con

Inglaterra? 32. ¿Qué consecuencias tuvo para España la derrota de la Armada Invencible? 33. ¿Qué causas y qué consecuencias tuvo la rebelión de los moriscos? 34. ¿Cómo se llevo a cabo la incorporación de Portugal? 35. ¿Qué importancia tuvo para la historia de España? 36. ¿Cuál fue la tragedia del Príncipe Carlos? 37. ¿Qué importancia tuvo la traición de Antonio Pérez? 38. ¿Qué juicios se han formado sobre Felipe II? 39. ¿Qué carácter tenía Felipe III? 40. ¿Por qué se llegó a decretar la expulsión de los moriscos? 41. ¿Cómo enjuiciaban los españoles la expulsión de los moriscos? 42. ¿Qué consecuencias tuvo para la economía española? 43. ¿Cómo fue el reinado de Felipe IV? 44. ¿Qué juicio merece la política del conde-duque de Olivares? 45. ¿Qué consecuencias tuvo para España? 46. ¿Qué carácter tenía Carlos II? 47. ¿Qué problemas causó su falta de descendencia?

Términos y nombres para estudio y repaso

Reforma	*Vía Moderna*	Calvino
Martín Lutero	Zuinglio	Contrarreforma
Libre examen	Túnez	Hernando de Válor
Ignacio de Loyola	Concilio de Trento	Sebastián de Portugal
Guerra de las	Paz de Augsburgo (1555)	El Príncipe don Carlos
Comunidades	Aztecas	Antonio Pérez
Junta Santa	*La noche triste*	*Leyenda negra*
Juan de Padilla	*Los trece de la fama*	Duque de Lerma
Guerra de Germanías	Incas	Juan de Ribera
Batalla de Pavía	Batalla de San Quintín	Conde-duque de Olivares
Liga Santa	Batalla de Lepanto	Sor María de Jesús de
Paz de Cambray	María Tudor	Ágreda
Solimán *el Magnífico*	Armada Invencible	Tratado de La Haya

7

El Siglo
de Oro español

(anotación manuscrita: ?00 AÑOS)

Durante el siglo XVI y gran parte del siguiente la cultura española alcanzó sus momentos culminantes. Casi al mismo tiempo que en Inglaterra con Spenser (1552-1599), Bacon (1561-1626), Shakespeare (1564-1616) y Milton (1608-1674), y un poco antes del Gran Siglo francés con Descartes (1596-1662), Corneille (1606-1684), Molière (1622-1673), Pascal (1623-1662) y Racine (1639-1699), se llegó en España al que en justicia se llama su *Siglo de Oro*.

Este apogeo de la cultura de España fue a la vez resultado y espejo del desarrollo de la sociedad española en varios órdenes: el guerrero, el político, el intelectual, el artístico, y, sobre todo, el religioso. Y tuvo tal fuerza que al pasar los tiempos más gloriosos del Imperio y dejarse sentir ya la decadencia del poderío español, se mantuvo casi con el mismo vigor, como si éste no quisiera agotarse. Así resulta que el llamado Siglo de Oro es en realidad un período que se extiende casi doscientos años. *(anotación manuscrita: la acumulación)*

A pesar de la gran novedad de las manifestaciones culturales de esta época, su vigor y gran originalidad, no representan éstas un rompimiento con el pasado español sino que por el contrario, en España, como en pocas otras naciones europeas, se llega a la cumbre sin negar la tradición que ha precedido. Por esta razón, pocas culturas europeas llegan a la plenitud de su siglo de oro tan unidas al pasado medieval como la española. A esta tradición medieval hay que añadir el sentido católico de España. Los historiadores extranjeros, a partir del siglo XVIII, han dirigido una especie de campaña contra la Iglesia católica española, como si ésta hubiera sido opresora del pueblo y del genio hispánico. Aunque el predominio del sentimiento católico en la cultura española durante su Siglo de Oro es innegable, este juicio es injusto, porque el sentido profundamente religioso y católico de esta cultura no fue consecuencia de una opresión impuesta de arriba abajo, sino que, por el contrario, nació del ser más íntimo español que, en tradición de siglos, había llegado a identificarse con la religión cristiana. Por esta misma razón, las luchas religiosas europeas produjeron en el pueblo español una exacerbación de su sensibilidad religiosa que se reflejó en la cultura de esta época. También se reflejaron en la cultura española las circunstancias políticas en que se encontraba la nación.

Durante el reinado de Carlos V, la nación española, obligada por la política imperial de su monarca, se abrió a Europa y, en consecuencia, percibió los problemas europeos como nunca antes lo había hecho. Durante el reinado de Felipe II, en cambio, España aceptó de grado la política de aislamiento cultural preferida por este gran rey y, con la seguridad espiritual que le prestaban las definiciones del Concilio de Trento, se dedicó con renovado esfuerzo a desarrollar una cultura que fuera expresión de su propio sentir católico. El reinado de los últimos Habsburgos presenció, a la vez que una decadencia política y militar, un paulatino empobrecimiento de la vida espiritual española. Hubo todavía, es cierto, grandes manifestaciones del genio español, Velázquez y Calderón de la Barca entre otros muchos, y no perdió el pueblo su fe en la verdad religiosa ni su creencia de que España era todavía la mayor defensa del catolicismo. Pero no mantuvo en este tiempo ni el vigor creador de la época imperial ni la seguridad característica de los primeros años de la Contrarreforma. A medida que iba transcurriendo el siglo XVII eran más conscientes los españoles del contraste entre su propia seguridad religiosa y su evidente incapacidad de imponerla a un mundo hostil. A la conciencia de este contraste y a la consiguiente orgullosa amargura con que el español reaccionó contra él, se debe la característica más notable y más española de la cultura del Siglo de Oro español, el sentimiento del desengaño, tan difícil de explicar, pero cuyos efectos se perciben tanto en la vida política, como en la religiosa y en la cultural.

La sociedad española

La monarquía de los Habsburgos tuvo un carácter personal en la autoridad, pero federativo en el ejercicio del gobierno. Los órganos supremos de la administración eran los Consejos, que se entendían a la vez del gobierno y de la justicia dentro del territorio de su jurisdicción. Los más importantes eran los Consejos de Castilla, de Aragón, de Italia, de Flandes y de Indias. Durante el tiempo de la unidad ibérica el territorio portugués estuvo gobernado por el Consejo de Portugal. Como los diversos componentes del Imperio se gobernaban autónomamente de acuerdo con sus propias leyes, Carlos V, buscando una unificación de la política nacional, creó el año 1526, el Consejo de Estado, que asesoraba al Emperador en asuntos de interés general.

Los Habsburgos respetaron el carácter federativo del Imperio hispánico, reconociendo, en principio, la autonomía administrativa y de gobierno de cada Estado, cuya autoridad radicaba en las Cortes. Las Cortes de Castilla atravesaban, ya desde la época de los Reyes Católicos, por un período de franca decadencia. Las disensiones entre el brazo nobiliario, exento de impuestos, el eclesiástico y el municipal hizo que los reyes tuvieran que intervenir en favor de éstos últimos. En 1665 un decreto real concedió a los municipios la facultad de otorgar tributos, cesando así las reuniones de las Cortes castellanas.

Los municipios castellanos, también en crisis desde el tiempo de los Reyes Católicos, continuaron decayendo durante la dinastía austríaca. Para sanear y revitalizar la institución municipal, los Reyes Católicos habían aumentado la intervención real con el nombramiento de corregidores y alcaldes mayores. Carlos V, como resultado de las guerras de comuneros, disminuyó todavía más sus libertades y derechos tradicionales a la vez que creaba un sistema político de intervención directa, desconocido en otras partes de la Península y nuevo, en realidad, en Castilla. En Aragón, Cataluña y Valencia el representante del monarca era el virrey, aunque el gobierno continuaba a cargo de las Cortes. Los catalanes (Cortes, *Consell de Cent* y Diputación) manifestaron un gran celo por mantener sus privilegios y leyes tradicionales, ya recogidas por encargo de las Cortes y publicadas con el título de *Constitucions y altres drets de Cathalunya* (1588). También Navarra y Vascongadas mantuvieron su organización autónoma, haciéndose ésta oficial con la publicación de los fueros de Vizcaya (1528), de Navarra (1586) y de Guipúzcoa (1696).

Sobre todo este sistema de organización administrativa y legislativa, la figura del rey se alzaba como con un carácter eminentemente personal y paternalista. "El rey oye a todos" decía Santa Teresa de Ávila. El propio Felipe II en su testamento, ordena a su hijo

que de todo corazón ame la justicia y haya en su protección y amparo las viudas, huérfanos, pobres y miserables personas, para no permitir que sean vejadas ni opresas ni en manera alguna maltratadas de las personas ricas y poderosas, lo cual es propio oficio de los reyes, y que la justicia se haga y administre a todos igualmente y que sea muy humano y benigo a sus súbditos, vasallos y naturales.

La nobleza, por su oposición a los Reyes Católicos, había perdido ya entonces mucho de su importancia militar y por su servicio en la corte de los reyes se había convertido en palaciega, sin apenas poder señorial. Su decadencia aumentó durante el reinado de Carlos V y Felipe II que prefirieron, con frecuencia, nobles de menor importancia o letrados del pueblo para el desempeño de los cargos de mayor responsabilidad. Por el contrario, durante el reinado de Felipe III y sus sucesores, la nobleza llegó a tener gran importancia, siendo los nobles los que más se beneficiaron del sistema de gobierno por favoritos.

Había dos grados de nobleza: los grandes de España que descendían de príncipes reales o de los *ricos homes* de la Edad Media, los cuales gozaban de privilegios extraordinarios y cuantiosos ingresos, y los títulos sin grandeza que correspondían a los duques, condes, y marqueses. Un grado inferior de nobleza quedaba constituido por los hidalgos. Estos pertenecían a familias de origen conocido, tenían alguna propiedad que les permitía mantenerse en su rango sin trabajar y se hallaban exentos de impuestos o tributos. Unos eran hidalgos de sangre, otros lo eran de privilegio conseguido por servicio a la corona o sencillamente mediante pago de una determinada suma de dinero.

Dadas las ventajas económicas y sociales que estos títulos de hidalguía traían consigo, es natural que lo quisieran comprar todos cuantos podían pagar su precio. Los escritores de la época se refieren con frecuencia y gran ironía a esa ansia de poner un "don" delante del nombre. "Yo imagino—puso Cervantes en boca de Sancho Panza—que en esta ínsula debe de haber más dones que piedras." Por otra parte, también satirizaron con no menos frecuencia aquellos hidalgos de sangre que, por serlo, no querían trabajar, prefiriendo vivir en la miseria "con un trapo atrás y otro delante", como también dijo Cervantes.

Una clase aparte estaba formada por el clero. A causa de su importancia y de la religiosidad de la población, la Iglesia había ido reuniendo por donaciones piadosas inmensas riquezas y extensiones de tierras. Éstas, sin embargo, se empleaban en su mayoría para sostenimiento de asilos, hospitales y dar de comer a los pobres, o para edificación de iglesias y mantenimiento del culto. A causa de este prestigio, numerosos hombres y mujeres entraban al servicio de la Iglesia en conventos y monasterios. En 1623 el número de religiosos seculares y regulares pasaba de doscientos mil. Sus miembros dependían de la autoridad eclesiástica y no de la civil y estaban exentos de ciertos impuestos y tributos. Su situación económica era sin embargo muy desigual. Mientras el alto clero, con frecuencia de origen noble, poseía una gran fortuna personal y administraba la de la Iglesia, el clero bajo vivía generalmente con una austeridad que rayaba en la pobreza.

De la cultura del clero da idea el gran número de eclesiásticos elegidos para desempeñar cargos políticos, como Juan de Ribera, virrey de Valencia, o que se destacaron por sus escritos durante esta época: Tirso de Molina, Moreto, Gracián, Góngora, Lope de Vega y Calderón de la Barca.

La vida religiosa

Al hablar de la vida religiosa de los españoles es preciso recordar el carácter social y público que la religión cristiana había tomado en España, como también en los demás países europeos, ya desde la antigüedad romana. El culto público oficialmente aprobado, la liturgia, era común a la Iglesia latina. Desde la Edad Media eran muy numerosos los actos piadosos dedicados a la veneración de aspectos especiales de la religión, misterios, festividades y santos, siendo todos característicos del culto cristiano.

Ante el ataque de la Reforma y su oposición al boato exterior del culto y de los ministros de la Iglesia, el sentimiento católico reaccionó poniendo mayor énfasis y dando mayor importancia a aquellos aspectos que eran más duramente atacados por los protestantes. Esta reacción, común a todos los países católicos, fue especialmente notable en España donde las devociones tradicionales a los santos y, en especial, a la Virgen María se multiplicaron. De la misma manera se intensificó la práctica de los sacramentos, haciéndose centro de la devoción religiosa a la Eucaristía, a la que se consagraron fiestas especiales y numerosas hermandades dedicadas a su culto. Como también se hizo característico de la vida religiosa española un gran número de procesiones y fiestas religiosas que se iniciaron y adquirieron gran desarrollo durante este tiempo, muchas de las cuales, *Corpus Christi* y Semana Santa, se han mantenido hasta el presente como expresión tradicional del catolicismo español.

A pesar de la importancia que se daba a las manifestaciones religiosas públicas llenas de solemnidad, los católicos en general y los españoles en particular sintieron siempre una gran atracción por los sentimientos de intimidad religiosa. Muchas de las devociones más populares en España desde la Edad Media, se basaban precisamente en sentimientos religiosos íntimos. Tampoco la Contrarreforma ni la Inquisición se oponían a la devoción personal e íntima, sino que, por el contrario la fomentaron tanto en la práctica individual como en la vida más organizada y regulada de las múltiples órdenes religiosas que se fundaron en este tiempo.

Heterodoxos

Sin embargo, frente al individualismo subjetivo de la experiencia religiosa, el catolicismo tradicional insistía en el orden y la aceptación de la autoridad del Magisterio eclesiástico. En consecuencia y como reacción contra éste, aparecieron también en España una serie de grupos de marcada tendencia hacia un subjetivismo religioso.

En efecto, son característica de la religiosidad de esta época los grupos de *alumbrados* que van apareciendo en este tiempo. Fueron llamados así porque proponían como punto central de su experiencia religiosa la iluminación, o alumbramiento divino, que situaba a los que la recibían en un plano místico privilegiado.

Especial atracción por formas religiosas más íntimas mostraron muchos judíos conversos, que sin duda percibían en ellas una religión menos institucionalizada y más afín a sus antiguas tradiciones judaicas. También la sintieron con frecuencia algunos de los humanistas seguidores de las doctrinas de Erasmo, para los que la reforma iniciada por Cisneros no era suficiente por continuar, según creían, excesivamente fiel a las normas de la ortodoxia tradicional.

Más tarde, a mediados del siglo XVI, comenzaron a aparecer también en España los primeros focos de influencia luterana. De éstos los más importantes fueron el de Valladolid y el de Sevilla, ambos iniciados hacia 1550 y a los que pertenecieron algunos prelados muy notables simpatizantes con las ideas de Erasmo.

Entre los erasmistas más famosos sospechados de tendencias protestantes merecen ser citados los hermanos Valdés. Alfonso de Valdés (¿1490?-1532), calificado ya entonces de ser "más erasmista que Erasmo", era un gran humanista empleado en la cancillería del emperador Carlos V. Su obra más conocida es el *Diálogo de las cosas acaecidas en Roma o Diálogo de Lactancio y un arcediano.* En él, Valdés quiere defender la política del Emperador con respecto al papa, dando como justificación la situación de inmoralidad y lujo excesivo de la corte romana.[1] A continuación Valdés presenta sus ideas sobre una Iglesia reformada en las que se percibe la influencia erasmista. Escribió además un *Diálogo de Mercurio y Carón,* especie de sátira general, concebido como una apología de Carlos V en quien ve el comienzo de un imperio cristiano universal "cobijado debajo deste cristianísimo príncipe." Su hermano Juan de Valdés (¿1498?-1541), también gran humanista, fue secretario del virrey español de Nápoles y autor de varias obras de clara tendencia iluminista. Compuso una *Doctrina cristiana* en la que expone las ideas de Erasmo sobre la religión. En su *Alfabeto cristiano* defiende la justificación por la fe sola y en su *Ciento diez consideraciones divinas* propone la doctrina de la salvación por la iluminación interior. Muy importante es también su *Diálogo de la lengua,* verdadera joya literaria, en el que expresa la simpatía renacentista por las lenguas vulgares y el deseo de hacer más culto el castellano.

El rigor con que las autoridades públicas y, sobre todo, la Inquisición vigilaban la importación o publicación de libros protestantes y la celebración de autos de fe contra los acusados de propagar doctrinas protestantes (Valladolid, 1559, Sevilla el mismo año y 1560) impidieron que éstas llegaran a propagarse en España.

Cristianos nuevos

Fenómeno religioso exclusivo de España durante los siglos XVI y XVII fue el problema llamado de *limpieza de sangre.*

Desde que los Reyes Católicos habían iniciado su política de unificación religiosa de la Península, judíos y musulmanes habían sido obligados, bajo pena de expulsión, a recibir el bautismo y hacer profesión de fe cristiana. En numerosos casos estos *conversos,* como se les llamaba, se mantuvieron fieles a su fe y a sus costumbres tradicionales, usando de su conversión como un medio para poder continuar con cierta seguridad, aunque en secreto, el ejercicio de su religión. Muchos de ellos trataban incluso de hacer nuevos prosélitos entre la población cristiana.

De ambos grupos fueron los judíos, por su mayor integración en la sociedad cristiana y por la importancia, a veces grande, que sus ocupaciones y riquezas les concedían, el grupo que más preocupaba a las autoridades eclesiásticas. La desconfianza de éstas hacia los *judaizantes,* como se les llamó, manifestada abiertamente se hizo pronto general en el pueblo, extendiéndose además hacia todos los conversos y muy pronto también hacia su descendencia. De esta manera se introdujo en la sociedad española una división entre cristianos "nuevos" y cristianos "viejos", considerándose éstos últimos como poseedores de una· nobleza especial por la que creían merecer mejores tratos y mayores ventajas que los demás. En efecto, los conversos y cristianos nuevos estuvieron con frecuencia sujetos a regulaciones y restricciones oficiales que recibían el nombre de *Estatutos de limpieza de sangre.* Con su acostumbrada agudeza e ironía Cervantes se refiere a ello al escribir las frases: "'Sea por Dios—dijo Sancho—que soy cristiano viejo y para ser conde esto me basta.' "Y aun te sobra–dijo Don Quijote.'"

Misioneros

Una de las manifestaciones más importantes de la vida religiosa española durante los siglos XVI y XVII fue su espíritu misionero. En España y aunque menos, también en Portugal, se sintió de una manera muy viva la necesidad de hacer acompañar la expansión conquistadora de nuevos territorios con la de "conquista de almas" para la Iglesia. En esta tarea los franciscanos, dominicos y, un poco más tarde, los jesuítas, en su gran mayoría españoles y portugueses, llevaron el catolicismo a todos los países conquistados o con que España y Portugal mantenían relaciones. Ya desde el principio del siglo XVI los misioneros acompañaron a los descubridores y conquistadores de los territorios del Nuevo Mundo, pero también incluyeron en su apostolado otros continentes llegando a evangelizar, a mediados del siglo, en África, el Congo, Angola, Guinea, Mozambique, Madagascar y Abisinia; y en Asia, la India, China, Japón, Filipinas, Malaca, Moluca y otras islas.

A todos estos territorios, en especial a aquéllos unidos a España con lazos más permanentes, los misioneros llevaron, con la religión, la lengua y la cultura, haciendo así de las misiones una continuación del territorio nacional. El ser una "España misionera" fue, durante siglos, uno de los títulos de que más se gloriaba el catolicismo español.

Místicos

A pesar de la evidente importancia que se daba a la vida activa y misionera, también la tuvo la vida ascética y mística en muchas órdenes religiosas españolas. Con la introducción de la imprenta a fines del siglo XV y durante la reforma cisneriana se habían multiplicado rápidamente por toda la Península los libros dedicados a la promoción de la piedad religiosa. Gran influencia adquirió por entonces también en España la tendencia hacia una piedad mas íntima y personal, que con el nombre de *devoción moderna* se había ido extendiendo por los Países Bajos desde fines del siglo anterior.[2]

Estos factores, unidos a la exaltación del sentimiento religioso con las misiones y oposición a la herejía protestante, crearon en España una generación extraordinaria de notables escritores de ascética y didáctica cristiana. Muchos de ellos, de gran profundidad de pensamiento y calidad literaria, han contribuido directamente a la formación del espíritu religioso español hasta el presente. Entre los más famosos habría que citar a fray Luis de Granada (1504-1583), cuya *Guía de pecadores* ha gozado siempre de una popularidad sobrepasada por pocos libros del género didáctico-ascético. Muy importante y famoso fue también fray Luis de León (1526-1591), profesor de la universidad de Salamanca, poeta de un lirismo, aunque intelectual y sereno, de gran finura e intimidad. Sus obras *La perfecta casada,* didáctica, y *Los nombres de Cristo,* más teológica, han hecho de su autor uno de los grandes maestros de la espiritualidad católica y uno de los mejores prosistas castellanos de todos los tiempos.

Muy importantes y numerosos también fueron los escritores místicos de este período. Aunque todos reflejan el espíritu de la Contrarreforma al insistir en los aspectos ascéticos de la vida espiritual y en el reconocimiento de la autoridad de la Iglesia para discernir los verdaderos fenómenos místicos, no por ello pierden en su fervor e intimidad religiosa. Por el contrario, el siglo XVI se convirtió en España en el siglo místico por antonomasia. Entre otros muchos que pertenecieron a las varias órdenes religiosas hay que citar, sobre todo, los carmelitas Santa Teresa de Jesús (1515-1582) y San Juan de la Cruz (1542-1591).

Las obras de Santa Teresa, *Libro de su vida, Camino de perfección, Las moradas,* presentan los estados místicos a que el alma puede ser elevada y están consideradas como cumbre de la mística, por lo que se designa comúnmente a su autora con el título de *Doctora Mística.*

Por su parte San Juan de la Cruz expone el proceso místico de las almas partiendo del abandono en que éstas se sienten en un principio, durante "la noche oscura." Sus obras, *Noche oscura del alma, Cántico espiritual, Llama de amor viva,* constituyen un verdadero análisis psicológico y metafísico de la mística católica. Las poesías de San Juan de la Cruz, joyas líricas inimitables de la literatura española, expresan el amor divino con los tonos cálidos de un enamorado. Son celebrados de una manera especial los versos:

> En una noche oscura
> con ansias de amores inflamada
> !oh dichosa ventura!
> salí sin ser notada
> estando ya la casa sosegada.

Pocos libros reflejan la religiosidad hispana de este tiempo de afecto místico y trascendente tan bien como el soneto "A Cristo crucificado", de autor anónimo:

> No me mueve, mi Dios, para quererte,
> el cielo que me tienes prometido,
> ni me mueve el infierno tan temido
> para dejar por eso de ofenderte.
> Tú me mueves, Señor; muéveme el verte
> clavado en esa cruz, y escarnecido;
> muéveme el ver tu cuerpo tan herido;
> muévenme tus afrentas, y tu muerte.
> Muévesme al tu amor en tal manera,
> que aunque no hubiera cielo, yo te amara;
> y aunque no hubiera infierno, te temiera.
> No me tienes que dar, porque te quiera;
> que aunque cuanto espero no esperara
> lo mismo que te quiero te quisiera.

Teólogos

Una de las causas remotas, o síntomas primeros, de la Reforma protestante fue la escuela teológica medieval conocida por el nombre de *nominalismo*. Sus seguidores, ingleses, alemanes y franceses en su mayoría, defendían una metodología en la que se quitaba importancia al uso de la filosofía en las explicaciones de la teología cristiana, como hacía el escolasticismo, dando en cambio mayor atención por una parte a la fe religiosa, y, por otra, al conocimiento empírico y positivista. La *vía moderna* como vino a llamarse este método vino a poner en duda la armonía entre la fe y la razón, la gracia y la libertad, la Iglesia y el Estado, característica en la teología tradicional, causando la decadencia del escolasticismo medieval, y preparando así el terreno en el que nacería la teología protestante y la filosofía moderna.

Frente a esta novedad las universidades españolas, entre las primeras la de Salamanca, comenzaron un renacimiento del pensamiento teológico fundado precisamente en las líneas tradicionales de fe, gracia e Iglesia que el pensamiento europeo ponía ya en duda. El esfuerzo teológico español, llamado *neo-escolasticismo*, llevado al Concilio de Trento por grandes maestros como el dominico Melchor Cano y los jesuítas Diego Laínez y Alfonso Salmerón, ayudó a la formulación de las doctrinas fundamentales de la Contrarreforma, quedando así como base del pensamiento católico español y europeo hasta el presente.

El iniciador del renacimiento del pensamiento teológico en España fue Francisco de Vitoria (¿1486?-1546). Dominico y profesor de la Universidad de Salamanca, contó entre sus discípulos los teólogos más notables de su época. Su importancia en la historia del pensamiento español y del universal radica sobre todo en sus escritos políticos. Desde un punto de estricto sentido católico, Vitoria analiza la sociedad humana, distinguiendo entre ley humana, que puede ser derogada, y ley divina, que por venir de Dios es inmutable. La potestad civil es el derecho de gobernar; ésta viene de Dios y debe servir últimamente a la perfección espiritual de la sociedad. Los gobernantes son ministros de la sociedad, de la cual reciben como oficio el poder de administrarla ordenando sus miembros al bien común. Vitoria, además, proclama la idea de una comunidad internacional, pero en la que cada uno de los estados debe ser soberano e independiente de los demás y sus príncipes deben tener la plenitud del poder sin supeditación a ningún otro poder temporal. Por sus tratados dedicados al estudio de la política entre los estados, aplicados más tarde a la polémica sobre la conquista de América en sus tratados sobre los indios, *De indis prior, De indis posterior seu de iure belli,* Vitoria mereció la gloria de haber sido el fundador del Derecho Internacional.

Al aplicar su doctrina al caso de los indios, Vitoria partía del principio de la legitimidad de sus príncipes y de su derecho a las posesiones adquiridas. Frente a estos principios Vitoria reconocía también el derecho general, no sólo de españoles, a convertir paganos al cristianismo, a defender los inocentes y los convertidos a la fe cristiana de leyes injustas, y a abolir costumbres crueles y sacrificios humanos. Admitía como probable también el derecho a iniciar en los pueblos atrasados una misión colonizadora y educadora. Vitoria negaba, sin embargo, que tanto el papa como el emperador tuvieran autoridad sobre los territorios o derecho sobre las posesiones legítimamente mantenidas por los indios. La línea política trazada por Vitoria fue seguida por la mayoría y los mejores teólogos españoles del siglo XVI.

Con Vitoria empieza la importancia que entonces recibió la teología en España, quedando ésta convertida en una ciencia universal que abarca desde Dios hasta los más pequeños detalles del derecho político, público y privado.

El pensamiento político de Vitoria lo completó el jesuíta Francisco Suárez (1548-1617), profesor de filosofía en las universidades de Alcalá y de Salamanca. Además de otros numerosos escritos teológicos y filosóficos que le dieron merecida fama, Suárez es especialmente conocido por sus tratados legales en los que llegó a establecer de una manera definitiva las bases para el Derecho Internacional, o de Gentes. Contra la teoría del absolutismo político cada vez más predominante en Europa, Suárez defendió la doctrina de la soberanía popular como origen inmediato del poder político, llegando a propugnar la autoridad del pueblo a deponer a su monarca si éste abusara de su poder.

El interés por la política cristiana continuó con Diego de Saavedra Fajardo (1584-1648), que vivió en Roma y Nápoles, hombre culto, de saber universal y pensamiento profundamente religioso y cristiano. Sobre todo en su obra *Empresas políticas o Idea de un príncipe político cristiano representada en cien empresas,* Fajardo, en oposición a las doctrinas de Maquiavelo, presenta la idea de un monarca idealizado, al servicio de los principios éticos, políticos y religiosos.

En cuanto a los problemas de la gracia divina y la libertad humana, tan discutidos por los protestantes de esta época, también los teólogos españoles los afrontaron con una seriedad sin igual, al ver en ellos la raíz teológica en que se dividían la ortodoxia y la herejía. Su discusión dio lugar a las llamadas *controversias sobre la gracia* que, entabladas a mediados del siglo XVI, duraron hasta bien entrado el siguiente y desbordando el campo de la teología, inundaron la literatura y el teatro con aplicaciones en que se defendía una u otra posición doctrinal.

Las controversias causadas por el libro del jesuíta Luis de Molina, *Sobre la concordia del libre albedrío con los dones de la gracia,* dividieron el pensamiento teológico español en dos campos principales, cada uno representado por una orden religiosa. La doctrina expuesta por Molina, defendida por los jesuítas, contaba con el apoyo de Suárez, pero estaba opuesta por los dominicos, cuyo portavoz era el gran teólogo Domingo Báñez. Ante el tono alarmante que iban tomando éstas, el papa Paulo V, tras nueve años de deliberaciones en Roma, tuvo que reconocer ambas doctrinas como ortodoxas, prohibiendo a sus defensores que achacaran a la contraria el título de herejía.

Organización de la sociedad en el Nuevo Mundo

El establecimiento de colonos en el Nuevo Mundo de una manera permanente y su asociación también de manera permanente, con grupos indígenas creó muy pronto la necesidad de organizar y administrar la economía y la justicia en los nuevos territorios.

En la Península, ya Fernando el Católico había creado un *Consejo de Indias,* confirmado más tarde por Carlos V, que resolvía todos los asuntos judiciales y económicos relativos al Nuevo Mundo. Una *Casa de Contratación,* en Sevilla, ayudaba al Consejo con una cámara de justicia y otra de gobierno. Ésta fue suprimida en 1790 por cumplir sus funciones los llamados *Consulados del Mar.* El Consejo de Indias, en cambio, se mantuvo en existencia hasta 1834, desapareciendo con la desintegración del Imperio español. Mientras existieron, fueron ambas instituciones las más representativas de la política española con los territorios americanos.

Obra del Consejo fue la *Recopilación de leyes de Indias,* monumento legislativo sin comparación en la historia de los pueblos colonizadores. A las veces mezcla de leyes de Castilla y derecho tradicional de los indios, legislan las *Leyes de Indias* con amor y gran sentido humanitario tanto a españoles como a indios.

En el Nuevo Mundo las *capitulaciones* y privilegios concedidos por los reyes a los descubridores y primeros pobladores y las instrucciones dadas desde los primeros tiempos a los gobernantes contenían ya en germen la futura organización de los territorios americanos. En términos generales, la política legislativa de España se caracterizó por una aplicación a los territorios americanos de las instituciones peninsulares, acomodadas con frecuencia a las circunstancias y modalidades de aquellos países. Ya muy temprano aparecieron los municipios, o *cabildos,* cuyos miembros, elegidos entre los vecinos, ejercían la jurisdicción civil y criminal con facultades semejantes a las de los concejos castellanos. Otros funcionarios, llamados *corregidores* en el Perú y *alcaldes mayores* en Nueva España, ejercían jurisdicción en las ciudades y villas importantes donde parecieron necesarios "para gobernar, defender y mantener en paz y justicia a los españoles e indios que las habitaban." Los gobernadores regían las provincias y comarcas en que se dividían los virreinatos.

Las *audiencias* eran cuerpos consultivos de virreyes y gobernadores que gozaban de extensas atribuciones y funciones judiciales de gobierno, hacienda y guerra. A su establecimiento se opusieron los poseedores y herederos de las antiguas capitulaciones y los colonos, que pedían que sólo existiese sobre ellos la autoridad real. A pesar de ello, ya en 1511, se erigió la Audiencia de Santo Domingo, la primera en todo el territorio de América. A ella siguieron la de Méjico (1527), la de Panamá (1535), la de Lima (1542) y otras. La autoridad suprema en nombre del rey estuvo siempre ejercida por el virrey. En un principio fueron los descubridores y conquistadores quienes, en virtud de las capitulaciones con la Corona, ejercieron el cargo. Más adelante aumentó la intervención directa de los reyes en su nombramiento.

Clases Sociales

LOS ESPAÑOLES   En los primeros tiempos fueron Andalucía, Extremadura, las dos Castillas y León las regiones españolas que suministran mayor número de emigrantes, siendo muy pocos los que emigraron de los territorios de Aragón, Cataluña o Valencia.

En las primeras décadas fue evidente la preocupación de los reyes por mantener la pureza del elemento español. Se trataba de una preocupación primordialmente religiosa, por lo que se prohibió la entrada en el Nuevo Mundo a judíos, moros y herejes, considerados como una amenaza para la unidad religiosa que, como en España, se intentaba mantener a toda costa. También están inspiradas en preocupaciones religiosas, y sólo de manera secundaria en las económicas, las restricciones con que se concedió a extranjeros licencia para establecerse o comerciar en el Nuevo Mundo.

Pasados los años, se hicieron evidentes las rivalidades entre los diversos elementos de origen europeo. De éstas la más fuerte fue al principio entre los conquistadores y los recién llegados de España, que querían disfrutar de las ventajas conseguidas por aquéllos. A esta rivalidad se añadió más tarde un desprecio mutuo entre los españoles nacidos en el territorio americano, *criollos,* y los recién llegados, llamados *gachupines* en Méjico y *chapetones* en Suramérica, llegando éste con el tiempo a tomar un carácter político que ayudó a definir los campos en las luchas de independencia durante el siglo XIX.

LOS INDIOS   La institución básica introducida en América por los españoles para organizar la sociedad india fue la *encomienda*.[3] Fue instituida por consejo de canonistas, teólogos y letrados, como medio para combatir el poder de los antiguos caciques, incorporando a los indios a una nueva sociedad, en la que eran considerados como operarios con derecho a jornal.

En términos generales se puede afirmar que el adjetivo que mejor califica la política oficial española para con el indio es el de proteccionista: protección al indio como persona y a todas aquellas instituciones que no fueran contra la religión cristiana, a la espera de su asimilación más completa a la cultura española. Ya a partir de 1512 las Leyes de Burgos determinaban los trabajos que podían esperarse del indio, exigiendo a la vez que se le enseñase.

En las "Ordenanzas para el buen tratamiento de los naturales" de 1523, se dictaron una serie de normas protectoras del derecho y del trabajo de los indios. Para combatir los abusos contra los indios por parte de españoles, se instituyeron los *Juicios de Residencia* (suprimidos en 1799) a los que todos, incluso los gobernadores, quedaban sometidos y debían rendir cuenta. Desde 1530 se crearon poblaciones indias, o *reducciones,* colocadas bajo la dirección de un corregidor. Pero ya en un informe del Consejo de Indias dirigido al rey y fechado en 1540 se recordaba que los indios eran libres y que, por lo tanto, no debían ser reducidos a encomiendas contra su voluntad. Las leyes nuevas, promulgadas en 1542, prohibían explícitamente la encomienda forzada de los indios. Éstas fueron, sin embargo, derogadas un año más tarde.

En el trato de las razas se dio ya desde un principio muy poca importancia a la diferencia étnica, autorizándose el matrimonio mixto en 1503, siendo su validez confirmada por Fernando el Católico en 1515 y por Felipe II en 1556. Resultado de ello fue una sociedad con frecuencia dividida más en segmentos culturales, sociales y económicos que puramente étnicos. Los elementos básicos de la población fueron el blanco y el indio, a los que más tarde se añadió el negro. Las mezclas étnicas más frecuentes fueron los *mestizos, de blancos e indios*; los *mulatos, de blancos y negros*; y *los zambos, de indios y negros*.

La Iglesia

La intervención de la Iglesia en la creación de una sociedad hispanoamericana fue decisiva. Desde el principio había reinado una estrecha colaboración de las órdenes religiosas con el Estado, administrando directamente o como miembros de la administración. Numerosos eclesiásticos eran miembros del Consejo de Indias y el cargo de *Protector de Indios* estuvo por un tiempo vinculado a obispos.

A la explotación natural de los conquistadores y colonizadores los eclesiásticos opusieron con gran eficacia su influencia y su propio concepto de colonización. Éste era primeramente de cristianización y sólo secundariamente de hispanización de los indios. A ello se dedicaron los misioneros franciscanos, dominicos y jesuítas principalmente, con una dedicación extraordinaria, aprendiendo las lenguas indígenas para mejor comunicarse con ellos.

Aspecto muy importante de la obra misionera fue la defensa abierta del indio contra los abusos e injusticias a que con frecuencia era éste sometido. Son célebres las acusaciones de fray Bartolomé de las Casas (¿1474?-1566), dominico, en América desde 1502 y dedicado apasionadamente a la cristianización de los indios. El trato que algunos encomenderos daban a los indios le indignó de tal manera que para denunciarlo regresó a España, donde consiguió de Cisneros, Carlos V y Felipe II leyes para su protección.

Entre sus obras son célebres la *Brevísima relación de la destrucción de las Indias* y la *Historia apologética de las Indias* en las que con gran celo misionero, aunque excesiva retórica, exagera y generaliza abusos que indudablemente se cometían.[4] Sus escritos fueron explotados por holandeses y franceses principalmente, ya desde fines del siglo XVI, para crear una leyenda antiespañola que los críticos modernos comienzan sólo ahora a corregir.

A pesar de todo y de la evidente importancia que se dio a la hispanización de los pueblos indígenas, el rasgo característico de la labor misionera no fue el de la imposición de la cultura española, sino la flexibilidad con que aceptaron elementos culturales indígenas. Es cierto que en la primera fundación española de Santo Domingo se alzaron muy pronto conventos, escuelas y edificios cuyos estilos y planos se determinaban en Sevilla, sin mezcla de elementos indígenas, pero ello fue la excepción. Por lo general se percibe claramente ya desde la primera mitad del siglo XVI una creciente aceptación de la participación indígena. Tanto en Méjico como en Perú, las artes indígenas y las españolas han quedado con frecuencia unidas de manera inseparable.

Exponente elevado de esta labor cultural misionera son las universidades, que, en el Nuevo Mundo como en España, tenían una misión más educadora que de investigación. En 1538 los dominicos fundaron la Universidad de Santo Tomás en Santo Domingo, a donde acudían estudiantes de Cuba, Venezuela y la costa atlántica de Nueva Granada. A ésta siguieron las de Méjico y Lima en 1553.

En su afán de educar a los indios, los misioneros estudiaron las costumbres, los dialectos y ritos de los indígenas, introduciendo además un sistema de escritura para las lenguas indias. Al mismo fin educativo y misionero se debe la introducción de la imprenta y la fundación de universidades, establecidas éstas "para que los naturales y los hijos de españoles fuesen industriados en las cosas de nuestra Santa Fe y en las demás facultades."

NOTAS

1. Con "las cosas acaecidas en Roma" se refería Valdés concretamente al llamado *saco de Roma*. Por haberse aliado el papa con Francia y Venecia en contra de Carlos V, envió éste al condestable de Borbón para que ocupara los Estados Pontificios. En 1527 las tropas del Condestable, en las que figuraban muchos soldados luteranos, sometieron a Roma a un terrible saqueo.

2. Uno de los escritos más famosos según el espíritu de la *devoción moderna* fue *De la imitación de Cristo y menosprecio del mundo,* obra probablemente del monje alemán Tomás de Kempis (1379-1471). Ha sido y es todavía muy leída en España. Sus enseñanzas, "Teniendo a Dios, no sientas tener penas; estar sin Dios es infierno," "Mira que todo consiste en la Cruz, y que todo está en morir; y no hay otro camino para la vida y para la verdadera paz, sino el de la santa Cruz y continua mortificación," se ven repetidas y practicadas en los místicos y ascetas españoles de esta época.

3. Se llamaba *encomienda* al pueblo o pueblos señalados a un *encomendero* para que percibiera los tributos y aprovechara los servicios personales que aquél o aquéllos debieran prestar a la Corona Real.

4. Con anterioridad a su publicación, el dominico fray Antonio Montesinos había condenado, ya en 1510, el sistema de encomiendas y los abusos cometidos por los encomenderos.

Preguntas para estudio y repaso

1. ¿A qué se llama Siglo de Oro en España? 2. ¿Qué características tuvo éste durante el reinado de Carlos V, de Felipe II y de los últimos Habsburgos? 3. ¿Qué

carácter tuvo la monarquía durante la dinastía de los Habsburgos? 4. ¿Qué importancia tuvo la nobleza en el gobierno durante este tiempo? 5. ¿Qué clases de nobleza había?

6. ¿Cómo reaccionó el sentimiento católico popular ante los ataques de la Reforma protestante? 7. ¿A quiénes se llamaba heterodoxos y cuáles eran los grupos más importantes? 8. ¿A qué se llamó y qué importancia tuvo el problema de la *limpieza de sangre?* 9. ¿Por qué se llama a este siglo un siglo misionero? 10. ¿Qué influencia tuvo en la espiritualidad española la llamada *devoción moderna?* 11. ¿Cómo reflejan los místicos españoles el espíritu de la Contrarreforma? 12. ¿Por qué fue importante el pensamiento de Francisco de Vitoria? 13. ¿Por qué lo fue el de Francisco Suárez? 14. ¿A qué se llamaron *controversias sobre la gracia?*

15. ¿Cómo se regían los territorios del Nuevo Mundo? 16. ¿Qué instituciones fueron introducidas? 17. ¿Por qué se preocupaban los reyes por la pureza del elemento español? 18. ¿Qué conflicto se dio entre los españoles recién llegados y los nacidos en el Nuevo Mundo? 19. ¿Cómo se organizó a los indios? 20. ¿Cómo se podría calificar la política española para con los indios? 21. ¿Cómo se trató la diferencia de razas? 22. ¿Qué importancia tuvo la Iglesia en la colonización de los nuevos territorios? 23. ¿Cuál fue el ideal primario de los misioneros españoles? 24. ¿Cómo lo intentaron llevar a cabo?

Términos y nombres para estudio y repaso

Siglo de Oro	Luis de León	Consulados del Mar
Hernán Cortés	Santa Teresa	Leyes de Indias
Consell de cent	San Juan de la Cruz	Cabildos
Ricos homes	Francisco de Vitoria	Criollos
Alumbrados	Francisco Suárez	Gachupines
Alfonso de Valdés	Diego de Saavedra	Encomienda
Limpieza de sangre	Fajardo	Protector de Indias
Devoción moderna	Consejo de Indias	Bartolomé de las Casas
Luis de Granada	Casa de Contratación	Mestizos

La vida cultural durante el Siglo de Oro

A pesar de la gran importancia política y económica que España y Francia mantuvieron a lo largo de este período, la vida cultural europea continuó dominada por Italia, donde las formas del Renacimiento iban tomando aspectos cada vez más propios y originales.

El Barroco

El fenómeno cultural más importante de todo este tiempo fue el llamado Barroco.[1] Es en referencia a él que se da con frecuencia el nombre de período barroco al comprendido entre mediados del siglo XVI y principios del XVIII.

El Barroco es, frente al Renacimiento, el producto de una sensibilidad y una actitud cultural distintas. Con abandono completo de la serenidad clásica, un tanto fría, típicamente renacentista, el Barroco deriva hacia una agitación, tanto intelectual como sensual, que pretende dar cauce a todos los sentimientos. Esta agitación se manifiesta en una inclinación hacia la exageración de lo suntuoso, recargado y ampuloso, que se convierte así en característica de este movimiento. Con su afán de originalidad el Barroco abandona las reglas y la circunspección renacentistas, buscando sobre todo la intensificación, la exaltación de la realidad. Por ello se mezclan en él elementos realistas con otros claramente idealizantes.

Los orígenes del Barroco hay que buscarlos, como los del Renacimiento, en Italia. Ya durante el siglo XV, los maestros y artistas italianos, aunque mantuvieron los cánones de la antigüedad clásica como un ideal artístico indiscutible, habían ido, a la vez, tomándose la libertad de reordenar los elementos y temas clásicos para dar así a la obra una mayor personalidad y una expresión más propia. La tensión artística a que ello dio lugar, una gran artificiosidad sobre la base de una serenidad clásica con líneas lógicas y geométricas muy definidas, resultó en el llamado *manierismo*, que es la característica más importante de todo el arte renacentista del siglo XVI.[2] Como un desarrollo y, al mismo tiempo, en oposición al manierismo se desarrolló en Roma, durante la segunda mitad del siglo XVI, el estilo barroco, término que aunque aplicable primeramente a las artes visuales, arquitectura, escultura y pintura, se usa con frecuencia también con referencia a las artes literarias y a la música.

La arquitectura barroca prevalece sobre toda otra manifestación artística, usando las demás, escultura, pintura, como elementos constitutivos del efecto plástico que quiere conseguir. La finalidad de la arquitectura barroca es la expresión del espacio. Para ello se abandonan las líneas definidas y rectas del Renacimiento, para dar preferencia a la línea curva como más dinámica. El conjunto arquitectónico está generalmente concebido en función del lugar, plaza o calle, a que se destina. Las fachadas adquieren gran importancia, a veces, casi independencia del resto de la obra; mientras que en los interiores, las líneas constructivas desaparecen bajo una abundante ornamentación con gran exuberancia de flora y fauna, sobre numerosas cornisas y columnas griegas y romanas. De éstas, las retorcidas, llamadas salomónicas, son las más comunes. También las plantas constructivas cambian, manifestándose preferencia por las circulares, elípticas o mixtilíneas. Por otra parte, dado el predominio de los elementos decorativos sobre los constructivos, se puede afirmar que el estilo barroco más que un estilo de arquitectura es una forma de decoración arquitectural.

A pesar del gran desorden dinámico de las masas barrocas todos los elementos existen en función de un todo decorativo, sometiendo a éste además otras formas artísticas, como la escultura y la pintura.

La escultura monumental barroca está especialmente subordinada a la arquitectura. Concebida para un lugar determinado dentro de ésta, se busca con ella un efecto de conjunto. Con el efectismo de ropajes y el patetismo de posturas, gestos y expresiones, la escultura barroca ayuda a dar movilidad y vida a la estática arquitectónica. A la vez, y como consecuencia, capta los momentos transitorios del movimiento y los reflejos de los estados anímicos. Por esta razón son sus características más importantes el realismo, retrato casi del objeto en sus más mínimos detalles, y el idealismo con que se fija la realidad en su sentido armónico y atemporal, en el que se ve un reflejo del espíritu.

La pintura barroca se caracteriza por dos elementos fundamentales, el realismo y la luz. Se buscan modelos en la vida y se los expresa tal como se los ve, aunque restando importancia a las formas dibujadas para insistir en el efecto luminoso. Se desvaloriza la línea, el contorno, la perspectiva geométrica, y se insiste en su lugar en líneas movidas, escorzos, visión profunda, todo ello a base de efectos y contrastes luminosos. Es el color y la luz lo que hace destacar los objetos y figuras en función de su importancia. Como en la arquitectura, también en la pintura el concepto clásico de que cada elemento tiene un valor de por sí, cede a la idea barroca de que sólo el conjunto tiene una estricta unidad que se percibe en la visión pictórica.

En literatura, la sensibilidad barroca se manifiesta tanto en la forma como en el contenido. En aquélla, se busca la palabra elegante, con frecuencia latinizante, la expresión sonora, exuberante, con una sintaxis y orden de palabras que por su complicación recuerdan los adornos rebuscados de la arquitectura barroca. Por su afición a la expresión culta, se ha dado a este estilo el nombre de *culteranismo.*

En el contenido, la sensibilidad barroca se manifiesta en la expresión indirecta del pensamiento, el cual queda como oculto bajo una abundancia, a veces excesiva, de asociaciones de ideas, imágenes, metáforas y alegorías, a través de las cuales el concepto es expresado de una manera sutil y como retorcida, que recuerda también el significado oculto bajo el adorno exuberante de la arquitectura barroca. A este estilo, o más bien sensibilidad estilística, se da comúnmente el nombre de *conceptismo.*[3]

El Barroco ha sido llamado con frecuencia el arte de la Contrarreforma, por haber sido el estilo preferido por los países católicos durante el tiempo de los grandes conflictos religiosos. No es cierto en el sentido que el catolicismo haya creado el Barroco para combatir la Reforma protestante, puesto que sus raíces se encuentran ya en la derivación del arte renacentista hacia el manierismo. Es cierto sin embargo, que, frente a la postura austera e iconoclasta del protestantismo, el Barroco proporcionó al catolicismo los medios plásticos para la defensa y engrandecimiento de los puntos más característicos de la controversia: la Iglesia como institución y la liturgia como culto público y oficial. Por otra parte es también cierto que la Iglesia católica con sus misterios, sus temas bíblicos, su liturgia y el culto a los Santos proporcionó al Barroco una mina inagotable de inspiración de que éste hizo un uso magnífico. Aunque no es menos cierto que el gusto barroco de la época influyó grandemente en el desarrollo del aparato dramático y el boato con que la Iglesia católica reaccionó contra el subjetivismo religioso de la Reforma. En este sentido, se puede decir igualmente que el Barroco influyó en el catolicismo como éste en aquél.

Pero más que con la religión, el Barroco está asociado con la Iglesia como institución religiosa, pública y social. Por ello el Barroco está igualmente asociado al concepto monárquico del Estado, al Rey y a la Realeza como grandes instituciones políticas. Por ello palacios e iglesias, reyes, nobles y santos son los temas preferidos de este arte.

De especial interés es el arte barroco político de Francia, el cual llegó a su apogeo con Luis XIV, el *Rey Sol,* en el famoso palacio de Versalles. El Barroco francés, aunque de origen italiano es, a la vez, una reacción contra el exceso ornamental italiano, haciéndose más clasicista, guardando líneas estructurales y decorativas más en consonancia con la tradición grecorromana.

Aunque este estilo perdió muy pronto su vigor y fuerza para disolverse en las formas suaves, delicadas y afeminadas del llamado estilo rococó, reapareció mas tarde en las líneas puras del neoclasicismo predominante durante el siglo siguiente.

La vida cultural española durante el Siglo de Oro

Durante la primera mitad del siglo XVI, coincidiendo aproximadamente con el reinado de Carlos V y gran parte del de Felipe II, continuó desarrollándose el llamado Renacimiento español, aunque fiel a las formas tradicionales, muy influido también por las importadas de Italia, que siguió siendo por ello centro y fuente de inspiración de la cultura renacentista española. Ya en las últimas décadas del siglo XVI y a lo largo del XVII, el Renacimiento italianizante fue cediendo en importancia ante la mayor influencia del espíritu nacional. La política de aislamiento de Felipe II, las victorias políticas y culturales conseguidas por los protestantes en Europa y sobre todo la tendencia general a cerrar las fronteras de España para evitar toda posible contaminación heterodoxa extranjera fueron convirtiendo el espíritu de la cultura española de este tiempo en un proceso de introversión y de búsqueda de los valores tradicionales. Por esta razón se suele dividir la cultura española durante su Siglo de Oro en un primer período, imperial, extrovertido y europeizante, seguido por otro, mucho más largo, llamado nacional, que se prolongó a lo largo del período barroco hasta fines del siglo XVII.

El período imperial

La literatura

Al comenzar el siglo XVI, a causa de la mayor europeización de los horizontes políticos españoles, el interés italianizante heredado del siglo anterior aumenta y se define. En poesía, un grupo selecto de poetas, al aplicar al castellano el estilo poético italiano, dio a la poesía española un rumbo que ésta mantuvo durante los siglos más brillantes de la historia poética. Esta nueva tendencia fue obra sobre todo de dos poetas amigos, Garcilaso y Boscán, fundadores de la escuela petrarquista castellana, con la que se introdujeron experimentos poéticos de forma y contenido que después continuaron los mejores poetas del siglo XVI.

El mérito principal de Juan Boscán (m. 1542) consistió en introducir una serie de formas poéticas italianas, versos endecasílabos, terceto dantesco y soneto de Petrarca, enriqueciendo así en gran manera la poética castellana.

De mayor importancia todavía es Garcilaso de la Vega (1501-1536). Caballero de Santiago, culto, cortesano y soldado en numerosas campañas militares del emperador Carlos V, él es quien mejor representa el espíritu de su época, por lo que está considerado, a pesar de su gusto italianizante, como prototipo del poeta castellano. Sus sonetos son dulces, amables, siempre con una nota sentimental y delicada. Sus églogas, en las que imita, en tono y contenido, a los poetas latinos Virgilio y Horacio, describen un mundo bucólico en el que bajo la capa de pastores se ocultan los sentimientos y expresiones de cortesanos refinados. Es especialmente famosa su *Égloga segunda,* en la que canta "el dulce lamentar de dos pastores."

Entre los seguidores de la nueva escuela hay que citar al agustino fray Luis de León, ya nombrado entre los escritores didácticos y devocionales. Su obra poética, que según él mismo dice "son pequeñas obrecillas que en su mocedad se le caían de las manos," se caracteriza por un lenguaje conciso, expresión sencilla, llana, sin adornos y de una pureza clásica. Su poesía de fondo platónico intelectualizante posee a la vez una nota de melancolía serena que es característica de su lirismo. Son famosas su "Noche serena," "Oda a Francisco Salinas," "En la Ascensión" y "Vida retirada." Esta última, adaptación de una oda de Horacio, comienza con los todavía celebrados versos:

> ¡Qué descansada vida
> la del que huye el mundanal ruido,
> y sigue la escondida
> senda por donde han ido
> los pocos sabios que en el mundo han sido!

Estas innovaciones literarias debidas a la influencia italiana fueron causa en España de un movimiento en defensa de las formas tradicionales y en contra de las nuevas, consideradas como extranjerizantes.

El poeta más famoso de esta reacción castellanizante y nacional fue Cristóbal de Castillejo (1490-1550), quien censuró a Boscán y a Garcilaso sus modas italianas, usando él para sus poesías preferentemente formas y temas medievales. Son notables sus glosas a romances antiguos, *La bella malmaridada;* sus diálogos satíricos, *Diálogo que habla de las condiciones de las mujeres,* diatriba picaresca contra todo el sexo femenino; ascéticofilosóficos, *Diálogo entre la memoria y el olvido,* y el más importante, *Diálogo y discurso de la vida de corte.*

El mismo conflicto, entre lo tradicional y lo moderno, lo nacional y lo italianizante, en otras palabras, entre lo popular y lo culto, se revela también en el teatro. En él las obras cultas de temas clasicistas y humanistas no lograron despertar el interés del pueblo, que así les negó su favor. El teatro de vena más popular, por el contrario, llegó a ofrecer muy pronto obras de marcado interés que fueron muy apreciadas y aplaudidas por el pueblo. El teatro popular y no el culto señala la dirección al gran teatro español.

En esta dirección se destaca Torres Naharro (m. 1531) con sus obras, *Tinellaria,* sobre la vida pícara de los sirvientes; *Soldadesca,* llena de truhanerías de soldados; e *Himenea,* sobre el honor.

Tuvo gran importancia también Lope de Rueda (m. 1565), autor muy admirado por Cervantes, quien consagró la forma teatral de los *pasos.* Son éstos unas obras cortas, de una sola escena, y, se puede decir, sin acción, en las que los personajes, todos ellos tipos populares, presentan un problema o conflicto de costumbres. Los pasos de Lope de Rueda, *La carátula, Las aceitunas, La tierra de Jauja,* se distinguen por su realismo equilibrado y fina comicidad de la situación, a la vez que por el casticismo y gracia de su lenguaje.

La misma tendencia tradicionalista ofrecen las novelas de caballerías. Aunque la mejor obra, *Amadís de Gaula,* pertenece al siglo XV, el género de novela caballeresca fue cultivado con gran afición durante el siglo XVI. Muy popular fue durante este tiempo la serie conocida con el nombre de *Palmerines (Palmerín de Oliva, Palmerín de Inglaterra,* etc.). A pesar de estar llenas de hazañas absurdas e inverosímiles, abrumadoras por sus monótonas repeticiones, o, quizás, a causa del fácil escapismo a que todas aquellas aventuras conducían, estas obras gozaron de una gran popularidad, hasta que fueron desprestigiadas por la dura crítica y el ridículo que de ellas hizo Cervantes en su *Don Quijote.*

Junto a la continuada popularidad del romance morisco y fronterizo surgió la novela morisca con la famosa *Historia del Abencerraje y de la hermosa Jarifa,* de autor anónimo. Delicada novelita de amor caballeresco de moros y cristianos, en la que la generosidad del moro está a la par de la caballerosidad del cristiano que "no acostumbra a secuestrar damas sino para honrarlas y servirlas." En España la novela morisca se revela más capaz de evolución que el género italianizante.

La novela italianizante entró en España con el llamado género pastoril, relato extenso de episodios sentimentales que tienen lugar todos ellos en medio de una naturaleza risueña y artificial. Llega a su mejor expresión con la *Diana* de Jorge de Montemayor (¿1520?-1561), que tuvo gran éxito e influyó grandemente en las literaturas extranjeras, y *La Diana enamorada* de Gaspar Gil Polo (m. 1591), también famosa aunque evidentemente inferior a la primera. La novela pastoril, cuyo florecimiento fue breve, tuvo una muy larga decadencia en la que el mundo exageradamente lacrimoso y sobreidealizado daba expresión y forma al gusto de la época.

En este tiempo hay que situar la novela titulada la *Vida de Lazarillo de Tormes y de sus fortunas y adversidades,* de autor desconocido (su edición más antigua data de 1554). El autor de la novela narra en forma autobiográfica escenas de la vida de su personaje Lázaro como sirviente de, entre otros, un ciego, un escudero y un clérigo. El tono adoptado por

Lázaro en su visión de la sociedad, ligero, humorista y despreocupado, hace difícil la interpretación de su tema, entendido por unos como estrictamente realista y simbólico por otros. Lázaro no es, como se ha dicho, un maleante, ni un profesional del hampa, sino un héroe del hambre, un anti-héroe, y, sobre todo, un ser en quien se juntan, en conflicto, la sociedad tal como parece ser y como es en realidad. La novela, a pesar de su falta de ideales, no es amarga, y apenas se la puede llamar pesimista. Su mayor mérito estriba en la expresión concisa y clara y en el realismo con que el autor es capaz de describir los varios estamentos de la sociedad española como vistos "desde abajo" o "desde fuera." El *Lazarillo* es una de las primeras obras en las que el punto de vista del autor es esencial. Esta obra, conocida en traducción en otros países europeos desde mediados del siglo XVI, sirvió de inspiración al género conocido por el nombre de *novela picaresca*.

La arquitectura

Durante el reinado de Carlos V la arquitectura continuó demostrando la misma dependencia del Renacimiento italiano notada ya en el reinado anterior. El estilo predominante era el llamado *plateresco purista*, cuyas mejores expresiones son el Palacio arzobispal en Alcalá de Henares, obra de Alonso de Covarrubias, y la fachada de la universidad de la misma ciudad (fig. 8.1), el palacio de Monterrey en Salamanca (fig. 8.2) y la fachada de la catedral de Astorga (fig. 8.3), ambas obras de Gil de Hontañón.

Hacia mediados de siglo se nota una renuncia a la decoración plateresca a la vez que se percibe un mayor interés por una pureza decorativa de línea clásica italiana. Son ejemplos de ella la catedral de Jaén (fig. 8.4), numerosos palacios (fig. 8.5) y la Puerta Nueva de Bisagra (fig. 8.6) en Toledo. En Andalucía es notable el palacio de Carlos V (fig. 8.7), obra sin acabar de Pedro Machuca, de estilo italiano sin entronque con los españoles.

En el último tercio del siglo XVI, ya durante el reinado de Felipe II, la influencia italiana triunfó completamente sobre la exuberante decoración plateresca, buscando compensación a la desnudez ornamental en la masa y grandiosidad de la obra. El nuevo estilo quedó consagrado con la construcción de El Escorial, ordenada por Felipe II para conmemorar su victoria sobre los franceses en la batalla de San Quintín (1557). Monasterio y residencia preferida del monarca, El Escorial, iniciado por el famoso arquitecto Juan Bautista de Toledo, fue continuado a la muerte de éste por Juan de Herrera y es uno de los monumentos más célebres de la arquitectura española (fig. 8.8).

El estilo herreriano caracterizado, más que ningún otro, por sus líneas definidas de grandiosidad monumental alcanzó bastante difusión en España

8.1 Universidad de Alcalá

(la catedral de Valladolid, la Lonja de Sevilla, etc.), llegando incluso a América (catedrales de Méjico y Puebla). Sin embargo esta influencia del estilo herreriano, debida en gran parte a la preferencia mostrada por Felipe II, que vio en él la mejor expresión de su propia espiritualidad, nunca fue verdaderamente popular en España, apelativo que sólo se puede aplicar con toda justicia al Barroco.

La escultura

Tiene gran importancia la escultura funeraria, entre cuyas obras más importantes destacan las tumbas de los Reyes Católicos en la Capilla Real de Granada y la del Cardenal Cisneros en Alcalá de Henares, obras del italiano Domenico Fancelli, de estilo renacentista italiano, y, en la catedral de Ávila, la de Alonso de Madrigal (fig. 8.9) obra de Vasco de Garza, en estilo plateresco.

El mejor representante de la escultura de esta época es Alonso Berruguete (1489-1561), hijo del famoso pintor Pedro Berruguete. Aunque estudió en Italia, posiblemente con Miguel Ángel, dio a su obra un carácter especial, auténticamente español. Su mayor mérito se debe a la relación entre pintura y escultura, tan notable en sus obras, en su mayoría retablos tallados para iglesias. Son muy conocidos *Un patriarca, San Sebastián, Moisés y La adoración de los Reyes Magos* (fig. 8.10), entre muchas otras obras. Todas ellas han servido a hacer de la talla de madera una expresión artística típicamente española y castellana.

8.2   Palacio de Monterrey, Salamanca

8.3   Catedral de Astorga, León

8.4 Catedral de Jaén

8.5 Palacio de los marqueses de
Mancera, Úbeda, Jaén

8.6 Puerta Nueva de Bisagra, Toledo

8.7 Patio del Palacio de Carlos V, Granada

8.8 Monasterio de El Escorial

8.9 Detalle del sepulcro de Alonso de Madrigal, el Tostado, en la catedral de Ávila

Plateresco

8.10 Detalle de *La Adoración de los Reyes Magos,* de Alonso Berruguete

La pintura

El siglo XVI representó para la pintura española un largo proceso de liberación de escuelas y técnicas flamencas e italianas, en el que, a la vez, se desarrolló la expresión realista y naturalista que caracterizó a las escuelas de pintura propiamente españolas. Este proceso tuvo diferentes expresiones en las varias regiones españolas, siendo Castilla, Andalucía y Levante las más importantes.

En Castilla la pintura continuó dominada por el famoso Pedro Berruguete, ya nombrado anteriormente.

En Andalucía los artistas más destacados fueron Alejo Fernández (m. 1545), cuya obra más conocida es *La Virgen del Buen Aire,* en el Alcázar de Sevilla, y Luis de Vargas (1502-1568) cuya obra maestra, *La generación temporal de Cristo,* en la catedral de Sevilla, magnífica por su dibujo, muestra una fuerte influencia italiana.

En la región levantina, por sus relaciones estrechas con Nápoles, la influencia italiana se percibe más temprana y con efectos más duraderos. Durante el segundo tercio del siglo la influencia predominante fue la de Rafael, siendo el representante más característico Juan de Juanes (m. 1579), que trabajaba en Valencia, donde se halla la mayor parte de su obra. Sus figuras, como la de *El Salvador,* modelos de equilibrio sereno en los que se aprecia el estilo dibujístico idealizante del maestro italiano, alcanzaron gran favor en su tiempo.

Durante la segunda mitad del siglo, coincidiendo en términos generales con el reinado de Felipe II, hay que distinguir dos direcciones en la pintura española, la cortesana y la popular. La primera, más dependiente del gusto real, demuestra gran influencia italiana, como Fernández de Navarrete (1502-1579), admirador de Tiziano, que trabajó en El Escorial, donde se encuentra su obra maestra, *La degollación de Santiago,* y Alonso Sánchez Coello (1531-1588), el mejor retratista español de la corte de Felipe II. Pintor oficial de la corte, son suyos los retratos del *Príncipe don Carlos* y *Felipe II,* que constituyen la mejor ilustración de este reinado.

Al estilo popular pertenecen los principales maestros de esta época. Sus pinturas, poco al gusto oficial, eran sin embargo expresión de una sensibilidad auténticamente española, por lo que todos ellos alcanzaron gran popularidad. Éste fue el caso de Luis de Morales (h. 1500-1586), cuyos cuadros de devoción, aunque no gustaron a Felipe II, fueron muy populares. Sus tipos de vírgenes, que se repiten constantemente, se distinguen por una suavidad lánguida, casi amanerada, pero su suave modelado y técnica acabada e impecable, casi de miniatura y, sobre todo, su devoción le valieron el título de *el Divino.*

Semejante fue el caso del cretense Dominico Theotocópuli, "el Greco," (1541-1614), el pintor más importante de su tiempo. Llegado a España hacia 1575, tras una estancia en Venecia y Roma, se estableció en Toledo.

8.11 *San Jerónimo,* de El Greco

Allí, tras haber pintado el *Martirio de San Mauricio,* considerado hoy una de sus mejores obras pero que no agradó a Felipe II, el Greco desarrolló una extraordinaria actividad artística. En su obra se advierte una progresión desde el manierismo italiano, *La Trinidad,* hacia una técnica de manchas de color y efectos de luz, *El bautismo de Cristo, La Crucifixión, Oración del Huerto* y *San Jerónimo* (fig. 8.11) o su famosa vista de Toledo (fig. 8.12). A partir de su obra maestra, *Entierro del conde de Orgaz* (fig. 8.13), sus peculiaridades se acentúan con escorzos violentos y cánones alargados como en la *Venida del Espíritu Santo,* a la vez que se advierte una tendencia hacia la simplificación del colorido con un claro predominio de tonos grises, *Retrato del cardenal Tavera.*

El período nacional: el Barroco español

El período imperial se entronca con el nacional hasta encontrar su mejor expresión con el predominio completo del arte barroco.

Aunque era, como el renacentista, de origen italiano y, por lo tanto extranjero, el barroco, por su mayor énfasis en la originalidad y la interpretación individual de la realidad, pudo ser adaptado sin dificultad a

8.12 *Vista de Toledo,* de El Greco

8.13 *Entierro del Conde de Orgaz,* de El Greco

la expresión de la sensibilidad española. Además, al dejarse aplicar fácilmente a la exaltación de la Iglesia y la Monarquía, ideales máximos de la sociedad española, el Barroco fue instrumento fácil en la expresión natural de los sentimientos políticos y religiosos de la época. Aunque estrictamente hablando son dos conceptos distintos, es muy difícil hacer una separación entre un estilo nacional y el Barroco español.

En sus aspectos formales el Barroco español sigue de cerca los que aparecen en otros países europeos. Sin embargo, dadas sus circunstancias históricas, religiosas y políticas, las pugnas y contrastes interiores, la vehemencia y patetismo barrocos aparecen en España con un vigor y exageración mayores que en otras partes.

En este sentido se puede afirmar que España vive y siente el Barroco con una mayor intensidad que la que demuestran los demás estilos barrocos europeos.

La literatura

Al hablar de Barroco en literatura, o de literatura barroca, se transpone un término que primordialmente se refiere a las artes plásticas: arquitectura, escultura y pintura. Este uso, ya generalizado, se justifica fácilmente al examinar la literatura de este período en comparación con la renacentista. Ésta se caracteriza por la presentación equilibrada y comedida de los temas, la claridad en la definición de los caracteres, motivos e ideales y sobre todo por la importancia y la fe que demuestra en el ser humano y la sociedad en que vive. La literatura barroca, por el contrario, es como la arquitectura, una obra en la que los temas adquieren valor en función del conjunto. En su presentación reina la vehemencia, la tensión, el dinamismo y, sobre todo, el contraste, el claroscuro de la pintura se manifiesta en la literatura como enfrentamiento de contrarios: lo bello y lo feo, lo refinado y lo vulgar, lo social y lo *antisocial*. La sensibilidad agitada y sensual del Barroco, que en arquitectura se manifiesta por lo recargado y ampuloso, se manifiesta en literatura también por una ampulosidad y recargamiento del lenguaje que da lugar al fenómeno conocido por el nombre de *cultismo* o *culteranismo*, o del contenido conceptual con la expresión rebuscada, ingeniosa y difícil, lo cual da lugar al *conceptismo*.

En España la literatura barroca manifiesta además unas características especiales que nacen del momento histórico en que vive España, de decadencia política y de impotencia religiosa frente al protestantismo. Por una parte, la pugna del idealismo y el realismo se hace más marcada; por otra parte, se siente melancolía y pesimismo ante una decadencia inevitable de la ortodoxia religiosa y de sus defensores, ante la herejía y el triunfo de sus seguidores. Por ello el Barroco español es, además, antieuropeo. Al identificar a Europa con la herejía, España intenta aislarse para así poder mantener, sin discusión, su fe y sus formas de vida tradicionales. Esta actitud emocional, pesimista, melancólica y resentida ante la vida humana y la sociedad en general recibe el nombre de *desengaño* y es una de las características más marcadas del Barroco español.

Los escritores barrocos acusan estas características de maneras diversas: mientras unos se limitan a una queja desalentada y estoica, otros se alejan de la realidad para buscar refugio en el arte, y todavía otros atacan a la sociedad con una finalidad moralizadora. Es decir que la literatura española de esta época sigue tres direcciones principales, la estética, la estoica y la moralizante, quedando dominada por el culteranismo de Góngora, el conceptismo de Gracián y la protesta desilusionada de Quevedo. Finalmente y como broche precioso de una gran época, el tradicionalismo optimista de Calderón de la Barca. Con él se cierra el período barroco y el Siglo de Oro español.

Las últimas décadas del siglo XVI y las primeras del XVII representan para la literatura española un período de plena madurez. Bajo el doble efecto de su renuncia al Imperio y de los decretos conciliares de Trento, el espíritu nacional, lejos ya del idealismo imperial, pero seguro de la ortodoxia de su postura religiosa, se cerró a las ideas extranjeras para analizar, criticar o defender, tomadas todavía muy seriamente, las formas sociales y religiosas españolas. La literatura llega a su madurez en España con Cervantes y Lope de Vega, a la vez que en Inglaterra lo hace con Shakespeare. La diferencia entre los españoles y el inglés, más que en la calidad literaria de sus obras, radica en las actitudes humanas y espirituales tan distintas en que basan su arte.

Con Miguel de Cervantes Saavedra (1547-1616) la literatura española, especialmente la novela, alcanzó uno de sus mejores momentos. Había nacido Cervantes de familia hidalga aunque pobre. Estudió en Madrid, viajó por Italia y tomó parte como soldado de galera en la famosa batalla de Lepanto, en la que perdió el uso de su mano izquierda. Al regresar a España fue capturado por piratas berberiscos y conducido a Argel, donde permaneció de cautivo por más de cinco años. Rescatado al fin, sólo pudo ejercer cargos de menor importancia al servicio del rey, pero acusado de malversación de fondos y torpeza administrativa fue encarcelado. De regreso finalmente a Madrid pasó escribiendo los últimos años de su vida. Aunque algunos de sus libros llegaron a tener gran éxito, tampoco en ellos encontro una compensación económica, terminando su vida modestamente en Madrid.

Cervantes cultivó todos los géneros literarios, poesía, drama y novela. Como poeta es correcto y elegante, aunque le falta la inspiración necesaria para ser gran poeta. Es mucho mejor como dramaturgo y novelista: sus *Novelas ejemplares, La Galatea* y *Los trabajos de Persiles y Segismunda* son más que suficientes para merecerle un puesto distinguido en las letras españolas. Pero es con su novela *El ingenioso hidalgo Don Quijote de la Mancha* que alcanza la cumbre en la literatura española y uno de los puestos más distinguidos en la universal. Al publicar el *Quijote* en 1605 Cervantes contaba con 57 años de edad y había pasado casi veinte sin publicar libro alguno. Por ello, más que una continuación a su carrera literaria, la composición de *Don Quijote* parece ofrecer un nuevo comienzo.

La trama de la novela es sencilla: el libro narra las aventuras de un hidalgo loco, quien, acompañado de un campesino tosco como su escudero, intenta realizar en el mundo de su día las aventuras ideales que dieron fama a los héroes de las novelas de caballería, pero tropezando en cada una de ellas con una realidad muy distinta de la soñada.

El resultado es un libro universal y eterno, no sólo por el mérito de su belleza literaria y de la sonoridad de su lenguaje, que es mucho, sino también por su significado simbólico, que alcanza a la humanidad entera. Bajo la presentación paródica del conflicto entre los ideales literarios, nobleza, esfuerzo, abnegación, mesura y amor, de los héroes de las novelas de caballerías, con las limitaciones que impone la realidad de la sociedad castellana de fines del siglo XVI, llegan claramente al lector las reflexiones un tanto sobrias, hasta pesimistas, de su autor. Y, aunque es difícil no ver en el *Quijote* una reflexión autobiográfica y un comentario a la historia española de su tiempo, el lector percibe que don Quijote y Sancho encarnan el diálogo eterno entre el ideal y la realidad. Cervantes es considerado por esta obra como el creador de la novela moderna. Pero no están de acuerdo los críticos en el juicio de si Cervantes es o no un escritor barroco.

Contra la visión sombría y estoica de la novela cervantina, el teatro nacional se alía con el mundo de valores ideales en la persona de los grandes maestros. Félix Lope de Vega Carpio (1562-1635) superó las tentativas dramáticas anteriores y estableció con su obra el gran arte teatral del siglo XVII, en teoría con su *Arte nuevo de hacer comedias,* en la práctica con una producción gigantesca, ya que se le atribuyen más de mil quinientas obras.

Lope de Vega logró crear el teatro nacional a la vez que acertó a desarrollar una fórmula dramática en la que con un lenguaje terso y desprovisto de artificio deja que hable el pueblo español, dando forma y expresión a sus ideales. Su obra representa el triunfo de la corriente popular sobre la humanista y clásica del Renacimiento, pero es sobre todo su acertado reflejo de los sentimientos de su público lo que le hizo extraordinariamente famoso.

Las características del teatro de Lope de Vega consisten en una afortunada fusión de lo trágico y lo cómico, y, en los temas, en una exaltación sin compromiso de los ideales religiosos, monárquicos y del sentimiento del honor. En dos de sus comedias más famosas, *Fuenteovejuna* y *Peribañez o El comendador de Ocaña,* Lope de Vega propone y defiende el tema del honor del pueblo. Era una doctrina fundamental en la teoría política de los teólogos salmanticenses desde hacía ya más de un siglo la que Lope de Vega formulaba, dándole una tensión dramática que el pueblo gustaba sentir.

Entre sus seguidores sobresale *Tirso de Molina*, seudónimo de fray Gabriel Téllez (¿1584?-1648). Famoso por sus obras religiosas, *El condenado por desconfiado*, e históricas, *La prudencia en la mujer*, tiene todavía mayor interés por los carácteres femeninos tan llenos de vida de sus comedias de costumbres, *El vergonzoso en Palacio, Don Gil de las calzas verdes*, y sobre todo por la creación del famoso Don Juan, en *El burlador de Sevilla y convidado de piedra*.

Otro discípulo digno de mención es Juan Ruiz de Alarcón (1581-1639), cuyo teatro ofrece una interpretación, aunque idealista, moderada de la vida. Se interesó sobre todo por problemas morales, a los que da soluciones de estricta ortodoxia católica, haciendo además triunfar a los personajes modestos y honrados. Entre sus obras más famosas hay que citar sobre todo *La verdad sospechosa*, que imitó más tarde el dramaturgo francés Corneille.

La popularidad obtenida por el *Lazarillo* y las evidentes posibilidades que su técnica y punto de vista ofrecían para la observación y crítica de la sociedad contemporánea contribuyeron al desarrollo de la llamada novela picaresca, el género barroco español por excelencia y el más influyente en la literatura europea.

Se llama *novela picaresca* a la exposición, generalmente en forma autobiográfica, de la vida de un pícaro. Un pícaro puede ser un vagabundo, un holgazán, un truhán; sencillamente, como se diría hoy, un *marginado*. Esencial no es lo que el pícaro hace, sino lo que es, o mejor, aquello de que carece, a saber, principios y valores morales, sociales o religiosos. No se trata de una revolución ni de un revolucionario, puesto que el pícaro ni se rebela ni ataca a la sociedad, sino más bien da una visión anti-idealista en la que el espectador y personaje central es el antihéroe. En cierto sentido es también una protesta y una reacción. Contra la tendencia general de mirar la vida y los problemas desde el punto de vista de las instituciones y preceptos, sean éstos sociales o religiosos, es decir "de arriba abajo", la novela picaresca lo hace "de abajo arriba" o "de fuera adentro", ya que su carácter principal vive en las clases inferiores o sencillamente al margen de la sociedad. Ahora bien, los imitadores y continuadores del *Lazarillo* denotan más que éste la decadencia y el cansancio de la sociedad española.

Las obras más famosas, *Guzmán de Alfarache* de Mateo Alemán (1547-1614), *Vida del escudero Marcos de Obregón* de Vicente Espinel (1550-1624), marcan ya la derivación hacia la crítica de la sociedad. El pícaro no es amoral, como en el *Lazarillo,* sino inmoral, y rechaza los valores de una sociedad considerada ya como defectuosa y decadente. Se trata de un pesimismo nacional y un desengaño social, no exclusivo, pero sí más fuertemente sentido en España por ser en ella más fuertes las clases e instituciones sociales. La novela picaresca de esta época llega a su apogeo, y a su fin al mismo tiempo, con la *Historia de la vida del Buscón*, de Francisco de Quevedo (1580-1645), el mayor satírico y pesimista del Barroco español.

La poesía propiamente barroca puede ser considerada como un producto de evasión de la realidad y búsqueda de la belleza ideal. Ambos fines se consiguen al dar una mayor importancia a la forma lingüística que al contenido conceptual. El lenguaje, expresión única de la belleza, recibe en la poesía barroca una elegancia recargada, una exuberancia de palabras cultas y neologismos, un hipérbaton rebuscado, con el que se pretende conseguir su mayor sonoridad y efecto. El mejor representante de esta corriente de poesía culterana, o "cultista," fue Luis de Góngora y Argote (1561-1627), por un tiempo capellán de honor de Felipe III. La suntuosidad barroca que adquieren sus poemas largos, *Fábula de Polifemo y Galatea y Soledades*, ambas obras de su madurez, no sólo han hecho que Góngora sea considerado el mejor poeta barroco español sino también su más típico representante. Por ello esta corriente poética recibe también el nombre de "gongorismo." Las exageraciones a veces absurdas de sus imitadores hicieron que su estilo perdiera estimación hasta su reevaluación en el siglo XX.

El conceptismo, por el contrario, nace como una exaltación del contenido sobre la forma. Contrario al culteranismo, que da una dimensión barroca a la expresión, el conceptismo lo hace con el contenido, con el uso de antítesis, paradojas, alegorías y juegos de palabras. Si el culteranismo es una manera de hablar, el conceptismo representa una forma de pensar y de concebir la realidad que requiere sobre todo una inteligencia aguda y refinada, el *ingenio*.

El representante máximo de la corriente conceptista es Francisco de Quevedo (1580-1645). Nacido de familia noble, estuvo al servicio de su amigo el duque de Osuna, virrey de Sicilia, durante el reinado de Felipe III, hasta caer ambos en desgracia del rey. Años más tarde, de regreso ya en Madrid durante el reinado de Felipe IV, la sátira implacable de sus escritos le valió la enemistad del entonces poderoso conde-duque de Olivares, quien le hizo encarcelar. Al ser destituido el favorito del rey, Quevedo fue puesto en libertad, muriendo poco tiempo después.

Frente al ya decadente mundo español, Quevedo representa su más auténtica defensa. Ya en un corto tratado escrito durante su juventud, *La España defendida*, explica, justifica y ensalza las glorias pasadas de la historia española. La obra literaria de Quevedo, tanto en verso como en prosa, es de carácter satírico y moralizante, una crítica de la sociedad de su tiempo y una afirmación de la importancia social de la ética católica. En el extremado realismo de su novela picaresca, *Historia de la vida del Buscón llamado don Pablos*, y en los cuadros duramente satíricos de *Los sueños* hace una crítica despiadada y acerba de tipos y costumbres de la sociedad contemporánea, que él representa de forma barrocamente grotesca. De tono no menos duro es su tratado político *Política de Dios, gobierno de Cristo y tiranía de Satanás,* en el que ataca las costumbres y el mal gobierno de la época. Además de otras obras de tipo político y ascético, Quevedo fue también autor de una serie de poesías de tipo jocoso, satírico, político, incluso amoroso.

Se pueden criticar a Quevedo los excesos de su agudeza conceptista y las sutilezas filosóficas que dificultan la comprensión de su pensamiento. Pero es a la vez indudable que el uso que hace del idioma y el vigor de expresión que caracterizan sus escritos hacen de Quevedo uno de los mejores escritores españoles. Quevedo es además uno de los valores más auténticos de la cultura de España en decadencia.

El teorizante del conceptismo español fue el jesuíta aragonés Baltasar Gracián (1601-1658). En un tratado de arte poética y oratoria, *Agudeza y arte de ingenio,* producto todavía de entusiasmo juvenil, trata de romper con todas las preceptivas tradicionales con la presentación y defensa del uso de los fenómenos estilísticos empleados por los autores famosos por la agudeza de expresión y la novedad de sus conceptos. Pues, según dice, "la verdad cuanto más dificultosa es más agradable" y "entendimiento sin agudeza ni conceptos es sol sin luz, sin rayos".

Su obra más ambiciosa y en la que culmina el estilo conceptista es *El criticón,* escrita ya en los últimos años de su vida. Se trata de una larga narración alegórica en la que los personajes principales, Critilo, la razón, y Andrenio, el instinto natural, sirven de excusa para hacer dura sátira de la vida materialista y llegar, a su fin, a un desenlace moral de evidente intención ascética.

El Siglo de Oro de la literatura española llegó a su término con su mejor dramaturgo, Pedro Calderón de la Barca (1600-1681). Había sido educado por los jesuítas y viajado, según parece, por Italia y Flandes. Herido en un duelo de honor, soldado en la campaña contra la sublevación catalana y ordenado sacerdote fue, tanto por su vida como por su pensamiento, una de las figuras más características de la España católica de la Contrarreforma.

Calderón de la Barca había comenzado su carrera de dramaturgo a los veintitrés años y, aunque siempre católico, su producción literaria tomó tras su ordenación de sacerdote en 1651 una dirección didáctica y doctrinal todavía más marcada. A los sesenta y tres años fue nombrado capellán de los reyes, en cuya corte continuó escribiendo hasta su muerte ocurrida a los ochenta y uno de edad.

El teatro de Calderón es posiblemente inferior al de sus predecesores, Lope de Vega y Tirso de Molina, a los que cede en variedad, espontaneidad, gracia, ironía y en la creación de tipos auténticamente humanos. Es insuperable, sin embargo, en la grandeza de la concepción de los temas, la interpretación del simbolismo, la armonía de lo real y lo irreal. Más que nadie, Calderón cuida del plan de la obra, la complicación inicial y desarrollo de la intriga. Característico, y uno de los méritos más grandes de Calderón, es, además, el tono elevado y altisonante de su lenguaje culto, en el que abundan símbolos, alegorías y alusiones mitológicas o cristianas. Sus obras, todas en verso, hacen de Calderón un poeta idealista pero con un idealismo basado en orgullo de raza, cultura y, sobre todo, fe. Su pensamiento profundamente cristiano y monárquico revela poco del pesimismo ya tan común entre sus contemporáneos.

Por otra parte, el favor del rey, la admiración de los nobles y el entusiasmo popular que le acompañaron durante toda su vida indican que Calderón de la Barca fue, a la vez que maestro, la mejor expresión de la sensibilidad española de su tiempo. Un tanto olvidado, incluso atacado y prohibido durante el siglo XVIII bajo la influencia del neoclasicismo francés, fue revalorizado en España y Europa durante el período romántico y su vuelta hacia los valores nacionales. Hoy Calderón está considerado como la figura cumbre de su época y uno de los mejores dramaturgos de todos los tiempos.

La obra dramática de Calderón se inspira para algunos de sus temas en el teatro de Lope de Vega y Tirso de Molina, de los que se distingue por su mayor reflexión, profundidad de pensamiento y cuidado culterano del lenguaje. Famoso es *El alcalde de Zalamea,* en el que, como Lope de Vega, defiende el "honor villano", que, como el "noble", no radica en la clase social del individuo, sino en su dignidad de hombre cristiano, y que define con los incomparables versos puestos en boca del alcalde Pedro Crespo:

> Al rey la hacienda y la vida
> se han de dar, mas el honor
> es patrimonio del alma,
> y el alma solo es de Dios.

Más difícil de evaluar es el honor calderoniano en cuanto se refiere a la virtud de la mujer y su importancia en las relaciones con el marido, defendido, al parecer, en numerosos dramas, como *El mayor monstruo los celos* y *El médico de su honra,* en que llega a extremos de un exagerado código según el cual hay que castigar con la muerte incluso la simple sospecha. Aunque no están de acuerdo los críticos si en esta postura se trata de un código del honor que el autor aprueba y defiende, o de una desinteresada presentación con el fin de un mayor efectismo dramático, o de una velada crítica en la que el código de honor se lleva a extremos absurdos.

A medida que avanza en su carrera dramática, la originalidad de Calderón se acentúa, llegando al apogeo de su barroquismo con temas filosóficos y teológicos de religiosidad intelectual y reflexiva y un lenguaje sutil y sonoro. Entre todas sus obras destaca su obra maestra *La vida es sueño.* El fondo doctrinal de este drama representa la base filosófica y teológica de la ética católica: los cambios de la vida y la percepción humana también tan variable, el llanto de ayer hoy es risa, la gloria de hoy tribulación y olvido mañana. La vida es un sueño del que el hombre despierta al llegar al cielo, pero es necesario, aun entre sombras y sueños, obrar bien para que al despertar no se arrepienta ya tarde.

El tema de *La vida es sueño* es referido generalmente y con razón a la doctrina ascética y ética del individuo. Sin embargo, desde el punto de vista colectivo, el drama de Calderón debiera ser también considerado como el criterio histórico con que el gran dramaturgo examina y evalúa la historia de España. No la situación decadente española, sino los valores de su obra histórica, colonización y contrarreforma, tienen valor real y no fugaz como el de un sueño.

Calderón de la Barca es además el gran creador de los *autos sacramentales*. Eran éstos unas representaciones dramáticas de carácter alegórico que se refieren a puntos de dogma católico, Redención, Eucaristía, o escenas bíblicas relacionadas con la revelación católica. Su carácter alegórico y simbólico es el resultado de presentar como personajes, con frecuencia mezclados con otros verdaderos, ideas o conceptos abstractos como *el Hombre, el Entendimiento, el Orgullo, el Pecado, la Fe,* etc. Su representación, durante la semana de Corpus Christi, se hacía en las plazas públicas y al aire libre, llegando a alcanzar durante el siglo XVII una extraordinaria popularidad.

Entre sus autos más famosos se cuentan *El gran teatro del mundo,* de carácter filosófico, en el que expone la idea de que los hombres son actores que se mueven en el escenario de una vida que, sin serlo, parece realidad; *La vida es sueño,* título también de un auto, en el que aunque de manera diferente trata también el tema de que sólo la vida eterna es la verdadera realidad; *La cena de Baltasar,* en el que presenta el festín bíblico; *La hidalga del valle,* sobre la Inmaculada Concepción; *La razón de la misa* y *El pleito matrimonial del Cuerpo y el Alma.*

De origen medieval, cuyo desarrollo no ha sido explicado claramente todavía, los autos adquieren gran popularidad durante la Contrarreforma, cuando sirven para presentar al pueblo los puntos doctrinales católicos más debatidos por la herejía. Son así un género dramático esencialmente teológico y católico, e históricamente además un género netamente español. Con Calderón, los autos adquieren la extraordinaria profundidad y el desarrollo dramático fundido al arte de la escenografía que hicieron de ellos el género barroco y calderoniano por excelencia.

La arquitectura

En España el estilo barroco fue introducido como una transformación decorativa de obras ya iniciadas o concebidas según líneas herrerianas, renacentistas e incluso góticas.

El primer período del Barroco español, correspondiente a la mayor parte del siglo XVI se caracteriza todavía por una cierta sobriedad, debida a las formas herrerianas en que se basa. En Castilla trabajó a principios de siglo Juan Gómez de Mora, a quien se debe el convento de la Encarnación (fig. 8.14), el Ayuntamiento de Madrid y el Colegio de Jesuítas de Salamanca (La Clerecía) (fig. 8.15) que es, sin duda, su mejor obra. Otras obras importantes son El Panteón de El Escorial, del italiano Crescenzi, y el Palacio del Buen Retiro con sus magníficos jardines, en cuya construcción intervino Alonso Carbonell. En Andalucía Alonso Cano, pintor y escultor, inició, ya hacia fines del siglo, la tendencia hacia un mayor esplendor ornamental que caracteriza el segundo período del Barroco español. A Alonso Cano se deben, además de numerosos retablos, la fachada de la catedral de Granada (fig. 8.16). Obras importantes de fines de este siglo son la iglesia del Pilar de Zaragoza (fig. 8.17), obra de Francisco de Herrera, y la iglesia de San Cayetano (fig. 8.18), de Francisco Vilanueva en la misma ciudad, y la esbelta torre de la iglesia de Santa Catalina (fig. 8.19), obra de J.B. Viñes, en Valencia.

La escultura

La escultura barroca llega a su mayor perfección en España durante el siglo XVII. Aunque se desarrolla poco la escultura profana, dada la sensibilidad religiosa de la sociedad española durante este tiempo, la religiosa se multiplica en imágenes y conjuntos que inundan los innumerables altares de las iglesias españolas.

8.14 Convento de la Encarnación, Madrid

8.15 Iglesia de los Jesuítas, La Clerecía, Salamanca

La forma más popular de la escultura barroca española fue la de imágenes talladas en madera policromada, en las que los artistas demostraban un extraordinario realismo de detalle y colorido. Muchas de estas imágenes estaban vestidas de ricos y lujosos ropajes que sólo dejaban ver el rostro y las manos, que formaban así el centro del mérito artístico de la escultura. Estaban éstas destinadas principalmente para las procesiones públicas, tan frecuentes e importantes en este tiempo. De éstas las más importantes son los *pasos de Semana Santa*[4], muchos de ellos joyas preciosas del arte escultórico español. En general los pasos son imágenes y grupos de tema religioso de acentuado patetismo, en los que la expresión se concentra en el rostro mientras el cuerpo queda cubierto de ricos mantos y ropajes. Las representaciones trágicas, Salvador, Virgen y

8.16 Fachada de la catedral de Granada

8.17 Basílica de Nuestra Señora del Pilar, Zaragoza

8.18 Iglesia de San Cayetano, Zaragoza

8.19 Torre de la iglesia de Santa Catalina, Valencia

8.20 Cristo a la columna, de Gregorio Hernández

Crucifixión contrastan con frecuencia con el sentido caricaturesco que se
da a los esbirros, o la fealdad pelirroja del traidor Judas.

La gran figura, casi única, de la escultura barroca castellana del siglo
XVII es Gregorio Fernández, o *Hernández* (¿1576?-1636). Es a la vez, por
sus temas, un gran intérprete de su espiritualidad. Entre sus obras más
notables hay que citar el *Cristo a la columna* (fig. 8.20) y *La quinta
angustia* (fig. 8.21), su más feliz y difundida creación. En Andalucía
fueron notables, Juan Martínez Montañés (1568-1648) por su *Inmaculada*
(fig. 8.22), o temas de niños en los que huye de un exagerado movimiento,
y el *Cristo del Arcediano Vázquez de Leca,* de un dramatismo más profundo; Alonso Cano por su *Virgen de Belén;* y Pedro de Mena, de un mayor
sentido patético y místico, que aparece en sus *Dolorosas* y santos ascéticos, *La Magdalena penitente, San Francisco,* a los que debe principalmente
su fama.

En esta época llegan a España dos magníficas estatuas ecuestres, la de
Felipe III (fig. 8.23), de Juan de Bolonia, y la de Felipe IV (fig. 8.24), de
Pedro Tacca, que todavía adornan la Plaza Mayor y la de Oriente de
Madrid.

8.21 *La quinta angustia,* de Gregorio Hernández

La pintura

El gran momento en la historia de la pintura española fue alcanzado a mediados del siglo XVII correspondiendo con el apogeo de la pintura barroca. Con ella España no sólo participó dignamente en una corriente pictórica que cuenta con tales nombres como los italianos Caravaggio y Guido Reni, los flamencos Rubens, Jordaens y Van Dyck y el holandés Rembrandt, sino que se sirvió de ella como instrumento para expresar de manera especial la sensibilidad estética y religiosa del pueblo español.

La gran escuela de pintura barroca española comenzó con dos levantinos, Francisco Ribalta y José de Ribera. Con ellos se introdujo e hizo famoso en España el estilo napolitano, llamado *tenebrista* por sus violentos contrastes de luz y sombra. A ellos también se debe que en la tendencia hacia el tenebrismo se vea una de las características de la pintura de la Contrarreforma. Francisco Ribalta (h. 1564-1628) de formación italiana, combina en sus cuadros brillante colorido, tenebrismo y seguridad de dibujo. Son famosos sus dos *La Santa Cena* y *La visión de San Francisco,* entre otros muchos. Su discípulo José de Ribera (1591-1652) es, sin duda, el tenebrista más importante del siglo XVII. Inició su educación en Valencia, pasó más tarde a Italia, estableciéndose el año 1616 en Nápoles donde recibió el nombre de *Spagnoletto* con que también se le conoce y donde pintó los numerosos cuadros que le eran encargados desde España. En su período tenebrista Ribera pintó destacando con crudeza, sobre el

8.23 Estatua de Felipe III, de Juan de Bolonia, en la Plaza Mayor de Madrid

8.22 *La Inmaculada,* de Juan Martínez Montañés

8.24 Estatua de Felipe IV, de Pedro Tacca, en la Plaza de Oriente de Madrid

fondo oscuro, las figuras semidesnudas de sus santos, *El Apóstol San Andrés,* o la serie de filósofos del Museo del Prado. Más tarde fue derivando paulatinamente hacia fondos más claros, aunque reteniendo el valor plástico y el realismo crudo de sus figuras, *Martirio de San Bartolomé* (fig. 8.25) y *El sueño de Jacob.*

Contemporáneo suyo fue Francisco de Zurbarán (1598-1664), extremeño de nacimiento, aunque andaluz por su educación, sin duda, el mejor pintor religioso del siglo XVII. Lo mejor de su obra consiste en cuadros de santos de órdenes religiosas, cuyas figuras trabaja con un gran naturalismo infundido de un vigoroso sentido religioso.

Zurbarán comenzó también bajo la influencia de los tenebristas de principio de siglo, aunque más tarde, por influjo de las escuelas andaluzas, fue derivando hacia una pintura colorista de mayor suavidad y amaneramiento. A su primer período corresponden *La Concepción, Cristo atado a la columna.* Seguidamente vienen sus cuadros para las órdenes religiosas y finalmente, *San Francisco, Aparición de San Pedro Nolasco* (fig. 8.26) y *Cristo buscando las vestiduras después de la flagelación.* También se distinguió Zurbarán como pintor de bodegones y retratista.

El pintor más grande de España y uno de los mejores entre los europeos fue Diego Velázquez (1599-1660), considerado además como el representante más genuino de la pintura española. Nacido y educado en España logró colocarse en la Corte cuando contaba veinticuatro años de edad. En su primera pintura, Velázquez se siente influido por la corriente "tenebrista" todavía en boga, aunque señala ya una de las características fundamentales de su pintura, la copia fiel del natural. De esta época son la *Vieja friendo huevos, El aguador de Sevilla, La Adoración de los Magos*

8.25 *Martirio de San Bartolomé,*
de José de Ribera

8.26 *Aparición de San Pedro Nolasco,*
de Francisco de Zurbarán

y *Cristo en casa de María.* En 1628 conoció a Rubens, cuya estancia en Madrid constituye uno de los momentos más importantes en su formación. Pinta entonces su primer cuadro mitológico, *Triunfo de Baco,* conocido popularmente por "Los Borrachos," en el que se percibe la concepción burlesca e irónica característica de sus cuadros mitológicos en la mezcla del idealismo humanista con la realidad popular, incluso vulgar.

En 1629 Velázquez emprendió un largo viaje por varias ciudades italianas. A su regreso a Madrid, tres años más tarde, mantuvo una gran actividad como pintor de la Corte. A esta época corresponden los retratos ecuestres de Felipe IV, del conde-duque de Olivares, retratos de caza del rey, los bufones y una de sus mejores obras, *La rendición de Breda* o *Las lanzas* (fig. 8.27). En 1649, cuando tenía ya cincuenta años, partió de nuevo hacia Italia con encargo de adquirir cuadros para Felipe IV, de donde regresó dos años más tarde. Son los cuadros que pintó después de 1650 los que más fama le han dado entre los pintores de su época. Entre todos hay que considerar las obras maestras *Las hilanderas* y *Las meninas* (fig. 8.28). Este último admirado por la calidad artística del medio ambiente y la solución a los problemas de la perspectiva aérea. Velázquez falleció en 1660 a los sesenta y un años de edad.

Notable también es el sevillano Bartolomé Esteban Murillo (1618-1682), sin duda uno de los pintores que más popularidad ha conseguido dentro y fuera de España. Aunque en su obra se juntan influencias de pintores flamencos y venecianos, de Ribera y de Zurbarán, toda ella se caracteriza por una gracia amable, una suavidad casi femenina y una intimidad familiar que constituyen el fundamento de su gran popularidad. Murillo renunció a pintar el ascetismo duro y viril preferido por sus predecesores para derrochar su sensibilidad en los cuadros de la Virgen. De éstos, *La Inmaculada Concepción* es una de sus más agraciadas creaciones, la cual repite frecuentemente. Su religiosidad íntima se manifiesta sobre todo en *La Sagrada Familia del pajarito, El Divino Pastor* y en sus numerosas composiciones de la Virgen con el Niño. Muy celebrados son también los

8.27 *La rendición de Breda,* de Diego Velázquez

8.28 *Las meninas,* de Diego Velázquez

Muchachos comiendo melón, Los vendedores de fruta y *El niño mendigo,* temas de género, en los que la intimidad y dulzura se mezclan con el realismo y el color con los contrastes vigorosos de luz y sombra.

El más barroco de los pintores españoles del siglo XVII es sin duda Juan de Valdés Leal (1622-1690). Sus obras, *La Virgen de los Plateros,* y *Derrota de los sarracenos* demuestran la agitación y el dinamismo violento, en paños y figuras, que son las notas características de su estilo. Aunque su fama como culminación barroca se debe sobre todo a los cuadros pintados para el Hospital de la Caridad de Sevilla, en los que con tétrico y escalofriante realismo pinta el triunfo de la muerte sobre el mundo.

Contemporáneo suyo fue Claudio Coello (1635-1693), el último gran pintor del Siglo de Oro español. Aunque había estudiado las obras de Tiziano y Rubens, se mantuvo en la escuela de Velázquez, cuya influencia demuestra claramente. Sus obras más importantes, cuadros y frescos, adornan, entre otros, la catedral de Toledo y el monasterio de El Escorial, donde se encuentra su famosa *Adoración de la Eucaristía.* Su fama comenzó a declinar con la llegada a España, en 1692, del italiano Lucas Jordán (1632-1705), comisionado por el rey Carlos II para continuar la decoración de El Escorial.

NOTAS

1. La palabra se supone derivada del portugués *barocco,* que significa una perla irregular y torcida. Se cree que en un principio tuvo un sentido peyorativo de retorcido, inarmónico y exagerado, opuesto a la armonía de las líneas del estilo puramente renacentista.

2. Se da el nombre de *manierista* a todo artista para quien el modo de cómo se expresa el objeto de arte es más importante que lo que se expresa. Se llama *manierismo,* concretamente, a la transformación que los artistas renacentistas hacían de los temas y motivos clásicos.

3. El barroco literario fue cultivado también en otras partes, en las que se le conoce por nombres diversos, como *eufuísmo* en Inglaterra, por la novela de John Lyly *Euphues and His England* (1579); *marinismo* en Italia, por el nombre de Giambattista Marino (1569-1625), uno de sus primeros y el más influyente de los representantes de este estilo; y *preciosismo* en Francia, por su preocupación por la elegancia difícil y preciosa.

4. Se llama *paso* a cualquiera de los momentos más notables de la pasión de Jesucristo. Tambien se aplica a la efigie o grupo con que se los representa, sobre todo en Semana Santa.

Preguntas para estudio y repaso

1. ¿A qué se llama Barroco? 2. ¿Cuáles fueron sus orígenes y cuáles son sus características? 3. ¿A qué se llama *manierismo?* 4. ¿Qué características ofrece la arquitectura barroca? 5. ¿Cómo se distingue la escultura barroca? 6. ¿A qué se llama pintura barroca y cuáles son sus notas distintivas? 7. ¿Cómo se manifiesta el Barroco en la literatura? 8. ¿Por qué se llama al barroco arte de la Contrarreforma? 9. ¿En qué se distingue el barroco francés?

10. ¿Por qué se divide la cultura de esta época en imperial y nacional? 11. ¿Cuáles son las características que distinguen cada período? 12. ¿Cómo se manifiesta la tendencia italianizante en la poesía? 13. ¿Por qué se dice que Garcilaso de la Vega fue un poeta italianizante? 14. ¿Qué tono caracteriza la lírica de fray Luis de León? 15. ¿Qué temas prefería la poesía tradicional? 16. ¿Cómo se manifestaba el conflicto entre lo tradicional y lo moderno en el teatro? 17. ¿A qué se llama *pasos* y qué corriente representan? 18. ¿Qué tipos de novelas cultivan las dos tendencias, la tradicionalista y la moderna? 19. ¿Qué género literario representa *El Lazarillo?* 20. ¿Qué tipo de héroe es Lázaro?

222 CIVILIZACIÓN Y CULTURA DE ESPAÑA

21. ¿Qué estilo de arquitectura predomina durante el reinado de Carlos V y qué tendencias demuestra? 22. ¿Cuál era y cómo se caracteriza el estilo arquitectónico preferido por Felipe II? 23. ¿Cómo se desarrolló la pintura española durante el siglo XVI? 24. ¿Qué características especiales demuestra la pintura de la región de Levante? 25. ¿Qué direcciones tomó la pintura española durante la segunda mitad del siglo XVI? 26. ¿Por qué se dio el nombre de *Divino* al pintor Morales y cómo es su pintura? 27. ¿Qué características especiales presenta la pintura de *el Greco*?

28. ¿Por qué se llama al barroco un estilo nacional? 29. ¿Qué forma especial toma el barroco en España y a qué se debe? 30. ¿A qué se llama *desengaño* y cómo se manifesta en los varios escritores de este tiempo? 31. ¿Cuál era la postura literaria española a fines del siglo XVI y principios del XVII? 32. ¿Por qué se dice que *Don Quijote* tiene un sentido universal? 33. ¿En qué sentido es un comentario a su tiempo? 34. ¿Qué importancia tuvo el teatro de Lope de Vega? 35. ¿A qué se llama novela picaresca? 36. ¿Qué fines se proponía la poesía barroca? 37. ¿Qué diferencia hay entre culteranismo y conceptismo? 38. ¿Qué postura adoptó Quevedo ante la decadencia española? 39. ¿Cuál fue la actitud de Calderón? 40. ¿Qué notas caracterizan el teatro de Calderón? 41. ¿A qué se llama *honor calderoniano* y cómo se puede entender? 42. ¿Qué son *autos sacramentales* y a qué deben su importancia?

43. ¿Cómo se introdujo en España el estilo barroco en la arquitectura? 44. ¿Qué tendencias tomó hacia fines del siglo? 45. ¿Cuál fue la forma más popular de escultura barroca en España? 46. ¿A qué se llama estilo tenebrista? 47. ¿Qué importancia tuvo en España? 48. ¿Qué épocas se distinguen en la pintura de Velázquez? 49. ¿Qué diferencias hay entre el estilo de Zurbarán y el de Murillo? 50. ¿Cuál de los dos llegó a ser más popular y por qué razones lo fue?

Términos y nombres para estudio y repaso

Bartolomé de Torres Naharro	Luis de Morales	Pedro Calderón de la Barca
Lope de Rueda	*El Greco*	*Autos sacramentales*
Pasos	Desengaño	Pasos de Semana Santa
Palmerines	Miguel de Cervantes	Tenebrismo
Novela morisca	Félix Lope de Vega	Diego Velázquez
Novela pastoril	Tirso de Molina	Bartolomé Esteban Murillo
Lazarillo de Tormes	Novela picaresca	
Plateresco Purista	Mateo Alemán	Francisco de Zurbarán
Estilo herreriano	Francisco de Quevedo	Claudio Coello
Juan de Juanes	Baltasar Gracián	
	Ingenio	

❦ 9 ❦

El siglo XVIII

Con el siglo XVIII entra Europa en el último período de su Edad Moderna. Los problemas sociales y políticos que se fueron planteando, y las soluciones que se intentaron, tanto intelectuales como revolucionarias, apuntan ya claramente hacia las formas de la sociedad contemporánea.

El siglo XVII había estado dominado por la figura egregia del rey francés Luis XIV (1643-1715), el *Rey Sol*. La influencia política francesa sobre las demás naciones europeas, el predominio de las doctrinas de un nacionalismo religioso frente al Papado, el *galicanismo*, la glorificación del gobierno personal del monarca, el *absolutismo* real,[1] junto con el magnífico desarrollo de las artes durante su reinado, justifican plenamente que los historiadores llamen al XVII, el *Siglo de Luis XIV*. Aunque el siguiente, el siglo XVIII, tras la larga decadencia de los sistemas políticos y sociales durante los reinados de Luis XV y Luis XVI, termine con la Revolución francesa (1789), comenzó dominado todavía por la política y la cultura francesas, de tal manera que con justicia se habla todavía con referencia a éste de un *Siglo francés* y de una *Europa francesa*.

Además de Francia con su presencia poderosa en Europa, se percibe también la influencia de Inglaterra que, aunque perdió en este tiempo por la Paz de Versalles (1783) las colonias de América del Norte, con la consolidación de la monarquía en la Casa de Hannover con Jorge I (1714-1727) y su creciente poderío sobre el mar, iba preparando las bases de su predominio futuro. También Prusia se elevó al rango de gran potencia, sobre todo bajo el largo reinado de Federico II, *el Grande* (1740-1786), mientras el imperio de Austria llegaba al esplendor máximo con María Teresa (1740-1780) y José II (1780-1790). En el Este europeo, a lo largo de este siglo, una nueva potencia, Rusia, bajo Pedro I *el Grande* (1689-1725) y Catalina *la Grande* (1762-1796) de la dinastía de los Romanof, comenzaba a interesarse por la política y la cultura europeas.

España bajo los primeros Borbones (1701-1808)

Con el rey Felipe V fue introducida en España la dinastía de la Casa de Borbón. Su instauración significó la tentativa más seria de reforma interior y de recuperación de la importancia internacional perdida desde los tiempos de Felipe IV. Sin embargo, dados los lazos de parentesco que unían a los monarcas españoles con los franceses, el cambio de dinastía fue causa de que España entrara en la órbita de influencia francesa, abandonando su tradicional alianza con Alemania. Esta nueva orientación llego a significar para España un cambio profundo tanto en la política exterior como en la interior, cuyas consecuencias se dejan sentir todavía en la vida nacional.

En el orden externo se inició una vinculación a Francia que llevó con frecuencia a guerras contra Inglaterra, en las que se ventilaban más los intereses franceses que los españoles. En el interno se intentó poner fin a la decadencia social y económica de la nación aplicando los mismos sistemas políticos y económicos que tanto resultado habían dado en la nación vecina. Estas medidas, introducidas por la voluntad de los reyes, aconsejados con frecuencia por ministros de origen francés o educados en Francia, fueron causa de que se llamase *afrancesamiento* a lo que se consideraba ser excesivo acercamiento a los sistemas y costumbres franceses y *despotismo ilustrado*[2] al sistema que trataba de imponer al pueblo una educación y unas reformas políticas que éste encontraba ajenas y extrañas a su tradición.

Felipe V (1700-1746)

Al morir el rey Carlos II sin dejar descendencia directa, fue aceptada su designación de Felipe, el duque de Anjou, nieto de su hermana María Teresa y Luis XIV de Francia, como heredero al trono español. El nuevo soberano, aclamado en la corte francesa con la célebre frase "Ya no hay Pirineos", fue reconocido por todas las naciones europeas menos Austria, ya que el archiduque Carlos pretendía el trono español. También el pueblo español demostró su complacencia con el nuevo monarca cuando éste hizo su entrada en Madrid el año 1701.

Sin embargo, al ser reconocido Felipe V por su abuelo Luis XIV como heredero también a la corona francesa, las naciones europeas, que veían con recelo el engrandecimiento del bloque francés, formaron la *Gran Alianza,* declarando la guerra, en 1701, a España y Francia.

En un ataque naval la flota anglo-holandesa se apoderó de Gibraltar (1704), que ha permanecido desde entonces en manos inglesas. Más tarde el conde de Peterborough consiguió apoderarse de Barcelona (1705), donde el pretendiente Carlos de Austria fue aclamado rey. Al ser reconocido éste en Cataluña, Aragón y Valencia, la contienda se convirtió en guerra civil de sucesión, abriendo de nuevo la división tradicional entre Castilla y el Levante español.

Tras trece años de duras campañas las tropas de Felipe V consiguieron conquistar Barcelona (1714) poniendo así fin a la guerra de sucesión. Sin embargo la paz con los aliados, firmada en los tratados de Utrech (1713) y de Rastadt (1714), impuso a los Borbones unas condiciones duras y humillantes que España, más que Francia, tuvo que sufrir. Felipe V era reconocido rey de España y de sus colonias, pero fue obligado a renunciar a sus derechos a la corona francesa y a ceder a Austria los Países Bajos, el Milanesado y Nápoles. A Inglaterra concedió Gibraltar y Menorca, además de importantes ventajas en el comercio con América. Felipe V buscó una compensación fácil a su orgullo herido en el extranjero en el castigo que impuso a Cataluña, Aragón y Valencia anulando sus fueros tradicionales por la defensa que habían hecho del pretendiente austríaco.

Felipe V, que tenía sólo dieciséis años cuando comenzó a reinar, era de un carácter tranquilo, tímido y casi receloso, que fue degenerando con el tiempo hasta hacerse un tanto extravagante y maniático. Contrajo matrimonio dos veces y en ambas ocasiones fueron sus esposas y los consejeros de éstas los determinantes de la política española. Su primera esposa, María Luisa de Saboya, de gran inteligencia y decisión, estaba aconsejada por la famosa princesa de los Ursinos (1701-1714) enviada por Luis XIV como camarera real. Fue éste un período de influencia francesa tanto en la política como en la vida cortesana en la que se imitaban ciegamente las costumbres y etiqueta de la corte de Versalles. Su segunda esposa, Isabel de Farnesio, era hija del duque de Parma y estuvo aconse-jada por el no menos famoso cardenal Alberoni (1714-1717) con el que se inició una política exterior dirigida a la reconquista de los territorios perdidos en Italia. Para contrarrestar las maquinaciones políticas del cardenal Alberoni e Isabel de Farnesio, se formó contra España la *Cuá-druple Alianza* (Holanda, Francia, Inglaterra y Austria) que impuso como condición para la paz (La Haya, 1720; Cambray 1721) el destierro del cardenal italiano. Siguió a éste un período en el que la política española estuvo dominada por el barón de Ripperdá, de origen holandés y más aventurero que político, que tuvo que ser destituido cuando su política de acercamiento a Austria alarmó a Inglaterra y Francia y éstas amenazaron con declarar de nuevo la guerra a España.

A partir de entonces, la política exterior de España siguió la de Francia, con la que se firmaron los llamados *Pactos de Familia* (1733, 1743) y en la política interna se confiaron los asuntos de estado a ministros españoles. Pero no eran éstos validos ni favoritos como en los reinados anteriores, sino hombres de sólida educación y gran formación jurídica o administrativa. Con su ayuda se introdujo en España una política de centralismo absolutista que, aunque no exenta de problemas y conflictos, fue causa de una gran prosperidad. A pesar de ella, debido sobre todo a las pérdidas de territorios nacionales y europeos y su dureza contra el Levante español, el rey Felipe V no está considerado generalmente con el favor que se merece. Después de haber reinado casi medio siglo, Felipe V murió en 1746.

Fernando VI (1746-1759)

Fernando VI era el más joven de los cuatro hijos que Felipe V había tenido de su matrimonio con su primera esposa, María Luisa de Saboya, y contaba ya con treinta y cinco años al comenzar su reinado. De carácter pacífico y moderado, intentó a toda costa mantener la paz con las demás naciones europeas, con las que sostuvo una política de absoluta neutralidad. También en su trato con la Santa Sede siguió una política más moderada que su padre Felipe V, a quien se había acusado de interferir en asuntos eclesiásticos, firmando en 1753 uno de los concordatos más importantes que se han suscrito entre Roma y España.

Era Fernando VI un monarca culto, amante del progreso y de las artes. La importancia que dio a la tranquilidad y bienestar del pueblo hizo de su reinado uno de los más pacíficos y prósperos que España había tenido desde el reinado de Felipe II, casi doscientos años antes.

Entre sus ministros sobresalió el marqués de la Ensenada, a quien se debió el gran adelanto que la marina, las comunicaciones, la agricultura y la industria alcanzaron en este período. Por sus simpatías hacia Francia fue opuesto por Inglaterra, que no cejó hasta conseguir su caída.

Carlos III (1759-1778)

Al morir Fernando VI en 1759, sin dejar descendencia, heredó el trono su hermano Carlos III, hijo de Felipe V e Isabel de Farnesio, su segunda esposa. Hasta el fallecimiento de su hermano, había sido rey de Nápoles, y como allí, también en España el fin primordial de su política fue la reconstrucción material y cultural de la nación. Hombre de gran cultura y muy influido por las ideas de la Ilustración francesa, fue el representante característico del llamado despotismo ilustrado.

En la política exterior, durante la vida de su esposa, Amalia de Sajonia, continuó la política de neutralidad mantenida por su padre. Pero al fallecer ella en 1760, Carlos III mostró un decidido acercamiento a Francia. Como consecuencia de éste y también para defenderse de los actos de piratería que los ingleses cometían contra las naves y las poblaciones españolas, Carlos III firmó con Luis XV de Francia el *Tercer Pacto de Familia* (1761). Esta alianza con Francia arrastró a España a dos guerras contra Inglaterra: a causa de la primera (1762-1763) España perdió la Florida, aunque recibió de Francia, como compensación la Luisiana; a causa de la segunda (1779-1783), motivada por la ayuda prestada por

España a los Estados Unidos, todavía colonias inglesas, recobró la isla de Menorca. Se considera que esta alianza con Francia, sólo benefició a ésta y no a España.

De mayor importancia fue la política interna de Carlos III, la cual, por la intensa reconstrucción a que dio lugar en toda la Península, hizo de su reinado uno de los más gloriosos de toda la historia de España. Sin embargo, por su sentido autocrático, despotismo ilustrado, y por su acercamiento a las ideas del enciclopedismo francés, racionalista y anticatólico, fue causa a la vez de una escisión entre los tradicionalistas católicos y los enciclopedistas laicos, cuyas consecuencias se dejaron sentir de manera cada vez más dura desde este tiempo.

Instrumentos eficaces en ambos aspectos de la política de Carlos III fueron sus ministros, cuya influencia fue muy grande a lo largo de este período: Grimaldi, autor del lamentable *Pacto de Familia;* Esquilache, inspirador de casi todas las innovaciones de los primeros años de este reinado; Aranda, gran político, volteriano y protector de las sociedades secretas; Floridablanca, anticatólico y enemigo declarado de los jesuitas; y, finalmente, Campomanes, historiador y notable economista, furioso enciclopedista y defensor de los derechos reales frente a la Iglesia.

Dos acontecimientos acaecidos durante el reinado de Carlos III son notables, por ser ambos síntomas de la división entre la tradición católica del pueblo y la postura anticatólica de los reformadores. El primero fue el llamado *motín de Esquilache*[3] (1766) en el que el pueblo amotinado por una serie de razones económicas y políticas dirigió su rabia contra el ministro del rey y, al grito de ¡Viva España, muera Esquilache!, exigió y consiguió su destitución. El segundo fue la expulsión de los jesuitas, en 1767, de España y de todos sus territorios exigida del rey por sus ministros, especialmente el conde de Aranda. La expulsión de los jesuitas fue el primer ataque abierto del gobierno de España a la Iglesia y significó un grave golpe a la educación católica y eclesiástica del país en los años siguientes.

Carlos IV (1778-1808)

El rey Carlos IV, con quien se cierra este período, sucedió a su padre cuando ya contaba cuarenta años y estaba casado con su prima, la enérgica María Luisa, hija del duque de Parma. Recibido con gran favor por el pueblo, el nuevo monarca inició su reinado continuando las medidas de reforma introducidas por su padre. Hombre bondadoso y noble, pero débil y sin grandes dotes para gobernar, ejerció el poder durante los primeros años en compañía de su esposa. Más tarde, cansado de los problemas, dejó el gobierno en manos de la reina y de sus ministros, dedicándose él tan sólo a la caza y otras diversiones.

Durante los primeros años de este reinado los ministros más

importantes y poderosos fueron los condes de Floridablanca (1788-1792) y Aranda (1792-1793), que lo habían sido ya durante el reinado de Carlos III. Al estallar en Francia la Revolución (1789), ambos se opusieron resueltamente a que se propagaran por España los principios revolucionarios franceses. Profundamente monárquicos y fieles al sistema y a la persona de los reyes franceses, tomaron parte activa en las maniobras políticas internacionales con las que se intentó salvar la vida de Luis XVI, prisionero ya de los revolucionarios. Ante la inutilidad de estos esfuerzos el conde de Aranda insistió en una alianza con Austria y Prusia para declarar la guerra a Francia.

Aranda fue sustituido (1793) por Manuel Godoy, protegido y favorito de la reina. También Godoy intentó salvar la vida del rey francés por medio del soborno de los diputados franceses, pero éstos sin escuchar las proposiciones de España condenaron a muerte a Luis XVI, que murió guillotinado en 1793.

Declarada la guerra contra Francia el mismo año, comenzó ésta con varias campañas favorables para España, pero muy pronto los ejércitos franceses tomaron la iniciativa penetrando en el territorio español, por lo que Carlos IV, sin voluntad de hacer la guerra, se vio obligado a pedir la paz. Ésta fue firmada en Basilea (1795) y aunque impuso términos muy desfavorables para España valió a su autor, Godoy, el título de *Príncipe de la Paz* con que se le conoce.

Con la paz de Basilea se inició en el reinado de Carlos IV una nueva época llena de funestas consecuencias para el pueblo español. Godoy, deslumbrado por los éxitos de la Convención y del Directorio, insistió en una política de amistad y alianza militar con Francia, que, sin favorecer en nada a España, la arrastró a varias guerras desastrosas contra Inglaterra. La política francesa dirigida por Napoleón Bonaparte, desde 1799 Primer Cónsul de Francia, quería usar de los recursos de España, de su flota y de su posición geográfica para la prosecución de sus sueños de hegemonía europea. En 1801, ante la negativa de Portugal a cerrar sus puertos al comercio inglés, obligó a España a participar en la invasión del territorio portugués.

El capítulo más trágico de esta desgraciada alianza se completó en 1805 a la altura del cabo de Trafalgar (entre Cádiz y Gibraltar), donde la escuadra franco-española dirigida por el inepto almirante francés Villeneuve fue completamente destruida por la flota inglesa. Esta batalla, en la que murieron los almirantes españoles Churruca, Gravina, Alcalá Galiano y el inglés Nelson, puso fin definitivamente al poderío marítimo de España, causando así también el fin de su imperio colonial. En 1807 Napoleón, desde 1804 Emperador de los franceses, exigió de España, con el *Tratado de Fontainebleau*, que participase en la ocupación militar de Portugal. Para la realización de este plan Godoy, a quien se había prometido como recompensa una parte del territorio portugués, permitió la entrada en la

Península de las tropas del general Junot, quedando así también España en manos de Napoleón.

La impopularidad de esta alianza con la Francia revolucionaria republicana y el odio que el pueblo sentía hacia el favorito de la reina, provocaron la formación por todo el país de grupos que, aclamando al príncipe Fernando, intentaban poner fin a la funesta influencia del ministro del rey.

Napoleón, aprovechándose de estas intrigas políticas y discordias familiares, ordenó a sus generales Moncey y Murat que se unieran con sus tropas al general Junot, que se encontraba ya en España, y procedieran con él a la ocupación militar de toda la Península. Ante el avance de los franceses, la familia real abandonó Madrid y, junto con Godoy, se dirigieron a Sevilla para embarcar, si fuera necesario, con rumbo a América. Detenidos por un motín popular en Aranjuez (1808), Carlos IV accedió a destituir a Godoy, a la vez que renunció a la corona en favor de su hijo Fernando.

Mientras Carlos IV, acompañado de Godoy, se dirigía a Bayona a entrevistarse con Napoleón, el nuevo rey español, Fernando VII, hizo su entrada en Madrid un día después de su ocupación por las tropas del general Murat.

La vida nacional durante el siglo XVIII

El siglo XVIII español fue uno de cambios radicales. El nuevo orden político y administrativo introducido por los reyes Borbones trató de desmontar las estructuras políticas, sociales y económicas tradicionales, que en su opinión habían fracasado y eran causa de la decadencia nacional, para imponer en su lugar aquellas otras que habían hecho de Francia la nación más culta, rica y poderosa de toda Europa. Aunque en general se hizo mucho menos de lo que se proyectaba y se criticaba el pasado más que se llevaban a cabo los nuevos planes y proyectos, los resultados de este afrancesamiento consciente fueron sin duda valiosos, pues con ellos se preparó la sociedad española a entrar en los siglos modernos. Desde otro punto de vista, este primer período de la dinastía de los reyes Borbones tuvo para España una importancia extraordinaria, al introducir por primera vez una división entre la tradición religiosa, política y cultural de la nación frente a las reformas que, en nombre del progreso y de la cultura, querían imponer los defensores de la Ilustración.

El error de éstos consistió en creer que el antiguo régimen absolutista y cortesano que intentaban tomar como modelo para España representaba el comienzo de un orden social, cuando en realidad era el fin de una época. No reconocían que la Ilustración francesa, que ensalzaba la razón del individuo y defendía sus derechos, no se conformaría con atacar tan sólo la autoridad de la Iglesia, sino que terminaría destruyendo también la misma monarquía absolutista que la propagaba.

En este sentido la oposición católica en España, al prever las consecuencias políticas, religiosas y sociales de las nuevas doctrinas, demostró una visión más clara que sus gobernantes. Su error, en cambio, consistió en rechazar, con las ideas racionalistas y materialistas del enciclopedismo francés, muchos de los adelantos y reformas que éstas proponían y que la sociedad española urgentemente necesitaba.

Como resultado, frente al afrancesamiento de muchos nobles, intelectuales y artistas, la mayoría de la población se mantuvo aferrada ciegamente a las formas de vida tradicionales. Así se explica que este siglo reciba toda clase de interpretaciones, y mientras para los unos todo lo que se hizo de útil después procede del siglo XVIII, para otros a España le faltó un "siglo ilustrado y educador."

Reforma política

Los monarcas de la Casa de Borbón orientaron sus esfuerzos a la imposición de un absolutismo político y una centralización administrativa que integrara todos los antiguos reinos de España.

Ya Felipe V, al principio de su reinado, tomó como excusa la ayuda prestada al pretendiente Carlos en la Guerra de Sucesión, para suprimir o limitar los fueros y privilegios de Aragón, Cataluña y Valencia. Aunque Navarra y Vascongadas mantuvieron los suyos, se suprimieron las autonomías regionales, por ser consideradas incompatibles con la nueva organización del Estado. Las Cortes y los Consejos perdieron también su antigua importancia, recayendo toda la responsabilidad política y administrativa sobre las secretarías, o ministerios. Los ministros, todos ellos elegidos por el rey, llegaron a ser cinco (Estado, Justicia, Guerra, Marina y Hacienda), formando, desde el reinado de Carlos III, el Consejo de Ministros.

→ Felipe V también modificó la ley de sucesión al trono establecida en las _Partidas_ del rey Alfonso X el Sabio (1252-1284), excluyendo del trono a las mujeres mientras vivan descendientes varones o hermanos del rey.[4]

La política absolutista y centralizadora de los Borbones, unida a la actitud con frecuencia anticatólica de sus ministros, llevó forzosamente a conflictos con la Iglesia, que si bien terminaron generalmente con mutua aceptación de compromisos, como el famoso Concordato de 1753, sirvieron para crear una división espiritual que se fue acentuando al pasar el tiempo.

Estos conflictos se produjeron en tres esferas principales: a nivel internacional con el Papa, al exigir el rey una mayor autoridad en el nombramiento de cargos y dignidades eclesiásticas, reduciendo así la jurisdicción del Papa sobre los asuntos eclesiásticos españoles; a nivel nacional con la Iglesia española, al intentar poner límite al número de conventos o monasterios en cada lugar, al quitar toda jurisdicción a los tribunales eclesiásticos, sobre todo a la Inquisición y al suprimir el antiguo derecho de asilo; y, en la esfera económica, el conflicto causado por la política de los reyes al disminuir las exenciones tributarias del clero al imponer impuestos y gravámenes a los bienes eclesiásticos y, más tarde, la apropiación sin compensación de los bienes de los jesuítas expulsados.

La Inquisición, cuya decadencia había ya comenzado en el siglo anterior, fue objeto de la persecución de los ministros del rey, cuyo espíritu enciclopedista les hacía hostiles a esta institución. Felipe V y Carlos III se señalaron por su dureza contra ella atreviéndose a destituir y expulsar a los inquisidores, llegándose, durante el reinado de Carlos IV, a pensar en su abolición. Ésta, sin embargo, logró sobrevivir hasta el siglo XIX.

Consecuencia notable de este conflicto fue que el Tribunal de la Inquisición se convirtió en portavoz de la Iglesia frente a la política absorbente del Estado, adquiriendo así una autoridad que tanto el rey como sus ministros tenían con frecuencia que respetar. Resultado de esta política absolutista de los reyes fue la expulsión de los jesuítas, ordenada en 1767 por Carlos III a instancias de sus ministros Aranda y Floridablanca. Con ellos perdía la Iglesia española sus mejores educadores y sus más dedicados defensores de los derechos de la Iglesia y del papa.

Reforma económica

La economía española es donde mejor se reflejan las medidas reformadoras introducidas por los reyes Borbones. La hacienda española, en franca decadencia ya durante el siglo XVII, acelerada a causa de la Guerra de Sucesión, comenzó a mejorar durante el reinado de Felipe V, continuándose esta mejora gracias al pacífico Fernando VI y el enérgico empuje de Carlos III.

El aspecto económico fue además el más positivo y laudable de la Ilustración española. Fueron los ministros de este período, muchos de ellos impopulares por sus tendencias absolutistas y anticatólicas, como Ensenada, Floridablanca y Campomanes, quienes con sus atinadas disposiciones realizaron estas mejoras. Las causas de la decadencia económica nacional eran principalmente la despoblación de zonas enteras del territorio nacional, debida a la emigración y a las guerras, la parálisis del comercio a causa de la falta de libertad para la iniciativa individual y la pobreza general causada por un falto desarrollo industrial y por una agricultura muy deficiente, al estar las más de las tierras vinculadas a organismos desinteresados en su explotación. Contra todo esto iban dirigidas las medidas económicas que se fueron introduciendo.

Aunque persistía la misma marcada diferencia entre las clases sociales y aun se fomentó con la creación de nuevos títulos, es marcado el sentimiento democrático que se fue desarrollando en la sociedad española. El prestigio de la nobleza se mantuvo a la par que crecía la autoridad real y el lujo de la corte. Sin embargo, no se apoyaron en ella los reyes para sus reformas absolutistas y centralizadoras. Por el contrario, la clase media, dedicada al trabajo y sin privilegios que limitasen el poder real, fue la que gozó más del favor de los reyes.

La finalidad primordial del despotismo ilustrado de los monarcas Borbones fue hacer de España una sociedad clasista pero con igualdad ante la ley. Frente al colectivismo de los latifundios y de los gremios en agricultura y en el comercio, se fomentó el individualismo, y para educar al pueblo se fundaron las *Sociedades Económicas de Amigos del País*, en las que participaban nobles, intelectuales y clérigos de ideas reformistas.

A pesar de ser todavía la agricultura la principal fuente de riqueza para el país, recibió en un principio menos atención que la industria o el comercio. Pero en tiempos de Carlos III se comenzó con interés también el estudio de los problemas agrícolas. Se señaló como obstáculo a su mejora la excesiva extensión de muchas propiedades, la falta de un sistema de riegos para aumentar la superficie de los regadíos y de vías de comunicación que permitieran el transporte y venta de los productos agrícolas y, finalmente, el menosprecio con que se miraba el trabajo del campo. A fines de siglo, Melchor de Jovellanos (1747-1811), ministro de Carlos IV, en su *Informe sobre la ley agraria*, propugnó un sistema agrícola nuevo basado en una propiedad de tipo medio en manos de la clase media, inspirado ya en los principios de la Revolución francesa. Aunque fallaron los planes de distribución de la tierra, fueron muy importantes los adelantos conseguidos en los demás aspectos, con la construcción de grandes canales (Aragón, Júcar), pantanos (Lorca), y una red de nuevas carreteras.

Más importantes todavía fueron las mejoras en el desarrollo comercial e industrial conseguidas con la supresión de aduanas interiores, la unificación de los sistemas de pesas y medidas, creación de manufacturas reales que servían de modelo a las privadas, como las fábricas de paños de Guadalajara, de tapices de Madrid, de sedas de Talavera, de porcelana del Retiro, de cristal de La Granja, y sobre todo la introducción de un liberalismo económico, opuesto, por una parte, a la intervención del Estado y, por otra, a los límites impuestos a la industria y al comercio por los privilegios de los gremios o asociaciones de artesanos.

Merece también citarse la repoblación con colonos suizos y alemanes de zonas despobladas de Sierra Morena, de Écija, Extremadura y Salamanca, en las que se abrieron nuevas tierras de cultivo.

Gracias al desarrollo económico y a una acertada política de inmigración, la población española, que contaba con sólo siete millones y medio de habitantes a mediados del reinado de Felipe V, llegó a contar con diez millones y medio hacia fines del siglo.

La vida cultural durante el siglo XVIII

A pesar de la continuidad y magnífico esplendor que manifestaron durante este tiempo los sistemas políticos y sociales tradicionales, el siglo XVIII debe ser considerado, sobre todo, como uno preparatorio de las grandes innovaciones ideológicas que sirvieron de base a la sociedad moderna. Sin embargo una de sus características más notables fue la unión de ambos sistemas. En efecto, aunque las nuevas ideas llevaron ya a fines del siglo a una abierta oposición a los poderes establecidos, fueron en un principio defendidas y propagadas por el Estado e incluso la Iglesia, que veían en ellas un medio de reforma y mejora de los sistemas tradicionales, que en su opinión eran ya ineficaces.

La Ilustración

El pensamiento europeo durante el siglo XVIII estuvo dominado por un movimiento filosófico caracterizado por una absoluta confianza en la bondad natural del hombre y la capacidad de su razón para resolver todos los problemas del mundo y de la vida humana. En términos generales, se puede afirmar que este movimiento fue una consecuencia lógica de la exaltación del individualismo doctrinal y ético tal como lo habían defendido los protestantes frente al dogmatismo filosófico y religioso predominante en el cristianismo occidental, sobre todo desde la Edad Media.

Por su desvalorización de la fe religiosa y su glorificación de la razón humana y de la educación del pensamiento como único camino hacia el progreso de la humanidad, se ha llamado al siglo XVIII *Siglo de las luces* y a este movimiento *Ilustración*.

El ideal de la Ilustración fue la naturaleza según la percibe la razón y la experiencia de los sentidos, de aquí el desarrollo que en ella tuvieron las ciencias filosóficas y las empíricas. El hombre y la sociedad humana eran además percibidos con una efusión sentimental que llevaba a una consideración optimista de la naturaleza humana y de la hermandad cosmopolita de la humanidad. En consecuencia, intentó sentar las bases de una nueva sociedad donde no cabían monarquías absolutistas, postulando teorías políticas que oscilaban entre un gobierno aristocrático, una monarquía liberal y una estricta democracia socializante. En el aspecto religioso, la Ilustración atacaba la fe cristiana en general y la Iglesia católica en particular, mientras que defendía doctrinas deístas, materialistas o simplemente ateas. En las artes, la importancia que se daba a la razón y a la percepción racional de las cosas contribuyó a que se despreciara el apasionamiento del Barroco o la delicadeza casi femenina del rococó, en favor de la racionalidad que se creía percibir en las manifestaciones artísticas de la antigüedad griega y romana. Por ello el arte que se propuso en su lugar fue llamado *neoclasicismo*.

Había comenzado este movimiento durante la segunda mitad del siglo XVII en Holanda, centro entonces de gran tolerancia religiosa. De aquí se extendió a Inglaterra con Locke (1633-1704), Newton (1645-1727) y Defoe (1660-1731), autor de *Robinson Crusoe;* y a Francia, donde la Ilustración adquirió una gran fuerza y tomó, con Voltaire (1694-1778), sus actitudes más radicales e implacablemente destructoras de los principios sociales y políticos de la época y, sobre todo, de la religión católica. Con la publicación de la *Enciclopedia* la actitud francesa, anticatólica y opuesta a los principios de autoridad, se propagó como parte ya de la educación de todo hombre culto, creando así un nuevo ideal del hombre ilustrado. Las tendencias sociales y socialistas de la Ilustración encontraron su mejor proponente en Rousseau (1712-1778). En sus *Nueva Eloisa* y *Emilio* propuso un retorno a la naturaleza basándose en la bondad natural del hombre; y en *Contrato social,* publicado en 1772, estableció las líneas de una democracia colectivista en la que todos los ciudadanos de la nación participan con iguales derechos de la soberanía, cuya expresión, resultado de la voluntad general, es la ley. El poder ha de ser ejercido por el pueblo o por sus delegados.

Notable en este movimiento es su alianza inicial con los monarcas, nobles y poderosos de la época. A pesar de que con sus escritos minaban las bases religiosas y políticas del antiguo régimen, muchos de estos autores eran recibidos y festejados por los representantes y favorecidos del orden que ellos combatían.

La influencia que las ideas promulgadas por la Ilustración tuvieron en la formación del mundo moderno, aunque se dejan determinar con dificultad, son fácilmente percibidas. Si la Reforma luterana defendió el sentido individualista de la conciencia humana ante el dogmatismo religioso, la Ilustración propugnó los derechos de la razón sobre los sentimientos religiosos y los derechos del individuo sobre la sociedad. En los siglos siguientes, el materialismo moderno irá apareciendo todavía como herencia indirecta de la Ilustración.

Las doctrinas de la Ilustración, aunque no originarias de Francia, fue aquí donde encontraron mejor acogida y alcanzaron mayor desarrollo. Muy pronto, con ayuda del prestigio cultural francés, las doctrinas de la Ilustración se extendieron por toda Europa, imponiendo al cabo una reexaminación de la sociedad tradicional cuya validez aún perdura.

Tradicionalistas y afrancesados

En España, como en las demás naciones europeas, artistas e intelectuales se mostraron cada vez más inclinados a aceptar las normas de la cultura francesa, sea dentro del marco magnífico de la corte de Luis XIV y sus sucesores, o según las doctrinas burguesas de ilustrados y enciclopedistas. Ambas actitudes tenían en común tan sólo el desprecio que sentían por las tradiciones culturales españolas, a las que atribuían la decadencia y el retraso en que veían sumida a España.

Por ello, característico de la cultura durante este siglo es la importancia que se dio a la enseñanza. Como consecuencia de los ideales humanitarios de la Ilustración, la enseñanza dejó de ser considerada como un privilegio de las clases acomodadas y nobles para convertirse en un servicio que el Estado rendía al pueblo. Al propio tiempo, la educación se convirtió en instrumento del Estado en la formación de ciudadanos capaces y productivos. En la prosecución de estos ideales de ética ciudadana y productiva se introdujo, sobre todo durante el reinado de Carlos III, una serie de reformas que abarcaron todos los niveles de la enseñanza. Se generalizó la enseñanza elemental, a la que se aplicaron los métodos del pedagogo suizo Pestalozzi.[5] En la enseñanza secundaria se abandonó la dirección retórica tradicional para dar mayor énfasis a las ciencias matemáticas y experimentales y a los idiomas modernos, sobre todo, claro está, al francés.

Ante la resistencia de las universidades tradicionales a cambiar los planes de estudio y enseñanza, se fundaron una serie de instituciones paralelas a la universidad en las que se prestaba atención únicamente a las disciplinas experimentales y técnicas: colegios de medicina y cirugía, escuelas de veterinaria, jardines botánicos, escuelas de mineralogía y de ingeniería, observatorios astronómicos, entre otros. Del mismo modo, para promover la pureza del idioma y el desarrollo de las ciencias se fundaron, según el modelo francés, la Biblioteca Real (1711), las Reales Academias de la Lengua (1714), de la Historia (1738), de Nobles Artes de San Fernando (1744), y otras muchas nacionales y regionales, que aún hoy mantienen mucho de su prestigio.

Como consecuencia de las reformas introducidas durante este siglo, especialmente durante el reinado de Carlos III, y de la supervivencia de las instituciones tradicionales, la enseñanza y la educación siguieron rutas muy distintas, incluso antagónicas. La enseñanza privada en general estaba dirigida por eclesiásticos con tendencias más tradicionales, humanísticas y católicas, mientras que la enseñanza del Estado, que daba mayor importancia a las ciencias experimentales y matemáticas a la vez que abandonaba las ideas religiosas, tomaba un carácter laico e incluso anticristiano.

Frente a los ilustrados y afrancesados, una gran mayoría del pueblo se mostró reacia a aceptar las nuevas corrientes. Los intelectuales católicos, en su mayoría todavía eclesiásticos, trataron de incorporar a la tradición española una ilustración desprovista del sentido materialista y revolucionario francés, pero las medidas tomadas contra las instituciones de enseñanza dirigidas por las órdenes religiosas y, sobre todo, la expulsión de los jesuitas ordenada por Carlos III fueron causa de una rápida decadencia de la cultura eclesiástica en España. A pesar de ello es todavía notable la contribución hecha a la cultura española del siglo XVIII por numerosos eclesiásticos, muchos de ellos jesuítas que continuaron escribiendo sus obras desde el exilio.

Entre los intelectuales y eruditos católicos hay que citar en primer lugar al monje benedictino Benito Jerónimo Feijóo (1676-1764). Sus obras más importantes son *Cartas eruditas y curiosas* y, sobre todo, el *Teatro crítico universal*, en las que trata sobre medicina, matemáticas, filosofía, literatura y religión de forma que viene a ser una excelente obra de vulgarización. Por el espíritu crítico con que formula sus opiniones, la atención que presta a los problemas científicos y naturales y su genuino interés por una renovación cultural junto con la continuación de elementos tradicionales de la cultura y religiosidad españolas, Feijóo es, sin duda, el mejor representante de un enciclopedismo español y católico.

Hay que citar además al agustino Enrique Flórez (1701-1773), cuya obra histórica *España sagrada*, en 29 volúmenes, sirvió de base a la historiografía moderna; a los jesuítas Juan Francisco Masdeu (1713-1805), que escribió desde Roma una *Historia crítica de España y de la cultura española;* Juan Andrés (1740-1817), que escribió desde Italia *Origen, progreso y estado actual de toda literatura,* considerada como obra precursora de la ciencia moderna de la cultura; Javier Lampillas (1731-1810), también exilado a Italia, cuya obra *Ensayo histórico apologético de la literatura española* lleva como fin defender la literatura española contra los críticos neoclásicos de la época, y Lorenzo Hervás y Panduro (1735-1809), famoso por su *Catálogo de las lenguas de las naciones conocidas,* el primer ensayo conocido de gramática comparada, en el que se sienta el principio de comparación en la estructura gramatical, no solamente en la semejanza de las palabras.

Como caso aparte, merece ser recordado Gregorio Mayáns y Siscar (1699-1781), investigador, historiador y humanista. En la larga lista de sus contribuciones figuran, entre otros valiosos trabajos, la primera biografía de Cervantes en su *Vida de Miguel de Cervantes,* una *Retorica española* y las ediciones de las obras del humanista Luis Vives, Antonio Nebrija y del padre Mariana. Más apreciado en el extranjero que en España, Mayáns mantuvo correspondencia con los hombres más distinguidos de su época como Robertson, Voltaire, Muratori, David Clement, Otto Mencken, entre otros. Verdadero ilustrado de vanguardia, Mayáns se movía entre dos mundos: el español tradicional y cristiano, que quiere conservar, y el de la cultura ilustrada laica y materialista, que desea cristianizar. Su verdadera preocupación, no suficientemente reconocida, ni apreciada, por sus contemporáneos, fue la adaptación del cristianismo al momento cultural de su época.

Las sociedades secretas

Un aspecto interesante de la vida social y política durante este siglo fue la afición a la organización de grupos y sociedades con fines sociales, educacionales y políticos. De historia muy antigua y no aclarada todavía, las sociedades, o *logias,* masónicas habían cambiado hacia el siglo XVIII sus ideales profesionales y técnicos en otros humanitarios y sociales más o menos alejados, e incluso contrarios a los cristianos entonces prevalentes. Especialmente en los países oficialmente católicos, los masones usaron de sus logias como instrumento para extender su influencia eludiendo las disposiciones eclesiásticas y civiles. A medida que la Ilustración extendía los ideales de una religión humanitaria, razonable y universal por una parte y, por otra, propugnaba la libertad política y religiosa del individuo en oposición, cada vez más agresiva, a los órdenes vigentes, muchas de las logias se convirtieron en grupos secretos organizados en una red internacional donde se propagaban las nuevas ideas culturales sociales y políticas. De todas ellas la más importante en Europa fue la llamada francmasonería.

En España las logias masónicas se mantuvieron a lo largo del siglo XVIII dentro de una corriente estrictamente anticatólica y, aunque enciclopedista y racionalista, continuadora del Antiguo Régimen de absolutismo político. Por esta razón tuvieron el favor de muchos ministros de los reyes, quienes vieron en la masonería un arma indirecta para atacar los adversarios más grandes de sus deseos de reforma, la Iglesia y el sentimiento tradicionalista y conservador del pueblo.

Las primeras logias españolas datan de 1725 (Mahón) y 1729 (Gibraltar), de donde pasan a Cádiz (1739) y a otros puertos frecuentados por los ingleses. A pesar de la oposición de la Iglesia, que consiguió que Fernando VI prohibiese en 1751 "las congregaciones de los francmasones so pena de la real indignación y castigo de galeras", la masonería española, ya declaradamente anticatólica, cobró bajo Carlos III mayor fuerza, protegida por el conde de Aranda, su primer gran maestre y ministro del rey.

Sólo más tarde y como herencia ya de la Revolución francesa, la masonería española incluyó en su programa la oposición directa al sistema tradicional monárquico, que quería destruir con una revolución semejante a la francesa, a la vez que acogió en las colonias a los líderes intelectuales y políticos de la independencia americana.

La literatura

Al igual que en la vida política e intelectual española, la influencia francesa fue avasalladora en la literatura a lo largo de este siglo, creándose también en ella una reacción tradicionalista que intentó, con más o menos acierto según los casos, una revaloración de los géneros y estilos nacionales.

La influencia francesa se manifestó en la literatura española con la misma mezcla de elementos contradictorios que se distinguen en la vida política y en la intelectual de este tiempo. Por una parte están los elementos cortesanos del Antiguo Régimen continuados con igual esplendor, a la muerte de Luis XIV (1714), por sus sucesores Luis XV y Luis XVI. Estos elementos encuentran su expresión en la literatura española en la traducción, adaptación o imitación de obras y temas franceses del Gran Siglo,[6] especialmente Corneille, Racine y Molière. Por otra parte no es menos importante el fondo ideológico de los enciclopedistas, que usaban de la Corte y de los salones literarios franceses para una propaganda que era más política que literaria. Esta nueva ideología se extendió en España a la sombra del prestigio francés y gracias a la protección oficial de numerosos políticos y ministros de los reyes españoles de este tiempo.

Estos dos aspectos, tan diversos entre sí, recibieron una relativa unidad en la oposición de ambos a las formas literarias tradicionales españolas. Por ello sólo de una manera relativa se puede llamar neoclásica a la literatura a que dan lugar. Tampoco sería exacto dividir las corrientes literarias de este tiempo entre un neoclasicismo afrancesado y un tradicionalismo español, ya que con frecuencia los escritores usaron de temas, géneros o estilos franceses para criticar el afrancesamiento de la vida española.

La orientación neoclásica de la literatura se caracteriza principalmente, en su fondo, por un abandono de la imaginación espontánea y personal en favor de la razón equilibrada, normativa y educadora, y, en su forma, por un triunfo de la gramática y la retórica.

La preceptiva del siglo XVIII por excelencia es la *Poética,* publicada en 1737 por Ignacio de Luzán (1702-1754), en la que se establecen las reglas que toda obra literaria debiera seguir.[7] Según ella, toda obra literaria debe ser educativa y el teatro verosímil. Literatura es, para Luzán, "imitación de la naturaleza para utilidad o para deleite de los hombres." La influencia de la *Poética* de Luzán fue completada con el gran influjo adquirido por el *Diario de los literatos de España,* primer periódico español de crítica literaria a imitación del *Journal des Savants* francés publicado por aquel tiempo.

Propagandistas del nuevo estilo fueron una serie de grupos y sociedades de carácter vario de los cuales los más importante fueron la Academia del Buen Gusto, imitación de los salones literarios franceses, y la versión más española, la Tertulia de la Fonda de San Sebastián. Ésta estaba dirigida por Nicolás Fernández de Moratín (1737-1780) quien, aunque como lírico imitaba los clásicos y se mantenía dentro de la tradición española, como dramático seguía las tendencias académicas francesas.

Frente al neoclasicismo francés, el tradicionalismo español se mantuvo con producciones que ensalzaban la vida española o hacían sátira airada del afrancesamiento y de las formas decadentes de la vida española. Más que los imitadores de modelos franceses son éstos, frecuentemente escritores de vena tradicional, observadores agudos y críticos finos y mordaces, quienes ofrecen los mejores valores literarios del siglo XVIII.

Siendo la novela uno de los géneros literarios que más necesitan del talento inventivo es natural que el siglo neoclásico, crítico y racionalista, fuera uno en que el género novelístico se cultivara menos y con menor fortuna. En todo este siglo sólo dos novelas merecen verdaderamente ser recordadas y ambas son una mezcla curiosa de elementos tradicionales con los nuevos.

La primera de ellas fue obra de Diego de Torres y Villarroel (1693-1770). Hombre extraño y casi fantástico, hubiera cabido él mismo en cualquier novela picaresca. Fue estudiante, bailarín, torero, médico, llegó a ser catedrático de matemáticas en Salamanca, contrajo matrimonio, más tarde abandonó a su esposa, fue ermitaño y astrólogo, se hizo soldado, para regresar más tarde con unos toreros a su casa. Al final de su vida se hizo sacerdote y se dedicó a escribir.

Su obra más importante es su *Vida,* de carácter autobiográfico, en la que se muestra muy influido por el género tradicional de la novela picaresca, en especial la *Vida del Buscón* de Quevedo. Es innovación suya el uso de planos históricos en la novela, en lugar de los fingidos y ficticios que eran característicos en este género. Aunque ello le resta algo de su valor novelístico, le da una mayor importancia como testimonio documental de su tiempo.

La segunda obra es la *Historia del famoso predicador fray Gerundio de Campazas alias Zotes* de José Francisco de Isla (1706-1781), jesuíta, víctima también de la expulsión de la Orden de España. Es ésta una novela satírica contra la oratoria sagrada con frecuencia excesivamente barroca, culterana y decadente de su tiempo. Su tono mordaz, ofensivo para las órdenes religiosas, sobre todo la de los dominicos, fue causa de que la obra fuera prohibida por la Inquisición. *Fray Gerundio,* aunque ofrece pasajes de notable viveza novelística, deja entrever con excesiva frecuencia el ingenio fundamentalmente crítico y satírico de su autor. Su exigua trama novelística está entorpecida, además, por una serie de reflexiones didácticas muy al gusto de la época. Sin ser una gran novela, esta obra es, como la anterior, un documento literario de gran valor.

La poesía neoclásica manifiesta claramente su fin didáctico en el género de la fábula versificada, cuyos representantes más famosos son Tomás de Iriarte (1750-1791) con sus *Fábulas literarias* y Félix María Samaniego (1745-1801), autor de *Fábulas morales.* De estilo claro y sencillo, Iriarte critica con sus fábulas los defectos de las letras y de los literatos de su época: afrancesamiento, pedantería e ignorancia. Samaniego, en cambio, tiene un carácter más culto, reflexivo, menos popular y, si bien su versificación tiene una mayor musicalidad que la de Iriarte, es también a veces más artificiosa. La moraleja de sus fábulas va dirigida contra los vicios y defectos morales del hombre de todos los tiempos: pereza, orgullo y vanidad. Ambos han gozado siempre y gozan todavía de gran popularidad.

La poesía lírica del siglo XVIII se desarrolla en torno a la obra poética del fraile agustino Diego González (1732-1794). Deseoso éste de restaurar la poesía española, tomó como modelo a Fray Luis de León a cuya poesía, su estudio y su imitación, dedicó toda su vida. Se unieron a él en una sociedad literaria, la Arcadia Agustiniana, una serie de poetas que son conocidos con el nombre de Escuela de Salamanca.

El primer período de esta escuela cubrió la segunda mitad del siglo XVIII, coincidiendo con la plenitud neoclásica en España. Sus características principales son: afrancesamiento de modos y estilos poéticos; academicismo, es decir predominio de reglas y preceptos retóricos y culturales que hacen de ella una poesía correcta pero fría; y criticismo filosófico, a saber, más dirigido a la reflexión, ética o política, que al sentimiento. Entre sus miembros más conocidos se destacan Juan Pablo Forner (1754-1797), además de poeta, crítico apasionado, y, a pesar de su estilo poético neoclásico, gran defensor de las tradiciones literarias y científicas de España. De mayor importancia es Juan Meléndez Valdés (1754-1817), gran simpatizante de la causa francesa y ministro durante el corto reinado en España de José Bonaparte. Miembro de la escuela salmantina, cultivó las formas propias del mundo bucólico y pastoril, pero seguidor fiel de los ideales de la Ilustración, influido además por Young, Pope y Rousseau, escribió también poesía filosófica, aunque un tanto idealista y sentimental. Su religiosidad, abstracta y vaga como era característica de la Enciclopedia, se refleja en algunas de sus poesías religiosas ("Al ser incomprensible de Dios"). Meléndez Valdés, por su sensibilidad y, a veces, la intimidad de sus *odas* ("A la noche," "A la soledad") es considerado como a mitad de camino entre el neoclasicismo y el romanticismo.

En la Escuela de Salamanca se distingue un segundo período, o Segunda Escuela, cronológicamente un poco posterior, pero caracterizada además por un mayor sentimiento nacional, consecuencia de la Guerra de Independencia contra Napoleón, y en la que se perciben también ya las primeras tendencias románticas. Su mejor representante fue Manuel José Quintana (1772-1857). Profundamente influido por las doctrinas de la Enciclopedia, profesó abiertamente ideas políticas muy afines a las de la Revolución francesa. Sin embargo, ante la invasión francesa se manifestó a la vez como ardiente patriota, figurando activamente en la Guerra de Independencia, en la que llegó a ser secretario de la Junta Central de Defensa. Restaurada la monarquía, ocupó cargos políticos de importancia durante el reinado de Fernando VII y, años más tarde, bajo Isabel II, fue coronado como *Poeta laureado de la Patria.*

Quintana fue un poeta lírico extraordinario. Su poesía es reflexiva y más rica en ideas que en imágenes, pero de una forma cuidada y precisa. Algunas de sus poesías están consideradas entre las mejores de la poesía española. Los temas que le movieron fueron la civilización, humanitarismo, progreso, es decir los de la Ilustración, pero además de éstos, los de un nacionalismo de independencia y profundo amor a la Patria. Su "Oda a España", fechada en 1808, es considerada como ejemplo clásico de poesía patriótica. Ausentes de la poesía de Quintana quedan los sentimientos amorosos y religiosos.

Quintana ejerció una gran influencia en la poesía americana de la época de la Independencia y fue muy estimado por sus contemporáneos, aunque esta estimación no es compartida por los críticos contemporáneos.

Una de las personalidades más intensas e interesantes de todo este siglo fue José Cadalso y Vázquez (1741-1782), que murió a los cuarenta y dos años en lucha con los ingleses en el bloqueo de Gibraltar. Por sus composiciones líricas, de carácter bucólico y pastoril, *Ocios de mi juventud,* Cadalso puede ser considerado como un miembro de la primera escuela salmantina. Sin embargo su vida inquieta y viajera y, sobre todo, sus amores con la actriz María Ignacia Ibáñez y su desesperado desconsuelo al morir ella repentinamente, hacen de él una figura romántica. En memoria de su amada escribió las *Noches lúgubres,* elegía en prosa de carácter autobiográfico en la que se muestra influido por el poeta inglés Young. Su ambiente tétrico y su sentimentalismo melancólico hacen que su autor deba ser considerado como uno de los primeros escritores románticos españoles.

Más a tono con el espíritu del siglo son *Los eruditos a la violeta,* una sátira contra la pedantería de los pseudo-ilustrados y afrancesados de su época. Tienen gran mérito también sus famosas *Cartas marruecas,* adaptación del género adoptado por Montesquieu para sus *Cartas persas.* En un supuesto epistolario entre un árabe venido a España y un amigo suyo español, Cadalso, a la vez que expone sus ideas sobre la realidad española, hace una ingeniosa crítica de su decadencia. Su obra trágica, *Sancho García,* a pesar de su tema español, es de corte clásico francés, fría y académica.

Al finalizar el siglo se fundó en Sevilla la Academia Horaciana, a la vez que se restauró la Academia de Buenas Letras. Ello fue ocasión de un resurgir poético de carácter neoclásico y academicista que se conoce por el nombre de *Escuela sevillana.* Su principal representante fue Alberto Lista (1775-1848), sacerdote de gran cultura. Estaba influido por poetas clásicos, Horacio y Virgilio, y renacentistas, sobre todo Fray Luis de León. A medio camino entre el neoclasicismo y el romanticismo, su poesía se caracteriza por una revalorización del lenguaje poético que raya, a veces, en la artificiosidad.

El género dramático es el que más claramente demuestra el conflicto cultural que sufre España durante este siglo. La forma más cultivada es la tragedia, de evidente inspiración neoclásica francesa que llega a través de traducciones e imitaciones de las obras de Corneille, Racine y otros dramaturgos franceses del Gran Siglo. Como resultado de esta influencia se introdujo en el arte dramático español el canon estético de las tres unidades–tiempo, lugar y acción–según los ideales retóricos y didácticos del neoclasicismo francés. El nuevo teatro sin embargo, fue en general incapaz de continuar la tradición dramática española o de iniciar otra nueva que el pueblo español pudiera comprender. La aceptación que algunas de estas obras recibieron se basaba con frecuencia más en lo que tenían de tradicional que en los elementos innovadores que ofrecían. Así se explica, por ejemplo, la gran popularidad que alcanzó *La Raquel* de Vicente García de la Huerta (1734-1787). A pesar de que en la forma se adaptó al modelo de tragedia neoclásica, su tema, los amores legendarios de Alfonso VIII con la judía de Toledo, y el espíritu galante y caballeresco con que está tratado, hacen de esta tragedia una continuación de los temas empleados por Lope y Calderón.

Manifestación de este conflicto entre la influencia literaria y doctrinal francesa, por una parte, y la tradición española barroca y religiosa más del gusto del pueblo, por la otra, fue la oposición oficial abiertamente declarada al teatro español, concretamente a los autos sacramentales. Bajo la presión unánime de políticos y críticos literarios, más de acuerdo con los ideales de la Enciclopedia francesa que con la religiosidad española, fue prohibida su representación a partir del año 1765, desapareciendo así de la escena española una de sus mejores creaciones.

Los autores dramáticos en general demostraron en su obra literaria la misma actitud indecisa ante el conflicto cultural entre la tradición española y la influencia francesa que se aprecia en todos los demás aspectos de la vida española. Un caso característico es el de Ramón de la Cruz (1731-1794). En una primera época tradujo y adaptó del francés y del italiano una serie de tragedias y comedias, como el *Bayaceto* de Racine, *Sesostris* del italiano Zeno, *La Escocesa* de Voltaire y *Hamleto, rey de Dinamarca,* adoptado éste, no del original de Shakespeare, sino del francés Ducis. En su segunda época, sin embargo, se dedicó a cultivar un género fundamentalmente tradicional, el *sainete,* con el que hizo su mejor aportación al teatro español, al que debe la fama de que todavía hoy merecidamente goza.

El sainete es una composición corta, en verso de ocho sílabas y de carácter popular. Aunque se encuentran sus antecedentes en los pasos de Lope de Rueda y los entremeses de Cervantes, tenía en este tiempo un caracter estrictamente popular, por lo que era un género especialmente denigrado por los defensores del teatro francés.

La nota característica de los sainetes de Ramón de la Cruz, que llegan a más de trescientos, es el culto a lo popular y a lo castizo, algo que, por lo demás, es también característico de la pintura de su contemporáneo Francisco de Goya. Por la obra dramática de Ramón de la Cruz desfilan con gran realismo las costumbres y tipos españoles en general, y madrileños en particular: bailes, teatros, ferias, tertulias, majos, abates y cómicos. Se atribuye a él la frase "Yo escribo y la verdad me dicta," que parece definir muy bien su arte dramático.

Auténticos restauradores del teatro español y, a la vez, los mejores representantes de la corriente neoclásica fueron los Fernández de Moratín, padre e hijo. Nicolás Fernández de Moratín (1737-1780), el padre, fue fino poeta y distinguido dramaturgo. Como poeta lírico imitó a los poetas del Siglo de Oro, principalmente a Góngora, y compuso a la manera de los romances tradicionales. Entre sus mejores poesías figura "Fiesta de toros en Madrid," escrita en quintillas según estilo de romance, que goza todavía merecida fama. Como autor dramático, sin embargo, admira el neoclasicismo francés y en su *Desengaños al teatro español* critica duramente el teatro español del Siglo de Oro, principalmente el de Calderón. Su dura crítica, agravada por su propia autoridad cultural y literaria, contribuyó grandemente al desprestigio del teatro tradicional y a que, en consecuencia, se llegara a prohibir la representación de los autos sacramentales. Su mayor mérito en este sentido es la innegable influencia que sus teorías ejercieron en su hijo, verdadero restaurador del teatro español.

Su hijo, Leandro Fernández de Moratín (1760-1828) fue, sin duda alguna, uno de los pocos autores españoles de este período que demuestra un sentido neoclásico consecuente. Hombre de gran cultura, conocía muy bien las literaturas francesa e inglesa. Había visitado Francia, por la que sintió toda su vida una gran admiración. Defensor de una política afrancesada, llego a servir bajo José Bonaparte durante la Guerra de Independencia por lo que, al terminar ésta, tuvo que marchar como exilado a Francia, donde murió a los sesenta y ocho años de edad.

El único género que cultivó fue el de la comedia y en él se ajustó siempre a moldes e ideales estrictamente neoclásicos. Es decir, mantuvo en la comedia la doctrina de las tres unidades e intentó con ella educar al público, censurando vicios, exaltando virtudes, o sencillamente ofreciendo una crítica social o literaria. Todas sus obras se caracterizan por su medida, reflexión y naturalidad.

Entre sus comedias, las más importantes son *La comedia nueva o el café*, sátira contra la decadencia del teatro en España, y *El sí de las niñas*, la más conocida de todas sus comedias. En ésta se defiende la libertad del sentimiento de la mujer de la imposición paterna en el momento de dar el sí al que ha de ser compañero de por vida. Esta comedia, por su sencilla línea argumental, la espontaneidad de los sentimientos y la pureza del lenguaje es, sin duda, la mejor obra neoclásica española, y ya anuncia un resurgimiento dramático.

En resumen, si se considera la literatura del siglo XVIII en su conjunto, el juicio que hay que formar es del predominio casi absoluto en ella del neoclasicismo francés. Sin embargo, su aceptación por los autores españoles no es profunda, ni resultado de una clara educación neoclásica.

En casi todos los autores que escriben en vena del neoclasicismo francés, incluso los más notables, hay frecuentes manifestaciones contrarias a éste. Son éstas, en unos, resultado de una postura política nacionalista que les llevaba a defender las tradiciones literarias españolas en contra de las francesas; en otros era más bien una preferencia del realismo, también tradicional, al artificioso academicismo francés, y en otros todavía era una continuación, ya romántica, de un barroquismo nunca totalmente olvidado.

A pesar de su extraordinaria influencia, el neoclasicismo, la Ilustración y el Enciclopedismo, permanecieron durante el siglo XVIII como producto de afrancesamiento, es decir, imposición de elementos culturales extranjeros nunca totalmente aceptados. El intento de hacer de ellos una versión nueva que pudiera entrar a formar parte de la cultura española será la contribución principal y más característica del siglo XIX.

El arte

El arte español demuestra a lo largo del siglo XVIII los mismos problemas y conflictos que se observan en la literatura y en la vida nacional. Por una parte la tradición espiritual y la sensibilidad del pueblo continuaban representadas por el Barroco que, aunque ya en decadencia, se mantuvo fuerte durante todo el siglo. Por otra parte, los nuevos estilos del arte francés, que, pujantes y seguros con la protección oficial de que gozaban, se iban imponiendo en la vida artística de la nación.

Ahora bien, a lo largo del siglo XVIII la sensibilidad artística francesa había sufrido también unos cambios notables. La rica y majestuosa herencia de Luis XIV, caracterizada en el Palacio de Versalles, se distinguía por la severidad clásica de sus fachadas uniformes y simétricas. En sus interiores, aunque se prodigaban los elementos ornamentales en los que predominaba la línea curva, se había mantenido siempre un orden simétrico no desprovisto de seriedad. Durante el reinado de Luis XV, sin embargo, aunque en los exteriores se mantuvo generalmente la línea clasicista del reinado anterior, en los interiores y también en los muebles se introdujo el estilo llamado *rococó*. En éste, se huía deliberadamente de toda forma sobria o severa, buscando la gracia y elegancia de la línea curva, que predomina totalmente, y de las formas ovales, asimétricas y "de riñón".

Como reacción contra este estilo, considerado muy pronto de excesivo refinamiento y, por ello, decadente, comenzó a dejarse sentir ya durante el reinado de Luis XVI un cambio que, sustituyendo completamente al anterior, dominó en Francia y gran parte de Europa hasta bien entrado el siglo XIX. El nuevo estilo, llamado *neoclásico* por estar basado en modelos de la antigüedad clásica romana y griega, tuvo muchas causas determinantes. La más importante fue, sin duda, el fenómeno de la Ilustración, que creó de Roma y Grecia el mito de una civilización basada en la razón, filosofía, orden y democracia. Esta apreciación del arte clásico hizo de él una norma estética inmutable a la que debían someterse todos los artistas. Los viajes arqueológicos y estudios del arte griego y las excavaciones de Pompeya y Herculano proporcionaron los modelos concretos a imitar.[8]

La arquitectura

En España la arquitectura tradicional continuó representada por el estilo barroco usado principalmente, aunque no exclusivamente, en edificios religiosos e iglesias. Ahora bien, el estilo barroco reafirmó su inclinación hacia la exuberancia ornamental produciendo una variante llamada, por uno de sus iniciadores, estilo *churrigueresco.* Se distingue éste por su extraordinaria decoración de los retablos de iglesias y la concepción de fachadas de iglesia como si fueran otros tantos retablos de altar. Éstos reciben generalmente la forma de templos sostenidos por columnas salomónicas, retorcidas y cubiertas de flores y pámpanos. Sobre el cornisamento, también muy decorado, se apoyan gran número de figuras llenas de gran movimiento que parecen querer escaparse de la obra, todo ello siempre rodeado de una exuberante decoración policromada o de talla recubierta de oro.

El madrileño José de Churriguera (1665-1725), que dio el nombre al estilo, es famoso sobre todo por el gran conjunto del catafalco de María Luisa de Orleáns, el altar mayor de la iglesia de San Esteban de Salamanca (fig. 9.1 y 2) y la capilla del Sagrario en la catedral de Segovia.

9.1 Altar mayor de la iglesia de San Esteban, Salamanca

9.2 Detalle del altar mayor de la iglesia de San Esteban

9.3 Fachada del Hospicio de San Fernando, Madrid

El arquitecto más representativo de este estilo fue, sin embargo, Pedro de Ribera (m. 1742), en cuya obra la riqueza decorativa de fachadas y retablos llega a su apogeo escenográfico. Obras suyas son la fachada del Hospicio de San Fernando (fig. 9.3) en Madrid y la iglesia de Monserrat con su característica torre, que no logró ver acabada. En el resto de España sobresalen la sacristía de la Cartuja de Granada (fig. 9.4 y 5), la fachada del Obradoiro de la catedral de Santiago (fig. 9.6), la iglesia de San Luis de Sevilla y la catedral de Guadix (fig. 9.7).

El barroquismo español llegó a su última y más osada expresión en el Transparente de la catedral de Toledo, obra maestra de Narciso Tomé.

Aunque el Barroco español durante el siglo XVIII fue predominantemente religioso, no deja de haber notables ejemplos de Barroco civil, como la *Fuente de la Fama* de Madrid (fig. 9.8), obra de Ribera, el Palacio de Soñanes en Santander y el del marqués de Dos Aguas en Valencia (fig. 9.9), entre otros.

El Barroco nacional fue perdiendo en favor ante la influencia de los estilos franceses preferidos por los reyes de la dinastía borbónica. Pero más que una derivación artística o un cambio estético, parece responder sencillamente, aunque a las veces con indecisión de estilo, a la predilección, política y cultural, impuesta a los artistas, algunos de ellos italianos

9.4 Sacristía de la Cartuja, Granada

9.5 Detalle del decorado de la sacristía de la Cartuja

9.6 Fachada del Obradoiro de la catedral de Santiago de Compostela

y franceses. Una obra característica de este estilo indeciso entre Barroco español y versallesco es el Palacio en La Granja de San Ildefonso, Segovia (fig. 9.10), mandado edificar por Felipe V, en el que conscientemente se imita el estilo del palacio francés.

Del mismo estilo es el Palacio Real de Madrid (fig. 9.11), comenzado en 1738, y el de Aranjuez (fig. 9.12), también de este tiempo. Notable arquitecto y uno de los preferidos por Carlos III fue el italiano Francisco Sabatini (1722-1797), a quien se deben la iglesia de Santa Ana de Vallado-lid y la tumba de Fernando VI (fig. 9.13) y, más conocida todavía, la famosa Puerta de Alcalá en Madrid (fig. 9.14).

Ejemplo de arquitectura religiosa según este estilo son la iglesia de los Santos Justo y Pastor de Madrid, con riquísima ornamentación de estuco y pintura, y la de Santa Bárbara de las Salesas Reales, cuya fachada sencilla contrasta con su magnífica y movida ornamentación interior (fig. 9.15 y 9.16). Barroca también, aunque en un estilo de transición, es la Capilla del Santo Pilar en Zaragoza, obra de Ventura Rodríguez.

A mediados de siglo llegaron a España, juntamente con las corrientes culturales de la Ilustración, las artísticas del neoclasicismo. El gusto versallesco introducido por Felipe V fue sustituido por la preferencia que los reyes sentían por el estilo neoclásico. Carlos III es con quien gener-almente se asocia la moda neoclásica española; como también se deben a su inclinación por lo monumental los mejores edificios y monumentos

9.7 Catedral de Guadix

9.8 Fuente de la Fama, Madrid

9.9 Portada del palacio del Marqués
de Dos Aguas, Valencia

9.10 Palacio de La Granja de San Ildefonso, Segovia

Neoclásico

9.11 Palacio Real de Madrid *Neoclásico*

9.12 Palacio Real de Aranjuez
Plateresco

neoclásicos que aún hoy adornan las capitales españolas, principalmente Madrid.

El arquitecto más importante de esta época fue Juan de Villanueva (1759-1811), el más característico entre los maestros del neoclasicismo español. A él se deben La Casa del Príncipe y La de Arriba en El Escorial, siendo sus obras más conocidas el Museo del Prado (fig. 9.17), el Jardín Botánico y el Observatorio Astronómico de Madrid. Modelo notable

9.13 Tumba de Fernando VI, de Francisco Sabatini

de arquitectura religiosa neoclásica es la magnífica iglesia de San Francisco el Grande en Madrid (fig. 9.18). El estilo neoclásico, más o menos auténtico, perduró hasta bien avanzado el siglo XIX.

La escultura

Como en la arquitectura, también en la escultura se percibe claramente el conflicto cultural de España. Mientras la escultura religiosa continúa por lo general dentro de la tradición barroca española, las tendencias francesas, barrocas y neoclásicas, encuentran su campo más fecundo en la escultura urbana y civil.

El representante más auténtico de la tradición española fue Francisco Salzillo (1707-1783), a la vez, el escultor más importante de todo el siglo XVIII. Lo mejor de su obra está constituido por la serie de imágenes para los pasos de la Semana Santa, entre los que se distinguen *La Caída, la Oración del Huerto, La Dolorosa, Paso de los azotes*. Aunque de belleza un poco afectada, todas estas imágenes poseen un realismo y un profundo sentido religioso que las han hecho populares hasta el presente.

Durante la segunda mitad del siglo, una vez ya fundada la Real Academia de Bellas Artes (1752), se fueron imponiendo los ideales de la escultura neoclásica, aunque al principio se continuara todavía usando la técnica tradicional de la talla policromada. A escultores neoclásicos se deben las famosas fuentes de Neptuno (fig. 9.19) de Juan Pascual de Mena (1707-1784); de Cibeles (fig. 9.20), de Francisco Gutiérrez (1727-1782); de Apolo en el Museo del Prado (fig. 9.21), obra de Manuel Álvarez (1727-1797), que todavía embellecen con su gracia serena las plazas de la capital de España. El academicismo neoclásico se mantuvo en vigor hasta bien avanzado el siglo XIX, cuando cedió ante las tendencias románticas.

9.14 Puerta de Alcalá, Madrid

9.15 Iglesia de las Salesas Reales, Madrid

9.16 Púlpito de la iglesia de las Salesas Reales, Madrid

9.17 Museo del Prado, Madrid

Neoclásico

9.18 Iglesia de San Francisco
el Grande, Madrid

9.19 Fuente de Cibeles, Madrid

9.20 Fuente de Neptuno, Madrid

9.21 Fuente de Apolo, Madrid

La pintura

La pintura española sufrió durante el siglo XVIII una crisis todavía mayor que la experimentada por las demás artes.

Durante el reinado de Felipe V, los artistas, extranjeros en su mayor parte, expresaron con su arte una admiración aduladora, pomposa y fría por la monarquía absoluta de los reyes. Con la creación de la Academia de Nobles Artes de San Fernando por el rey Fernando VI (1751), la dirección política y la imposición de estilos franceses se institucionalizó tratando conscientemente de evitar estilos y temas de inspiración tradicional. Desnudos, escenas mitológicas y alegóricas fueron los temas de una pintura fría y mediocre.

Con Carlos III la pintura adquirió una mayor importancia al invitar el monarca una serie de notables artistas extranjeros a que adornaran con sus cuadros y frescos los muros y techos de los palacios reales. De éstos, los más famosos fueron los italianos Lucas Jordán y Juan Bautista Tiépolo (1696-1770), éste último extraordinario fresquista al estilo rococó, y el alemán Antonio Rafael Mengs (1728-1779), quien impuso un concepto clásico de la belleza que le convirtió en epítome del neoclasicismo en pintura.

A pesar de su academicismo radical, fue Mengs el más importante de todos por haber sido el único capaz de formar una auténtica escuela de pintura española. Además de sus cuadros, Mengs es notable por su actividad en la creación de modelos para la Real Fábrica de Tapices. Fundada ésta durante el reinado de Felipe V a imitación de las francesas, se había limitado hasta entonces a realizar una labor rutinaria y poco original, repitiendo escenas de género de la escuela flamenca. Bajo la dirección de Mengs, sin embargo, adquirió una vitalidad completamente nueva y original gracias a la intervención de varios pintores españoles, que combinaron la técnica del maestro con una temática propia a base de escenas populares y tipos madrileños. Entre estos fueron los más importantes Francisco Bayeu (1734-1795) y, sobre todo, Goya.

Con Francisco de Goya y Lucientes (1746-1828), la pintura del siglo XVIII llega a su cumbre y, a la vez, a su disolución. Goya, uno de los pintores más geniales de España, como a caballo entre dos siglos, es indiscutiblemente el mejor representante del rococó español, para convertirse más tarde en patriarca del arte moderno.

Había nacido Goya de una familia modesta de artesanos artistas en Fuendilodo, un pequeño pueblo de la provincia de Zaragoza. En esta ciudad comenzó su educación artística, que continuó más tarde en Madrid e Italia donde obtuvo un premio de la Academia de Parma. De regreso a España comenzó sus trabajos pintando frescos en algunas iglesias (Nuestra Señora del Pilar, cartuja de *Aula Dei*). En 1777 se casó con Josefa Bayeu y el año siguiente el hermano de ésta, Francisco, le invitó a que se uniera al grupo de pintores que bajo la dirección de Mengs pintaba bocetos para la Real Fábrica de Tapices. Allí trabajó con algunas interrupciones durante casi veinte años. A su primera época corresponden los cartones *El quitasol, La cometa, El cacharrero, El juego de pelota, Gallina ciega* (fig. 9.22) y otros muchos en los que Goya plasma un ambiente optimista, suave y feliz, típico del espíritu cortesano de la época. El realismo de las figuras, muy bien observadas y expresadas en fuertes y luminosos contrastes de color, no llega a los fondos de paisaje que son

9.22 *Gallina ciega,* de Francisco de Goya

más bien un marco y una mera situación espacial. Notable es la atención que en ellos se presta a tipos locales y escenas populares en los que, como en los sainetes de su contemporáneo Ramón de la Cruz, el tradicionalismo español parece protestar contra el academicismo cortesano francés.[9]

A partir de 1783 comenzó Goya su carrera de retratista (*Retrato de Floridablanca, Familia del infante don Luis,* etc.) con la que alcanzó un gran reconocimiento, por lo que, en 1786, fue nombrado pintor del rey. En

9.23 *La familia de Carlos IV,* de Francisco de Goya

esta época, hasta los primeros años del siglo XIX, Goya desarrolló una gran actividad, realizando las obras que le han dado mayor fama, *La maja vestida, La maja desnuda, Retrato de Carlos IV, La familia de Carlos IV* (fig. 9.23) y *La condesa de Chinchón.*

Hacia 1799 Goya, ya sordo a causa de varias enfermedades, publicó sus *Caprichos* (fig. 9.24), los cuales con su cinismo desgarrado causaron un gran escándalo por el que tuvo que intervenir la Inquisición.

Goya contaba sesenta años de edad al comenzar la Guerra de la Independencia y, por figurar en la nómina de pintores de José Bonaparte, ha sido considerado como un oportunista y afrancesado, más quizá de lo que fuera en realidad. Años más tarde, de 1808 a 1814, se dedicó a recoger las visiones terroríficas de la guerra en *El coloso,* en el que con tonos sombríos y un realismo despiadado expresa su visión de la guerra española. Más que el tema es la técnica colorista casi carente de dibujo la que produce el efecto de pánico en la población que huye. El mismo tema está tratado en la serie de grabados titulada *Los desastres de la*

9.24 *Capricho,* de Francisco de Goya

9.25 *El dos de mayo,* de Francisco de Goya

guerra, que fueron publicados despues de su muerte. De estos años son también *El dos de mayo* (fig. 9.25) y *Los fusilamientos* (fig. 9.26). El primero, realizado en parte según su realismo tradicional; el segundo, en cambio, es ya una obra maestra de un expresionismo dramático en el que hay muy poco de la técnica pictórica o del espíritu del siglo XVIII.

El año 1819 adquirió cerca del río Manzanares (Madrid) la Quinta del Sordo, en la que pasó sus últimos años en una amarga soledad impuesta por su enfermedad. En ella, encerrado en sí mismo, creó las pinturas negras, llamadas así por usar para su realización el negro y el ocre solamente. En ellas—*El aquelarre, La romería de San Isidro, Saturno devorando a sus hijos* (fig. 9.27)—se plasma un mundo irracional desfigurado por los horrores interiores del pintor. Falleció el año 1828 en Burdeos, Francia, donde había fijado su residencia unos años antes.

Francisco de Goya es uno de los pintores que más han influido en la estética actual. A él se atribuye una gran influencia en todos los movimientos posteriores: romanticismo, impresionismo, post-impresionismo. Goya, se ha dicho, más que una expresión artística fue una revolución del arte y una crisis de la cultura de su tiempo. Él, mejor que nadie, señala los cambios espirituales que separan la Edad Moderna de la Contemporánea.

Los artes industriales

El arte tradicional de la cerámica fue continuado en Talavera, el de azulejos en Valencia, Aragón y Andalucía, y el del vidrio en Barcelona. Pero más fama adquirieron las fábricas de Alcora (Castellón) y sobre todo

9.26 *Los fusilamientos,* de Francisco de Goya

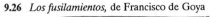

9.27 *Saturno devorando a sus hijos,* de Francisco de Goya

la de porcelana del Buen Retiro, establecida por Carlos III, y en la que técnicos extranjeros introdujeron los métodos y modelos de Sévres y Sajonia. De la misma manera, la Real Fábrica de Tapices, fundada por Felipe V, dio un mayor empuje a la industria tapicera a la vez que desprestigiaba las artesanías locales, consideradas como menos productivas y elegantes. También la industria del mueble abandonó completamente la tradición nacional para imitar las modas inglesas y francesas de la época. Sólo la exageración de las curvas y el gusto por una marcada apariencia suntuosa revelan algo de su carácter español. A fines de siglo, durante el reinado de Luis XVI de Francia y, sobre todo, durante el Directorio, se impuso también en España un estilo de gran belleza caracterizado por una sobriedad neoclásica.

NOTAS

1. El *galicanismo* religioso, llamado así por haber nacido en Francia, postula la disminución del poder del Papa en favor de los obispos. Aunque de por sí es un sistema político diferente del *absolutismo* real, el cual afirma que "el rey tiene un poder absoluto, independiente e ilimitado, recibido directamente de Dios", éste lleva fácilmente a un galicanismo político, al exigir la subordinación de la Iglesia de la nación al Estado y un control absoluto sobre todos sus cargos y posesiones.

2. Aunque las palabras déspota y despótico tienen hoy generalmente el sentido de una opresión cruel y sin ley, *despotismo* aquí se refiere tan sólo a un régimen político de ejercicio absoluto del poder real.

3. Leopoldo de Gregorio, marqués de Esquilache (o Squillace) era un político siciliano que sirvió a Carlos III como ministro de Hacienda y después también de Guerra. A

pesar de su honestidad personal y de las numerosas reformas y mejoras que introdujo, era odiado por el pueblo por ser extranjero y porque muchas de las medidas introducidas eran contrarias a los usos y costumbres tradicionales.

4. Esta ley, que también se introdujo en muchos otros países europeos, recibió el nombre de *Ley sálica,* del latín *lex salica,* y tiene su origen en el código penal de la tribu franca de los *salios* (siglo V), de aquí su nombre. En ella se excluía a las hijas de toda herencia de tierras. Más tarde, ya en el siglo XVI, esta ley fue tomada como base de autoridad para excluirlas también de suceder en el trono.

5. Juan Enrique Pestalozzi (1746-1827), de origen suizo, fue un reformador de la educación y uno de los primeros en proponer la necesidad de la educación popular. En su método se insiste que la educación debe comenzar con las experiencias concretas y ajustarse a la capacidad y al progreso individual de los alumnos. En un tiempo cuando se aplicaba todavía un sistema basado en la memorización y en la aplicación de la regla de que "la letra con sangre entra", las ideas de Pestalozzi eran auténticamente revolucionarias.

6. Se llama Gran Siglo, del francés *grand siècle,* a la época que cubre el reinado de Luis XIV, rey de Francia desde 1643 a 1715.

7. Se da el nombre de *preceptiva literaria* al conjunto de reglas y preceptos para escribir bien. En cierto sentido, las preceptivas sustituyeron a las artes poéticas y artes retóricas medievales y han sido siempre muy populares en los sistemas educativos que insisten más en el orden, buen gusto y entrenamiento práctico dirigido, que en la libertad sin frenos de la inclinación individual.

8. Las ciudades de Pompeya y Herculano (Italia) fueron asoladas y quedaron hundidas en las cenizas del Vesubio el año 79 d. de C. Fueron descubiertas de nuevo durante el siglo XVIII, comenzándose su excavación en 1748. La imitación de sus magníficos decorados dio origen al llamado *estilo pompeyano,* que estuvo muy en boga entre los seguidores de los estilos neoclásicos.

9. Ya durante este período Goya demuestra una cierta tendencia hacia el alejamiento del dibujo y preferencia por la pincelada de color impresionista, sobre todo en los grupos de fondo de sus cuadros de temas populares.

Preguntas para estudio y repaso

1. ¿Por qué se llama al siglo XVIII un *siglo francés?* 2. ¿Qué otras naciones europeas adquirieron gran importancia en este tiempo? 3. ¿Qué efectos tuvo para España la introducción de la dinastía de los Borbones? 4. ¿Qué consecuencias tuvo la guerra de sucesión? 5. ¿Qué dirección política adoptó Felipe V? 6. ¿Qué carácter tenía Fernando VI? 7. ¿Qué política internacional siguió Carlos III? 8. ¿Cómo se puede juzgar la política interna de su reinado? 9. ¿Qué clase de ministros tuvo? 10. ¿Por qué fue importante el motín de Esquilache? 11. ¿Por qué fueron expulsados los jesuítas? 12. ¿Qué importancia tuvo el reinado de Carlos IV? 13. ¿Con qué acontecimientos europeos coincidió? 14. ¿Qué resonancia tuvieron éstos en España? 15. ¿Qué relaciones mantuvo Carlos IV con Francia? 16. ¿Por qué razones se oponía el pueblo a una alianza con Francia? 17. ¿Qué sistema político introdujeron los reyes Borbones en España?

18. ¿Qué conflictos causó el nuevo sistema? 19. ¿Qué reformas económicas introdujeron? 20. ¿Qué concepto de clases mantuvieron? 21. ¿Cómo se consiguió mejorar el comercio y la industria?

22. ¿A qué se da el nombre de Ilustración? 23. ¿Qué ideales políticos, sociales y culturales propugnaba? 24. ¿Qué era la *Enciclopedia* y qué efectos tuvo su publicación? 25. ¿A qué se llamó neoclasicismo? 26. ¿Por qué despreciaban los ilustrados las tradiciones españolas? 27. ¿Cuáles eran las características de la cultura española durante este siglo? 28. ¿Cómo se quiso reformar la enseñanza? 29. ¿Cómo reaccionó el pueblo ante las reformas que se le imponían? 30. ¿Cuál era la actitud de los intelectuales católicos ante los ideales de la Ilustración? 31. ¿Qué importancia tuvieron los jesuítas exilados? 32. ¿Por qué se dice que Feijóo representa un enciclopedismo español y católico? 33. ¿Cuáles eran los extremos en que se desenvolvía Mayáns y Ciscar? 34. ¿Qué importancia tuvieron las sociedades secretas en este tiempo? 35. ¿Qué derivaciones políticas demostraron?

36. ¿Cómo se manifestó la influencia francesa en la literatura española durante este tiempo? 37. ¿Por qué no se puede hablar de un neoclasicismo estrictamente hablando? 38. ¿Por qué no se puede equiparar neoclasicismo y afrancesamiento? 39. ¿Cómo se caracteriza la orientación neoclásica en la literatura? 40. ¿Quiénes fueron sus propagandistas? 41. ¿Cómo influyó la invasión napoleónica en la poesía de este tiempo? 42. ¿Cómo se manifestó el conflicto entre las formas tradicionales y las neoclásicas en el género dramático? 43. ¿Cuál fue la actitud oficial ante la literatura tradicional? 44. ¿Qué es el sainete y a qué debió su popularidad? 45. ¿Por qué se llama a Leandro Fernández de Moratín restaurador del teatro español? 46. ¿Cómo se podría enjuiciar en su conjunto la literatura española del siglo XVIII?

47. ¿Qué problemas y conflictos demuestra el arte español durante este siglo? 48. ¿Qué cambios había sufrido el arte francés? 49. ¿Qué estilo representaba la arquitectura tradicional española y qué formas nuevas adoptó? 50. ¿A qué causas respondía el predominio de los estilos franceses? 51. ¿Con qué rey se asocia generalmente la moda neoclásica en España y a qué se debía su predilección por este estilo? 52. ¿Cómo se manifiesta en la escultura el conflicto de estilos? 53. ¿Qué importancia tuvo Mengs para la pintura española? 54. ¿Qué evolución se advierte en la pintura de Goya? 55. ¿Por qué fueron especialmente importantes las artes industriales durante este siglo?

Términos y nombres para estudio y repaso

Luis XIV	Gaspar Melchor de	Manuel José Quintana
Galicanismo	Jovellanos	Escuela sevillana
Afrancesamiento	Ilustración	*Sainete*
Despotismo ilustrado	*Enciclopedia*	Ramón de la Cruz
Gibraltar	Neoclasicismo	Nicolás y Leandro
Pactos de Familia	Juan Enrique Pestalozzi	Fernández de Moratín
Cardenal Alberoni	*Teatro crítico universal*	*El sí de las niñas*
Esquilache	Logias Masónicas	Rococó
Conde de Aranda	*Poética* de Luzán	José de Churriguera
Revolución francesa	Academia del Buen	Francisco Salzillo
Príncipe de la Paz	Gusto	Anton Rafael Mengs
Batalla de Trafalgar	Arcadia agustiniana	Francisco de Goya
Amigos del País	Escuela de Salamanca	Reales fábricas

10

La Edad Contemporánea

Bajo la aparente simplicidad de la divisón cronológica que asigna a los siglos XIX y XX la categoría de Edad Contemporánea, se oculta una gran complejidad histórica, cultural, política y social.

En términos generales se puede afirmar que la historia europea durante los últimos dos siglos gira alrededor de la rebelión burguesa ocurrida a principios del siglo XIX y la revolución de las masas obreras a principios del siglo XX. Ambos acontecimientos contribuyeron decisivamente a las crisis y transformaciones que sufrió la sociedad europea durante este tiempo. En relación con el mundo, la evolución europea durante este mismo período incluye el predominio, técnico, cultural y militar de Europa durante el siglo XIX y su decadencia ante América, el Segundo Bloque, y la emergencia del llamado *Tercer Mundo* a partir del segundo decenio del siglo XX. Como únicos aspectos generales, se podría señalar el conflicto de ideologías muy profundamente sentidas al principio del período y, más tarde, su desvirtuación ante el empuje de un materialismo positivista y tecnológico que solamente acepta los valores de un progreso económico y material.

Desde un punto de vista más concreto, la época contemporánea se puede dividir en tres períodos: el primero, de predominio de la burguesía, que se extiende desde la Revolución francesa (1789) hasta la Primera Guerra Mundial (1914-1918); el segundo, iniciado por la Revolución rusa (1917), que se distingue por la rebelión de las masas obreras y el nacimiento de los estados totalitarios; y el tercero, que comienza con la Segunda Guerra Mundial (1939-1945), en el que los sistemas políticos y sociales pierden su vigor ideológico ante un pragmatismo económico y materialista.

En todo ello España siguió un ritmo distinto. Por no haber tenido una revolución burguesa a principios del siglo XIX, se complicó ésta con la revolución de las masas obreras de 1936, causa a su vez de una restauración, aunque tradicional, totalitaria. Desde este punto de vista, el régimen de Franco es el período transicional entre los siglos XIX y XX. Éste comenzó para España con un gran retraso, cuando la reacción ideológica tradicional del franquismo se desgasta y da paso, durante sus últimos años, a lo que acertadamente se ha llamado *el crepúsculo de las ideologías.*

Sólo en estas últimas décadas, tanto en España como en el resto del mundo se percibe un renacer de ideologías radicales y exaltadas, de sentido y signo muy diverso, cuyo efecto es todavía difícil de evaluar.

Europa durante el siglo XIX

En Europa el paso del siglo XVIII al XIX tuvo lugar bajo el signo de Francia y en ésta bajo el de Napoleón Bonaparte. Con el golpe de estado de 1799, Napoleón había dado fin al Directorio revolucionario, creando en su lugar un Consulado que, aprobado por referendum popular el mismo año, concedió poder absoluto a Napoleón, nombrado así Primer Cónsul de Francia.

Los historiadores acostumbran a presentar a Napoleón solamente como el genio de la guerra, apenas sin señalar que fueron también muy importantes los primeros años de su Consulado, dedicados enteramente a una obra de paz. En ellos logró reconciliar y reorganizar los dos órdenes sociales, el tradicional y el revolucionario, logrando crear en breve tiempo una nueva sociedad, burguesa e igualitaria, en torno a unos sistemas de justicia y administración que todavía se mantienen en efecto.

Por votación del Senado, Napoleón fue exaltado a la dignidad de Emperador de franceses, con lo que comenzó para Francia su época imperial (1804-1814). Sobre un régimen de despotismo basado en la fuerza militar, Napoleón movilizó a Francia y se lanzó a la conquista de Europa. Pero no lo hizo interesado en exportar la revolución ideológica, sino para renovar en su persona, con el prestigio de sus conquistas y el poder militar de la hegemonía francesa sobre Europa, las formas del Antiguo Régimen.

Para ello introdujo de nuevo en su Corte el modelo y la etiqueta de los reyes franceses, creó una nueva nobleza con títulos (príncipes, duques y condes) que hacían referencia a las victorias conseguidas contra los enemigos de Francia y cuyos titulares eran generalmente los héroes de los campos de batalla. Napoleón consiguió además que le fuera reconocido el título de emperador a perpetuidad a él y, después, a su descendencia, fuera ésta directa, natural, legítima o adoptiva. Y, para hacerlo efectivo, intentó entronizar a miembros de su familia como príncipes y reyes en los países conquistados o sometidos a Francia–sus hermanos José en España, Luis en Holanda, Jerónimo en Westfalia, y su hijo Napoleón (II) en Roma. Él mismo obligó al papa Pio VII a que acudiese a París a consagrarle

Emperador (1804) y obligó a su primera esposa Josefina a que aceptara el divorcio para él poder casarse con la archiduquesa María Luisa, hija del emperador Francisco I de Austria.

El pueblo francés soportó el régimen napoleónico mientras éste estuvo sostenido por deslumbrantes victorias militares, pero, al faltar éstas, Francia, agotada por tantas guerras, le negó su apoyo, precipitando así con la derrota su caída del poder. En 1814, ante la marcha de los aliados sobre París, Napoleón se vio obligado a abdicar, siendo desterrado, primero a la isla de Elba y después, tras los *Cien Días*[1] y la batalla de Waterloo, a la isla de Santa Elena, mientras que en Francia se restauraba la monarquía de los Borbones en la persona del rey Luis XVIII (m. 1824).

Los soberanos europeos reunidos en el Congreso de Viena (1814-1815) trataron de restablecer el sistema político de Europa sobre las bases de la monarquía tradicional. Para ello formaron la *Santa Alianza,* que se asumía el derecho de intervención en otros países para la represión de todo movimiento revolucionario que pudiera amenazar el sistema monárquico. De esta manera, tras la caída del imperio napoleónico, se entabló en Europa una larga y dura lucha entre el sistema de monarquía absoluta y los principios igualitarios de la Revolución francesa. Éstos habían sobrevivido en Francia los desmanes revolucionarios de la Convención[2] y la dictadura militar de Napoleón, teniendo que aceptar el mismo Luis XVIII muchos de sus principios. En el resto de Europa la popularización de las ideas políticas de la Ilustración y las guerras contra la dominación francesa más tarde, despertaron en los pueblos el deseo de la libertad política e independencia nacional. Por ello, cuando, derrotada ya Francia, los soberanos europas intentaron, en 1815, reintroducir el sistema antiguo de monarquía absoluta, se encontraron éstos en todos los países de Europa con grupos más o menos numerosos que se opusieron a ello más o menos abiertamente. Éstos, a quienes generalmente se da el nombre de *liberales,* eran partidarios de una monarquía constitucional, es decir, en la que el rey gobierna según una constitución escrita que garantiza los derechos y libertades del pueblo, de pensamiento, de expresión, de religión y de asociación. Frente a los liberales se alzaban los *absolutistas,* que defendían el absolutismo real y la religión de los reyes, que generalmente era la católica, como la oficial del Estado y de sus súbditos.

Así la historia política europea a lo largo del siglo XIX se caracteriza por una sucesión de esfuerzos realizados por los pueblos para obtener de sus reyes un régimen más liberal y, en los países en los que gobernaba un soberano extranjero, para lograr su independencia nacional.

Al principio, el triunfo fue del absolutismo, que pudo mantener el orden antiguo con las fuerzas organizadas y la intervención repetida de los ejércitos de la Santa Alianza. Pero fue un triunfo pasajero, que terminó con la Revolución francesa de 1830. Aunque ésta consistió tan sólo en la entronización del jefe del partido liberal, Luis Felipe, duque de Orleáns como Rey de los franceses (1830-1848), fue considerada, y en muchos aspectos lo fue, un triunfo de los movimientos liberales. Estimulados por este cambio, los liberales promovieron una serie de revoluciones en Bélgica, Polonia, Suiza, Alemania, Italia, España y Portugal que, aunque muy diferentes en sus detalles, tienen todas en común su oposición al antiguo régimen absolutista.

El desarrollo político europeo durante la segunda mitad del siglo continuó dominado por Francia, por sus empresas políticas y, principalmente, por los acontecimientos que tenían lugar en ella y que servían de inspiración y modelo a los grupos liberales y revolucionarios de los demás países.

En 1848 un golpe de estado revolucionario puso fin de nuevo a la monarquía francesa. Durante casi un cuarto de siglo Francia estuvo gobernada por una república–la Segunda República francesa (1848-1852)–y por un Imperio (1852-1870) con el poder ejercido por Luis Napoleón Bonaparte, primero como presidente de la República y más tarde como Emperador. Aunque el Imperio comenzó con un período autoritario (1852-1860), terminó derivando a una liberalización de las instituciones nacionales en la que encontraron inspiración y decidido apoyo las doctrinas de los varios grupos nacionalistas y liberales de otros países. La política de Francia, aunque no siempre consecuente ni desprovista de egoísmo político, ayudó sin embargo en el proceso de formación de Italia como nación, cuya unidad se realizó en 1879 bajo Victor Manuel como su primer rey.

Al mismo tiempo, en el norte de Europa el nacionalismo alemán tendía hacia una unidad política dominada por Prusia. Su gran artífice fue Otto von Bismarck, quien como ministro del rey de Prusia (1862-1871), estableció las bases de la unidad alemana con la derrota sucesiva de Dinamarca (1864), Austria (1866) y Francia (1870). En 1871, pocos días antes de la caída de París, fue declarado en Versalles el Imperio alemán bajo Guillermo II, rey de Prusia, como emperador y Bismarck como su ministro (1871-1890). Las condiciones impuestas por el Emperador alemán a Francia, aunque históricamente justificadas, fueron semilla de la guerra futura.

Mientras el antagonismo entre absolutistas y liberales se convertía en luchas incesantes y frecuentes revoluciones en casi todos los países europeos, Inglaterra logró ir adaptando sus instituciones políticas en un proceso continuo que no requirió conmociones violentas. A ello ayudó también la enemistad tradicional entre Francia e Inglaterra, que movió a ésta, incluso durante el reinado de Jorge III y Jorge IV, a no aceptar la política de restauración del absolutismo francés, ni la intervencionista de la Santa Alianza. En consecuencia, Inglaterra apenas se resintió de las revoluciones francesas de 1830 y 1848. Tras las reformas económicas y religiosas introducidas durante el reinado de Jorge III y Jorge IV, el sucesor de éstos, Guillermo IV, elaboró la reforma electoral y parlamentaria. A su fallecimiento, le sucedió la reina Victoria (1837-1901), que entonces contaba sólo con dieciocho años de edad. No fue el suyo solamente el reinado más largo de la historia inglesa, sino también el más fecundo. Durante él, se normalizó el régimen parlamentario, a la vez que la nación alcanzó un gran desarrollo cultural y económico. Esto se manifestó sobre todo en el imperialismo colonial británico, con el que buscaba compensación a la pérdida de las antiguas colonias americanas. En 1877 la reina Victoria fue proclamada Emperatriz de la India. El nuevo Imperio se extendía principalmente en Asia y África y, en el continente americano, el Dominio del Canadá, sucediendo a España como el Imperio más extenso del mundo.

España durante el siglo XIX

El siglo XIX representa para la historia de España una crisis general de las instituciones nacionales. La Revolución francesa, la invasión napoleónica y la Guerra de Independencia, si bien tendieron a unir en un principio los múltiples grupos, religiosos, políticos y sociales, en una unidad patriótica, dejaron como herencia una división más profunda todavía que la que ya se percibía durante el siglo anterior.

En oposición a la transformación revolucionaria francesa, se defendió en España, no sólo la religión católica, sino también la monarquía absolutista y el centralismo administrativo y político de los Borbones como si éstos fueran parte esencial de la tradición española. A causa de ello, la historia del siglo XIX español se convirtió en una constante contienda entre un liberalismo ilustrado, agresivo y sin gran respeto por el pueblo, y un tradicionalismo mayoritario e intransigente. Ambos, dogmáticos y autoritarios, pretendieron imponer sus creencias a los demás con una innecesaria y, en muchos casos, injustificable violencia.

La Guerra de Independencia

La llamada invasión francesa había comenzado con el envío de tropas francesas a España bajo el pretexto de preparar una campaña contra Portugal, aliada de Inglaterra. Se completó al entrevistarse el rey Carlos IV y su hijo Fernando VII en Bayona (Francia) con Napoleón y obligarles éste a renunciar al trono español en favor de su hermano José Bonaparte (1808).

Al enterarse de estos acontecimientos, el pueblo madrileño se rebeló, el dos de mayo de 1808, atacando a la guarnición francesa. Aunque el general Murat, lugarteniente de Napoleón en España, logró poner fin rápido y cruel a la sublevación en Madrid, ésta sirvió de grito de guerra para el resto de la Península. En respuesta, se sucedieron rápidamente en toda la Península una serie de revueltas y alzamientos, que convirtieron a toda España en un campo de batalla contra el invasor. El carácter popular, espontáneo y general de este levantamiento hizo necesaria la formación de Juntas de Defensa provinciales encargadas de coordinar los esfuerzos militares y organizar la vida política. Más tarde fueron sometidas todas ellas a una Junta Central, cuyo primer presidente fue el propio conde de Floridablanca. Sin embargo, y a pesar del carácter monárquico de la sociedad que se defendía, las Juntas tuvieron ya desde un principio un carácter democrático, sin distinción de clases.

La batalla de Bailén, en julio de 1808, en la que el general francés Dupont perdió todo su ejército, obligó a Napoleón a dirigirse en persona a España con un cuerpo de ejército de 300.000 hombres y acompañado de sus mejores generales. Pero, tras una serie de fulminantes victorias, tuvo que abandonar la Península al recibir noticia de que Austria preparaba un ataque contra Francia.

Al generalizarse en España la oposición armada contra Francia, Inglaterra, interesada en debilitar el poder de Napoleón, comenzó a enviar tropas a la Península, al mando del general Wellesley, futuro lord Wellington, quien en 1809 fue capaz de infligir una desastrosa derrota a las tropas francesas del general Junot.

El carácter popular de la Guerra de la Independencia hizo surgir el tipo de guerrillero español. Sus ataques, de sorpresa y usando como zonas de operación y refugio las más agrestes y montañosas de España, fueron con frecuencia causa de grandes victorias sobre las tropas francesas. Al mismo tiempo, creó un tipo de héroe popular, entre bandido y político, cuya actuación se dejó sentir a lo largo del siglo. Entre los guerrilleros más famosos hay que nombrar a Espoz y Mina, el *Rey Chico de Navarra;* Juan Martín Díaz *el Empecinado,* más tarde condenado a muerte por Fernando VII por revolucionario; el cura Merino, famoso también años más tarde en las guerras carlistas. Las acciones de estos guerrilleros y de las tropas españolas, muchas veces a la defensiva, son los momentos que más han cautivado la imaginación popular, que ha hecho de muchos de sus participantes héroes de la independencia española. De éstos, pocos hay tan celebrados como José Palafox y Agustina de Aragón, a cuyo heroísmo se debió la defensa de Zaragoza contra las fuerzas francesas.

Aunque ambos lados fueron capaces de conseguir importantes victorias, la guerra continuó indecisa por varios años, representando un desgaste terrible para las tropas francesas envueltas también, desde 1812, en las campañas de Rusia. Al tener noticia en 1814 de la abdicación del Emperador, los últimos generales franceses en la Península pactaron un cese de hostilidades y la evacuación de todas las plazas que aún ocupaban, terminando así la Guerra de la Independencia.

Una de las herencias más características y trágicas de la Guerra de la Independencia fue la politización de las fuerzas armadas y la militancia, con frecuencia armada, de los elementos políticos en ambos campos. Tanto los liberales como los absolutistas acudieron con frecuencia al ejército para que éste impusiera por la fuerza reformas o suprimiera las impuestas por el bando contrario. El ejército proporcionó además, con sus generales más influyentes, los jefes a ambos partidos, liberales y absolutistas, e incluso a los grupos revolucionarios. El fenómeno del militarismo político ha acompañado la política española hasta mediados del siglo XX.

Desde el punto de vista político el acontecimiento más importante de toda la guerra fue la convocación de las llamadas Cortes de Cádiz y la proclamación de la Constitución de 1812.

Las Cortes de Cádiz

En plena Guerra de Independencia y a insistencia de los elementos liberales fueron convocadas en 1810 las que generalmente se conocen con el nombre de *Cortes de Cádiz,* por la ciudad en que se reunieron. Ya desde el principio surgió la discordia entre los diputados presentes y, con ella, una división que ha dominado la historia de España hasta bien entrado el siglo XX. De una parte se constituyó el partido liberal, o *negro,* en el que se distinguían dos facciones: la moderada, que propugnaba unas reformas políticas y sociales al modo inglés, y la liberal a la francesa, más radical y exaltada, que exigía la implantación de los principios revolucionarios de la constitución francesa de 1791. Frente a ellos estaba el partido de los realistas, los *blancos,* llamados también despectivamente los *serviles,* que defendían el absolutismo monárquico. Aunque los principios que se discutían eran principalmente de índole política y había eclesiásticos y católicos ilustres en ambos partidos, muy pronto se dejó sentir el peso anticlerical y anticatólico de los miembros más exaltados del partido liberal.

Las deliberaciones de las Cortes dieron como resultado una Constitución, promulgada en 1812, que resultó ser una mezcla de una marcada ortodoxia religiosa y un cierto tradicionalismo con un liberalismo avanzado, que era plagio de la constitución revolucionaria francesa. Incluso se llegaron a incluir algunos puntos que copiaban decretos dados por José Bonaparte. Aunque la guerra contra Francia era nacional y tenía como fin la independencia española del dominio francés, fue ironía de la historia que fuera éste el momento en que la ideología revolucionaria del adversario se impusiera como ley en España.

Los puntos más importantes de la Constitución afirmaban que la soberanía nacional radica en el pueblo; que éste estaría representado por las Cortes y éstas constarían de una sola Cámara de diputados, elegidos sin distinción de clases, uno por cada 70.000 habitantes; la forma de gobierno sería la monarquía constitucional; que la potestad legislativa corresponde al rey con las Cortes y la judicial a los tribunales de justicia; quedaban abolidos los privilegios de nobleza; se regulaba la existencia de conventos y monasterios; se proclamaba la libertad de imprenta y se suprimía el tribunal de la Inquisición.

La Constitución introducía innegables mejoras, pero su carácter liberal y afrancesado y la intolerancia con que los liberales radicales quisieron imponer sus reformas fueron causa de que el partido absolutista encontrara muchos seguidores, que antes no tenía, y que el absolutismo monárquico llegara a ser para una gran mayoría del pueblo expresión de la tradición política española, lo cual no era cierto.

Fernando VII (1808-1833) el mismo los hilares de la rebeldía

Por el tratado de Valençey (1813), firmado entre Napoleón y Fernando VII, recobraba éste la corona española y quedaba en libertad de regresar a España. Como parte de su reconocimiento oficial como rey de España, las Cortes habían citado a Fernando VII en Madrid, donde recibiría el homenaje de los diputados. El monarca se dirigió en cambio a Valencia desde donde, a instancia de los generales absolutistas, autorizó un golpe de estado que acabó con el régimen constitucional (1814). Pocos días más tarde entraba en Madrid Fernando VII, aclamado por el pueblo como el *Rey Deseado*.

Con el regreso de Fernando VII, España se unió al movimiento europeo de reacción absolutista. Durante los años siguientes, la llamada *época absolutista* (1814-1820), el monarca, seguro del afecto popular y de la protección de los reyes europeos, restableció todo el aparato político del Antiguo Régimen, ignorando cuantas disposiciones habían sido tomadas, o reformas introducidas, durante su ausencia. El rey, desconfiado, astuto y cobarde, inició además una política represiva y persecutoria de los elementos liberales más destacados, suprimió la libertad de imprenta, restableció el tribunal de la Inquisición y permitió el regreso de los jesuitas expulsados. El disgusto contra la política absolutista del rey hizo que varios de los más famosos guerrilleros de la Guerra de la Independencia y algunos jefes del ejército intentaran con las armas restablecer la Constitución. Muchos de ellos pagaron con su vida el intento; otros, como Espoz y Mina, consiguieron huir a Francia.

La reacción liberal, derrotada en los campos de batalla, se convirtió en movimiento secreto en el que las logias masónicas, en especial el Taller Sublime de Cádiz dirigido por Alcalá Galiano, fueron adquiriendo gran importancia. Uno de sus miembros, Rafael Riego, comandante del ejército, organizó la sublevación armada de 1820 con la proclamación de la Constitución de Cádiz. Aunque el esfuerzo de Riego fracasó, el movimiento revolucionario cundió a otras provincias, por lo que el rey se vio obligado a jurar la Constitución. Así comenzó lo que se ha llamado el *trienio liberal* (1820-1823), que consistió en un forcejeo continuo sin ningún provecho político o económico para la nación, en el que participaron, además de los absolutistas, las varias facciones en que los liberales estaban divididos.

Las disensiones entre los liberales, tan fanáticas e intemperantes como las de los mismos absolutistas, hicieron que aquellos se dividieran entre moderados y progresistas, siendo éstos los más exaltados y revolucionarios. Al amparo de éstos se introdujeron en España la sociedad secreta de los *Carbonarios,*[3] imitación en su radicalismo de las sociedades italianas del mismo nombre, y las *Sociedades Patrióticas,* copia de los Clubs de la Revolución francesa.[4] Los moderados en cambio se agruparon en torno a la sociedad de *Los Amigos de la Constitución.*

Las relaciones entre Fernando VII y las Cortes se rompieron al negarse el rey a aceptar una serie de medidas adoptadas por las Cortes en contra de la Iglesia, en las que estaba incluida la supresión de todas las Órdenes religiosas. La reacción absolutista tomó entonces un carácter popular que provocó sublevaciones armadas contra los liberales, dirigidas por guerrilleros y jefes de los ejércitos regulares. Al fracasar las sublevaciones absolutistas, a pesar del apoyo popular con que contaban, y ante el peligro revolucionario que presentaba la reacción liberal, los soberanos europeos miembros de la Santa Alianza se decidieron a enviar un cuerpo expedicionario francés en ayuda de las fuerzas absolutistas. Los *Cien mil hijos de San Luis,* como el ejército francés fue llamado, apenas encontraron resistencia y, tras ocupar Madrid, se dirigieron a Cádiz donde los diputados liberales habían buscado refugio llevándose consigo a Fernando VII. Al bloquear los franceses la ciudad, los gobernantes se decidieron a capitular y poner en libertad al rey, quien prometió a su vez instaurar un gobierno moderado y ser clemente con todos, olvidando los excesos pasados.

La intervención extranjera salvó a España de una guerra civil, pero fue causa de que Fernando VII, olvidándose de sus promesas, iniciara una serie de persecuciones sangrientas contra los liberales y defensores de la Constitución, que merecieron el nombre de *década ominosa* a los diez años que duró esta reacción absolutista (1823-1833). Durante estos años las llamadas Juntas de Fe condenaron a muerte a un gran número de jefes y líderes liberales, entre ellos al general Riego (1823), al famoso guerrillero de la Independencia, *el Empecinado* (1825) y a Mariana Pineda, acusada de bordar una bandera revolucionaria.

Fernando VII, aunque había contraído matrimonio tres veces, no había tenido descendencia de ninguna de sus esposas, quedando así como presunto heredero al trono su hermano Carlos, hombre de gran integridad y profundo sentimiento católico en el que se centraban las esperanzas de absolutistas y católicos. Por ello, al contraer matrimonio por cuarta vez con María Cristina de Borbón y encontrarse ésta embarazada al poco tiempo, el problema de la sucesión al trono tomó graves proporciones.

La sucesión de mujeres al trono español era parte de la tradición política española, pero Felipe V, en 1713, como una de las condiciones del tratado de paz y para evitar la unión de las coronas de España y Francia, se había visto obligado a proclamar la *Ley sálica* española, que las excluía. Ya Carlos IV, en su *Pragmática* sanción de 1789, había restablecido la ley tradicional pero sin que nunca llegara a promulgarse. A esta ley se acogió Fernando VII y, ante el embarazo de la reina, la promulgó, a pesar de la protesta vehemente de don Carlos y de sus numerosos partidarios, que formaban el llamado Partido Apostólico. Su descontento fue todavía mayor cuando al nacer la princesa Isabel, el año 1830, fue ella y no don Carlos, proclamada heredera a la Corona. A consecuencia de ello, al morir en 1833 Fernando VII, España se encontraba al borde de las Guerras Carlistas.

Éstas, llamadas así por recibir su justificación en los derechos del pretendiente don Carlos, fueron en realidad expresión del conflicto ideológico en que se encontraba España durante este siglo. Por una parte estaba el liberalismo, partidario de un régimen constitucional que parecía minar el sistema monárquico, igualizante y, por tanto, con frecuencia opuesto a los privilegios–fueros–de los antiguos reinos y, sobre todo, enemigo ya declarado de la idea de una nación oficialmente católica. Por otra parte estaba el tradicionalismo político y religioso, cuyo grito de batalla era precisamente *Rey, Religión y Fueros,* tan poco dispuesto al compromiso y tan cerrado en un dogmatismo sin diálogo como los liberales más exaltados.

A pesar de ello la vida política española no resolvió sus conflictos ideológicos en los campos de batalla, ni fue el carlismo expresión política y religiosa de la mayoría durante mucho tiempo. Por el contrario, al dividirse los movimientos liberales en extremos y moderados, fueron éstos los que mejor expresaron el pensamiento político mayoritario. Pero bajo el ataque de los extremistas, muchos liberales moderados prefirieron aceptar la colaboración con un tradicionalismo más conservador.

La independencia de la América española

El acontecimiento más importante, ya que no el más glorioso, de todo el reinado de Fernando VII fue el desmoronamiento del Imperio español, causado por la independización de los territorios americanos. La gran unidad política, social y religiosa que había sido base del Imperio durante los siglos XVI y XVII se había ido quebrando a lo largo del XVIII en los territorios de la América española, al igual que en los peninsulares y por las mismas razones: la reacción anticatólica europea, las nuevas ideas sociales y políticas de la Ilustración y, más tarde, el ideario de la Revolución francesa defendido por las sociedades masónicas y patrióticas. A éstas hay que añadir, en América, el ejemplo de la rebeldía contra Inglaterra de sus colonias norteamericanas.

La invasión francesa, al aislar la Península e interrumpir por un tiempo el funcionamiento de su sistema político, fue la coyuntura en que comenzó el proceso de desintegración colonial español. Paralelamente a las españolas, se constituyeron también en Venezuela, Nueva Granada y Argentina, unas Juntas defensoras de los derechos de Fernando VII, estableciendo una oposición entre éstas y los funcionarios de las ciudades, que fácilmente degeneró en actitudes separatistas.

La Constitución de Cádiz, con sus tendencias revolucionarias y la consiguiente lucha entre liberales y tradicionalistas, al pasar a los territorios americanos, creó también en ellos el ambiente propicio para una contienda que tuvo mucho de guerra civil entre españoles. Éstos, como los criollos, militaban en ambos campos, aunque la mayoría de los criollos defendieron la independencia. El elemento indígena, por el contrario, en los primeros tiempos fue más favorable a la causa de la unidad hispánica.

En la Península los deseos de independencia y separatismo de la América española encontraron numerosos defensores entre los elementos liberales opuestos al absolutismo de Fernando VII. Como parte de su actividad en favor de una monarquía constitucional o incluso una república revolucionaria al estilo francés, se organizaron frecuentes sublevaciones y motines con el objeto de impedir el embarque de fuerzas expedicionarias.

Los Estados Unidos y, por otras razones, Francia e Inglaterra, vieron siempre con simpatía e incluso, más o menos abiertamente, apoyaron todos los conatos separatistas y sus defensores tanto en la Península como en los territorios americanos.

En Méjico, todavía durante la Guerra de Independencia española, se alzaron contra el Gobierno los sacerdotes Miguel Hidalgo y Jose María Morelos, seguidos de grandes masas de indios. Fracasados estos intentos, Méjico se mantuvo en relativa paz hasta que el triunfo de los liberales en España, en 1820, avivó de nuevo las pasiones políticas. El año 1821 el coronel Agustín de Itúrbide se puso de acuerdo con el cabecilla Vicente Guerrero y declaró la independencia del territorio mejicano.

La guerra civil y de independencia colonial, que hasta 1815 había sido francamente favorable a las fuerzas del rey, fue cambiando paulatinamente hasta la declaración de independencia de los países de Centroamérica en 1821 y de los demás países sudamericanos en 1824. Otros héroes americanos de estas guerras fueron el venezolano Francisco de Miranda, general de la Revolución francesa, masón y fundador en Londres de la Logia Americana; Simón Bolívar, nacido en Caracas, de origen vasco, que viajó por Europa, donde se afilió a la masonería; y el general argentino San Martín, miembro de la Logia Americana de Londres.

En los estudios sobre la historia de España de este tiempo escritos por autores católicos españoles, ha recibido siempre, y recibe todavía mucha importancia, la coalición de francmasones y liberales y su intervención en el proceso de la independencia americana. El historiador Vicente de la Fuente dio en 1874 su versión de este proceso, que él atribuía "además de la mala administración habitual de España: la venganza de Inglaterra por haber apoyado España la emancipación de los Estados Unidos. La ingratitud de los Estados Unidos, y su empeño de anexionarse todas las colonias españolas . . . Y la gestión maléfica de la francmasonería cooperando al levantamiento . . . (y) sublevando el ejército en España y en América contra los intereses de la nación." Para los historiadores católicos y para los españoles en general, la ayuda abierta de liberales y francmasones a los separatistas americanos respondió a su propio interés en atacar la religión y el sistema tradicional de gobierno español, viendo así en ella una traición a la nación que sirvió para hacer todavía más profunda su aversión al liberalismo.

Isabel II (1833-1868)

La regencia de María ^regente *Cristina (1833-1843)*

Al fallecimiento de Fernando VII su hija Isabel, que contaba entonces tres años de edad, fue reconocida heredera bajo la regencia de su madre, la reina María Cristina. La reina regente confirmó en el cargo de la Secretaría de Estado a Francisco Cea Bermúdez, quien, aunque enemigo de un gobierno constitucional, trató de buscar una política ecléctica alejada de extremismos con la que a nadie satisfizo. Los carlistas se oponían al absolutismo centralista y exigían un retorno a los privilegios y fueros regionales, desconfiaban de los ministros de la monarquía y de su actitud contraria a la tradición política y religiosa de la mayoría del pueblo español e insistían además en los mejores derechos del infante don Carlos. Frente a ellos los liberales insistían en que se proclamase una constitución liberal y, ante la oposición de los carlistas a la heredera Isabel, se proclamaron ellos sus defensores, por lo que en esta contienda se les conocía también con el nombre de *isabelinos* o *cristinos*.

La guerra—primera Guerra Carlista—se declaró pocos días después de la muerte de Fernando VII y se extendió rápidamente por el norte, centro y este de la Península, cubriendo las Provincias Vascongadas, Navarra, Aragón, Cataluña y Valencia. La contienda, que se distinguió por el fanatismo y crueldad de que hicieron gala ambos bandos, terminó a los siete años con el Convenio—*abrazo—de* Vergara (1839),[5] que dejó sin solucionar el conflicto ideológico. En el campo liberal, cristino, se distinguió el general Espartero, quien con su valor militar y talento político puso fin a la guerra. En el campo carlista el héroe fue Zumalacárregui, quien ya se había distinguido en la Guerra de la Independencia y más tarde en la lucha contra el Gobierno constitucional. Murió herido en el campo de batalla en 1835.

A Cea Bermudez siguió como ministro Martínez de la Rosa, liberal moderado. Durante su ministerio, que duró tan sólo un año, se publicó el *Estatuto real,* documento con apariencia de constitución. Su promulgación, en 1834, enojó a los tradicionalistas sin contentar a los liberales, cuya división entre moderados y progresistas se hizo entonces todavía más profunda. El mismo año en Madrid y otras varias ciudades, el populacho irrumpió en los conventos dando muerte a muchos religiosos bajo el absurdo pretexto de que éstos habían envenenado las aguas de Madrid. Los católicos dieron la responsabilidad de estos crímenes a las logias masónicas madrileñas que, según decían, habían calumniado a los religiosos e incitado a la población.

A Martínez de la Rosa sucedió en 1835 el conde de Toreno, liberal extremado. La medida política más importante adoptada durante el año que duró su ministerio fue la supresión de la Compañía de Jesús, que le acarreó la abierta oposición de la mayoría católica.

Le sucedió el mismo año Juan Álvarez Mendizábal. Era éste un notable economista, miembro de las logias masónicas y partidario declarado de un liberalismo exaltado y anticlerical. Reunidas las Cortes para solucionar los problemas económicos de la nación, Mendizábal determinó la desamortización de los bienes de la Iglesia y la supresión de todas las Órdenes religiosas, salvo las dedicadas a la enseñanza de niños pobres o al cuidado de enfermos en hospitales, pasando todos sus bienes y propiedades al Estado, el cual decretó su venta.

El daño que la desamortización y venta de bienes eclesiásticos causó al tesoro artístico fue extraordinario, pero fue mayor todavía el económico y el social que la medida trataba de mejorar. Sin un sistema de créditos que pudiera ayudar en la compra de las propiedades a los campesinos que las trabajaban, éstas terminaron siendo adquiridas a precios muy bajos por los propietarios opulentos. Como consecuencia ni mejoró notablemente la deuda del Estado ni se alivió la situación del trabajador pobre. Por el contrario, al tomar posesión de las tierras propietarios movidos por un ideal de explotación capitalista, aunque la producción mejoró en muchos casos, la situación social del campesino empeoró. La ventaja política de esta medida fue que los nuevos propietarios apoyaron desde entonces incondicionalmente a los gobiernos liberales, por temor a que uno tradicionalista declarase nulos los decretos de desamortización.

El año 1836 tuvo lugar el motín de La Granja, con el que elementos liberales progresistas obligaron a María Cristina a que aceptase la Constitución de 1812. De acuerdo con ella, las Cortes, reunidas en sesión extraordinaria, votaron una nueva Constitución (1837) de carácter liberal moderado, que, por conceder al rey el derecho de veto, no agradó a los grupos progresistas.

El personaje más influyente en España desde la terminación de la Guerra Carlista había sido el general Espartero, titulado por su actuación en ella duque de la Victoria. Liberal progresista, Espartero fue nombrado ministro y, al frente de la facción más exaltada de las Cortes, obligó a María Cristina a salir de España, quedando él como regente en lugar suyo.

La regencia del general Espartero duró dos años. El proceder dictatorial del nuevo regente le hizo muchos enemigos en el ejército y en el gobierno, tanto entre los progresistas como entre los moderados. En 1843 una sublevación armada dirigida por el general Narváez, jefe de las facciones moderadas, venció a las fuerzas del gobierno y obligó a Espartero a salir de España.

La mayoría de Isabel II (1843-1868)

Reunidas las Cortes declararon mayor de edad a la princesa quien, tras jurar la Constitución, fue reconocida reina. Isabel II contaba entonces con trece años de edad.

El reinado de Isabel II fue tan inestable y difícil como había sido el de la regencia. Continuaron las luchas, cada vez más duras, entre progresistas y moderados. Se hizo más clara la politización de los jefes del ejército, cuyos generales más distinguidos, Espartero, Narváez, O'Donnell, Serrano y Prim, dominaban la política española con su prestigio personal y la autoridad y poder que les daba su mando en el ejército. En este período los grupos más radicales del liberalismo progresivo comenzaron a derivar hacia una actitud antimonárquica y republicana.

Durante los veinticinco años que duró el reinado personal de Isabel II, se sucedieron en el poder sesenta gobiernos, generalmente deshaciendo cada uno la obra iniciada por su predecesor. Su reinado comenzó con una década, (1843-1853) llamada moderada, cuyo gobierno más notable y de más larga duración fue el del general Narváez (1844-1846), jefe del partido liberal moderado, quien todavía gozaba del prestigio que le había dado su sublevación en favor de la monarquía contra el general Espartero. Durante su gobierno las cortes proclamaron la Constitución de 1845, en la que se concedía un mayor poder a la autoridad real y se robustecía el poder ejecutivo, por lo que no fue aceptable para el partido progresista, que la tachó de reaccionaria.

Durante el gobierno siguiente, el ministerio de Istúriz, se presentó el problema de las bodas de Isabel II. Casi todas las cortes europeas ofrecieron su candidato, mientras que los tradicionalistas españoles propusieron como el suyo al hijo de don Carlos, a quien daban el título de Carlos VI. La selección recayó, sin embargo, sobre Francisco de Asís, sobrino de Fernando VII, cuyas bodas se celebraron en 1846, con la solemnidad que se daba entonces a las bodas reales.

El año siguiente, en 1847, comenzó la Segunda Guerra Carlista (1847-1849) que tuvo importancia sólo en Cataluña, y que coincidió con la revolución francesa que puso fin al sistema monárquico en Francia (1848). Durante este tiempo y tras una serie de gobiernos cortos y sin importancia, el general Narváez se hizo de nuevo cargo del poder, manteniendo el dominio del partido moderado durante cuatro años, hasta 1854. A su actuación enérgica y casi dictatorial se debió que la revolución francesa de 1848 no tuviera repercusiones inmediatas en España.

El año 1854 se inició el llamado *bienio progresista,* que se caracterizó por la lucha y rivalidad personal entre dos generales eminentes: Espartero y O'Donnell. Ambos eran liberales progresistas, pero moderado éste, más revolucionario aquél y arbitrario en el uso del poder.

Tras otra serie de gobiernos efímeros y sin importancia subió al poder el general O'Donnell como jefe de la Unión liberal, una especie de coalición de partidos moderados. Durante los cinco años que duró este gobierno, España se vio envuelta en la guerra de África (1859-1860) con el sultán de Marruecos, a la que el propio O'Donnell, al frente de las fuerzas españolas, puso fin con la conquista de Tetuán. Las condiciones de paz impuestas al sultán, aunque favorables a España, fueron mal recibidas por los españoles, que las titularon *una guerra grande y una paz chica,* por lo que O'Donnell perdió mucho del prestigio conseguido en los campos de batalla.

Mientras se ventilaba la guerra en África, los carlistas volvieron a sublevarse (1860) pero fueron rápidamente sometidos y el pretendiente, Carlos, habiendo sido hecho prisionero compró su libertad con la renuncia a sus derechos al trono. Dos años más tarde, en 1862, en colaboración con Francia e Inglaterra, el general Prim dirigió una expedición a Méjico en apoyo del emperador Maximiliano impuesto por Napoleón III, pero regresó el mismo año (1862) ante las promesas de Juárez de respetar los derechos e intereses de los españoles y para no favorecer, con la ayuda de España, las ambiciones francesas sobre aquel país.

El gobierno de la Unión liberal cayó a causa de la divergencia de opiniones de los grupos que la formaban. La polarización de los liberales en torno al partido moderado, dirigido por el general Narváez, y al progresista, capitaneado por el general Prim, volvió por un tiempo a dominar la política interna española.

Durante los últimos años del reinado de Isabel II, se sucedieron varios ministerios de lamentable debilidad e ineficacia. Otros, dirigidos por O'Donnell y Narváez, fueron incapaces de contener los avances del liberalismo progresista, cada vez más anti-isabelino y antimonárquico. Las medidas casi dictatoriales que se vieron obligados a aplicar para restablecer el orden en la nación acabaron con la popularidad que el gobierno de la reina pudiera tener todavía.

Al morir O'Donnell (1867) y Narváez (1868), la reina Isabel y la monarquía perdieron sus dos más prestigiosos defensores. El mismo año de la muerte del general Narváez se sublevó el almirante Topete con varios generales del ejército, entre ellos Prim y Serrano, obligando a la reina y al príncipe Alfonso a salir de España. Con su destierro se inició en España un dramático período de intensa actividad revolucionaria conocido por la *revolución de 1868.*

El período de transición (1868-1874)

Durante los seis años que median entre el destronamiento de Isabel II y la restauración de la dinastía en la persona de su hijo Alfonso XII, el gobierno del país se demostró totalmente incapaz de cambio a causa, sobre todo, de la intransigencia política de sus partidos.

La regencia del general Serrano (1868-1870)

La que se llamó "revolución gloriosa" de 1868, que destronó a Isabel II, fue en principio una protesta dirigida más contra la reina y su gobierno que contra el sistema monárquico, que la mayoría de políticos y de los españoles hubiera preferido ver continuado en la persona del príncipe Alfonso. Sin embargo, como éste contaba con sólo once años de edad y la regencia hubiera recaído en su madre, la reina Isabel, se nombró un gobierno provisional dirigido por el general Serrano. Reunidas las Cortes el año siguiente nombraron éstas al general Serrano como regente del reino y al general Prim como Jefe del gobierno. Procedióse además a votar una nueva Constitución, la de 1869, que fue la más avanzada de cuantas se habían promulgado hasta la fecha. En ella se concedía el poder legislativo exclusivamente a las Cortes, la elección de senadores era asignada a las provincias, se reconocía la libertad de cultos y el matrimonio civil.

Amadeo de Saboya (1870-1873)   de Italia

La regencia del general Serrano se vio envuelta en muy graves problemas sociales y económicos que crecían con la anarquía de los partidos, cada uno tratando de defender sus propios intereses y programas políticos. Problema difícil de resolver fue la elección de un nuevo soberano. Cuando, tras complicadas gestiones, el general Prim consiguió que las cortes aceptaran como rey a Amadeo de Saboya, hijo de Victor Manuel, rey de Italia, quedaron sin resolver la oposición de los partidarios de Alfonso, la del partido carlista, la del republicano, que se oponía a toda elección, y los problemas planteados por la guerra franco-prusiana (1870), causada en parte por la candidatura al trono español del príncipe alemán Leopoldo de Hohenzollern, a la que se opuso enérgicamente Napoleón III.

La entrada en España del nuevo rey, el año 1871, se vio ensombrecida con la muerte del general Prim, víctima de un atentado ocurrido cuando se dirigía a recibir al monarca. Con él perdió el rey Amadeo su más dedicado defensor y el único que, con su gran prestigio, le hubiera podido ayudar a pacificar el país. Sin su apoyo, el nuevo monarca tuvo que aceptar una serie de cambios de gobierno que revelaron su incapacidad de dar continuidad a la vida política de la nación. Por otra parte la oposición declarada al rey extranjero por la mayoría de los partidos políticos, alfonsinos, carlistas, republicanos y aún liberales y católicos le dejó sin apoyo popular y así totalmente incapacitado para gobernar.

En estas circunstancias y usando como pretexto los excesos que a diario cometían los grupos más exaltados, se lanzaron los carlistas de nuevo a la guerra en las Provincias Vascongadas y Navarra (1872). La paz con los carlistas, firmada el mismo año por el general Serrano, fue vista por los partidos liberales radicales como una capitulación por parte del gobierno y, como tal, nunca quisieron reconocerla.

En 1873, ante la incontrolable anarquía política que sufría el país, el rey Amadeo leyó a las Cortes un mensaje de renuncia al trono en el que describía en tonos dramáticos la situación política de la nación. Su reinado había durado menos de tres años.

La Primera República (1873-1874)

El mismo día de la salida de España de la familia real, el Congreso y el Senado reunidos en Asamblea Nacional proclamaron, con una gran mayoría de votos, la Primera República española (1873). La armonía entre los partidos que habían votado contra la monarquía a favor de una república duró muy poco. El mayor problema fue entonces el diverso concepto de nación que tenían los partidos liberales, pues mientras los unos favorecían un sistema de federación de provincias y regiones, insistían los otros en una unión centralizada. De momento salieron vencedores los federalistas, quienes lograron imponer su jefe, Pí y Margall, como primer presidente de la República. Sin embargo, en los pocos meses que duró su presidencia el plan federalista degeneró en separatismo, con los intentos de formación del Estado Catalán y un anárquico cantonalismo en que cada provincia, o cantón, propuso su plan de reformas sociales y económicas independientemente del gobierno. Ante la imposibilidad de mantener el orden en el gobierno y estando en peligro la unidad nacional fue elegido presidente Nicolás Salmerón. Salmerón tuvo que pedir poderes dictatoriales a las Cortes para hacer frente a las sublevaciones cantonales, que se habían extendido por toda España, y a las tropas carlistas en las Provincias Vascongadas, que habían reanudado la lucha a raíz de la abdicación del rey Amadeo. Le sucedió en la presidencia a los pocos meses Emilio Castelar, uno de los oradores políticos más elocuentes que España ha tenido. Republicano moderado, se propuso consolidar la República con todos los medios a su alcance. Pero, al gobernar casi todo el tiempo sin recurrir a las Cortes, se le acusó de tendencias excesivamente conservadoras y de olvidar los postulados republicanos, por lo que se vio obligado a dimitir.

Durante el proceso de elección de un nuevo presidente, el general

Pavía, uno de los más prestigiosos jefes del ejército, que ya había tomado parte en el destronamiento de la reina Isabel II, disolvió por la fuerza la Asamblea. El ensayo de República había durado menos de un año (1873-1874).

La restauración de la monarquía

A continuación, bajo la presión del general Pavía, los jefes de los partidos se reunieron para formar un gobierno provisional bajo la presidencia del general Serrano. El nuevo gobierno disolvió las cortes republicanas, suspendió las garantías constitucionales y se dedicó a resolver por la fuerza los dos conflictos armados: la Guerra Carlista y la sublevación de los republicanos cantonalistas.

El desengaño producido por el desastre republicano y el cansancio monárquico con las Guerras Carlistas hicieron crecer el partido alfonsino, que estaba dirigido entonces por Cánovas del Castillo. Hombre moderado, razonable, decidido y autor de artículos de diario y varias obras literarias e históricas, era él el alma de la propaganda en favor de una restauración política y civil de la monarquía. Sin embargo, el general Martínez Campos y con él los generales más influyentes del ejército, sin confianza en el gobierno, se negaron a esperar los resultados de un proceso parlamentario, optando, en cambio, por un pronunciamiento en Sagunto (1874), en el que se proclamó la restauración de la monarquía en la persona de Alfonso XII, quien contaba entonces con diecisiete años de edad.

Alfonso XII (1875-1885)

El reinado de Alfonso XII (1875-1885) fue, comparado con la inestabilidad política de los años precedentes, un período de reconstrucción nacional, malograda tan sólo por la muerte temprana del monarca cuando apenas contaba con veintiocho años de edad. Con el joven monarca, inteligente, dinámico y generoso, España perdió uno de sus mejores reyes de la Casa de Borbón.

Un suceso fundamental de este reinado fue la terminación de la Tercera Guerra Carlista. Había comenzado ésta en 1872, extendiéndose en los años siguientes por las Provincias Vascongadas, Navarra y toda la región del Levante español. La presencia del monarca en los campos de batalla a los pocos días de su proclamación como rey enardeció a las tropas reales, que llegaron a conseguir una serie de notables victorias. A principios del año 1875 el pretendiente Carlos pasó la frontera francesa, terminando así la Guerra Carlista. Alfonso XII, tras una entrada triunfante en Madrid, ofreció amnistía general a los que habían luchado contra él.

En ultramar, Alfonso XII puso fin a la guerra de Cuba, concertando con los rebeldes la Paz del Zanjón (1878) por la que concedía las mismas condiciones políticas que disfrutaba la isla de Puerto Rico y la libertad de los esclavos.

En la esfera política el acontecimiento más importante fue la proclamación de la Constitución de 1876, que, aunque más liberal que la de 1845, mantenía un tono moderado que pareció aceptable a todos, menos a los carlistas, y, por razones contrarias, a los progresistas. En ella se reconocía la religión católica como la oficial del Estado, aunque se establecía la tolerancia religiosa, y se afirmaba que la potestad de dar leyes residía en las Cortes con el rey.

Durante la mayor parte del reinado de Alfonso XII la política española estuvo dirigida por Cánovas del Castillo, jefe del partido conservador. Éste dedicó todos sus esfuerzos a establecer un partido de oposición que ayudara en el gobierno. Producto de esta política fue la formación del partido fusionista, de carácter más liberal. Su jefe más notable fue Sagasta, quien ocupó el gobierno por dos años (1881-1883), en los que adoptó medidas liberales, por lo general, bien recibidas.

Los últimos años del reinado de Alfonso XII se vieron ensombrecidos por unas revueltas de tipo revolucionario republicano en la Universidad de Madrid, por unos terremotos en Granada (1884) y una epidemia de cólera que llegó a producir numerosas víctimas (1885). Al fallecer Alfonso XII víctima de tuberculosis, en 1885, dejaba dos hijas habidas de su segunda esposa, María Cristina de Habsburgo, archiduquesa de Austria, quien estaba además en estado avanzado de embarazo.

La Regencia (1885-1902)

Dada la ley que daba preferencia a los varones sobre las hembras en la sucesión al trono, se aplazó la declaración del heredero hasta el alumbramiento, ya próximo, de la reina. Por miedo a un retorno a las guerras dinásticas con los carlistas y a la revolución de los partidos republicanos opuestos a la monarquía, Cánovas del Castillo y Sagasta se pusieron de acuerdo para un turno pacífico en el gobierno. De acuerdo con lo estipulado, Cánovas del Castillo dimitió, reconociendo el ministerio de la oposición dirigido por su jefe Sagasta. Este sistema de turno pacífico, llamado de balancín, aunque se mantuvo durante casi toda la Regencia, no pudo evitar las luchas políticas con los partidos republicanos, que intentaban apoderarse del gobierno, ni los desórdenes causados al aparecer en la vida española los partidos regionalistas y socialistas. Víctima de éstos fue el mismo Cánovas del Castillo, que fue asesinado por un anarquista en 1897.

En la política exterior el acontecimiento más importante fue el desastre colonial de 1898. La torpeza de la administración española, que no llegó a comprender a tiempo la necesidad de reformas fiscales y políticas, llevó a la insurrección de José Martí en Cuba (1895) y de Andrés Bonifacio en las islas Filipinas (1896). Los norteamericanos, con objeto de defender sus propios intereses en las Antillas, apoyaron a los rebeldes, declarando en 1898 la guerra a España. Al ser destruida la escuadra española en las batallas de Cavite (Filipinas) y de Santiago de Cuba,[6] España tuvo que aceptar el *Tratado de París* (1898), por el que renunciaba a la soberanía de Cuba y, a cambio de 20 millones de dólares, cedía a los Estados Unidos las islas Filipinas, Guam y Puerto Rico. Con ello se liquidaron los últimos restos de lo que había sido gran imperio colonial español.

El 17 de mayo de 1902 cumplió Alfonso XIII dieciséis años, siendo declarado mayor de edad y, con su jura de la Constitución, terminó la regencia de María Cristina.

NOTAS

1. Se da el nombre de *Cien Días* al tiempo que media entre el 1 de marzo de 1815, fecha en que Napoleón abandonó la isla de Elba en un intento de recuperar el poder, y el 18 de junio del mismo año, cuando fue definitivamente derrotado en Waterloo por las tropas alemanas e inglesas.

2. Se llama Convención a la asamblea que gobernó Francia desde 1792 a 1795, durante los momentos más críticos de la Revolución.

3. Sociedad secreta político-religiosa de gran actividad e influencia, especialmente en Italia y Francia, desde fines del siglo XVIII. Intervino activamente en muchas de las revoluciones de principios del siglo XIX.

4. Se da este nombre a los varios grupos políticos que se organizaron, muchos clandestinamente, durante la Revolución francesa. El más famoso fue el Club de los Jacobinos, que gozó de un poder casi ilimitado en 1791 hasta la caída de Robespierre.

5. Llamado así, despectivamente, porque fue formalizado con un abrazo entre sus jefes.

6. El hundimiendo del barco *Maine* que dio origen a la guerra de Cuba fue explicado de manera contradictoria por ambos bandos. Los españoles en su mayoría ven todavía en este incidente prueba de la mala fe del gobierno norteamericano.

Preguntas para estudio y repaso

1. ¿Cuáles han sido los acontecimientos más importantes de la Edad Contemporánea? 2. ¿En qué períodos se puede dividir y cuáles son sus características? 3. ¿Por qué siguió España un curso diferente durante este tiempo? 4. ¿Cómo se señaló en Francia el paso del siglo XVIII al XIX? 5. ¿Qué importancia tuvo Napoleón en la política interior francesa? 6. ¿Por qué se atribuyó la Santa Alianza el derecho de intervención en otros países? 7. ¿Qué consecuencias tuvo para la vida política de Europa la popularización de las ideas de la Ilustración y las guerras contra Napoleón? 8. ¿A qué se debió la división

entre liberales y absolutistas y cuáles eran sus respectivos ideales políticos? 9. ¿Cómo se caracterizó la política europea a lo largo del siglo XIX? 10. ¿Por qué se convirtió Francia en base y modelo del liberalismo europeo? 11. ¿Cómo reaccionó Inglaterra ante el conflicto entre absolutistas y liberales?

12. ¿Qué representó para España el siglo XIX? 13. ¿Por qué se llegó a llamar *Guerra de Independencia* a la guerra contra Napoleón? 14. ¿Qué resultados tuvo el carácter popular de la Guerra de la Independencia? 15. ¿Qué herencia dejó en la vida política posterior? 16. ¿Qué carácter tuvieron las Cortes de Cádiz y qué efectos tuvo su actuación en la vida política de la nación? 17. ¿Qué partidos políticos se formaron y cuáles eran sus ideologías? 18. ¿Qué períodos se distinguen en el reinado de Fernando VII? 19. ¿Qué consecuencias tuvo la abrogación de la *Ley sálica*? 20. ¿Qué repercusión tuvo en Latinoamérica la Guerra de la Independencia? 21. ¿Cómo fueron juzgados en España los intentos separatistas de las colonias latinoamericanas? 22. ¿Cuál era la situación política en España al morir Fernando VII? 23. ¿Cómo se puede enjuiciar la minoría de la reina Isabel II? 24. ¿Qué consecuencias políticas y económicas tuvo la desamortización de bienes ordenada por Mendizábal? 25. ¿Quiénes dominaron la política española durante la mayoría de Isabel II? 26. ¿Cómo subió al poder Amadeo de Saboya? 27. ¿Por qué renunció a la corona? 28. ¿Por qué fracasó la Primera República? 29. ¿Cómo fue el reinado de Alfonso XII comparado con los anteriores? 30. ¿A qué se llamó sistema de balancín? 31. ¿Qué consecuencias tuvo para la vida política de la nación?

Términos y nombres para estudio y repaso

Absolutistas	Rafael Riego	Juan Álvarez Mendizábal
Liberales	Progresistas	General Espartero
Invasión francesa	Sociedades Patrióticas	Década moderada
José Bonaparte	Carbonarios	Revolución gloriosa
Guerra de la	*Cien mil hijos de San*	(1868)
Independencia	*Luis*	General Serrano
Juntas de Defensa	Década ominosa	General Prim
Batalla de Bailén	*Ley sálica*	Francisco Pí y Margall
Francisco Espoz y Mina	Partido Apostólico	Cantonalismo
José Palafox y Augustina	*Rey, Religión y Fueros*	Nicolás Salmerón
(de Aragón)	Francisco de Miranda	Emilio Castelar
Cortes de Cádiz	Simón Bolívar	Tratado de París (1898)
Constitución de 1812	Isabelinos	
Taller Sublime	Abrazo de Vergara	

❊ 11 ❊

La sociedad
durante el siglo XIX

Salvación para el hombre. por la ciencia

La vida social de Europa durante el siglo XIX tiene como característica principal su sentido democrático. La educación científica y literaria de la burguesía, herencia del siglo anterior, llegó durante éste a penetrar la clase media, perdiendo muy rápidamente el sentido de privilegio que había tenido anteriormente. La sociedad y el individuo se convirtieron además en fines primordiales de las actividades culturales. Así, mientras en arte aparecen estilos burgueses o pragmáticos y en la literatura se cultivan los géneros que el público reclama, novela, poesía, lírica y teatro, la ciencia produce con sus adelantos unos resultados que cambian totalmente las condiciones de vida del individuo y de la sociedad.

El siglo XIX ha sido llamado con justicia el *Siglo de la ciencia,* no sólo porque los adelantos conseguidos superaron con mucho cuanto se había aportado en siglos anteriores, sino también porque éstos contribuyeron directamente a transformar de una manera radical el carácter de la sociedad entera. Las matemáticas se constituyeron en ciencia fundamental y su desarrollo hizo progresar la astronomía, la física, la química y la ingeniería. Innumerables fueron los descubrimientos en las ciencias físico-químicas, en las que se distinguieron sabios alemanes, suecos, franceses e ingleses. En medicina se descubrió la prevención de infecciones con sueros y vacunas, distinguiéndose en este campo el francés Luis Pasteur (1822-1895), fundador de la medicina moderna, y el español Santiago Ramón y Cajal (1854-1935), el mayor histólogo del mundo. En ciencias naturales se destacaron entre otros el inglés Darwin (1809-1882) con sus obras *El origen de las especies* y *El origen del hombre,* en las que aplica las teorías evolucionistas al campo biológico y al hombre, y el inglés Lyell (1797-1875) que hizo lo mismo con la geología en su libro *Principios de geología.* En física, además de perfeccionarse innumerables aparatos, se inventó la locomotora de vapor (1825) y el barco de vapor

(1827), se aprendió a utilizar el motor de explosión, abriéndose así camino a su aplicación en automóviles, y se inventó la dinamo, que permite transformar el movimiento mecánico en corriente eléctrica y ésta en movimiento, surgiendo así el telégrafo, teléfono, el alumbrado eléctrico y los motores eléctricos. Estos inventos, al ser aplicados a la industria, produjeron a su vez un extraordinario desarrollo de otros adelantos. Entre estos hay que citar la producción textil, las conservas alimenticias, alumbrado, calefacción y la fotografía. Importante por sus consecuencias fue también la suplantación del pedernal por el pistón en las armas de fuego y la producción de armas de disparo rápido, la ametralladora, con más de trescientos disparos por minuto, con lo que se transformó el carácter de la guerra.

De gran importancia fueron también las corrientes filosóficas, en las que predomina, a principios del siglo una reacción contra el empirismo y sus consecuencias, que lleva a la formación de una escuela idealista iniciada en Alemania con Kant (1724-1804) y continuada con Fichte (1762-1814), Schelling (1775-1854), Hegel (1770-1831), Schopenhauer (1788-1860) y, aunque de escasa importancia en Europa, notable por su influencia en el pensamiento español, Krause (1781-1832).

Hacia mediados del siglo apareció en Francia el empirismo bajo el nombre de positivismo. Éste, cuyos fundadores fueron el francés Comte (1798-1857) y el inglés Mill (1806-1873), tendía a quitar importancia en la ciencia a todo fundamento filosófico-metafísico, reduciendo su objetivo a la mera comprobación de datos. Una derivación del positivismo fue el evolucionismo, con que Spencer (1820-1903) intentó explicar el desarrollo de toda realidad, material o espiritual, y que Spengler (1880-1936) aplicó a la cultura en *La decadencia de Occidente,* ya en pleno siglo XX. A la vez aparecieron, como reacción contra el idealismo y el positivismo, otras corrientes filosóficas que tienen en común el centrar el problema filosófico en el tema de la vida, tales como el vitalismo de Nietzsche (1844-1900), la fenomenología de Husserl (1859-1938) y el existencialismo de Heidegger (1889-1976).

Como consecuencia de las corrientes filosóficas y cientifistas de la época, la postura anticristiana europea se olvida de la Iglesia y sus eclesiásticos para concentrar sus ataques contra los fundamentos mismos de la religión cristiana. De gran importancia, y muy leídas en esta época, fueron la *Vida de Jesús* del alemán Strauss (1835) y la del francés Renán (1863), en las que se sometían los Evangelios a un análisis crítico estrictamente racionalista para explicar los milagros de Jesucristo y atacar su divinidad.

Como reacción contra estos escritos y, en general, contra las tendencias materialistas y racionalistas de la época, los escritores cristianos, protestantes y católicos, desarrollaron una gran actividad apologética, a la que aplicaban también los últimos adelantos de las ciencias históricas y sociales. Notables fueron las *Apologías del cristianismo* escritas a lo largo del siglo por los alemanes S. Hettinger, por Pablo Schanz y, la más famosa, por A. M. Weiss.

En Francia, además de hombres de acción y eminentes escritores como Montalembert y Ozanam, los grandes apologistas fueron los predicadores de *Notre Dame* de París, con el dominico Lacordaire y el jesuíta Ravignan. La importancia de esta escuela continuó hasta bien avanzado el siglo XX, dando nuevo vigor al catolicismo francés contemporáneo.

En Inglaterra se unieron a este movimiento de defensa del cristianismo Wiseman, Manning, Ward y, sobre todo, el apologeta inglés por excelencia, el cardenal Newman. La formulación definitiva de la postura católica la dio el papa Pio IX (1846-1878), uno de los papas más liberales en la historia de la Iglesia. En el orden político buscó la cooperación con los gobiernos de su tiempo, con los que firmó una serie de *concordatos* en los que se establecían las normas para la actuación política y social de la Iglesia en los diversos países. Más conservador en el orden ideológico, el Papa publicó una serie de documentos contra el liberalismo, que culminaron con su carta encíclica *Quanta cura* y el *Syllabus* de errores doctrinales (1864).

En este documento el papa Pio IX condenó oficialmente lo que llama las manifestaciones erradas del espíritu moderno. Entre ellas el *naturalismo* religioso, que negaba el carácter sobrenatural del cristianismo; el *racionalismo,* que al reclamar una libertad ilimitada para la razón rechazaba la fe religiosa; el *liberalismo* y el *absolutismo,* que pretendían emancipar la sociedad de las obligaciones sociales que impone la religión. Condenaba además el socialismo, el comunismo y la masonería, por promulgar órdenes sociales y políticos que no reconocían la religión cristiana del pueblo. Este documento, que presentaba la doctrina católica en su sentido más intransigente, encontró una gran oposición incluso por parte de los llamados católicos liberales.

Pocos años más tarde el Concilio Vaticano I (1869-1870) ratificó e intensificó las enseñanzas tradicionales de la Iglesia sobre las relaciones entre la fe y la razón, añadiendo a ellas el dogma de la *Infalibilidad pontificia* en materias de fe y costumbres. Con ello se cerró una etapa de pensamiento religioso iniciada siglos antes con el Concilio de Trento. En él se habían condenado las direcciones principales que iba a tomar la espiritualidad moderna; con el *Syllabus,* y en el Concilio Vaticano I se rechazaron las principales corrientes seguidas por el pensamiento contemporáneo. Como resultado, el pensamiento católico europeo quedó condenado a una postura negativa y defensiva basada en un tradicionalismo doctrinal cuyas bases políticas y sociales no eran siempre justificables.

La reacción contra esta actitud negativa, defensiva y tradicional comenzó con un gran representante de la Iglesia católica, el papa León XIII (1878-1903). En numerosas cartas encíclicas expuso el concepto católico de las relaciones entre la Iglesia y el Estado y las obligaciones de éste con respecto al individuo y a la familia.[1] La más importante, la llamada *Rerum novarum,* establecía los principios católicos para un nuevo orden social justo. Ésta, aparecida en los últimos años del siglo (1891), sirvió para determinar las direcciones sociales del catolicismo durante la primera mitad del siglo XX.

Durante el siglo XIX la aplicación a la industria de la máquina de vapor y el invento del motor de combustión interna precipitaron el desarrollo, ya muy rápido a partir de 1850, de la llamada *Revolución industrial.*

El desarrollo industrial, muy desigualmente alcanzado por las diferentes naciones, creó una serie de problemas de orden social y económico que afectaron gravemente las relaciones internacionales y la estructura misma de la sociedad. Por una parte dibujó la separación entre los países del caballo de vapor y los del caballo de tiro; es decir, aquellos en que la industrialización había alcanzado un mayor desarrollo y los productos industriales se habían convertido en la base de su riqueza nacional, y aquellos otros, menos industrializados, cuya principal riqueza continuaba siendo la agrícola y los productos de la industria artesana. En el orden social interno, el desarrollo industrial dividió el concepto tradicional de burguesía en clase capitalista y pequeña burguesía y, sobre todo, creó el problema del proletariado obrero.

La pequeña burguesía estaba, todavía a principios de siglo, identificada más bien con el pueblo bajo, pero al revertir sobre muchos de sus miembros el sobrante de la riqueza producida por el desarrollo industrial pudieron también ellos ir acumulando pequeños capitales, y formar lo que hoy conocemos con el nombre de clase media. Desde la Revolución francesa y a lo largo del siglo XIX, la pequeña burguesía había sido en muchos países europeos la gran defensora de las reformas democráticas de la sociedad. Pero ante la inestabilidad económica y el desorden que muchas de éstas producían fue cambiando de actitud a la vez que se aliaba con el Estado, con el que contaba para el mantenimiento de los ideales burgueses. Además de esta importancia política y económica, la burguesía tenía una, no menor, en las esferas culturales. Al formar ella el núcleo de la gran ciudad, era la burguesía quien imponía sus gustos en ella, desde donde se extendía a la pequeña ciudad e incluso al campo, que aceptaban como norma a seguir los gustos, estilos e ideales urbanos.

A pesar de ello, el fenómeno más grave y de mayor peso, y, a la vez, el más característico del siglo XIX fue la aparición del proletariado como fuerza política y social. El proletariado, como clase social, existía ya desde el Renacimiento. Pero el régimen tradicional de trabajo, corporativo en principio, exigía una coexistencia entre maestros y aprendices que, a la vez que imponía una jerarquía, proporcionaba a todos una solidaridad profesional y económica. Estos lazos se fueron rompiendo a medida que se iba imponiendo la racionalización industrial en que se basa el sistema capitalista.

Por una parte, la concentración de pequeños talleres en grandes aglomeraciones industriales, las fábricas, y éstas en las ciudades tuvo como trágico efecto la doble desvinculación del obrero de la tierra y del patrono. Por otra parte, para aumentar las ganancias, fin primordial en la ética capitalista, los patronos industriales no vacilaron en imponer jornadas de trabajo más largas con salarios más bajos, en condiciones sanitarias hasta infrahumanas y sin seguridad alguna ante accidentes o enfermedades, que el obrero, abandonado en la ciudad, no tenía más remedio que aceptar. Como consecuencia se produjo una desunión social entre el capital y el obrero, que, hecho teoría por el socialismo y acción por sus elementos revolucionarios más radicales, se convirtió en lucha de clases, en la que el proletariado obrero buscaba la destrucción del sistema capitalista que le oprimía.

Los primeros defensores de los derechos del obrero, *movimientos obreristas,* aparecieron en Inglaterra. Hombres de profunda convicción religiosa, dieron a sus doctrinas económicas y sociales un carácter anticonformista y evangélico que aun subsiste hoy en el movimiento laborista inglés. Fue en Francia, sin embargo, donde se desarrolló la ideología socialista, aunque no tanto como resultado de la industrialización del país, sino más bien como consecuencia lógica de las doctrinas revolucionarias de fines del siglo XVIII, de las que heredó su abierta oposición a la Iglesia católica y a la religión en general. Un precursor había sido el conde de Saint Simon (1760-1825), en cuya escuela se formuló el lema: "A cada uno según su capacidad, a cada capacidad según su obra."

El socialismo francés concebía la sociedad futura libre de todo conflicto político, social y económico. La distribución de la riqueza debía ser según las necesidades de cada uno en una sociedad comunista, gobernada por una dictadura popular (Francisco-Noel Babeuf 1760-1797). La propiedad privada es un robo a la sociedad (Pedro-José Proudhon 1809-1865). La economía sin propiedad individual, ni liberalismo económico debería estar totalmente dirigida por el Estado (Luis Blanc, 1811-1882). A Blanc se debe el cambio del lema sansimonista en el favorito de los socialistas: "De cada uno según su capacidad, a cada uno según su necesidad."

El socialismo quedó definitivamente estructurado en la obra de Karl Marx (1818-1883), primero en el *Manifiesto comunista* publicado con Friedrich Engels (1820-1895), y, más tarde, en *El Capital.* En éste se aplicó el materialismo y el positivismo histórico al estudio del desarrollo de la civilización, llegando a la conclusión que tras una serie inevitable de luchas de clase por la supremacía material, la sociedad actual capitalista y burguesa se transformaría en otra proletaria y colectivista.

Todavía antes de que terminara el siglo, políticos revolucionarios rusos, Mikhail Bakunin (1814-1876), Peter Kropotkin (1842-1921), León Tolstoi (1828-1910), entre otros, formularon las doctrinas del *anarquismo colectivista,* según las cuales la transformación social se realizaría mediante la supresión del Estado por una colectividad económica. Este grupo de teóricos, caracterizado en un principio por la utopía de sus doctrinas y su idealismo y bondad intrínseca, perdió importancia ante la impaciencia de sus políticos de acción, que defendían el uso de los procedimientos terroristas para acelerar la destrucción del Estado.

La sociedad española durante el siglo XIX

A pesar de las guerras, que se sucedían casi sin interrupción, la población de España fue creciendo considerablemente a lo largo del siglo XIX, debido sobre todo a las mejoras materiales y a la popularización de adelantos higiénicos y médicos, y, aunque en menor escala y más lentamente, también la sociedad española se fue desarrollando según las líneas generales señaladas en otras naciones de Europa.

Merced a la industrialización introducida a fines del siglo anterior, fue adquiriendo una gran importancia la alta burguesía, o capitalista, es decir, los hombres de negocios vinculados a las actividades industriales y financieras. Estas actividades comerciales se concentraron de manera especial en las regiones vasca y catalana, cuyas ciudades más importantes, Bilbao y, sobre todo, Barcelona, adquirieron a causa de ello una gran importancia. También Madrid creció rápidamente, manteniendo su predominio en España como consecuencia, principalmente, del centralismo político, burocrático y financiero introducido por los reyes Borbones desde el siglo anterior. La llamada clase media, empleados del gobierno, miembros de las profesiones libres, médicos, abogados, maestros, técnicos y pequeños comerciantes, se concentraba en las ciudades y, por su mejor educación y mayor bienestar económico, dieron prestigio a la civilización urbana y se convirtieron en la conciencia de la sociedad española, influyendo de modo eficaz y decisivo en la opinión pública, en los gustos y estilos populares y, en general, en todos los aspectos de la vida política, social y cultural de la época.

Como resultado de la influencia francesa introducida por el despotismo ilustrado, también se dibujó en España, ya a partir del siglo XVIII, la tendencia a suprimir los gremios artesanos de origen medieval. Éstos, si bien necesitados de reforma y sobre todo de una adaptación a la transformación industrial moderna, servían de una especie de uniones laborales en las que la enseñanza y, en general, la persona del trabajador tenían gran importancia. Sin embargo, bajo los ataques del liberalismo español, los gremios fueron suprimidos para dar una mayor libertad al desarrollo industrial. En consecuencia, el obrero quedó a merced del capital industrial y a la espera de una legislación que le protegiera. La falta de ésta hizo que una gran parte del proletariado industrial español, que había perdido la fe católica a causa de la propaganda liberal, perdiera entonces también la fe en los políticos y la esperanza en las reformas que éstos habían prometido, aceptando en su lugar los idearios revolucionarios, socialistas, marxistas y anarquistas.

No más afortunadas fueron las consecuencias que la desamortización de bienes de la Iglesia ordenada por Mendizábal en 1835 tuvo para los trabajadores del campo. La precipitación con que se dispuso la venta de los bienes eclesiásticos, los patrimoniales y muchos comunales, inspirada más en motivos ideológicos y anticlericales que en sana política económica, fue causa de que la mayor parte de estos bienes terminaran en manos de los únicos capaces de comprarlas, el capitalista y el burgués rico. Éstos si bien aplicaron, por lo general, un sistema capitalista más racional a la explotación de las tierras, con el consiguiente beneficio de la producción agrícola, contribuyeron a agravar las condiciones sociales de la clase trabajadora del campo, creando un proletariado rural a merced del propietario, sin leyes que lo protegieran.

Sobre estas bases de desastrosa estructura social comenzó el movimiento socialista en España. El socialismo, como doctrina de justicia para todos, tenía antecedentes católicos muy antiguos, pero en su forma contemporánea, revolucionaria y de ataque al capitalismo y a la propiedad, está conectado directamente con las doctrinas de Rousseau y del socialismo revolucionario francés.

En un principio los problemas sociales dieron lugar a consideraciones de tipo teórico y filosófico. Pero ya en 1839, Alvaro Flórez de Estrada (¿1766?-1853) intentó dar al problema social español una formulación concreta en su folleto titulado *La cuestión social,* en el que defiende la colectivización de la tierra. Al mismo tiempo se advierte un gran malestar en el proletariado, tanto de ciudad (Barcelona, Madrid, Bilbao), como de campo (Extremadura y Andalucía).

La creación de la Guardia Civil (1844) contribuyó a mantener cierto orden en el campo, pero no pudo impedir que en las regiones excepcionalmente latifundistas, Andalucía y Extremadura sobre todo, el malestar del proletariado se manifestara en bandolerismo, atentados e incendios de cosechas, y que los obreros comenzaran a organizarse en sociedades secretas (por ejemplo *La mano negra),* que llegarían a tomar una clara dirección anarquista.

Con la aparición de Marx, la doctrina socialista se convirtió también en España en instrumento político para la acción revolucionaria. En el Congreso Socialista de 1870 es cuando se adhirió el primer socialista español, Pablo Iglesias. Muy pronto comenzaron a aparecer las primeras diferencias. En Barcelona se localizaron los partidarios de Bakunin. Poco después Pablo Iglesias se separó de la *Internacional* para fundar el Partido Socialista Obrero Español (1879), cuyo órgano oficial fue el diario *El socialista.*

Su programa oficial, proclamado en el Congreso Constitutivo celebrado el año 1888 en Barcelona, incluía como puntos esenciales la posesión del poder político por la clase trabajadora y la transformación de la propiedad individual en colectiva. El año 1898 el partido socialista hacía ya acto de presencia en la vida política española.

La vida cultural durante el siglo XIX

La postura defensiva adoptada por el pensamiento católico europeo durante la primera mitad del siglo XIX se dejó sentir en España con tanta mayor fuerza cuanto más fuerte había sido la importancia de la religión católica en la vida cultural española en los siglos precedentes. El recelo desconfiado que se mantuvo hacia las nuevas actitudes, conocimientos y métodos científicos, por los peligros que éstos pudieran acarrear a la vida religiosa del pueblo español, produjo unas posiciones intransigentes que, aunque religiosas, tuvieron graves consecuencias en la vida política y económica del país.

Para los pensadores católicos, y, con ellos, una gran parte de la clase media y popular española, las palabras liberalismo, democracia y republicanismo eran sinónimas de materialismo e irreligiosidad. Era ésta una idea que ellos creían ver confirmada por la historia europea desde la Revolución francesa. Un distinguido historiador católico de este tiempo, Vicente de la Fuente, afirmaba en 1870:

El republicanismo y el catolicismo no son incompatibles...Mas en Europa, y sobre todo en los países latinos (España, Francia, Italia y Portugal se han creído cosas incompatibles el ser republicano y el ser católico y, lo que es peor, se ha obrado y formado la opinión en ese sentido...Es de rigor que todo republicano español y francés sea impío y enemigo del catolicismo.

En consecuencia, los pensadores y escritores católicos españoles adoptaron, como los europeos, una actitud apologética, dando importancia especial al análisis histórico, dogmático y religioso de los problemas sociales.

Frente a ellos, los propugnadores de las nuevas ideologías sólo raramente atacaron directamente el problema católico, prefiriendo insistir en palabras como libertad, razón, progreso, democracia, emancipación y renovación, a las que daban un sentido más emotivo que de programación intelectual precisa. A ello se debió, en gran parte, el debilitamiento progresivo de la popularidad del pensamiento católico tradicional, y, a la vez, que el pensamiento liberal, aunque tuviera menos contenido positivo, fuese ganando terreno gracias al atractivo de sus *slogans*.

La lucha no se limitó al libro, sino que se mantuvo en numerosas publicaciones, periódicas, semanales y diarias, que, con una confesionalidad y partidismo declarado, se multiplicaron en ambos campos, llegando algunas de ellas a tener gran resonancia nacional.

El tradicionalismo católico

El objetivo más importante de la apologética católica fue la defensa del pensamiento español de la infiltración de las ideologías del liberalismo, en las que se creía ver, bajo el pretexto de reformas legítimas y aceptables, un ataque a la religión cristiana en general y a la católica en particular.

Entre los impugnadores del liberalismo uno de los primeros y, sin duda, el más ingenioso fue el dominico Francisco Alvarado (1756-1814), quien escribió, bajo el seudónimo de *El Filósofo Rancio* y murió expatriado, perseguido por los franceses, en Portugal. En sus *Cartas aristotélicas,* escritas en su juventud, y en sus *Cartas críticas* (1811-1813), obra ya del exilio, su único objetivo fue, como él mismo indica, "resistir errores que iban a quitarnos de un golpe a nuestro Dios, nuestra fe, nuestros altares, nuestro trono, nuestras leyes, nuestra razón, nuestra vida y nuestros caudales."

De más nombre, a pesar de su corta vida, fue el sacerdote catalán Jaime Balmes (1818-1848). Su doctrina apologética, expuesta en su gran obra en cuatro volúmenes, *El protestantismo comparado con el catolicismo en sus relaciones con la civilización europea,* defiende la unidad católica de España, a la vez que estudia la influencia del catolicismo sobre la sociedad en general. En su *Filosofía fundamental,* y en su *Filosofía elemental,* una versión escolar, Balmes busca una modernización de la filosofía tradicional en oposición a la llamada filosofía moderna y a los errores a que ella conduce: sensualismo, materialismo, racionalismo y escepticismo. Gran fama tiene también *El criterio,* obra de carácter más bien pragmático en la que defiende el "sentido común" como "criterio" y norma de conducta.

De excepcional importancia fue Juan Donoso Cortés (1809-1853). Aunque de formación católica, fue seguidor por un tiempo de las doctrinas racionalistas y eclécticas de Victor Cousin[2] y, en la vida política, afiliado a los partidos liberales. Convertido al catolicismo en 1847, rompió con el liberalismo, aceptando un tradicionalismo católico y político a cuya defensa dedicó sus mejores obras y discursos políticos. Los altos cargos políticos que ocupó durante su, aunque corta, muy activa vida política, le llevaron a largos viajes por Europa en los años que precedieron y siguieron a las revoluciones de 1848, cuyos efectos estudió tanto en Berlín como en París. Donoso Cortés falleció en París mientras se estaba preparando para ingresar en la Compañía de Jesús.

Característico de la ideología política de Donoso Cortés es su firme convencimiento de que la fe religiosa es parte esencial de la psicología humana y, en consecuencia, también de la sociedad. No se puede alterar aquélla sin que se resientan al mismo tiempo los fundamentos de la sociedad humana. En un famoso discurso político pronunciado el año 1849 en contra de las dictaduras, explica como su causa y, a la vez, su efecto la falta de religiosidad y el exceso de represión social y política. En su *Discurso sobre España* pronunciado ante el Congreso en 1850, analiza el socialismo como la antítesis política, social y religiosa del catolicismo. Fascinante y profética en este discurso es su predicción de la revolución socialista en Rusia y, a causa de ella, el predominio ruso sobre Europa.

Todas sus ideas religiosas y políticas aparecen sistematizadas en su *Ensayo sobre el catolicismo, el liberalismo y el socialismo,* publicado en 1851, único libro español que llegó a influir en el pensamiento contrarrevolucionario de Europa. Con el estilo retórico de la oratoria del siglo pasado, expone las tres ideas que, según él, han invadido Europa desde Francia: *la idea católica* que corresponde a la Francia de Carlomagno; *la idea filosófica impía* de la Francia de Voltaire; y *la idea revolucionaria* de la Francia de Napoleón. Con la última ha llegado la dictadura y por tanto no es ya posible una elección entre dictadura y libertad. Donoso Cortés prefiere y defiende "la dictadura de arriba," pero no es exacto interpretar ello como una defensa del régimen político dictatorial o un regreso al orden jerárquico medieval. Donoso Cortés propugna un orden social en el que Dios sea respetado como autoridad suprema, y su ley haga innecesaria toda otra dictadura.

De gran importancia y todavía hoy muy recordado en su región de origen es el valenciano Antonio Aparisi y Guijarro (1815-1872), abogado y político afiliado al partido tradicionalista, del cual fue jefe durante un tiempo. Gran orador, tuvo la facilidad de proponer los pensamientos más abstractos en frases de oratoria fácil al alcance del pueblo. Según él "liberalismo es la razón humana sacudiendo, soberbia, el yugo de la fe; el derecho humano, emancipado del derecho divino." A él se atribuye el lema carlista, "Dios, Patria y Rey", resumen, a la vez, de la ideología política y religiosa de este partido.

La figura más distinguida del tradicionalismo católico es Marcelino Menéndez y Pelayo (1856-1912), historiador, bibliógrafo, crítico literario y, en general, uno de los más grandes eruditos y escritores más prolíficos que España ha producido. Sus obras completas comprenden sesenta y dos volúmenes. Aunque Menéndez y Pelayo vivió entre dos siglos y su influencia, incluso en nuestros días, es muy notable, su ideología política y religiosa pertenecen al siglo XIX y está expuesta en obras publicadas durante las últimas décadas del siglo pasado.

Menéndez y Pelayo fue fundamentalmente historiador, pero un historiador al servicio de la vida a la que la historia puede y debe servir con sus enseñanzas del pasado, que son advertencias para el porvenir. Frente a lo que considera antiespañolismo de liberales y librepensadores, Menéndez y Pelayo plantea su tesis: la grandeza de España radica en su historia y el catolicismo es la esencia de la historia y de la grandeza española. Comienza demostrando que España había tenido un pensamiento filosófico propio, en *La ciencia española* (1876); que el pensamiento nacional había estado siempre de acuerdo con la fe católica y que los desacuerdos eran excepción, aberración o importación extranjera, en *Historia de los heterodoxos españoles* (1880-1882), y que España había hecho una contribución importante a la cultura europea y americana en el campo del arte, de la literatura y de la estética, entre otras obras, en su *Historia de las ideas estéticas en España* (1883-1891).

La actitud un tanto desdeñosa que Menéndez y Pelayo adoptó al hablar de la filosofía escolástica le mereció las iras de algunos eclesiásticos. Por otra parte, su desvirtuación de los movimientos culturales europeos no logró impedir que los intelectuales liberales de su tiempo continuaran buscando en el extranjero orientaciones más modernas que salvaran la cultura española. Sin embargo, y aunque hoy la importancia que se le da es atribuible más a los datos históricos y literarios que ofrece que a la tesis movedora a tanto estudio, Menéndez y Pelayo fue verdaderamente el gran defensor del tradicionalismo católico español.

El pensamiento liberal

Durante la primera mitad del siglo XIX, lo que se pudiera llamar en España pensamiento liberal era más político y económico que filosófico o doctrinal. Los llamados liberales sabían acusar defectos y deficiencias de la sociedad en que vivían y, basándose en las reformas introducidas o predicadas en otros países, principalmente en Francia, apuntaban soluciones y proponían cambios al sistema político y económico del país, que oscilaban desde un liberalismo moderado y conservador hasta su extremo más revolucionario. En religión se era mas anticlerical que antirreligioso o anticatólico, atacándose más bien lo que se consideraba exceso de poder político de la Iglesia o vaciedad irracional de un culto ritualista y decadente.

Sólo lentamente los pensadores liberales comenzaron a sentir admiración por el desarrollo económico e intelectual de Europa y al compararlo con la situación de decadencia y el atraso que encontraban en España la atribuyeron a la doctrina católica, la cual quedó así, para algunos, incluida en la lista de defectos que había que eliminar de la sociedad española. Esta medida extrema, sin embargo, iba a distinguir a los políticos liberales de los agitadores revolucionarios. Éstos incluyeron en su programa de acción la destrucción de la Iglesia católica en España. Los liberales en cambio mantuvieron una postura desdeñosa hacia los eclesiásticos; proclamaron el desordenado poder político y la excesiva riqueza de la Iglesia; propusieron una tolerancia hacia todos los cultos y religiones en la que ninguna tuviera preponderancia ni privilegios. Llamándose a sí mismos, por lo general, cristianos, defendían una subjetividad religiosa que ellos creían perdida en el ritualismo vacío del catolicismo.

Hacia 1850 el pensamiento francés comenzó a perder terreno en

España, a la vez que apareció un cierto interés por los pensadores alemanes, noticias de los cuales llegaban indirectamente y de segunda mano.

El primero en formar escuela en España fue el filósofo idealista Hegel (1770-1831), entre cuyos seguidores se cuenta a Francisco Pi y Margall (1824-1901), durante un mes presidente de la Primera República de 1873, y a Emilio Castelar (1832-1899), orador brillante, político revolucionario y, aunque también muy brevemente, presidente de la misma República.

El llamado *movimiento hegeliano* tuvo escasa profundidad y muy pocos seguidores y, aun éstos estaban más interesados en los programas de su propia ideología política que en las abstracciones doctrinales del filósofo idealista alemán. En realidad más que una profesión de sincero idealismo filosófico, Hegel era para ellos un símbolo de rebeldía contra la doctrina católica que la hegeliana del *Espíritu absoluto,* según creían, podría sustituir. Por ello, mientras en Europa Hegel dominaba sin oposición, el pensamiento liberal español buscó refugio en otro filósofo alemán, Krause.[3] Éste, aunque de menor importancia y apenas conocido en Alemania, por su más fácil adaptación a los problemas ideológicos del liberalismo español llegó a crear una escuela numerosa de adeptos, algunos de gran distinción, que dominaron el pensamiento español de fines del siglo XIX y principios del XX en todos los aspectos menos en uno, el filosófico.

El krausismo   Área   , ideas - hacer bien porque es bueno

El movimiento krausista español es el fenómeno más importante e interesante de la cultura española del siglo pasado. La gran difusión que las doctrinas krausistas tuvieron en numerosos medios intelectuales y la influencia que en la vida cultural y política de España ejercieron aquellos intelectuales que de una manera u otra se reconocían como sus seguidores y discípulos, dan al fenómeno una importancia extraordinaria. Lo que lo hace interesante es el desarrollo particular que el idealismo de Krause tomó en España y las necesidades espirituales que sus seguidores creían satisfacer con él.

Para los krausistas españoles "Dios es el todo de todos los seres" y "la religión consiste en la unión personal y esencial del hombre con Dios." "El hombre, imagen viva de Dios y capaz de progresiva perfección, debe vivir en la religión, unido con Dios y subordinado a Dios, . . . debe realizar . . . la armonía de la vida universal y el mundo debe . . . educarse a sí mismo." En cuanto a las normas de conducta el consejo central de los krausistas es: "Haz bien porque es bueno, sin más consideración que su intrínseca bondad."

Como doctrina, el krausismo español era de una vaguedad muy difícil de definir. Esto, sin embargo, en vez de presentar dificultades a su

difusión, fue, por el contrario, su mayor ventaja, permitiendo su aceptación incluso por pensadores de direcciones y matices sociales y políticos
muy diversos.

En términos generales, se puede afirmar que los discípulos españoles
de Krause desnudaron las doctrinas del maestro de su contenido filosófico
idealista para darle, en su lugar, una interpretación ética, reteniendo del
idealismo original tan sólo su sentido trascendental y subjetivo. La ética
krausista, en su interpretación española, es subjetiva y sentimental, al
basarse en la percepción individual de la bondad. Es además humanitaria,
ya que el bien y la bondad de que se habla están concebidas como una
armonía del hombre consigo mismo y con la humanidad. Sólo la perfección
moral es esencial y en ella radica el progreso de la humanidad.

La aceptación de las doctrinas krausistas ha sido agudamente juzgado
como "más un factor de agitación intelectual que un sistema de pensamiento." Pero fue más que un acicate a un despertar cultural. Muchos de
los seguidores de la escuela krausista vieron en sus postulados de subjetivismo ético y tolerancia religiosa una base doctrinal que oponer al que
creían ser decadente dogmatismo y vacío ritualismo de la Iglesia católica.
En cierto sentido querían reformar ésta, convirtiendo su doctrina en un
cristianismo racional, sin revelación, sin dogmas, sin autoridad, y sin
obligaciones morales impuestas desde fuera. El dedicado proselitismo de
los krausistas, el uso constante de los temas de la razón, libertad,
tolerancia, progreso, y humanidad, el prestigio de su ascendencia filosófica
alemana, el desdén absoluto por el pensamiento católico en general y el
español en particular son los factores que explican la gran importancia
que el krausismo alcanzó en España.

Pero mientras para sus seguidores el krausismo iba a poner fin, según
afirmaban, "a un período tristísimo de doscientos años en que la nacionalidad española se cuartea y derrumba en el abismo de la ignorancia, de la
miseria y del descrédito," los defensores del tradicionalismo católico lo
evaluaban de otro modo muy distinto: "Sin originalidad ni iniciativa,
hemos sucumbido al mimetismo. . . ; dotados del instinto de imitación de
las razas inferiores hemos sido sucesivamente volterianos, eclécticos . . .
radicales . . . krausistas, transformistas." La polémica que así se inició
entre el dogmatismo de los tradicionalistas y la intransigencia mesiánica
de los liberales, acentuó la escisión ideológica y espiritual de los españoles, que así entraron en el siglo XX polarizados en dos grupos antagóni-
cos cada vez más irreconciliables.

Las doctrinas krausistas fueron introducidas en España por Julián Sanz
del Río (1814-1869). Al ser nombrado catedrático interino de historia de
la filosofía, fue pensionado por el gobierno para que se informase de las
principales corrientes filosóficas de Europa. Llegado a Heidelberg se
encontró allí con un grupo de discípulos del filósofo Krause, que había
fallecido unos años antes. El acontecimiento fue memorable pues Sanz del
Río, abandonando el estudio de la filosofía alemana en general, se dedicó

al estudio de estas doctrinas con un celo más religioso que intelectual. En una de sus cartas escritas en este tiempo, él mismo afirmaba: "Mi resolución invariable es consagrar todas mis fuerzas al estudio, propagación y explicación de esta doctrina." De regreso a España le fue concedida, en 1854, la cátedra de ampliación de filosofía y su historia en la Universidad de Madrid. Desde ella comenzó una labor de proselitismo y captación con sus estudiantes y amigos, entre los cuales el krausismo encontró rápida difusión.

Fecha crucial para la conciencia de los intelectuales españoles fue la publicación, en 1864, de la encíclica *Quanta cura* y del *Syllabus* de Pio IX en contra de las doctrinas modernistas. Ante la condenación pontificia los campos se dividieron en uno católico antikrausista y otro krausista. Muchos de este último renunciaron abiertamente a la religión católica, celebrando la doctrina krausista como su nueva religión.

En 1865 los antikrausistas consiguieron expulsar de la Universidad de Madrid a Sanz del Río y sus discípulos, entre ellos, Emilio Castelar, Nicolás Salmerón, ambos también famosos políticos, y Francisco Giner de los Ríos (1839-1915), el más eficaz continuador del movimiento krausista. Admitidos de nuevo tras la revolución de 1868, volvieron a ser expulsados en 1875. El año siguiente, aprovechando la libertad de pensamiento y de enseñanza que ofrecía la ley de 1876, Giner de los Ríos, junto con un grupo de profesores krausistas destituidos, fundó la *Institución Libre de Enseñanza.* Institución, según la definió el mismo Giner de los Ríos, "completamente ajena a todo espíritu e interés de comunión religiosa, escuela filosófica o partido político."

Giner de los Ríos sentía una decidida vocación de maestro y poseía unas dotes extraordinarias de educador. Bajo su dirección el krausismo tomó una dirección pedagógica a la que, con el tiempo, debió su gran influencia en la educación española. En 1878 fundó una escuela primaria inspirada en los últimos métodos pedagógicos usados entonces en Europa, y este ensayo fue el comienzo de una serie de innovaciones que se fueron introduciendo paulatinamente en la educación secundaria y superior. Contra lo que él llamaba "las estrecheces y estériles vaciedades de una religión convencional," Giner proponía un programa de perfección de la naturaleza humana, tolerancia, armonía, libertad, regeneración, emancipación y de paz, con una "vida europea, racional, libre, bien equilibrada, propia de seres humanos."

No se puede poner en duda el amor y la dedicación a España de Giner de los Ríos y de los krausistas en general, pero se trataba de un ideal distinto, de una "España nueva" en contraposición vehemente con los valores tradicionales de la historia española, concretamente los valores religiosos, que ellos desdeñaban como "un espiritualismo negativo que pesaba sobre muchas generaciones como pesada losa, [que] hacía de nuestra juventud algo enteco, triste, agotado y caduco."

El tono mesiánico del programa de Giner de los Ríos, con su

afortunada frase de una "nueva España" opuesta a "la vieja y caduca", y la promesa de una renovación nacional que participara del prestigio del pensamiento alemán y de la tolerancia francesa e inglesa, son factores que explican la extraordinaria aceptación y gran influencia que el krausismo y sus instituciones tuvieron en la juventud intelectual española a partir del último tercio del siglo XIX hasta bien entrado el XX.

Pocos han sabido expresar mejor la idea de "las dos Españas" propuesta por Giner de los Ríos que el poeta Antonio Machado. Aunque un tanto ingenua en la división de "buenos y malos" y con la intransigencia característica también en los liberales de la época, los siguientes versos de "El mañana efímero" expresan muy bien el espíritu de una época entera:

> Esa España inferior que ora y bosteza,
> vieja y tahúr, zaragatera y triste,
> esa España inferior que ora y embiste
> cuando se digna usar de la cabeza
> aún tendrá luengo parto de varones
> amantes de sagradas tradiciones.

* * *

> Mas otra España nace,
> la España del cincel y de la maza,
> con esa eterna juventud que se hace
> del pasado macizo de la raza.
> Una España implacable y redentora,
> España que alborea
> con un hacha en la mano vengadora,
> España de la rabia y de la idea.

En estos versos de ataque feroz a "la España de charanga y pandereta, cerrado y sacristía" Machado manifiesta claramente la dirección abiertamente anticlerical y antitradicionalista que tomó el liberalismo español y, a la vez, explican que sus "slogans," con la vaguedad utópica y mesiánica de sus promesas, fueran apropiados también por los movimientos radicales revolucionarios, socialistas, comunistas y anarquistas, que les dieron un contenido político contradictorio muchas veces al espíritu del krausismo.

Las letras y las artes en Europa durante el siglo XIX

Las obras de arte realizadas a lo largo del siglo XIX son una de las mejores manifestaciones de la transformación espiritual que el hombre europeo sufre a partir de la Ilustración y de la Revolución francesa. Las nuevas ideologías religiosas, filosóficas o políticas, y las reacciones que ellas causan, generalmente de tipo tradicionalista y conservador, los nuevos nacionalismos o la exacerbación de los viejos, las nuevas situaciones políticas y económicas, son aspectos de la vida que movían a los artistas de manera muy profunda y quedaban reflejados en sus obras como no había ocurrido anteriormente.

Razón de ello era el nuevo carácter del arte y del artista, que tendía más y más a reflejar la sociedad urbana de la que nacía y a la que servía. Las artes, en efecto, se desarrollaron extraordinariamente pero sin la protección un tanto despótica de mecenas poderosos como en siglos anteriores. En Francia, por ejemplo, la influencia cortesana había desaparecido casi completamente con Luis XVI. La crisis revolucionaria puso fin definitivamente al ascendiente de los salones en que artistas y hombres de letras se reunían con nobles y políticos, quienes imponían sus gustos a los artistas que, a su vez, producían un arte reflejo y halago del mundo de los poderosos. En España, la Guerra de la Independencia puso fin a la protección oficial al "buen gusto" francés.

Durante el siglo XIX el artista dependía intensamente del mundo social en que vivía y con el que se quería comunicar a través de su obra. Por ello su estilo reflejaba ideologías, sentimientos o simplemente circunstancias muy específicas de la sociedad en que vivía. A pesar de esta individualidad circunstancial del artista, es innegable también su resonancia europea, lo que permite hablar de unas corrientes europeas del arte claramente discernibles al mismo tiempo en todos los países y cuyo punto de origen, por influencia directa o reacción, continuó siendo Francia. En este régimen de libertad individual condicionada, el arte europeo, aunque cambió continuamente, mantuvo una línea de inesperada uniformidad, válida a la vez para todas las manifestaciones artísticas de todos los países, que lleva desde el neoclasicismo al romanticismo, realismo y naturalismo.

Neoclasicismo

De todos estos movimientos y estilos, el neoclasicismo puede ser considerado como una supervivencia del siglo anterior. Debido al prestigio del Antiguo Régimen monárquico absolutista, que en cierto modo continuaba imperando en la mayoría de las naciones europeas, se mantuvieron durante el primer tercio del siglo XIX algunos de los ideales del arte neoclásico. En consecuencia, se continuó dando menos valor al movimiento y al color para darlo más al dibujo, al contorno bien delimitado, a las líneas bellas y elegantes. Sin embargo, como resultado de los nacionalismos despertados por los afanes imperiales de Napoleón y las guerras de independencia a que dieron lugar, los artistas preferían abandonar los temas fríos propios del neoclasicismo para dar voz a sentimientos patrióticos y nacionalistas, creando así una especie de pre-romanticismo, romántico por sus temas, neoclásico todavía en su técnica y estilo.

Romanticismo

En un sentido riguroso el romanticismo, más que un movimiento artístico, fue una fase de la vida intelectual europea, con unas características precisas que se manifiestan tanto en la cultura artística y literaria como en la política y en las ciencias sociales, notándose entre todas ellas una solidaridad sorprendente. Por ello se habla frecuentemente, y con justicia, de una postura romántica en política o de una interpretación romántica de la historia.

El romanticismo podría ser definido como el predominio de la sensibilidad sobre la razón y de los conceptos individuales sobre los generales. No es difícil ver en él una extensión de la importancia dada a los principios idealistas y empíricos sobre los metafísicos que se percibe en los métodos filosóficos y científicos de la misma época. Sus raíces inmediatas se encuentran en la crisis revolucionaria francesa, con su sobrevaloración y consiguiente desengaño de la razón, y un poco antes en los filósofos y pensadores de la Ilustración, con su idealización del individuo.

La sensibilidad romántica manifestaba un deseo nostálgico de evasión de la realidad en el mundo de las emociones. Éstas podían ser amor, ternura, nostalgia, pero también terror y desesperación. El sentimiento de la naturaleza es otro de los aspectos del romanticismo, aunque su contemplación, para ser romántica, tiene que ser personal y capaz de provocar fuertes emociones. Contra la incredulidad racionalista, el romántico creía en Dios y en la religión, aunque se trataba más bien de un sentimiento vago hacia un Ser subjetivo que poco o nada tenía que ver con las religiones tradicionales, cristianismo, judaísmo o protestantismo. Sentimiento romántico también es el nacionalismo como expresión de un individualismo de los grupos nacionales, que afirman cada uno su personalidad cultural o histórica. Por ello los románticos volvían sus ojos hacia el pasado de cada país idealizando sus épocas medievales, en las que se creía ver el origen nacional, y también al presente popular en cuyo casticismo percibían la personalidad individual de la nación. De esta manera se hacen objeto del arte romántico no sólo el pasado clásico sino también los temas contemporáneos. También se interesaron los románticos por lo desconocido, misterioso y exótico, y no sólo por la belleza perfecta sino también "lo interesante", abriéndose así nuevos horizontes al arte, que no tenía ya que silenciar lo feo ni lo grotesco. De este modo la estética romántica lleva en sí, como en germen, las direcciones realistas y naturalistas del arte.

prosperidro católico [handwritten]

Realismo *continuación de auténtico del pasado.* [handwritten]
- positivismo - creer en cosas que se ven [handwritten]

Hacia mediados de siglo el lirismo romántico acusa un agotamiento en todos los países europeos. La exageración en sus actitudes fundamentales, explicables como una oposición a la rigidez y frialdad del racionalismo neoclásico, llevó a una postura artificiosa ante la realidad poco en consonancia con el positivismo filosófico, cada vez más imperante en Europa desde Comte (1798-1857), Darwin (1809-1882), Spencer (1820-1903) y Renan (1823-1892). Este nuevo movimiento, también fase intelectual por la que pasó Europa, se distingue del anterior por su desvaloración del mundo interior en favor de la realidad tal como es percibida por los sentidos. Se abandona el espiritualismo idealizante de los románticos para asociarse al positivismo materialista y el cientifismo de la época y se exige del escritor y del artista que sean objetivos en la representación de las impresiones de sus sentidos.

Herencia todavía del romanticismo era el subjetivismo inherente a la percepción y expresión de la realidad, ya que ésta no está en la obra de arte tal como en la realidad, sino como la percibe el temperamento artístico, religioso, social o político del artista. Sin embargo, por la importancia que se da al mundo externo, naturaleza y hombre, y el interés del artista en su representación, tal como es el objeto en realidad, se llama *realismo* a este nuevo movimiento.

Desde el punto de vista social, el realismo de la segunda mitad del siglo XIX debe ser entendido, a la vez, como un paso más en el proceso iniciado ya con la Ilustración y continuado, aunque de manera y con miras diversas, por las revoluciones sociales y nacionalistas y por el mismo romanticismo, en el que el hombre y la sociedad reciben una gran importancia. Ya los nacionalismos románticos, literarios o políticos, habían iniciado una revalorización de lo nacional, lo popular y lo social, y así de las costumbres del pueblo, llegando así a los llamados *costumbrismo* y *regionalismo*. El realismo, en este sentido, más que ofrecer una reacción antirromántica, como se suele decir, adopta un nuevo punto de vista a la vez que reorienta y depura los intereses y temas románticos. A éstos, el realismo añade el interés por las clases bajas de la sociedad y por el proletariado urbano e industrial, cuya emergencia es el fenómeno social y político característico a partir de la segunda mitad del siglo XIX.

≠ Proletario pobrero [handwritten]

Naturalismo *temas sociales - estudia la vida como es.* [handwritten]

Espíritu (¿…?) en Dios, Europa NO [handwritten right margin]

La obsesión por los temas sociales del realismo es la nota característica del llamado *naturalismo*. Fue éste la herencia estética que el siglo XIX dejó al siguiente y tuvo como fin la representación fiel de un aspecto de la vida, desnudo de paliativos o de juicios morales.

- pesimista - NO religión [handwritten]
Materialista y pesimista [handwritten]

Dependiente más que ningún otro movimiento de los métodos científicos y filosóficos en boga, concretamente el determinismo,[4] escritores y artistas de vena naturalista dieron mayor énfasis a los aspectos accidentales y fisiológicos del hombre y mucho menos a sus cualidades morales y racionales, más al instinto y menos al carácter, ambos creados e impuestos por presiones económicas y sociales ajenas al individuo. La visión naturalista de la sociedad y del individuo fue ya desde su comienzo materialista y amargamente pesimista.

La literatura española

Neoclasicismo

Los primeros años del siglo XIX pertenecen todavía al período neoclásico con la figura de Leandro Fernández de Moratín (1760-1828). Sin embargo, el trauma nacional de la Guerra de la Independencia se manifiesta en muchos artistas en un abandono de la frialdad de temas neoclásicos para dar voz a sentimientos patrióticos y nacionalistas que los sitúan como término medio entre el clasicismo y el romanticismo. A éstos, llamados *pre-románticos,* pertenecen entre los poetas Manuel José Quintana (1772-1857) y Juan Nicasio Gallego (1777-1853), ya nombrados anteriormente.

Otro precursor del romanticismo en España fue Francisco Martínez de la Rosa (1787-1862), citado como exilado político durante el reinado de Fernando VII y ministro de Estado bajo Isabel II. Su poesía, muy cuidada en su forma y de estilo elegante, es todavía neoclásica, aunque sus temas adquieren a veces la exaltación romántica, como por ejemplo "Zaragoza," poema en el que canta el valor de los españoles en su lucha contra los franceses. Las obras dramáticas de su juventud están todavía concebidas según la escuela de Moratín, con poca acción y claro intento didáctico. Sin embargo, *La conjuración de Venecia* es ya una tragedia romántica en la que imperan ambientes misteriosos y macabros, pasiones sin freno y amores infelices. También es romántico *Aben Humeya,* drama histórico inspirado en la sublevación de los moriscos españoles.

Romanticismo

En el aspecto literario el romanticismo significó una protesta contra el neoclasicismo. Lo que la revolución fue para la vida política y social, fue el romanticismo para la literatura y en general para el arte: la exaltación y triunfo de la libertad y de los derechos del sentimiento y de la fantasía del individuo ante la generalización de las normas estéticas y el frío racionalismo de la literatura neoclásica. El escritor romántico manifestó en sus escritos su propia reacción ante la vida de su tiempo. Según la forma que toma su reacción se puede distinguir en la literatura romántica una serie de direcciones específicas. Las más fundamentales responden a una actitud política, es decir, una de tipo más conservador, aristocrático, nacionalista y católico, y la otra más radical, escéptica y liberal, incluso revolucionaria.

En cuanto a los géneros literarios que más popularidad alcanzan habría que destacar en primer lugar la poesía lírica como el género más adecuado para la expresión de la intimidad amorosa. También abundan los poemas, odas e himnos lírico-patrióticos, o de tema épico-histórico y épico-imaginativo. El género romántico por excelencia es la novela histórica, en la que se mezcla la veneración por el pasado con la creación puramente imaginativa, aunque también responde al gusto romántico la novela de aventuras y sobre todo las novelas y cuentos del género dramático. Sin embargo el teatro romántico ofrece una novedad frente al neoclásico que se mantendrá en el teatro futuro: el drama de tema actual.

Además de la literatura de imaginación, el romanticismo invade también la prosa de ideas: la historia, la literatura de viajes, la crítica literaria, e incluso pone los fundamentos a la historia de la literatura. Sin embargo, es de notar que en todas estas tareas se acusa con frecuencia la excesiva falta de objetividad y serenidad, característica de la afición romántica.

El romanticismo literario apareció hacia 1823 en la revista *El Europeo,* en la que se comentaban las nuevas direcciones de la estética y las principales obras que iban apareciendo en Europa. Por el interés que se da a las obras de Byron, Schiller, Walter Scott, se percibe en él la dirección más aristocrática y conservadora del romanticismo. Pocos años más tarde, a partir de 1830, la relación de los liberales españoles con los franceses se hizo más abierta y muchos de los políticos y hombres de letras exilados durante la reacción absolutista de Fernando VII regresaron a España, introduciendo la dirección romántica predominante en Francia, liberal, escéptica, incluso revolucionaria. A pesar de ello el romanticismo español fue por lo general menos desesperado, en cierto sentido más religioso y casi reconciliado con la vida, por lo que es menos lacrimoso, melancólico e inclinado a una representación pesimista de la sociedad de lo que es en otros países europeos.

Un representante muy importante de la primera generación romántica fue ya Ángel de Saavedra Ramírez, duque de Rivas (1791-1865), de familia noble, combatiente en la Guerra de la Independencia, expulsado de España por sus ideas liberales a la caída del régimen constitucional en 1823. Su poema *El moro expósito,* escrito según las leyendas medievales de Walter Scott, es ya típicamente romántico por su exaltación de la leyenda épica española *Los siete infantes de Lara.* Más fama todavía tiene *Don Álvaro o la fuerza del sino,* que contribuyó grandemente al triunfo del drama romántico en la escena nacional. En él ya no se mantienen las unidades dramáticas en el desarrollo de un argumento plenamente romántico, en el que don Álvaro es víctima de un destino implacable. A pesar de la influencia francesa de Víctor Hugo y Alejandro Dumas, esta obra, pesimista y pasional, tiene el tono español que le dan los personajes, sacados todos ellos de la sociedad española.

Es importante Juan Eugenio Hartzenbusch (1806-1880), aunque hijo de padres alemanes, nacido y educado en España. Es conocido sobre todo por su drama en verso *Los amantes de Teruel,* que es considerado como uno de los más notables del teatro romántico español. La obra está basada en una antigua versión española de uno de los cuentos amorosos del *Decamerón* y suele admirarse en ella la habilidad que el autor demuestra en el desarrollo del plan dramático con que presenta la conocida leyenda.

Figura romántica extraordinaria es Mariano José de Larra (1809-1837), muerto por su propia mano cuando apenas contaba veintiocho años. Educado en Francia y en España, Larra es un hombre de vida romántica. Un político liberal rebelde, en profundo y en apasionado desacuerdo con el ambiente en que vivía, no buscó refugio en un mundo interior, sino que se lanzó sobre la realidad con su pluma mordaz, criticándola con desesperada amargura. Son notables sus ensayos políticos y de crítica literaria, pero sobre todo sus *Artículos de costumbres.* Larra es uno de los escritores de mayor talento de todo el siglo romántico.

También la poesía romántica ofrece en sus figuras más notables las dos direcciones fundamentales del romanticismo español, la liberal y la tradicionalista. Representante de la primera fue José Espronceda (1808-1842), prototipo del romántico en el amor y en la política. Ideológicamente fue un liberal progresista, afiliado a sociedades secretas, conspirador no sólo en España sino también en Francia, en cuya revolución de 1830 intervino activamente.

Espronceda escribió una novela histórica, *Sancho Saldaña,* a la manera de Walter Scott, pero su fama como autor romántico la debe a sus poesías, en su mayor parte breves composiciones líricas, en las que con frecuencia exalta las figuras rebeldes de la sociedad, "El verdugo," "El mendigo" y, sobre todo, sus célebres "Canción del pirata" y "El canto del cosaco." En su poesía se dan cita los defectos y cualidades del romanticismo, grandes aciertos descriptivos, versos de gran vitalidad, junto a explosiones de un sentimentalismo teatral, incluso vulgar. Con todo, es uno de los poetas más populares del romanticismo español.

La segunda dirección romántica, la tradicionalista, está representada por José Zorrilla (1817-1893). Más que a sus composiciones líricas, debe su fama a la reelaboración en verso de temas de la historia legendaria española, la *leyenda,* género que cultivó con gran éxito, *Margarita la tornera, El capitán Montoya* y el inolvidable *El Cristo de la Vega.* Las obras que más popularidad le dieron fueron sus dramas históricos, *El zapatero y el rey* y *El puñal del godo,* aunque su obra más conocida y la que le ha procurado mayores éxitos escénicos es su *Don Juan Tenorio* que todavía se sigue representando en España con interés constante.

El *Don Juan* de Zorrilla es una adaptación muy romántica y personal de un tema ya tratado por Tirso de Molina en *El burlador de Sevilla*, por Antonio de Zamora en *No hay plazo que no se cumpla ni deuda que no se pague*, más tarde Mozart y sus contemporáneos románticos Lord Byron y Alejandro Dumas. La versión de Zorrilla difiere de las demás en que no sirve de exaltación a la justicia divina con la condenación de don Juan como en el dramaturgo del Siglo de Oro, ni es un héroe de las libertades humanas contra las leyes divinas como en otros románticos. Para Zorrilla, don Juan es sencillamente un pecador que acaba por encontrar la salvación en la fe católica por la intervención purificadora de un amor inocente.

La extraordinaria popularidad de Zorilla se explica, en su contenido, por haber sabido escoger temas y desarrollos dramáticos en consonancia con la sensibilidad del pueblo español y, en su forma, por la musicalidad ágil, brillante, pero sin compromisos ni dificultades léxicas o retóricas, de su versificación.

Un poeta que, aunque tardío, encarna para el lector español la esencia del lirismo romántico es Gustavo Adolfo Bécquer (1836-1870). Huérfano desde muy joven, de vida desafortunada y pobre, murió a los treinta y cuatro años, víctima de la llamada enfermedad romántica, la tuberculosis.

Su obra literaria, no muy extensa, consiste en una colección de composiciones líricas, unas leyendas en prosa y una serie de cartas literarias tituladas *Cartas desde mi celda*. En sus leyendas desarrolla temas imaginarios en un ambiente heroico, galante y misterioso. Sus mujeres exóticas inducen a los hombres a aventuras fantásticas y a acciones sacrílegas o los arrastran a la locura y la muerte. Notables son *Maese Pérez, el organista, La ajorca de oro, El monte de las ánimas* y *El miserere*. La obra más famosa de Bécquer es su producción lírica que se conoce con el nombre de *Rimas,* poesías todas muy cortas que tejen en su conjunto la historia de un amor melancólico, sombrío, imposible e ideal, en el que la pasión, idealizándose, se escapa a los sentidos. Muy conocidas y de gran popularidad son "Volverán las oscuras golondrinas. . . ," "¿Qué es poesía?, dices. . . ," "Del salón en el ángulo oscuro. . . ."

El estilo de Bécquer tanto en prosa como en verso es cuidado, pulido y consciente del valor estético del lenguaje, con lo que ya parece alejarse de la forma, ya que no del contenido, de la literatura típicamente romántica.

La vena romántica continuó hasta fines de siglo con la poesía de Gaspar Núñez de Arce (1834-1903). Aunque su estilo es algo rígido y académico y sus dudas y angustias religiosas un mero pretexto poético, tanto sus temas, como la fogosidad de sus sentimientos hacen de él un romántico, para quien el amor, el patriotismo y la libertad son los temas preferidos.

No se puede decir lo mismo de su contemporáneo Ramón de Campoamor

(1817-1901). Aunque se consideraba a sí mismo, y, en cierto sentido, era algo filósofo y crítico literario, se le recuerda mejor por su poesía rebosante de escepticismo burlón e irónico con que ataca los arrebatos líricos del amor romántico. Sus composiciones se clasifican, con términos inventados por él mismo, en *doloras, humoradas* y *pequeños poemas*. Doloras son poesías cortas, al parecer filosóficas y de tono didáctico, con un claro sentido satírico, burlesco y humorístico siempre algo amargo. Humoradas son sencillamente epigramas humorísticos. De gran delicadeza y como producto más de lirismo costumbrista que estrictamente romántico es su celebrada composición "¡Quién supiera escribir!"

A esta generación pertenece, a pesar de su corta vida, Bernardo López García (1838-1870). Aunque autor de otras poesías de mayor mérito, es recordado principalmente por su composición "Al Dos de Mayo." Declamatorios y altisonantes dentro de su arrebatado patetismo, estos versos mantienen una extraordinaria popularidad, basada, sobre todo, en su intenso sentimiento nacionalista y patriótico:

> Oigo patria tu aflicción
> y escucho el triste concierto
> que forman tocando a muerto,
> la campana y el cañón;
> sobre tu invicto pendón
> miro flotantes crespones,
> y oigo alzarse a otras regiones
> en estrofas funerarias,
> de la iglesia las plegarias,
> y del arte las canciones.

Realismo

El filósofo, historiador y crítico francés Hipólito Taine (1828-1893), por aplicar el positivismo a la literatura es considerado como el padre del realismo literario, pero el jefe de la nueva escuela, que reúne los más grandes escritores de la segunda mitad del siglo XIX, fue Gustavo Flaubert (1821-1880).

La nueva literatura se consagra habitualmente al estudio del individuo en conflicto con las instituciones tradicionales, matrimonio, familia, religión y trabajo, o al estudio de la sociedad en conflicto con el individuo. Mientras en el primer caso se tiende a un análisis psicológico generalmente pesimista, en el segundo, al inclinarse a defender la necesidad de reformas sociales, emancipación de la mujer, elevación de las clases obreras, reparto de la riqueza, eliminación de las guerras, suele ser más optimista. A estas preocupaciones generales hay que añadir una nota, característica fundamental del realismo español, a saber, su optimismo nacido de una aceptación del mundo en torno y de las formas de ser de la sociedad, o de unos sentimientos de reforma que poco o nada tienen de revolucionarios. Por ello la importancia que toman en el realismo español las costumbres y las regiones de España.

En España el realismo literario comienza con la llamada novela de costumbres, o *costumbrista,* cuya creadora y representante más genuino fue *Fernán Caballero,* seudónimo usado por Cecilia Böhl de Faber (1796-1877). Su obra está caracterizada por un realismo encantador producto de simpatía y cariño hacia todo lo popular, unido a un sentimiento profundamente cristiano y conservador. Su obra más importante es *La gaviota,* de argumento sencillo, pero que, por su hábil retrato de las costumbres andaluzas, señala ya el resurgimiento de la novela española durante el siglo XIX.

El análisis psicológico de la novela realista se convierte en España en la llamada *novela de tesis.* En ella el autor deduce del análisis de los sentimientos de sus personajes unas consecuencias que sirven para demostrar la tesis de la obra y que puede ser de ideología política, moral, psicológica o religiosa. Representante distinguido de este género es Pedro Antonio de Alarcón (1833-1891), cuyas novelas más importantes son *El escándalo,* de tesis de justicia moral; *El capitán Veneno,* sobre la fuerza arrebatadora del amor; *La Pródiga,* contra los defectos del amor desordenado y *El niño de la bola* sobre la tragedia de un amor desenfrenado. Muy conocida entre sus novelas, en realidad un cuento largo, es *El sombrero de tres picos.* En ella Alarcón, en un fino costumbrismo agradable y lleno de humor, adapta al siglo XIX el tema del romance de *El molinero de Arcos,* ya tradicional. Como novelista, Alarcón representa una dirección genuinamente tradicional y cristiana.

Juan Valera (1824-1905) es con quien se fija el modelo de novela de tesis, a la que da, además, un carácter psicológico. El análisis de los sentimientos de sus personajes en la visión subjetiva de la vida es el aspecto más importante de sus novelas. Entre sus mejores hay que citar *Pepita Jiménez* y *Doña Luz,* en las que trata del problema tan difícil para el católico del amor pasional en una persona consagrada a Dios; en *Juanita la Larga* los amores son entre un hombre ya muy maduro y una muchacha joven. Valera es, como novelista, un aristócrata elegante y fino, un tanto al margen de las tendencias literarias del momento. Fue, además, político, diplomático e intelectual, y con sus trabajos contribuyó al progreso de la historia y crítica literaria.

Importante también fue Enrique Pérez Escrich (1829-1897), quien cultivó con gran fecundidad el género folletinesco de *novela por entregas,* aunque su importancia es social más que literaria. La gran popularidad que adquirieron sus obras entre el público burgués, a la vez que nos reflejan los gustos de la época, sirvió para inculcarlos en sus lectores. Entre sus novelas más conocidas, todas concebidas dentro de la más estricta moralidad cristiana y sentido social tradicional, hay que citar *El mártir del*

Gólgota, El cura de aldea, La caridad cristiana, La mujer adúltera, La esposa mártir y *La envidia.*

El interés por los cuadros costumbristas llega a su cumbre con José María Pereda (1833-1905). Con él la novela realista fija además las normas de un naturalismo regionalista al restringir su atención a una frontera regional, con lo que intentaba conseguir una mayor compenetración psicológica y social con sus problemas.

Pereda comenzó su carrera literaria escribiendo cuadros de costumbres, generalmente de ambiente montañés. Más importantes son sus novelas *El buey suelto,* en la que censura a los solterones, *De tal palo, tal astilla,* sátira contra los librepensadores, *Don Gonzalo González de la Gonzalera,* en la que dirige su ironía contra el caciquismo político de su época. En estas novelas, que se pueden muy bien llamar de tesis, Pereda defiende una serie de valores religiosos y políticos de cuya validez no duda, aunque ve los defectos de su aplicación. Sus obras maestras son *Sotileza,* en la que describe, ensalzando, el alma cantábrica marinera, y *Peñas arriba,* epopeya del alma montañesa.

Pereda tiene un lugar indiscutible en las letras españolas como gran paisajista y escritor descriptivo. En cuanto a su realismo, los personajes de sus novelas están tomados de la realidad montañesa con sus pasiones y defectos, que el escritor presenta al desnudo. Sin embargo, aunque Pereda usa una técnica que se pudiera llamar naturalista, está muy lejos del pesimismo materialista que predomina en el naturalismo francés ya en este tiempo. Pereda cree en el sistema de vida y valores tradicionales que se conservan en el campo español, aunque amenazados por las nuevas ideas, liberales y materialistas, que el centralismo urbano va imponiendo.

Una actitud ideológica distinta es la defendida por Benito Pérez Galdós (1843-1920), estudiante de Derecho, colaborador en revistas, político liberal y republicano. Sin regionalismo definido, creó con sus *Episodios nacionales* la pequeña historia de la vida española durante el siglo XIX.

El conflicto entre el tradicionalismo político, social y religioso español y las ideologías liberales, intransigente y sin solución, es el tema de una de sus primeras novelas: *Doña Perfecta.* El trágico desenlace impuesto por la intransigencia religiosa, que en su victoria se destruye a sí misma, es también parte de la visión pesimista de otra novela, *Gloria,* en la que se plantea el problema del matrimonio imposible entre una cristiana y un judío.

Novela estrictamente realista es *Fortunata y Jacinta,* en la que Galdós describe la sociedad madrileña contemporánea, concretamente su clase media. En sus novelas naturalistas *Miau, Lo prohibido, La desheredada* y *Misericordia,* ésta última quizá la mejor de todas, Galdós describe magistralmente la vida de las clases pobres de la sociedad madrileña. En éstas, aunque se olvida de la tesis manifiesta de sus primeras novelas, presenta tan sólo los aspectos decadentes de la sociedad española para criticar así al mismo tiempo sus instituciones sociales y políticas.

Las cualidades más notables de Galdós son, sin duda, su gran capacidad de observación de la naturaleza humana y de las acciones de los individuos y su extraordinaria habilidad en la descripción y evocación del ambiente en que los personajes de sus novelas se mueven. Éstos, sin embargo, bajo la influencia de su ideología política, social y religiosa, pierden mucho de su realismo individual para convertirse en tipos de la vida real. Aunque Galdós está muy lejos de un naturalismo materialista, la opresión de unos sistemas de valores sociales caducos sobre los individuos produce con frecuencia el mismo pesimismo desesperanzado. El cambio que Galdós sutilmente propone no está justificado por la luz al final del túnel, sino tan sólo por la oscuridad presente. La intransigencia liberal, fenómeno tan común entre los políticos de la época, hace que Galdós ponga su novela al servicio de su ideología, lo cual no puede menos que perjudicar algunos aspectos de su innegable calidad artística.

Naturalismo

En España, cuyo desarrollo industrial no había avanzado tan rápidamente como en otros países y cuyas instituciones tradicionales, religión católica y monarquía, aunque en crisis, estaban vigentes todavía, reflejó su situación especial en un naturalismo socialmente más moderado, políticamente más burgués y religiosamente menos materialista y ateo que en otros países europeos.

La visión española de la vida, todavía profundamente espiritualista, fue también causa de que el movimiento naturalista no se generalizara en España y que sus representantes, como Galdós, nunca llegaran a los extremos de pesimismo materialista predominantes en Francia desde que Emilio Zola (1840-1902), hacia 1870, comenzara a publicar su ciclo novelístico *Rougon-Macquart*.

El movimiento naturalista español recibió su formulación más auténtica con la condesa Emilia de Pardo Bazán (1852-1921). Profesora de literatura neolatina de la Universidad de Madrid, ardorosa defensora del feminismo, de temperamento inquieto y curioso, la condesa de Pardo Bazán comenzó su carrera literaria según la corriente del realismo regionalista. Como resultado de sus viajes por Europa entró en contacto con el movimiento naturalista de Zola y a su regreso a España escribió un libro titulado *La cuestión palpitante,* en el que propone su interpretación del género novelístico e, indirectamente, su concepto de la sociedad y de la vida en general. Acepta del naturalismo francés el postulado fundamental de que la novela es una representación de la vida vista a través de un análisis psicológico de los individuos. Rechaza en cambio la idea de que la vida conste sólo de realidades bajas, sucias e infrahumanas. El naturalismo de Pardo Bazán incluye, por lo tanto, aspectos risueños e idealistas en una amalgama muy personal de belleza y fealdad, alegrías y tristezas.

[anotación manuscrita: chronicle of life in Galicia]
[anotación manuscrita: palacio de Ulloa]

La parte más valiosa de su obra son las novelas escritas en esta vena, tan suya, del naturalismo: *Los pazos de Ulloa,* un estudio de la decadencia fisiológica de una familia noble de una aldea gallega, *Insolación* y *Morriña,* historias de dos amores, y *La Madre Naturaleza,* en la que exalta la tierra, el campo y el paisaje. El estilo ágil y flexible en el que brilla una fina sensibilidad colorista y percepción sensorial, hace que las novelas de la condesa de Pardo Bazán sean representantes muy valiosos del naturalismo literario español.

De técnica naturalista y espíritu marcadamente social fue Leopoldo Alas, *Clarín,* (1852-1901). Aunque natural de Zamora fue, por su educación y dedicación, profundamente asturiano y concretamente de Oviedo. Entre sus novelas destaca *La regenta,* que está considerada como su obra maestra y una de las mejores de su tiempo. En ella *Clarín* presenta con arte magistral la sociedad gris y anquilosada de Oviedo, apenas disfrazado con el nombre de Vetusta. *La regenta* fue considerada por un tiempo como ejemplo extremo del naturalismo español del siglo XIX. Hoy en día, en cambio, se aprecia más en ella el análisis psicológico, el monólogo interior, las asociaciones sensorio-psicológicas y el tiempo lento.

Tanto como por sus novelas *Clarín* es recordado por sus cuentos y novelas cortas. Entre estas *¡Adiós, Cordera!,* sin duda su obra maestra, figura como modelo en muchas de las antologías de este género.

En vena naturalista también, aunque con una finalidad católica y moralizante, es la obra del jesuíta Luis Coloma (1851-1915). Comenzó su carrera como escritor dentro de la escuela regionalista con sus *Lecturas recreativas,* una larga serie de narraciones cortas, algunas históricas, otras de ambiente andaluz o madrileño. Escribió además algunos relatos de carácter histórico, como *Jeromín,* la biografía de don Juan de Austria y *La reina mártir,* la de María Estuardo. La obra que más fama le ha dado es la novela *Pequeñeces,* en la que describe con un realismo naturalista la vida y desórdenes de la sociedad elegante de Madrid durante el período de la restauración monárquica de Alfonso XII (1874-1885). En ella hace gala de unas grandes dotes de observación y habilidad en la descripción de personajes y situaciones que, a pesar de su sátira y ridículo implacables, quedaron reconocibles en sus páginas. Parte del éxito inmediato y del escándalo que produjo su publicación, se debió precisamente a su apariencia de *novela de clave* en que sus lectores trataban de reconocer personajes famosos contemporáneos. Además de ésta, Coloma ha dejado otra novela, *Boy,* del mismo tono que la anterior y en la que narra la vida trágica de un aristócrata madrileño.

Aunque su moralización evidente y sistemáticamente buscada disminuye quizá su mérito literario y, desde luego, la apreciación de los críticos contemporáneos, el padre Coloma es importante por haber contado durante muchos años con un gran número de lectores entre el público español católico, cuya moralidad contribuyó a formar.

El arte en España

En términos generales se puede afirmar que los movimientos artísticos del siglo XIX coinciden casi exactamente con las corrientes literarias. Al ser ambas expresión de ideologías y estar ambas dominadas por las interpretaciones francesas, también las artes plásticas, como las literarias, manifiestan las etapas fundamentales del neoclasicismo, romanticismo y realismo.

La arquitectura

El arte arquitectónico, por su misma magnitud y funciones especiales, frecuentemente sociales y políticas, tiende en general a reflejar más que ninguna otra forma artística actitudes y gustos políticos oficiales. Por ello a lo largo del período de restauración del Antiguo Régimen, aproximadamente los dos primeros tercios del siglo XIX, la arquitectura se mantuvo fiel al estilo neoclásico francés. Debido al prestigio de las victorias napoleónicas continuó siendo, aun después de su derrota, el estilo preferido para edificios y palacios oficiales y para el adorno de las ciudades españolas.

De esta época son el edificio destinado para las Cortes Españolas (fig. 11.1), construido por Narciso Pascual entre 1843 y 1850, y la Bolsa del

11.1 Palacio de las Cortes, Madrid

Comercio, obra de Enríque Repullés (fig. 11.2). Según este estilo se realizó también en 1848 la Plaza Real de Barcelona, y para la que se tomó obra de Daniel y Molina (fig. 11.3), como modelo la plaza del Palacio Real de París y la reforma de la hermosa Plaza Mayor de Madrid en 1853.

Noordesira

11.2 Bolsa del Comercio, Madrid

11.3 Plaza Real de Barcelona

El estilo neoclásico más o menos legítimo perduró a lo largo del siglo XIX. Obra característica de este pseudo-clasicismo es el Palacio de Bibliotecas y Museos, inaugurado en 1892, que hoy contiene la Biblioteca Nacional de Madrid (fig. 11.4), obra de Francisco Jareño.

El predominio del romanticismo con su exaltación del pasado nacional y alejamiento de líneas oficiales se manifestó en la arquitectura con una renovada afición por los estilos medievales, tan desprestigiados durante el siglo precedente por el racionalismo neoclásico. El resultado fue una serie de estilos eclécticos en los que con mayor o menor pureza predomina alguno de los estilos nacionales: gótico, la inacabada catedral de la Almudena en Madrid y el Castillo de Brutón en Vizcaya, obras de Francisco de González Montes, marqués de Cubas; renacentista, el edificio del Banco de España (fig. 11.5) y el del Banco Hispano-Americano, ambos en Madrid, obras de Eduardo Adaro; bizantino, la basílica de Atocha y la iglesia de San Manuel y San Benito (fig. 11.6), obras de Fernando Arbos; mudéjar, la Escuela de Artes Industriales, obra de Arturo Mélida, las Escuelas de Aguirre por Rodríguez Ayuso (fig. 11.7), la iglesia de San Fermín de los Navarros en Madrid, de Carlos Velasco.

El estilo romántico comenzó a fines de siglo a ser sustituido por una corriente modernista que ya pertenece al siglo siguiente.

La escultura

Apenas si cabe hacer distinción entre los escultores neoclásicos y los románticos, ya que todos se proponen la imitación de los modelos antiguos. La tendencia hacia el romanticismo se nota, más que en la técnica, en la preferencia que se da a temas nacionales, históricos y medievales.

Son neoclásicos José Ginés en su *Matanza de los inocentes* y Damián Campeny (1771-1855) en sus *Juicio de París, Diana cazadora* e *Himeneo encendiendo la tea,* y José Alvarez Cubero (1788-1827), que a pesar de su técnica neoclásica, en su *Defensa de Zaragoza* (fig. 11.8) expresa un nacionalismo exaltado, ya romántico. A partir de mediados de siglo se van multiplicando estatuas de políticos y generales, muchas sin gran valor artístico, pero que sirven para ventilar las aficiones de la mentalidad liberal de la época. Más mérito tienen los monumentos de tema histórico, como el de Isabel la Católica (fig. 11.9) obra de Manuel Oms y el de Colón, de Jerónimo Suñol, ambos en Madrid.

La pintura

La corriente academicista del siglo XVIII seguidora de Mengs y de Bayeu continuó durante las primeras décadas del siglo XIX con Mariano Salvador Maella (1739-1819), autor de un magnífico retrato de Carlos III,

11.4   Palacio de Bibliotecas y Museos, Madrid

Neoclásico   *Francisco Jareño*

Romanticismo

11.5   Edificio del Banco de España, Madrid

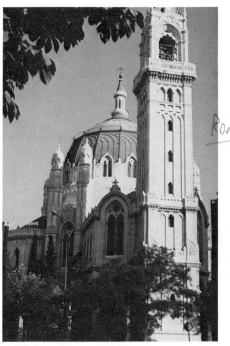

Romanticismo

11.6 Iglesia de San Manuel y San Benito, Madrid

11.7 Institución Aguirre, Madrid

11.8 Defensa de Zaragoza, obra de
M. Álvarez Cubero, Madrid

11.9 Monumento a Isabel la Católica,
de M. Oms, Madrid

neoclásico

y su discípulo Vicente López (1772-1850), excelente retratista, famoso por los retratos de la corte y familia de Fernando VII y por el *Retrato de Goya,* su obra maestra, y numerosos frescos que adornan los palacios reales.

De mayor importancia fue, durante las primeras décadas del siglo XIX, la escuela neoclásica francesa, que se mantuvo fiel a su creencia que el arte no debe copiar sino idealizar la naturaleza. El pintor francés más representativo de esta escuela, Jacques-Louis David (1748-1825) ejerció una gran influencia, a través de sus discípulos, en los pintores españoles. De éstos, el más importante fue José Madrazo (1781-1859), gran conocedor de la historia de la antigüedad clásica, como se demuestra en su obra primera, *La muerte de Viriato;* Juan Antonio Ribera (1779-1860) con su cuadro *Cincinato;* y José Aparicio (1773-1838), aunque éste se aleja un tanto del neoclasicismo en sus cuadros de historia contemporánea como *El hambre de Madrid* y *El desembarco de Fernando VII.*

Simultáneamente con las últimas generaciones de pintores neoclásicos, comenzaron a aparecer en Francia las primeras pinturas románticas, cuyo nuevo estilo se extendió rápidamente por toda Europa, ya triunfante en 1830. El espíritu romántico se tradujo en la pintura en una preferencia por temas nacionales o de un orientalismo exótico representados en composiciones sin orden aparente pero de gran riqueza de color. El triunfo de la escuela romántica francesa quedó consagrado con el colorido ardiente y luminoso de su mejor representante, Eugène Delacroix (1798-1863), y con los paisajes basados sobre efectos de luz de Jean-Baptiste Corot (1796-1875). A fines del primer tercio del siglo, el estilo romántico dejó sentir también su influencia en España.

Como en la literatura, la pintura romántica española también reaccionó contra la exaltación de la antigüedad pagana, prefiriendo los asuntos nacionales o locales, temas de historia medieval y, para los exóticos, los musulmanes españoles o africanos. Así surgió una serie de pintores que se inspiraron en los aspectos tradicionales y costumbres castizas de la vida española y en los que frecuentemente se percibe, a la vez, la influencia de Goya, entre ellos Leonardo Alenza (1807-1845) y Eugenio Lucas Padilla (1824-1870). Participan de esta tendencia José Gutiérrez de la Vega (m. 1865) y Antonio María Esquivel (1806-1857), ambos sevillanos enlazados con la tradición de Murillo y notables por sus cuadros de tipos y costumbres andaluces. Éste último es notable como retratista en su *Lectura en casa del artista* en el que se hallan retratados las figuras literarias más importantes de su época. Importantes fueron también los paisajistas como Jenaro Pérez Villaamil (1807-1854), que buscan la expresión romántica en paisajes de ruinas, catedrales y castillos. Otros prefieren el retrato, como Federico de Madrazo (1815-1894), quien, educado en Roma, llegó a ser uno de los pintores más representativos del romanticismo español. Es reconocido especialmente por la serie de retratos de personajes famosos de la época de la reina Isabel II.

Durante la segunda mitad del siglo, a raíz de la primera Exposición General de Bellas Artes celebrada en 1856, se desarrolló la llamada *pintura de historia* en la que se continúa la tradición romántica. Fueron notables Eduardo Cano (1823-1897), con sus obras *Cristóbal Colón en la puerta del convento de la Rábida* y *Don Álvaro de Luna enterrado de limosna;* Antonio Gisbert (1835-1902), por sus *Comuneros de Castilla* y *El fusilamiento de Torrijos;* y José Casado del Alisal (1832-1886), con su *Rendición de Bailén* y *La campana de Huesca*. El más representativo de todos fue el madrileño Eduardo Rosales (1836-1873), de dibujo y colorido correcto, en su *Testamento de Isabel la Católica*. Esta escuela se mantuvo vigente hasta bien entrado el siglo XX con Francisco Pradilla (1814-1921), con su *Juana la Loca,* y José Moreno Carbonero (1860-1942), con su *Conversión del duque de Gandía,* entre otros.

En los cuadros de género, la influencia francesa predomina en los cuadros de Eduardo Zamacois (1842-1874), aunque la figura más destacada es la del catalán Mariano Fortuny (1838-1874). En un principio pintaba éste bajo la influencia del romanticismo alemán, dando preferencia a cuadros de historia, como *Berenguer III,* pero se liberó de ella tras unos viajes a Marruecos que contribuyeron a desarrollar su preocupación por el color y la pintura al aire libre. Su obra maestra y la más conocida es *La Vicaría,* que es en realidad un cuadro de costumbres. A la segunda mitad del siglo corresponde también Antonio Muñoz Degrain (1841-1922), el mejor intérprete del paisaje romántico, aunque más tarde desarrolla una luminosidad que es ya impresionista.

Tras el romanticismo, llega también a España la llamada *corriente realista,* que había triunfado en Francia desde mediados del siglo y cuyo pintor más representativo había sido Gustave Courbet (1819-1877). En sus orígenes se nota la influencia de la pintura barroca española, que se acentuó a lo largo del siglo. En los temas, la pintura realista parte del interés romántico por el mundo contemporáneo para convertirlos en expresión de una ideología social y política, prefiriendo, como la literatura naturalista, los temas sociales de las clases bajas urbanas y del campo, que representa con un sentimiento melancólico o pesimista.

La pintura realista, como la literatura naturalista, no encontró gran aceptación en España ni fue capaz de crear una escuela de importancia. Entre los pintores realistas se puede citar a Ramón Tusquets (1837-1904), Arcadio Mas y Fondevila (1852-1934), Laureano Barrau (1864-1935) y Juan Llimona (1860-1926). La mayor parte de los cuales son de origen catalán, influidos, sin duda, por su proximidad a Francia, pero también por la situación social del proletariado en la región de Cataluña.

NOTAS

1. En una carta dirigida al cardenal Gibbons, arzobispo de Baltimore, el papa León XIII condenó explícitamente en 1899, el llamado "americanismo," es decir, la tendencia a acomodar las doctrinas católicas a las necesidades de la cultura y civilización modernas.

2. Victor Cousin (1792-1867), filósofo y pedagogo reformador francés cuyas doctrinas, basadas tanto en el idealismo como en el empirismo, tuvieron gran aceptación durante su vida.

3. Karl Christian Friedrich Krause (1781-1832) proponía un sistema filosófico al que llamó *panenteísmo* (que no se debe confundir con el panteísmo de Spinoza). Afirmaba que Dios es una esencia que contiene todo el universo sin estar agotado por él. Daba mucha importancia al desarrollo del individuo como parte integral de la perfección de la vida universal. Este último aspecto de su doctrina es el que atrajo más a sus discípulos españoles.

4. Se llama determinismo al sistema filosófico que afirma que todo fenómeno está determinado por las causas que lo producen. Al insistir en la concatenación necesaria de causa y efecto en todos los órdenes de la vida, no sólo en el físico, el determinismo tiende a una interpretación materialista de la vida, llegando a negar incluso la libertad humana.

Preguntas para estudio y repaso

1. ¿Por qué se llama al siglo XIX *Siglo de la ciencia?* 2. ¿Qué corrientes filosóficas predominaron? 3. ¿Cómo influyeron en el pensamiento moderno? 4. ¿Cómo reaccionó el cristianismo ante los ataques a la religión? 5. ¿Qué actitud adoptó el papa Pio IX? 6. ¿Qué importancia tuvieron el *Syllabus* y el Concilio Vaticano I en el desarrollo del pensamiento católico? 7. ¿Cómo comenzó la preocupación social de la Iglesia en este siglo? 8. ¿Cómo afectó a la sociedad el desarrollo industrial? 9. ¿Cómo se explica la aparición del proletariado como fuerza política y social? 10. ¿Qué defensores tuvo el proletariado obrero durante este siglo y qué soluciones proponían al conflicto de clases?

11. ¿Cuál era la situación de la sociedad española durante este tiempo? 12. ¿Cuál era la situación del obrero español? 13. ¿Qué consecuencias tuvo la desamortización para los obreros del campo? 14. ¿Cómo comenzó el movimiento socialista en España? 15. ¿Cómo reaccionaron los pensadores católicos ante las corrientes políticas de este tiempo? 16. ¿A qué temas concedían mayor importancia? 17. ¿Cómo fueron atacados por los propugnadores de las nuevas ideologías? 18. ¿A qué se llama tradicionalismo católico? 19. ¿Cuáles fueron sus representantes más importantes? 20. ¿Cómo se caracteriza el pensamiento liberal? 21. ¿Qué corrientes filosóficas contribuyeron a formar el pensamiento liberal español? 22. ¿A qué se llama movimiento krausista? 23. ¿Cuál fue la doctrina de Krause y qué forma se le dio en España? 24. ¿Qué importancia tuvo el krausismo en la historia política y cultural de España?

25. ¿Cómo influyó la vida política y social en los artistas durante el siglo XIX? 26. ¿A qué se llamaba en Europa movimiento neoclásico? 27. ¿Cómo influyó en su desarrollo el imperialismo napoleónico? 28. ¿A qué se llama período romántico y cuáles son sus características? 29. ¿En qué consistió el movimiento realista? 30. ¿A qué se llama naturalismo? 31. ¿Qué carácter tuvo el neoclasicismo literario en España durante este siglo? 32. ¿A qué se llama romanticismo en literatura? 33. ¿Cuándo apareció el romanticismo en España y cuáles son sus características más importantes? 34. ¿A qué se llama romanticismo liberal? 35. ¿Cuál fue la dirección romántica tradicional y cuáles fueron sus características? 36. ¿A qué se llama realismo en literatura y cuáles fueron sus temas y preocupaciones? 37. ¿Cómo comenzó el realismo literario en España? 38. ¿Qué direcciones tomó y a qué se debían? 39. ¿Quiénes fueron sus representantes más importantes? 40. ¿Qué formas tomó el naturalismo literario en España y cuáles fueron sus temas?

41. ¿Qué estilos arquitectónicos predominaron en España durante el siglo XIX? 42. ¿Cómo se manifestó el romanticismo en la arquitectura? 43. ¿Qué diferencias hay entre la escultura neoclásica y la romántica? 44. ¿Cómo se caracterizan las corrientes academicista y neoclásica en pintura? 45. ¿Cómo reaccionaron los artistas españoles ante la pintura romántica francesa? 46. ¿Cómo fue la pintura realista y naturalista en España?

Términos y nombres para estudio y repaso

Positivismo	Francisco Alvarado	Gustavo Adolfo Bécquer
Ernesto Renán	Jaime Balmes	Fernán Caballero
Apología del Cristianismo	Donoso Cortés	Pedro Antonio de
Syllabus	Antonio Aparisi y	Alarcón
Concilio Vaticano I	Guijarro	Juan Valera
Rerum novarum	Marcelino Menéndez y	Enrique Pérez Escrich
Proletariado obrero	Pelayo	José María de Pereda
Movimiento obrerista	Julián Giner de los Ríos	Benito Pérez Galdós
Socialismo	*Institución Libre de*	Emilia Pardo Bazán
El Manifiesto	*Enseñanza*	José Madrazo
Anarquismo colectivista	*El Europeo*	Jenaro Pérez Villaamil
Juan Álvarez Mendizábal	Duque de Rivas	José Casado del Alisal
Socialismo español	Mariano José de Larra	Mariano Fortuny
La cuestión social	José Zorrilla	

12

Fin de Siglo: La "Belle époque"

Las últimas décadas del siglo XIX y las primeras del siglo XX constituyeron en Europa un período de características culturales muy determinadas que se conoce generalmente con el nombre francés de *Belle époque.* Término de difícil traducción, pues no se trataba de una época bella, ni amable, elegante o placentera, aunque sí algo de todo; la *Belle époque* expresa muy bien el espíritu que animó la cultura y la sociedad europea desde aproximadamente el año 1870 hasta la movilización general de la Primera Guerra Mundial (1914-1918). Con ésta, el optimismo, la satisfacción y, sobre todo, la elegancia que constituían entonces las virtudes sociales más importantes cedieron rápida y trágicamente a la realidad de los cambios políticos, sociales y económicos impuestos por la *Gran Guerra.*

Paralelamente a esta superficialidad optimista y agradable de los valores sociales, Sigmund Freud (1856-1939), con sus estudios sobre la histeria (1895) y la interpretación de los sueños (1899), iniciaba la consideración del subconsciente humano que iba a influir tanto en las ciencias como en las artes desde comienzos del siglo XX. También desde el punto de vista técnico y científico se habían sentado ya las bases del mundo moderno con la invención del automóvil, el neumático, el avión, el submarino, la lámpara eléctrica, el cinematógrafo, entre muchas otras, y el descubrimiento del radio y la radioactividad. El imperialismo europeo estaba en su apogeo, coronado con la serie de colonias y dominios mantenidos en Asia y África. La burguesía trabajaba y se iba enriqueciendo, mientras el proletariado, en parte satisfecho con sus primeras conquistas sociales y económicas, no se había declarado todavía de manera abierta en favor de la lucha de clases.

Europa tenía conciencia de ser centro y motor de la civilización humana y las grandes ciudades eran el corazón de Europa; entre ellas Berlín, Londres y Viena eran las más importantes, pero sobre todas ellas reinaba París, el verdadero corazón de Europa. Y si París era la capital europea por antonomasia, en ella lo que contaba y fascinaba era *le boulevard*.[1] Nada que no llevara su sello merecía ser tenido en cuenta.

La *Belle époque* era un conjunto social, la aristocracia, la burguesía, el proletariado, los elegantes ociosos, las grandes cortesanas. En el polo opuesto a la cortesana, bella y elegante, estaba el fenómeno, producto inicialmente británico, de la *sufragista* que quería votar y ser igual al hombre. Era el siglo de oro de la Riviera y de Montecarlo, de fortunas fabulosas, sonadas ruinas y pasiones escandalosas. Se bailaba mucho y se comía bien. Las clases sociales comenzaban a mezclarse y aristócratas franceses trataban de rehacer sus fortunas perdidas casándose con hijas de magnates americanos del embutido o del carbón, o de grandes banqueros. El optimismo era general, el trabajo abría las puertas de la sociedad y se creía que la ciencia iba a resolver todos los problemas.

En este mundo un tanto artificial y artístico, la novela, la poesía, el teatro, la pintura, la escultura, encontraron un suelo fértil y, con nuevas expresiones, ocupaban puestos eminentes en la vida social. La música más popular era el vals (Johann Strauss), la mazurca y el cancán. El ballet ruso (Tchaykovsky), la opereta (J. Strauss, Lehár), la ópera (Massenet, Puccini), junto con los espectáculos del Moulin Rouge, inaugurado en 1889, eran los géneros que mejor satisfacían el gusto artístico de la época.

En pintura los artistas pretenden captar la impresión del momento, creando así una nueva escuela, el *impresionismo*. Para el impresionista la naturaleza no tiene colores ni formas fijas, sólo masas de color que cambian según la luz que reciben. Prefiere pintar al aire libre, sin mezclar los colores en la paleta. El impresionismo francés llegó a su cenit con el riquísimo colorido de las pinturas de vida parisina de Pierre-Auguste Renoir (1841-1919) y de sus bailarinas pintadas por Edgar Degas (1834-1917) y, sobre todo, con Henri de Toulouse-Lautrec (1864-1901). Pero también se va transformando la pintura en expresión temperamental de los artistas. De éstos unos interpretan la realidad con el colorido brillante, casi salvaje, de los *fauvistas*, cuyo representante máximo es Henri Matisse (1869-1954). Otros en cambio buscan en el color y la forma la correspondencia con la emoción y el pensamiento, y en la pintura la expresión de los sentimientos, del sueño interior de los poetas, llamados por ello, al igual que los pintores de esta tendencia, *simbolistas*. Éstos toman por tema la realidad sublimada, como Paul Gauguin (1848-1903), o el mundo distorsionado, irreal o alegórico, como Odilon Redon (1840-1916). Ya hacia fin de la época se hace más claro el cambio de gustos e ideales, tanto sociales como artísticos, en las nuevas interpretaciones pictóricas de la realidad abstracta y deformada, con el uso predominante de fórmulas angulares del *cubismo*, que surge hacia 1908, o en busca de un dinamismo plástico y de una incorporación pictórica de movimiento, tiempo y espacio tal como lo hacía el *futurismo*, nacido hacia 1910, o sencillamente por inclinación destructiva, a veces grosera y desagradable como el *dadaísmo,* aparecido hacia 1916 y del que surgiría más tarde el *surrealismo.*

En arquitectura, durante el último tercio del siglo, se impusieron las necesidades de la vida moderna. La creación de grandes centros urbanos e industriales hizo necesario encontrar nuevas líneas arquitectónicas menos monumentales y más pragmáticas. Este movimiento dio origen a un nuevo estilo conocido por su nombre francés de *art nouveau,* que transformó los estilos históricos que el romanticismo había hecho tan populares. El nuevo estilo, más que estructural, era fundamentalmente decorativo y se basaba principalmente en el uso de motivos curvilíneos, sinuosos, rizados con abundancia de zarcillos y temas florales. Al no prestarse fácilmente al diseño arquitectural, el nuevo estilo permaneció variado, desde el funcional rectilíneo, popular en Inglaterra y América, o reminiscente del rococó, como fue preferido en Francia, o del renacimiento, como en Austria, hasta la creación, variada y única en su género, de Antonio Gaudí en España.

La poesía de fin de siglo había comenzado como reacción contra el realismo poético, que alejándose de la expresión de sentimientos íntimos y personales, prefería expresar ideas y sentimientos generales dando mayor importancia a la perfección formal del lenguaje y el verso. Contra los llamados *parnasianos,* por la revista *Parnaso Contemporáneo* en la que colaboraron, reaccionó una nueva escuela. Reivindicando para la poesía las grandes libertades de forma, verso, sintaxis y vocabulario, pretendían sus seguidores expresar lo que el alma siente y, para conseguirlo, usaban de las semejanzas o equivalencias entre dos niveles, el psíquico y el moral, por lo que se decía que usaban de símbolos poéticos, por lo que recibieron el nombre de *simbolistas.* A éstos, cuya importancia en España llegó a ser grande, pertenecían algunos poetas parnasianos, como Paul Verlaine y Stéphane Mallarmé. A su muerte la escuela simbolista se dividió, indecisa. Mientras unos buscaban una moderación académica o trataban de recobrar el calor humano desaparecido en la belleza formal de las palabras, como Paul Claudel (1868-1955); otros, como Paul Valéry (1871-1945), dieron un mayor rigor al elemento intelectual, ontológico, en su persecución de una poesía "pura" que todavía hoy se mantiene en vigor.

Ya por los años de la *Gran Guerra,* la poesía, la pintura, y también la música, aceptaron una serie de *-ismos,* muchos de los cuales terminaron degenerando en simples extravagancias, pero todos expresando un interés general de ensayar nuevas técnicas y buscar nuevos modos de expresión.

Mayor importancia tuvo el estilo ornamental del *art nouveau,* aplicado, además de la arquitectura, a la decoración interior, muebles, joyas, tipografía, e incluso, a la moda femenina. En todos ellos se usaban hasta el exceso las líneas extendidas suaves, sinuosas y sensuales, las curvas y los rizos, que denotan las características de este estilo. En él se ve una mezcla curiosa del "tradicionalismo" medieval romántico con la interpretación simbolista del arte japonés de la que Aubrey Beardsley (1872-1898) fue el máximo exponente.

La escultura, menos rica y más dependiente de formas anteriores, encuentra nueva inspiración en el impresionismo. En Francia presenta su mejor expresión con Auguste Rodin (1840-1917), con sus obras *Balzac, El pensador* y *El beso,* cuyos desnudos audaces y sensuales causaron no poco escándalo; en Alemania, Adolf Hildebrand (1847-1921) y en Inglaterra, aunque francés de nacimiento, Henri Gaudier-Brzeska (1891-1915), el protegido de Ezra Pound.

El realismo de la novela se hace más introspectivo, psicológico, complicándose con las direcciones del psicoanálisis moderno. La novela como tal, es decir, la acción, la intriga, el "plot," se detiene como si su presentación sólo fuera el pretexto para el análisis interior, del que la obra de Marcel Proust (1873-1923) es el exponente más interesante e influyente.

Fin de siglo español

Los estilos de la *Belle époque* de moda por toda Europa invadieron también España. Escritores, poetas, artistas, o simplemente adinerados y elegantes iban a París y, de regreso, crearon también una *Belle époque* española. Con ella la burguesía española se unió a la moda europea, sobre todo a la francesa, que comenzó así a verse imitada en Madrid y Barcelona y, en menos grado, en las demás ciudades.

La *Belle époque* española fue un poco provinciana y de menos originalidad si se la compara con la francesa, pero con momentos de auténtico valor cultural y artístico. A la vez su actitud en favor del casticismo hispano, nunca totalmente olvidado, ofrece a veces más interés todavía que esta continuación de la vida francesa.

En España la *Belle époque* no tuvo un final tan abrupto como en Europa. Al quedar al margen del conflicto de la Primera Guerra Mundial, España sólo sufrió indirectamente sus consecuencias, una de las cuales fue la extinción paulatina del espíritu que animó la *Belle époque,* al ser destruidas sus fuentes europeas.

La literatura

En el arte literario se da, en términos generales, el mismo fenómeno que se advierte en las demás manifestaciones artísticas. Frente a los seguidores de las nuevas corrientes, producto casi siempre de influencia francesa, están los partidarios de las formas, modos y direcciones ya consagrados. En el caso de España es además notable apuntar, que aunque no sería exacto decir que todos los modernos son antiespañoles o anticatólicos, lo contrario sí podría afirmarse, es decir, que dejando aparte problemas de forma y técnica, el tradicionalismo hispano parece imponer o exigir una actitud política nacionalista y un espíritu profundamente religioso.

Un caso típico es José María Gabriel y Galán (1870-1905). Un tanto oscurecido por los poetas modernistas, especialmente su contemporáneo Rubén Darío, Gabriel y Galán no ha gozado nunca del favor de los críticos, quienes le echan en cara un cierto prosaísmo y fácil e ingenua sensiblería poética. Sin embargo, durante su tiempo y aun después, gozó de una gran popularidad por su espontaneidad poética, por la intensidad de su sentimiento y por su realismo, en forma y contenido, tan apartado del escapismo estético de los modernistas. Son dignas de leer entre sus poesías de tema castellano, "El ama" y "Mi montanara"; de tema extremeño, "El Cristu Benditu" y "El embargo" y de tema campesino, que son las más numerosas, "Mi vaquerillo," "Los pastores de mi abuelo," y "La espigadora." Toda ella es una poesía en la que resaltan las virtudes que el poeta atribuye al pueblo español: espontaneidad, nobleza, humildad y fe. Los siguientes versos son una queja contra la poesía, según él vacía, de su tiempo.

> Yo quisiera que vagase por los rústicos asilos
> no la casta fabulosa de fantásticos Batilos,[2]
> que jamás en las majadas de mis montes habitó,
> sino aquella casta de hombres vigorosos y severos,
> más leales que mastines, más sencillos que corderos,
> más esquivos que lobatos ¡más poetas iay! que yo!

Un tanto injustamente tratado por los críticos, Gabriel y Galán es un documento importante de su tiempo, al expresar la fe viva en un pasado bucólico patriarcal frente al materialismo moderno y la perversión desesperanzada del campesino.

La corriente de este tradicionalismo poético está oscurecida por el llamado *modernismo*. Desde el punto de vista cultural, forma éste parte del complejo movimiento de reacción contra la naturaleza y la mecánica de sentimientos que impone su contemplación. El modernista no acepta los sentimientos que emanan naturalmente de los objetos o situaciones románticas o realistas, sino que, por el contrario, parte de un subjetivismo, más o menos absoluto, de unos afectos, sensaciones, sentimientos o ideas que quiere suscitar; de aquí el impresionismo, el naturalismo idealizado y el simbolismo de la pintura modernista, la vaguedad idealizada de la escultura, el simbolismo y pureza abstracta de la poesía. Característica también de los movimientos modernistas es la preocupación por fundir los géneros artísticos: la poesía pretende ser escultura y música, ésta insiste en su carácter poético, mientras que la pintura busca las armonías cromáticas. Se trata de una especie de sinestesia artística,[3] sobre todo literaria, en la que abundan "versos azules"[4] y se conciben los poemas como *sinfonías, sonatas* y *sonatinas*.

Las características fundamentales de la poesía modernista se pueden resumir en el cuidado extraordinario de la forma, estilo refinado, colorismo; en palabras de Rubén Darío, en un "intenso amor a lo absoluto de la belleza". En cuanto a su contenido, el escapismo modernista en búsqueda de la belleza usa del lenguaje simbólico, de una vaguedad orientalizante, pseudo-helenismo, de regiones exóticas donde se pierde, o se encuentra, una melancolía soñadora y voluptuosamente vaga.

Por la especial atención que da a la calidad lingüística de la expresión, el modernismo literario se asocia generalmente con la poesía. En efecto, es poética una gran parte de la literatura, y la gran mayoría de los autores que se asocian con este movimiento son poetas, aunque también se habla con frecuencia de una prosa modernista.

Es modernista, por ejemplo, la prosa densa, de gran colorido y elaborada con impecable perfección de Gabriel Miró (1879-1930). Aunque no fue un escritor de producción muy abundante, su prosa llena de metáforas e imágenes de gran brillo y color ha ejercido notable influencia en la concepción impresionista de muchos escritores posteriores, especialmente levantinos. Son muy conocidas *Las cerezas del cementerio,* de gran sensibilidad, y *El obispo leproso* y *Nuestro padre San Daniel,* en el que se describe el paisaje levantino. La más famosa de sus obras es, todavía hoy, las *Figuras de la Pasión del Señor,* unos cuadros religiosos, aunque de artificial y escaso valor místico, de gran poder evocativo y mérito literario.

En España el modernismo poético se identifica generalmente con la figura egregia del nicaragüense Rubén Darío (1867-1916), el poeta más famoso de su tiempo en lengua castellana y uno de los principales también del mundo entero. Gran viajero fue por un tiempo corresponsal de *La Nación* en España, representante de su Gobierno en París y más tarde, en Madrid. La evidente influencia parnasiana y simbolista de Paul Verlaine y en general de los movimientos modernistas franceses le debió llegar muy temprano. El nacimiento del modernismo se sitúa en 1888, fecha en que publica su primera colección de versos, titulada *Azul,* que, a pesar de su brevedad, causó gran sensación en España. Con motivo de su primera visita, en 1892, ya se decía de él ser "tal vez el mejor y más original autor que hay ahora en América." Años más tarde aparecieron sus *Prosas profanas* (1896) y *Cantos de vida y esperanza* (1905), donde aparecen numerosas poesías que se han hecho célebres.

En *Prosas profanas,* escrito cuando su autor estaba ya considerado como figura central y orientadora del modernismo español, escribía Rubén Darío: "He aquí que veréis en mis versos princesas, reyes, cosas imperiales, visiones de países lejanos o imposibles, ¡qué queréis! Yo detesto la vida y el tiempo en que me tocó nacer." Su alejamiento de la realidad más que por mala es porque la encuentra inelegante y así su escapismo le lleva a un mundo exótico de princesas, lagos, cisnes, oro, seda y mármol; todo color y música, sensualidad bella y melancolía elegante. Sin embargo, en *Cantos,* obra ya de su madurez, hay preocupación social, sentido moral y religioso, amor a España y exaltación de la cultura hispana y de la hermandad de los pueblos en su hispanidad.

Entre los poetas modernistas hay que contar también a Manuel Machado (1874-1947). Durante su juventud vivió en París, donde tuvo oportunidad de conocer a los poetas parnasianos y simbolistas. Aunque escribió, en colaboración con su hermano Antonio, obras de teatro, *La Lola se va a los puertos, Juan de Mañara,* su prestigio se debe principalmente a su poesía lírica, recogida en colecciones que llevan los títulos de *Alma, Caprichos, Cantares* y *Cante hondo.*

Su poesía, sin embargo, aunque influida por la parnasiana y simbolista francesa y, además, por la de Rubén Darío, es totalmente personal y, aunque dentro de la corriente modernista, diferenciable de ésta como un modernismo genuinamente español. Del modernismo acepta la elegancia, la depuración del idioma, pero prefiere la matización grácil y fina, la sobriedad íntima a la expresión abigarrada y exuberante, a la exaltación orquestal y colorista de la mayoría de los modernistas. Tampoco busca un exotismo vago y etéreo de cisnes y princesas de países lejanos, sino que por el contrario, busca en lo popular y en la historia de España la base y los temas de su lírica. Famosos como pocos son los versos dedicados al Cid en su poema "Castilla", en los que bajo una pretendida rudeza esconde la frialdad elegante modernista, y las líneas breves, escuetas y bellas de su "Canto" a Andalucía.

La novela española de esta época sigue las mismas corrientes tan variadas que se observan en las demás artes y en general también las europeas. Sigue la escuela realista Armando Palacio Valdés (1853-1938), cuya obra ha sido siempre bien recibida en el extranjero, debido, entre otras razones, a su calidad, poco española, de moderación y simplicidad. *Riverita* y *Maximina* con fondo autobiográfico, *La espuma* y *La fe* con un tono naturalista, *Marta y María* de tema religioso y político, *La alegría del capitán Ribot* de tema regional y, sobre todo, *La hermana San Sulpicio,* el cortejo de una monja sevillana por un gallego, son obras en las que Palacio Valdés, con humor y gran ligereza de estilo, pinta una sociedad que, aunque abunda en problemas de toda clase, siempre se salva por la sinceridad de sus sentimientos.

De muy distinta índole es el representante del naturalismo, Vicente Blasco Ibáñez (1867-1928). Ideológicamente republicano, socialista radical y de un marcado, a veces violento, anticlericalismo, estaba muy al tanto de las corrientes literarias y gustos estéticos del mundo parisino de principios de siglo, en el que era muy conocido.

Inició su carrera de escritor describiendo la vida de la región valenciana, *La condenada, Cuentos valencianos,* con una fuerte técnica naturalista al estilo de Zola. El tema regional lo continúa en sus mejores obras y acaso las más vigorosas, aunque fueron las que menos fama le darían, *Entre naranjos, Cañas y barro, La barraca, Arroz y tartana.* También toca otros temas, por ejemplo, *La horda* en que trata los bajos fondos madrileños y *La catedral,* tendenciosamente anticlerical, que toma Toledo como centro y su catedral como excusa.

En las obras de su madurez, *La maja desnuda* y *Sangre y arena,* describe, con más técnica que sinceridad artística, un ambiente español típico y pintoresco más apto de ser apreciado en el extranjero. La *Gran Guerra* le sorprendió en París, donde escribió *Los cuatro jinetes del Apocalípsis,* fiera diatriba contra los alemanes, que obtuvo un gran éxito en Francia, Inglaterra y los Estados Unidos. Es el libro que consagró su fama mundial. Con su publicación en traducción inglesa en Norteamérica y, años después, su filmación, Blasco Ibáñez se convirtió en el gran novelista de moda, cuya amistad y trato buscaban políticos, intelectuales, y el gran público. En este sentido mucho se debe a él lo que en América se piensa de España y de los españoles. Su obra posterior, hecha ya para satisfacer su público cosmopolita, adolece toda ella de comercialización postiza e insincera.

A pesar de su renombre, Blasco Ibáñez, más que novelista fue pintor. Sus novelas son en realidad cuadros pintados a la manera de su amigo Joaquín Sorolla, con mano precipitada, más en busca del colorido y del efecto total que de la perfección artística. No es la trama lo que cautiva en sus novelas sino la descripción, la agudeza impresionista con que capta la realidad, el movimiento, la vida y sobre todo el color, aunque todo ello queda a veces un tanto desvirtuado por su aplicación superficial de ideologías políticas radicales y tendencioso anticlericalismo.

La música

La música española desde el romanticismo presenta unas paradojas interesantes. Mientras la música fue en el resto de Europa un factor esencial y determinante en el romanticismo, no así en España, donde la música sólo es interesante cuando es producto de un casticismo espontáneo y simpático. España además fue "el país romántico" por excelencia; en parte como reacción contra lo francés, los músicos europeos recurren a la España castiza y a lo español popular para sus composiciones. Así lo hacen, entre otros muchos, Jorge Bizet (1836-1875), con su famosísima ópera "española" Carmen; Eduardo Lalo (1823-1892), con su *Sinfonía española;* Hugo Wolff (1860-1903), con sus numerosas "canciones españolas" y Nicolás Rimsky-Korsakoff (1844-1908), con su *Capricho español,* celebrado en París como el mejor "músico español" de su tiempo. A popularizar este españolismo contribuyeron en gran manera las llamadas *bailarinas españolas.* La española María Medina, la vienesa Fanny Elssler y, sobre todo, la inolvidable irlandesa Lola Montes, que, entre otras muchas, enloquecieron el gran público europeo con la voluptuosidad de un "españolismo" estrictamente académico y convencional. Sin embargo España es muy pobre en música romántica propia y cuando a fines de siglo surge una afición por "lo español," ésta no busca la autenticidad sino la moda que le llega de fuera. En consecuencia, durante este período la música mejor y la que más gusta se basa en temas españoles sacados del pueblo y sin embargo está muy influida por la música de la *Belle époque:* valses, mazurcas, pavanas, por el sinfonismo ruso, por el piano romántico de Chopin, Schumann el joven, y Grieg o por la interpretación de "lo español" de Bizet. A pesar de ello, la música que se crea es, a sentir de los españoles, expresión auténtica del alma del pueblo, a lo que se debe sin duda su gran popularidad. También, con excepción de la música de zarzuela, goza de gran aceptación en Europa que ve en ella una continuación, aunque tardía, del romanticismo.

Español y europeo al mismo tiempo fue Isaac Albéniz (1860-1909), concertista desde los cinco años, alumno en París y Bruselas, viajero por Europa y América y finalmente residente en Francia, donde falleció.

Toda la música de Albéniz está pensada desde el piano y quiere ser, como él mismo decía, "española con acento universal". En efecto, su música demuestra la influencia de Wagner, Schumann, Liszt y de los impresionistas franceses. Su españolismo se manifiesta en una música libre, dinámica, abundante en modulaciones, que, más que en problemas de forma, se basa en la gracia y en la sobriedad, dando así la impresión de querer expresar la sencillez del alma popular. En esta vena y muy conocidas son *Sevilla, Córdoba, Torre Bermeja, Mallorca.*

Más fama tiene *Iberia*, obra de mayor envergadura compuesta durante los últimos años de su vida. En ésta, más que en ninguna otra, se reconcilian los dos extremos, lo pintoresco y la melodía popular con el elemento personal. A pesar de que en ella se reconocen fácilmente las influencias y técnicas extranjeras, *Iberia* es considerada también expresión genuina del sentimiento español. Aunque, propiamente hablando, Albéniz no dejó escuela, su obra ejerció una gran influencia en el desarrollo y la dirección de la música española contemporánea.

Español y europeo también, aunque decididamente menos viajero, fue Enrique Granados (1866-1916). Estudiante en Barcelona, pasó varios años en París, donde obtuvo importantes triunfos.

Son deliciosas sus *Danzas españolas,* en las que se mezclan las notas estrictamente pintorescas con las europeas y en las que aparece la influencia de Chopin, Schumann y Grieg. Con ellas, Granados influyó en los compositores españoles posteriores, que llegaron así a asimilar el tono íntimo del piano romántico. Aunque Granados revela en su música acentos de todas las regiones, el que predomina es el andaluz, mezclado, a veces, con reminiscencias románticas de lo árabe español. Su obra maestra se titula *Goyescas,* en ella combina los tonos íntimos y líricos con matices desgarrados que recuerdan la pintura de Goya. Su estreno en Nueva York en 1916 señaló el apogeo de su triunfo. El mismo año, cuando regresaba a Europa, pereció en el torpedeamiento del "Sussex" por los submarinos alemanes.

El género artístico que mejor representa el espíritu de esta época burguesa y agradable es sin duda la música, y en ella la *zarzuela,* que por su popularidad y características especiales es además la manifestación artística más interesante de todo este tiempo.[5]

Aunque todavía se continúa con los intentos de composición de "ópera española," o zarzuela grande, herencia del romanticismo, es el *género chico* el que predomina y alcanza una extraordinaria popularidad.

El *género chico* es así llamado porque en contraposición al mayor empaque musical y operático de la zarzuela grande, éste es más breve, uno o dos actos, el libreto es popular, y popular tiene que ser, sobre todo, su música. Los temas preferidos son dramáticos, casi naturalistas, de clase baja: hambre, luto, desempleo, ruindad política, poder del dinero en negocios y en amor. Es la sociedad vista desde sus capas más bajas, pero interpretada con humor, ironía, burla, poca amargura y gran cantidad de alegría. Aunque el género chico duró pocos años, desde 1869 hasta 1910, fue extraordinaria su influencia en el público, que imitaba el lenguaje y los gestos usados por los personajes y repetía constantemente sus canciones, muchas de las cuales todavía hoy gozan de gran popularidad.

Su representación iniciada en el teatro Variedades atrajo tanta atención y público, algunas obras pasaron del millar de representaciones, que muy pronto fueron edificados otros teatros para ofrecer en ellos exclusivamente obras de este género. De ellos, once en total, el teatro Apolo, de la Comedia, de la Princesa, Lara, fueron los más importantes y continúan siendo hoy corazón de la vida teatral madrileña.

El creador del género chico fue Francisco Asenjo y Barbieri (1823-1894) que, aunque italianizante en sus primeros años, derivó más tarde con su personalidad divertida y simpática hacia la música popular madrileña, de la que ha sido el mejor representante con sus obras *Pan y toros, El barberillo de Lavapiés,* o con la influencia que ejerció en los que le siguieron, Chueca, Bretón, Chapí, entre otros. Además de compositor fue Barbieri un notable erudito, articulista y sobre todo musicólogo.

Característico de la música española y del gusto musical de los españoles de fin de siglo es el drama de Tomás Bretón (1849-1920), el defensor más vehemente de la "ópera española." Fracasó completamente en sus obras más ambiciosas, compuestas según el patrón italianizante con reminiscencias wagnerianas, para triunfar solamente cuando adoptaba el verismo popular de *La Dolores,* y sobre todo en el milagro de espontaneidad y gracia de la famosa *La Verbena de la Paloma,* por las que aún mantiene merecido renombre.

La música castiza del género chico continuó con Ruperto Chapí

(1851-1909), a quien se debe la inolvidable *La revoltosa;* José Serrano (1873-1941), con *La Dolorosa* y *Los claveles;* y Amadeo Vives (1871-1932), con *Doña Francisquita* y *Maruxa.*

Tras ellos, dos compositores representan las dos posibles tendencias de tradicionalismo y renovación: Federico Moreno Torroba (n. 1891), que permanece fiel a la zarzuela grande, de asunto madrileño romántico, asequible al público y que ofrece la perfecta pulcritud de su inolvidable *Luisa Fernanda;* y Pablo Sorozábal (n. 1897), educado en Alemania, que introduce recursos melódicos contemporáneos, renovando así el sainete madrileño, *La del manojo de rosas* y *Don Manolito,* o iniciando una comedia musical entre zarzuela y opereta, con su celebrada *Katiuska.*

La arquitectura

En arquitectura la influencia europea es evidente en forma y en espíritu. Ciudadana, burguesa y capitalista, se emplea sobre todo en edificios públicos. Aunque también se usa un estilo funcional, de escaso adorno (fig. 12.1); o se continúa la tradición romántica medieval (fig. 12.2), el estilo imperante es una imitación del eclecticismo barroco con líneas neoclásicas, típicamente francés (fig. 12.3). Éste recibe, con frecuencia además, las decoraciones del llamado arte modernista; con sus curvas sinuosas, flores, hojas, figuras y cabezas de mujer que nacen de la piedra, como las evocaciones indefinidas tan al gusto de la poesía modernista. La importancia dada al refinamiento de la vida urbana lleva a grandes reformas en las ciudades, que se adornan con Gran Vías y Paseos, adquiriendo así la fisonomía que todavía hoy poseen.

Mayor personalidad de estilo e interés tiene el modernismo de la arquitectura catalana, en la que se advierte la doble tendencia hacia el eclecticismo y hacia el uso de motivos históricos. Entre los eclécticos hay que nombrar a Luis Domenech y Montaner (1850-1923) y a Enrique Saguier (1858-1931). Pero el máximo representante del modernismo fue Antonio Gaudí (1852-1926), quien siempre logra un resultado único e inconfundible, sea partiendo de una base mudéjar como la que usa en la Casa Vicens, o gótica como en el palacio del obispado de Astorga (fig. 12.4), o de *art nouveau* de la Casa Milá (fig. 12.5) y del parque Güell (fig. 12.6), o el barroquismo desbordante de su obra más famosa, el templo de la Sagrada Familia (fig. 12.7), en Barcelona.

La escultura

En escultura el nuevo estilo fue, con excepción de unas pocas figuras, de notable mediocridad. Respondió, como en el resto de Europa, a la misma vaguedad de exposición, de contornos indefinidos que dan la

12.1 Edificio de La Equitativa, Madrid

12.2 Arco del Triunfo de Barcelona,
obra de José Vilaseca

12.3 Edificio Metrópolis, Madrid

impresión de algo inacabado, incompleto, o sencillamente indefinible, que el artista no puede fijar ni concretar. No obstante, la escultura modernista es marcadamente sensual, mezcla curiosa de materia y espíritu. Dignos de mención son Ricardo Bellver (1845-1924), cuyo *Angel caído* (fig. 12.8) se encuentra en el parque del Retiro en Madrid, y sobre todo Agustín Querol y Subirats (1860-1909), el mejor representante de la escultura modernista. Su obra más importante es el mausoleo a Cánovas del Castillo

12.4 Palacio del obispado de Astorga

12.5 Casa Milá, Barcelona

12.6 Edificio del Parque Güell, Barcelona   **12.7** Iglesia de la Sagrada Familia, Barcelona

en el Panteón de hombres ilustres, el conjunto titulado *Sagunto* (fig. 12.9) y el frontón de la Biblioteca Nacional, todos ellos en Madrid.

Gran importancia tiene la escultura catalana, en la que son de citar Miguel Blay (1866-1936), con su *Eclosión* (fig. 12.10); José Llimona, autor de las figuras del arco del Triunfo en Barcelona; y Luis Domenech y Montaner con el grupo escultórico que adorna el Palacio de la Música de Barcelona (fig. 12.11) en cuya obra se perciben claramente las características de la escuela modernista.

La pintura

El modernismo en la pintura, manifestado colectivamente en la Exposición Internacional de París de 1889, atrajo a los pintores españoles, en los que la pintura francesa de Renoir y Monet, ejercía clara influencia. A ésta se añadió más tarde la de las escuelas modernistas del norte de Europa, cuya preocupación principal era también interpretar la luz de manera que produjera la impresión de realidad.

La escuela modernista española más importante fue la catalana, reflejo del espíritu burgués de la época y del progreso económico alcanzado por aquella región. Ésta se caracteriza por un cierto sentido íntimo, un lirismo especial muy de acuerdo con la sensibilidad catalana. De esta escuela el pintor más representativo es Santiago Rusiñol (1861-1931), cuya pintura busca en la reproducción de naturaleza y jardines, *Cipreses de*

12.8 *Ángel caído*, de Ricardo Bellver

12.9 *Sagunto*, de Agustín Querol

Aranjuez, una expresión de lirismo nostálgico, casi protesta ante la máquina y la técnica.

En la escuela impresionista son también notables los paisajistas Joaquín Mir (1837-1940), que pinta principalmente paisajes de *Cataluña, Cadaqués, La cala encantada, Segunda fantasía del Ebro;* y Ramón Casas (1866-1932), gran pintor de paisajes urbanos de una precisión casi fotográfica.

La pintura modernista española alcanza su mejor expresión en el valenciano Joaquín Sorolla (1863-1924). Pintor genuinamente español, estrictamente regionalista, fue uno de los artistas españoles que mejor supo interpretar las direcciones estéticas de la Europa de su tiempo. Prueba de ello son los premios y medallas concedidos a sus obras, entre otras, en la Exposición Internacional de Viena (1894), Berlín (1896), Munich (1897), París (1906), Londres (1908), Nueva York (1909) y Chicago (1911). Sorolla comenzó su producción de acuerdo con el espíritu de la

12.10   Eclosión, de Miguel Blay

12.11   Detalle del grupo escultórico del
Palacio de la Música, Barcelona

12.12   *Extremadura, Provinces of
Spain,* de Joaquín Sorolla

Belle époque con un cuadro, *Boulevard de París,* ya premiado, en el que la influencia de Monet es todavía marcada. Pero pronto cambió a una pintura social inspirada literariamente en el naturalismo de Emilio Zola, Gustavo Flaubert, Guy de Maupassant y en la que se adivina además la huella de su paisano Blasco Ibáñez, como en el cuadro *Aún dicen que el pescado es caro.*

Sin embargo Sorolla alcanza su mejor expresión como pintor de la luz y del aire, del ambiente valenciano sobre todo, de sus playas inundadas de sol, arena y agua, pescadores, barcas y niños. De los 2.000 cuadros que llegó a pintar, la mayoría fueron realizados al aire libre y tratan de los siguientes temas: *Playa de Valencia; Llegada de una barca de pesca; Remendando las redes* y *Niños jugando en la playa.* A él se debe también la decoración del salón de actos y bibliotecas de la Hispanic Society de Nueva York con la serie *Provinces of Spain* (fig. 12.12).

NOTAS

1. Se da el nombre de *boulevard* a todo paseo público o calle ancha con árboles. Durante este tiempo tuvo una gran importancia cultural y social al convertirse con frecuencia en centro de la vida elegante de la ciudad con sus tiendas, cafés, teatros o sencillamente como punto de reunión.

2. Nombre de un poeta romano y seudónimo del poeta Meléndez Valdés, crítica aquí de la poesía pastoril artificiosa.

3. Figura retórica que consiste en la asociación de dos ideas o sensaciones de género distinto, como, por ejemplo, *color chillón* o *música luminosa.*

4. La expresión fue hecha famosa por Ruben Darío quien la usó en los siguientes versos con que inicia sus *Cantos:*

Yo soy aquel que ayer nomás decía
el verso azul y la canción profana.

5. Llamada así por la residencia real de La Zarzuela, cerca de Madrid, donde fue representada por primera vez. Calderón de la Barca la definió: "No es comedia, sino sólo una fábula pequeña en que, a imitación de Italia, se canta y se representa." De origen italiano efectivamente, la zarzuela fue un entretenimiento noble durante el siglo XVII. Desprestigiado por español y tradicional durante el siglo XVIII, tuvo en el XIX un notable renacimiento como género tradicional popular.

Preguntas para estudio y repaso

1. ¿A qué se llama la *Belle époque?* 2. ¿Qué clases de música eran las preferidas? 3. ¿Qué escuelas de pintura fueron las más importantes? 4. ¿Qué estilo de arquitectura se asocia generalmente con esta época? 5. ¿Qué formas toma el *art nouveau* en los diferentes países? 6. ¿Qué direcciones poéticas son las más importantes?

7. ¿Se puede hablar de una *Belle époque* española? 8. ¿Qué actitudes fundamentales adoptaron los escritores españoles durante este tiempo? 9. ¿Cómo se expresaba el tradicionalismo poético? 10. ¿A qué se llama modernismo en poesía? 11. ¿Cómo se expresó el modernismo en prosa y quiénes fueron sus representantes más importantes? 12. ¿Por qué se dice que el de Manuel Machado es un modernismo hispánico? 13. ¿Qué corrientes siguió la novela española de fin de siglo? 14. ¿Cuál es el estilo que sigue Blasco Ibáñez y cuál fue su importancia? 15. ¿Qué paradojas presenta la música española desde el romanticismo? 16. ¿Qué características ofrece la música de Albéniz y la de Granados? 17. ¿Qué es la zarzuela? 18. ¿Por qué representa mejor que ningún otro género el espíritu español de la época? 19. ¿Qué formas tomó el *art nouveau* en la arquitectura española? 20. ¿Qué características presenta la escultura de esta época? 21. ¿Cómo fue la pintura modernista en España? 22. ¿Cómo es la pintura de Sorolla y a qué debe su importancia?

Términos y nombres para estudio y repaso

Belle époque	Modernismo literario	Género chico
Impresionismo	Manuel Machado	Arte moderno
Fauvistas	Armando Palacio Valdés	Antonio Gaudí
Parnasianos	Vicente Blasco Ibáñez	Santiago Rusiñol
Simbolistas	Isaac Albéniz	Joaquín Mir
Surrealismo	Enrique Granados	Joaquín Sorolla
Art nouveau	Zarzuela	
José María Gabriel y Galán		

❧ 13 ☙

El Siglo XX

Al hablar del siglo XIX, más que a una división cronológica (1800-1899), nos referimos con frecuencia a toda una época de la civilización, a una fase cultural de Europa con unas características determinadas y con unos problemas muy específicos. En este sentido el siglo XIX no terminó, como cronológicamente debiera, en 1899, sino algo más tarde, en 1914, al comenzar la Primera Guerra Mundial, la *Gran Guerra* (1914-1918). Con ella, tanto los sistemas políticos y económicos que regían la sociedad europea como sus valores intelectuales y sociales sufrieron una crisis de la que Europa y el mundo entero no se han recuperado todavía. La Revolución rusa de 1917, la depresión económica de 1929, los regímenes totalitarios y la Segunda Guerra Mundial, con el nuevo mundo que ha creado, son los momentos más importantes del siglo XX.

España, al quedar al margen del conflicto armado de 1914, mantuvo sin resolver los problemas, conflictos y esperanzas utópicas, característicos del siglo XIX, hasta la crisis de su guerra civil, 1936-1939, con la que en realidad comienza el siglo XX español. Sus momentos más importantes han sido hasta el presente, el largo gobierno de Francisco Franco (1938-1975), caracterizado por su tradicionalismo y aislamiento de Europa, y el régimen monárquico del rey Juan Carlos, de clara reintegración a la comunidad europea.

La política internacional europea hasta 1914 había girado en torno a problemas que atañían directamente a los países del centro continental europeo, Alemania, el Imperio Austro-húngaro y Rusia, y a la amenaza que sus alianzas o rivalidades podían representar para los demás. La misma Francia, derrotada por Prusia en 1870, se sentía alarmada ante el movimiento hacia la unidad nacional alemana y las ambiciones imperiales de los reyes de Prusia, que, desde 1871, habían asumido además el título de Emperador de Alemania, y se había olvidado en cambio de España, que, por razón de su situación geográfica y su inestabilidad política, quedaba excluida de toda participación efectiva en la política internacional europea. Por una parte, Alemania pactó con Austria-Hungría, a los que se unió más tarde Italia, formando la *Triple Alianza* (1882). Por otra, y frente a esta alianza, se formó la *Triple Entente* (1907), en la que entraron Francia, Rusia e Inglaterra. Aunque ésta no era una alianza militar formal, sino sólo una promesa de cooperación mutua en lo que se refería a la política exterior, ayudó a la formación de un bloque antagónico frente al formado por la Triple Alianza.

El clima bélico así creado llevó a la Primera Guerra Mundial (1914-1918), en la que Europa entera sufrió unas pérdidas terribles en vidas humanas y riqueza material. En 1917 la situación de Rusia llegó a ser insostenible. Las tropas rusas habían sufrido grandes derrotas en los frentes de batalla, mientras que, en el interior, el sistema de gobierno absolutista de los zares tenía que ceder ante el empuje revolucionario, primero más bien burgués y moderado de los *mencheviques,* muy pronto ante la revolución radical impuesta por los *bolcheviques.* El año siguiente, 1918, Alemania y Austria-Hungría, incapaces de continuar el esfuerzo bélico, se rindieron a los aliados.

El Tratado de Versalles (1919), con el que se formalizó la capitulación de los vencidos, dejó sin solucionar los graves problemas de la desconfianza mutua y de las rivalidades económicas y políticas existentes entre las naciones europeas, causas principales de la guerra. Por el contrario, las condiciones económicas que el tratado de paz imponía a los vencidos hizo que "las deudas de guerra" fueran origen de profundas desavenencias entre las potencias aliadas y de unas convulsiones económicas y políticas en las naciones vencidas, que se vieron obligadas a buscar solución en regímenes nacionalistas totalitarios.

La crisis económica causada por la *Gran Guerra* resultó, además de la Revolución rusa, en una agitación extraordinaria en las clases obreras de todas las naciones europeas, las cuales, organizadas ya en forma de partidos políticos, comenzaron a hacer oír sus opiniones y a imponer sus condiciones a los nuevos programas políticos, sociales y económicos. En consecuencia, la vida política en las naciones más industrializadas y, por lo tanto, más avanzadas y ricas de Europa, dejó de ser una sucesión de gobiernos conservadores y progresistas para convertirse en una lucha de tres grupos, de los que con frecuencia el de los partidos obreros izquierdistas y revolucionarios era el más fuerte o segundo en potencia.

Con la Primera Guerra Mundial (1914-1918) comenzó además la desintegración de la hegemonía europea. Se fundaba ésta no solamente en el poderío militar de Europa, su marina de guerra y su supremacía material, sino también en una superioridad técnica e intelectual todavía reconocida por todos. Aunque habían aparecido ya dos rivales, los Estados Unidos y el Japón, éstos lo eran por su mayor grado de europeización en comparación con los demás, que todos trataban de emular como el único camino hacia el progreso. Pero con la guerra, el antiguo orden político se desmoronó sin que fuera otra vez posible el retorno a la sociedad tranquila y segura de sí misma, que había sido la europea con anterioridad a 1914. Con la gran crisis económica de 1929 pareció desmoronarse además el régimen capitalista entero, con la consiguiente pérdida de confianza en el porvenir. Éste aparecía todavía más inestable a medida que la Revolución rusa de 1917 tomaba formas duraderas y permanentes y comenzaba a manifestar además ambiciones de conquista.

Al tomar el poder en Rusia, los bolcheviques, en nombre de los *soviet* de diputados obreros y campesinos, proclamaron la República Soviética que muy pronto se transformó en Unión de Repúblicas Socialistas Soviéticas. En 1919, a raíz de la fundación de la Tercera Internacional Comunista *(Komintern),* la mayor parte de los militantes revolucionarios europeos se agrupó bajo la bandera de la nueva Rusia para una acción mejor dirigida y coordinada. En el congreso celebrado en Moscú el año siguiente con delegados de 37 países, se fijaron los *21 puntos* de Lenín, o las "tesis de Moscú". En estos puntos se preveían las futuras acciones revolucionarias y guerras civiles y se dictaban órdenes para llevar a cabo sublevaciones armadas, exigiéndose de todos los partidos y sus miembros una disciplina ciega y una completa obediencia a la dirección central del *Komintern*[2] en Moscú.

Bajo el gobierno de Lenín, Rusia había derivado rápidamente hacia la constitución de un régimen totalitario de partido único, cuyas características eran la autoridad absoluta del partido sobre todas las formas de la vida social o privada de sus miembros. Según el mismo Lenín el Estado totalitario requería "la abolición de todos los límites legales impuestos al poder." Con la ayuda del *Komintern,* la dictadura rusa pretendía dirigir la política y las actividades de los partidos comunistas europeos, los cuales durante muchos años se dedicaron a la preparación de la sociedad para la creación de gobiernos de *soviet* copiados y aliados del modelo ruso.

El caos económico, consecuencia de la guerra, las condiciones excesivamente duras que el Tratado de Versalles impuso a los vencidos, el temor a una nueva guerra, y, después, la amenaza "roja" de una revolución comunista de signo ruso, fueron causa de que una serie de movimientos nacionalistas surgieran con gran fuerza en muchos países europeos. Ante el desprestigio del sistema liberal y parlamentario y su incapacidad de resolver los problemas económicos, estos movimientos se inclinaron por lo general a unas formas de gobierno más radicales y autoritarias, incluso dictatoriales, las únicas que, según ellos, podían restablecer la eficacia del Estado.

De esta manera surgieron los tres frentes de combate característicos de este tiempo: el conservador, el revolucionario y el nacionalista, que aunque de por sí solamente reflejaban una situación interna, podían adquirir fácilmente una gran importancia internacional a causa de los nuevos imperialismos sociales.

También el pensamiento europeo siguió unas líneas desconcertadas. Los intelectuales y artistas abandonaron el racionalismo imperante durante ya dos siglos, pero no regresaron hacia la fe religiosa tradicional, sino que continuaron por el camino de un subjetivismo más emotivo que racional. En psicología con Freud se estudió el subconsciente, abriendo así paso a la consideración del inconsciente en las acciones y emociones humanas. En filosofía la experiencia y evidencia racional cedieron frente a la fenomenología de Husserl, que toma como base del conocimiento la intuición, de por sí irracional, para más tarde llegar al existencialismo de Heidegger. En pintura la tónica fue el alejamiento de la objetividad en una serie de abstracciones, -ismos, basadas más en la apreciación subjetiva que en la razón, y que son cada vez más radicales, como el *cubismo, futurismo, orfismo, sincronismo, vorticismo, dadaísmo,* y finalmente *surrealismo.*[3] Lo mismo ocurrió con la poesía desde el simbolismo de Paul Valery hasta el expresionismo, dadaísmo y surrealismo poético de André Breton, y, mientras la escultura buscaba una expresividad subjetiva en la abstracción y distorsión intencional de los objetos, la prosa, novela y teatro se sumergían en un análisis introspectivo de la psique humana (Marcel Proust, James Joyce), o presentaban la tragedia de la existencia humana (Jean Cocteau, Paul Claudel), o la oposición entre las intenciones del hombre y la realidad de sus acciones (Luis Pirandello), o buscaban refugio en una literatura de evasión y gratuita (Sinclair Lewis, F. Scott Fitzgerald, Ernest Hemingway) típicamente anglosajona.

En España los efectos de la Primera Guerra Mundial, en la que no tomó parte, también se dejaron sentir, aunque de manera muy distinta que en el resto de Europa. Económicamente la guerra benefició en un principio a España, que mantuvo abiertamente sus relaciones comerciales con los aliados, aunque se dejó arrastrar más tarde al caos de la gran depresión de 1929. Políticamente el proceso de debilitación de la monarquía parlamentaria continuó hasta llegar al paréntesis de la Dictadura y terminar en la desintegración de la Segunda República. Parte del panorama político fue también, por una parte, la adhesión del partido comunista español al *Komintern* y la consiguiente alianza de sus miembros con los ideales rusos, cuyos métodos y resultados son a la vez modelo y directivas a seguir. Por otra parte y como reacción surgieron los movimientos nacionalistas, conservador, liberal y parlamentario de Acción Española, o declaradamente antiliberal como la Falange y las JONS,[4] mientras que otros partidos, como el tradicionalista requeté,[5] ampliaban sus programas políticos para incluir una postura anticomunista.

En la vida cultural se mantuvo la dependencia española de las corrientes europeas, con París como centro de la vida artística donde se concebían y desde donde se irradiaban las nuevas modas, aunque los artistas buscaban ya, al mismo tiempo, la aprobación del Nuevo Mundo representado por Nueva York. El pensamiento filosófico español, sin embargo, siguió el camino iniciado el siglo anterior por el krausismo, buscando en

Alemania sus modelos y maestros. Los productos así conseguidos eran europeizantes, en cierto sentido importación clara de origen francés y alemán, pero siempre sometidos a la transformación que imponía la espiritualidad española, menos inclinada que la europea a aceptar un pesimismo filosófico o un materialismo antirreligioso.

En términos generales, estas nuevas corrientes al llegar a España con sus perfiles ideológicos, ya perdidos o desvirtuados, iban recibiendo el nombre conjunto de *Ultraísmo* o *vanguardia*.[6]

La vida política: Alfonso XIII (1902-1931)

En 1902, a los dieciséis años de edad, subió al trono Alfonso XIII, hijo de Alfonso XII y María Cristina de Habsburgo, quien, para dar continuidad al régimen político, mantuvo en el poder el gobierno de la Regencia, dirigido entonces por Sagasta. A pesar de ello, ya desde el principio, el reinado del nuevo monarca se caracterizó por su falta de estabilidad. Los partidos antidinásticos, carlistas y republicanos, daban nuevas señales de vida, dirigidos éstos por Alejandro Lerroux, Blasco Ibáñez y otros; el partido socialista iba adquiriendo mayor poder; el regionalismo catalán conseguía aunar a todos sus partidarios en la *Solidaritat catalana* y los anarquistas y comunistas contaban cada vez con más adeptos en Andalucía y Cataluña. Además de estos problemas, el partido liberal y el conservador se habían debilitado al fraccionarse por desavenencias surgidas entre sus seguidores y, en consecuencia, el Gobierno, plagado por crisis de cambios continuos, era incapaz de ofrecer reforma alguna.

En 1906 Alfonso XIII, el mismo día de su matrimonio con la princesa Victoria Eugenia de Battenberg, fue objeto de un atentado terrorista que causó numerosas víctimas entre los espectadores de la comitiva real.

Una verdadera excepción en este reinado la constituyó, por su estabilidad y orden, el gobierno de Antonio Maura (1907-1909), el cual a pesar de haberse mantenido en el poder tan sólo dos años, fue el de más larga duración. Jefe del partido conservador, intentó introducir una serie de reformas que le ganaron la enemistad de los partidos de izquierdas y de los separatistas catalanes y le llevaron a una confrontación directa con el terrorismo político.

Causa y efecto de ello fue la llamada *Semana trágica* de Barcelona (1909). Estando Maura al frente del gobierno, tuvo éste que hacer frente a una revuelta de indígenas en la zona española de Marruecos, para lo que dispuso el traslado de tropas españolas a África. El embarque de las tropas en varios puertos de la Península suscitó una serie de incidentes y desórdenes que culminaron en una huelga general en Barcelona. En esta ciudad los elementos revolucionarios, aprovechándose del embarque de las fuerzas armadas, cometieron innumerables actos de vandalismo, saqueando y quemando edificios públicos, colegios, iglesias y conventos, y cometiendo numerosos asesinatos. Declarado el estado de guerra por el gobierno, las fuerzas del ejército y la Guardia Civil sofocaron el desorden. Su instigador, el anarquista catalán Francisco Ferrer, fue apresado y, al poco tiempo, fusilado. La ejecución de Ferrer, censurada por todos los partidos anarquistas europeos, sirvió para iniciar una violenta campaña contra Maura, que causó la caída del ministerio que él presidía.

Tras un brevísimo gobierno de tres meses, con tendencia claramente liberal progresista y de simpatía hacia las izquierdas, fue elegido José Canalejas (1910-1912). El nuevo presidente del gobierno quiso aplacar a los partidos de izquierdas con una política benevolente hacia los elementos revolucionarios y de tono marcadamente anticlerical, que soliviantó la conciencia religiosa de los conservadores y católicos, sin satisfacer los deseos de los partidos radicales. Cuando éstos organizaron una serie de huelgas y desórdenes, que culminaron con una huelga general ferroviaria que paralizó la nación, Canalejas se vio obligado a usar de las fuerzas de seguridad pública para restablecer el orden, perdiendo así el apoyo político de las izquierdas. Poco tiempo después Canalejas era asesinado por un anarquista en la Puerta del Sol de Madrid.

Al estallar la Primera Guerra Mundial (1914) se hallaba en el poder Eduardo Dato, jefe de uno de los partidos conservadores, quien impuso y mantuvo con la más estricta energía una política de absoluta neutralidad. Durante los cuatro años que duró la contienda, España se enriqueció por el comercio que mantuvo con las naciones aliadas, pero al sufrir también ella el alza de precios, cundió un descontento general entre las clases trabajadoras, que se tradujo en frecuentes huelgas. Éstas, manipuladas por elementos extremistas, adquirieron un carácter revolucionario que el Gobierno pudo contener sólo con el uso de la fuerza. Así, ante el caos de intrigas políticas, tumultos, huelgas, atentados, asesinatos, sabotajes, los gobiernos de la Monarquía se tuvieron que declarar, unos tras otros— quince en seis años (1917-1923)—incapaces de contener la anarquía del país.

Ante semejante situación, Miguel Primo de Rivera, entonces capitán general de Cataluña, se proclamó en 1923 con la aquiescencia del rey, dictador de España. Suspendida la Constitución, Primo de Rivera asumió las funciones de gobierno poniéndose al frente de un Directorio militar, que fue sustituido más tarde por un gobierno de hombres civiles (1925).

La Dictadura fue acogida con entusiasmo por casi toda la nación y, basándose en esa popularidad inicial, comenzó a dictar con resultados sorprendentes una serie de medidas dirigidas a restablecer el orden y la paz en la vida pública, castigando con gran severidad a terroristas y malhechores y sometiendo a la justicia militar los delitos revolucionarios contra la unidad nacional. Todavía más sorprendentes fueron los resultados obtenidos en el desarrollo económico del país, gracias a la ayuda prestada al gobierno por dos ilustres ministros, José Calvo Sotelo y Rafael Benjumea Burín, conde de Guadalhorce. Gracias a éste se desarrolló un magnífico plan de obras públicas, ferrocarriles, carreteras, pantanos, puertos y repoblación forestal, con que se puso fin a la crisis del trabajo. A Calvo Sotelo se le debe la estructura económica que la Dictadura introdujo en la economía española. Creó los Bancos de Crédito Industrial y el de Crédito Local, con los que estimuló la pequeña industria y el ahorro; instituyó el monopolio de petróleos; saneó el sistema de recaudación de impuestos y niveló el presupuesto nacional. En la política exterior Primo de Rivera llevó a cabo, tras una guerra de dos años (1925-1927), la pacificación del norte de Marruecos.

En el orden político interior la Dictadura tuvo menos fortuna, al no poder encontrar una fórmula de regreso a la normalidad de la vida política nacional. Por una parte la persistente supresión de las garantías constitucionales acarreó la oposición de los elementos intelectuales, liberales y revolucionarios, quienes, aunque por motivos y razones muy distintas, pedían un retorno a lo que llamaban "la normalidad."

A desprestigiar la Dictadura contribuyeron el disgusto del Ejército con ciertas reformas impuestas por el Gobierno y, sobre todo, los efectos económicos de la gran depresión, que, ya en 1929, comenzaron a dejarse sentir en España, con el consiguiente paro forzoso de multitud de obreros y disminución en la producción nacional. Por otra parte, el abandono paulatino de la severidad judicial de los primeros años hizo que la oposición se pudiera manifestar abiertamente contra el régimen de la Dictadura.

Ante este debilitamiento del régimen de la Dictadura y, temiendo por el porvenir de la monarquía española, el rey retiró su apoyo a Primo de Rivera, quien por ello se vio obligado a presentar su renuncia. La medida no fue afortunada, pues sin reconciliar con la monarquía a los elementos opuestos a la Dictadura, le hizo perder el apoyo de sus simpatizantes, todavía muchos, que vieron en la acción del monarca una capitulación innecesaria y cobarde.

Al régimen de la Dictadura siguió un breve gobierno del general Dámaso Berenguer, quien promulgó un decreto de amnistía y expresó el propósito de devolver al país la normalidad constitucional. Pero ante las concesiones del gobierno, las tendencias antimonárquicas de los partidos republicanos y de izquierdas se manifestaron más agresivas y violentas, llegando algunos de sus jefes políticos a declaraciones abiertamente subversivas contra el gobierno y la monarquía. A pesar de sus medidas pacificadoras y liberales, la oposición de los intelectuales al sistema monárquico era ya abierta. Ortega y Gasset escribía, en 1930, un artículo que terminaba con la famosa frase *delenda est monarchia* (la monarquía debe ser eliminada).

En el verano de 1930 los políticos republicanos reunidos en San Sebastián se comprometieron, con el apoyo de los partidos de izquierdas, a la acción revolucionaria para derribar el sistema monárquico. Se les anticipó el capitán Fermín Galán, que con el propósito de iniciar una revolución armada se sublevó con la guarnición de la ciudad de Jaca. A pesar de que las tropas del Gobierno pudieron derrotar fácilmente a los sublevados, la actividad subversiva aumentó rápidamente por toda España. En tales circunstancias el Gobierno, indeciso y débil, levantó el estado de guerra impuesto desde la sublevación de Jaca, anunciando elecciones a diputados y senadores. Ante la reacción de los partidos de izquierdas, que anunciaron su abstención, y de los jefes monárquicos, que se negaron a colaborar con el gobierno, el general Berenguer tuvo que presentar la dimisión. Le sucedió el almirante Juan Bautista Aznar, con un gobierno integrado por las figuras más notables de los partidos monárquicos, quien reiteró la decisión de proceder a las elecciones municipales y convocar inmediatamente las de diputados y senadores.

Las elecciones se celebraron en abril de 1931 y, tanto en las municipales como en las legislativas, los partidos monárquicos obtuvieron una gran mayoría. Pero la coalición de partidos republicanos y socialistas, aunque perdieron en el campo y en la mayor parte de las poblaciones, ganaron en las grandes ciudades y en la región catalana. Apelando solamente a estos resultados, los partidos republicanos se apresuraron a aclamar el "plebiscito urbano en contra de la monarquía" y, mientras en Barcelona se proclamaba la República federal española, los dirigentes republicanos enviaban un ultimátum al rey para que abandonase el territorio español. El día 14 de abril, Alfonso XIII para evitar una guerra civil salió para Cartagena, donde embarcó con dirección a Francia, mientras se implantaba el régimen republicano en España.

La vida intelectual: la generación del 98

Frente a la banalidad estética de la *Belle époque,* se dio en España el fenómeno cultural de un grupo cuya conciencia personal y española se manifestó entre 1890 y 1905, creando a su vez un eco que empezó a resonar hacia 1910. Se trata de unos escritores, dramaturgos, novelistas y poetas, ensayistas políticos, filósofos o pintores, tradicionalistas y católicos los menos, pocos profesionales de la enseñanza, que tenían sin embargo en común el ser maestros, cada uno a su manera, de las generaciones siguientes.

Todos eran, de hecho, maestros, pero no porque hicieran uso de un dogmatismo docente o porque dieran a su "mètier," el que fuera, una finalidad didáctica, ni siquiera educativa, aunque no se oponían a que se aceptaran sus juicios. Hay que llamarles maestros porque de una manera u otra han influido decisivamente sobre las corrientes del pensamiento español durante la primera mitad del siglo XX.

El tema fundamental de este movimiento, o generación ya que cada uno se movía a su manera, era, en términos generales, el de España. Todos sienten España, su historia, su decadencia y los problemas de su tiempo, con una gran fuerza unida a una cierta angustia y pesimismo. Cada uno reacciona a su manera, a favor o en contra de ciertos juicios y soluciones, y cada uno usa para expresarse un lenguaje especial, ensayo, teatro, novela, poesía, incluso pintura. En común sólo tienen su deseo de acercarse a España, a su paisaje, a sus hombres, a su historia y a sus cosas con un afán de comprensión. Pero se trata de una comprensión muy semejante al resultado del psicoanálisis. Por ello su presentación, más que una tesis, es un diagnóstico de lo que ellos creen ser la enfermedad de España. Por haber comenzado algunos de ellos su actividad intelectual en 1898, año de la pérdida de Cuba, se ha dado a este grupo el nombre ya famoso de la *generación del 98.*

Aunque algunos de los nombres asociados con esta generación comenzaron su labor de escritores en la última década del siglo XIX y primera del XX, no pertenecen en justicia al fin de siglo. A pesar de que su pensamiento se basa en el análisis del pasado, fueron parte del futuro y su influencia en el pensamiento español contemporáneo fue tal que hace de ellos parte de las generaciones siguientes, que ellos ayudaron a formar. Como Pedro Laín Entralgo (n. 1908) ha afirmado: "no seríamos hoy los españoles lo que históricamente somos . . . sin la existencia y operación de esa gavilla de hombres." La desaparición paulatina de la influencia que a principios de siglo ejerció su pensamiento señala, en efecto, el límite que divide el pasado español tan lleno de augustias ideológicas, que preceden y causan la guerra civil (1936-1939) y el pragmatismo económico de la política presente. En medio quedan como un paréntesis los años que duró el régimen de Franco.

Por su preocupación por el tema de España, Ángel Ganivet (1865-1898) es considerado parte de la generación del 98 aunque cronológicamente, puesto que murió suicidándose ese mismo año, se le considera también su precursor.

Ganivet es conocido sobre todo por su *Idearium español* escrito en los últimos años de su vida con un gran conocimiento de la historia de España y de Europa. Es una meditación severa sobre los defectos de España y las causas de su decadencia, con una apreciación de los valores raciales y espirituales y de las posibilidades de su recuperación.

Afirma Ganivet, "Las Universidades como el Estado, como los Municipios, son organismos vacíos," "a causa de la postración intelectual en que nos hallamos, existe una tendencia irresistible a transformar las ideas en instrumentos de combate," "el no-querer," la abulia, es "el diagnóstico del padecimiento que los españoles sufrimos." Aunque Ganivet declaró no ser católico, exaltó fervorosamente el cristianismo y reconoció una estrecha conexión entre la fe católica y la grandeza de España.

El más profundo pensador y más puro representante de la inquietud intelectual característica de la generación del 98 fue Miguel de Unamuno (1864-1936). Nacido en Bilbao se identificó con Castilla. A pesar de ser catedrático de griego en la Universidad de Salamanca, su verdadera vocación fueron la historia y la filosofía, y más exactamente la filosofía de la historia española. Aunque profundamente religioso, estuvo a la vez muy cercano a una heterodoxia declarada.

Unamuno es un pensador angustiado por la división entre el ideal y la realidad, entre el corazón y el entendimiento. Fundamental en su pensamiento, y el punto en que quizá más influencia ha ejercido en el pensamiento español posterior, es su oposición entre historia e intrahistoria. Aquélla es para Unamuno el cambio rápido, la noticia urgente, el sonido estridente, ésta la continuidad callada y serena de los pueblos. En su ensayo "La crisis del patriotismo" define: "Debajo de esta historia de sucesos fugaces, historia bullanguera, hay otra profunda historia de hechos permanentes, historia silenciosa, la de los pobres labriegos que un día y otro, sin descanso, se levantan antes que el sol a labrar sus tierras." Y en otro, "En torno al casticismo," "Sobre la inmensa Humanidad silenciosa se levantan los que meten bulla en la Historia. Esa vida intrahistórica, silenciosa y fecunda como el fondo mismo del mar, es la sustancia del progreso, la verdadera tradición, la tradición eterna."

Tradición para él no es encerrarse en sí mismo, en el propio pasado. Unamuno, como los demás miembros de la generación del 98, habla mucho de *europeización*. Pero la que él propone no es el puro mimetismo de los afrancesados. No quiere Unamuno ser un europeo más, ni basta para serlo vestirse apresuradamente a la moda extranjera, lo que verdaderamente hace falta es que España asimile *españolamente* la cultura europea.

Una parte sumamente importante de la obra de Unamuno la forman sus ensayos. Escritos a lo largo de su vida, fueron agrupados muchos de ellos en colecciones de contenido más o menos homogéneo. Los más conocidos son *En torno al casticismo* (1895), de tono más general, donde el problema de la europeización adquiere más importancia; *Por tierras de Portugal y España* y *Vida de don Quijote y Sancho* (1905), en los que se discute más el problema de la tradición española.

Además de la preocupación por España, Unamuno sintió profundamente la inquietud por el destino del individuo humano. A este tema, la religión, el catolicismo, dedicó sus mejores obras. En *El sentimiento trágico de la vida* (1913) se define a sí mismo en los siguientes términos: "Mi obra es quebrantar la fe de unos y de otros y de los terceros, la fe en la afirmación, la fe en la negación y la fe en la abstención, y esto por fe en la fe misma; es combatir a todos los que se resignan, sea al catolicismo, sea al racionalismo, sea al agnosticismo; es hacer que vivan todos inquietos y anhelantes."

La agonía del cristianismo fue escrito en 1924 durante el exilio de Unamuno en París; apareció en francés primero y fue traducido al español en 1930. La agonía a que el autor se refiere no es la muerte sino la lucha contra el materialismo y la lucha por no materializarse.[7] En su epílogo, Unamuno define su visión de Europa en los siguientes términos: "Siento la agonía de Europa, de la civilización que llamamos cristiana, de la civilización grecolatina u occidental. Y las dos agonías son una misma. El cristianismo mata a la civilización occidental, a la vez que ésta a aquél. Y así viven matándose." Y frente a esta muerte de Europa surge "una nueva religión," el bolchevismo.

La personalidad de Unamuno tiene otras facetas. Como novelista, *Paz en la guerra* y *Niebla*, usa del género para exteriorizar las mismas inquietudes filosóficas que ahora se encarnan en los personajes de las novelas como portavoces de los sentimientos e ideas del autor. Unamuno poeta, "Rosario de sonetos líricos," "El Cristo de Velázquez," son más bien meditaciones íntimas desprovistas de adorno, pero exuberantes en exaltación afectiva. Tanto en prosa como en verso, Unamuno aparece como un escritor descarnado, áspero y severo pero de una gran sinceridad y de cálidos sentimientos.

Más difícil de situar es Ramón María del Valle-Inclán (1866-1936), uno de los temperamentos artísticos más puros de este tiempo. Gallego de nacimiento y educación, viajero repetidas veces a Méjico, donde pasó largas temporadas, y visitante de otros países europeos, político carlista fracasado, Valle-Inclán se convirtió en figura típica y famosa del Madrid de fin de siglo. Con su abundante melena y larga barba, amplio sombrero y encapotado, la figura peregrina de este bohemio consciente asistía a las tertulias literarias de Madrid, en las que su temperamento polémico y agresivo era causa de violentas disputas.

La obra literaria de Valle-Inclán, sobre todo novela y teatro, ofrece una mezcla difícil de categorizar. En general se habla de un aspecto modernista, de gran interés estético y decorativo, *Sonata de otoño, Sonata de estío, Sonata de primavera,* y *Sonata de invierno;* otro rústico o tradicional, *Flor de Santidad* y las novelas carlistas; y otro revolucionario en el que se abre a un mundo de desilusión y resentimiento con visión y caracterización grotescas, *Tirano Banderas, Luces de Bohemia* y otras. Con éstas, Valle-Inclán desarrolla la técnica de deformación de la realidad con una representación grotesca a la que se da el nombre de *esperpento.*

Por una parte mantiene el principio artístico de fin de siglo de la superioridad del arte sobre la vida y, de acuerdo con él, desarrolla un esteticismo melancólico, aristocrático y decadente, con el que se goza en hacer bello lo moralmente reprobable (como asesinato y adulterio). Por otra parte esta primera postura deriva hacia una actitud desgarrada en que la literatura es un tribunal desde el que sus personajes juzgan y condenan todo lo pasado y lo presente.

En la serie de narraciones que lleva el título *El ruedo ibérico,* se agudiza la visión hiriente de la vida española, y en la obra de teatro *La*

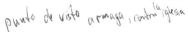

marquesa Rosalinda inicia una visión satírica de todos los conceptos e instituciones tradicionales. Ésta última es considerada como un adiós irónico y melancólico al modernismo.

Con Valle-Inclán llega la prosa castellana a una de sus grandes cimas. Su postura humana, no exenta del decadentismo esteticista propio del modernismo, fue como la de otros muchos españoles contemporáneos, más hábil en señalar los defectos de la sociedad de su tiempo que en encontrar y apuntar soluciones positivas. A pesar de todo, Valle-Inclán no fue ni revolucionario ni reformador y carecía de un programa de ideas coherentes. Más bien era un artista de extraordinaria sensibilidad que se rebelaba contra la injusticia y la decadencia de su país. Los pronunciamientos contradictorios, tan absolutos y dogmáticos, de sus personajes reducen la situación española a lo absurdo, dando una visión desesperanzada del futuro de España. Mientras los unos hablan de la necesidad de una "revolución cristiana" y otros auguran como fatal e inminente "la revolución bolchevique," otro, en *¡Viva mi dueño!* (1928), juzga la Dictadura diciendo: "Aquí hace falta una revolución proletaria que fusile a cuantos lleven fajines y bandas."

El artista de la prosa literaria de esta generación es José Martínez Ruiz (1873-1967), más conocido por su seudónimo *Azorín,* cuya influencia literaria y estilística en las generaciones posteriores ha sido y todavía es muy amplia. Aunque es también autor de novelas, *Don Juan, Doña Inés, La voluntad, Las confesiones de un pequeño filósofo,* realizadas con una técnica original, específicamente de Azorín es el ensayo literario, *Castilla, Pensando en España, Los pueblos,* cuya técnica invade sus novelas.

Azorín es el gran estilista del siglo XX. Su prosa, de una gran sencillez sintáctica, de frase breve, casi minúscula, posee una calidad descriptiva inimitable. Son como pinceladas que, al parecer, amontonan detalles para ofrecer al final el brillo, el color, la vida de un cuadro impresionista.

A pesar de ser miembro de la generación del 98, Azorín no es un pensador. Su preocupación por España y por los españoles, evidente ya en los títulos de sus obras, se manifiesta como visión interpretativa de su vida. La visión que, de España, ofrece Azorín es una de decadencia, que atribuye al envejecimiento de sus instituciones. Frente a la inquietud trágica, agónica, que Unamuno afirma que es vida, Azorín es pacífico y pesimista. Es, como todos los de su generación, un crítico de la religión y del catolicismo que no lucha ni tiene ya vida alguna. "El catolicismo español, tan austero, tan simple, tan sombrío. . . . Catolicismo trágico practicado por una multitud austera en un pueblo tétrico" son frases características del Azorín joven. Más tarde, en su madurez, dulcificó notablemente los tonos agrios de sus críticas. La interpretación de Azorín no es siempre fácil, ya que sus juicios no son abiertos sino que se esconden casi siempre bajo la capa de una ironía agria, como por ejemplo en *La voluntad:* "Éste es un pueblo feliz, tienen muchos clérigos, tienen muchos militares, van a misa, creen en el demonio, pagan sus contribuciones, se acuestan a las ocho. . . . ¿Qué más puede desear?"

Pío Baroja (1872-1956) es el novelista de la generación y uno de los más fecundos de España en todos los tiempos. Aunque personalmente rechazaba la existencia, y, por tanto, que él perteneciera a la llamada generación del 98, sus novelas ofrecen más claramente que ninguna otra obra ese "estilo de ánimo" y amarga percepción de España, que es su característica principal.

La novelística de Baroja insiste en el tema del hombre español. Su héroe es individualista, anárquico, vagabundo por un mundo español visto con insólita dureza. Peor trata a los enemigos de sus héroes, que en realidad son todas las jerarquías establecidas, particularmente el clero, en quien ve una rémora, ignorante y despótica, de la sociedad.

Los tipos que presenta como dignos de admiración son medio vagabundos, medio guerrilleros, con pocos ideales y menos escrúpulos morales. Pueden ser vascos como en *La casa de Aizgorri, Zalacaín el aventurero, Las inquietudes de Shanti Andía,* o moverse en ambientes desgarrados y de bajos fondos como en *Silvestre Paradox, Paradox Rey.* La serie de novelas, veintidós, que componen las *Memorias de un hombre de acción,* reflejan España y la vida española del siglo XIX vista con el pesimismo tendencioso característico de Baroja. En *Camino de perfección, César o nada, Juventud, egolatría* y *Aurora roja* culmina quizá la pintura deliberadamente mala y distorsionada de todas las cosas y clases que Baroja tanto odiaba.

En una conferencia autobiográfica pronunciada en París hacia 1924, afirmaba: "No es raro que haya sido anticatólico, antimonárquico y antilatino, por haber vivido en un país latino, monárquico y católico que se descomponía y en donde las viejas pragmáticas de la vida, a base de latinismo y de sentido monárquico y católico, no servían más que de elemento decorativo." Pero no se escapan de su áspera crítica los sectores liberales de la sociedad. En las páginas de *Juventud, egolatría* encuentra ridícula la democracia, anquilosada y mísera la prensa. Sobre el liberalismo decía: "Todo lo que tiene el liberalismo de destructor del pasado me sugestiona . . . ; en cambio, lo que el liberalismo tiene de constructor, el sufragio universal, la democracia, el parlamentarismo, me parece ridículo y sin eficacia" y sobre los partidos políticos: "El republicanismo nuestro era un amaneramiento, una retórica vieja con la matriz estéril: el socialismo obrerista odiaba a los intelectuales y hasta la inteligencia, el anarquismo se manifestaba místico, vagaroso y utópico. . . . Un hombre un poco digno no podía ser en este tiempo más que un solitario."

Estéticamente y a pesar de su soberano desprecio por el estilo, que queda con frecuencia conscientemente descuidado, Pío Baroja tiene un lenguaje recio, escueto, abrupto, pero preciso. Sus novelas son cuadros admirables según el estilo del arte naturalista francés y ruso, del cual él es en España el mejor, si no el único, representante.

Las obras de Pío Baroja han sido traducidas a los principales idiomas europeos y algunas de ellas han sido adaptadas y llevadas al teatro y al cinematógrafo. Esa difusión y la multiplicidad de sus novelas han sido causa que su repudio de España y su sociedad recibiese mayor atención que el análisis ofrecido por ensayistas más profundos.

Ramiro de Maeztu (1874-1936) ha sido llamado el filósofo político de la generación del 98, y es, a la vez, su periodista, puesto que es como corresponsal de prensa y con el sentido de urgencia del periodista que analiza el problema de España. Aunque fue contemporáneo de Pío Baroja y Antonio Machado, Ramiro de Maeztu pertenece intelectualmente a la generación que sigue a la Guerra Mundial, ya que los problemas que trata de resolver son los conflictos entre el nacionalismo español y el comunismo internacional.

Había nacido Ramiro de Maeztu en Vitoria, de familia acomodada que al arruinarse buscó la solución, frecuente en el siglo XIX, de la emigración a América, a Cuba en este caso. Durante varios años ejerció, aunque sin gran fortuna, una variedad de oficios que le pusieron en contacto con las clases trabajadoras españolas y cubanas. En 1897, un año antes del desastre, regresó a Madrid donde comenzó a ejercer la profesión con que se iba a identificar por el resto de su vida, el periodismo. Como corresponsal de varios diarios madrileños recorrió las principales ciudades europeas, visitando América varias veces. Durante la *Gran Guerra* cubrió el frente aliado como corresponsal de guerra y, al terminar ésta, tras un paréntesis de embajador español en Buenos Aires, regresó a su labor. En 1935, como corresponsal del diario *ABC,* visitó Berlín, ya en el esplendor de su recuperación bajo el régimen nazi, que él alabó por su defensa de Europa contra el comunismo soviético. Durante el quinquenio republicano (1931-1936) fue encarcelado por ser presidente de Acción Española y lo fue de nuevo al comenzar la guerra civil española (1936-1939). A pesar de gestiones hechas en su favor por los gobiernos inglés y argentino, Ramiro de Maeztu fue sacado de la cárcel en octubre de 1936 y asesinado, no se sabe dónde ni cómo.

Entre sus numerosos escritos son importantes *Hacia otra España,* obra de su juventud; *La revolución y los intelectuales; España y Europa,* colección de ensayos publicada después de su muerte; y *Defensa de la hispanidad,* aparecida en 1934. De todos el más representativo es éste último, en el que Ramiro de Maeztu expone su teoría política de los países hispánicos.

Hispanidad no es para Ramiro de Maeztu un concepto racial ni político, sino histórico y espiritual. Es una actitud ante la vida, nacida históricamente sobre la base de la religión católica y la expansión cultural de España, en la que se funda la hermandad de las naciones hispanas. La grandeza de éstas comienza con su realización individual y colectiva de los ideales sociales, políticos y religiosos de la hermandad espiritual que es la hispanidad.

La crisis de España, y con ella la de los demás pueblos hispanos, dice Ramiro de Maeztu, "es la de sus principios religiosos." Y en esa crisis pueden distinguirse tres fases diversas: "la de admiración al extranjero, sobre todo a Francia o a Inglaterra, y desconfianza en nosotros mismos; la de pérdida de la fe religiosa y la puramente revolucionaria." El camino para vencer la crisis lleva necesariamente a una oposición a la revolución, búsqueda de los principios religiosos y un nacionalismo hispánico.

Entre los miembros de la generación del 98 Ramiro de Maeztu ocupa un lugar único por su catolicismo declarado y político, por su desilusión con el liberalismo y los sistemas parlamentarios y, sobre todo, por su oposición abierta más al materialismo y a las doctrinas comunistas que a los sistemas nacionalistas totalitarios. Sus ideas, aunque casi olvidadas hoy, formaron parte, durante muchos años, de la ideología de los partidos tradicionalistas y nacionalistas españoles.

El poeta por antonomasia de la generación del 98 fue Antonio Machado (1875-1939). Nacido en Sevilla, se trasladó muy pronto a Madrid, donde más tarde cursó sus estudios en la Institución Libre de Enseñanza. Residió repetidas veces en París ganándose la vida con traducciones y en uno de sus viajes a la capital francesa conoció a Rubén Darío (1902). De regreso a España obtuvo la cátedra de lengua francesa en el Instituto de Segunda Enseñanza de Soria, de donde se trasladó a Baeza (Andalucía) al fallecer su esposa Leonor a los diecinueve años de edad, a la que cantó en dolidos versos. Durante muchos años enseñó en Segovia (1919-1931), donde encontró un nuevo amor, la Guiomar de sus canciones.

Aunque no se ajusta exactamente a la cronología de su vida, Machado se tiende a identificar con Castilla. Como dice en su famoso autorretrato:

> Mi infancia son recuerdos de un patio de Sevilla
> y un huerto claro donde madura el limonero;
> mi juventud, veinte años en tierra de Castilla;
> mi historia, algunos casos que recordar no quiero.

Durante el quinquenio republicano residió en Madrid, pero al comenzar la guerra civil se trasladó a Valencia y luego a Barcelona. Al terminar la guerra, prefirió, como tantos otros intelectuales, marchar en exilio a Francia, donde murió al poco tiempo.

Machado ha dejado algunos libros en prosa, *Juan de Mairena,* en el que se recopilan artículos, conferencias, y apuntes, muchos aparecidos ya anteriormente en periódicos y revistas. En colaboración con su hermano Manuel ha dejado también unas obras de teatro en verso que, aunque no añaden mucho a la escena modernista, tienen notable interés: *La Lola se va a los puertos, Juan de Mañara, Amor al vuelo.*

La obra principal de Machado y la que más fama le ha dado es, sin duda, su poesía. En un principio estuvo influido por las formas suntuosas y brillantes de la poesía modernista tan en boga durante los años de su juventud. Sin embargo su estilo poético tiende a una austeridad escueta y sombría, poco en consonancia con el modernismo, al que muy pronto renunció conscientemente. Cuando en 1907 reimprimió su primer libro de poesías, *Soledades* (1903), con el título *Soledades, galerías y otros poemas,* Machado eliminó cuidadosamente los poemas y detalles modernistas y añadió otros de estilo más austero. Además de éste, publicó dos colecciones más de versos, *Campos de Castilla* y *Nuevas canciones.* En ellos, aunque el cuidado extremado por la forma, característico del modernismo, no desaparece por completo, la poesía es esencialmente íntima, emotiva, melancólica, con una gran sensibilidad en la percepción del tiempo y del paisaje. Él mismo diría años más tarde: "Cinco años en la tierra de Soria orientaron mis ojos y mi corazón hacia lo esencial castellano." En *Campos de Castilla,* hoy considerado como su obra maestra, Machado se sitúa ante el panorama de la historia, del paisaje y de la gente castellana y lo interpreta con la sensibilidad melancólica que es característica de su espíritu y con el afán de crítica y preocupación nacional de la generación del 98.

Engalanada en la perfección asombrosa de los versos de Machado y apenas suavizada por su lirismo siempre presente, su crítica de Castilla y de España toma, a veces, una nota de dureza comparable tan sólo a la de Pío Baroja. Nada entonces se escapa a su crítica, ni España:

> Esa España inferior que ora y bosteza
> vieja y tahur, zaragatera y triste;
> esa España inferior que ora y embiste
> cuando se digna usar de la cabeza.

ni el español:

> --Nuestro español bosteza
> ¿Es hambre? ¿Sueño? ¿Hastío?
> Doctor, ¿Tendrá el estómago vacío?
> --El vacío es más bien de la cabeza.

ni el paisaje castellano:

> no fué por estos campos el bíblico jardín.

ni sus habitantes:

> Abunda el hombre malo del campo y de la aldea,
> capaz de insanos vicios y crímenes bestiales,

que bajo el pardo sayo esconde un alma fea
esclava de los siete pecados capitales.

Los ojos siempre turbios de envidia o de tristeza
guarda su presa y libra la que el vecino alcanza:
ni para su infortunio ni goza su riqueza;
le hieren y acongojan fortuna y malandanza.

Antonio Machado, como buen krausista, creía en Dios, pero no en el Dios cristiano, definido y dogmático, sino un concepto vago y, más que otra cosa, creación de la propia conciencia, imaginación o simple deseo:

--guitarrista lunático, poeta,
y pobre hombre en sueños
siempre buscando a Dios entre la niebla.

O como en otra ocasión decía:

(Creo) en una fe que nace
cuando se busca a Dios y no se alcanza.

Como sus compañeros de la generación, Machado criticaba el presente español entero, las dos Españas antagónicas, irreconciliables, sin otras miras que la destrucción del contrario. Por eso advierte a las generaciones futuras:

ya hay un español que quiere
vivir, y a vivir empieza
entre una España que muere
y otra España que bosteza.
Españolito que vienes
al mundo, te guarde Dios,
Una de las dos Españas
ha de helarte el corazón.

Machado, como otros de su generación noventiochesca, sueña con un renacer, con una nueva España, en realidad, una tercera tan distinta de la pasada como de la presente. Así tras haber vituperado la España que es, anuncia:

Mas otra España nace
la España del cincel y de la maza,
con esa eterna juventud que se hace
del pasado macizo de la raza.
Una España implacable y redentora.

España que alborea
con un hacha en la mano vengadora,
España de la rabia y de la idea.

Es notable el tono revolucionario y nacionalista de estos versos, tan ajeno al espíritu liberal y democrático del sistema, que, de hecho, era el preferido por Machado.

Uno de los más distinguidos representantes del pensamiento español durante la primera mitad del siglo XX es, sin duda alguna, José Ortega y Gasset (1883-1955), el pensador, ensayista y filósofo que más influencia ha ejercido sobre el pensamiento actual español. Aunque tanto cronológicamente como por su influencia en las generaciones posteriores sobrepasa con mucho los límites de este período, por su postura intelectual, por los temas que le preocupan y los años en que publicó sus obras más famosas, Ortega y Gasset pertenece al período de entreguerras.

Doctor en Filosofía y Letras por la Universidad de Madrid, marchó en 1904 a Alemania, donde estudió por varios años, haciéndose discípulo de la escuela neokantiana fundada en la Universidad de Marburgo por Hermán Cohen y Pablo Natorp.[8] De vuelta a España en 1910, ganó la cátedra de Metafísica en la Universidad de Madrid, en la que enseñó ininterrupidamente hasta su salida de España en 1936, y desde su regreso en 1946 hasta su fallecimiento.

Además de su labor de enseñanza universitaria, Ortega y Gasset ejerció una gran actividad educativa a través de sus escritos, que cubren una gran variedad de temas filosóficos, estéticos, políticos, sociales y artísticos. Fue también fundador de la *Revista de Occidente* (1923), de gran prestigio intelectual, con la que introdujo en España el pensamiento contemporáneo alemán y lo más reciente de la literatura hispana de la época.

Ya en 1914 publicó sus *Meditaciones del Quijote,* obra con la que se consagró como crítico literario y filósofo de notable importancia. Es en ella donde propone los fundamentos de su sistema filosófico, un tanto independiente y en conflicto con los sistemas alemanes. Frente al idealismo, que trata del *yo* sin la realidad; y el realismo, la realidad sin *yo,* Ortega propone la actitud—yo y la realidad—que resume con la frase de "yo soy yo y mi circunstancia", que define y hace famoso el llamado "vitalismo" orteguiano.

Por el mismo tiempo comenzó a publicar una serie de ensayos de tema vario, que fueron más tarde recogidos bajo el título de *El espectador* (1916-1934). En ellos se muestra Ortega modelo insuperable en la exposición de ideas y, a la vez, capaz de manejar el idioma con una perfección sin igual. De frase concisa, eufónica, rica en metáforas, clara, aguda y sugestiva, la prosa de Ortega es, sobre todo, refinada y elegante.

De gran interés para la historia de la cultura española son sus escritos políticos, importantes como testimonio de su pensamiento y por la atención que recibieron tanto en España como en otras muchas naciones europeas y americanas. En su libro *España invertebrada* (1921), Ortega da su visión del "problema de España", quedando así vinculado a la generación del 98. En él partiendo de la tesis de que "la acción recíproca entre masa y minoría selecta . . . es el hecho básico de toda sociedad y el agente de su evolución" diagnosticó el mal español precisamente como "carencia de minorías egregias e imperio imperturbado de las masas." Mal éste que no imputa al catolicismo, como la mayoría de sus contemporáneos, sino a la carencia, ya en la Edad Media, de un sistema feudal al estilo europeo que crease una tradición de minorías dirigentes. Como remedio a la decadencia secular hispana propone "el reconocimiento de que la misión de las masas no es otra que seguir a los mejores."

En *La rebelión de las masas* (1926), libro muy leído y frecuentemente traducido a varias lenguas europeas, estudia el mismo tema y aplica la misma tesis a la realidad europea. Su mérito principal y razón de su atractivo, es el haber sido uno de los primeros en advertir la crisis social que se estaba gestando en Europa por aquellos años.

Según él "la civilización europea ha producido automáticamente la rebelión de las masas," debida a "el crecimiento fabuloso que la vida humana ha experimentado" es causa a su vez de "la desmoralización radical de la humanidad." La masa no actúa por sí misma, para hacerlo se asocia a la idea de dirigentes, a la estructura en pirámide de la sociedad y la invierte. La masa dice "el Estado soy yo", con el resultado de que "la sociedad tendrá que vivir para el Estado, el hombre para la máquina del Estado." "Éste es el mayor peligro que hoy amenaza a la civilización: la estatificación de la vida, el intervencionismo del Estado, la absorción de toda espontaneidad social por el Estado." "El hombre-masa", creyendo que él es el Estado, "tenderá cada vez más a hacerlos funcionar con cualquier pretexto, a aplastar con él toda minoría creadora que lo perturbe—que lo perturbe en cualquier orden, en política, en ideas, en industria." No ofrece Ortega y Gasset solución alguna, aunque sí afirma la necesidad de superar el liberalismo del siglo XIX. Años más tarde, en plena guerra civil, y ya residiendo en París, añade un *Epílogo para ingleses,* que aparece en la edición de 1937, en el que intenta ver el remedio al ya inminente conflicto europeo:

> Por lo pronto, vendrá una articulación de Europa en dos formas distintas de vida pública: la forma de un nuevo liberalismo y la forma que con un nombre impropio se suele llamar "totalitaria." Los pueblos menores adoptarán figuras de transición e intermediarias. Esto salvará a Europa. Una vez más resultará patente que toda forma de vida ha menester de su antagonista. El "totalitarismo" salvará al "liberalismo" destiñendo sobre él, depurándolo, y gracias a ello veremos pronto a un nuevo liberalismo templar los regímenes autoritarios.

El pensamiento político de Ortega se basa en las teorías políticas formuladas entonces por el socialista Georges Sorel[9], entre otros. Proponía éste que en la organización de una minoría política selecta radicaba la salvación del Estado de la decadencia parlamentaria y de la tiranía del partido de clase. Consciente o inconscientemente, Ortega propuso, con su teoría política, la base doctrinal de los grupos nacionalistas españoles, sobre todo de la Falange Española, que buscaron en sus escritos la inspiración primera, citando a Ortega y Gasset como su maestro.

En la crisis política que precedió al advenimiento de la Segunda República (1931), Ortega, como tantos otros intelectuales, se opuso a la Dictadura y después a la continuación de la Monarquía. Aunque pronto, al ver la dirección que tomaba el nuevo régimen, se retiró de la vida política mostrando su desengaño en un ensayo en el que pronunciaba su famosa frase: "¡No es eso, no es eso! lo que los españoles habían esperado de la República". Exilado voluntario durante la guerra civil, regresó en 1945 a su cátedra en la Universidad de Madrid, donde falleció diez años más tarde.

La literatura

La literatura de esta época, a pesar de su gran sentido estético y preocupación por la expresión, herencia todavía del modernismo, mantuvo una preocupación intelectual en la que se reflejan las ideologías predominantes en este tiempo, causa, sobre todo, del conflicto cultural de España.

La novela

La reacción contra el pesimismo de la generación del 98 está representada por Ricardo León (1877-1943). La suya es una actitud de optimismo espiritual basado en virtudes católicas y tradicionales. En *Casta de hidalgos* defiende el pasado hispánico y en *El amor de los amores* el amor divino vence sobre el humano. Católico tradicionalista, no quedó indiferente ante las turbulencias del tercer decenio de este siglo, a las que dedicó tres de sus obras, *Rojo y gualda*, *Bajo el yugo de los bárbaros* y su última, y quizá la mejor de todas sus novelas, *Cristo en los infiernos*, en la que presenta la vida española en vísperas de la guerra civil. Su prosa, también tradicionalista, está llena de arcaísmos y de un sonido oratorio que la afean a veces.

Concha Espina (1877-1955), nacida en Santander, es la más egregia representante de las aportaciones femeninas a la literatura. Sus novelas, inspiradas en la naturaleza, reproducen los paisajes y tipos del norte español con una suave feminidad poética, no exenta de melancolía. Describe maravillosamente, en especial, los tipos femeninos en los que hace gala de un realismo moderado. Su expresión siempre cuidada y de una gran riqueza de vocabulario, un tanto ampulosa y de frase pulida, sacrifica a las veces a la forma su natural espontaneidad. Son famosas y muy leídas todavía *La niña de Luzmela* (1909), *La esfinge maragata* (1913), *Altar mayor* (1926), entre otras.

En su autobiografía escribe de su obra: "Debo entender que mi obra, realista por sus cimientos y dramática por su fuente emotiva, tiene, cuando menos, una indiscutible personalidad."

Un prolongador de la visión española de la generación del 98 es Ramón Pérez de Ayala (1881-1962). Educado por los jesuítas, a los que constantemente zahiere en sus obras, fue embajador de la República en Londres, y más tarde agregado cultural en la embajada española en Buenos Aires. Pasó la guerra civil en Argentina, regresando definitivamente a España en 1955. Sus obras más famosas pertenecen al primer tercio de siglo, en cuyos años escribe, muy próximo a un realismo costumbrista, *Tiniebla en las cumbres* (1907), notable por ambientes y paisajes; *A. M. D. G.* (1910)[10] contra los jesuítas y tendenciosa; *Troteras y danzaderas* (1913), sobre la vida bohemia madrileña, de tono pesimista. En su segunda época, con *Tigre Juan* (1926) y, su continuación, *El curandero de su honra* (1926) Pérez de Ayala se presenta más intelectual, con una mayor abstracción, casi simbólica. Su estilo se caracteriza por una belleza cuidada. Es frecuente que intercale en sus narraciones reflexiones sobre el arte y la literatura, lo que da a su obra un carácter intelectual muy propio.

Una postura literaria y crítica muy distinta fue la adoptada por Ramón Gómez de la Serna (1888-1963). Novelista de extraordinaria fertilidad, puesto que llegó a escribir más de cien libros durante su vida; fue también fundador de la importante revista literaria *Prometeo,* un agudo crítico literario, y autor de numerosos artículos que fueron apareciendo en diarios y revistas de Europa y América. Aunque su larga vida y prolífica carrera continuada hasta su muerte han permitido que su influencia se haya mantenido ininterrumpida hasta el presente, fue durante la época de entreguerras, 1918-1939, cuando ésta fue mayor, siendo él entonces una de las figuras más notables e influyentes de la vanguardia literaria europea y latinoamericana.

La fama y la influencia de Gómez de la Serna están indisolublemente unidas a la *greguería,* que él mismo desarrolla como técnica de expresión y forma de pensamiento. Greguerías, nombradas ya así hacia 1912, fueron definidas por él como "el atrevimiento a definir lo indefinible, a capturar lo pasajero" y son en realidad una especie de metáfora o imagen en prosa, asociación ingeniosa de ideas, con frecuencia "chocante." La posibilidad de saltos imprevistos en la definición, de lo serio por la broma, de lo esencial e importante por lo intranscendente y frívolo es el campo más fecundo de este género.[11] Con el título de *Greguerías* fueron apareciendo varios volúmenes a partir de 1910.

En sus novelas, *El doctor inverosímil* (1922), *El torero Caracho* (1926), entre otras muchas, Gómez de la Serna adolece con frecuencia de una despreocupación de la forma y de una falta de desarrollo ordenado de la acción, debidas sobre todo a su uso también en las novelas de las greguerías. Gómez de la Serna tiene también una autobiografía a la que dio el título, ya contaminado de greguería, de *Automoribundia*.

El teatro

El teatro de este período, a pesar de nombres distinguidos y de algunas obras muy acertadas, no tiene resonancia internacional. Más preocupado en forma y contenido por los problemas vigentes en España y por presentar soluciones inteligibles y aceptables para el pueblo, no parece capaz de reflejar las corrientes del teatro europeo. En este sentido el género dramático español es, a pesar de ciertas innovaciones, profundamente tradicional.

La figura con que se abre el período es la muy distinguida de Jacinto Benavente (1866-1945). Premio Nobel de Literatura de 1922, llamado el dramaturgo de la generación del 98 por su interés personal por la cultura europea, que le impulsó a frecuentes viajes por Inglaterra, Francia, Italia y Alemania.

En general, su técnica trata de suavizar los temas y tonos altisonantes y melodramáticos todavía en uso como herencia tardía del romanticismo. El teatro de Benavente tiene generalmente un fin docente, una técnica satírica y un significado, con frecuencia, simbólico. Sus temas preferidos son de género costumbrista en el que puede derivar hacia la vida de sociedad cuyos defectos critica, como en *Lo cursi* (1901), *Rosas de otoño* (1905), o hacia la vida rural, que le proporciona el tema para sus mejores dramas, *Señora ama* (1908) y *La malquerida* (1913). Dentro del teatro simbólico su producción culmina con *Los intereses creados* (1907), obra que le ha dado merecido renombre. Es una caricatura satírica del materialismo y pragmatismo predominantes: "Para crear afectos hay que crear intereses."

El mérito mayor del drama de Benavente radica en su diálogo más que en su acción, no siempre bien realizada. El diálogo, en cambio, es perfecto, hábil, ingenioso, agudo, fino en la manera como sirve para presentar el mundo del pensamiento de sus personajes, aunque es fácil percibir en los largos parlamentos a la persona misma del autor dictando sus propias razones e ironías. Notable psicólogo, escritor culto, ameno y elegante, Benavente es el mejor dramaturgo del presente siglo.

Poeta modernista y dramaturgo en cuyas obras hablan también los temas es Eduardo Marquina (1879-1946). Aunque poeta y autor dramático de evidente mérito, tanto por la sonoridad de sus versos como la fuerza dramática de sus obras, la importancia principal y gran popularidad de Marquina se deben a sus temas, todos ellos ecos de la épica nacional o reflejo de los sentimientos religiosos del pueblo: *Las hijas del Cid, En*

Flandes se ha puesto el sol, El pobrecito carpintero, Teresa de Jesús.

Frente al pesimismo de otros géneros literarios españoles o en general de la literatura europa, las formas teatrales más populares en España durante las primeras décadas del siglo XX ofrecen un escape a los problemas sociales y políticos. Se trata por lo general de comedias y sainetes de tipo costumbrista inspirados en lo popular, en tipos regionales o en situaciones y tipos de la sociedad, pero presentados desde el punto de vista popular. Siempre amable, el tono oscila desde un optimismo gracioso hasta la comicidad más declarada. Aunque no siempre expresión de un gran mérito artístico o literario, todas estas obras tienen gran importancia como exponentes de la cultura de un pueblo y de su deseo de olvidar la realidad social y política de la que era más víctima que protagonista.

Notables representantes del género costumbrista y regional de teatro ligero son los hermanos Álvarez Quintero, Serafín (1871-1938) y Joaquín (1873-1944). Los hermanos Quintero, citados siempre así, puesto que no es posible diferenciar sus respectivas modalidades, son los creadores del teatro ligero andaluz, sainete y comedia. En su teatro el verdadero protagonista es la gracia andaluza y su nota característica una vida llena de optimismo, religiosidad y alegría sencilla que se va encarnando en los tipos más variados del mundo andaluz. Obras bien conocidas y todavía muy apreciadas son *El genio alegre* (1906), *Doña Clarines* (1909), *Puebla de las mujeres* (1912); menos optimista es *Malvaloca* (1912). Entre su producción más reciente hay que recordar *Mariquilla Terremoto* (1930). En todas ellas los hermanos Quintero demuestran una gran agilidad en el diálogo, siempre claro y sencillo, con un lenguaje natural, aunque a veces conserve giros y modismos regionales.

De gran importancia es su caracterización de la mujer andaluza, centro invariable de la gracia y la acción. Sus obras ofrecen una serie inigualable de retratos femeninos: "Mariquilla Terremoto," alegre y graciosa; "Consolación," inquieta y revoltosa; "Malvaloca," buena y generosa; "Pepita Reyes," sacrificada. Algunos de estos personajes son tan populares que escritores y escultores les llegaron a dar, con su arte, una vida independiente del teatro.

El retratista de la vida "castiza" madrileña fue Carlos Arniches (1866-1943), que gozó de una gran popularidad durante las primeras décadas del siglo. En él encuentra el sainete tradicional uno de sus mejores cultivadores, extraordinariamente hábil para captar tipos y situaciones. Su obra, difícil de categorizar, comprende desde el sainete estricto hasta el melodrama sainetado, o "comedia grotesca." Entre su copiosa producción merecen destacarse *El puñao de rosas, Don Quintín el amargao, El Padre Pitillo* y, en especial, *La señorita Trevélez,* la más apreciada, y *Es mi hombre,* sin duda la más popular. En todas ellas se tiende, sobre todo, a la comicidad, pero no tanto a la comicidad de acción o situación como a la verbal, al chiste más o menos espontáneo e ingenioso, arte éste en que Arniches fue maestro. Sin embargo, como el chiste envejece muy pronto, el de Arniches no responde ya al humor moderno, por lo que su obra no tiene hoy la aceptación que una vez tuvo.

El principal cultivador de la comicidad en el teatro fue Pedro Muñoz Seca (1881-1936). Andaluz de nacimiento, hombre de gran cultura, doctor en Leyes y en Filosofía y Letras, colaborador en varios periódicos y revistas, tras sus primeros triunfos en el teatro, en 1904, se dedicó completamente al teatro y en él al género cómico.

La base de la obra de Muñoz Seca es la comedia ligera de enredo en la que, con una serie de conflictos increíbles, procura llegar a situaciones absurdas y descabelladas. Su técnica cómica se basa en la caricatura distorsionada de los caracteres, generalmente de clase media española, y el idioma que, con maestría sin igual, les impone, lleno de absurdos, retruécanos, juegos de palabras, equívocos y chistes preparados. El público acude con el objeto de reír y se ha reído con obras como *Trampa y Castón, La barba de Carrillo, Pastor y Borrego, El verdugo de Sevilla.* Una de sus obras más famosas es *La venganza de don Mendo,* caricatura de los melodramas y tragedias vacíos y convencionales, herencia pobre del teatro romántico a que Muñoz Seca, con su inigualable *don Mendo,* quiso poner fin definitivo. En contraste con la efímera fama de Arniches, Muñoz Seca se ha mantenido hasta nuestros días como el autor de teatro cómico que mejor ha sabido interpretar el humor español.

Durante los últimos años de su vida, que coinciden con la agudización de los problemas sociales y políticos de la preguerra, Muñoz Seca usó el teatro, *La oca, Anacleto se divorcia, Cataplúm, La plasmatoria,* para criticar, con el ridículo de sus chistes, la política socialista de la Segunda República. Por ello fue encarcelado en 1936 a los pocos días de comenzar la guerra civil y fusilado unos meses más tarde.

La poesía

El movimiento poético modernista no alcanzó a tener larga duración en España. Ya a comienzos de siglo, comenzó a crearse una poesía de fondo lírico y sentimental que renunciaba al bagaje retórico y a las galanuras exóticas que preferían los modernistas, reteniendo tan sólo como fundamento poético el cuidado exquisito del lenguaje. A este primer período, de muy corta duración, se ha llamado sencillamente, a falta de mejor nombre, postmodernismo sentimental, y más que un movimiento es un estadio o parte del proceso hacia lo que se va a llamar "poesía pura", "desnuda" o "esencial", más escueta en su expresión, conceptual y con una cierta tendencia al hermetismo.

El representante más importante de todo este proceso es Juan Ramón Jiménez (1881-1958), premio Nobel de Literatura de 1956 "por su poesía lírica que, en lengua española, constituye un ejemplo de alta espiritualidad y pureza artística." Modernista en su primera obra, *Almas de violeta* (hacia 1900), es más sentimental en su poesía posterior, *La soledad sonora* (1911), *Melancolía* (1912), y buscando finalmente la expresión poética pura en *Eternidades* (1918), *Piedra y Cielo* (1919).

Juan Ramón Jiménez es autor también de uno de los libros más bellos y delicados escrito en lengua española, *Platero y yo* (1916). Poema en prosa, *elegía andaluza* lleva como subtítulo, es una sucesión de capítulos, o escenas cortas, en las que el poeta canta con exaltada ternura la figura de un asnillo andaluz. "Platero—nos dice—es pequeño, peluso, suave; tan blando por fuera, que se diría todo de algodón, que no lleva huesos. Sólo los espejos de azabache de sus ojos son duros cual dos escarabajos de cristal." Escrito, como se dice, con el corazón en la mano, *Platero y yo* es un modelo de prosa poética que, como pocos, ha sabido hacer resonar la nota lírica, un tanto melancólica, del alma española. Es testimonio de su popularidad la serie interminable de ediciones de todas clases que ha tenido desde que fue publicado por vez primera.

Nadie, después de Rubén Darío, ha ejercido una influencia semejante en la poesía española. Juan Ramón Jiménez es más que nadie quien ha determinado los derroteros poéticos que han seguido y siguen los mejores poetas contemporáneos: Pedro Salinas (1892-1951), Gerardo Diego (n. 1896), Jorge Guillén (1898-1984), Dámaso Alonso (n. 1898), Federico García Lorca (1898-1936), Vicente Aleixandre (1900-1984), Rafael Alberti (n. 1902), Luis Cernuda (1904-1963), conocidos también como la "generación de 1927".[12] Éstos pertenecen directamente al período de entreguerras en el que se dieron a conocer y cuya temática y estilo cultivan. Sin embargo, pese al medio siglo pasado, todos ellos representan todavía lo mejor de la poesía contemporánea.

A pesar de la inspiración poética y ejecución artística genuinamente española de todos ellos, se dejan, no obstante, influir, como los pintores contemporáneos suyos, por las tendencias estéticas que llegan de más allá de las fronteras, principalmente de Francia. De todas estas influencias la más importante fue la ejercida por la escuela de poesía pura iniciada por Paul Valery (1871-1945). Él fue quien, en poemas escritos entre los años 1917 y 1922, despojó la expresión poética de todo sentimentalismo, reflejos sociales y anécdota para usarla tan solamente como expresión pura de un acto creador abstracto y mental. Los poetas españoles de esta tendencia, casi entera la generación del 27, prescinden por regla general del ritmo y de la rima como signo de su búsqueda de la poesía esencial. Por su afán de renovación y su rompimiento con las formas tradicionales reciben todos estos poetas el nombre de *vanguardia o ultraístas*. Aunque este último nombre se aplica más estrictamente a los poetas que mezclan de alguna manera todas las corrientes estéticas de este tiempo y cuyos temas preferidos fueron la fuerza, la maquinaria y la guerra.

De gran importancia en la poesía contemporánea europea y española es también el llamado *superrealismo*. Aunque parte de la definición abstracta de la poesía pura, afirma que no hay posibilidad lógica y racional de controlar el acto creado, y que éste debe, por lo tanto, brotar libre de toda traba. Este movimiento, paralelo al que en pintura se llama *surrealismo,* tiene también su base en la excesiva importancia que se dio al subconsciente a raíz de los estudios psicológicos y psicoanalíticos de Sigmund Freud. Sin embargo, su puente inmediato, como el de la mayoría de las tendencias estéticas y artísticas de la época, es Francia, donde el movimiento literario surrealista había encontrado su formulación oficial y mejores modelos en André Breton (1896-1966) y Louis Aragon (n. 1897). Para aquél, surrealismo es "puro automatismo psíquico con el cual se trata de expresar . . . el proceso real del pensamiento. Es el dictado del pensamiento libre de cualquier control impuesto por la razón o de cualquier preocupación estética o moral." Es notable observar la afiliación comunista, tanto en Francia como en España, de las principales figuras de este movimiento.

El superrealismo español, mucho más moderado y menos "surrealista" que el francés y nunca muy popular, encuentra sus mejores representantes en Vicente Aleixandre (n. 1900) y Rafael Alberti (n. 1902).

En la poesía y drama de entreguerras se destaca la figura extraordinaria de Federico García Lorca (1898-1936), uno de los miembros más distinguidos de la llamada generación del 27. Nacido en Fuente Vaqueros (Granada), estudió en Granada y Madrid las carreras de Derecho y Filosofía y Letras. Se dio a conocer muy pronto como escritor y conferenciante y, como tal, hizo repetidos viajes por Europa y América. Murió en Granada en el verano de 1936, asesinado por los grupos nacionalistas que se habían sublevado contra la República apoderándose de la ciudad.

La gran contribución lírica de García Lorca es su reacción contra los temas preferidos por los ultraístas, basada en un regreso a lo andaluz, *Canciones* (1927), *Romancero gitano* (1928), *Poema del cante jondo* (1931). En éste, llamado *neopopularismo,* se mezcla lo popular y lo culto de una forma muy personal en la que la poesía pura usa al modo impresionista temas y sentimientos dramáticos o líricos estrictamente gitanos y andaluces. Al neopopularismo de su poesía andaluza hay que añadir el superrealismo de *Poeta en Nueva York* que aparece también en aspectos de otras obras suyas, por ejemplo, en *Llanto por la muetra de Ignacio Sánchez Mejías.*

Un gran mérito de Lorca es su intento de renovación del teatro, todavía en las postrimerías del modernismo. Al teatro contribuye con unos dramas poéticos de evocación romántica, *Mariana Pineda* (1927), *Doña Rosita la soltera* (1935), o simplemente farsa grotesca, *Amor de don Perimplín con Belisa en su jardín* (1931). Aparte de estas obras hay que destacar sobre todo su tragedia neopopular, que iniciada con *Bodas de sangre* (1933) y continuada con *Yerma* (1934), culmina en *La casa de Bernarda Alba* (1936), su obra más importante y la más original de su tiempo.

El mérito de la tragedia de Lorca no radica en el realismo o naturalismo con que representa los caracteres humanos, solos o en acción, sino en el superrealismo a que deben su existencia. Es decir la tragedia lorquiana no se forma de fuera adentro, desde la observación externa hacia un análisis interior, sino, por el contrario, de dentro afuera. Lo que interesa es el acto psíquico que Lorca coloca bajo el microscopio y lo agranda para ver así su automatismo en todos sus detalles y complicaciones. Sólo entonces se aplica esta imagen, intencionadamente distorsionada, a la acción. No hay que preguntarse, por lo tanto, si España, su sociedad, sus mujeres y hombres son así. No lo son, aunque sí se dan tales pasiones.

García Lorca debe ser considerado como uno de los primeros poetas de la primera mitad del siglo y un auténtico renovador del teatro español. Y, aunque no ha sido capaz de crear una escuela dramática de primer orden, su obra ha ejercido una gran influencia en España y América y mantiene, aún hoy, una gran popularidad a pesar de su estilo culto, no siempre al alcance de las masas.

El arte

La arquitectura

La arquitectura urbana de las primeras décadas, continúa en estilo y espíritu las líneas iniciadas en las décadas anteriores, sin ser capaz de transformarlas o darles personalidad especial. Así son característicos de estos años el monumental Palacio de Comunicaciones de Madrid (fig. 13.1), que sigue un barroquismo ecléctico de origen francés, adoptado también en otras capitales; y el monumento a Alfonso XII, en el Parque del Retiro de Madrid (fig. 13.2) de un neoclasicismo tambien francés, obra de José Grases. Siguen, en cambio, una línea histórica más tradicional los edificios de la exposición Iberoamericana de Sevilla. (fig. 13.3), y con el Edificio de la Telefónica construido en 1926, se establece, en técnica y en estilo, la influencia norteamericana (fig. 13.4).

La escultura

En comparación con las magníficas producciones que las demás ramas del arte ofrecen, los escultores de este tiempo producen sólo una contribución modesta en su número, ya que no en la calidad de sus mejores artistas.

Aunque anclado fuertemente en la técnica tradicional y en su temática nacional y regionalista, es muy notable la figura de Mariano Benlliure (1866-1947). Su percepción de la realidad está expresada en una reproducción casi fotográfica de los detalles que sirve de marco a un mundo interior expresado con una fuerza y vitalidad extraordinarias. Son

13.1 Palacio de Comunicaciones, Madrid

13.2 Monumento a Alfonso II en el Parque del Retiro, Madrid

13.3 Edificio de la Exposición Iberoamericana de 1929, en la Plaza de España, Sevilla

13.4 Edifico de la Telefónica, Madrid

importantes su estatua de *El Patriarca Juan de Ribera* (fig. 13.5) en Valencia, y sus monumentos al torero *Joselito,* (fig. 13.6) en Sevilla, y al tenor Julián Gayarre, en El Roncal (Pamplona). Realista y tradicional fue también el segoviano Aniceto Marinas, autor del monumento a Velázquez a la entrada del Museo del Prado y de *Hermanitos de leche,* en el jardín de la Biblioteca Nacional, ambos en Madrid. Otros nombres notables son Lorenzo Cullaut-Valera (1876-1932), muy conocido por su conjunto de Don

13.5 San Juan de Ribera, obra de Mariano Benlliure, en el Colegio del Patriarca, Valencia

13.6 Detalle del monumento a Joselito, obra de Mariano Benlliure

Quijote y Sancho en el monumento a Cervantes (fig. 13.7) en Madrid y el monumento a Bécquer (fig. 13.8) en Sevilla, y el extremeño Enrique Pérez Comendador (fig. 13.9).

En contraste con éstos, Pablo Gargallo (1881-1934) sigue una línea de vanguardia, participando en un principio de la tendencia europea hacia una estilización geométrica, y, más tarde, de la valoración de los huecos para crear la impresión de volumen (fig. 13.10).

13.7 Monumento a España en Sevilla, de E. Pérez Comendador

13.8 Grupo escultórico del monumento a
Cervantes, en la Plaza de España,
Madrid, obra de Cullaut-Valera

13.9 Monumento a Bécquer, en el Parque
de María Luisa, Sevilla, obra de
Cullaut-Valera

13.10 El Profeta, obra de Pablo Gargallo

La pintura

Frente al afrancesamiento temático y técnico que ostenta la mayoría de pintores, y artistas en general, durante todo este período, la figura de Ignacio Zuloaga (1870-1945) representa un regreso a la pintura auténticamente española. Hijo de artesanos vascos, Zuloaga comenzó su aprendizaje en la pintura copiando cuadros de Velázquez y el Greco en el Museo del Prado en Madrid. En 1889 se trasladó a Roma y el año siguiente a París, donde recibió la influencia de los impresionistas, Monet y Degas, y conoció la obra de Van Gogh, Gauguin y Toulouse-Lautrec, con quienes participó en una exposición colectiva de cuadros. En 1893 se instaló definitivamente en Sevilla, aunque alternando, durante el resto de su vida, una magnífica actividad artística con la de viajero, que le llevó repetidas veces a visitar varias partes de España y las capitales más importantes de Europa. Participó con éxito en numerosas exposiciones de pintura celebradas en las capitales europeas y en dos ocasiones, 1916 y 1925, también en Nueva York.

A pesar de la influencia impresionista francesa que se percibe en su obra, la pintura de Zuloaga es fundamentalmente tradicional. En parte idealista, aunque no desprovista de un cierto clasicismo, sigue sobre todo la línea realista de los grandes maestros españoles, siendo Velázquez y Goya a quienes más se asemeja por su técnica y su colorido muy abundante en tonos oscuros y negros.

La copiosa obra de Zuloaga cubre una multitud de asuntos: retratos, composiciones, desnudos, paisajes y bodegones, pero en todos ellos la nota tónica es el sentimiento severo y sombrío, casi hosco, con que el artista reproduce una naturaleza dura y una sociedad pobre y altanera. En sus cuadros de composición, temas muy importantes son el gitano, *Torero gitano, Lola la gitana;* el de los toros, *Corrida de toros en Eibar, La víctima de la fiesta;* el ambiente castellano, *El botero, Las brujas de San Millán,* pero sobre todo el paisaje, *Toledo.* En éste los pueblos diminutos, aunque perfectamente dibujados, se pierden como abrumados en una naturaleza sin árboles, de tonos duros, secos, expresión de una vida interior profunda pero sin sonrisas. Esta preocupación por interpretar con un realismo de sinceridad desgarrada el mundo español de su tiempo, sin buscar refugio en un escapismo técnico o temático, es la razón por la que se considera a Zuloaga el pintor de la generación del 98.

El pintor español contemporáneo más famoso es Pablo Ruiz Picasso (1881-1973), cuya obra ha dejado una profunda huella en la pintura moderna. Es muy difícil situar a Picasso en un período determinado. Su extraordinaria longevidad y su no menos extraordinaria productividad, siempre vital y cambiante, han hecho que sobreviva a todos los movimientos y escuelas de la primera mitad del siglo. Hay que contarlo entre ellos por su participación tan intensa en la vida artística de este tiempo. Nacido en Málaga y residente durante un tiempo en La Coruña, Picasso demostró muy pronto sus aptitudes extraordinarias para la pintura por lo que fue admitido, cuando contaba sólo catorce años, en la Escuela de Bellas Artes de Barcelona.

A principios de siglo, mientras imperaba en París el modernismo artístico, Picasso comenzó a pintar jugando con una monocromía a base del azul, pintando casi exclusivamente tipos y escenas de los bajos fondos y de la bohemia parisina.[13] Pero más que un naturalismo desesperanzado, sus figuras, dibujadas con un cierto manierismo de líneas, expresan abandono, soledad y resignada melancolía.

Los años que siguen (1904) Picasso adopta la monocromía rosa, como símbolo y expresión de una mayor alegría, que usa en la pintura de figuras animadas, en movimiento de bailarines, payasos y máscaras. En 1906-1907, época negra, experimenta con los contrastes producidos con negros, grises y ocres, a la vez que sus figuras pierden la definición de la línea. A esta época pertenece el cuadro *Las muchachas de Avignon* (fig. 13.11), con el que se abre camino hacia el cubismo. En él, Picasso rompe con la tradición impresionista y en vez de aceptar la noción de que las figuras desaparecen en el color de la naturaleza, busca por el contrario su reducción a líneas fundamentales en las que predominan las rectas y angulares. Esta pintura que abunda en lo que parece ser cubos fue llamada entonces, un poco en burla, *cubismo*.

La época cubista de Picasso se define hacia 1908, aunque no se determina, puesto que la inquietud insatisfecha que mueve a Picasso le lleva a cambiar, desde un estilo analítico de reducción a líneas y volumen a base de juego de colores hasta un cubismo hermético en que líneas y colores ocultan el objeto analizado (fig. 13.12). En su realización usa una monocromía suave que no oculta completamente las líneas de reducción bajo un conglomerado de líneas y manchas de color. Por estos años el cubismo era ya aceptado universalmente como una alternativa al arte moderno, y Picasso gozaba de una fama extraordinaria en todos los centros artísticos del mundo.

Hacia 1914 comenzó a experimentar con la técnica del collage y con la imitación pictórica de los materiales que en él se usan, aunque sin abandonar el estilo cubista, que llega en estos años a su depuración más perfecta. La belleza de sus cuadros, su armonía y plasticidad hacen ya olvidar el tema, éstos no "dicen" nada, tan sólo producen una sensación estética.

Hacia 1920, tras un viaje a Italia, Picasso creó el llamado *nuevo clasicismo, La mujer y el niño, Dos mujeres desnudas* (fig. 13.13), en el que juega con la monumentalidad de las figuras y su capacidad expresiva.

En 1934 Picasso regresó a España con la intención de establecerse en ella durante un tiempo. La guerra civil le sorprendió en París, desde donde aceptó el cargo de director del Museo del Prado. Es la época llamada *expansionista* (1934-1946) del pintor y a ella pertenece uno de sus mejores cuadros, *Guernica* (fig. 13.14). Pintado en 1937 para el pabellón

cubismo ; volumen y espacio

13.11 Las muchachas de Avignón
de Pablo Picasso (1907)

13.12 *Muchacha con una mandolina* (Fanny
Tellier), de Pablo Picasso (early 1910)

13.13 Dos mujeres desnudas, de Pablo Picasso (1906, late)

español republicano de la Exposición Internacional de París, representa una serie de imágenes con las que se evoca la agonía de la guerra total. Inspirado en la destrucción del pueblo vasco de Guernica por las bombas de la aviación alemana,[14] ve la guerra desde el punto de vista de la población civil, de los que no luchan.

Al terminar la guerra civil, Picasso emigró a Francia, donde continuó su producción artística, pasando por otra serie de épocas en las que se distingue primero un sentido más íntimo con colores más suaves y temas más personales y sencillos. Durante sus últimos años Picasso volvió al paisaje, a las figuras estáticas, quietas o dormidas, y a composiciones en los que los modelos desaparecen. También ha experimentado con otros materiales, escultura y litografía, para la que usa una técnica especial. Con el fallecimiento de Picasso en 1973, se cerraba una gran época de la pintura europea.

Otra de las figuras de la pintura española del siglo XX que han merecido una fama internacional es Joan Miró (1893-1983). Nacido y educado en Barcelona, comenzó a pintar con una visión de la realidad deformada al estilo expresionista francés y con un colorido influido por la escuela fauvista. Más adelante, a partir de un viaje a París, la pintura de Miró se simplifica bajo la influencia cubista, convirtiéndose en simples alusiones sutiles a la realidad. Desde 1923 se le puede ya considerar adherido a la escuela surrealista, a la que se mantuvo fiel durante el resto de su vida artística. Gran viajero durante los años siguientes, regresó a España en 1940 para instalarse en Barcelona. En 1942 comenzó

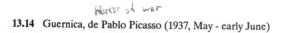

13.14 Guernica, de Pablo Picasso (1937, May - early June)

a experimentar con la cerámica cuyo arte desarrolló, con gran éxito, junto con la pintura, durante los años siguientes. En 1947 visitó los Estados Unidos y, entre otras obras, realizó un enorme fresco en el Hotel Plaza de Cincinnati. En 1955 se le encargaron unos murales cerámicos para el edificio de la UNESCO, que fueron terminados en 1958.

La pintura de Miró, como también su cerámica, mantiene siempre su afiliación al arte abstracto. Pero no siempre mantiene las líneas rectas y angulares del cubismo, sino que con frecuencia realiza los dibujos a base de perfiles curvos y sinuosos. Sus cuadros no son una abstracción de la realidad deformada en busca de una independencia formal sino, por el contrario, una reducción a líneas que pretenden sugerir imágenes. Miró, aunque surrealista, es alegre e ingenuo, juega con colores brillantes, contrastes fuertes y con unas líneas que sugieren un primitivismo infantil o arqueológico del arte primitivo levantino (figs. 13.15 y 13.16).

La dirección "realista" del surrealismo está representada en España por Salvador Dalí. Nació en Barcelona, en 1904, donde comenzó su formación artística que continuó más tarde en la Escuela de Bellas Artes de Madrid. Descubrió el surrealismo primeramente a través de sus lecturas de Freud y más tarde, en 1929, cuando con ocasión de su primer viaje a París entabló contacto con el grupo surrealista.

Entre las muchas técnicas usadas por los surrealistas en la evocación del subconsciente, Dalí ofrece un mundo definido, creado con todo detalle, imágenes y objetos reproducidos con un realismo total y absoluto en el que hace gala de un virtuosismo extraordinario. Sin embargo su

13.15 Perro ladrando a la luna, de Joan Miró

13.16 *Interior holandés*, de Juan Miró, 1928

composición es extravagante, paradójica y sus planos, como en los sueños, se superponen o se pierden en una lejanía sin límites.

La pintura de Dalí toma dos formas, surrealistas ambas aunque de tono y espíritu totalmente diverso. Una la constituyen las interpretaciones de "sueños" o expresiones del subconsciente humano. En éstas abundan los horizontes inmensos y áridos, amarillos y ocres, en los que aparecen en primer plano figuras muertas o en plena corrupción, algunas con insinuaciones eróticas, todas abrumadoras en su soledad o total decadencia (fig. 13.17). La segunda forma es la que adopta Dalí para los cuadros "de tema," generalmente religioso, en los que lo "absurdo" del subconsciente humano cede el paso a un simbolismo subconsciente, expresado también con la técnica y el virtuosismo realista que le son característicos. De

13.17 Aparición de una cara y un plato frutero en una playa, de Salvador Dalí

13.18 La última Cena, de Salvador Dalí

éstos últimos son famosos *Jesucristo crucificado, La última Cena* (fig. 13.18), que se conserva en la National Gallery, Washington, y *El descubrimiento de América* pintado para la asociación americana de Caballeros de Colón.

La música *es impresionista*

La música de entreguerras, por el contrario, ofrece composiciones de extraordinario valor. Aunque ciertamente continuadora de la afición española y regionalista de fin de siglo, consiguió con sus mejores talentos, Turina y Falla, momentos de auténtica universalidad musical cuyo valor todavía hoy está reconocido.

Joaquín Turina (1882-1949) fue uno de los compositores que más han contribuido a dar a la música española un carácter nacional. Nacido en Sevilla, comenzó allí sus estudios antes de trasladarse a Madrid. En 1905 Turina marchó como tantos otros intelectuales y artistas de su tiempo a París, donde fue discípulo de Moszkowski y de D'Indy en un ambiente musical monopolizado totalmente por Albéniz. En esos años Turina comenzó su carrera de compositor con *Sonata española* y *La procesión del rocío,* ambas terminadas hacia 1912. Al estallar la *Gran Guerra,* Turina regresó a España, donde estableció su residencia y realizó la parte más importante de su obra. En ella se destacan su composición orquestal *Sinfonía sevillana* (1921), su lied *Canto de Sevilla* (1927) y, sobre todo, su *Oración del torero* (1925), que es sin duda uno de los momentos más profundos de la música española contemporánea. Un poco más tardía es su *Rapsodia sinfónica* (1931), en la que experimenta con problemas de forma en una música ya más abstracta.

Aunque la influencia de Albéniz en la música de Turina es innegable, también lo es la que ejerció el "romanticismo español" de sus maestros europeos. El resultado es así una musicalidad regional y castiza teñida de universalidad europeizante. La música de Turina habla, concretamente, de Sevilla y de la vida sevillana, pero se trata siempre de una vida sevillana de ciudad, pulida y refinada, que, aunque está presentada con una nota de gran intimidad, está vista a través de los ideales refinados del París de la *Belle époque.*

Manuel de Falla (1876-1946) ha sido sin duda alguna el compositor español más famoso del siglo XX. Nacido en Cádiz, donde aprendió a tocar el piano bajo la dirección de su madre, se trasladó más tarde a Madrid, donde estudió piano y composición con el famoso Felipe Pedrell. A los veintiún años Falla marchó a París, donde llegó a conocer a Debussy, Dukas y Ravel, quienes ejercieron una gran influencia sobre su estilo. Regresado a España en 1914, se estableció primero en Madrid y después en Granada, pasando más tarde a la Argentina, donde murió en 1946.

Como Turina, también Falla buscó la base de su inspiración musical en la Andalucía popular. Sin embargo, a pesar de éste y otros muchos paralelismos, la semejanza de su música con la de Turina no es grande. La música de Falla no es tanto reflejo de la vida popular refinada y elegante como es la de Turina, sino más bien interpretativa de la psicología de un pueblo, que ofrece, más que las acciones concretas, las fuerzas y las pasiones que mueven a ellas. Por ello el resultado es una música evocativa, sugestiva, sensual y erótica que está basada en leyendas, mitos e interpretaciones de una Andalucía que nunca ha existido. Mientras el de Turina es un andalucismo real, el de Falla es uno mitificado y misterioso.

Falla se había dado a conocer en 1914 con *Siete canciones populares,* en las que se percibe claramente ya la influencia de Albéniz y Debussy. Más importantes y famosas son sus composiciones para ballet *El amor brujo* (1916) y *El corregidor y la molinera* (1919), mejor conocida con el título de *El sombrero de tres picos.* A la vez que éstas, Falla compuso la suite *Noche en los jardines de España,* especialmente sensual y evocadora. En 1922 organizó en Granada un festival de *cante hondo* para el que compuso una ópera de marionetas, *El retablo de Maese Pedro,* en la que la influencia de la música de Stravinsky es muy marcada. La cantata *La Atlántida,* en la que estaba trabajando cuando le sorprendió la muerte, fue terminada y publicada por sus discípulos.

NOTAS

1. *Bolchevique* (del ruso *bolsche,* más) fue el nombre adoptado por la facción radical del partido socialista ruso en 1903. Bajo la dirección de Lenín, los bolcheviques exigían la conquista del poder por los medios más violentos, dando gran importancia al régimen dictatorial ejercido por un partido centralizado. Frente a ellos los mencheviques (de *mensche,* menos), mucho más moderados, aceptaban la colaboración con la burguesía en un régimen democrático como el camino hacia el socialismo.

2. La Internacional comunista *(Komintern)* fue fundada en 1919 y llegó a agrupar la mayor parte de los militantes revolucionarios de Europa. Bajo la bandera soviética y con el ideal de crear gobiernos de *soviet* copiados y dependientes del modelo ruso, muchos de ellos lucharon y murieron en Alemania, Hungría, Balcanes, Países Bálticos, España e incluso China.

3. Todos estos *-ismos* eran con más frecuencia el resultado de doctrinas filosóficas, sociales e incluso políticas aplicadas a las artes, que de actitudes puramente estéticas de los artistas. No se trata en ellos de reproducir la realidad, o de interpretarla tal como es, o como se percibe. Se trata más bien de si la realidad existe, o no, si se puede, o no, reproducirla racionalmente. Típico de todos ellos es el *futurismo,* el movimiento de la generación revolucionaria rusa, que ni es tendencia estética ni técnica artística estrictamente hablando, sino una ruptura con todo lo tradicional, racional y sentimental del arte.

4. Movimiento político fundado por José Antonio Primo de Rivera en 1933 con un programa en el que se incorporaba una abierta oposición al marxismo y al

parlamentarismo de partidos políticos con un sentido católico y tradicional. Las Juntas de Ofensiva Nacional Sindicalista fundadas por Ramiro Ledesma ofrecían un programa muy semejante, por lo que terminaron uniéndose, en 1934, en un grupo unificado llamado así FE y de las JONS.

5. Se llamó *requeté* durante el siglo XIX a una especie de cuerpo armado clandestino fundado por los carlistas. En general reciben este nombre las agrupaciones tradicionalistas, especialmente las navarras.

6. Relacionado en cierta manera con las ideas que movían el futurismo y el cubismo, el ultraísmo era una exacerbación de lo inventivo artístico y una reacción contra el sentimentalismo de fin de siglo.

7. Unamuno no usa la palabra *agonía* en su sentido común de "angustia y congoja del moribundo", sino más bien según su significación griega de "lucha y competición gimnástica" y "agitación, inquietud, ansiedad y angustia del alma".

8. Hermán Cohen (1842-1918) y Pablo Natorp (1854-1924) fueron los representantes más distinguidos de la escuela filosófica neokantiana de Marburgo. Se caracteriza esta escuela por su énfasis en el pensamiento "puro" y en la ética y su consecuente desvalorización de la metafísica.

9. Georges Sorel (1847-1922), pensador socialista francés, seguidor de las ideas de Proudhon, Marx y Nietzsche, desarrolló la doctrina de un Sindicalismo revolucionario. Según él la naturaleza humana no poseía una bondad innata y un orden social justo debería ser impuesto por una acción revolucionaria. Su libro *Reflexiones sobre la violencia* (1908) tuvo una gran influencia, extendiéndose ésta desde el anarcosindicalismo francés hasta el fascismo de Mussolini.

10. Iniciales del lema de la Compañía de Jesús *Ad Majorem Dei Gloriam* (Para mayor gloria de Dios).

11. Ejemplos de greguerías: "Los que bajan del avión parecen salir del Arca de Noé," "El esqueleto del negro es tan blanco como el del blanco," "La medicina ofrece curar dentro de cien años a los que se están muriendo ahora mismo," "Los ojos de los muertos miran las nubes que no volverán."

12. Llamada así por un acto conmemorativo en honor de Góngora celebrado en 1927 y en el que muchos de ellos tomaron parte.

13. Se refiere este nombre a los habitantes de Bohemia (Checoslovaquia) y en general a todos los gitanos. También se aplica la palabra *bohemios* a los artistas, literatos y estudiantes del Barrio Latino de París, más concretamente al grupo de artistas y escritores románticos de tendencias antisociales que se reunieron allí hacia 1830.

14. El contingente alemán que luchaba al lado de los nacionales consistía en un grupo de aviación al que se le dió el nombre de *Legión Cóndor*. Fue famoso durante la guerra por la terrible eficacia de sus ataques y bombardeos.

Preguntas para estudio y repaso

1. ¿Cuándo terminó el siglo XIX para Europa y para España? 2. ¿Cuáles fueron los conflictos más importantes hasta 1914? 3. ¿Qué problemas planteó el fin de la *Gran*

Guerra? 4. ¿Por qué se habla de la desintegración de la hegemonía europea a consecuencia de la guerra? 5. ¿Qué problemas planteó la Revolución rusa? 6. ¿Qué direcciones tomó el pensamiento europeo? 7. ¿Cómo se dejaron sentir en España los efectos de la Primera Guerra Mundial? 8. ¿Qué dirección tomó el pensamiento español?

9. ¿Cómo era la situación política en España durante los primeros años del reinado de Alfonso XIII? 10. ¿A qué se debió la emergencia de la Dictadura de Primo de Rivera? 11. ¿Cuáles fueron sus resultados sociales y económicos? 12. ¿A qué se debió su fracaso político? 13. ¿Cómo fueron los años que siguieron a la Dictadura? 14. ¿Cuáles fueron los resultados de las elecciones de 1931?

15. ¿A qué se llama *generación del 98?* 16. ¿Cuáles fueron sus temas fundamentales? 17. ¿Qué razones explican las diferentes soluciones que se dan al "problema" de España? 18. ¿Qué postura adoptó Unamuno? 19. ¿Cuál fue la de *Azorín?* 20. ¿Y la de Pío Baroja? 21. ¿En qué se distingue de ellos Ramiro de Maeztu? 22. ¿Qué sentido tiene para él la *hispanidad?* 23. ¿Qué actitud adoptó Antonio Machado y cómo definió el "problema" de España? 24. ¿A qué se llama *vitalismo* orteguiano? 25. ¿Cómo enjuiciaba Ortega y Gasset la situación europea? 26. ¿A qué atribuía él la decadencia española? 27. ¿Qué soluciones proponía? 28. ¿Por qué se ha dicho que Ortega fue el teórico del totalitarismo español?.

29. ¿Qué tendencias intelectuales se perciben en la novela de entreguerras y cuáles fueron sus representantes más notables? 30. ¿Qué importancia tiene el teatro durante este tiempo y qué direcciones sigue? 31. ¿Cómo fue el teatro de Jacinto Benavente? 32. ¿A qué se debió la popularidad de Marquina? 33. ¿Qué espíritu mueve a los hermanos Quintero y cómo se refleja éste en su teatro? 34. ¿Cómo caracterizan a la mujer andaluza? 35. ¿En qué se basa la comicidad de Muñoz Seca? 36. ¿A qué se llamó postmodernismo sentimental? 37. ¿Cómo fue la poesía de la generación del 27? 38. ¿A qué se llama *poesía pura?* 39. ¿Qué es *ultraísmo* en poesía? 40. ¿Qué se entiende por *surrealismo* en poesía? 41. ¿A qué se da el nombre de *neopopularismo* poético? 42. ¿Cuál fue la contribución de Lorca a la poesía y al teatro español?

43. ¿Qué escuela de pintura sigue Zuloaga y por qué se le llama el pintor de la generación del 98? 44. ¿Qué etapas artísticas se manifiestan en la obra de Picasso. 45. ¿Qué carácter tiene el surrealismo de Miró? 46. ¿Qué formas adopta Dalí para su pintura y qué temas cubre? 47. ¿Cuál fue la mayor contribución de Turina a la música española? 48. ¿Cómo es su andalucismo? 49. ¿Cómo es la música de Falla y qué influencias europeas demuestra? 50. ¿Cómo es el andalucismo de Falla?

Términos y nombres para estudio y repaso

Triple Alianza	Bolcheviques	Tratado de Versalles
Triple Entente	Tesis de Moscú	Ultraísmo
Mencheviques	*Komintern*	Alfonso XIII

Antonio Maura
Semana trágica (1909)
José Canalejas
Eduardo Dato
Miguel Primo de Rivera
Fermín Galán
José Calvo Sotelo
Ángel Ganivet
Agonía del cristianismo
Ramon María del Valle-
   Inclán
Azorín
Hispanidad

Vitalismo orteguiano
España invertebrada
Ricardo León
Concha Espina
Ramón Pérez de Ayala
Ramón Gómez de la
   Serna
Greguería
Jacinto Benavente
Eduardo Marquina
Antonio Machado
Los hermanos Quintero

Pedro Muñoz Seca
Poesía pura
Juan Ramón Jiménez
Platero y yo
Generación de 27
Nuevo clasicismo
Ignacio Zuloaga
Surrealismo realista
Joan Miró
Mariano Benlliure
Oración del torero
El Amor brujo

14

La Segunda República

$5\,a\tilde{n}o$

El Quinquenio republicano (1931-1936)

La historia política de España durante los cinco años que duró la Segunda República, desde la marcha al exilio del rey Alfonso XIII (1931) hasta la desintegración del régimen republicano en el caos político que precedió a la guerra civil (1936), es un ejemplo clásico de divorcio entre una política teórica liberal y una práctica revolucionaria.

La teoría política de los republicanos liberales proponía una transformación de las estructuras sociales, económicas y políticas de la sociedad española según unos principios de democracia burguesa a imitación de la francesa, tal como, más o menos utópicamente, la habían venido proponiendo para España los intelectuales krausistas. Los políticos de acción, en cambio, rechazaban estos principos, que ellos consideraban superados ya e inválidos tras la experiencia revolucionaria europea, principalmente la Revolución rusa, y estaban dispuestos a imponer por todos los medios posibles tales cambios políticos, sociales y económicos como fueran necesarios para la implantación en España de las nuevas ideologías revolucionarias.

El Pacto de San Sebastián entre políticos liberales y extremistas revolucionarios, que muy bien pudiera llamarse matrimonio de conveniencia llevado a cabo tan sólo para derrocar la monarquía, tuvo unas ventajas inmediatas, pero a la larga demostró ser fatal para el régimen republicano y trágico para España. La nueva República, estuvo así condenada desde ya antes de nacer, a una servidumbre radical y revolucionaria de la que nunca logró liberarse. La lucha continua entre los partidos republicanos moderados y los más radicales, socialistas, anarquistas y sindicalistas, a lo largo del quinquenio fue una de las causas principales de la reacción antirrepublicana y de la desintegración final del nuevo régimen. Ya lo anunciaban así los diarios norteamericanos de entonces al estudiar la situación española.

Tras la marcha de Alfonso XIII al exilio, fue organizado un gobierno provisional cuyo jefe era Niceto Alcalá Zamora, conservador y liberal, pero en que ya se veía al predominio socialista sobre el republicano.

Ya desde entonces se hizo sentir la desintegración social que acompañaría al nuevo régimen. En Cataluña se alzó la bandera catalana y el héroe del regionalismo catalán, Francisco Maciá, intentó declarar "el estado catalán bajo un régimen de una república catalana." En el resto de la Península el nuevo régimen fue saludado con banderas rojas, motines, quemas de iglesias y conventos, asaltos y destrucción de periódicos monárquicos o católicos. Y mientras el ejército y la Guardia Civil trataban de imponer orden, los políticos se esforzaban por sentar las bases en que funcionara la Segunda República. Como señal del rompimiento con la tradición, fue decretado el cambio de la bandera nacional (rojo-amarillo-rojo) por una nueva republicana (rojo-amarillo-morado) y la sustitución del himno nacional por el de la República.[1]

El gobierno de la República se esforzó por reducir el espíritu separatista de las propuestas catalanas y consiguió llegar a un acuerdo, en el que prometía la preparación de un "estatuto de autonomía" catalana, que sería incluido en la nueva Constitución, y la creación de un organismo especial, la Generalidad catalana, encargado de la administración de las cuatro provincias de Cataluña.

En mayo del mismo año, tras unos ataques a algunos miembros del Círculo Monárquico Independiente, se suscitaron graves desórdenes en Madrid y las turbas madrileñas se lanzaron a incendiar iglesias, conventos y edificios públicos o privados que se suponían pertenecer a personas o entidades de derechas. Los desórdenes de Madrid se repitieron en numerosas ciudades españolas. El gobierno declaró el estado de guerra en algunas poblaciones y se incautó del edificio del diario de derechas *ABC,* clausurando además el Círculo Monárquico. El cardenal Segura, arzobispo primado de España, el más insigne prelado de su tiempo, protestó duramente ante el gobierno a la vez que en una famosa carta pastoral exhortaba a los católicos a colaborar con el nuevo sistema, pero procurar a la vez convertirlo en uno que reconociera "el orden social" y "los derechos de la religión." Entendido esto como una oposición abierta a los programas republicanos, el cardenal Segura fue condenado al destierro.

En las elecciones a Cortes celebradas en junio de 1931, los partidos de la coalición socialista lograron un gran número de puestos que les garantizó el predominio en las comisiones, por lo que fue nombrado para la presidencia el socialista Julián Besteiro. Al hacerse público el proyecto de Constitución, los trabajadores exigieron que se cumplieran las promesas que se les había hecho durante la campaña electoral. A esto se unió, durante el mes de julio, el grave problema de la violenta rivalidad entre los anarquistas (CNT) y los socialistas (UGT)[2], cuya demagogia revolucionaria, cada vez más violenta, se tradujo en numerosas localidades en atentados, incendios, actos de vandalismo y una serie interminable de huelgas, algunas de larga duración. A partir del mes de septiembre fue aprobándose la nueva Constitución. Entre todos sus artículos sólo dos encontraron oposición y fueron objeto de grandes debates: uno de ellos fue el Estatuto de Cataluña, por el que se creaba una situación privilegiada para las provincias catalanas, en la que muchos veían un grave peligro para la unidad nacional. Mucha mayor oposición y debate costó el pase del *artículo 26*. Por él se establecía la separación entre la Iglesia y el Estado, declarándose el gobierno oficialmente laico; se suprimían las órdenes religiosas de más de tres votos (jesuítas)[3] y sus bienes eran nacionalizados; se prohibía a las órdenes religiosas que se dedicaran a la enseñanza, como también al ejercicio del comercio o de la industria y a la publicación de libros o diarios, y se les limitaba, además, los bienes que podían poseer. El gobierno aprobó también una *Ley de Defensa* de la República con la que se podían justificar las represalias del gobierno contra la oposición. El excesivo uso que de ella se hizo destruyó de hecho muchas de las libertades garantizadas en la Constitución.

El 14 de octubre de 1931, Alcalá Zamora presentó la dimisión de la presidencia del Gobierno como protesta contra la legislación antirreligiosa incluida en el *artículo 26*. Le sucedió Manuel Azaña, uno de los políticos más caracterizados de la Segunda República y más identificados con sus tendencias radicales y anticatólicas. La elección de Azaña como Presidente del Gobierno en 1931 fue, con razón, considerada como un éxito de los socialistas sobre los republicanos moderados, a los que desplazaron del gobierno. Aunque la derivación de Azaña hacia la izquierda revolucionaria fue paulatina y posterior a 1931, ya durante su gobierno se propuso desarticular el ejército con la famosa "Ley de Azaña" y aplicar con todo su rigor contra la Iglesia el *artículo 26* de la Constitución.

La famosa frase "España ha dejado de ser católica" pronunciada por Manuel Azaña durante un discurso político, aunque dicha con más sabor retórico que fervor revolucionario antirreligioso, fue tomada como declaración oficial de política persecutoria contra la Religión. Como reacción contra ella, la sensibilidad religiosa de la mayoría de los españoles se reafirmó a la vez que se opuso a un régimen político que consideró, ya desde entonces, ateo y persecutorio. Ante esta política se fue dibujando un frente de derechas, cuyos grupos más representativos fueron el partido político Acción Nacional, fundado por Ángel Herrera y en el que colaboraron José María Gil Robles, y la asociación de apostolado laico Acción Católica. A ello el gobierno de Azaña respondió con una campaña de represión contra personas, entidades, instituciones, periódicos y diarios católicos.

Por otra parte los grupos anarquistas (CNT y FAI)[4] continuaban atacando al gobierno por considerar que sus reformas no habían sido suficientes para resolver los problemas salariales y económicos del proletariado. Para calmarlos se decretó la *Ley Agraria* de 1932, que ordenaba la distribución entre los campesinos de los latifundios de Andalucía y Extremadura, medida que enfureció a los propietarios sin llegar a satisfacer a los campesinos, convertidos ya a un anarquismo más radical.

Ante la dirección que iba tomando la política republicana, los intelectuales, sus más fieles defensores hasta entonces, dieron voz a su desencanto. En 1932 Pío Baroja, notable escritor y político de simpatías anarquistas, comentaba sobre la situación política, contestando a la pregunta "¿Triunfará pronto aquí el socialismo?": "No lo creo. Los españoles son como son. . . . El socialismo se preocupa demasiado de las formas, y en España es precisa la dictadura para gobernar."

El mismo año, el ejército, inclinado ya desde el siglo anterior a la acción política, intentó dar un golpe de estado, dirigido por el general Sanjurjo, pero que, por no encontrar apoyo popular, fue fácilmente dominado. A estas protestas el gobierno respondió haciendo uso de la Ley de Defensa, decretando la suspensión de periódicos y diarios de la oposición y tomando una serie de represalias contra sus dirigentes.

A pesar de ello la Acción Nacional, que por disposición oficial había sido obligada a cambiar el nombre y era conocida por Acción Popular, reunió en Madrid su primera asamblea, en la que quedó constituida la Confederación Española de Derechas Autónomas (CEDA), que agrupaba los varios grupos regionales.

El año 1933 comenzó con la tragedia de Casas Viejas, pequeño pueblo en la provincia de Cádiz, donde un pequeño grupo de anarquistas se había sublevado. Para desmentir la fama que tenía de ser cruel con los desórdenes de derechas pero contemporizador con los revolucionarios, Azaña decidió hacer de esta sublevación una prueba de justicia, por lo que envió a las fuerzas de seguridad a que sofocaran la sublevación. La dureza con que las fuerzas de seguridad llevaron a cabo las órdenes causó grandes protestas, atribuyéndose a Azaña la consigna de: "Nada de detenidos. ¡Tiros a la barriga y nada más!" Estas represalias trágicamente famosas, sin apaciguar a las derechas, sirvieron para que terminara la paz, más o menos observada, de los partidos revolucionarios con el gobierno. Mientras en las calles de las ciudades se multiplicaban los actos de terrorismo, asaltos, incendios y toda clase de actividades revolucionarias, el diario izquierdista *La Tierra* (CNT) se quejaba, en abril de 1933, "de persecuciones ensañadas que tienen en la cárcel a cientos y cientos de proletarios y campesinos", "de la utilización del poder por parte del socialismo para perseguir ensañadamente a la central obrera". Sin sentirse ya solidario con la República, el anarquismo proclamaba en el mismo diario: "República es revolución". Al mismo tiempo se iban formando los primeros grupos de ideología de extrema derecha y acción antirrevolucionaria. De éstos, los más notables fueron las Juntas de Ofensiva Nacional Sindicalista (JONS) y la Falange Española, fundada en octubre de 1933 por José Antonio Primo de Rivera.[5]

La crisis gubernamental y la caída del gobierno de Azaña anunciadas ya en los resultados de unas elecciones municipales celebradas durante el mismo año, todas con resultados adversos para el gobierno, fueron precipitadas por la dimisión de Jaime Carner, ministro de Hacienda. Así terminó, en septiembre de 1933, un gobierno que Diego Martínez Barrio, republicano radical, definió con la frase célebre de "Sangre, fango y lágrimas".

Ante la perspectiva de unas nuevas elecciones se sucedieron rápidamente varios gobiernos, incapaces todos de restablecer el orden público, y de dominar la rebeldía revolucionaria. Las elecciones, celebradas en noviembre de 1933, representaron un resonante triunfo para los partidos del centro, los republicanos moderados, cuyo jefe era Alejandro Lerroux, y, en particular, para la CEDA, dirigida por Gil Robles y los monárquicos, cuyo líder era Calvo Sotelo. En estas elecciones salió diputado por Cádiz José Antonio Primo de Rivera que comenzó a usar de las Cortes para dar a su programa falangista una resonancia nacional.

El nuevo gobierno, formado por una coalición de "derechas" y "centro", fue presidido por Alejandro Lerroux y fue importante por representar un acercamiento positivo de los grupos moderados y católicos al régimen republicano. Los partidos de la izquierda, sin embargo, no se resignaron con su derrota ni vieron con buenos ojos la moderación del nuevo gobierno. En 1934 Martínez Barrio dimitió de su cargo como ministro de gobernación en protesta a la "coalición cedista," mientras los elementos revolucionarios iniciaron una serie de huelgas llevando a cabo numerosos actos de sabotaje y terrorismo contra el gobierno. El diario *El Socialista* comentaba por ese tiempo: "Ha naufragado la República burguesa . . . El régimen republicano no nos sirve. . . ."

La importancia de Lerroux y el amplio apoyo que gozaba su política de moderación quedaron demostrados por su elección repetida a la presidencia del Consejo. De las trece veces que cambió la presidencia entre 1933 y 1935, seis fue elegido Alejandro Lerroux. A pesar de su innegable popularidad, la política moderada de Lerroux debe ser considerada como un fracaso. Con cada cambio de gobierno se fue haciendo más patente la incapacidad de gobernar a que había llegado el régimen republicano.

El fracaso de la República moderada puede ser atribuido en parte a la política revisionista que imponía su propia moderación. De acuerdo con ella, el gobierno se dedicó a anular una serie de medidas extremas adoptadas anteriormente por Azaña. A todo ello respondieron los partidos de izquierdas, los sindicatos obreros y los grupos revolucionarios con una inusitada y furiosa actividad.

La Generalidad catalana, al anunciarse la revisión de su constitucionalidad, se puso en franca rebeldía contra el gobierno. Las provincias vascas, deseosas de obtener su propio Estatuto, se declararon en favor de Cataluña. Los sindicatos declararon la huelga general, mientras que sus elementos más extremistas se dedicaron al sabotaje y al terrorismo. El problema del orden público se agravó todavía más con la reacción falangista, que también comenzó a llevar a la calle su lucha contra la revolución, a la vez que era objeto ella misma de una encarnizada persecución izquierdista. La crisis culminó el año 1934 con la rebelión de Cataluña y la insurrección de los sindicatos mineros de Asturias.

En Cataluña la Generalidad llegó a armar a diversas partidas, *escamots*, y a las fuerzas dependientes de la autoridad regional contra el gobierno de la República, declarándose así independiente. Más grave aún fue la revolución de Asturias donde una "guardia roja" se apoderó de toda la cuenca minera, constituyendo piquetes de ejecución, que establecieron un régimen de terror revolucionario, con una persecución sistemática y desenfrenada contra los católicos, representantes de la burguesía capitalista y de los partidos moderados o de derechas, cometiendo, en el proceso, innumerables asesinatos, robos y actos de vandalismo contra iglesias, conventos y edificios públicos.

Declarado el estado de guerra y con apelación a la Ley de Defensa, la región catalana, más a favor de una autonomía foral, incluso separatismo, que de una revolución proletaria radical, se dejó pacificar con relativa facilidad. No así Asturias, la cual, contando en sus minas de hierro y carbón con un gran número de obreros y estando la mayoría de ellos afiliados a partidos radicales y revolucionarios, sólo pudo ser sometida tras una verdadera campaña militar encomendada por el gobierno al entonces ya general Francisco Franco. A causa de ella y de las llamadas represalias del "octubre rojo," las organizaciones marxistas internacionales se hicieron eco de la furiosa propaganda que contra la República habían iniciado, entre otros Fernando de los Ríos e Indalecio Prieto, ambos socialistas y opuestos a la política del Gobierno.

El año 1935 representó ya la desintegración total del régimen republicano moderado. Como consecuencia de las crisis gubernamentales, que se sucedían cada vez con mayor rapidez, siete durante un solo año, el gobierno era totalmente incapaz de preparar programa alguno para la mejora económica o social del país, y cada vez menos capaz de mantener siquiera una apariencia de orden público.

En julio de 1935 delegados de los partidos comunistas asistieron en Moscú al VII Congreso de la III Internacional Comunista *(Komintern).* Entre los acuerdos tomados en él, se decidió la formación de un frente único de comunistas junto con otros partidos y sindicatos revolucionarios como táctica para llegar al poder y así procurar el triunfo del ideario soviético. Se prometió además reforzar el apoyo técnico y económico al partido comunista español para el logro de sus fines. El Frente Popular de Izquierdas quedó así virtualmente constituido y ya en octubre del mismo año hizo en Madrid su primera exhibición de fuerza.

Las elecciones anunciadas para febrero de 1936 fueron causa de una campaña electoral caracterizada por sus extremos. En ella los elementos moderados, ineficaces e incapaces de imponer autoridad alguna, o fueron ignorados o fueron ellos mismos derivando hacia posiciones más radicales. A la exacerbación de los partidos de derechas contribuyó no poco la publicación, el 15 de enero, del documento-programa del Frente Popular de Izquierdas, de evidente inspiración ruso-comunista. La campaña electoral continuó hasta el final, desenfrenada y angustiosa, en medio de atracos, incendios, actos de sabotaje, terrorismo y motines incesantes, inspirados muchos de ellos por la retórica violenta de los políticos. Por una parte los partidos de izquierdas tomaron como símbolo la revolución de los mineros asturianos, y como grito de combate, "Somos los de octubre"; por otra parte Primo de Rivera advertía que la lucha era ya inevitable "entre el frente . . . ruso y el frente de la generación nuestra en línea de combate". Santiago Casares Quiroga por su parte decía en un mítin: "Si triunfamos los de izquierdas, el ministro de Gobernación tendrá que ser sordo y ciego durante cuarenta y ocho horas" y Calvo Sotelo en Barcelona: "Dentro de breves días España va a jugar a cara o cruz su existencia."

En las calles, el orden público había dejado de existir, mientras las actividades subversivas eran generales. Los choques entre los "camisas rojas" comunistas y los "camisas azules" falangistas se hacían cada vez más numerosos y violentos. Cuando el 14 de marzo fueron clausurados por orden del gobierno todos los centros de la Falange y encarcelados José Antonio Primo de Rivera con los principales jefes del Movimiento, la oposición falangista a lo que ellos llamaban "venta de España a Rusia" se hizo todavía más dura y violenta.

Las elecciones del 16 de febrero dieron el poder a los izquierdistas,[6] que anularon la mayoría de las leyes tomadas en los dos años anteriores. La amnistía general y la restauración de la autonomía catalana fueron los primeros pasos en el camino de la República "recuperada", según la llamaron los socialistas. Con ella subió Azaña de nuevo al poder hasta el mes de mayo cuando fue nombrado para la presidencia de la República, sucediéndole Casares Quiroga en la del Consejo. Los partidos extremistas se dispusieron a imponer la revolución que se les había prometido. Francisco Largo Caballero, jefe de los socialistas radicales, conocido por el nombre de "Lenín español," se dedicó a exaltar los ánimos del partido con una retórica inflamada y llena de promesas revolucionarias y Margarita Nelken, socialista recién llegada de Moscú, anunciaba ya próxima "la dictadura del proletariado" como preludio "para establecer el socialismo".

En las Cortes el propio gobierno se declaró beligerante contra las derechas e impuso una revisión de actas que acentuaba la proporción de diputados a favor del Frente Popular, por lo que las minorías derechistas se retiraron del Congreso. Calvo Sotelo, su jefe más prestigioso, se convirtió en el blanco del odio de los grupos más radicales, que veían en él el representante más significativo de una República moderada y católica.

El día 16 de junio, Gil Robles, jefe del Partido de Derechas, hizo para las Cortes un balance de la situación desde las elecciones del 16 de febrero. Era así: huelgas generales, 113; huelgas parciales, 228; actos de terrorismo con bombas y explosivos, 224; periódicos destruidos totalmente, 10; saboteados, 33; centros públicos saboteados o destruidos, 381; iglesias destruidas o saboteadas, 417; asesinatos, 269; heridos, 1287. Y concluía su discurso con la siguiente evaluación del estado político de la nación:

> Este gobierno no podrá poner fin al estado de subversión que existe en España y no podrá hacerlo porque este Gobierno nace del Frente Popular y el Frente Popular lleva en sí la esencia de esa misma política, el germen de la hostilidad nacional. Mientras dentro del bloque del Frente Popular existan partidos y organizaciones con la significación que tienen el partido socialista...y el partido communista no habrá posibilidad de que haya en España un minuto siquiera de tranquilidad...Los grupos obreristas saben perfectamente a dónde van: van a cambiar el orden social existente; cuando puedan, por el asalto al Poder, por el ejercicio desde arriba de la dictadura del proletariado...Un país puede vivir en Monarquía o en República, en sistema parlamentario o en sistema presidencialista o en sovietismo o en fascismo; como únicamente no vive es en la anarquía, y España hoy, por desgracia, vive en la anarquía.

A continuación, Calvo Sotelo, jefe de la oposición, también en nombre de la Derecha, acusó al gobierno de condonar la violencia con el deseo de implantar sus programas revolucionarios y, ante las amenazas a su vida hechas por Casares Quiroga, presidente del Consejo de ministros, contestó con las frases famosas: "Yo tengo, señor Casares Quiroga, anchas espaldas . . . y es preferible morir con gloria que vivir con vilipendio."

Como culminación de la anarquía general y del estado de guerra civil, que de hecho existía en toda la nación, en la noche del 13 de julio agentes de la Guardia de Asalto, la fuerza de seguridad de la República, asesinaron a José Calvo Sotelo, ya antes de su muerte símbolo, para una mayoría, de moderación liberal y cristiana y, después de ella, de extremos irreconciliables. Víctima de este asesinato, cuya responsabilidad el gobierno no se dignó desmentir, fue la misma República. Como dijo por entonces Ortega y Gasset: "No era esto lo que los españoles habían esperado de la República."

Cinco días más tarde, el 18 de julio de 1936, el ejército, el cuerpo de la Guardia Civil, los carlistas, la Falange y, aunque menos organizadas, las masas derechistas e incluso republicanos moderados se declararon en rebeldía abierta contra el gobierno de la República. Esta sublevación, contra la esperanza de todos, llevó a la guerra civil más dura y sangrienta de la historia de España.

La guerra civil (1936-1939)

La guerra civil de 1936, ha sido, y es todavía, uno de los acontecimientos de la historia española más difíciles de evaluar. Ello se debe, aún hoy, a que la gran mayoría de escritores, españoles y extranjeros, que a ella se refieren la pretenden evaluar como un conflicto claramente divisible entre "buenos" y "malos". Hace también difícil su evaluación el antagonismo contra los regímenes totalitarios resultado de la Segunda Guerra Mundial. Como es notable, estos escritores, al hacer esta división, dan a sus juicios una validez absoluta en la que no cabe el diálogo, cuando la situación no fue nunca tan clara, ni los bandos tan divisibles.

En términos generales, la situación política en España durante los primeros meses del año 1936 se podría definir de la manera siguiente: por una parte, el gobierno de la República elegido a raíz de las elecciones de febrero del mismo año era una amalgama de partidos, desde los más liberales hasta los francamente revolucionarios. En ella los primeros daban un sentido legal y un aspecto liberal y democrático a la coalición, mientras que los segundos proclamaban cada vez más abiertamente unos programas de revolución proletaria que presuponían cambios absolutos en la Constitución adoptada por el régimen republicano. Frente a ellos, se hallaba una minoría parlamentaria de derechas convencida de que, en realidad, ella representaba la mayoría de la población española, su clase media, los católicos de todas clases, los tradicionalistas y los conservadores. La oposición de éstos a aquéllos no era tanto, en un principio, contra la forma de un gobierno republicano, democrático y liberal, sino contra la política revolucionaria, socialista y comunista que éste aceptaba o toleraba como precio del apoyo que recibía del Frente Popular.

España estaba así dividida en dos campos que iban adoptando ideologías irreconciliables. Por una parte "las derechas", dispuestas a renunciar al sistema republicano para conseguir una estabilidad social, económica y política de acuerdo con la tradición nacional y religiosa del país; por otra "las izquierdas", cuyo objetivo era la consecución de una sociedad proletaria y revolucionaria según el molde ruso soviético. En medio y, hacia el año 1936, con frecuencia incapaces de hacerse escuchar, ni por unos ni por otros, estaban los elementos de un centro republicano liberal dispuestos a pactar con las izquierdas con tal de evitar una restauración monárquica o la repetición de una dictadura militar al estilo de la de Primo de Rivera. Soporte casi unánime y sin distincion de clases tenía la República tan sólo en las provincias vascas y catalanas, gracias a la autonomía, más o menos completa, que el gobierno republicano se había comprometido a conceder y respetar.

En el plano europeo la situación tampoco era mucho más clara. Durante los últimos treinta años, la mayor parte de las naciones europeas habían sufrido las consecuencias de los problemas sociales, económicos y políticos causados por la Gran Guerra (1914-1918), agudizados, en los últimos años, de una manera abrumadora por la Gran Crisis de 1929. Entre los vencedores, Inglaterra buscaba la solución en el retorno a las medidas enérgicas de un gobierno conservador, los Estados Unidos en la política centralizante de intervención federal del New Deal, mientras Francia, tras unos gobiernos inestables (1929-1934) y un experimento nacionalista y de derechas (1934-1936) se declaraba partidaria de "la clase obrera", con un gobierno de Frente Popular de inspiración comunista rusa que iba a durar hasta la firma del tratado germano-soviético en 1939. En las demás naciones europeas el vacío político originado por la desaparición de los regímenes monárquicos totalitarios y el desastre económico causado por las condiciones opresivas del Tratado de Versalles (1918), agudizado en extremo por la depresión económica de 1929, produjo un desgaste de las instituciones democráticas existentes. A esta crisis respondieron las clases más directamente afectadas, media y obrera, con una serie de movimientos radicales, totalitarios ambos, pero de signo contrario, nacionalista los unos, comunista los otros según el modelo revolucionario ruso (Lenín), bajo el control directo de la central moscovita (Stalin). Mientras que para los movimientos nacionalistas el único peligro era el imperialismo ruso-soviético, Inglaterra y Francia tuvieron que prestar atención también a la amenaza que para ellas podía representar el triunfo de los regímenes totalitarios nacionalistas en el centro de Europa. Por ello al enfrentarse los dos campos en la guerra civil española, Inglaterra, aunque opuesta a la sublevación nacionalista apoyada por Alemania e Italia, no se decidió a defender a la República izquierdista, al estar ésta sostenida por Rusia y los partidos comunistas europeos.

La guerra civil española, que comenzó siendo un conflicto ideológico nacional, llegó así muy pronto a tener un sentido internacional que agravó la división europea, causa de la Segunda Guerra Mundial.

Al conocerse en Madrid la noticia del asesinato de Calvo Sotelo, fue convocada la Comisión Permanente de las Cortes para prorrogar el "estado de alarma" proclamado desde hacía meses. Durante la reunión, el jefe de la minoría monárquica, Renovación Española, anunció su retirada de las Cortes, acusando al gobierno de complicidad en el asesinato del jefe de las derechas, y Gil Robles, jefe de la CEDA, en representación de los partidos de derechas, echó en cara al gobierno su incapacidad de controlar la anarquía impuesta a la nación por los partidos revolucionarios.

Os están expulsando--dijo--de la legalidad; están haciendo un baldón de los principios democráticos; están riéndose de las máximas liberales incrustadas en la Constitución; ni en el Parlamento ni en la legalidad tenéis nada que hacer. . . . Así como vosotros estáis totalmente rebasados, el Gobierno y los elementos directivos, por las masas obreras que ya no controláis, así ya nosotros estamos totalmente desbordados por un sentido de violencia que habéis sido vosotros los que habéis creado y estáis difundiendo por toda España. . .Cuando la vida de los ciudadanos está a merced del primer pistolero, o cuando el Gobierno es incapaz de poner fin a ese estado de cosas, no pretendáis que las gentes crean ni en la legalidad ni en la democracia... Vosotros podéis continuar; sé que váis a hacer una política de persecución, de exterminino y de violencia de todo lo que signifique derechas. Tened la seguridad... de que vosotros, que estáis fraguando la violencia, seréis las primeras víctimas de ella...las revoluciones son como Saturno que devoran a sus propios hijos.

El 17 de julio de 1936 se sublevó el ejército de Marruecos, poniéndose a las órdenes del general Franco. En los días siguientes intentos semejantes tuvieron lugar en numerosas ciudades de la Península, siendo los más importantes el de Pamplona, donde además del ejército se sublevaron los grupos carlistas católicos, mayoritarios en toda la región navarra, y el de las ciudades de Castilla y León, en las que los elementos falangistas eran más numerosos. En términos generales, se puede afirmar que, en un principio, la sublevación, aunque iniciada y dirigida por jefes militares, triunfó a causa del apoyo que encontró en las zonas agrícolas y ganaderas de Castilla, León y Galicia, más conservadoras y tradicionalmente en favor de la unidad nacional, y en las provincias navarras y aragonesas en las que los sentimientos monárquicos y católicos eran claramente predominantes. Por el contrario, fue derrotada en las grandes ciudades, donde el proletariado industrial era más numeroso, y en las provincias campesinas del sur, en las que no se había solucionado el problema social del proletariado del campo. En la región vasca y en las provincias de Cataluña la oposición a la sublevación y la lealtad al gobierno tomó desde un principio un carácter regionalista, al pretender éstas mantener así su autonomía política.

A la noticia de la sublevación respondió el gobierno con la decisión de armar los sindicatos obreros que quedaron constituidos así en "milicias del pueblo". Éstas completaron su armamento con una serie de asaltos a arsenales y cuarteles del ejército, algunos de los cuales fueron atacados y defendidos con extraordinaria violencia y tenacidad, como el Cuartel de la Montaña en Madrid, el de Paterna en Valencia y el de Simancas en Asturias.

Con la ayuda de estas milicias, ya armadas, la sublevación pudo ser dominada en las grandes ciudades, Madrid, Barcelona y Valencia, a la vez que pudo ser contenido el ataque contra la capital lanzado desde el norte por los sublevados, falangistas castellanos y carlistas navarros. Al sur de Madrid, la larga y tenaz defensa que hicieron los cadetes de la Academia Militar de Toledo, encerrados en el Alcázar con miembros de la Guardia Civil y sus familias, permitió la estabilización del alzamiento en las regiones del sur de la Península.

El armamento de las "milicias", si bien salvó a la Repúbica de una posible derrota ya en los primeros momentos, al hacer de ellas el

España en 1936

F R A N C I A

Santander
Oviedo
Bilbao
Pamplona
León
Burgos
Zaragoza
Barcelona
Tarragona
Salamanca

PORTUGAL

Madrid
Castellón
Cuenca
Toledo
Valencia
Albacete
Alicante
Córdoba
Sevilla
Granada
Málaga
Ceuta

≡≡≡ *Zonas sublevadas en 1936*

▨▨▨ *Territorios conquistados hasta fin de 1936*

elemento determinante en la lucha contra los sublevados, tuvo, a la larga, consecuencias desastrosas para el gobierno republicano. Más fieles a sus respectivos partidos políticos que a la República y su Constitución, los milicianos se atribuyeron una autoridad especial, dedicándose a implantar sus programas revolucionarios con poco o ningún respeto a la autoridad legal. En la parte de Aragón no sublevada, se estableció una nueva sociedad basada en un colectivismo comunista, numerosas industrias fueron incautadas por los obreros y los latifundios repartidos arbitrariamente entre los campesinos por los comités revolucionarios. Lo mismo ocurrió en Cataluña, donde el gobierno de la Generalidad, presionado por los partidos revolucionarios del Frente Popular (CNT, FAI, POUM[7]), inició en agosto de 1936 una serie de medidas de un sentido comunista colectivizante de industrias y propiedades agrícolas, llegando a emitir su propia moneda de curso obligatorio en Cataluña. Una política de "incautación por el proletariado" fue también llevada a cabo en otras partes de España, Valencia, Murcia y Andalucía. El mismo ejército regular se convirtió, a la vez, en una fuerza al servicio de la revolución gracias a una red de "comisarios políticos" de imitación rusa, con la que se aseguraba el control de la ideología militar.

Proclamando la consigna leninista de que "la religión es el opio del pueblo" se sometió a la Iglesia a una cruenta persecución, en la que los eclesiásticos y miembros de las órdenes religiosas fueron encarcelados o asesinados y los templos cerrados y convertidos en almacenes y fábricas o simplemente dados a las llamas.[8] La violencia de esta persecución, llevada a cabo en nombre de la República revolucionaria, sirvió para enajenar totalmente a la población católica española, que desde entonces habló de "la tiranía roja." A todo ello hay que añadir las divisiones existentes entre los varios partidos, que terminaron con frecuencia en lucha abierta tan dura o más que la de los frentes de batalla. Todavía a mediados de 1937 el pleno del Partido Comunista de España daba como consigna: "Hay que batallar hasta conseguir que el fascismo, el trotsquismo y los incontrolables sean eliminados de la vida política de nuestro país."

A pesar de todo, la gran mayoría de los intelectuales extranjeros, periodistas, artistas, profesores y escritores extranjeros y un gran número de los españoles prestaron una mayor atención a los aspectos legales del conflicto y mantuvieron una postura favorable al régimen republicano. Excepciones fueron Unamuno, Manuel Machado, José María Pemán y algunos otros que se declararon a favor del alzamiento. Una notable excepción fue Eric Arthur Blair (1903-1950), mejor conocido por su seudónimo de *George Orwell*, quien, anarquista y socialista en un principio, marchó como voluntario a luchar en las Brigadas Internacionales. Su experiencia durante la guerra, bajo el gobierno comunista, fue causa de la actitud anticomunista de su relato *Homage to Catalonia*, de su sátira política *Animal Farm* y la crítica acerba de *1984*.

Mientras tanto, la sublevación había logrado coordinar sus esfuerzos, llegando a dominar Galicia, una gran parte de la meseta castellana, y, en el sur, partes de Andalucía y Extremadura, organizándose además un grupo de cuatro columnas que se dirigieron hacia el norte con el objeto de conquistar Madrid. Aludiendo al apoyo de una gran parte de la población con que contaba, el general Emilio Mola acuñó entonces la famosa frase de la "quinta columna" que desde dentro de Madrid le ayudaría a la conquista de la capital.

Ante el peligro en que se encontraba la capital, el gobierno se trasladó a Valencia, a la vez que el ministro de Hacienda Juan Negrín, socialista adicto a Rusia, decretó el traslado a Moscú de todo el oro del Banco de España.[9]

Mientras los comunicados oficiales de la República afirmaban la derrota del alzamiento en todas partes, se formaba en Burgos una Junta de Defensa Nacional presidida por el general Cabanellas, con el objeto de asumir las funciones de gobierno y coordinar las operaciones militares contra la República. Desde el principio, a causa de la superioridad en todos aspectos de los elementos fieles al gobierno republicano, los sublevados tuvieron que hacer recurso a una mayor organización. Por esta razón todos los grupos sublevados, civiles y militares, tendieron rápidamente a subordinarse y cooperar con los cuadros de mando del ejército sublevado. En septiembre de 1936, el general Francisco Franco fue nombrado Jefe del Gobierno y del Estado español y Generalísimo de los Ejércitos nacionales.

Ante los avances de los sublevados en todos los frentes y la rapidez con que iban estabilizando sus posiciones, el Frente Popular francés inició una campaña de ayuda al gobierno de la República. Los gobiernos alemán e italiano, temerosos por su parte de una victoria de los grupos anarquistas y comunistas en España, se decidieron a apoyar con efectivos militares la sublevación nacionalista, mientras el gobierno británico conservador, favorable en un principio a la revolución por temor a Alemania, se decidió a iniciar una política europea de "no intervención", que todos los países aceptaron pero ninguno respetó. También los Estados Unidos adoptaron el principio de neutralidad, aunque, ante la ayuda alemana e italiana a la sublevación nacionalista, las simpatías estuvieron declaradamente en favor de los republicanos "leales", permitiendo además la organización y envío de un cuerpo de voluntarios a luchar contra los "rebeldes". Sin embargo la ayuda más importante a las fuerzas de la República fue la prestada por la Tercera Internacional Comunista (Komintern). Bajo su dirección se organizaron en París las llamadas Brigadas Internacionales. Fueron siete en total, divididas en batallones según las diversas nacionalidades, alemana (Thaelman), francesa (Commune de París), norteamericana (Abraham Lincoln). Sus componentes eran en un 80 por ciento miembros de los partidos comunistas europeos y contaron entre sus jefes a Maurice Thorez, Josip Broz "Tito", Pietro Nenni, Luigi Longo, P. Batov y Dumont, los nombres más prominentes en la política soviética tras la Segunda Guerra Mundial. Los primeros contingentes de voluntarios llegaron a España en octubre de 1936, a tiempo para evitar que Madrid cayera en manos de los rebeldes. Hasta su retirada oficial, ya avanzado el año 1938, estas Brigadas, por su ideología política uniforme y organización militar, fueron las fuerzas de combate más efectivas con que contó el gobierno republicano.

El año 1937 fue el año crítico de la guerra. En los frentes de combate la mayor disciplina de los _nacionales,_ como se llamaban a sí mismos, se impuso ya sobre el mayor número de los combatientes y la cantidad de efectivos del ejército republicano que, a pesar de algunas importantes victorias, se tuvo que mantener a la defensiva. Tras la caída de Bilbao durante el verano, fue pacificada la región vasca, con lo que la zona nacionalista adquirió ya por su extensión geográfica una ventaja declarada sobre la republicana. En sus aspectos políticos, continuó el predominio del gobierno militar de Franco, quien con un _Decreto de Unificación_ intentó amalgamar los varios grupos políticos. Falange Española, más avanzada socialmente que sus demás aliados, intentó oponerse insistiendo en la instauración de sus planes sociales, pero sin el prestigio de su fundador José Antonio Primo de Rivera, asesinado en la cárcel de Alicante en noviembre de 1936, fue incapaz de imponer sus doctrinas políticas. Manuel Hedilla, su jefe, fue condenado a muerte e indultado más tarde. Sin embargo, desde entonces, aunque el mando de la Falange pasó a ser totalmente militar, las doctrinas sociales falangistas llegaron a formar las bases políticas del Nuevo Estado. Con la unificación de partidos tradicionalistas y de derechas en uno único, FET y de las JONS,[10] y la prohibición de todos los izquierdistas, la sublevación, ya estabilizada, tomó un sentido estrictamente tradicionalista, nacional, católico, pero de tendencias sociales y políticas avanzadas. Por ello se hablaba ya del Movimiento y del Alzamiento nacional, y de la Revolución nacional-sindicalista con los "slogans" políticos de "¡vivas!" a España, a la Religión, al Rey, "Por Dios, por la Patria y el Rey" de los carlistas y el falangista de "España, Una, Grande y Libre", adoptándose de nuevo la bandera tradicional bicolor y el escudo de los Reyes Católicos.

En la zona republicana, por el contrario, se dejaron sentir durante el mismo año las consecuencias de la persecución trotsquista y de los procesos de Moscú con que Stalin pretendía dominar tanto el partido ruso como todos los demás partidos comunistas europeos. En las principales capitales españolas la rivalidad entre los partidos marxista (POUM), considerado trotsquista, y el Partido Comunista (PC), defensor de la línea stalinista, se manifestó con toda su dureza, haciéndose más importante todavía que la lucha en los frentes de batalla. La crisis de esta pugna por el poder llegó a manifestarse en conflictos armados que estallaron en mayo del mismo año en Barcelona, Madrid y Valencia y para cuya solución se llegaron a retirar unidades armadas de los frentes de batalla.

En esta lucha salió derrotado el partido marxista POUM decayendo también la influencia del partido anarquista (CNT), que, aunque ideológicamente en desacuerdo con los programas revolucionarios marxistas, desconfiaba también de la purga stalinista y se oponía violentamente a la

España en 1939

Santander

Oviedo •

Bilbao

Pamplona

León

Burgos

Zaragoza

Barcelona

Tarragona

Salamanca

P O R T U G A L

Madrid

Toledo

Castellón

Valencia

Albacete

Córdoba •

Sevilla   Granada •

Ceuta

░░░░░ *Zona republicana en 1939*

intervención rusa en la vida política española. Con la derrota de éstos el stalinismo fue adoptado con todo su rigor como la única dirección del comunismo español, y el embajador ruso en España, Rosenberg, se convirtió en la figura de mayor peso en el gobierno republicano. Mientras tanto el diario marxista *Mundo Obrero* hablaba de la "represión staliniana" y afirmaba que "un gobierno contrarrevolucionario los había desplazado del gobierno y que se les sometía a una persecución gubernamental" y el órgano de la CNT, *Solidaridad Obrera*, hablaba del nuevo gobierno como "contrarrevolucionario" y del "régimen de silencio forzoso" a que la censura gubernamental les obligaba.

Ante la importancia política de Rusia y del comunismo, reflejada en "¡vivas!" a la República, a Rusia y al Comunismo y en los himnos comunistas, y en la continuada supresión de cualquier manifestación religiosa pública o privada, la población española fue manifestando una resistencia pasiva y hostil que, debilitando la base del gobierno republicano, contribuyó grandemente a su derrota. En el campo internacional se puso en movimiento un mecanismo de control a la ayuda extranjera a uno y otro bando. Y el presidente Roosevelt firmó una ley prohibiendo la venta de armas a España.

En 1938 el general Franco, seguro ya de la victoria, rechazó una paz de compromiso impulsada por Inglaterra, a la vez que comenzaba a organizar el sistema político del nuevo estado nombrando un gobierno y elaborando el *Fuero del Trabajo*. En los frentes de batalla los ejércitos nacionales, tras conquistar Teruel, llegaron hasta el mar dividiendo la España republicana en dos partes, aunque una contraofensiva republicana, la batalla del Ebro, logró detener su avance. En el centro, sin embargo, los nacionales conquistaron rápidamente toda la zona de Extremadura y en el norte Lérida, declarando abolido el Estatuto de Cataluña.

En el campo político la propaganda republicana insistió en condenar y pedir ayuda internacional contra "la invasión alemana e italiana," pero tuvo poco efecto en la población española y menos en las naciones europeas, ya más preocupadas por la posibilidad de un conflicto general. Aunque insistiendo, a la vez, ante la Sociedad de Naciones para que pusiera fin a la política de "no intervención," el gobierno de la República accedió a que se retiraran las Brigadas Internacionales. Franco, por su parte, convencido ya de su triunfo, accedió a despachar también los contingentes extranjeros, italianos y alemanes, que le ayudaban.

Con la rendición de Barcelona y la llegada de las tropas nacionales a la frontera de los Pirineos, a comienzos del año 1939, la guerra entró en su fase final. Inglaterra y Francia reconocieron el gobierno de Franco quien, a su vez, firmó con Alemania, Italia y el Japón el *Pacto anti-Komintern*.

El gobierno republicano se trasladó a Madrid dispuesto a seguir la guerra, pero un grupo de socialistas moderados (Julián Besteiro) y anarquistas enemigos de la preponderancia comunista (coronel Casado) negaron su obediencia al Gobierno, proclamando una Junta Nacional de Defensa, que derrotaron las fuerzas del gobierno comunista de Negrín. Éste, incapaz de mantener su autoridad o de continuar la lucha, inició muy pronto su traslado a Francia.

La rendición sin resistencia de Madrid y Valencia, el 28 y 29 de marzo respectivamente, puso fin a la guerra, que terminó oficialmente el 1 de abril de 1939.

NOTAS

1. Aunque la bandera nacional (rojo-amarillo-rojo) fue introducida por Carlos III en 1785, se basaba en colores considerados tradicionales por haber estado en uso desde la Edad Media. La bandera tricolor fue una innovación republicana. La de la Primera República (morado-blanco-rojo), introducida en 1868, era una copia de la francesa. La bandera de la Segunda República (rojo-amarillo-morado), aunque distinta de la anterior, traía recuerdos revolucionarios a un pueblo muy conservador.

El himno nacional es en realidad la marcha oficial del Real Cuerpo de Alabarderos, creado a principios del siglo XVI como guardia personal de los reyes. El de la República es el llamado *Himno de Riego,* tocado por primera vez durante la sublevación de 1820. Tanto el general Rafael del Riego, como el himno en su honor, fueron durante más de siglo y medio, para moderados y absolutistas, personificación de revolución y anarquía, para liberales extremistas, de libertad.

2. Confederación Nacional del Trabajo y Unión General de Trabajadores.

3. Todas las órdenes religiosas observan los tres votos tradicionales de pobreza, castidad y obediencia, sólo la Compañía de Jesús añade a estos tres un cuarto, el de obediencia al Papa. Por ello, aun sin nombrarlos era evidente que la medida iba dirigida contra los jesuitas.

4. Federación Anarquista Ibérica.

5. En su primera época la Falange era un partido predominantemente universitario y juvenil. Sus miembros, desilusionados con la derecha, que consideraban reaccionaria, y con la izquierda por sus doctrinas revolucionarias, defendían unos ideales entre tradicionalistas católicos y revolucionarios, de nuevo estilo. Adoptaron como emblemas el yugo y las flechas de los Reyes Católicos, los colores rojo y negro de la bandera nacional-sindicalista y la consigna *¡España: Una, Grande y Libre!* Para el grupo rechazaron el título de partido para adoptar, en cambio, el de *Movimiento.*

Como expresión de su ideología revolucionaria se atribuyeron la noción usada por los autores de la generación del 98 de una España nueva frente a la decadente, ésta representada, según ellos, por el capitalismo y los partidos, y le dieron una expresión poética y combativa en su himno *Cara al sol.* Su oposición a los partidos, al capitalismo y al marxismo y a la lucha de clases como programa social se refleja en los *26 puntos* proclamados entonces que están llenos de un idealismo social utópico. Su fuerza política, en este tiempo y durante la guerra civil, se debió más a su organización que al número de sus seguidores.

6. Las elecciones habían dado como resultado 45 diputados para los partidos del centro, 176 para las derechas y 250, o un 53% para la coalición de partidos izquierdistas.

7. El Partido Obrero de Unificación Marxista (POUM) era resultado de la fusión del

Bloque Obrero y la Izquierda Comunista. En su programa revolucionario, proclamado en 1936, se insistía en que "la clase trabajadora no podrá tomar el poder pacíficamente, sino por medio de la insurrección armada" y que ésta era necesaria para el establecimiento de "la dictadura del proletariado."

8. Según informaciones oficiales de la Iglesia española, fueron asesinados durante este tiempo once obispos, cerca de 4.200 sacerdotes seculares, 2.500 religiosos, 45 monjas y "docenas de miles" de seminaristas y miembros del apostolado laico. Fueron destruidos además unos 20.000 templos e iglesias.

9. Fueron depositadas en Moscú unas 7.800 cajas con un peso de unos 585.000 kg. Otras riquezas fueron llevadas a Méjico, donde al terminar la guerra civil sirvieron para subvencionar una serie de programas organizados por el Gobierno republicano en exilio. El oro depositado en Moscú nunca fue devuelto a España, afirmando el Gobierno soviético su derecho a él como compensación y pago de la ayuda rusa al Gobierno republicano durante la guerra.

10. En realidad el Decreto de Unificación se aplicó solamente a la Falange ya unida con las JONS y a los grupos monárquicos tradicionalistas. Los demas o fueron prohibidos por considerárselos opuestos al Movimiento, o no llegaron a reorganizarse por creérselos parte de un sistema parlamentario ya superado.

Preguntas para estudio y repaso

1. ¿Qué teorías de Estado proponían los políticos liberales y los de acción? 2. ¿Qué consecuencias tuvo la alianza entre políticos liberales y revolucionarios extremistas? 3. ¿Qué dos sublevaciones se dieron en 1930 y de qué clase eran? 4. ¿A qué se llamaba "el problema catalán"? 5. ¿Cómo intentó resolverlo el Gobierno de la República? 6. ¿Cuál fue el resultado de las elecciones de 1931? 7. ¿Qué importancia tenía el *artículo 26* de la nueva Constitución? 8. ¿Por qué se introdujo la *Ley de Defensa* y qué consecuencias tuvo su frecuente aplicación? 9. ¿A qué se llamó *Ley de Azaña?* 10. ¿Qué consecuencias políticas tuvo la afirmación de que "España ha dejado de ser católica"? 11. ¿Qué importancia tuvo la *Ley agraria* de 1932? 12. ¿A qué se llamó y qué consecuencias tuvo la *tragedia de Casas Viejas* (1933)? 13. ¿Qué consecuencias acarreó su programa político? 14. ¿A qué se debió la sublevación de Cataluña y qué carácter tuvo? 15. ¿A qué se debió la de Asturias y qué carácter tuvo? 16. ¿Qué dirección política tomó la República a partir de 1935? 17. ¿Qué importancia tuvo para España el III Congreso del *komintern*? 18. ¿A qué se llamó *República recuperada*? 19. ¿En qué campos irreconciliables se dividía España en 1936? 20. ¿A qué se debía el apoyo popular que la República encontraba en Cataluña? 21. ¿Qué grupos se sublevaron contra el gobierno republicano?

22. ¿Cómo era la situación política en España a principios de 1936? 23. ¿En qué campos se dividía? 24. ¿Cómo era la situación europea? 25. ¿Cómo se explica la política inglesa para con España? 26. ¿En qué provincias triunfó la sublevación y a qué causas se debió? 27. ¿Qué cambios políticos se introdujeron en Aragón y Cataluña a principios

de la guerra? 28. ¿Qué consecuencias tuvo el armamento de los sindicatos obreros? 29. ¿Cómo se consiguió la indoctrinación revolucionaria del ejército republicano? 30. ¿Qué política siguió el Gobierno con la Iglesia? 31. ¿Qué actitud adoptaron los intelectuales extranjeros? 32. ¿Qué interpretación dio Orwell al gobierno republicano y cómo se explica ésta? 33. ¿Cómo se realizó la unificación de los grupos sublevados? 34. ¿Por qué adoptó el Gobierno británico una política de no-intervención? 35. ¿Qué importancia tuvieron las Brigadas Internacionales? 36. ¿Qué resultados tuvo el Decreto de Unificación de partidos políticos decretado por Franco en 1937? 37. ¿Cómo se dejaron sentir en la zona republicana las purgas de Stalin y qué consecuencias tuvieron? 38. ¿Qué actitud fue adoptando la población civil? 39. ¿Cómo terminó la guerra civil?

Términos y nombres para estudio y repaso

Pacto de San Sebastián	*Octubre rojo*	*Quinta columna*
Queipo del Llano	Frente Popular	Brigadas Internacionales
Francisco Marciá	República "recuperada"	Decreto de Unificación
Himno de Riego	"Lenín español"	Manuel Hedilla
Estatuto de Autonomía	Margarita Nelken	El embajador Rosenberg
Artículo 26	José Calvo Sotelo	Fuero del Trabajo
Ley de Azaña	*18 de julio*	Julián Besteiro
Acción Popular	Francisco Franco	Pacto Anti-Komintern
Casas Viejas	Milicias del pueblo	Primero de Abril, 1939
Falange Española	George Orwell	

🕸 15 🕸

El régimen de Franco
(1939-1975)

Los treinta y seis años que duró el llamado *régimen de Franco* cubren un período de la historia europea y mundial en que se suceden acontecimientos políticos y militares de la mayor importancia. El fin de la guerra civil española en abril de 1939 fue seguido en septiembre del mismo año por la declaración de hostilidades entre Alemania y Polonia con que comenzó la Segunda Guerra Mundial.

Con el rompimiento del pacto de no agresión germano-ruso y la alianza de los Estados Unidos e Inglaterra con Rusia, la contienda perdió mucho de su sentido ideológico para convertirse en un forcejeo por el predominio político y económico en Europa, en el que Rusia pareció olvidarse de su ideología comunista, mientras que las naciones occidentales olvidaron sus compromisos democráticos.

Al finalizar la guerra en 1945 se hizo permanente la ocupación soviética de la desde entonces llamada *Europa oriental,* en la que se impusieron una serie de gobiernos satélites de Rusia, con la que forman todavía hoy el bloque europeo del Segundo Mundo, asegurando así el predominio de la Unión Soviética sobre una gran parte de Europa. La "guerra fría" con que terminó la alianza de países democráticos y comunistas representó una serie de concesiones políticas por parte de aquéllos a éstos y, al aceptar la división europea por el "telón de acero", reconocieron, de hecho, como absolutos los derechos soviéticos sobre los países bajo su control.

Al mismo tiempo, los países vencidos comenzaron su reestructuración política sobre unas bases estrictamente democráticas y los países todos de Europa occidental comenzaron una reconstrucción económica hecha posible gracias a la ayuda de los Estados Unidos.

Mientras tanto, España comenzaba su reconstrucción económica abandonada a sus propios recursos, con la industria destruida por la guerra,

15.1 Francisco Franco en la visita de Eisenhower (1959)

sin el crédito económico de sus reservas de oro, todavía en poder de los rusos, y en el aislamiento impuesto primero por la guerra y después por las naciones aliadas, que vieron en Franco una continuación del espíritu político de los dictadores vencidos.

La política exterior durante este tiempo estuvo dirigida por un pragmatismo relativo, comprometido a las veces por la decidida oposición de Franco a desvirtuar las bases ideológicas y nacionalistas de su régimen. Todavía durante la Segunda Guerra Mundial se negó rotundamente a una colaboración militar con Alemania. Rechazó tambien toda aproximación alemana y de los aliados para que permitiera el estacionamiento o paso de tropas por el suelo español, dando como argumento la debilitación del pueblo y del ejército a causa de la guerra pasada. Sin embargo, cediendo a la presión de la Falange, claramente inclinada en favor de Alemania y profundamente anticomunista, accedió a enviar una división de voluntarios falangistas—la *División Azul*—a luchar contra los comunistas en el frente ruso.

La época más difícil del régimen de Franco y, en general, de la reconstrucción española fueron los años que siguieron a la Segunda Guerra Mundial, en que a la ruina de Europa se unió el ostracismo a que los aliados vencedores querían condenar al gobierno de España por considerarlo cómplice de la ideología de los Estados totalitarios, Alemania e Italia. En la Conferencia de Potsdam, 1945, las tres grandes potencias, Inglaterra, Rusia y los Estados Unidos, declararon su oposición a que España fuera admitida como miembro de las Naciones Unidas. En los años sucesivos la hostilidad contra el régimen español se manifestó continuamente. Por la frontera francesa penetraron bandas de guerrilleros, *Maquis*,[1] armados y entrenados en Francia, mientras los emigrados promovían en todo el mundo campañas de propaganda y agitación contra el gobierno español. En 1946 Francia cerró su frontera con España, mientras la ONU[2] recomendaba la retirada de embajadores y la expulsión de los españoles de todos los organismos internacionales, recomendaciones que fueron aceptadas por todos los estados a excepción de Suiza, Argentina, Portugal y la Santa Sede. A consecuencia de ellas, España fue además excluida del Plan Marshall[3] para la reconstrucción de Europa.

Las penosas dificultades que para la economía española causaron estas medidas fueron en parte aliviadas por la ayuda argentina, entonces gobernada por el general Perón, quien firmó en 1946 y 1948 varios convenios comerciales con España.

Estas medidas, presentadas a la población española por una prensa dirigida más como medidas antiespañolas que antifranquistas, fueron consideradas como una concesión arbitraria e injusta a la presión comunista de Rusia y, causando un gran resentimiento contra los aliados, sirvieron para exacerbar más todavía el sentimiento nacionalista, fortaleciendo aún más la base popular del régimen de Franco. El referéndum nacional de 1947 por el que España se declaró de nuevo Monarquía, aunque mal entendido por las naciones europeas, fue en efecto un voto popular de confianza al nacionalismo independiente de Franco.

La reconciliación de España con Europa comenzó en 1948, a la par que las relaciones entre los aliados y Rusia iban empeorando. Con el reconocimiento de una Alemania occidental por parte de los aliados, la "guerra fría" con Rusia llegó a los momentos peligrosos del bloqueo de Berlín. En consecuencia el gobierno estadounidense y, siguiéndole, los de los países aliados comenzaron a ver las ventajas que ofrecía el anticomunismo estricto del régimen de Franco. A partir de este mismo año, los Estados Unidos comenzaron a conceder algunos préstamos a España, consiguiendo además que la ONU levantara las sanciones impuestas contra el gobierno español. Bajo la presidencia de Eisenhower las relaciones entre ambos países mejoraron notablemente, llegando a firmarse, en 1953, un pacto de asistencia militar que, aunque ha variado algo de forma, ha durado hasta el presente. Por él se permitía a los Estados Unidos establecer unas bases militares en España, "de utilización conjunta, bajo pabellón y mando españoles". La admisión de España en la comunidad de naciones europeas culminó en 1955 con su admisión en la ONU y con la visita de Eisenhower a España en 1959.

Uno de los conflictos de política internacional que ha quedado sin resolver es el de Gibraltar. Cedido a Inglaterra en 1713 como consecuencia de la guerra de sucesión de Felipe V, ha sido exigida su devolución repetidas veces por el gobierno de Franco, que ha sabido hacer del asunto un caso de "honor nacional". Los rozamientos diplomáticos a que ha dado lugar llevaron, en 1965, a la publicación por parte del gobierno británico de un *Libro blanco,* al que el gobierno español contestó con un *Libro rojo* en el que se desmentían las razones ofrecidas por los ingleses para justificar su negativa a aceptar las reivindicaciones españolas.

Hasta su fallecimiento, ocurrido en 1975, la política exterior de Franco se mantuvo fiel a sus principios de un pragmatismo nacionalista, que se ha manifestado, sobre todo, en su interés por mantener relaciones de especial amistad, además de los países anticomunistas, con Portugal, con las naciones latinoamericanas y con las del bloque árabe. Esta visión pragmática es todavía más clara en las relaciones comerciales entabladas con los países comunistas, a pesar de las diferencias ideológicas, y culminó con el tratado comercial firmado con Rusia en 1972.

El régimen político

En el orden interno, el régimen de Franco comenzó durante la guerra civil, con una etapa ideológica revolucionaria claramente influida por los programas sociales y políticos de la Falange. Sus exponentes más claros fueron el _Decreto de Unificación_ de todos los partidos del Movimiento (1937) y el _Fuero del Trabajo_ (1938), en el que se contenían los principios de un nuevo orden social. Coincidiendo casi con el fin de la guerra se promulgó la _Ley de Responsabilidad Política_ (1939) con que se justificó una serie de represalias contra los adversarios del nuevo régimen, ayudando a mantener, aún después de la guerra, una dolorosa y trágica división entre la "zona roja" y la "zona nacional" entre republicanos y falangistas. Esta ley se mantuvo en todo su rigor hasta la amnistía concedida en 1945 a los "delitos políticos".

A lo largo del primer decenio de la postguerra se inició un proceso de creación jurídica y definición de instituciones: las Cortes (1942) para la preparación y elaboración de leyes, aunque sometidas todas a la sanción del Jefe del Estado. La Jefatura del Estado fue definida como "una magistratura personal, extraordinaria, excepcional y de poderes no definidos". El Jefe del Estado era a la vez Jefe del Gobierno y tenía autoridad para nombrar o separar libremente los ministros. En 1945 se proclamó el _Fuero de los Españoles,_ verdadera declaración de derechos, que "pone el acento en las libertades civiles y en los derechos sociales . . . el principio representativo está articulado . . . a través de entidades de índole corporativo y el sufragio directo universal tiene sólo una intervención excepcional en el referéndum". La _Ley del Referéndum_ (1945) autorizaba y regulaba la consulta directa a la nación y la _de Sucesión,_ aprobada por una mayoría de votos en 1947, definía el régimen como un "Estado católico, social y representativo, que de acuerdo con su tradición se declara constituído en Reino", afirmando que la forma política normal y permanente de España es "la Monarquía tradicional, católica, social y representativa". Con ella la Jefatura del Estado y el régimen de Franco llegaron a constituir de derecho, ya que no de hecho, un sistema de preparación para el retorno de la Monarquía.

Menos clara fue la autoridad de la Falange, convertida desde la guerra civil como la base ideológica revolucionaria del Movimiento. Al terminar ésta, sus mandos dejaron de estar subordinados al ejército, aunque mantuvieron una estructura paramilitar sometida directamente al Jefe del Estado, que así era también el Jefe supremo de la Falange. Durante las primeras décadas de la posguerra la Falange ejercía un control efectivo sobre todos los cargos políticos de la nación, siendo sus miembros alcaldes y gobernadores de todas las poblaciones y provincias y, con ellos, los demás empleados de la administración civil del Estado. Durante estos años, la ideología falangista, interpretada oficialmente por el Partido, era la única norma a seguir en la educación política y social de la nación. Ésta se llevaba a cabo con la publicación de *consignas,* con una vigilancia estricta, *censura,* sobre todas las publicaciones y la introducción de nuevos planes de enseñanza que los ministros de Información e Instrucción, todos falangistas, fueron aprobando.

Uno de los experimentos sociales de mayor interés y novedad fue la aplicación del concepto sindicalista, producto último de las ideas sociales del programa falangista. Nacido de la lucha contra el marxismo y contra la idea de la lucha de clases como medio de avance social, la idea sindical falangista postulaba "el exterminio de los errores marxistas, suprimiendo esa mística proletaria que los informa, afirmando en cambio, la sindicación oficial de productores y acogiendo a los portadores de trabajo bajo la especial protección del Estado".

El sindicato falangista es así contrario al partido de clase de izquierdas. Es vertical, pues incluye a productores y trabajadores del mismo ramo industrial. Es laboral, por estar basados sus derechos y centradas sus funciones en la solución de problemas laborales y no políticos. Es de base unitaria y no partidista, puesto que enrola en sus líneas con encuadramiento automático a todos los trabajadores.

El sistema sindical aprobado por ley de 1940 manifestó desde muy pronto todos los inconvenientes y defectos de su completa institucionalización, los más importantes siendo su obligatoriedad y el excesivo control que sobre él podía ejercer el Estado. Por otra parte, la idea sindical falangista ayudó a producir un progreso social cuyas ventajas continúan todavía. Una de ellas es la distinción que introdujeron entre planes laborales y políticos, entre avance social y lucha de clases, causa principal de la tragedia de la guerra civil.

Otra ventaja de estos sindicatos fue su ayuda a la formación y desarrollo de un concepto de "Seguridad Social" como nunca había existido y cuyas normas se han mantenido, con algunas modificaciones, hasta el presente. Ya el *Fuero del Trabajo* (1938) declaraba la intención de implantar un Seguro total. Durante la primera década de la posguerra se realizaron varios intentos (1942, 1944, 1948, 1949) no muy afortunados, para introducir un plan de Seguros Sociales en que se unieran los riesgos a largo plazo (invalidez, vejez, muerte) y los de corto plazo (enfermedad y maternidad) con los de accidente. El año 1950 se inició el estudio de un nuevo *Plan de Seguridad Social.* Según éste, aplicado en 1956, el Estado asumía la responsabilidad del mantenimiento de los Seguros Sociales. Ante las cargas económicas que ello representaría, este plan fue abandonado y, en 1957, se volvió al anterior, según el cual trabajadores y patronos con sus contribuciones sostenían, en casi su totalidad, los Seguros Sociales. Con fecha de 1963 fue aprobado el proyecto de Ley de Bases de la Seguridad Social, que fue elaborado y puesto en efecto en los años siguientes. Según esta ley, el Estado ayuda de una manera fundamental a patronos y trabajadores al sostenimiento del sistema de Seguridad Social. Todos los españoles tienen derecho a sus beneficios como también la obligación de contribuir a ella desde el momento de su primer empleo. La acción protectora del sistema es ejercida en la asistencia en casos de maternidad, enfermedad y accidentes, sean o no de trabajo, con elección de facultativos y dispensación gratuita de medicinas. El Seguro Social cubre, además de las situaciones comunes de invalidez o vejez, el desempleo y la supervivencia, por la que se ofrece ayuda a los supervivientes, hijos o esposa, del trabajador.

La última etapa del régimen de Franco es mucho más difícil de definir. Comprende ésta desde los años sesenta hasta su fallecimiento en 1975. En el plano nacional se percibe claramente un desgaste en las ideologías revolucionarias causado, entre otras razones, por la misma ambición falangista de abarcar a todos los españoles. El bienestar de los europeos, el descubrimiento por éstos de España como país turista, y, de no menos importancia, el crecimiento rápido de una clase media española por la mejora económica general producida por los años de tranquilidad y paz, fueron causas de un cambio cada vez más acelerado hacia una sociedad en la que se imponían de nuevo los ideales burgueses.

Al mismo tiempo, Franco mantuvo una política de paulatino desmonte de los principios falangistas, perceptible en el progresivo alejamiento de los miembros del Partido del control político de la nación. Al dejar de ser obligatorio el alistamiento en la Falange, se restableció de hecho en la administración civil su independencia política. Durante estos años los ministros, que en los primeros años habían sido falangistas en su totalidad, fueron sustituidos en sucesivos cambios de gobierno por los tecnócratas, que abandonaron las ideologías falangistas y restablecieron un sentido capitalista en la política nacional.

Ya a partir de 1960 la preocupación predominante en el gobierno no era ideológica sino pragmática. Aún sin pertenecer al Mercado Común, cuyo ingreso había sido sistemáticamente rechazado por algunos de sus miembros por razones oficialmente políticas, aunque en la realidad también profundamente económicas,[4] España logró conseguir durante esos años un gran aumento en la exportación, sobre todo de productos agrícolas. El progreso industrial y agrícola fue además favorecido con los llamados *Planes de desarrollo económico y social* con que se intentaba coordinar, quizá con excesivo afán de programa, los diferentes planes y objetivos económicos y sociales de la nación.[5]

El retorno hacia un sentido más pragmático en la vida política y social del país recibió un impulso decisivo con el descubrimiento de España por los turistas europeos. Como resultado, por una parte, del relativo bienestar y tranquilidad del país y el bajo coste de vida y, por otra, de la prosperidad y movilidad de la clase media europea, España se convirtió en meta del turismo europeo. En los quince años que median entre 1960 y 1975 el número de turistas que visitaron España pasó de unos cuatro millones hasta más de treinta. Esta verdadera invasión de visitantes produjo en consecuencia una auténtica revolución económica que se ha llamado desde entonces *industria del turismo,* imponiendo a la vez una apertura política y social hacia Europa sin precedente en España.

En consecuencia de todo ello el gobierno, sin perder su sentido de dictadura firmemente anclada en la persona de Franco, fue aceptando una serie de medidas de tipo económico que convirtieron a España en una economía dirigida más que una dictadura política. La liberalización pragmática de la política española llegó a su declaración más abierta con el pacto de comercio firmado con la Unión Soviética en 1972.

El año 1966 se suprimió la Censura, quedando sustituida por una *Ley de Prensa* en que se delineaban las responsabilidades así como los derechos de periódicos y periodistas. La *Ley Orgánica del Estado* aprobada por las Cortes y el referéndum nacional del mismo año reiteraron los principios monárquicos de la *Ley de Sucesión* (1947), preparando así la sucesión al gobierno de Franco.

En estos años se solucionó también el grave problema de la continuidad en el gobierno con lo que ya se llamaba "el paso a la normalización" que, desde la *Ley de Sucesión,* representaba el regreso al sistema monárquico. Desde la muerte del último rey, Alfonso XIII (1941), el sucesor y legítimo heredero hubiera sido el príncipe don Juan. Éste, sin embargo, por su postura conciliatoria al fin de la guerra y sus críticas al gobierno de Franco después, tenía fama de liberal y contaba con pocas simpatías en la España de la posguerra. Por ello Franco acordó con el príncipe don Juan que el hijo de éste, Juan Carlos, sería el heredero. En 1969 Juan Carlos, que había sido educado en España, fue declarado oficialmente heredero al trono español y en 1972 sucesor de Franco en la Jefatura del Estado.

Una consecuencia del rápido desarrollo que España experimentó durante estos años fue la inevitable alza de precios y con ellos del coste de vida que, como siempre y en todas partes, afectó más duramente a las clases media y trabajadora. A causa de la liberalización de las instituciones se dejaron sentir las primeras manifestaciones de protesta pública. Las huelgas de obreros que comenzaron a plagar la vida nacional tuvieron unas razones laborales y económicas.[6] Las protestas de los estudiantes sin embargo fueron por lo general ideológicas e iban dirigidas tanto contra injusticias sociales concretas como contra la teoría política e incluso las bases mismas del régimen de Franco. Con ellas apareció también en el panorama político español el fenómeno europeo–francés, italiano y alemán–del estudiante de clase acomodada absolutamente vendido a un radicalismo de tipo anarquista. De todas estas protestas ideológicas las más peligrosas son las llevadas a cabo por los grupos separatistas vascos que llevan el nombre de ETA.[7]

Éstos, persiguiendo unos ideales de total secesión de España, han montado una campaña terrorista cuya sangrienta efectividad les da en la vida nacional, sobre todo en las provincias vascas, una importancia desproporcionada con su reducido número. Sus atentados contra la vida de funcionarios políticos llegaron a su cumbre con el asesinato, el 20 de diciembre de 1973, de Luis Carrero Blanco, la figura más prestigiosa del ejército y Jefe del Gobierno, a lo que el gobierno se vio obligado a responder con una "ley contra el terrorismo", que fue aprobada en agosto de 1975. Su aplicación en los meses siguientes fue causa de la última reacción internacional contra el gobierno de Franco.

En noviembre del mismo año, falleció Francisco Franco a los 83 años de edad después de haber gobernado España durante 36 años. Con él se cerraba uno de los períodos mas prósperos económicamente y más discutidos políticamente de la historia de España.

La vida religiosa

Uno de los fenómenos más interesantes de la vida española durante la posguerra fue la exaltación del sentimiento religioso. Como reacción a la violenta persecución religiosa sufrida durante la guerra civil en la "zona roja" y favorecido por la declaración del catolicismo como parte esencial de la ideología del Movimiento, el espíritu religioso español se manifestó con una fuerza sin precedentes, incluso en la historia de España. La nota más importante de este fenómeno es que con él se inició en España durante unas décadas un proceso que iba directamente en contra de la decadencia del espíritu religioso de las masas que se podía observar en el resto de Europa.

No sólo se inició una rápida reconstrucción de los templos destruidos durante la guerra civil, sino que las filas del clero, monjes y monjas, diezmadas durante la persecución, se nutrieron con numerosos jóvenes que entraron en seminarios y casas religiosas en grandes números, muchos de ellos universitarios procedentes de la clase media y alta. Se dieron también casos frecuentes de conversiones tras muy largas carreras, políticas y periodísticas como Ángel Herrera, o académica como el filósofo Manuel García Morente, que había sido rector de la Universidad Central de Madrid.

La afición religiosa del pueblo fue también extraordinaria durante aquellos años y se manifestaba tanto en las visitas frecuentes a las iglesias como en el boato y esplendor con que se celebraban los servicios religiosos y las procesiones públicas. La preparación para las fiestas religiosas de Semana Santa y Pascua, se llevaba a cabo durante el tiempo de Cuaresma con una seriedad difícil de imaginar. Las predicaciones, "misiones," ofrecidas a la población de una ciudad se tenían que llevar a cabo al aire libre y generalmente atraían a su gran mayoría, mientras que otros muchos grupos se sometían al ascetismo, más riguroso, de "retiros" y "ejercicios espirituales". Los eclesiásticos, procedentes muchos de ellos de clases educadas, iniciaron una reforma cultural creando una cultura católica sin igual en la historia española.

La Iglesia, favorecida en todo por el gobierno, intentó realizar el ideal tradicional de una nación católica. Para ello buscó una mayor asociación con el Estado como medio de dirigir los aspectos sociales de la religión. Las agrupaciones de Juventudes de Acción Católica sirvieron como contrapeso a las organizaciones juveniles de Falange, en las que además insistió en tener capellanes, que servían como consejeros y maestros en cuestiones religiosas y morales. Durante muchos años todos los planes de estudio que se fueron implantando incluyeron Religión como "asignatura obligatoria" en todos los cursos. Las escuelas y colegios dirigidos por religiosos consiguieron con frecuencia una autonomía especial dentro del sistema educativo que los constituyó de hecho en uno independiente del Estado en su administración y dirección. Muchos de éstos, además, por su mayor calidad educativa y prestigio social, fueron capaces de atraer la mayoría de los niños y muchachos de la clase media y alta, llegando así a tener un predominio casi completo sobre la enseñanza elemental y media.

Un movimiento religioso característico de este tiempo fue el *Opus Dei*.[8] Fundado por José María Escrivá en 1933, como una hermandad de profesionales católicos, reunía, adaptadas al siglo XX, muchas de las virtudes de los jesuitas primitivos. Con objeto de convertir solamente con el ejemplo, los miembros de *Opus* hacían secreto de su afiliación a la asociación, por lo que se les llegó a conocer con el nombre de *masonería blanca*. Favorecidos por el fervor religioso de la juventud universitaria de entonces, y sometidos a una rigurosa selección religiosa y profesional, los miembros del *Opus* llegaron rápidamente a ocupar los puestos más distinguidos de la vida política, académica y profesional española. A miembros del *Opus* se debió en gran parte la dirección pragmática que tomó la política del gobierno de Franco durante la década de los años sesenta.

Sin embargo, con el desgaste de las ideologías políticas ya aparente hacia 1955, se dejó sentir también el cansancio religioso y, a medida que el bienestar económico aumentaba, se hacía más pesado a la población el control que la Iglesia ejercía sobre la vida pública. La Iglesia era además acusada con frecuencia de faltas y errores políticos o sociales cometidos por el gobierno, fuera ella o no responsable. Para evitar esta complicidad por asociación y también con vistas a la futura restauración de la Monarquía, la Iglesia comenzó a poner en duda su alianza con el régimen de Franco y, en general, con el Estado. Esta vez fue la Iglesia misma, con sus prelados más insignes, la que buscó una separación entre la Iglesia y el Estado como medio para conseguir una mayor independencia política y una mayor autoridad espiritual sobre el pueblo.

A pesar de ello, la Iglesia española continuó siendo conservadora tanto en el campo doctrinal como en el social. Unos intentos realizados por sacerdotes jóvenes, *contestatarios*, de protesta radical al estilo de los sacerdotes obreros franceses, fracasaron por oposición del clero y falta de aceptación por parte del pueblo.

Sin embargo a pesar de este sentido conservador de la población española en materias religiosas, las minorías no-católicas disfrutan, si no de la simpatía popular, de pleno respeto para el ejercicio de su culto, garantizado desde 1967 por leyes que regulan "el ejercicio del derecho civil a la libertad en materia religiosa".

La vida intelectual

La vida cultural en España durante el régimen de Franco estuvo dominada por una serie de acontecimientos, herencia unos de la guerra civil y otros de la situación política internacional. A consecuencia de la Segunda Guerra Mundial y de la inestabilidad social y económica de los años que siguieron, la vida cultural española no pudo mantenerse en contacto con la europea, a la vez que muchos de los problemas con que ésta se enfrentó apenas tuvieron resonancia alguna en España.

La herencia de la guerra civil se dejó notar de muchas maneras, cada una de las cuales contribuyó de una forma especial al desarrollo cultural de España durante el largo régimen de Franco. Así se puede hablar, por ejemplo, de una cultura en exilio, que tuvo una cierta resonancia en España sin nutrirse de las formas o ideales allí en boga. La cultura propiamente española durante este tiempo se caracterizó por un sentido nacionalista, tradicional y católico, que respondía a las bases ideológicas ventiladas en la guerra civil. Este sentido tuvo el doble efecto de que España tendiese durante un tiempo a cerrarse a las influencias extranjeras, en especial de aquellas naciones, Francia, Inglaterra y Estados Unidos, que se habían opuesto y continuaban contrarias al nuevo régimen. Por otra parte, este nacionalismo al mezclarse con el tradicionalismo revalidó todas las formas artísticas y culturales españolas, lo cual se manifestó en un renacimiento de estilos y técnicas tradicionales, bailes y música regional y manifestaciones de artesanía artística de gran importancia y mérito.

Es interesante observar además otro aspecto de la influencia que este sentimiento tradicionalista y nacional ejerció sobre la cultura española durante este tiempo. A causa de él, ni la revolución ideológica falangista ni el régimen franquista llegaron a desarrollar unas formas artísticas revolucionarias. Así, a pesar de algunos intentos de crear un arte falangista, imitación del arte revolucionario del nazismo alemán y del fascismo italiano, el arte español se mantuvo fiel a los estilos de origen europeo, especialmente franceses, imperantes antes de la guerra, o buscó inspiración en el propio pasado artístico. Ello explica que los grandes maestros de la generación anterior a la guerra hayan mantenido su vigencia en todos los aspectos culturales y artísticos, proyectándola además hacia el futuro con escuelas que ellos forman e inspiran.

Así, por ejemplo, se mantienen en primera fila, o se establecen por vez primera, una serie de escritores que reflejan muy bien y contribuyen a formar el pensamiento de este tiempo. Todos ellos tienen en común, aunque en grado vario, una mayor seguridad ante la vida, una versión espiritual, incluso profundamente católica de la cultura y de la civilización. Habría que citar entre otros muchos a Pedro Laín Entralgo (*Sobre la cultura española, La generación del noventa y ocho, España como problema*), Gregorio Marañón, Xavier Zubiri, Manuel García Morente, y Rafael Calvo Serer. Todos ellos podrían constituir en muchos sentidos el reverso al pesimismo de la generación del 98.

Intelectuales en exilio

Se puede dar este nombre a una serie de intelectuales de dirección política muy variada que a causa de la guerra civil, por haber participado en ella o como protesta contra el régimen de Franco, prefirieron el exilio a comprometer sus ideologías particulares. Se podrían citar, entre otros muchos muy famosos, el pintor Pablo Picasso, el violoncelista Pablo Casals, los historiadores Salvador de Madariaga y Claudio Sánchez Albornoz, el erudito y crítico literario Américo Castro, el filósofo Ortega y Gasset, el poeta Jorge Guillén y el novelista Ramón Sender.

La importancia de esta generación de artistas, pensadores y escritores exilados fue muy grande, y cultural a la vez que política. Por su mayor contacto con la realidad cultural americana y europea y la atención con que se les leía y escuchaba en España formaron un puente magnífico por la que ésta mantuvo su contacto cultural con el extranjero. A pesar de ello, los escritos de estos autores mantuvieron una línea fundamentalmente tradicional, por lo que nunca se separaron mucho de la literatura producida en la Península. Característica de esta literatura es, como es natural, su mayor preocupación por los temas políticos y una visión más amarga de la guerra y sus consecuencias.

La importancia política de esta generación consistió en la afrenta y condenación que su exilio voluntario representaba para el régimen de Franco. Repetidas veces intentó el gobierno español inducirles a que regresaran a España, pero sólo poco a poco, como a disgusto y no todos, se fueron decidiendo a poner fin a su exilio. Ortega y Gasset regresó a ocupar su antigua cátedra de metafísica en la Universidad de Madrid en 1945, los últimos, Ramón Sender y Sánchez Albornoz, lo hicieron en 1976 y 1977 respectivamente, tras casi cuarenta años de destierro voluntario.

La literatura

Como en otras manifestaciones artísticas, también en la literatura se mantuvo la línea tradicional, sólo imperfectamente interrumpida por la guerra civil y continuada en la posguerra por maestros ya consagrados. A éstos se añadieron progresivamente los exilados, que de regreso o no a España, se fueron incorporando a la vida cultural de la nación. Su obra todavía muy influida por los problemas y consecuencias de la guerra influyeron a su vez en las primeras generaciones de la literatura de la posguerra.

Poco a poco, pero ya discernibles a partir de 1950 con la progresiva decadencia de las ideologías, fueron apareciendo unas generaciones nuevas que, con sus preocupaciones sociales y actitud de protesta, constituían una literatura de vanguardia muy a tono con la europea. Ésta, sin embargo, no fue suficientemente fuerte para eliminar por completo el espíritu y las formas tradicionales españolas de las que, como había ocurrido en siglos pasados con otros movimientos literarios, heredó un mayor sentimiento espiritual y religioso de la vida, un mayor afecto por el pueblo y una menor desesperación ante la vida.

La novela

De la generación anterior muy en contacto con las corrientes literarias y culturales europeas mantuvieron gran actualidad, entre otros, Ramón Pérez de Ayala (1881-1962) y Ramón Gómez de la Serna (1891-1963). Pertenece también a este grupo Pío Baroja (1872-1956), aunque tuvo menos importancia en los primeros años de la posguerra por su actitud antiacadémica y duro escepticismo tan poco en consonancia con el ambiente espiritual y político del tiempo.

A la par con éstos, escribía la que a veces recibe el nombre de generación del 25, por haber comenzado a dejarse conocer por esos años. Su mayor importancia radica en que ellos fueron los más afectados por la guerra civil y por ser ellos los que, unos en exilio y otros en España, mantuvieron la tradición literaria de la preguerra. A éstos pertenece Arturo Barea (1886-1957), defensor convencido de la República en la que ocupó varios cargos hasta su marcha, a la caída de ésta, a Inglaterra. Su novela más importante, *The Forging of a Rebel* (1951), publicada en inglés, constituye, por sus elementos autobiográficos, un documento de gran interés.

Entre los escritores en exilio el más conocido es, sin duda, Ramón Sender (1902-1982). Ardiente defensor de la República, periodista, poeta y gran novelista, recibió, ya en 1935, el Premio Nacional de Literatura por su novela *Mr. Witt en el cantón.* Anteriormente se había dado a conocer con *Siete domingos rojos,* escrito en una vena de marcado realismo crítico social.

Al terminar la guerra civil, en la que había tomado parte activa, se exiló voluntariamente a los Estados Unidos, donde ha residido por muchos años usando el conflicto español como base para su obra. *Contraataque* (1942), a pesar de su visión naturalmente parcial y un tanto idealizada, es uno de los mejores libros de este tema. Sender es más conocido por su *Crónica del alba* (1944) en la que recrea las emociones de un muchacho de doce años en la España anterior a la guerra civil. Aunque todavía usa las técnicas naturalistas del siglo anterior, Sender se caracteriza por su vigor narrativo y una mezcla, por lo demás muy española, de realidad y fantasía, humor y lo macabro, lirismo y efectismo.[9]

Más joven que los anteriores y representando los escritores que no salieron de España es Juan Antonio de Zunzunegui (n. 1901). Su obra, de tema local generalmente vasco y costumbrista como *Chiripi* (1931) y *El Chipichandle* (1940), es de un realismo un tanto pesimista. En la obra posterior, *La vida como es* (1957), *El hijo hecho a contrata* (1956), busca más el tema madrileño con resonancia más general, aunque sigue en ella la misma técnica. Su importancia radica principalmente en que fue uno de los autores más leídos en la España del la posguerra.

Muy leído fue también, y lo es todavía, Camilo José Cela (n. 1916). Sus obras más famosas, *La familia de Pascual Duarte* (1941), autobiografía de un criminal en espera de su ejecución, y *La colmena* (1951), la vida en Madrid durante la posguerra, manifiestan un realismo naturalista de un extraordinario efectismo. Ambas novelas son ejemplos clásicos de la tendencia llamada *tremendismo*[10] que han seguido otros autores.

La creación de premios literarios de novela, *Nadal, Planeta* y *Ciudad de Barcelona,* iniciados a partir de 1944, sirvió para descubrir una serie de escritores, algunos de los cuales han mantenido una distinguida actividad literaria. Como consecuencia de ellos, muchos de estos autores fueron descubiertos y hechos famosos con su primera contribución, a la que no siempre han seguido otras del mismo mérito.

Notable a partir de estas fechas ha sido la incorporación de numerosas escritoras al campo de la novela actual, muchas de ellas descubiertas y consagradas por los premios de novela. De ellas las más importantes son Ana María Matute, Eulalia Galvariato, Elena Quiroga, entre otras.

De todos los autores premiados los más conocidos son Carmen Laforet (n. 1921) con su primera novela *Nada* (Premio Nadal de 1944), sobre la vida de una joven en Barcelona, y José María Gironella (n. 1917), que ganó el mismo premio en 1946 con su novela *El hombre*. Es mucho más conocido en España y el extranjero por su trilogía, *Los cipreses creen en Dios* (1953), en que describe el ambiente catalán (Gerona) antes de la guerra civil y posteriormente continuada con *Un millón de muertos* (1961), sobre la guerra misma, y *Ha estallado la paz* (1966)[11], sobre la vida española durante la posguerra. Las tres están escritas en un estilo simple y linear desprovisto de retórica y casi periodístico. Luis Romero (n. 1916) recibió el Premio Nadal de 1951 por su novela *La noria,* en la que demuestra un espíritu claramente pesimista y un estilo tremendista en el que ya se anuncia la generación siguiente.

Hacia 1965 comenzó a aparecer una nueva generación de escritores demasiado jóvenes para haber conocido la guerra civil. Con ellos la novela sigue un rumbo naturalista de preocupación social muy en consonancia con las corrientes europeas, mientras que su falta de idealismos refleja, a la vez que propaga, la decadencia de ideologías que ya comenzaba a percibirse en todos los sectores de la vida nacional. De todos ellos el más importante es Juan Goytisolo (n. 1931). Aunque en su novela *Duelo en el paraíso* (1954) volvió al tema de niños durante la guerra civil, su punto de vista es ya distinto. *La resaca,* publicada en París y por un tiempo prohibida en España, es literatura de protesta.

De extraordinario interés, más como fenómeno cultural que como manifestación literaria, es la novela humorística. En parte por ser tradición literaria española desde *Lazarillo de Tormes* y *Don Quijote* y en parte porque la ironía y la sátira florecen mejor bajo una dictadura, el siglo XX, especialmente, el régimen de Franco, pudieran muy bien constituir un siglo de oro del humorismo español.

Entre los mejores literatos del humor hay que considerar a Wenceslao Fernández Flórez (1885-1964), que aunque pertenece a la generación anterior a la guerra, continuó su actividad literaria hasta su muerte en 1964 y Enrique Jardiel Poncela (1901-1952), más conocido como autor teatral, aunque su novela *Amor se escribe sin hache* le ha dado merecida fama por su característico humor arbitrario, cínico y descarado, que no vacila ante ninguna barrera ética o estética.

Aunque de humor muy distinto hay que citar aquí también a Darío Fernández Flórez (n. 1909), cuya novela *Lola, espejo oscuro,* de género picaresco, pretende ser una autobiografía de una muchacha prostituta. Tanto por el tema como por la ligereza desgarrada con que éste está tratado, "Yo soy una muchacha muy mona. Muy mona y muy cara", sirvieron para escandalizar y atraer un gran número de lectores. Años más tarde continuó el mismo tema con *Nuevos lances y picardías de Lola, espejo oscuro* y *Asesinato de Lola, espejo oscuro,* que ya no tuvieron la misma resonancia.

De un sentido del humor muy distinto es Álvaro de Laiglesia (n. 1922), fundador de la revista humorística *La Codorniz,* durante muchos años la única que se atrevió a dirigir una crítica acerba contra todos los aspectos políticos y literarios de la España de Franco. Sus muchas novelas humorísticas son importantes por el gran círculo de lectores que encontraron, como atestigua el gran número de ediciones que han tenido las más de ellas. Su humor basado en la ironía del momento, la alusión paródica velada, se expresa con un tremendismo muy particular que ha acuñado la frase de "humor codornicesco". Ejemplo de él son ya los títulos mismos que ha dado a sus novelas: *Todos los ombligos son redondos, Sólo se mueren los tontos y La gallina de los huevos de plomo.*

El teatro

El fin de la guerra civil tampoco representó para el teatro un rompimiento con el pasado, manteniéndose en escena los mejores autores de la generación anterior, a la vez que los nuevos continúan la línea de "escapismo" o teatro de "evasión" ya iniciada también antes de la guerra.

Autores continuadores de un teatro no muy innovador fueron Juan Ignacio Luca de Tena (n. 1897), *¿Dónde vas Alfonso XIII?;* Joaquín Calvo Sotelo (n. 1904), *La muralla* y José López Rubio (n. 1903), *Celos del aire.* Éstos, aunque ya habían iniciado su carrera con anterioridad a la guerra, se establecieron definitivamente en los años siguientes a ella, alcanzando gran popularidad.

Hacia 1950 es cuando comienzan a surgir los primeros valores nuevos, importantes los unos por su calidad dramática, otros por la aceptación que encontraron en un gran público. La figura más importante de estas fechas es Antonio Buero Vallejo, quien con su *Historia de una escalera,* estrenada en 1949, cambió el rumbo de la escena española. En esta obra Buero Vallejo, con una objetividad realista, paralela a la que ofrece la novela del mismo tiempo, presenta la historia de dos generaciones que bajan por la misma escalera. Es la escalera la que enmarca sus problemas al enfrentarse con la vida y el ambiente. *En la ardiente oscuridad* (1950) y *El concierto de San Ovidio* (1962) son dos de sus obras más famosas. En ellas se ofrece con los ciegos, sus caracteres principales, el significado simbólico de una ceguera que domina y abruma a la humanidad. Con Buero Vallejo comienza en teatro la literatura de denuncia y protesta.

En el teatro del humor triunfa Miguel Mihura (n. 1905), en realidad precursor también de un teatro de vanguardia. Por su calidad, ternura, ingenio y gracia espontánea, Mihura es uno de los autores más apreciados en España y el extranjero. Han tenido gran éxito *Tres sombreros de copa* y *Maribel y la extraña familia.* Ha escrito, en colaboración con Álvaro de Laiglesia, *El caso de la mujer asesinadita,* una de las mejores obras cómicas de este tiempo.

El más fecundo de los autores de este tiempo fue Alfonso Paso, cuya producción, más de cien obras en pocos años, llegó a inundar el teatro español con un humor negro, *Veneno para mi marido, Usted puede ser un asesino,* que es su característica más propia.

En plena línea dramática que apunta a veces a la tragedia hay que citar el teatro de denuncia de Alfonso Sastre (n. 1926). En sus obras *Escuadra hacia la muerte, La Mordaza* y *La cornada* se presenta a los personajes, aunque su caracterización sea débil, como víctimas de la sociedad en un ambiente en el que abunda la violencia y la brutalidad.

Un teatro más moderno está representado en la actualidad por Antonio Gala *(Los verdes campos del Edén),* Lauro Olmo *(La camisa,* de gran interés y enorme éxito) y Fernando Arrabal, creador del *teatro pánico,*[12] que reside en París donde ha alcanzado gran resonancia.

La poesía

Tampoco la poesía sufrió un corte con la tradición poética anterior a la guerra civil, siendo sus grandes poetas los continuadores más auténticos en la España de la posguerra. Además de Antonio Machado, habría que recordar la plasticidad y musicalidad de los versos de su hermano Manuel. Figura cumbre y poeta puro por antonomasia continuó siendo Juan Ramón Jiménez, quien recibió en 1956 el Premio Nobel de Literatura. Muy influyentes y representativos a la vez de la poesía contemporánea continuaron siendo los miembros de la llamada generación del 27: el poeta amoroso Pedro Salinas; Jorge Guillén, cultivador de la poesía pura; Dámaso Alonso, poeta de gran intensidad; Luis Cernuda, Rafael Alberti y Vicente Aleixandre, premio Nobel de 1978.

De especial interés, quizá más cultural que estrictamente poético, es José María Pemán. Nacido en 1897, ha sido conocido con frecuencia como el "poeta del Movimiento". Profundamente católico y tradicionalista, Pemán había comenzado a escribir poesía en 1925 usando como base el tema andaluz según un estilo neopopularista. Sin embargo le hace importante como testimonio de una época la poesía de contenido religioso y patriótico como *Elegía a la tradición de España* (1931), *Salmo a los muertos del 10 de agosto* (1933), *Por Dios, por la Patria y el Rey* (1940). Notable sobre todo es su *Poema de la Bestia y el Ángel,* publicado en 1938 en plena guerra civil, en el que, con tonos épicos exaltados alternando con fino lirismo, busca una interpretación simbólica a la contienda. Pemán ha logrado también gran renombre como dramaturgo, *El divino impaciente,* y como escritor en prosa de ensayos, narraciones y cuentos.

Más joven y de vida trágicamente corta fue Miguel Hernández (1910-1942) cuyos temas, el amoroso y el bélico en defensa de sus convicciones políticas republicanas y sociales, eran poesía al servicio de la vida. Su producción poética comenzó con una serie de sonetos, *El Rayo que no cesa* (1936), en los que se advierte el influjo de poetas clásicos españoles, Garcilaso, Góngora, Quevedo, pero se hizo más directa y sencilla, *Viento del Pueblo,* para terminar, *Cancionero y romancero de ausencias,* ya pura poesía desnuda. Esta última obra, publicada póstumamente, trata de su encarcelamiento, que no sobrevivió, y de la ausencia de su familia.

Terminada la guerra civil se mantuvo la línea de influjo de poetas clásicos españoles, sobre todo Garcilaso, en poetas como Dionisio Ridruejo y José García Nieto, que continuó en una nueva generación neorrenacentista, llamada así por su poesía ajena a la tensión del espíritu e inclinada hacia una belleza formalista y al uso de composiciones tradicionales.

A la par de ésta, ha ido desarrollándose otra corriente humanizadora, más romántica, cuyos temas preferidos son la muerte, la patria, los sentimientos religiosos. En los últimos años se percibe también una poesía de preocupación social, de protesta, que llega en algunos casos a una expresión tremendista, no muy distinta de la que se percibe en la novela y el teatro.

El arte

La pintura

El contacto con las escuelas europeas, concretamente con París, y la dependencia de ellas en formas y estilos, que fueron las características de la pintura española durante los primeros decenios del siglo XX, se rompieron durante la guerra civil española sin poderse reanudar hasta haberse terminado la Segunda Guerra Mundial.

Durante estos años se cultivó un arte ecléctico en el que conviven direcciones tradicionales con otras más inclinadas a la experimentación de técnicas nuevas (Gutiérrez Solana, Vázquez Díaz). La llamada *Escuela de Madrid* combina lo moderno con lo tradicional, mostrando preferencia por paisajes y la figura humana.

A partir del año 1945 se fue iniciando, como reacción contra el eclecticismo, un movimiento de vanguardia pero de dirección indecisa. Mientras unos se fueron inclinando hacia el monumentalismo, otros han preferido la abstracción ideal de tipo informalista. Otros sin embargo, han regresado a un tradicionalismo barroco o incluso medieval. A pesar del indudable mérito de estas escuelas, la pintura española de los últimos años continúa dominada por los grandes genios, Picasso, Miró y Suñer.

La arquitectura

Modern místil.
Renovar clásico

Después de 1939 la arquitectura intentó reflejar también el espíritu tradicionalista del Movimiento en la adopción de estilos inspirados en la arquitectura española tradicional, unos según líneas austeras de inspiración herreriana, como el Ministerio del Aire (fig.15.2) en Madrid, otros según líneas neoclásicas francesas, como la Cruz de los Caídos (fig. 15.3) en Valencia. Se han dado también algunos intentos de arte falangista, imitación del nazi alemán, Arco del Triunfo en Madrid (fig. 15.4), o una mezcla de éste con otros tradicionales, como la Basílica del Valle de los Caídos (fig. 15.5), en las proximidades de Madrid, obra de Muguruza, (1893-1952), arquitecto ya conocido con anterioridad a la Guerra Civil.

Más tarde se fueron imponiendo otros estilos de influencia europea más reciente, en los que predomina el concepto funcional, Nuevos Ministerios, Ciudad Universitaria, o racionalista como es la obra de José Luis Sert, Siendo estos ya los que marcan la fisionomía de las ciudades españolas en la actualidad (fig. 15.6).

También la arquitectura religiosa ha demostrada esta doble dirección. Mientras muchos templos repiten más o menos afortunadamente los estilos barroco y neoclásico, se escogió para otros nuevos estilos de origen nórdico europeo. Son notables la iglesia de Nuestra Señora del Camino en León (fig. 15.7), la de Nuestra Señora de Guadalupe (fig. 15.8) y la de los Sagrados Corazones (fig. 15.9) ambas en Madrid, el Colegio de los Dominicos de Valladolid, y la Iglesia del Noviciado de los Dominicos en Alcobendas, Madrid.

En general, y sobre todo para la arquitectura civil y privada, se ha seguido esencialmente el utilitarismo de la línea americana, aunque moderada con frecuencia con adornos modernistas, neoclásicos o barrocos.

La escultura

Tampoco en la escultura dejó la guerra española una huella definida. Es cierto que el tradicionalismo conservador en boga durante las primeras dos décadas de la posguerra fue un clima propicio para el desarrollo y continuación de grupos tradicionales y conservadores, pero se trata de artistas ya consagrados, que continúan su obra manteniendo un estilo propio. El más notable de todos es Victorio Macho (1887-1966). Exilado a raíz de la Guerra, regresó a España en 1952, donde continuó su labor hasta su fallecimiento. Su obras, que siguen una tradición castellana con tendencias clásicas o medievales, adornan numerosas plazas y paseos de las ciudades españolas (fig. 15.10). Otros hombres notables son Juan de Ávalos, que crea la escultura de la Cruz del Valle de los Caídos, y José Clará (1876-1958), cuya obra, de un clasicismo con acento moderno, *La Diosa* (fig. 15.11), ya había sido reconocida desde las décadas anteriores.

15.2 Ministerio del
Aire, Madrid

15.3 Cruz de los
Caídos, Valencia

 15.4 Arco del Triunfo, Madrid   **15.5** Basílica del Valle de los Caídos

15.6 Torres de Madrid, obra de Antonio Almelda

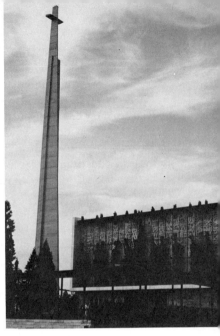

15.7 Iglesia de Nuestra Señora del Camino, León

15.8 Iglesia de Nuestra Señora de Guadalupe, Madrid

15.9 Interior de la iglesia de los Sagrados Corazones, Madrid

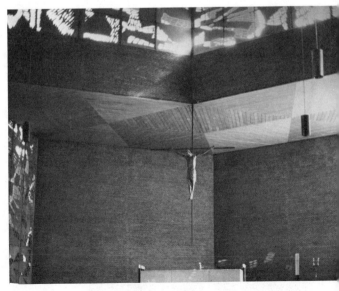

En la escultura monumental más reciente se nota, además, una tendencia hacia la abstracción, como en el monumento dedicado a Calvo Sotelo, (fig. 15.12), y el nuevo a Colón, ambos en Madrid.

Tras el fin de la Segunda Guerra Mundial se impusieron también en España, primero poco a poco, después arrolladores y finalmente con una exclusividad tiránica, las corrientes abstractas. Entre otros los artistas de la abstracción más reconocidos en el extranjero habría que citar a Ángel Ferrant y Jorge Oteyza, que parecen recrearse en la aplicación de las nuevas inquietudes artísticas a cualquier género de formas y materias. Otros, como Joaquín García Donaire y los hermanos Julio y Francisco González Hernández, prefieren la forja de hierro que enlazan en soldaduras inverosímiles.

La música

Como la pintura, también la música estuvo dominada durante las primeras décadas de la posguerra por la línea de los grandes maestros, Manuel de Falla y Joaquín Turina, ambos muy activos y creadores hasta su muerte en 1946 y 1949 respectivamente. Bajo su influencia la música mantuvo un tono neoclasicista, con frecuencia arcaizante, en el que abundan temas regionales.

15.10   Monumento a Galdós en Madrid, obra
de Victorio Macho

15.11   La Diosa, obra de José Clará

15.12 Monumento a Calvo Sotelo, en Madrid

De esta escuela el músico más representativo y más famoso es el valenciano Joaquín Rodrigo. Aunque nacido en 1902, su instauración definitiva corresponde a la posguerra. Discípulo predilecto de Paul Dukas, viajó por Alemania y Francia antes de instalarse en París. De regreso en España al terminar la guerra civil, el apoteósico éxito obtenido con su *Concierto de Aranjuez* (1940) hizo de su estreno uno de los momentos más memorables de la música española.

Con influencias de Ravel, Debussy e incluso Stravinsky difusas en todas sus composiciones, la música de Rodrigo, concretamente su *Concierto de Aranjuez,* es totalmente española sin ser pintoresca. La guitarra, que está usada por primera vez en lugar del piano o del violín, juega con unos tonos cálidos y profundamente tristes en los que cantos y melodías populares se visten de la solemnidad musical del concierto. Además de éste, Rodrigo ha compuesto numerosas canciones españolas y otras catalanas. La obra más romántica de toda la música española, el *Concierto heroico* estrenado en 1943, así como otras muchas composiciones, han hecho del ciego Joaquín Rodrigo la figura más importante y representativa de la música española contemporánea.

Durante los últimos decenios, al compás de la vida política y las demás manifestaciones artísticas, el nacionalismo y el neoclasicismo han ido desapareciendo también en la música y los compositores más recientes se inclinan a seguir la vanguardia europea. En Cataluña Javier Montsalvage sigue todavía los atrevimientos de Stravinsky, pero Carlos Suriñet, más conocido, pertenece más bien a la línea centroeuropea de Schönberg y Alban Berg. Esta última línea se hace más extrema en los músicos de la última generación.

La artesanía

Uno de los aspectos más positivos del nacionalismo tradicionalista del gobierno de Franco y del movimiento falangista ha sido el magnífico resurgir de la artesanía española, favorecida además por el proceso de industrialización de los últimos decenios. La Obra Sindical de Artesanía dependiente de Falange, y más tarde la Empresa Nacional de Artesanía, establecida por el Estado en 1969 prestaron ayuda eficaz a las industrias tradicionales. Sus productos-vidrios baleares y catalanes, cerámica de Talavera y Manises, cueros repujados de Andalucía, encajes de Granada, bordados de Canarias y Lagartera, orfebrería y damasquinados de Toledo, hierros forjados de Cuenca y Mallorca--son manifestaciones de un arte tradicional hoy muy apreciado en España y el extranjero.

NOTAS

1. *Maquis* es una palabra francesa (v.) con la que se designaba las fuerzas irregulares adictas al general De Gaulle que luchaban contra las fuerzas de ocupación alemana desde los montes y bosques franceses. Más tarde, en España, se dio el mismo nombre a los guerrilleros que, entrenados y armados en Francia, atravesaban los Pirineos para sostener una verdadera guerra de guerrillas contra el régimen de Franco.

2. Organización de las Naciones Unidas.

3. Con este nombre se designó el plan de ayuda económica para la restauración de Europa durante la postguerra. Fue formulado en 1947 por George Marshall, entonces Secretario de Estado de los Estados Unidos, del que recibió su nombre.

4. La contribución española al Mercado Común sería casi exclusivamente agrícola, con la que entraría en competición con Francia e Italia.

5. Se calcula el crecimiento económico de España entre 1962 y 1966 en un 7.4% anual. A pesar de este crecimiento, debido sobre todo al desarrollo industrial, España contaba en 1969 con una población activa dedicada a la agricultura que representaba el 25% de la población activa española.

6. Estas protestas, que el Gobierno insistía en llamar "minoritarias", llevaron en 1969 a la declaración de un "estado de excepción" que duró unos meses, sin que se pudiera restablecer completamente el orden público. Una de las causas por las que las protestas de estudiantes universitarios tenían gran resonancia era su misma distribución geográfica. En Madrid y Barcelona se concentra casi la mitad de todos los universitarios españoles. Por otra parte, las protestas de los obreros señalaban el problema, en tal magnitud desconocido hasta entonces, de la inmigración obrera. Entre 1962 y 1965 Barcelona había recibido más de 300.000 emigrantes procedentes de otras provincias, sobre todo de las meridionales de España.

7. Iniciales de su lema político *Euzkadi ta Azkatasuna* (País Vasco y Libertad).

8. Nota característica de esta organización es la insistencia en buscar la perfección cristiana en el ejercicio de la propia profesión. Forman parte de ella hombres y mujeres, solteros y casados, y cuentan hoy con numerosas casas en muchos países

europeos y americanos.

9. Se da el nombre de *efectismo* a la exageración de contrastes como técnica de expresión artística.

10. Se llama *tremendismo* a la exageración de los aspectos dinámicos de la vida y acumulación de sucesos trágicos ante los que se adopta una actitud acerbamente crítica. Preocupación social e interés psicológico son también notas características de esta tendencia.

11. La frase "cuando estalle la paz" fue usada por Franco en uno de sus discursos pronunciados al final de la Segunda Guerra Mundial refiriéndose a la desintegración de la alianza de los países democráticos con la Unión Soviética al ser derrotado su enemigo común, Alemania.

12. *Teatro pánico* es un término inventado por el mismo Arrabal en 1962. Con él se refiere a una representación de la vida como producto de confusión y azar, en una combinación de opuestos, comedia y melodrama, elegancia y vulgaridad, poesía y mal gusto, sordidez y sublimación.

Preguntas para estudio y repaso

1. ¿Qué período de historia europea y mundial cubre el régimen de Franco? 2. ¿Qué política exterior adoptó Franco durante la Segunda Guerra Mundial? 3. ¿Qué política adoptaron las grandes potencias con respecto a España? 4. ¿Cuál fue la política de Francia? 5. ¿Cómo fueron presentadas al pueblo español las medidas adoptadas por los aliados? 6. ¿Cómo reaccionó ante ellas el pueblo español? 7. ¿Cuándo comenzó la reconciliación de Europa con España y cuáles fueron las razones que movieron a los aliados?

8. ¿Cómo se puede definir la etapa política inicial del régimen de Franco? 9. ¿Qué autoridad tenía la Falange durante las primeras décadas? 10. ¿Qué experimentos sociales se introdujeron? 11. ¿Qué ventajas e inconvenientes tenían los sindicatos laborales falangistas? 12. ¿Qué planes de Seguridad Social se introdujeron? 13. ¿Cómo se puede enjuiciar la última etapa del régimen de Franco? 14. ¿Qué papel desempeñó en ella la Falange y cómo se explica su pérdida de poder? 15. ¿Qué importancia tuvo para España el turismo europeo? 16. ¿Cómo se inició el paso hacia la normalización? 17. ¿Quién era el heredero a la Corona y por qué fue elegido el príncipe Juan Carlos? 18. ¿Qué protestas públicas se dieron durante estos años? 19. ¿A qué se llama *decadencia de las ideologías*?

20. ¿Cómo se explica la exaltación de los sentimientos religiosos del pueblo durante las primeras décadas de la posguerra? 21. ¿Cómo se aprovechó la Iglesia del favor oficial? 22. ¿Qué es el *Opus Dei* y qué importancia tuvo durante los años 60? 23. ¿Qué consecuencias tuvo para la Iglesia su estrecha asociación con el gobierno? 24. ¿Cómo influyó la guerra civil en el desarrollo cultural de España durante la posguerra? 25. ¿Qué importancia cultural y política tuvieron los intelectuales en exilio?

26. ¿Qué direcciones ha seguido la novela de la posguerra? 27. ¿Qué importancia tuvo la creación de los premios literarios? 28. ¿Cómo se puede definir la nueva generación de novelistas (1965)? 29. ¿Qué importancia tiene la novela de humor? 30. ¿Qué direcciones se aprecian en el teatro actual? 31. ¿Cómo es la poesía contemporánea? 32. ¿Qué direcciones señala la pintura actual? 33. ¿Cuáles han sido los estilos de arquitectura en boga durante el régimen de Franco? 34. ¿Cómo es la música de Joaquín Rodrigo? 35. ¿Cómo se explica el resurgir del arte folklórico y de la artesanía popular?

Términos y nombres para estudio y repaso

Guerra fría	Seguridad Social	Carmen Laforet
Telón de acero	Mercado Común	José María Gironella
División Azul	*ETA*	Wenceslao Fernández
Conferencia de Potsdam	*Opus Dei*	Flórez
Plan Marshall	Arturo Barea	*La Codorniz*
General Perón	Ramón Sender	Antonio Buero Vallejo
Fuero de los	Juan Antonio de	Alfonso Sastre
Españoles	Zunzunegui	José María Pemán
Sindicatos verticales	Camilo José Cela	Miguel Hernández
Ley de sucesión (1947)	Premio Nadal	Joaquín Rodrigo

☙ 16 ☙

España en la actualidad

Los últimos años de vida española se han caracterizado por la transformación de las estructuras sociales y políticas vigentes hasta un pasado inmediato. Tanto las organizaciones como los individuos han demostrado en estos años una clara conciencia de los cambios que se iban introduciendo en la vida nacional al pasar del régimen autoritario y personal de Francisco Franco al de una monarquía constitucional y parlamentaria. En un principio fue también perceptible en amplios sectores de la sociedad española la conciencia de que los cambios introducidos estaban anclados en las estructuras políticas que habían regido la vida de la nación durante las ultimas décadas. Aunque los grupos de la oposición insistían en que sólo una transformación rápida podía garantizar la paz, este sentimiento de continuidad fue sin duda un factor importante en que la transición fuera pacífica desde el primer momento. Crédito especial debe darse a la persona del Rey. Su habilidad política, autoridad y prestigio personal, junto con la institución monárquica que representaba, llenaron el vacío político que Franco había dejado con su muerte, y, a la vez que daba un sentido tradicional al nuevo gobierno, fue capaz de introducir y acelerar los cambios que la sociedad consideraba necesarios.

Los mismos políticos y escritores españoles, al considerar los acontecimientos de estos últimos años, manifiestan su evaluación de ellos al dar a éste el nombre de "período de transición". Con él expresan su incertidumbre acerca del camino a seguir, y la inseguridad de permanencia de la nueva situación política. Resumen de toda la década, y perceptible en todos las aspectos de la vida española, tanto política y social como intelectual, es una actitud de creciente desengaño, como si las esperanzas, o ilusiones concebidas como resultado de los cambios introducidos, o no llegaron a realizarse, o no llegaron a serlo en el grado que se había esperado. Y es todavía frecuente una evaluación del presente en comparación con el pasado. El juicio de la población queda muy bien resumido con un doble dicho; por una parte "Con Franco se estaba mejor" del elemento conservador, expresando la nostalgia por un pasado ya idealizado; por otra parte, el otro, "Contra Franco se vivía mejor", con que se satiriza, no solamente la actitud conservadora, sino también las ilusiones del sector liberal, que basaba parte de su fuerza, y podía justificar muchos de sus fracasos en una oposición, que, claro está, ya no existe.

La vida política de España durante los últimos diez años, se puede dividir, en líneas generales, en un período inicial, estrictamente de transición, que va desde la seguridad política impuesta por un régimen totalitario a la inestabilidad de las nuevas instituciones; y en un segundo período, que cubre desde una incipiente madurez del régimen parlamentario hasta su consolidación como institución estable proyectada hacia el futuro. Este segundo período puede ser dividido, a su vez, de acuerdo con el programa político de sus dirigentes más importantes: uno inicial, centrista, de Adolfo Suárez, seguido de otro, socialista-pragmático, de Felipe González.

Reinado de Juan Carlos I

Gobierno de transición 1975-1977

En contra de la opinión de muchos observadores extranjeros que temían que sólo un conflicto armado podría resolver el problema de la continuación o disolución del régimen franquista, el fallecimiento de Francisco Franco, ocurrido el 20 de noviembre de 1975, demostró que las estructuras políticas del régimen mantenido durante tantos años ya llevaban en sí las semillas de una transformación pacífica.

Al fallecer Franco los partidos de la oposición eran todavía ilegales. Su actividad clandestina, que nunca había cesado por completo y que incluso había incrementado, concertó durante los últimos meses un frente unido. Los grupos más importantes así formados fueron *La Junta Democrática*, creada en julio de 1974, en la que tomaron parte el Partido Comunista, el Partido Socialista Popular, el Partido del Trabajo de España, la Alianza Socialista, Derecha Liberal y Monárquicos Liberales, y *La Plataforma de Convergencia Democrática*, formada ésta en 1975 y en la que se incorporaban los grupos cristiano-demócratas y social-demócratas, regionales y nacionales, junto con el Partido Socialista Obrero Español y otros de extrema izquierda.

El 30 de octubre, todavía antes del fallecimiento de Franco, ambos grupos firmaron un acuerdo expresando su intención de cooperar en la consecución de la libertad de prisioneros políticos y regreso de exilados, reconocimiento y ejercicio de libertades de todos los pueblos y regiones de España con la aceptación de las autonomías legítimas, y apertura a un

16.1   Juan Carlos I, lafreina Sofía y Felipe, Príncipe de Asturias

régimen democrático, iniciado con un período constituyente, que determinara con un referéndum la forma futura del Estado y su gobierno

A la muerte del Generalísimo Franco, de acuerdo con la Ley de Sucesión, se reunieron las Cortes, donde el Presidente del Consejo del Reino hizo el pronunciamiento oficial: "En nombre de las Cortes y del Consejo del Reino proclamamos rey de España a don Juan Carlos de Borbón y Borbón, que reinará con el nombre de Juan Carlos I". Con estas palabras históricas se abría un nuevo capítulo en la historia de la nación española.

El rey Juan Carlos comenzó su reinado en aparente continuación de las estructuras políticas anteriores, todavía jurando fidelidad a los Principios Fundamentales del Movimiento y formando su primer gobierno de acuerdo con las normas establecidas por el difunto dictador. Así, recibió del Consejo del Reino una lista de tres nombres, de la cual el Rey nombró su primer Jefe de Gobierno. Nombrado fue Arias Navarro, que, aunque había sido activo en la política del régimen de Franco, ya incluyó en su Gobierno personajes que habían mostrado un distanciamiento de él, e inició además unos intentos de modificación del sistema político vigente.

La vida política de la nación durante este primer gobierno se caracterizó, por un forcejeo entre los poderes establecidos, que buscaban una implantación progresiva de medidas democráticas, y una oposición, que intentaba acelerar los cambios. Así, los meses que siguieron estuvieron ya marcados por una gran actividad política. En marzo de 1976 los partidarios de la oposición, *Junta* y *Plataforma*, se unieron en un frente único de oposición, llamado *Coordinación Democrática*, mientras que en las calles de las grandes ciudades comenzó una intensa actividad política con movimientos de masas, trabajadores y estudiantes.

Pronto, la credibilidad del nuevo Gobierno se basó en su capacidad, por una parte, de controlar una posible tiranía de la oposición política, y por otra, de introducir rápidamente las reformas que el Rey había manifestado ser su proyecto primordial, entre las que figuraban la amnistía de prisioneros políticos y la legalización de partidos. El nuevo gobierno concedió ambas, y, durante la primavera de 1976, los principales partidos políticos y sindicatos laborales fueron legitimizados y, unos meses más tarde, fue promulgado un decreto de amnistía por el que se pusieron en libertad los prisioneros todavía encarcelados.

El Rey mismo mostró desde el principio ser la fuerza mayor en la transformación política de la nación. Durante una visita a los Estados Unidos, el verano de 1976, en su discurso al Parlamento norteamericano proclamó abiertamente los ideales democráticos de su reinado. Para acelerar su realización, durante el mismo verano, pidió y aceptó la dimisión de Arias Navarro, nombrando como sucesor a Adolfo Suárez.

El nombramiento de Adolfo Suárez fue recibido con desconfianza en el extranjero y en algunos círculos españoles, que veían en él solamente la continuidad con el régimen de Franco. Pues, aunque Suárez se había manifestado siempre decidido defensor de la liberalización jurídica, de la legalización de los partidos políticos y de la autonomía de las regiones, se había distinguido también como miembro de las Cortes durante el régimen de Franco, en el que sirvió como secretario del Movimiento Nacional en 1975. Sin embargo resultó ser uno de los aciertos más grandes del Rey, ya que encontró en él una gran ayuda en el proceso de liberalización de las instituciones políticas de España. A pesar de su posición política conservadora, en su gobierno ya no tomaron parte los miembros más identificados con la ideología y la política autoritaria del régimen de Franco. La contribución más importante de Suárez fue sentar, ya desde un principio, las bases de la nueva Monarquía, parlamentaria y constitucional. Ello fue posible, gracias, en parte, al tacto personal y prestigio político de Suárez, que representaba para grandes sectores de la población al mismo tiempo la continuidad y el cambio.

Uno de los proyectos de mayor importancia adoptados por el nuevo Gobierno fue la redacción de una ley de reforma que sirviera de puente entre las dos situaciones políticas. La ley, aprobada por las Cortes por una gran mayoría (425 a favor, 59 en contra con 13 abstenciones) en septiembre de 1976, determinaba la existencia de dos Cámaras, una de Diputados del Congreso con 350 diputados, y un Senado, con 207 miembros elegidos y 41 designados por el Rey. La ley, presentada a la nación en referéndum, fue aprobada el 8 diciembre del mismo año.

Durante todo este tiempo, la política del nuevo gobierno tuvo que enfrentarse con la crítica abierta de algunos mandos del Ejército y personalidades políticas de ideología autoritaria, que se resistían a aceptar los cambios y las reformas que se iban proponiendo. Éstos, sin embargo, sin la autoridad de Franco o un apoyo popular que les justificara tuvieron que ceder ante la actitud decidida del Rey en favor de las medidas introducidas por su Gobierno.

La legalización de los partidos políticos y la liberalización de la vida nacional sufrió su primera crisis importante ya en 1976, con la negativa del gobierno a legalizar el Partido Comunista Español, de acuerdo con la ley, aprobada el mismo año, que prohibía la existencia de partidos que "sometidos a una disciplina internacional, intentan implantar un sistema totalitario". Esta decisión, que los jefes de otros partidos se negaron a aceptar, se complicó con el arresto de Santiago Carrillo, secretario general del Partido, que había entrado ilegalmente en España. Ambos problemas se solucionaron con la puesta en libertad de Carrillo y la modificación de la ley de manera que pudiera incluir al PCE, el cual fue reconocido como legal en abril de 1977. Con esta ley quedaron legalizados todos los partidos y organizaciones de la izquierda.

Gran importancia tuvo también el decreto-ley del 18 de marzo de 1977 por el que se convocaban elecciones generales para las Cortes, ya que en realidad iban a ser unas cortes constituyentes, puesto que su tarea más importante sería la formulacion de un proyecto para una nueva Constitucion.

Durante este tiempo, la inflación, que había sido ya considerable en los años anteriores, se hizo alarmante, amenazando el bienestar conseguido por la clase media y empujando a los trabajadores de nuevo hacia la pobreza. Estos últimos, sobre todo, se manifestaron a lo largo del año con una serie de huelgas de importancia y número sin precedente, que agravaron todavía más las situación económica y social de España. En 1977, según fuentes oficiales, las huelgas afectaron a más de cinco millones y medio de obreros, con una pérdida de casi 150 millones de horas de trabajo.

En el campo político, numerosos grupos se apresuraron a conseguir su legalización, con el resultado de que, a principios de la campaña electoral, su número llegaba a 52, la mayoría de los cuales no tenía una ideología marcadamente diferente de otros muchos y solamente un número reducido de seguidores. De gran importancia fue el restablecimiento de la *Generalitat,* como organismo de administración conjunta de las provincias catalanas, aceptado por el gobierno durante este tiempo.

De todos los partidos, sólo los socialistas y los comunistas, que habían mantenido cuadros de acción en España y en el extranjero, tenían un mecanismo de campaña electoral. El falangismo, con una ideología desprestigiada y dividido en varios grupos, fue incapaz de despertar nuevo interés en el pueblo. Muy popular fue, en cambio, desde un principio el Partido Socialista Obrero Español, cuyo jefe Felipe González, rico abogado andaluz y protegido de los socialistas alemanes, fue capaz de dar al partido una dirección pragmática, que tuvo gran atractivo para el pueblo.

El partido comunista, por su parte, comenzó con una campaña electoral muy activa bajo la dirección de su jefe Santiago Carrillo. A él se unió Dolores Ibarruri, *La Pasionaria*, enérgica y agresiva a pesar de sus ochenta años, y figura casi legendaria de la Guerra Civil, en la que se había distinguido como gran activista[1]. Su regreso de Moscú, para intervenir en la campaña electoral y la dirección del partido, tuvo más bien un resultado negativo. Su abierto desprecio por las doctrinas independientes, euro-comunistas, de Carrillo y su línea de intransigencia ideológica y servilmente fiel a la ortodoxia moscovita contribuyeron a que el PCE no pudiera conseguir los votos que esperaba, muchos de los cuales se pasaron al socialismo.

Frente a estos partidos, y como representante de un centro de derechas se formó la Unión Centro Democrático, fiscalmente conservadora, ideológicamente moderada, que bajo la dirección de Suárez se presentó como el partido más claramente defensor de la Monarquía, de la estabilidad política y económica y de la transición pacífica a la democracia. Suárez se convirtio así, desde el principio de la campaña electoral, en representante de la mayoría conservadora y católica.

Tras una campaña electoral cargada de vehemencia, aunque sorprendentemente libre de violencia, las elecciones, las primeras en 41 años, se celebraron el 15 de junio.

El gobierno centrista de Adolfo Suárez 1977-1982.

Las elecciones, cuya propaganda electoral costó a la nación más de 3.500 millones de pesetas, dieron la victoria a la Unión Centro Democrático, partido formado en torno a Adolfo Suárez, que así se encargó de formar un nuevo gobierno. De casi 18 millones, un 78.5% de los electores había acudido a dar su voto.[2]

Los resultados de las elecciones presentaron, por una parte, el fenómeno, nuevo en la historia electoral de España, de una división de la opinión pública en dos partidos mayoritarios que, aunque de ideologías distintas, no eran éstas tan opuestas como para hacer imposible el diálogo. Por otra parte, repitieron el fenómeno, ya viejo, de una victoria socialista en los centros urbanos mayores y en Andalucía, mientras que el partido conservador dominaba en el resto de España. Algo distinto de otras elecciones, observado por los comentaristas en los diarios, fue la ausencia de programas ideológicos y la preocupación casi exclusiva por problemas concretos de índole económica. Por primera vez en la historia de España se discutía como resolver los problemas de la sociedad, y no de reformarla totalmente.

El 22 de agosto se iniciaron los trabajo de formulación de una

16.2 Adolfo Suárez

Constitución. En ellos intervinieron los grupos más variados, comunista, catalán, socialista, centrista. El primer proyecto fue publicado el 5 enero de 1978 y, tras meses de discusión y enmiendas, se votó, el 31 de octubre, un proyecto, que, aunque en realidad a nadie agradaba totalmente, fue aprobado por una gran mayoría.

El proyecto de Constitución incorporaba los derechos y las libertades fundamentales en un sistema democrático, regulando el mecanismo de una monarquía constitucional y parlamentaria sobre las bases de doble cámara, de diputados y senadores. Insistía en la unidad de España, y retenía una autoridad central sobre la ley y la justicia en todo el país y declaraba ilegales los movimientos separatistas, aunque, al mismo tiempo, reconocía autonomía administrativa a 13 regiones. El 6 de diciembre de 1978 el proyecto fue sometido a referéndum, con el resultado de una participación popular del 67.11%, de ellos un 87.87% se manifestó a favor. La Constitución de 1978 resultó así la más popular en la historia de España.

El programa inicial del nuevo gobierno de Suárez estuvo orientado, como ya lo había estado antes, hacia la solución de los problemas económicos más urgentes. Entre éstos se señalaban como los más importantes, la inflación, reconocida oficialmente como del 26.5%; el paro obrero, de más de un 7%, con un porcentaje mucho más alto en las provincias del sur; la falta de productividad del obrero, considerada como la menor de toda Europa[3] y el déficit nacional, que llegó ese año a más de 5.000 millones de dólares, con un 25% de él debido a la subida de precio del petróleo.

Para hacer frente a las condiciones económicas, adversamente influídas por la depresión general en el resto de Europa, en Octubre de 1978, se firmó el llamado PACTO DE LA MONCLOA entre el gobierno, partidos de oposición y sindicatos laborales, todos aceptando un programa de austeridad económica que tenía por objeto reducir la inflación. Ésta había llegado en 1977 a cerca del 30%, forzando la devaluación de la peseta en un 19%. Las medidas adoptadas tuvieron éxito en varios sectores de la economía, fortaleciendo la moneda, acrecentando la exportación y atrayendo nuevas inversiones de capital extranjero. Sin embargo, tuvieron como consecuencia que el paro obrero aumentara de manera alarmante.

La política de violencia se concentró casi exclusivamente en el País Vasco, donde el grupo de la ETA asumió responsabilidad de más de 40 asesinatos, mientras que la policía, insegura de sus poderes, llegó a amotinarse en varias ocasiones.

El mismo año la comisión de la Comunidad Económica Europea, respondió favorablemente a la solicitud de ingreso de España, pero dando un plazo de diez años para su ajuste a las técnicas y normas económicas y mercantiles de la Comunidad.

La nueva Constitución se hizo ley el 27 de diciembre de 1978 y fue promulgada dos días más tarde. Adolfo Suárez disolvió las Cortes y anunció elecciones generales para el 1 de marzo de 1979 y municipales y provinciales para el 3 abril del mismo año. Las elecciones generales, en las que participaron solamente dos tercios del electorado, cambiaron poco la situación política en la Cortes. Tras los resultados electorales la UCD ganó un voto de confianza y Suárez procedió a formar un nuevo gobierno.[4] En cambio, las elecciones municipales dieron una victoria completa al Partido Socialista de González. Todas las ciudades grandes, excepto Bilbao, donde ganó el Partido Nacionalista Vasco, llegaron a tener un alcalde socialista. Tras la aprobación de los estatutos para los Países Vascos y Cataluña, ganaron en las elecciones municipales de ambas regiones los partidos regionalistas moderados.

Durante el año 1980, con partidos moderados dirigiendo los parlamentos vasco y catalán, la atención se dirigió al problema de la autonomía andaluza, cuyos partidarios exigían más derechos de los que el Gobierno creía poder reconocer. El Partido Socialista vió en el problema de Andalucía la ocasión para un ataque directo al Gobierno, que, aunque no le dió la victoria, le convirtió en defensor de las autonomías y sirvió para debilitar el gobierno de Suárez. A pesar de la división en la aplicación del proceso autonómico, éste continuó a lo largo del año.

En octubre del mismo año, ante el aumento de las actividades terroristas de la ETA, incrementadas a pesar de la autonomía regional, las Cortes, en raro acuerdo de los partidos mayoritarios PSOE y UCD, aprobaron (298 a favor, 2 en contra y 8 abstenciones) una nueva ley contra el terrorismo. Al mismo tiempo la población manifestaba su apoyo al gobierno con manifestaciones en toda España contra la violencia de la ETA.

En política internacional, el gobierno de Suárez anunció su intención de unirse a la NATO, lo que produjo una oposición vehemente por parte de los socialistas y comunistas en las Cortes y numerosas protestas y manifestaciones en las calles de las grandes ciudades.

El año 1981 comenzó con fuerte presión contra la política de Suárez, y con la creciente pérdida del apoyo popular a la coalición centrista, debida sobre todo a la insatisfacción de la población por el empeoramiento económico general, el paro obrero, ya superior al 14%, el aumento del crimen y del terrorismo, los desacuerdos sobre los límites de la autoridades autónomas, la liberalización de las leyes, sobre todo las concernientes al divorcio. Ante la presión, la coalición centrista comenzó a desintegrarse, viéndose Suárez obligado a dimitir. En la sesión de las Cortes del 20 de febrero, Leopoldo Calvo Sotelo, el sucesor designado, no obtuvo los votos necesarios. Una segunda votación tendría lugar unos días más tarde.

Durante la siguiente sesión de las Cortes, el 23 de febrero, con las cámaras de televisión rodando, un grupo de Guardias Civiles encabezados por el teniente coronel Tejero, entró a mano armada en la sala anunciando a los diputados que "la autoridad militar competente" llegaría pronto a hacerse cargo de establecer un nuevo gobierno. Mientras tanto el teniente general Jaime Miláns del Bosch declaró estado de emergencia en nombre del Rey en la región de Valencia.

Ante este ataque al gobierno, el rey Juan Carlos reaccionó de manera rápida y decisiva, apelando por televisión al pueblo a mantener calma y ordenando a los jefes militares a defender "la corona y la paz". La actitud decidida del Rey y su clara condena del intento de golpe de Estado convencieron a Miláns del Bosch de que debía retirar sus tropas, y, al fin, el mismo Tejero fue persuadido a que rindiera sus armas. El 27 de febrero más de 3 millones de españoles demostraron en las calles su oposición a una dictadura militar, y su aprobación de la firmeza del Rey en defensa del gobierno legítimo. Y el 28 de febrero, ETA política, más moderada, anunció tregua indefinida y sin condiciones con el Gobierno.

Tras estos acontecimientos, Calvo Sotelo fue confirmado, aunque con una mayoría escasa (186 a favor y 158 en contra), y formó un gobierno que fue notable tan sólo por la ausencia en él de un representante militar.

El resto del año la actividad del Gobierno estuvo dedicada, en la política exterior, a discusiones con los miembros de la NATO con objeto de acelerar el ingreso de España, al que se oponían comunistas y socialistas, y las negociaciones de admisión al Mercado Común, a la que algunas naciones europeas ponían dificultades al creer que sus intereses podrían ser perjudicados con una mayor venta de productos españoles, y, en la política interior, a la preparación de pactos económicos entre industriales y sindicatos laborales para solucionar los problemas económicos. Por su parte, el Gobierno se comprometió a hacer nuevas inversiones en el sector público para crear unos 350.000 nuevos puestos de trabajo, como medio de reducir el paro obrero, superior a un 13%. A la vez, España estuvo plagada por la peor sequía en más de un siglo, que destruyó numerosas cosechas e impidió la producción industrial.

La política del Gobierno quedó dominada por las desavenencias de las regiones en la regulación de las autonomías y, para resolverlas, se propuso una mayor lentitud en su concesión, un mayor control de las regiones por parte del Gobierno y paridad entre las 16 regiones autónomas. En junio 30, se aprobó la Ley Orgánica de Armonización del Proceso Autonómico, LOAPA, en las Cortes con el apoyo del UCD y del PSOE y la oposición violenta de los partidos regionales, vascos y catalanes, en especial, y de los comunistas, que temían que la nueva ley diera excesivos poderes al gobierno central. A pesar de ello, se aprobaron los estatutos para Cantabria, y entraron en efecto los de La Rioja, Valencia, Murcia, Aragón, Castilla-La Mancha, Canarias y Navarra.

A lo largo del año la desintegración de UCD, comenzada ya el año anterior, se completó con la victoria de los socialistas en las elecciones regionales de Andalucía y las tensiones creadas en la oposición por las sentencias benignas contra los acusados del intento de golpe de estado el año anterior. Suárez abandonó el partido y fundó el Centro Democrático y Social, los miembros mas liberales del UCD fundaron el Partido de Acción Democrática, al que se incorporaron algunos socialistas. Por su parte, los más conservadores se unieron a Alianza Popular, cuyo líder era Manuel Fraga.

Gobierno socialista de Felipe González, 1982

El rey Juan Carlos firmó la disolución de las Cortes el 27 de agosto de 1982 como preparación de las elecciones de octubre. Mientras UCD trataba inútilmente de recuperarse con intentos de alianza con otros partidos afines, los socialistas se lanzaron a una campaña electoral agresiva, aunque de caracter económico. En ella se prometía una disminución radical del desempleo, que había llegado ya a más del 17% de la población activa, con la creación de 800.000 nuevos puestos de trabajo. En política internacional se ofrecía un referéndum sobre la permanencia de España en la NATO, y, en política interna, una promesa de no aliarse con los comunistas, ni con el nuevo partido de derechas, Acción Democrática.

Las elecciones dieron al PSOE una victoria todavía mayor de lo que se había anticipado.[5] Ganador también en ellas fue el partido Alianza Popular de Manuel Fraga, que pasó de ser una minoría sin importancia a representar el sector conservador centrista de la nación, recuperando parte de

16.3   Felipe González

la importancia perdida por el UCD. Como consecuencia de las pérdidas sufridas en las elecciones, Santiago Carrillo renunció a la secretaría del Partido comunista, siendo sucedido por Gerardo Iglesias, y Fuerza Nueva, de extrema derecha, quedó sin representación en las Cortes.

El 25 de noviembre el Rey inauguró las Cortes, y el día siguiente el nuevo Jefe de Gobierno, Felipe González, anunció su nuevo gabinete. La política del nuevo gobierno se caracterizó desde un principio más por sus medidas económicas que por la implantación de reformas de estricta ideología socialista. Ello le ha merecido el apoyo de un gran número de la población conservadora, a la vez que la oposición de los sectores extremos de su partido y de los partidos radicales de izquierdas y regionalistas.

El programa económico era evidentemente el más urgente, con más de dos millones y cuarto de obreros, 17.05% de la población activa, sin empleo, siendo peor todavía la situación de algunas provincias del sur. Para facilitar la exportación de productos españoles a los mercados europeos y americanos se decretó la devaluación de la peseta en un 8%. Ello tuvo como consecuencia adversa el mayor costo del petróleo, lo cual, a su vez, incrementó la recesión en que la industria se encontraba. Entre sus primeras medidas de política internacional estuvo la apertura de

Gibraltar como paso previo para establecer discusiones con la Gran Bretaña sobre la soberanía del territorio.

Desde 1984 se ha venido discutiendo con los Estados Unidos la posibilidad de reducir el contingente de fuerzas americanas estacionadas en España y la participación de España en la NATO. La adhesión primero y la permanencia despues ha sido siempre un tema muy controversial en España. Durante la campaña electoral de 1981, los socialistas hicieron de su oposición a la NATO tema central de su programa de política internacional, prometiendo someter a un referéndum la continuidad de la adhesión española al Pacto. Consideraciones pragmáticas han movido recientemente a González a defender la permanencia española en la NATO, haciéndola punto central de su política internacional, a la que ha llegado a comprometer su prestigio personal. La elecciones del referéndum se fijaron para marzo de 1986. La oposición es ahora de la derecha y de la izquierda, incluídos los miembros del ala más radical del partido socialista. En esta contienda el partido centrista conservador "no se puede oponer, para no votar con los comunistas".

En la política exterior, el gobierno socialista ha seguido más bien una línea independiente, con tonos nacionalistas, que en realidad agrada más a los conservadores que a los grupos radicales. En 1985 se firmó el tratado de adhesión de España a la Comunidad Económica Europea, CEE, cuya ratificación permitió el ingreso de España en 1986. A fines del mismo año comenzaron las conversaciones con Gran Bretaña para buscar una fórmula aceptable a todos para la transferencia a España de la soberanía sobre Gibraltar. En el orden interior el gobierno ha tratado de resolver con firmeza los problemas y conflictos con los grupos separatistas y terroristas.

El problema mayor, sin embargo, es todavía el económico, ya que Felipe González no ha podido cumplir sus promesas electorales. Ante la inflación y recesión conjuntas ha tenido que imponer una serie de medidas de economía fiscal, llegando a cerrar algunas industrias del Estado o subvencionadas por él que no producían un saldo de ganancia, con la consecuente reducción de puestos de trabajo. La situación económica no ha mejorado en este sentido, señalándose un 22.07% de parados dentro de la población activa, un porcentaje repartido de manera muy desigual entre la varias regiones de España, siendo todavía el sur la zona donde las cifras de desempleo son más altas. Estas notas económicas han llevado al gobierno a conflictos con los grupos políticos tradicionalmente aliados con el partido y con los ideales socialistas. Las quejas contra las medidas adoptadas por el gobierno, ya opuestas por los grupos más radicales, incluso por el sindicato socialista UGT, llevaron en 1985 a una huelga general organizada por el partido comunista.

Mientras tanto, la inflación ha sido reducida a un 8.1% anual, según fuentes del gobierno, aunque el déficit comercial, a pesar de un aumento en las cifras de exportación, se ha mantenido alrededor de mil millones de pesetas anuales.[6] Más optimista es el saldo que arroja la industria del turismo, que todavía pasa de los treinta millones de turistas anuales y proporciona a los mercados españoles de productos y servicios unos meses de intensa actividad, que ayudan a compensar otros saldos negativos.

Las cifras iniciales del presupuesto para el año 1986 demuestran la decisión del Gobierno de continuar una política fiscal conservadora, con el fin primero de controlar y reducir los gastos públicos.[7] El lema inicial del gobierno, "cambio", ha sido reemplazado por el de "modernización".

A los tres años de gobierno socialista se nota el descontento en el campo laboral. La política pragmática de González encuentra con frecuencia oposición en el ala más radical de su partido y de los sindicatos obreros, que le acusan de excesivo proteccionismo a las industrias particulares con descuido de los ideales socialistas. Las medidas tomadas para mejorar la economía, no han creado los puestos de trabajo prometidos, incluso, a veces, han dado preferencia a consideraciones de economía conservadora o de interés general sobre el de los obreros, con el consiguiente disgusto del elemento obrero del partido y de la oposición radical.

Nicolás Redondo, secretario general de UGT, sindicato laboral de ideología socialista, ha acusado recientemente al Gobierno de haber creado "más paro, más injusticia, más pobreza". "Cuando mandaba la derecha, nos era más fácil. Con la mala conciencia de los franquistas conseguimos más que de nuestros camaradas tan seguros de sí mismos". Refiriéndose a las medidas conservadoras tomadas y de lo que consideraba excesivo "aburguesamiento" del Gobierno socialista decía que "algunos ministros se sienten muy bien con smoking".

Régimen de Autonomías

La estructuración del Estado español en comunidades autónomas es uno de los puntos más importantes que ofrece la Constitución de 1978. Ésta, en su artículo segundo, señala el derecho a autonomía de las regiones, a la vez que garantiza y reconoce la igualdad y la solidaridad entre todas ellas, basada en "la indisoluble unidad de la Nación Española, que es el país común a todos los españoles".

El texto de la Constitución fija las atribuciones que cada Comunidad autónoma puede asumir y cuáles son exclusivas del Estado. Así, por ejemplo, se reconoce el idioma castellano como la lengua oficial del Estado, aunque los otros idiomas españoles serán oficiales también en cada una de sus respectivas comunidades autónomas segun sus estatutos. De la misma manera, la bandera española es la oficial, aunque las comunidades tienen derecho a declarar oficial su bandera propia, que ondeará en actos oficiales y edificios públicos junto con la española.

El proceso de reconocimiento de las autonomías tomó varios años, siendo reconocidas las últimas en febrero de 1983. El mapa de España queda configurado así hoy, dividido en 17 comunidades autónomas, de extensión, riqueza natural, número de población y composición de provincias, muy variadas. Además, su misma razón de ser es muy variada: mientras unas, como Madrid, responden exclusivamente a razones político-administrativas, otras como Cataluña o el País Vasco responden a unas realidades históricas y lingüísticas reconocidas a lo largo de la historia.

El hecho de que ante la Constitución todas ellas sean consideradas iguales ha sido causa de que las llamadas "autonomías históricas" se sientan rebajadas a una consideración puramente política y administrativa, cuando ellas se consideran realidades históricas nacionales. La desigualdad patente de influencia política y económica de las varias regiones en la vida de la nación contribuye también a una rivalidad en cuanto al reparto de los recursos comunes. Las leyes que lo determinan no han sido bien recibidas por todas las regiones. En los últimos meses de 1985, Cataluña insistió en unas negociaciones sobre el presupuesto para 1986 que no fuesen "discriminatorias contra Cataluña". Pero la diferencia en riqueza y extensión de las regiones hace muy difícil encontrar una fórmula que no favorezca a las provincias más ricas en detrimento de las más pobres.

Un problema, que parecía agudo antes de la implementación de la Constitución, que hoy, aunque no ha desaparecido, es menos grave, es el llamado imperialismo regionalista, según el cual algunas regiones no se conforman con las fronteras que se les reconocen y buscan incrementarlas a costa de sus vecinos, con unas aspiraciones que se justifican por razones históricas o políticas de más o menos peso. Entre éstos, los más importantes son el vasco, que insiste en incluir en el País Vasco la provincia de Navarra, y el catalán, que aspira a absorber el antiguo reino de Valencia en el concepto de una Gran Cataluña. Estas aspiraciones, no compartidas por todos, han causado una peligrosa división en estas regiones, donde ambas posiciones han sido defendidas y atacadas con gran vehemencia, provocando muchas veces actos violentos.

El mapa de España

Con el proceso de implementación de la Constitución de 1978 ya terminado, el mapa de España ha tomado el carácter siguiente:

ANDALUCÍA: Málaga, Jaén, Córdoba, Sevilla, Huelva, Cádiz, Granada y Almería
ARAGÓN: Huesca, Teruel y Zaragoza.
ASTURIAS: una provincia, con su capital en Oviedo
BALEARES: una provincia, con su capital en Palma de Mallorca
CANARIAS: Las Palmas y Santa Cruz de Tenerife
CANTABRIA: una provincia, con su capital en Santander.

Las Regiones Autónomas

Corinne Abbazia Hekker

CASTILLA-LA MANCHA: Albacete, Ciudad Real, Cuenca, Guadalajara y Toledo

CASTILLA-LEÓN: Ávila, Burgos, León, Palencia, Salamanca, Segovia, Soria, Valladolid y Zamora.

CATALUÑA: Barcelona, Tarragona, Lérida y Gerona.

VALENCIA: Valencia, Alicante y Castellón de la Plana.

EXTREMADURA: Cáceres y Badajoz

GALICIA: La Coruña, Lugo, Orense y Pontevedra

MADRID: una provincia

MURCIA: una provincia, con su capital en Murcia.

NAVARRA: una provincia, con su capital en Pamplona.

VASCONGADAS: Álava, Guipúzcoa y Vizcaya.

LA RIOJA: una provincia, con su capital en Logroño.

Cataluña

El Estatuto de autonomía para la región catalana era el más avanzado, tanto en el proceso de su elaboración como en las esperanzas que el pueblo había puesto en su pronto reconocimiento. Tenía además una historia más clara. Por la lengua y por rasgos muy característicos de su cultura, los catalanes habían mantenido su conciencia individual frente a Castilla de una manera más definida que otras regiones de España. Su conexión con el pasado había sido más continua, siendo interrumpida sólo por imposición del gobierno central y sólo tolerada, pero nunca aceptada, por el pueblo catalán. Ya durante la Primera República, Cataluña insistió en un gobierno común para las provincias catalanas, y, durante la Segunda, la aceptación por el Gobierno de la autonomía de la *Generalitat*, fue unas de las razones de su lealtad republicana. Durante el franquismo, la reacción nacionalista vio en las divisiones aceptadas por los gobiernos republicanos un ataque a la unidad de España y, como tal, habían sido opuestas, llegándose incluso a la prohibición y la persecución de la cultura regional.

Para las provincias catalanas la democratización de España tenía que ir unida al reconocimiento de sus aspiraciones autonómicas. Un proyecto elaborado rápidamente en común por dirigentes catalanes y representantes el gobierno durante el verano de 1979, fue ratificado consecuentemente por las Cortes y, aprobado en referéndum regional por el pueblo catalán del 25 de octubre, fue puesto en vigor por la ley Orgánica del 18 de diciembre del mismo año.

El nuevo Estatuto no fue recibido, sin embargo con la aprobación unánime que se esperaba. La participación en la votación fue menos del 60% de los electores, siendo esta vez la causa las dificultades que los mismos dirigentes catalanes veían en ciertas propuestas que ellos mismos habían hecho. Al haber sido incorporado a la propuesta el principio democrático del voto individual, se corría el riesgo, como decía el diario *ABC* aquel verano, de "una hiperrepresentación de Barcelona y su cinturón industrial, exponentes de la sociedad catalana posindustrial y con una población casi mayoritariamente formada por emigrantes".

En efecto, Barcelona, cuya historia en defensa de las tradiciones populares, lengua y cultura catalanas todos reconocen, sufre en la actualidad una crisis muy difícil de medir todavía, pero que podría ser de gran importancia para el futuro de Cataluña y de la cultura catalana. La ciudad, que cuenta con una población muy numerosa de inmigrantes, en su mayoría de origen andaluz, pudiera muy bien llegar a ser dominada por éstos, cuya lealtad a las costumbres, lengua y tradiciones catalanas no está todavía definida. A ello se añade que la mayoría de estos inmigrantes, trabajadores de fábricas, que ocupan empleos bajos, son miembros activos de los partidos militantes de izquierdas, y, usando del Estatuto, podrían imponer fácilmente al pueblo catalán unas formas de gobierno totalmente ajenas al espíritu social y a las tradiciones del pueblo catalán. Los intentos de definir el "catalanismo" y establecer un sistema de asignación de un número de representantes que represente las comarcas y ciudades menos importantes y las tradiciones catalanas, frente al centralismo barcelonés han encontrado la oposición de los grupos interesados.

Para defender la lengua y la cultura catalanas, el gobierno de la *Generalitat* ha desarrollado una extensa campaña política y social para su desarrollo con detrimento, a veces, de las relaciones cordiales con otras regiones y el respeto a la unidad nacional, puntos ambos que por su asociación con el nacionalismo del régimen anterior, no son muy populares hoy en Cataluña. En la prosecución de este fin se llega a puntos de proteccionismo cultural paradójicamente análogos a los métodos nacionalistas aplicados durante el régimen franquista.

El problema vasco

El problema que presenta la situación en la región vasca, es todavía el más grave de cuantos enfrenta España hoy en día. Por una parte el carácter vasco, industrioso y trabajador, la riqueza natural de la zona y el tratamiento de preferencia que el gobierno siempre ha concedido a la región para ganar su lealtad, han hecho de las provincias vascongadas una de las regiones más industrializadas y ricas de todo el país. Por otra parte, la represión ejercida sobre los elementos separatistas de la región durante los años del régimen de Franco ha creado entre los vascos un sentimiento nacionalista agresivo y antigubernamental sin igual en el resto de España. A esto hay que añadir, que, contrario a la situación catalana, la política regionalista vasca está tiranizada por un movimiento revolucionario en el que se mezcla el ideal de un país independiente con la utopía de un estado en el que triunfe la revolución marxista.

El partido mayoritario en la región, y, en la actualidad, en el Parlamento vasco, es todavía el Partido Nacionalista Vasco, PNV, que favorece una autonomía limitada y un sistema político moderado. Aunque el segundo en representación popular es el PSOE, el frente político vasco está dominado por el *Herri Batasuna* (Pueblo Unido), que es una coalición de partidos que han adoptado como lema "Libertar a Euzkadi y construir el socialismo" con una independencia completa de España, cuya nacionalidad se niegan a aceptar como propia.

Más conocido todavía es el grupo ETA, rama militante desde 1959, que trata de conseguir los ideales de liberación y marxismo con el arma de agresión revolucionaria. La gran organizacion de este grupo y sus relaciones con el terrorismo europeo y del Oriente Medio, han hecho posible que, a pesar de su número reducido, sea capaz de una actividad terrorista brutalmente eficaz. Los métodos usados por ETA, que durante el régimen de Franco encontraban fácil justificación para la mayoría de los habitantes de la región, son ahora menos justificables. La inclusión entre sus víctimas de ciudadanos vascos, políticos o industriales, mantiene atemorizada a la población vasca, hasta el punto de que ésta se ve obligada a ofrecer ayuda y contribuciones impuestas por una auténtica "dictadura de terror". Acciones terroristas indiscriminadas, llevadas a cabo en Madrid y otras ciudades y en regiones de concentración turística, han causado una reacción violenta en la opinión pública contra las aspiraciones regionalistas vascas.

En los últimos años este terrorismo ha causado una reacción terrorista de signo contrario al de la ETA, con la formación de unos Grupos Antiterroristas de Liberación, GAL. De afiliación política indeterminada, sus miembros se han dedicado, con una efectividad brutal al margen de la ley, a la persecución de conocidos terroristas de la ETA. Ello, unido a las leyes antiterroristas aprobadas por el gobierno, amnistía a los "regresados", y la menor simpatía que sus acciones encuentran en Francia y en el resto de Europa donde los miembros encontraban refugio, ha hecho que el terrorismo, haya perdido su fuerza. Pero no ha desaparecido, y en ciertos sentidos, su continuación se hace más grave. A consecuencia de la aprobación del Estatuto de autonomía, tanto la política de *Herri Batasuna*, como las acciones terroristas de la ETA, entraron en una nueva etapa, ya que con frecuencia se enfrentan directamente con un gobierno vasco y con fuerzas del orden público que son también vascas. La continuación del terrorismo en el País Vasco está llevando a una guerra fratricida en la región, y a otra con el resto de España, que no está dispuesta a tolerar el terrorismo, ni a reconocer la independencia de las provincias vascas.

Retorno a las ideologías

Contra la opinión todavía común entre los observadores extranjeros, el peligro para la democracia española, sin ser inminente, es más de signo izquierdista que derechista o conservador.

En el Partido Comunista, la división entre la independencia del llamado eurocomunismo de Santiago Carrillo y la lealtad ciega a las consignas de Moscú exigida por otros representantes de la línea tradicional, han obligado al communismo español a definirse de nuevo como dictadura de partido, en la que no es admisible una desviación de las consignas dadas por la Central, sea ésta nacional o moscovita. Ante esta reafirmación de las posturas ideológicas tradicionales, temen muchos que la aceptación de la Monarquía y de la Constitución hecha por el PCE no sea más que una postura táctica que sus miembros van a mantener hasta que encuentren la oportunidad de implantar sus ideologías revolucionarias.

En el mes de abril de 1985, los miembros del Comité central pidieron la expulsión de Carrillo del PCE, a no ser que cese de intentar "la división" del Partido. Por el momento, tanto la división interna, como su radicalización ideológica y social han tenido como efecto inmediato la pérdida de la popularidad que, aunque no muy grande, el partido tenía.

Más importante es la división ideológica que se da en el PSOE entre los socialistas radicales, cuyo líder es Gómez Llorente, y los moderados, que siguen a Felipe González. Frente al programa pragmático de éste, se opone aquél a lo que califica como "una progresiva derechización" del Partido. Según él "el partido y los sindicatos no son más que dos intrumenutos para organizar la lucha de los trabajadores contra la clase dominante" y su programa exige "el retorno a las ideologías revolucionarias marxistas". Esta división entre sus miembros, aparecida ya en 1979, ha continuado en los últimos años y es considerada ya por los mismos socialistas como irreconciliable. A pesar de la victoria electoral del Partido en 1982, se ha agravado en los últimos años con las críticas cada vez más duras que el sindicato socialista UGT hace a la política del gobierno de González y con las manifestaciones públicas y huelgas organizadas para protestar contra sus medidas de austeridad fiscal. Aunque, por el momento, Felipe González continúa en la dirección programática del PSOE, la oposición que encuentra pudiera muy bien obligarle a cambiar su política de pragmatismo económico por otra de un mayor radicalismo revolucionario.

Frente a este renacer de las ideologías radicales de izquierdas, no es perceptible por el momento un fenómeno semejante en las derechas, ni se percibe todavía una gran actividad política por parte de las agrupaciones católicas. Aunque la disolución de UCD, permitió el desarrollo rápido de Alianza Popular, partido más conservador que el UCD, al que ha llegado a sustituir como partido representante de la mayoría conservadora, también éste se ha mantenido más pragmático que de acción y su ideología, aunque conservadora, es poco militante, al menos por el momento.

Tampoco el Ejército representa hoy una amenaza real, a pesar de que "el peligro militar" haya sido, y es todavía, usado con frecuencia como una llamada de advertencia. Para sentirse inclinado a "poner orden" por sí mismo, el Ejército tendría que recobrar la convicción, que tuvo en otra época, de que iba a cumplir una "misión liberadora" en defensa de la Constitución o de la Monarquía misma. Para que ello ocurriera de nuevo el Ejército necesitaría un apoyo popular mayoritario para la acción y una orden del Rey. Nada de ello parece posible hoy en día. Incluso con ésta, la intervención del Ejército, representaría un regreso, no al franquismo, sino al militarismo político de Primo de Rivera o del siglo XIX. Clara prueba de ello fue la reacción de los partidos conservadores y del Rey mismo a la aventura de Tejero, o del 23-F como se la llama, la cual fue en realidad un golpe vacío de fines y carente de verdadera importancia. Si alguna tuvo, fue de signo contrario al que se esperaba, pues los grupos conservadores demostraron desde el principio su falta de interés en apoyar al Golpe, y los de izquierdas una fe, nunca antes demostrada, en que la colaboración con la Monarquía y el sistema democrático establecido era el mejor camino a seguir. En este sentido, el malogrado golpe de estado fue lo mejor que pudo ocurrir para estabilizar la democracia en España e incrementar la popularidad del Rey, como persona y como institución, que, hoy por hoy, es la mejor garantía para el futuro político de la Nación.

Todavía se puede afirmar que el retorno a las ideologías, no es general y se refiere mayormente a los programas particulares de algunos grupos y partidos. En el orden nacional se tiene todavía miedo a las ideologías. Como decía un comentarista político durante la campaña electoral de marzo de 1979:

> Andan por ahí oráculos quejándose de que el debate ideológico es muy pobre, y a Dios gracias. Debates ideológicos bien ricos tuvimos en la década de los treinta por estas tierras, y ya se sabe como terminaron. . . Aquí, y ahora, se debaten cosas bien concretas, como es el paro, la inflación, o las autonomías, y aquí tienen que hacer muy poco las ideologías y mucho la capacidad de gobernar.

Y aquí está hoy el problema, puesto que el paro y la inflación son dos aspectos de la vida española que necesitan solución rápida; sin ella, los grupos menos favorecidos pudieran sentir otra vez la inclinación de buscar remedios más radicales.

Vida intelectual y artística

Una de las características más notables de la vida intelectual y artística de los últimos años es la conciencia cada vez más clara en artistas y críticos, de que la transformación política iniciada a partir de la desaparición del régimen autocrático no va acompañada de una semejante en la vida artística de la nación. Ni las figuras más importantes de las décadas anteriores han desaparecido, ni los movimientos por ellos iniciados han perdido su vigencia. Las libertades políticas de que goza la población, y la libertad social y moral que necesariamente acompañan a aquellas, no han dado como resultado un gran cambio ni en la temática, ni en las actitudes de los artistas, ni tampoco, realmente, en el gusto del pueblo.

En todas las manifestaciones artísticas se puede llegar a la misma conclusión. A pesar de la dictadura, censura, o intervención del Estado, las generaciones "mayores", pudieron ejercer su "mètier" y las jóvenes iniciar un desarrollo interior del que vive el arte último de España. Sin embargo, tras la dictadura, los artistas han tenido que proponerse el nuevo camino a seguir, sin la excusa ahora de condiciones políticas adversas. Por otra parte, se oye con frecuencia, sobre todo en el cine y teatro, la queja de condiciones económicas adversas, que hacen difícil la competencia con producciones extranjeras, en el caso del cine, o una falta de apoyo estatal que sostenga un teatro falto de público.

La libertad de prensa actual ha hecho innecesaria la publicación en el extranjero de obras teatrales, literarias o de cine, prohibidas por la censura en España. Por otra parte, muchas de estas obras, que, en los años pasados, recibieron atención por su fama de "prohibidas", no han sabido mantener su popularidad al dejar de serlo.

Entre las notas más positivas de los últimos años se puede apuntar el mayor contacto entre España y el resto de Europa, en unas relaciones más intensas y en todos los campos. Prueba de ello es, a fines de 1985, la dedicación de EUROPALIA 1985 al tema de la cultura española.[8] Con ella España parece haberse reintegrado, política y culturalmente, a Europa.

La novela

En ciertos sentidos se puede hablar hoy en España de una crisis de la literatura. Se trata de una crisis que no se debe tanto a la falta de calidad de escritos y escritores como a la falta y calidad de lectores, y que no se revela tanto en una disminución de títulos publicados o en cifras de edición, como en la mayor inclinación de los editores a concentrarse en temas de venta segura, y de costo de producción reducido.

En España, como en otros países también, la novela tiene que competir, no sólo con la literatura popular—subliteratura, hasta los *comics*— sino, sobre todo, con la industria audio-visual, radio, cine y televisión. Los éxitos comerciales de novela, *best-sellers,* señalan una dependencia de los medios audio-visuales muy semejante a la que se percibe desde hace ya años en otros países, pero que es nueva en España. Esta dependencia no se debe solamente a que se los propague a través de la publicidad de la radio o de la televisión, sino a que, en muchos casos, el libro ha sido antes un éxito de cine o, sobre todo, de televisión, siendo ello causa de una nueva demanda. Este es el caso, entre otros, de la novela de Emilia Pardo Bazán *Los pazos de Ulloa,* de obligada reedición ante el éxito de la serie televisiva. Aunque la importancia de la confabulación de ambas industrias no es tan grande en España como en otros países, sobre todo en los EEUU, es suficiente para que la industria ejerza en la actualidad una enorme presión para romper el monopolio que el Estado todavía ejerce sobre la programación de la televisión.

Pero no es solamente la televisión y el cine, es también el bajo nivel de lectura. Como ha dicho un crítico literario, hoy en día, "la gente prefiere gastarse mil quinientas pesetas en una botella de champán a setecientas en una buena novela".[9]

Desde el punto de vista literario, no se puede hablar de una ruptura, de temática o técnica, en la novela a partir de 1975, sino de una transformación evolutiva de gustos y preferencias de autores, críticos y público, que ya era de notar en los años anteriores, pero que se aceleró tras la desaparición de la censura. La lectura más apasionante ha sido en los últimos años la de aquellos libros que venían a interpretar o reinterpretar el pasado inmediato. Así durante este tiempo se multiplicaron los que tratan de explicar la historia y acusan al régimen anterior su injusticia y sus fallos, con un descuido de la literatura de ficción

De los escritores ya reconocidos desde la época anterior, son de notar, Camilo José Cela, con su *Nuevo viaje a la Alcarria*, Miguel Delibes, conocido desde 1948, por su *La sombra del ciprés es alargada* y cuya producción había continuado ininterrumpida desde entonces, *Parábola del náufrago*, 1969, *El príncipe destronado*, 1974, y llega a la década de los 80 con *Los santos inocentes,* 1981, y Juan Goytisolo, quien recibió el premio de literatura Europalia 85 en Bruselas, y cuyas obras son apreciadas en su espíritu de exilio voluntario y por su especial interés por otras culturas. Otros son Juan Benet, quien, tras su libro de relatos *Nunca llegarás a nada,* publicado en 1961, se mantiene como escritor de primera línea con su última novela *Herrumbrosas lanzas,* 1984, y Juan Marsé, cuya novela *Si te dicen que caí,* había sido publicada en Méjico, 1973, y continúa su labor con *Las muchachas de las bragas de oro,* 1979, *Un día volveré,* 1982, y otras todavía más recientes.

El teatro

Las libertades políticas en 1976 tuvieron como consecuencia no sólo la eliminación de la censura, sino también, por un tiempo, de las ayudas y subvenciones del Estado para el teatro. Además un teatro escrito en un ambiente de oposición y denuncia del autoritarismo, ya sin validez, no fue capaz de despertar el interés de un público cada vez más interesado por el cine y la televisión. Por ello, al hablar de la crisis del teatro español de hoy la palabra toma una complejidad notable, pues se refiere a unos aspectos económicos, a otros relacionados con el interés del público, y otros, al fin, que tocan a la transformación del teatro escrito en estos últimos años.

El puente con el pasado inmediato en teatro lo forma Miguel Mihura, quien en 1976, fue nombrado miembro de la Real Academia de la Lengua, y cuyo teatro ha tenido una revalorización en los últimos años. Buero Vallejo, generalmente reconocido como el más importante de los dramaturgos contemporáneos, y cuya obra continúa con *La detonación,* 1977, *Jueces en la noche,* 1979, y *Caimán,* 1981. También, Alfonso Sastre, que, en 1976, publicó su *Pipirijaima, la sangre y la ceniza,* obra escrita en 1965, y versiones de obras de Sartre. Más joven es Ana Diosdado, que, a pesar de escribir un teatro para el público, trata de dar a sus caracteres y situaciones una mayor profundidad intelectual, *Usted también podrá disfrutar de ella,* 1973, *Los comuneros,* 1974, y cuya actividad continúa hasta el presente.

Lauro Olmo, también conocido desde la década anterior, es parte de un teatro nuevo "realista", con conciencia social, *Mare nostrum S.A.*, en el que critica las consecuencias negativas del turismo, y *La condecoración*, testimonio sobre la juventud del día. José María Rodríguez Méndez, cuyo teatro, social, comprometido y de denuncia, continúa ya una tradición que había iniciado en las décadas anteriores. Y Antonio Gala, cuyo teatro, lleno de ironía, sabe atraer al público, desde *Los buenos días perdidos*, 1972, y *¿Por qué corres Ulises?*, 1975, hasta *El cementerio de los pájaros*, 1982. Su *Petra regalada*, 1979, fue uno de los mayores éxitos de público de los últimos años.

Caso singular es el de Fernando Arrabal. Éste había logrado su fama en Francia y es conocido en los círculos críticos académicos norteamericanos, en el que constituye la quintaesencia del teatro *clandestino*, o prohibido. Sin embargo, la representación de sus obras *Oye, patria mi aflicción* y *El cementerio de los automóbiles*, defraudan al público español y no son apreciadas por la crítica. Más tarde el estreno de *El arquitecto y el emperador de Asiria*, en Barcelona y en Madrid, 1983, demostró que su teatro es marginal al gusto actual del público y de la crítica española. Tampoco sus novelas han sido mejor recibidas por la crítica, tras una "decepcionante" *La torre herida por el rayo*, publicada en 1985, *La piedra iluminada* tampoco ha sido recibida muy bien, siendo considerada "brillante en ocasiones, demasiado pálida casi siempre". El de Arrabal es un caso notable por indicar que la oposición política ya no es suficiente para fundamentar una fama.

En los últimos años se aprecia un interés mayor por parte del gobierno en la protección y desarrollo del teatro, no sólo en las grandes ciudades sino también en las provincias y ciudades menores.[10] Pero hay un excesivo número de teatros y de compañías, lo cual hace que, aunque haya aumentado el número de espectadores de 1978 a 1985 en casi un 50%, el porvenir económico de la mayor parte de ellos no sea muy optimista. Como decía un miembro del Ministerio de Cultura: "En España hay casi más aspirantes a actor que espectadores". Es decir, que el primer problema del teatro actual es la conquista del público.

La poesía

A pesar de la desaparición de la censura y de una completa libertad de expresión, tampoco se percibe en la poesía actual, ni un renacer notable ni una transformación profunda tal como, quizá, se hubiera esperado. Con notables excepciones, se advierte que el motivo principal en la publicación de obras poéticas no es el afán estético de sus editores sino el publicitario y comercial. Como con la literatura de ficción, también con la poética se tiende a evitar el riesgo de nuevos talentos.

Entre los "novísimos", o última generación poética, se puede destacar a

José Cohen, Premio Nacional de Poesía 1982, Antonio Colinas con una poesía personal algo surrealista, *Noche más allá de la noche,* 1983; José María Álvarez (n. 1942) cuya obra, *Museo de cera, Tosigo ardento,* ha sido traducida ya a varios idiomas; y también Jaime Siles (n. 1951), valenciano, aunque de padres andaluces y residente en Austria, a quien se considera, por su obra, *Alegorías, Música de agua,* uno de los poetas más prestigiosos de hoy. Y Juan Carlos Mestre (n. 1957), premio de poesía 1985 Adonais, por su libro *Antífona de otoño en el Bierzo,* cuya poesía señala una corriente neorromántica, que supera ya las anteriores tendencias surrealistas.

Con el pretexto de buscar una línea personal, esta generación se manifiesta como una mezcla de tradición y modernidad (con modelos tales como Rilke, Paul Verlaine y Hölderlin), respeto y menosprecio de los pasados (sobre todo de Miguel Hernández, "mal poeta, provinciano y de escasos recursos").

Por razones económicas, además de las estéticas, se da todavía preferencia a los nombres ya establecidos que pueden atraer mayor atención de los críticos y, quizá, de los lectores. Así, se publica y reedita la obra de José Ángel Valente y de Francisco Brines. Pertenecientes a una generación anterior, pero cuya obra se mantiene en aprecio, son Carlos Bousoño, profesor y crítico, nombrado, en 1980, miembro de la Real Academia de la Lengua, y José García Nieto, que lo fue en 1982 y cuya obra, reconocida anteriormente, continúa con la publicación de otros libros en verso a lo largo de la década, por ejemplo, *El arrabal,* de 1982.

En estos años se ve continuada todavía la obra de la llamada "Generación del 27" con Vicente Aleixandre, premio Nobel de Literatura, Jorge Guillén, que regresa del exilio y fallece en 1984, cuya obra se reedita y aumenta en 1975 con *Y otros poemas.* En 1977 recibió Guillén el Premio Cervantes, el más prestigioso de las letras españolas. Ya lo habían recibido con anterioridad Dámaso Alonso, quien a pesar de su edad mantiene su labor poética, y Rafael Alberti, que, en 1979, publica *Coplas de Juan Panadero,* libro en el que recoge algunas poesías escritas en el exilio y otras posteriores.

La pintura

Aunque este período se distingue por la desparición de figuras ilustres, Joan Miró (1893-1984), Joan Pons (1927-1984), Manuel Ángeles Ortiz (1895-1984), el pintor de la "Generación del 27", la pintura se mantiene anclada en las direcciones apuntadas ya en las décadas anteriores, fundamentalmente figurativismo y abstracción.

Juan Barjola (n. 1919) es considerado como uno de los mejores representantes del expresionismo español contemporáneo. Recibió en 1985 el Premio Nacional de Artes Plásticas. El catalán Antoni Tapies (n.1923), escultor y pintor, ha continuado activo durante una larga carrera artística. Comenzó en la corriente surrealista para pasar a un aformalismo y finalmente derivar a un neo-formalismo. Su importancia en la pintura actual queda reconocida por su reciente nombramiento como miembro de la Real Academia de Bellas Artes de Estocolmo. Con anterioridad ya lo había sido del Royal College de Londres y de la Academia de Berlín.

A la generación siguiente pertenece Guillermo Pérez Villalta (n. 1948), que recibió el Premio Nacional de Artes Plásticas de 1985, y es representante de una vanguardia figurativa netamente española

La influencia de las generaciones anteriores se mantiene en los pintores más jovenes, a pesar de su deseo, frecuentemente expresado, de demostrar su independencia de las tradiciones pasadas, incluídas las de vanguardia. Es nota característica en las corrientes actuales el intento consciente de una mayor correspondencia con las tendencias europeas de última hora, aun a riesgo de perder su carácter nacional.

La escultura

La escultura está representada en la actualidad por artistas ya consagrados en las décadas anteriores. Pablo Serrano (1910-1985), aragonés de nacimiento, residió en Uruguay hasta 1954. En sus obras alterna una línea superrealista, *Unamuno* (fig. 16.4), que se encuentra en Salamanca, y *Gregorio Marañón*, en la Ciudad Universitaria de Madrid, con una especie de cubismo y, más tarde con un juego de bóvedas concavas y convexas o líneas rotas en bronce, *Bóvedas para el hombre, Hombres-bóveda* (fig. 16.5). Una de sus "bóvedas" mas importante adorna el paseo de la Castellana en Madrid, otra la Universidad de Houston, Tejas. Su última obra fue una escultura del rey Juan Carlos para la sala de las Cortes en Madrid.

Eduardo Chillida, nacido en San Sebastián (1924), ha venido usando desde su primera escultura en acero, claramente no figurativa, de 1951, materiales muy diversos, mármol, alabastro, tierra, hormigón, acero (fig. 16.6). Su característica más importante parece ser la importancia que da a los materiales que usa. Sus obras, más que imágenes de hierro u hormigón, es hierro y hormigón en imágenes. Sus creaciones son una mezela de ecos, vasos y abstracciones geométricas, *Gudari*, 1974-75, *Modulación del espacio*, 1963, *Lurra*, tierra, 1985, parecen estar concebidas en relación con el espacio donde han de ser exhibidas. Chillida ganó el Gran Premio Internacional de escultura en la Bienal de Venecia de 1985.

Una generación anterior representa Jorge de Oteyza (n.1908), figura principal del constructivismo español, que abandonó la escultura en activo desde 1958. Su reconocido mérito le ha valido la Medalla de Oro de Bellas Artes que le fue concedida por el Rey en 1985.

Recipiente también de la Medalla de Oro de 1985 ha sido el canario Martín Chirino, cuya escultura sigue estrictamente líneas no imitativas.

16.4   Monumento a Unamuno en Salamanca, obra de Pablo Serrano

16.5   Bóveda, obra de Pable Serrano   16.6   Escultura de Eduardo Chillida

Cine español

La historia del cine español como espectáculo de masas es larga, comenzando con sus primeras producciones ya a fines del siglo pasado. Durante las primeras décadas de este siglo, el cine se hizo espectáculo de masa dirigido al pueblo con películas de estilo y espíritu popular, que estaban en consonancia con los espectáculos "típicos", como la zarzuela, tan en boga durante el mismo tiempo, y obras literarias de gran popularidad, cuyos títulos y éxitos explotaban. Así nacieron *La Verbena de la Paloma* (1921), *Currito de la Cruz* (1925), *La Casa de la Troya* (1925), *La Hermana San Sulpicio* (1927), que se repitieron en películas del mismo título y que también alcanzaron gran éxito en la pantalla.

Esta tradición fue continuada en la década de los años treinta con otras de espíritu "castizo" nacional, tales como *La hermana San Sulpicio* (1934), *Nobleza Baturra* (1935) y *Morena Clara* (1936), que también alcanzaron gran popularidad en España, consagradas en parte por la fama y la belleza de las artistas que las representaron, Imperio Argentina y Estrellita Castro. Con estas películas, se comienza a abastecer el mercado latinoamericano, en el que también encuentran gran éxito. Por los mismos años, Luis Buñuel comienza a usar del medio cinematográfico para una crítica social. De este género es *Las hurdes* (*Tierra sin pan*, 1932), que, por la dureza del realismo de sus imágenes, fue censurada por el Gobierno republicano.

La Guerra Civil llevó a los contendientes a realizar producciones que servían claramente a fines de propaganda política. Son notables, por ejemplo, aunque por razones diferentes, *El Alcázar*, que ensalza el sitio y la defensa del Alcázar de Toledo por el general Moscardó contra las fuerzas republicanas; y *Sierra de Teruel*, que subraya y lamenta el abandono de la República por las naciones democráticas.

El sentido nacionalista, tan en boga a raíz de la victoria de Francisco Franco, ayudó a mantener la dirección populista, con *Suspiros de España* (1939), *Carmen, la de Triana* (1938), a la vez que se continuó llevando a la pantalla obras literarias de ficción, como *El escándalo* (1943), *El clavo* (1944), *Don Quijote de la Mancha* (1947), o de género histórico, éste, sobre todo, con un sentido nacionalista marcadamente idealizado, *Los últimos de Filipinas* (1945), *Locura de amor* (1948). A la vez, la legislación proteccionista del gobierno restringía la importación de películas extranjeras y exigía el doblaje al castellano de todas las importadas.

El nacimiento del nuevo cine español se puede situar hacia los años cincuenta, perteneciendo a la primera generación de películas, *¡Bienvenido, Mr. Marshall!* (1952) dirigida por Luis García Berlanga, continuada en los años siguientes con *La muerte de un ciclista* (1955) y *Calle Mayor* (1956), todas ellas en una vena neorrealista y que reciben ya una atención favorable en el extranjero.

En 1960 Luis Buñuel fue a Madrid para dirigir, en producción conjunta con Méjico, la película *Viridiana*. Presentada en el festival de Cannes de 1961, llega a ganar uno de los premios del Festival; pero, atacada por la prensa católica europea por su presentación de cuadros y momentos ofensivos a los sentimientos religiosos, fue prohibida en España.

Con la paulatina democratización del régimen de Franco durante sus últimos años, comienzan a ser producidas algunas películas de auténtico valor artístico que despiertan además gran interés en el público. Entre ellas figuran *Tristana* (1970), de Luis Buñuel sobre la novela de Pérez Galdós, que consigue múltiples premios y obtiene gran éxito; *Tormento* (1974) y *La Regenta* (1974), también sobre clásicos de la literatura. Temas originales fueron *Furtivos* (1975), drama rural de José Luis Borau, y *Cría cuervos*, (1975) de Carlos Saura, un drama sobre una niña en una casa marcada por la muerte. Ambas obtuvieron también notable éxito.

Con el fin del régimen de Franco y la desaparición oficial de la censura, el cine intenta la exploración de temas prohibidos anteriormente, unos políticos, otros de comedia satírica. Entre éstos, por ejemplo, *La escopeta nacional* (1977), de Luis G. Berlanga. El público, sin embargo, se abalanza a ver las películas extranjeras prohibidas anteriormente por razones políticas o, incluso, de moralidad pública, olvidando el cine nacional.

En la última década, a medida que el uso de la televisión se populariza y mejora en cantidad y calidad su programación, la asistencia a las salas de cine decae. Sin embargo, en estos años llega el cine español a su madurez con notables producciones, que atraen numeroso público en España y la atención internacional. Unas están basadas sobre temas literarios, como *Últimas tardes con Teresa* (1984) de Gonzalo Herralde y *Los santos inocentes* (1984) de Mario Camús. Esta última premiada en Cannes 1984 por la interpretación de caracteres masculinos. Otras sobre la Guerra Civil, como *La colmena* (1983), de Mario Camús, premiada en Berlín, 1983. Otras todavía son temas originales como *Carmen* (1983) de Carlos Saura, premiada en Cannes el mismo año y que ha obtenido un gran éxito en España y en el extranjero. La comedia española queda representada en la actualidad con *Las bicicletas son para el verano* (1984) de Jaime Chavarri, que ha tenido un gran éxito.

El cine se enfrenta en España, al igual que en los demás países occidentales, con la competencia de la televisión, aumentada todavía más en los últimos años con la popularidad de los videocasettes. Sin embargo, desde el punto de vista de espectáculo público, la asistencia a los cines es todavía parte de las costumbres españolas; en todas las ciudades se celebran los fines de semanas con una visita casi obligatoria a una de las salas de cine. Por otra parte, el cine español tiene la competencia de las producciones extranjeras, que por su número y calidad siguen atrayendo al gran público.

La vida social

En términos generales se puede afirmar que el fin del régimen de Franco y la instauración de un sistema político democrático no ha transformado profundamente la vida social de los españoles, aunque, como en la vida política, ha acelerado una liberalización que, de hecho, se había iniciado ya en los últimos años precedentes. Ya desde la década anterior, al ser la de Franco una dictadura más pragmática que ideológica, eran las circunstancias económicas, más que una herencia ideológica del pasado, o la reacción contra ella, las que gobernaban el desarrollo de la vida social de los españoles.

En la actualidad, España está sufriendo una crisis económica de índole semejante a la que han experimentado otros países, aunque por su duración y el número de la población afectada, haya probado ser mucho más grave. El continuo desarrollo económico que España experimentó durante el último cuarto de siglo encontró un fin rápido con la crisis de petróleo. Esta se sintió en España, quizá más que en otros países, por su mayor dependencia de importaciones de petróleo del extranjero. La inflación, unida a una recesión económica, confrontaron a la nación con la realidad de que sólo unas medidas de austeridad económica podrían salvar el bienestar relativo conseguido por los españoles. Las medidas tomadas por el gobierno de Suárez no dieron todos los resultados esperados. Si bien redujeron la inflación, causaron al mismo tiempo un paro obrero y una recesión industrial casi tan graves como la inflación que pretendían eliminar. Las consecuencias políticas fueron graves para el gobierno, ya que, en la campaña electoral del año 1982, una mayoría de la población optó por votar en favor de los socialistas, que prometían una mejoría rápida de la situación económica.

Tras la victoria socialista de 1982, ese mejoramiento no fue tan fácil como las promesas electorales habían hecho esperar. Para conseguir su mejoría se introdujo una serie de medidas restrictivas a las industrias en cuanto a horas de trabajo de los empleados, a la vez que prohibición del llamado "pluriempleo", endémico en la sociedad española, y la supresión de empresas estatales o subvencionadas por el estado, que no demostraran un saldo positivo. No obstante estas medidas, muchas de ellas poco populares entre los obreros y trabajadores industriales y pequeñas empresas, la situación económica no ha sido capaz de una mejora notable. Hoy, como hace ya años, el paro obrero y la inflación son los dos problemas más urgentes, pero cuya solución no se ve todavía. Como resultado, se nota un deterioro profundo en la vida de las centros urbanos, sobre todo en los aspectos de seguridad pública.

A pesar de todo ello, la vida española mantiene un ritmo tradicional incrementado por el mayor número de individuos que disponen de medios económicos y la mayor prisa en gastarlos que demuestran por miedo a que la inflación les reste su poder adquisitivo. En este sentido, la sociedad española se distingue poco de las de otros países, demostrando los mismos deseos por una mecanización que haga la vida mas fácil: automóbiles, televisores, máquinas de lavar y de fregar, ya comunes en numerosas familias; o una automatización de confección y de servicios, también ya muy extendida. Una visita a un supermercado o unos almacenes se distingue muy poco de una a comercios semejantes en otros países. Aunque el consumismo, y en general, los gustos, modas y costumbres adolecen del mismo sentido internacional que también se observa en otros países, la influencia que Norteamérica ejerce es todavía la mayor y la determinante, sea por importación de sus estilos y productos o por su adaptación a las formas españolas.

Como la vida política, también la social está dominada en la actualidad por un pragmatismo impuesto por el bienestar material amenazado por la presente crisis económica. Pero éste, más que servir de acicate a la acción, parece resolverse en un sentimiento general que oscila entre el temor del futuro y la despreocupación. En la España actual, democracia significa para muchos una despreocupación, más o menos absoluta, de toda clase de ideologías y doctrinas, sean éstas totalitarias o democráticas. Esta actitud, por lo extendida que está, ha necesitado de una palabra nueva, "pasota", con la que se designa a los que "se pasan", es decir, se despreocupan de todo. En contraste con ella, se advierte en España un mayor interés por el entretenimiento y las diversiones, que se traduce en una gran aglomeración de público en el fútbol, toros, cines, teatros y salas de espectáculos. Más reciente y expresion de una generación de jóvenes adultos es la llamada "Movida", que manifiesta con frecuencia una elegancia decadente digna de una nueva *Belle Époque* europea o los *Roaring Twenties* americanos. Elegante, sibarita, despreocupada y, de una manera u otra con medios económicos, sus adeptos viven al margen de los problemas y necesidades de la sociedad mayoritaria de la que no se sienten parte. Como una de sus más conocidas representantes respondió al ser interrogada en una entrevista para la televisión acerca de su interés por la política: "más me interesa tener una cita con un político que votar por él".

Según una encuesta realizada recientemente por el Ministerio de Cultura, un 38% de la población española asiste con cierta regularidad a espectáculos deportivos, y un 37% al cine, pero sólo un 16% al teatro. Extrañamente excluido de la encuesta quedó el porcentaje de españoles que miran la televisión diariamente y por cuántas horas.

En el campo del teatro hay que tener en cuenta que el gran público prefiere los espectáculos de revista ligera y musical. Por ejemplo, el record de recaudación para el año 1985, fue la revista *Sí, al amor.*

Continúa siendo muy popular la costumbre de salir a comer a restaurantes y es notable el número de cafés y bares que hay en las ciudades españolas. Los bares, sobre todo, con sus aperitivos escogidos y sibaríticos, constituyen un lujo muy del gusto español. A pesar de que los precios parecen ser prohibitivos, la asistencia a locales de diversión y espectáculos, las consumiciones en bares y cafés, y, en general, las compras de los artículos más variados, desde los de primera necesidad hasta los de mayor lujo, dan la sensación de un ritmo urgente, de una prisa nerviosa. Como Chicago y Nueva York, Madrid y Barcelona son ciudades apresuradas. Pero en ellas, como decía un humorista español, "no se tiene prisa en trabajar, sino en vivir". Sin embargo, la vida nocturna, tan del gusto español, la visita al café o al bar tras una salida al cine u otro espectáculo público, está en decadencia por la falta de seguridad en las calles de las grandes ciudades, decadencia tanto más notable en España cuanto mayor era la costumbre de la vida nocturna.

Uno de los aspectos de la vida española en la que se advierte más claramente la liberalización de la vida es en la llamada moral pública. Por muchos años, durante el régimen de Franco, los organismos encargados de la censura se habían preocupado tanto de las ideologías como de los valores morales defendidos o atacados, en escritos o presentados en los espectáculos públicos. Con la eliminación de los organismos encargados de ella, también fueron eliminados los límites a la moralidad pública. En consecuencia, el público de lectores y espectadores goza hoy en España de una libertad tan grande o mayor que en las demás capitales europeas. En realidad parece que el español ha descubierto al fin el goce abierto de la sexualidad. Numerosas revistas de interés primordialmente político y literario incluyen fotografías de desnudos, dignas de revistas eróticas. Éstas, españolas o ediciones en español de otras americanas o europeas, se ofrecen abiertamente al público en kioskos y librerías. En los últimos años, la gran mayoría de las películas de estreno de Madrid usaban del erotismo como motivo principal de atracción, los teatros exponían al público como propaganda fotografías de desnudos, anunciando "desnudos frotales de larga duración" como la atracción más importante. El año 1977 España fue, además, el país europeo que presentó un porcentaje mayor de películas eróticas al concurso cinematográfico de Cannes, en Francia. Aunque ya en 1972, la película más famosa de la temporada había sido *El último tango en París,* prohibida en España por razones de moralidad pública, pero que un gran número de españoles vio en las localidades del sur de Francia, donde se proyectaba con subtítulos en español.

A pesar de que el terrorismo es la nota que los diarios sensacionalizan con más frecuencia, no es la que los españoles sienten con mayor intensidad en la actualidad. Ésta es la falta de seguridad pública de que España, como también otros países, sufre en un grado nunca antes conocido. Ello hace que los españoles vayan dejando de salir de noche con la libertad con que antes lo hacían. Incluso durante el día, robos de establecimientos o a individuos abundan en las grandes ciudades. Se han apuntado dos causas, el desempleo y el abuso de la droga.[11] Ambos son problemas graves en la sociedad española actual.

A pesar de ello, o quizá, ayudado por todo ello, el español mantiene su humor tradicional, su acostumbrada simpatía y, sobre todo, su actitud un tanto hedonista que define todavía con su tradicional axioma de que "se trabaja para vivir, no se vive para trabajar".

La vida religiosa.

En pocos aspectos de la vida española se perciben los deseos de una liberalización de la vida y la falta de interés por las ideologías con mayor claridad que en la vida religiosa del pueblo. Por primera vez en la historia de España como nación, la religión católica ha dejado de ser para la mayoría de los españoles esencial al sentimiento nacional. No sólo se acepta la libertad religiosa del individuo y la separación del Estado y de la Iglesia sino que otras creencias religiosas son consideradas compatibles con el catolicismo.

El católico español, conocido a través de la historia como defensor incondicional de la ortodoxia dogmática, rechaza hoy el dogmatismo católico como si éste fuese una imposición política y no parte integral del catolicismo histórico. Lo mismo ocurre con las normas eclesiásticas. En consecuencia, se advierte un menor cumplimiento de las leyes eclesiásticas y menor asistencia a los oficios religiosos. Se ha generalizado, además, una postura abiertamente opuesta al catolicismo tradicional en puntos fundamentales, como el control de la natalidad, el aborto y el divorcio, que son defendidos con la misma dedicación que lo hacen otros países no católicos. En encuestas realizadas en 1974 el 87% de los hombres interrogados y el 57% de las mujeres se declararon a favor del divorcio. En términos generales se puede afirmar que entre los católicos de hoy se nota una inclinación a aceptar formas de pensar muy próximas al "libre examen" protestante y una falta de fe religiosa sin precedentes en España.

Esta falta de interés por la Iglesia como institución y por sus doctrinas morales como normas de vida, se ha traducido, como también en otros países, en una disminución dramática del número de jóvenes de ambos sexos que quieren dedicar su vida al servicio de la Iglesia, que, por primera vez, está pasando en España por una aguda crisis de vocaciones religiosas.

En el campo de la política nacional, la Iglesia española, ya desde los últimos años del régimen de Franco, había tratado de compensar su pasada identificación con el régimen, con un mayor distanciamiento y una menor intervención en la vida política. Para muchos eclesiásticos las relaciones ideales entre la Iglesia y el Estado eran la separación total entre ambos poderes, lo cual es también una noción nueva en España. Sin embargo, ante el proyecto de Constitución, el cardenal primado, monseñor González Marín, objetó en una carta pastoral a lo que, en su opinión, era una constitución "agnóstica", que no garantizaba la libertad de enseñanza, ni protegía los valores morales de la familia. A ella contestó el diario *ABC*, de conocida tradición derechista, conservadora y católica, con el reconocimiento escueto de que una constitución ya no podía ser escrita para un pueblo de católicos porque "muchos son los españoles que, sin abandonos o negaciones espectaculares de su fe, viven de hecho con una ética y unos modos de pensar ajenos al catecismo, y también son españoles". A otra carta firmada por 19 obispos en la que insistían que los católicos españoles debían votar en las elecciones de 1979 por los programas más de acuerdo con las doctrinas católicas, contestó un canónigo de la catedral de Málaga: "¿Por qué seguir llamando "Iglesia", sin más, a un grupo de obispos, divididos entre sí, que no logran sacar un documento incisivo, porque actúan democráticamente?"

Parece evidente que la Iglesia española, eclesiásticos y católicos en general, están desarrollando una nueva conciencia política y social menos autoritaria y más compatible con una sociedad que, como tal, ha dejado de ser católica. En contraste, el cardenal Enrique y Tarancón, uno de los eclesiásticos más liberales de las últimas décadas y conocido por sus repetidas críticas al régimen de Franco, se lamentaba recientemente de las consecuencias de la liberalización "excesivamente rápida" de la sociedad española, de "su pérdida, a consecuencia de ella, de valores religiosos y morales, de la desintegración de la familia".

Pero no quiere decir todo ello que los españoles hayan dejado de ser católicos. Incluso dentro de una actitud despreocupada, se preocupan por la religión y quieren que sus hijos lo hagan, como decía un incrédulo que enviaba a sus hijos a la iglesia "por si acaso fuera verdad".

Todavía en la actualidad la Iglesia cuenta con un gran número de escuelas y colegios, de gran prestigio, a los que asisten un gran número de los estudiantes de segunda enseñanza del país. También sus agrupaciones siguen activas, aunque cuenten con menor número de miembros y menos confianza en el apoyo oficial. Aunque el católico se siente tentado como nunca antes a seguir el materialismo de la vida moderna, y las formas abiertas de la sociedad de hoy, la crisis del catolicismo español consiste fundamentalmente en que los católicos españoles quieren sentirse responsables de su religión, ser, o no, católicos por elección y convicción, no porque así lo exijan unas formas sociales o políticas impuestas por tradición y costumbre. Esto, claro está, no es necesariamente un mal pronóstico.

A modo de conclusión

La brevedad de este último período y la proximidad de los acontecimientos que en él se incluyen dan a estas últimas observaciones un valor provisional. Es importante su inclusión porque en los acontecimientos se percibe, con suficiente claridad, los cambios espirituales que parecen situar a España en una encrucijada de su historia.

Nunca se puede volver a ser lo que se fue, y así tampoco el pueblo español volverá a ser lo que fue. Es posible, y de desear, que tras las experiencias pasadas, aprendan los españoles de hoy, mejor que los de ayer, a practicar la contemporización, palabra tan española, como poco usada a través de la historia por su sabor antidogmático. No se trata de que España sea de ésta o de aquella manera, sino de tal manera que todos los españoles puedan convivir en ella.

Al cerrar estas líneas, unos acontecimientos parecen apuntar la dirección que en el futuro próximo va a seguir la vida española. En la política exterior, la aceptación en referéndum de permanencia de España en la NATO y la realidad de su ingreso en el Mercado Común. En la política interna, por primera vez en la historia de España, un príncipe heredero ha jurado la Constitución ante un Parlamento elegido democráticamente. Con semejante ceremonia, el 30 de enero de 1986, el hijo de los Reyes Juan Carlos I y Sofía de Grecia, al cumplir 18 años de edad fue reconocido como heredero a la Corona de España con el nombre de Felipe VI de Borbón.

A pesar de que la historia, ya vieja, de España se mantiene con sus puntos negros, es de esperar que continúe su integración política y económica con la comunidad europea, con un régimen de paz, progresivo y beneficioso para todos los españoles. Los acontecimientos de los últimos años parecen ser promesa de ello.

NOTAS

1. Dolores Ibarruri (n. 1895, en Gallarta, Vizcaya), miembro del Partido Socialista desde 1917, escribió artículos políticos de espíritu revolucionario firmados con el seudónimo de *La Pasionaria*, con que se la conoce desde entonces. Cofundadora del Partido Comunista Español, ha sido siempre una ferviente seguidora de la línea leninista-stalinista. Hasta su regreso a España, residió en Moscú, donde en 1942, fue nombrada secretaria General del Partido Comunista Español en exilio.

2. Los resultados de estas elecciones dieron a UCD 34.71% del voto con 165 escaños, PSOE 29.25% con 118, PCE 9.24% con 20, AP 8.34% con 16.

3. El American Productivity Center estima que la productividad del trabajador español en 1977 era solamente un 30% de la del americano. Y el Departamento del Trabajo de los EEUU calcula que el crecimiento de su productividad fue, durante los años 1970-1977, de un 4.5% anual, lo cual sitúa a España en el décimo lugar entre las doce naciones más avanzadas. Esta falta, tanto de productividad como de su crecimiento, no es culpa del trabajador solamente, sino también de los métodos y maquinaria que usa.

4. En las elecciones, UCD ganó 168 escaños, 3 más que en 1977, pero 8 menos de los necesarios para mayoría absoluta. El PSOE, con sus ramas vasca y catalana 121, 3 más que en 1977, y el PCE 23, también tres más que en 1977, mientras que la coalición democrática-derechista sólo consiguió 9, con una pérdida de 7. En el Senado, de los 208 senadores de elección, UCD obtuvo 120, y el PSOE 68.

5. En estas elecciones el PSOE obtuvo 46.07% del voto con 201 puestos, de 121, de un máximo de 350; Alianza Popular 25.35%, 105 puestos, de 9, PCE solamente un 3.87%, 5, de 23.

6. Según los datos de la Dirección General de Aduanas, las exportaciones de productos españoles han subido desde casi un millón y medio de millones de pesetas en 1980, hasta más de cuatro en 1985, mientras que las importaciones, sobre todo maquinaria, vehículos y aparatos mecánicos, subieron de casi dos millones y medio de millones en 1980 hasta cinco en 1985.

7. El presupuesto se puede llamar austero; mientras los de 1983, 1984 y 1985 representaron un aumento de un 25.8%, 19,6% y 13,2% respectivamente, el de 1986 será tan sólo de un 11,2%.

8. El festival de Europalia, que se viene celebrando desde 1969 en Bélgica, había presentado a siete naciones: Italia, Países Bajos, Gran Bretaña, Francia, Alemania Federal, Bélgica y Grecia. El festival cubre, en múltiples exposiciones, todos los aspectos de la cultura del país, en su historia y en la actualidad.

9. En encuestas realizadas en 1978, un 80% de la Población reconocía ver la televisión diariamente, mientras que sólo un 22% decía leer, incluyendo diarios y revistas, y un 50% reconocía no leer nunca, ni siquiera diarios. Un 32.5% quería dedicar más tiempo a la televisión y sólo un 16.6% quisiera leer más libros.

10. De 1978 a 1985, el presupuesto del Estado para el teatro aumentó desde 325 millones de pesetas a 547 millones en 1982. Bajo el gobierno socialista, el presupuesto llegó, en 1983, hasta casi 1.700 millones de pesetas y, en 1985, a casi 3.000. En diciembre de 1985, además, los ministros de Cultura y Obras Públicas firmaron un convenio para invertir en los próximos años 1985-88, 6.550 millones de pesetas en la restauración de numerosos, unos 51 en total, teatros municipales de pequeñas localidades y ciudades.

11. El uso de la droga se ha convertido durante los últimos años en una de las grandes amenazas a la juventud y a la sociedad española en general. En una encuesta realizada en 1985 por el Ministerio de Cultura con motivo del Año de la Juventud, de tres mil encuestados, entre los 15 y 29 años de edad, 59.8% afirmaban que se les había ofrecido alguna droga; y 34.5 confesaban haberlas usado. Aunque en su mayoría se referían a la marijuana, también incluían otras drogas.

Preguntas para estudio y repaso

1. ¿Cómo se caracteriza la vida española durante los últimos años?   2. ¿Por qué se llama a este período de transición?   3. ¿Qué política siguió el gobierno de la transición?   4. ¿Cuál fue la contribución más importante del gobierno de Suárez?   5. ¿Qué representaba su partido para la mayoría de los españoles?   6. ¿Cuál era la actitud del Rey?   7. ¿Cuál fue el proyecto más importante durante el gobierno de Suárez?   8. ¿Cuáles son los puntos más importantes de la nueva Constitución?   9. ¿Qué ocurrió el 23 de Febrero de 1981?   10. ¿Cómo se explica la victoria electoral de los Socialistas en 1982?   11. ¿Qué política ha seguido el gobierno de González?   12. ¿Cuáles son los problemas más graves que confronta el gobierno?   13. ¿Qué relaciones mantiene González con los sindicatos laborales?

14. ¿A qué se llama Estatutos de Autonomía?   15. ¿A qué se llama Autonomías históricas y qué problema representan?   16. ¿Qué problemas presentaba el Estatuto catalán?   17. ¿En qué consiste el problema vasco?   18. ¿En qué se diferencia el movimiento autonomista vasco del catalán?   19. ¿A qué se llama "imperialismo regionalista"?   20. ¿Qué ideologías parecen estar reapareciendo en España?

21. ¿Qué características ofrece la vida intelectual española?   22. ¿Por qué se puede hablar de una crisis de la literatura y en qué consiste?   23. ¿Qué crisis se percibe en el teatro, y a qué se debe?   24. ¿A qué se llama teatro perseguido y qué importancia tiene en la actualidad?   25. ¿A qué se debe la continuidad que se percibe en las artes?   26. ¿Cómo comenzó el cine español, qué temas eran los preferidos?   27. ¿Cómo se desarrolló el cine tras la desaparición de la censura?

28. ¿Cómo ha influido el fin del régimen de Franco en la vida española?   29. ¿Cuáles son los problemas en la sociedad española hoy, y cómo reacciona el español ante ellos?   30. ¿A qué se llama "movida"?   31. ¿En qué se nota más la liberalización de la vida española?   32. ¿Cómo ha cambiado la vida religiosa en España en los últimos

años?   33. ¿Ha dejado España de ser católica?   34. ¿Qué acontecimientos apuntan hacia el futuro de España, y cómo se pueden evaluar?

Términos y nombres para estudio y repaso

Juan Carlos I	23-F	*Herri Batasuna*
Adolfo Suárez	Calvo Sotelo	"pasota"
Santiago Carrillo	Felipe González	"Movida"
Pacto de la Moncloa	Generalitat	Europalia
Tejero		

❧ Vocabulario ❧

The vocabulary has been compiled to help students understand any unfamiliar words and expressions they may encounter in the text. Thus although the vocabulary is quite extensive, it is a selective listing of words that are most likely to be unfamiliar to students. Not included in the vocabulary are articles, pronouns, possessive and demonstrative adjectives; most adverbs ending in -*mente* when the adjectival form is given; all verbal and easily recognizable nominal derivatives if the basic form is given and they retain the same meaning; and most nouns and adjectives which have a similar spelling and have the same meaning in English.

Nouns and adjectives are identified in all doubtful cases and when this distinction has a lexical bearing. Gender is not indicated for masculine nouns ending in -*o* and -*or,* or for feminine nouns ending in -*a, -ad, -ud* and -*ión;* it is indicated in all so-called irregular cases or less obvious forms.

The Spanish alphabet has been used for grouping words in the vocabulary. Thus words beginning with *ch* and *ll,* which in Spanish are single consonants, are listed after words beginning with *c* and *l,* respectively.

Abbreviations: *adj.* adjective, *adv.* adverb, *f.* feminine, *m.* masculine, *n.* noun, *pl.* plural, *prep.* preposition.

abadía abbey
abarcar to comprise, contain
abalanzarse to rush
abastecer to supply, purvey
abigarrar to paint with ill-matched colors, fleck
abismo abyss
abnegado selfless, self-denying

abogado lawyer; advocate
abovedado arched, vaulted
abrumador oppressive, vexatious
abrumar to crush, oppress, overwhelm
abulia abulia, loss (lack) of will power
aburguesamiento (excessive) acceptance of bourgeois values
acabar to end, finish

acaecer to happen
acarrear to carry, convey, to cause
acaso *adv.* perhaps, by chance
acceder to agree, consent
acequia irrigation canal
acerbo harsh, severe
acercamiento approximation, rapprochement
acercar(se) to place; to draw near, approach
acero steel
acertar to hit the mark, to succeed
acicate *m.* inducement, goad
acierto success, lucky hit
acoger to receive, accept; – se to join, resort to
acogida reception
acomodado well-to-do, wealthy
acontecimiento event
acordar to agree, resolve; – se de to remember
acosar to pursue, harass
acrecentar to increase
acto act, action; public function
actualidad present time
acudir to attend, assist, resort
acuerdo accordance, agreement; de – con in accordance with
acuñar to coin
acusar to accuse, to acknowledge (receipt), to show
achacar to impute, blame
adelanto advancement, progress
además moreover, likewise, also; – de besides
adentrar to enter
adepto adept, follower
adinerado wealthy, rich
adivinar to predict, foretell; – se to become noticeable
adhesión adhesion, joining
adolecer (de) to suffer from
adscribir to assign, attach (a person to a place of work)
aduana custom-house
adueñar to dominate; – se to seize
adulador *adj.* flattering; *n.* flatterer
advenimiento arrival
advertencia warning, advice

aerodromo airport
afán *m.* eagerness, solicitude; *pl.* labors, toils
aferrar grasp, seize; – se to hold, persist in (an opinion)
afición liking, fondness
afiliado member
afín akin; close, analogous
aformalismo abstract "matter" painting
afrontar to face, confront
agotar to exhaust, drain off
agradable agreeable, pleasant
agradar to please
agrado liking
agrandar to enlarge
agravar to deteriorate
agregado attaché
agreste rustic, wild
agrio sour, acrid
agrupación group, organization
agrupar to collect, gather
agudeza with acumen; sharpness of mind
agudización worsening
agudizar to sharpen; – se to become acute
ahogar to choke, strangle; to stifle
airado angry
ajeno alien, foreign, strange
ajorca bracelet
ajustar to adjust, fit; – se to conform
ajusticiar to execute, put to death
ala wing
alabanza praise
alabardero halberdier
alarde *m.* boasting, ostentation; hacer – to boast, brag
alardear to boast
alcalde *m.* mayor
alcance *m.* reach; al – de within reach
alcanzar to overtake, achieve, obtain
aldea village
alejamiento removal, distance
alejar, to remove; – se to withdraw, go away
alentar to encourage
alfarería pottery
alfarero potter
algarrobo carob tree
algodón *m.* cotton

alhaja jewel
alistamiento enrollment, conscription
almacén *m.* warehouse, store
almirante *m.* admiral, commander of a fleet
altanero haughty, proud
alterar to alter, change; – **se** to become disturbed
altisonante *adj.* high-sounding
alumbrado *adj.* illuminated, enlightened; *n.* heretic, illuminati (claiming special divine illumination)
alumbramiento illumination, childbirth
alza rise
alzamiento rising, uprising
alzar to raise; – **se** to rise
allegar to accumulate; – **se** to approach
amalgamar to combine, mix
amanerado full of mannerisms, affected
amaneramiento affectation, mannerism
amargao (colloquial for **amargado**) bitter, embittered
amargar to embitter
ambos both
amenazar to threaten
ameno pleasant, delightful
amontonar to heap, pile up
amotinar to incite to rebellion; – **se** to mutiny
amparo protection
ampliar to expand, amplify, enlarge
amplio wide, large
ampuloso pompous, grand
anciano old
anclar to anchor
ancho broad, wide
andante *see* caballero
andariego restless
angustia anguish
anhelante anxious, eager
anhelo eagerness
anillo ring
aniquilar to annihilate, destroy
anquilosado still (suffering anchylosis), stagnated
ansiedad anxiety
antes (de) before; – **que** before that, rather than
antepasado ancestor

antidinástico opposed to the (reigning) dynasty
antigüedad antiquity
antonomasia antonomasia; **por** – preeminently
anular to annul, make void
añadir to add
apacentar to graze
apacible peaceful
apaciguar to appease, pacify
apagar to extinguish
apariencia appearance, aspect; **en** – apparently
apartar to remove
apasionado passionate, impassioned
apelación appeal (legal)
apenas (si) scarcely, hardly
aperitivo appetizer
apertura opening; overture
aplacar to appease, pacify
aplastar to flatten, crush
apoderar to empower; – **se** to take possession, take over
apologeta apologist (especially church fathers whose writings defended Christianity)
apologético apologetic, argumentative (in defense)
apología apology (writing in defense of some doctrine)
aportación contribution
aportar to contribute
apoteósico extraordinary (success)
apoyar to support; – **se** to lean on
apoyo support
aprehender to seize, apprehend
apresuradamente hastily
apresurar to accelerate, hasten
apresurarse to make haste
aprovechar to use, take advantage; – **se de** to avail oneself, profit by
arboleda woodland, grove
ardoroso ardent, fiery
argumento plot
árido arid, dry
armada fleet
armamento armament, act of providing weapons
arraigar to take root, consolidate

arraigo hold, foundation
arrabal *m.* suburb (esp. lower class or ethnic)
arrastrar to drag along, prompt, urge
arrebatar to snatch away
arrebato sudden fit, rage, rapture
arriesgado risky, daring
arrojar to throw; — saldo to show (positive) balance
arrollador sweeping
arruinar to ruin, destroy; — se to become ruined
artesanía handicraft
artesonado panelled ceiling
articulista *m.* or *f.* writer of newspaper articles
artifice *m. & f.* artisan, maker
artificiosidad excessive artfulness, artificiality
artificioso skillful, artificial
ascendiente *m.* influence
asentar to settle; — se to settle down
asequible attainable; understandable
asesorar to advise
así so, thus; — como just as
asignación assignation
asignatura subject of study
asnillo diminutive of asno, little donkey
asolar to devastate
asombro amazement, astonishment
aspereza roughness, rough place
áspero rough, harsh
aspirar to aspire, covet
astilla chip, splinter
astur Asturian
asunto matter, affair
atañer to concern
atemorizar to terrify, frighten
atemporal timeless
atinado opportune, prudent
atinar to hit the mark, act prudently
atraco holdup
atraer to attract
atraso delay, backwardness
atravesar to pierce, to through
atreverse to dare
atrevido daring
atribución prerogative
atún *m.* tuna fish

audaz bold, daring
auge *m.* incrementation, culmination; tomar — to increase
augurar to augur, foretell
aun even
aún yet, still
aunar to unite, join
ausentarse to absent oneself
autonomía home rule, right to self-determination
autonómico autonomous; proceso — process towards granting regional autonomy
avanzar to advance, progress
avasallador enslaving, overwhelming
avasallar to enslave, subdue
avería damage
averiado damaged
averiguar to inquire, find out
avidez *f.* eagerness, avidity
avivar to enliven
ayudar to help
azabache *m.* jet (to describe a quality of black)
azulejo glazed tile

bailarín *m.* dancer
bajorrelieve *m.* bas-relief
baldón *m.* affront, insult
baluarte *m.* bastion, bulwark
banalidad banality, triviality
bancario banking, financial
banda sash, scarf
bandera banner, flag
bandolero robber
baño bath
barato cheap
barco boat, ship
barraca hut; rustic dwelling (esp. in Valencia)
basar to base
basílica basilica, rectangular walled church with open hall and side aisles; ecclesiastical honorary title given to churches of distinguished merit
belleza beauty
bello beautiful
berenjena eggplant

biblioteca library
bien well; − . . . **o** either . . . or; **si** − although
bienestar *m.* well-being; comfort
blanco *adj.* white; *n.* aim, target
bloqueo blocade
boato pomp, splendor
boceto sketch, cartoon
boda wedding, marriage
bodegón *m.* still-life
boga vogue, fashion; **(estar) en** − (to be) fashionable
bondad goodness, kindness
bordar to embroider
borde *m.* border **al** − **de** on the brink
borgoñón Burgundian
borrar erase, cross out
bosque *m.* forest
bostezar to yawn
botín *m.* booty
bóveda vault; arch
bragas panties
broma joke
brújula compass
brusco rough, rude
bucólico pastoral, serene
bulevar *m.* boulevard
bulla noise, clatter
bullanguero noisy, riotous
burla scorn, mockery
burlar to ridicule
burlesco comical, funny
burlón *adj.* mocking; *n.m.* mocker, jester
búsqueda search
busto bust

caballero gentleman; **caballero andante** knight-errant
caballo horse; **a** − astride; − **de tiro** drafthorse; − **de vapor** horse-power
cabecilla ringleader
caber to be possible
cabo end; cape; **llevar a** − to carry out
cabotaje *m.* coasting trade
cacique *m.* (Indian) chief; political boss
caciquismo bossism
caduco worn out, decrepit
caer to fall
caída fall

cala cove, creek
calefacción heating (system)
cálido warm
caligrafía penmanship
calumniar to slander
caluroso hot
calzada paved highroad
camarera waitress, chambermaid, lady-in-waiting
cambiar to change
cambio change; **en** − on the other hand
campesino *adj.* rustic; *n.* countryman, peasant
campestre rural
campo field, country; − **de lucha** battleground
canalizar to channel
canónigo canon
cansancio fatigue, weariness
cante hondo (flamenco) popular Andalusian gypsy song
cantonalismo decentralization into districts
caña cane, reed
capa cloak; segment, class
capaz capable
capital *adj.* principal; *n.f.* capital
captación attraction; perception
captar to captivate
cara face; − **o cruz** heads or tails; **echar en** − to blame, reproach
carbón *m.* charcoal, coal
cárcel *f.* jail
carecer (de) to lack
carencia want, lack
carente lacking
carga burden
cargo charge; post; office; **a** − **de** in charge of
carmelita pertaining to the order of Carmelites
caro expensive; costly
carrera course, race
carta letter
cartuja Carthusian monastery
casco casque, helmet
casta caste, race, lineage
castaño chestnut
casticismo traditional popular purism

castizo of a good breed, pure and traditional
cátedra (university) chair, professorship
catedrático university professor
cauce *m.* river bed
caudal *m.* volume (of water)
caza hunt, chase
ceder to grant, yield
cedista pertaining to CEDA
ceguera blindness
celda cell (in prison or convent)
celo zeal; *pl.* jealousy
cercano near, close
cerco ring, blockade; **poner –** to lay siege
cereza cherry
cerro hill
certero accurate
cetro scepter, power
cima summit, top
cimiento foundation, basis
cincel *m.* chisel
cinturón belt
cisne *m.* swan
cuidadanía citizenship
cuidadano *adj.* town-bred; *n.* citizen
claustro cloister
clausurar to close
clave *f.* key, code
cobrar to collect
codicia greed
colgante pendant
colina hill
colmar to bestow liberally, heap up
colocar to place
colorido coloring, character
collar *m.* necklace
comarca district, region
combate *m.* bout, fight
comedia comedy, play
comenzar to begin
comerciante *m.* merchant
comicidad comicalness
comienzo beginning
comitiva suite, retinue, party, group
compartir to share
compás *m.* compass; **al – de** at the same time
comprometer to compromise; **– se** to

commit oneself; to promise; pledge
comunero Castilian insurgent against Charles V
conato effort, attempt
concertar to arrange, harmonize
concertista concert performer
concorde concordant, agreeing
condado earldom
condenar to condemn
confabulación conspiracy
confección manufacture
conferenciante *m. & f.* lecturer, speaker
confesionalidad (religious) sectarianism
conformar to conform; **– se** to yield, submit
congoja anguish, dismay
conjunto ensemble, group; *adj.* join
conjurar to plot, conjure; to avert
consagrar to consecrate; **– se a;** to dedicate oneself to; **– se como** to be known as
consecución attainment
conseguir to attain, obtain
consejo advice; council
consigna watchword; directive
consonancia consonance, conformity
constar to consist of
constituyente constitutional
consultivo advisory
consumición consumption (of provisions)
consumismo orientation toward consumption
consumo consumption (of provisions, merchandise, fuel)
contado numbered, few
contemporización temporization, compromise, coming to terms
contemporizador complier, temporizer
contención contention; **muro de –** retaining wall
contienda contest, struggle, fight, war
continente *m.* continent, countenance
contorno contour, outline
contraer to contract
contrahecho deformed
contrapeso counterbalance
contribución tax
convenio agreement, pact
conversión conversion; change

convivencia coexistence
copla song
coraza cuirass, armor plating
cordillera mountain range
cornisamento entablature
corresponsal de prensa newspaper correspondent
corona Crown, kingdom
cortante sharp
cortejo courtship, entourage
cosaco cossack
cosecha crops
coste *m.* expense, price
costear to go along the coast; to pay for
costoso costly, hard to obtain
coyuntura conjunction, occasion
cráneo skull
crecer to grow
creces *f. pl.* increase; **con —** amply, abundantly
creciente increasing
crepúsculo twilight
cronista chronicler
cruce *m.* crossing
crudo rough, hard
cruento bloody, fierce
cuadro square, picture, formation (of troops)
cuantioso copious, numerous
cuanto *adj.* as much as, as many as; **en — ** as soon as; **en — a** as refers to
cuartear to quarter; **— se** to split into pieces
cuartel *m.* barracks
cuarto *adj.* fourth; *n.* room
cuenca river basin
cuenta account; **tener en —** to take into account
cuento short story
cuero leather
cueva cave
cuidado *adj.* polished; *n.* care, regard, attention
cuidar to care, look after
culpable guilty
culpar to blame
cultivo cultivation

culto *adj.* cultivated; elegant; *n.* cult, worship
cumbre *f.* peak, summit
cumplimiento observance
cuna cradle, origin
cundir to spread, multiply
cura *m.* parish priest
curandero charlatan, medicine man
cursar to study
cursi flashy, pretentious
curso course, direction, school year
curvilíneo curvilinear
cuyo whose, of whom

charanga fanfare
chico *adj.* small
chiste *m.* joke
chocante provoking, surprising
chocar to crash, clash, collide, surprise
chopo black poplar tree
choque *m.* clash, crash

dar to give; **— a conocer** to make known
deber to owe; ought to; *n.m.* duty; **— se a** to be due to
debilitar to debilitate, weaken
decaer to decline
decenio ten years
decepcionante disappointing
decidida decisive
declive *m.* decline, dip
decorado *adj.* adorned; *n.* ornamentation
decorar to adorn
dedicar to devote; **— se** to devote oneself
deducir to deduce, infer
déficit deficit; **— comercial** imbalance of payments
defraudar to frustrate, disappoint
dejar to leave, relinquish
deleitar to delight, entertain
delinear to delineate, draft, spell out
demarcación demarcation, boundary
demarcar to mark out bounds or limits
denigrar to defame, vilify
denso dense, thick, obscure
deponer to depose, declare; **— las armas** to lay down one's arms
depurar to cleanse, purify
derechización drift to the right

derecho *adj.* right; *n.* law
derivar to derive
derogar to abolish
derribar to demolish
derrocar to precipitate, oust, pull down
derrochar to squander
derrotar to defeat
derrotero course, way, direction
derrumbar to precipitate; throw head-
   long; —se to crumble away, tumble
desacertar to err, act unwisely
desacuerdo disagreement
desagradar to displease
desalentar to discourage
desamortización disentail
desaparición disappearance
desarrollar to develop
desavenecia discord, disagreement
desbordar to overflow, run over
descabellado dishevelled, illogical, wild
descansar to rest, pause
descarado impudent, fresh
descarnado bare, unadorned
desconcertar to disarrange, disturb,
   confuse
desconfiar to mistrust
desconocer to ignore, disregard
desconocido unknown
desconsuelo affliction, mournfulness
descuidar to neglect
desdeñoso disdainful
deseable desirable
desembarcar to put ashore; debark
desembocadura mouth of a river
desembocar to end at
desembleo unemployment
desenfrenado unbridled, unruly,
   ungoverned, licentious
desengaño disillusion, disappointment
desenlace *m.* end, outcome
desesperanzado hopeless, despairing
desgarrado licentious, dissolute, bold,
   harsh
desgastar to waste, wear away, consume
desgaste *m.* attrition, wear and tear
desgracia misfortune
desligar to untie, unbind; — se to
   break away
deslumbrar to dazzle

desmán *m.* excess (in words or action),
   misbehavior
desmentir to contradict, deny
desmoronar to crumble, fall, decay
desnivel *m.* unevenness, inequality
despachar to dispatch, send away, dismiss
despectivo contemptuous
despertar to awaken
despiadado cruel, merciless
desplazar to displace, drive out
desprecio disregard, scorn
despreocuparse to ignore, discard, to
   be unconcerned
desprestigiar to discredit, bring into
   disrepute
desprevenido unaware, unprepared
desprovisto deprived, lacking
destacar to excel, to stand out, to
   emphasize
desteñir to fade, rub off
desterrar to banish, exile
destierro exile
destituir to dismiss from employment
desvergonzado impudent, shameless
desvestir to strip, undress
desviación deviation
desvirtuar to detract from, to lessen
   the value, strength or merit of
detener to stop, arrest
devastar to desolate, waste
devolver to return, restore
diario daily, newspaper
dibujar to draw, depict — se to apear
dictamen *m.* judgment, opinion
diferencia difference; a — de unlike
difundir to spread, diffuse
difunto deceased, late
digno worthy, dignified
diminuto small, minute
dimisión resignation from office
dimitir to resign
diputado deputy, delegate — a cortes
   member of Spanish Parliament
dirigente *adj.* directing, leading; *n.* leader
discernible apparent; perceptible
diseminar to scatter, spread
diseño design, sketch
disfrazar to disguise
disfrutar to enjoy, benefit by

disgusto dissatisfaction, displeasure; a
  — unwillingly
disminuir to diminish, decrease
disolución dissolution
dispar disparate, diverse, various
disponer to dispose, arrange, prepare
distancia(miento) distance, remoteness
distinto different
divertido amusing, amused
divisar to sight, devise
divisorio dividing
divulgar to spread
doblaje dubbing
doblar to bend, double
docente educational
doliente sorrowful
dolor *m.* sorrow, pain
dolorido aching, mourning, doleful
doncella maiden, virgin; housemaid
dorado gilded
dotar to endow
dote *m.* dowry; *f.pl.* natural talent
dragar to dredge
dramatismo dramatic quality
dueño owner
dulcificar to sweeten
duna dune
durante during
durar to last
dureza hardness; obstinancy; cruelty

eclesiástico *adj.* ecclesiastical, clerical;
  n. clergyman
echar to throw, cast, eject; — **en cara**
  to accuse, blame
edad age
edificar to build
efectismo striving after effect
efectista sensational
efecto effect, operation; **poner en —**
  to put into operation, effect
efectuar to carry out
eficacia efficacy, efficiency
egoísmo selfishness
ejecución execution, completion,
  realization
ejercer to exercise, perform
ejército army
elaborar to elaborate, manufacture,
  make
elegía elegy
elegir to elect, choose
elevado high
elogiar to praise
emanar to emanate
embarazo pregnancy
embarcación vessel, ship
embarcar to embark; — **se** to embark,
  engage
(sin) embargo nevertheless
embarque *m.* shipment, boarding
embellecer to beautify, embellish
embestir to attack, assail, rush against
emboscar to ambush
embutido sausage, salami
emigrado exile
empaque *m.* affected seriousness, gravity
emparentado related (by marriage)
empeño determination, insistence
empeorar to worsen
empleado employee
emprender to undertake, start
empuje *m.* impulse, thrust
enajenar to alienate
enardecer to inflame
encabezar to head, lead
encadenar to chain
encapotado cloaked
encarcelar to jail, imprison
encargar to entrust with, advise
encargo commission, charge, errand
encarnar to embody
encarnizado furious, merciless
encarnizar to infuriate, provoke
encauzar to channel, guide
encerrar to enclose, shut up
encomendar to entrust
encomienda grant (of land)
encontrar to find
encrucijada crossroad
encuadramiento bringing into (military)
  ranks
encuadrar to frame, bring into (military)
  formation
encubrir to hide, conceal
encuentro meeting
enfermizo sickly
enfrentar to oppose; — **se** to face

engalanar to adorn; dress elegantly
engañar to deceive
engendrar to generate, produce
engrandecer to enlarge; augment, exalt
enlace *m.* union, tie
enlazar to tie, bind, link
enmarcar to frame
enojar to annoy
enredo tangle, intrigue
enriquecer to enrich – se to become
   wealthy
ensalzar to exalt, praise
ensanchar to expand, broaden
ensangrentar to stain, cover with blood
ensañadamente cruelly, ferociously,
   mercilessly
ensañar to enrage; – se to gloat; to
   vent one's fury
ensayo essay
ensombrecer to darken
entablar to initiate (relation), establish
enteco infirm, weak
enterar to report, inform – se to
   learn
entierro burial
entrado entered; muy – well advanced
entregar to hand over; – se to surrender
entreguerras between the wars
entrenar to train
entretenimiento amusement, entertain-
   ment
entrevistar to interview; – se to have
   an interview
entroncarse to descend from, be related
enunciar to state
envejecimiento oldness, aging
envenenar to poison
envergadura wingspan, importance
envolver to wrap up, mix, implicate
epopeya epopee, epic poem
equilibrar to counterpoise
equilibrio balance, poise, moderation
erigir to erect, establish
errante roving, errant
esbeltez *f.* slenderness, elegance
esbelto slender, fine
esbirro constable, hired ruffian
escala stopping place (seaport)
escalofriante chilling, frightening

escarabajo scarab
escarnecer to mock, ridicule
escaso limited, scanty, small
escénico theatrical
escisión division, schism
escoger to choose
esconder to hide, conceal; to include
escorzo foreshortening
escrúpulo scruple, hesitation
escuadra fleet
escudo shield, coat of arms
escueto unadorned, plain, succinct
esforzarse to make an effort, exert
   oneself
esgrimir to wield
esmerado executed with care
espalda back, shoulders; tener anchas
   las – s to have great power of
   resistance
espantoso frightful
especia spice
especie *f.* kind, sort
espectáculo spectacle, show
espera waiting
esperanza hope
espuma foam, froth, lather
esquematizar to sketch, outline
esquivo elusive, coy, evading
estacionamiento stationing
estado state, condition; – de guerra
   martial law
estallar to explode, burst; to break out
estancamiento stagnation
estaño tin
estatal pertaining to the state
estepario pertaining to the steppe
estilizado stylized
estimular to stimulate, excite, encourage
estipular to stipulate, contract
estrago ravage, waste, ruin
estrechar to tighten
estrechez *f.* narowness, penury
estrecho *adj.* narrow, close, tight; *n.*
   strait
estrenar to use, present for the first
   time; to open
estreno debut, first performance
estribación slope
estribar to rest on, consist in, lie in

estridente strident, screeching
estrofa stanza
estruendo clamor, noise
estulticia stupidity
etape stage, period
eucaristía Eucharist and Holy Communion
evadir to avoid, evade
evitar to avoid
exacerbación exacerbation, exasperation
exacerbar to exacerbate, irritate
exagerar to exaggerate, overstate
exaltado hotheaded, carried away,
    ultra-radical
excepción exception; **estado de** – state
    of emergency
exhortar to encourage
exigencia demand
exigir to demand, request, exact
exiliar to send in exile
eximir to exempt
exoticidad quality of being exotic
expatriado exile, expatriate, emigre
expatriarse to emigrate, go into exile
exponente *n.* exponent, manifestation
expósito *adj.* exposed; *n.m.& f.* foundling
expulsar to drive out, expel
extender to spread
exterior outside, exterior
exteriorizar to externalize, make mani-
    fest
extranjero *adj.* foreign; *n.* foreigner;
    en el – abroad
extraño strange
extremeño pertaining to Extremadura

fábrica factory
fábula fable
facción faction; feature
faceta facet, aspect
facultad faculty; authority
facultativo health personnel; doctor
fachada facade
faja zone; sash
fajín *m.* sash
falta shortage, lack; **a** – **de** in want of
faltar to lack
fallar to fail
fallecer to die
fallecimiento death, demise

fama reputation
fango slime
fantasear to fancy, imagine, dream
fastuoso ostentatious
fauvista fauvist; wild
fecundidad fertility
fecundo fertile, prolific, abundant
ferrocarril railroad
ferroviario pertaining to railways
festejar to entertain, court
festín *m.* banquet
fideldigno trustworthy
fiel faithful, loyal
fijar to fix, fasten
fila line, row; rank
filmación act of filming
filtrar to filter; – **se** to seep in, leak
    out
fin *m.* end, purpose, **a** – **de** in order
    to; **a** – **(de) que** in order that; **a** –
    es at (to) the end of; **al** – finally
finura delicacy
firmar to sign
firmeza firmness
fisco national treasury
fis(i)onomía physiognomy, features
flamenco Flemish, Andalusian song and
    dance
flecha arrow
florecer flourish, prosper
florido flowery
flotante floating
foco focus, center
fogoso vehement, fiery
folletín *m.* serial story
folletinesco serial-like; exciting
folleto pamphlet, booklet
fondo stock, bottom
foral pertaining to **fueros** (laws,
    statutes, privileges)
forcejeo struggle, strife
fortalecer to fortify, strengthen
forzoso forced, obligatory; **paro** –
    unemployment; **silencio** – censorship
foso moat, pit
fracasar to fail
fraccionar(se) to divide, split
fraguar to forge, plan
franco *adj.* frank, open, plain; *n.* Frank

francmasón *m.* freemason
franja band, stripe
fratricida *adj.* fratricidal; *n.* person
 who murders a brother
fregar to wash, rub, mop
frente *m.* frontline; – **a** facing against;
 al – de at the head of; **hacer –** to
 face, oppose
frialdad coldness, unconcern
fronterizo pertaining to frontier
frutal fruit bearing
fuente *f.* spring, source
fuero law, statute, jurisdiction, privilege
fuerza force, strength; – **pública**
 police, armed forces
fugaz fleeting, brief
funcionar to function
funcionario civil servant
fundir to fuse, cast, blend
funerario funereal
funesto dismal, regrettable, lamentable
fusilar to execute by shooting

gabinete cabinet
gala gala, formal court dress; ostentation;
 hacer – to be proud of, to boast of
galanura ornamentation, elegance
galera galley
galo Gallic
gallego native of Galicia, Galician
ganadería livestock raising
ganadero stock breeder
ganado herd, livestock
ganancia gain
garantía guarantee
gastar to spend, consume
gasto expense, expenditure
gavilla sheat (of grain), bundle
gaviota seagull
genial brilliant
gestión negotiation
girar to revolve, rotate
giro turn, idiomatic expression
gleba land
goce *m.* enjoyment
golondrina swallow
golpe (de estado) coup (d'etat)
gorro cap
gozar to enjoy

grabado engraving
grabar to carve, engrave
grácil gracile, graceful
grandeza greatness
grato pleasant
gremio guild
grey flock, herd
grito cry
grosero gross, coarse
gruta cave
gualda yellow
guarnición garrison
gubernamental governmental
guerrillero guerilla fighter
gusto taste, liking

hábil clever, skillful
habilidad ability, skill
habitación dwelling
habitar (en) to inhabit
hacer to make; – **tiempo** (time) ago;
 – **se** to become
hacienda (landed) property; exchequer,
 public treasury
hacha ax
halagar to flatter
halago flattery, adulation
hallar to find
hallazgo finding, discovery
hastío disgust, boredom
haya beech tree
hazaña deed
helar to freeze
heredad (inherited) land, property
heredar to inherit
heredero heir
herencia inheritance, heritage
herir to wound, strike
hermanastro(a) step-brother (-sister)
hermandad brotherhood
herradura horseshoe
hidalgo gentleman, nobleman
hipérbaton *m.* inversion of word order
hiperrepresentación excessive representation
hiriente hurting, offensive
hoguera bonfire, stake
hoja leaf, blade
hondo deep; **cante –** Andalusian gypsy
 song

honra honor
honroso honorable
hormigón concrete
hortaliza vegetable
hosco dark-colored; sullen, gloomy
hueco *adj.* hollow; *n.* empty space
huelga strike
huella trace
huerta orchard, irrigated land
huerto garden, orchard
huir to flee
humorismo humor
hundimiento sinking, collapse
hundir to sink
Hurdes, Las region in the province of Caceres

idear to invent, conceive
ideario ideology, (ideological) program
ilustre illustrious
impedir to prevent
imperante prevailing
imperar to dominate, prevail
implantar to implant, establish, adopt
imprenta printing press, printing shop
imprimir to print, imprint; to fix (in the mind)
impropio inappropriate
impuesto tax
impugnador objector, contradictor
impulsar to impel, drive, push on
inadaptado maladjusted
inagotable inexhaustible
incautación attachment (of property)
incautar(se) to attach (property), confiscate
incendiar to set fire, burn
incertidumbre *n.fem.* uncertainty
incidente *adj.* incidental; *n.m.* incident; occurrence, event
inclemencia rigor, harshness
incluso included, even
inconfundible unmistakable
inconsciente unaware
incrédulo unbeliever, agnostic
incrementar to increase
inculto ignorant
incumbir to pertain, concern
indagar to investigate

independización emancipation
independizar(se) to become independent
indeseable undesirable
indigno unworthy
indiscutible indisputable
individuo individual, person
índole *f.* disposition, idiosyncrasy, character, nature
inesperado unexpected
infante *m.* prince, also nobleman
infatigable untiring
influjo influence
información information; **ministro de —** propaganda minister
infrahumano subhuman
infundado unfounded, groundless
ingenio wit
ingenioso ingenious
ingenuo naive
inigualado unsurpassed
ininterrumpidamente without interruption
innegable undeniable
innovador innovating, innovative
inquietante disturbing
inquieto disturbed, restless
inquietud uneasiness, anxiety
insatisfacción dissatisfaction
insigne notable, distinguished
insólito unusual, odd
insostenible indefensible
instancia instance, petition; **a —(s) de** at the insistence of
instar to press, urge
instauración restoration
insubordinar to incite to insubordination; **— se** to rebel, mutiny
insumisión disobedience, rebellion
insuperable insuperable, insurmountable
intelectualidad intelligentsia
inteligencia intellect; mind
intentar to attempt, try
intercalar to intercalate, insert
intercesión intercession, mediation
interino provisional, temporary
interminable endless
interrumpir to interrupt, hinder
intervenir to intervene, interfere, mediate; to take part
intranscendente unimportant, inconse-

quential
intrigante scheming
introspección self-examination, introspection
inundación flood
inusitado unusual
inútil useless
invalidez *f.* disability
inverosímil unlikely, improbable
inversión investment
invertir to invert, reverse
invicto invincible, unconquerable
ira ire, anger
irascible irascible, choleric
irradiar to irradiate, emit (beams of light)
irreal unreal
irrumpir to burst, invade suddenly
isleño islander
islote small (barren) island
izquierdista *m. & f.* leftist

jabalí *m.* wild boar
jaque *m.* check (as in chess); **tener en** — to hold back
jardín *m.* garden
jocoso humorous, comical
joven young
joya jewel
júbilo joy, rejoicing
judaico Jewish
juego play, game
juez judge
jugar to play
juglar minstrel
juicio judgment
junta council, committee
junto together; — **a** along with, next to
jura oath
jurar to swear
jurídico legal, juridical
jurisconsulto jurist

laboriosidad industriousness, assiduity
labrador farmer, tiller, peasant
labrar to till, plough
labriego rustic, peasant; farmer, farm-hand
lado side
ladrillo brick

lágrima tear
lámpara lamp
lanzar to launch, throw
lapso lapse, course of time
largo long; **a lo** — **de** along, throughout
lástima pity, grief
lastimar to hurt
lastimoso sad, doleful
latifundio (vast) landholding, rural property
latifundista large landowner
latrocinio robbery, thievery
lazarillo blind person's guide (usually a child)
lazo bond
legumbre vegetable
lejano distant, far away
lema *m.* motto
lentitud slowness
lento slow
letrado man of letters, lawyer
levadizo that can be raised or lifted; **puente** — drawbridge
levantamiento uprising, elevation; insurrection
levantar to raise; — **se** to rise
levante *m.* eastern seaboard
levita frock coat
libertad liberty, freedom
libertinaje *m.* licentiousness
librar to liberate, free; — **se de** to escape from
libre examen freedom to interpret (the Bible); *fig.* less dogmatic interpretation of religious and moral doctrines
librepensador (a) *adj.* freethinking; *n.* freethinker
lícito lawful, permissible
lienzo canvas
ligereza lightness
ligero light, nimble
límite *m.* boundary
limonero lemon tree
limosna alms
limpiar to clean
limpieza cleanliness, purity
lindar to border
liquidar to liquidate, settle
lírica lyric poetry

lirismo lyricism
litoral *adj.* coastal; *n.m.* coast, shore
lobato wolfcub
logia lodge
lograr to obtain, succeed (in)
logro gain, attainment, success
lombardo pertaining to Lombardy (Italy)
longevidad longevity, long life
losa flagstone, gravestone
luego later, then; **desde –** of course, certainly
lugar place
lujo luxury
luminosidad luminosity
lusitano Lusitanian, Portuguese
luto mourning, sorrow

llama flame
llamar to call, name
llanto weeping
llanura plain
llegar to arrive, reach, attain
llenar to fill
llevar to take, carry, wear

macizo *adj.* compact, massive; *n.* massiveness, bulk
madrileño of Madrid
madrugada dawn
madurar to mature, ripen
madurez *f.* maturity
maestría mastery
magiar Magyar (pertaining to the tribe that settled the area now called Hungary)
magistratura magistracy, judgeship
majada sheepfold
majestuosidad majesty
malandanza misfortune, calamity
maldicion malediction, curse
maléfico harmful, injurious
malestar malaise, dissatisfaction
malgastar to waste
malhechor criminal
malogrado unfortunate, wasted
malograr to waste, lose, fail
maltratar to treat ill, abuse
malversación misapplication
manantial *m.* source, spring

manchego pertaining to La Mancha
mandíbula jaw (bone)
mando command; authority
manera way
maniático extravagant; whimsical
manifestación (public) demonstration
manifestar to show, declare
manifiesto *adj.* evident; *n.* manifesto
maniobra stratagem, trick
mano hand; **a mano armada** with weapons drawn
mantener to maintain; **– se en vigor** to remain in force
maquinaria machinery, tools
maquis *m. (French)* wild, bush land (in Corsica); free fighter
maragato native of Astorga
maravilloso marvelous
marcado pronounced
marco frame
marcha progress
marfil *m.* ivory
margen *m.f.* margin; **al – de** outside
marina navy
marioneta puppet
máscara mask
masonería Freemasonry
matanza massacre, slaughter
matiz *m.* shade, aspect
matización shade
matizar to adorn, give a shade (of tone, meaning)
mayoritariamente for the largest part
maza war club, mace
meandro meander; winding course (of a river)
mecenas *m.* patron of the arts
mediado(s) middle; **a –** toward the middle of
mediano medium, mediocre
mediante by means of
medida measure; **a – que** as
mediodía *m.* south
medir to measure, evaluate
mejor better, best
mejorar to improve
melena long lock of hair
mendigo beggar
menina lady-in-waiting

menos less, least, fewer

menospreciar to despise

menosprecio contempt

mentir to lie

menudo minute, small; a – frequently

meramente solely, purely

merced *f.* favor, mercy, gift; – a thanks to; quedar a – de at the mercy of

merecer to deserve

meridional southern

mero mere

mesnada armed retinue

mestizaje *m.* crossbreeding

mestizo of mixed racial heritage (especially white and Indian)

meta limit, goal

mezquita mosque

miedo fear

mientras while; – tanto in the meanwhile

milla mile

millar thousand

mimetismo mimesis, imitation

minarete *m.* minaret; slender tower attached to Moslem mosque

minero miner

ministerio ministry, cabinet

minucioso minute

minúsculo tiny, very small

mira sight, view, purpose, aim

miseria misery, poverty

mísero miserable, wretched

mitificar to mythicize

mixtilíneo in architecture, a mixture of straight and round or curved planes or lines

moda fashion

momento moment; de – for the time being

monacal monastic

monacato monasticism

monárquico monarchist

moneda coin, money, currency

monja nun

monje *m.* monk

montañés *adj.* mountainous; *n.m.* highlander

morado violet, purple

moraleja maxim, moral of a fable

mordaz biting, acrimonious, sarcastic

moribundo dying, near death

morriña sadness, melancholy

mortificación mortification, vexation; ascetism

moscovita of Moscow

mostrar to show

movilizar to mobilize

muerto *adj.* dead; *n.* body, corpse

muestra sample, sign; dar – de to show signs of

mudano worldly

muralla wall, rampart

muro wall

nacer to be born, arise

naciente growing, rising

napolitano pertaining to Naples

naranja orange

naranjo orange tree

narración narrative

natalidad birthrate

naturaleza nature

naufrager to be shipwrecked, suffer a shipwreck; to fail

navío ship

negar to deny; – se to refuse

negocio business, affair

nieto grandson

nieve *f.* snow

nivel *m.* level

nivelar to level, balance

nobiliario pertaining to nobility

nombramiento appointment, nomination

nombrar to appoint

nómina catalogue, payroll

noria well for drawing water, draw well

noticia notice, news

novela novel; – por entregas serial

novelesco novelistic, fictional

noventiochesco pertaining to the Generation of 1898

novio(a) bridegroom (bride)

nube *f.* cloud

núcleo nucleus, center

nuevamente again, once more

nunca never

nutrir to nourish, feed, to foment, encourage

obedecer to obey; to respond, be due to
obligar to force, compel
obligatoriedad obligatoriness, quality of being obligatory
obra work; – **cumbre (maestra)** masterpiece
obrecilla (for **obrita**) little work, without importance
obrerista *m. & f.* laborite
obrero worker, (factory) worker, day laborer
observancia observance (of rules and customs); custom
observar to observe, notice; to conform to
ocasionar to cause
ocaso decline, twilight
ocioso idle, lazy
ocultar to hide
ocurrir to happen
oeste *m.* west
ofrecimiento offer
ofrenda offering, gift
ojival having the shape of a pointed arch
olmo elm tree
olvidar(se) to forget
olvido oblivion, neglect
ombligo belly button
operario laborer, worker
optar to choose, prefer
oración prayer
orar to pray
ordenar to order, command, to put in order
ordenanza statute
orfebre *m.* goldsmith, silversmith
orfebrería gold or silver work
orgullo pride
orientación direction
orientador guiding
orientar to aim, direct
orilla shore
oscurecer to darken
oscuro dark
ostentar to display
otorgar to grant
ostracismo ostracism, isolation

pabellón *m.* pavilion, national flag
pactar to make a pact
padecimiento suffering, illness
paga pay, salary
pago payment
país *m.* country
paisaje *m.* landscape, countryside
paisajista *m.f.* landscape painter
palaciego pertaining to palace; *n.* courtier
paleta palette
paliativo palliative, mitigating
pálido pale
palo stick
paloma dove
palpitante vibrating; burning, actual
pandereta tambourine
pantalla screen
pantano march, swamp; dam, reservoir
paño cloth
papado papacy
papel *m.* paper; rôle
par equal; **a la** – at the same time
pardo brown
parecer to seem; **al** – apparently
parecido similar, like
pared *f.* wall
pareja pair
parentesco kinship, kindred
paridad parity, equality
parisino of Paris
parlamento parliament; (theater) monologue, speech
paro unemployment
participar to share
particular private
partida squad (of soldiers), gang, band; departure; game
partidario supporter, partisan
partidismo (political) sectarianism
partir to start, leave; **a** – **de** starting from
parto childbirth, parturition
pasajero transient, transitory
pasar to pass, go over; **al** – with the passing of
paso step; – **previo para** step leading toward; – **de Semana Santa** procession

of sculptured images carried through streets during Holy Week

pastar to graze

pastor shepherd

pastoreo pasturing, tending flocks

patente evident

paternal fatherly

patetismo pathos

patria fatherland

paulatinamente slowly, little by little

paulatino slow by degrees

pavimentar to pave

payaso clown

payés *m. (Catalan)* countryman

pecar to sin

pedante pedantic

pedernal *m.* flint

pelear to fight

peligro danger

pelirrojo redhaired

peluso fuzzy

pendiente *m.* earring, pendant; *f.* slope

pendón *m.* standard, banner

penoso painful, laborious

pensamiento thought

pensar to think

pensionar to confer a pension, retirement, stipend

peñasco (large) rock

percibir to perceive, receive; to notice

perder to lose; to ruin; − **se** to disappear

pérdida loss

perdurar to last

peregrinación pilgrimage

peregrino *adj.* peregrine, foreign, strange; *n.* pilgrim, foreigner

pereza laziness

perfeccionar to improve

perfil *m.* profile

pericia expertness

periódico newspaper

periodismo journalism

perjudicar to harm

permitir to allow

personaje *m.* (important) person, personage

personal *adj.* personal; *n.m.* personnel

pertenecer to belong

perturbación agitation, disturbance

pesa weight

pesado heavy

pesar to weigh; *n.m.* sorrow; **a − de** in spite of

pesca fishing

pese (a) in spite of

peso weight

pesquero fishing

piadoso pious

pícaro rogue

pico peak; **de tres − s** three-cornered

pictórico pictorial

piedra stone

pierna leg

pincelada brushstroke

pintoresco picturesque

piquete *m.* picket, small party of soldiers

piratería piracy

pistolerismo terrorism

pistolero gunman

placa (art) plaque

placentero pleasant

plagar to plague, infest

plagio plagiarism, copy

planicie *f.* plain

plano *adj.* flat, smooth; *n.* plan, design

planta plant, floor plan

planteamiento presentation (of a problem)

plantear to plan, state, present (a problem); to pose, raise

plástico plastic; sculptural in form or effect

platillo pan (of scales)

playa beach

plaza square; **− fuerte** stronghold

plegaria prayer

pleito lawsuit

pleno full; **en −** in the midle of

plomo lead

pluma pen

poblado town, settlement

poblar to settle, inhabit

pobreza poverty

poder to be able; *n.m.* power

poderío might, power

polícromo polychromatic

políglota polyglot, in many languages

pólvora gunpowder

pontificio pontifical, papal
popa stern
populacho populace, mob
portavoz *m.* speaker
porvenir future
poseer to possess
pos(t)guerra postwar
postergación disregard, neglect
postizo artificial, false
postrimería last years of life
potencia power
prado meadow
pragmática royal ordinance
pragmático *adj.* pragmatic
precedente *adj.* preceding; *n.m.* precedent
preceptista *m. & f.* one who sets precepts
preceptiva set of precepts and rules
precipitado abrupt, hasty
presión pressure
prestar to loan, credit
presto *adj.* soon, quickly
presunto presumed; – **heredero** heir-presumptive
presupuesto budget
pretendiente *m.* pretender
pretensión pretension, claim
pretor (Roman) governor
prevalecer to prevail
prever to foresee; anticipate
prima prime; **materia** -- raw material
primo cousin
primogénito firstborn
primordial original, principal
principio principle, beginning; **al, en (un)** – at first
privado *adj.* private; *n.* favorite
privanza favor at court; rule by a favorite
probar to prove
procedencia origin
proceder to proceed, come from; to behave, act; *n.m.* conduct, behavior
procesar to sue, indict
procurador deputy
procurar to endeavor
pródigo prodigal, lavish
producir to produce; **-se** to occur, take place
producto product, produce

progresar to progress, advance
progresista *adj.* progressive; *n.m.&f.* progressionist
prohibitivo forbidding
proletariado proletariat, working class
proletario *adj.* proletarian; *n.* laborer, proletary
prolongador *adj.* prolonging, extending; *n.* prolonger
prolongar to prolong, extend, continue
promedio average
pronóstico prediction, prognosis
pronunciamiento military revolt
propiedad property, ownership
propietario owner, landlord
propio own, self; very
proporcionar to proportion; supply, grant
propósito purpose
propuesta proposal
propugnar to defend
prorrogar to extend, defer
proseguir to proceed, continue
prosista *m.&f.* prose writer
provecho profit, benefit
provenir to originate
provinciano pertaining to small town (as opposed to the elegance of the city)
prueba proof, trial
puente *m.&f.* bridge
puerto port, harbor
pues then, for
puesto post; – **que** since
pugna battle, conflict
pujante powerful, strong, vigorous
pulcritud neatness, tidiness
pulir to polish, burnish
puñal *m.* dagger
puñao (colloquial for **puñado**) fistful
purificador purifying
puro pure, clean

quebrantar to break, crush
quebrar to break, weaken
quedar to remain, be left
quejarse to grumble, complain
quemar to burn
quieto still
quinquenio five years
quintilla five-line stanza

quitar to take off, away; suppress

rabia rage
radicar to take root; lie
raíz *f.* root; **a – de** right after
rama branch
ramo bough, branch
rapidez *f.* speed, rapidity
raquítico rachitic, rickety, feeble
raramente rarely
rasgo trait, feature
rayar to draw a line; to border
rayo thunderbolt, lightning
razzia raid, plundering
reaccionar to react
reacio stubborn, opposed
realizar to accomplish, carry out
reanudar to resume, renew
rebaño flock, herd
rebasar to trespass, exceed
rebosar to overflow, abound
rebuscar to inquire, search (carefully,
    excessively)
recaer to fall back
recargar to overcharge, overload
recaudación collection (of taxes);
    revenues
recelar to be suspicious
recelo suspicion, mistrust
recinto enclosure, precinct
recio strong, robust
reclamar to reclaim, demand; to protest
recluir to shut up, seclude
recobrar to recover
recoger to get, gather, collect
recompensa reward
reconocible recognizable, perceptible
reconstruir to rebuild
recopilar to collect, compile
recordar to remember, remind
recorrer to travel, go over
recrear to amuse, delight; **– se** to be
    pleased, have pleasure
recuerdo memory, trace
recuperar to recover, regain
recurrir to resort, revert; to make use
    of
rechazar to repel, reject
red *f.* net

redacción composition
redactar to write, compile
redondo round
reemplazar to replace
reflejar to replace
reflejo reflex; reflection
refrán *m.* refrain, proverb
refugiarse to seek refuge
refundición recasting
regadío irrigation; irrigated land
regar to irrigate
regio royal
regir to rule, govern
reglamentar to regulate
regresado *n.* "returned," applied to
    terrorists voluntarily "returning" to
    the social and democratic order
regreso return
reimprimir to reprint
reinar to reign
reír to laugh; **– se de** to scoff
reiterar to repeat, reiterate
reivindicar to recover, regain, to replevy
religioso *adj.* religious; *n.* member of a
    religious order
reminiscencia reminiscence, memory
remontarse to tower, soar; go back
rémora sucking fish; hindrance
rendición surrender
rendimiento yield
rendir to subdue, conquer; **– se** to
    yield, surrender
reno reindeer
renovador reforming
renta revenue, rent
renuncia renunciation, resignation
reordenar to rearrange
repartir to divide, distribute
reparto distribution
repente *m.* sudden movement; **de –**
    suddenly
repetir to repeat
réplica answer
reposado calm, quiet, serene
reposar to rest
represalia reprisal
reprobable reprehensible
repujar to emboss
requisito requirement, requisite

resaca undertow
resaltar to become evident, stand out; to emphasize
rescatar to ransom, rescue
resentimiento resentment, grudge
resíduo remnant
resignarse to resign oneself
resonante resounding
restante remaining
resto rest, remnant
resumen *m.* extract, summary
resurgimiento revival, recovery, reappearance
resurgir to reappear
retablo altarpiece, stage
retirada retreat
retorcer to twist
retraso delay, backwardness
retrato portrait
retribuir to reward
retroceso return
revisar to examine, reexamine
revista journal, magazine
rezar to pray
ría estuary
ribera shore, bank
riego irrigation
riesgo risk
rígido rigid, stiff, harsh
rigor rigor, precision; **ser de –** to be indispensable
rima rhyme
riñón *m.* kidney
requeza wealth, richness
resueño smiling, pleasant
rivalizar to rival, vie with
rizo curl, ringlet
roble *m.* oak tree
robo theft robbery
robustecer to strengthen
rodar (TV cameras) to roll
rodear to surround
romance *m.* ballad
románico Romance (language) Romanesque
romper to break
rompimiento break, rupture
rostro face
rotundamente explicitly, categorically

roturar till, plough
rozamiento friction, disagreement
ruedo bull ring
ruindad malice, meanness, baseness
rumbo direction
ruptura rupture, break

saber to know; *n.m.* knowledge, learning
sabiduría wisdom
sable *m.* saber, sword
sabor *m.* flavor
sabotear to sabotage
sacar to take out, bring out
sacerdote *m.* priest
sacudir to shake, jerk, shake off
sainete *m.* one-act farce
sala hall, room
saldo balance
saldo balance; **– de ganancia** profit
salazón *f.* salted meats or fish
salida outlet
saliente outstanding, noticeable
salmanticense of Salamanca
salón *m.* drawing room
salto leap, jump
salud health
salvador savior
salvar to save
salvo *adj.* saved, safe; *prep.* except for
sancionar to sanction, ratify
sanear to improve, reform (land)
sano healthy
saquear to ransack, plunder
sarcófago sarcophagus, tomb
sayo loose coat
seco dry
secreto secret; **hacer – de** to hide
secuaz *m.* follower, henchman
secuestrar to kidnap, abduct
secundar to second, help, aid
sed *f.* thirst
seda silk
sede *f.* see (papal or apostolic)
seducir to charm, seduce
seguir to follow
según according to, as
seleccionar to select
sello seal
semanario weekly

semilla seed, origin
seminarista *m.* seminarian
sencillez *f.* simplicity
sensiblería exaggerated sentimentality
sentar to set up, establish
sentido sense, feeling, meaning
sentir(se) to feel
señalar to signal, mark; — se to appear
septentrional northern
sepulcro tomb
sepultar to entomb, bury; conceal
sequía drought
séquito retinue
serio earnest, grave, dignified
servir to serve; — se de to make use
  of
seso brain, intelligence, wisdom
(p)seudónimo pseudonym
si if; — bien even though
siempre always; — que whenever
sierra mountain range
siguiente following
silvestre wild, rustic
simplismo excessive simplification
sindicación enrolling in a syndicate
sindicato trade union
sindicar to enroll in a syndicate
sino (que) but, on the contrary
sitiar to besiege
sitio place, siege
situar to place, locate
soberanía sovereignty
soberano *adj.* supreme, superior; *n.*
  sovereign
soberbio arrogant, haughty; superb
sobrepasar to exceed, surpass
sobresaliente outstanding
sobresalir to stand out, excel
sobrevaloración overappreciation,
  overestimation
sobrevivir to survive
sobrino nephew
sobrio sober, temperate
solariego manorial; of noble ancestry
soldadura soldering, welding
soledad solitude
soler to be usual, usually
solicitar to request
soliviantar to rouse, upset

solterón old bachelor
solucionar to solve
sombra shadow
sombrío gloomy, somber
someter to submit, subject
sonado celebrated, famous
sonreír to smile
sonrisa smile
soñador dreamer, visionary
soñar to dream
soportar to tolerate, endure
soporte *m.* support
sordo deaf
sorprender to surprise
sosegado calm, peaceful
sospechar to suspect
suavizar to soften, ease
súbdito subject
subir to ascend, raise, to rise
sublevación insurrection, revolt, uprising
sublevar(se) to rebel, revolt
sublimar to elevate, exalt, heighten
subsistir to last, exist
subsuelo subsoil
subterráneo underground
subvencionar to subsidize
suceso event
sucio dirty
sudeste *m.* southeast
sueldo salary
suelto separately
suerte *f.* fate, luck
suevo Swabian
sugestionar to influence, suggest
suicidarse to commit suicide
sumamente highly, exceedingly
sumergir(se) to submerge, sink, plunge
suministrar to supply
sumir to submerge, plunge
sumiso submissive
sumo supreme
superponer to superimpose
supervivencia survival
suplantar to supplant, displace
suprimir to suppress, abolish
surcar to cut (through water); to sail
surgir to arise, emerge, appear
suscitar to stir up
sustituir to replace

sutileza subtlety

tacha flaw, blemish
tachar to cross out, to blame, accuse
tahur gambler, cheater
tajo gorge
tal such; − **como** such as; − **vez** perhaps
tallar to carve, engrave
taller *m.* workshop, factory
tamaño size
tapar to cover up
tapiz *m.* tapestry
tanto such, so much; **en** − in the
  meantime; **estar al** − to know, be
  aware; −. . . **como** as much as, as
  well as; **un** − somewhat
tardar to be long in
tardío belated
tarea task
tartana (round-topped, two-wheeled)
  carriage
tasa rate, tax
techo roof, ceiling
tejer to weave, know; to scheme, intrigue
tejido *adj.* woven; *n.* fabric
telón *m.* curtain
temer to fear
temeroso fearful
temible dreadful
temor dread, apprehension
tempestad tempest, storm
templado temperate
temporada space of time, season
tendencia tendency
tender to tend, direct; be inclined
tentar to tempt
teorizante theorist
terminar to end, finish
ternura tenderness
terrateniente *m. & f.* landowner
terremoto earthquake
terreno *adj.* earthly; *n.* land; **ganar** −
  to gain ground
terso smooth, polished
tertulia social or literary gathering
tesón *m.* endurance, tenacity
tesoro treasury
tétrico gloomy, sullen
tibio lukewarm, indifferent

tiempo time, weather
tímido shy
tirar to cast, throw, fire (a shot),
  pull, draw
tiro cast, draught
titular to entile; *adj.* titulary
tocado headdress
tocar to touch, deal
tomar to take, seize
tomo volume
tono tone; **a** − in keeping
torcer to twist
torcido crooked, twisted
tornero turner, lathe operator; messenger
  in a nunnery
torno wheel, lathe; **en** − **a** around
torpe stupid
torpedamiento torpedoing
torpeza clumsiness, rudeness
torre *f.* tower
tosco rough, coarse
traducir to translate; − **se en** to be
  the cause of
traductor translator
traer to bring (about)
trama plot
tramo segment
tranquilidad tranquility, calm, peace
tras (de) after, behind
trasladar to move, transfer, transport;
  − **se** to move
trastornar to upset
trastorno upheaval, disturbance
tratar to treat; to try
(a) través (de) across, through
trazado outline, design
trazar to plan, outline
tregua truce
tremendo tremendous, frightful
trienio three years
trigo wheat
triste sad
tropa troop
tropezar con to come up against
tumulto tumult, uproar
turba crowd, mob

ultrajar to outrage, insult, abuse
ultraje *m.* insult, abuse

ultramar *m.* beyond the sea
unámine unanimous
ungir to anoint
unificar to unify
urbanización urban renewal
urbanizar to lay or carry out plans for urban renewal
urbano urban, urbane, courteous, refined, well-bred
usar to use, wear; to be accustomed
usatge (Catalán) custom
útil useful
utilizar to put to use, make profitable
uva grape

vaciedad emptiness; nonsense
vacilar to hesitate
vacío *adj.* empty; *n.* vacuum
vacuna vaccine
vagar to wander, rove, roam
vagaroso errant, wandering
vago roving; vague
valer to be worth, deserve; – **se de** to make use of
válido valid, solid, firm
valido *n.* favorite, confidant
valioso valuable
valor valor; value
vanguardista avant-garde
vanidoso vain
vaporoso vaporous, ethereal
variante *adj.* varying; *n.f.* variant
vario varied; – **s** several
varón *m.* male
vasco Basque
vascón pertaining to the ancient Basque tribe
vascuence Basque language
vasija vessel
vecino neighbor
vega meadow, valley
vejamen *m.* ill treatment, harassment
vejar to vex, harass
vejez *f.* old age
velar to keep vigil, watch over; to veil, cover
vencedor victor
vencer to defeat
venganza revenge, vengeance

vengar to avenge
venir to come
venta sale
ventaja advantage
ventana window
ventanal *m.* large window
ventilar to ventilate, discuss, be at stake
verano summer
veracidad truthfulness
veras truth, reality; **de** – truthfully, sincerely
veraz truthful
verbena night festival, especially in a Madrid neighborhood
verdadero real, true
verdugo executioner
vergonzoso shameful
vergüenza shame
verificar to verify; to carry out
versado versed, conversant
vertiente *f.* watershed, slope
vestíbulo vestibule, hall
vestido *adj.* dressed, clothed; *n.* dress
vestir to clothe, dress
vez *f.* time; **a la** – at the same time; **tal** – perhaps
vía way, road
viajar to travel
viaje *m.* travel, trip, voyage
viajero *adj.* travelling, journeying; *n.* traveller
vicaría vicarage
vicio vice
vicioso licentious
vid *f.* grapevine
vidrio glass
vienés Viennese
viento wind
vigente in force, prevailing
vigésimo twentieth
vigor vigor, force; validity; **en** – in force
vilipendio contempt
vinculación entail
vincular to entail, tie, bind
vínculo tie, link
viñedo vineyard
virrey *m.* viceroy
virtuosismo virtuosity
vista view

víspera eve, day before; **en -- se de** on the eve of
vistoso showy
viveza liveliness
vivificar to enliven
volver to turn, return; — **a** to do again
votación voting, vote, balloting
voto vote, vow
voz *f.* voice; **dar** — to express, divulge
vuelo flight
vuelta turn, return

yermo waste, desert, uncultivated
yerno son-in-law
yeso plaster
yugo yoke

zaherir to censure, reproach, tease
zanja trench
zapatero shoemaker
zar czar
zaragatero noisy
zarcillo (vine) tendril

⚛ Índice de materias ⚛ y nombres

(continued from page ii)

Carolyn Griffeth Law: 2.5

Thomas F. Reese: 5.6, 5.7, 5.18, 5.19, 8.21, 8.22, 8.23, 8.24, 9.13, 9.21, 12.4, 12.5, 12.8, 12.9, 15.8

Courtesy of The American Museum of Natural History: 1.1

Courtesy of Foto Mas: 1.2, 4.6, 4.18, 5.16, 8.10, 9.23, 9.26

Courtesy of The Hispanic Society of America, New York: 3.14, 8.11, 9.24, 12.12

M. 429 f. 183   The Pierpont Morgan Library, New York

Juan R. Castellano: 4.11

Dr. Harry E. Babbitt: 4.16

El Greco, *View of Toledo*, The Metropolitan Museum of Art, Bequest of Mrs. H. O. Havemeyer, 1929, The H. O. Havemeyer Collection (29.100.6): 8.12

Alinari/Editorial Photocolor Archives, Art Resources, NY: 8.13, 8.28

Courtesy Ruiz Vernacci: 9.25

Pablo Picasso, *Les Demoiselles D'Avignon*, 1907. Oil on canvas, 8' x 7'8". Collection, The Museum of Modern Art, New York. Acquired through the Lillie P. Bliss Bequest: 13.11

Pablo Picasso, *Girl with a Mandolin* (Fanny Tellier), (1910, early). Oil on canvas, 39½ x 29". Collection, The Museum of Modern Art, New York. Nelson A. Rockefeller Bequest: 13.12.

Pablo Picasso, *Two Nudes* (1906, late). Oil on canvas, $59^5/8$ x $36^5/8$". Collection, The Museum of Modern Art, New York. Gift of G. David Thompson in honor of Alfred H. Barr, Jr.: 13.13

Pablo Picasso, *Guernica* (1937, May-early June). Oil on canvas, 11'5½" x $25'5^3/4$". Museo Nacional del Prado, Madrid: 13.14

Philadelphia Museum of Art: A. E. Gallatin Collection: 13.15

Joan Miró, *Dutch Interior*, I, 1928. Oil on canvas, $36^1/8$ x $28^3/4$". Collection, The Museum of Modern Art, New York. Mrs. Simon Guggenheim Fund: 13.16

Salvador Dali, *Apparition of Face and Fruit-dish on a Beach*, 1938. Oil on canvas, 45 x $56^5/8$". Wadsworth Atheneum, Hartford, The Ella Gallup Sumner & Mary Catlin Sumner Collection: 13.17

Salvador Dali, 1963.10.115 (1779) *The Sacrament of the Last Supper*, National Gallery of Art, Washington. Chester Dale Collection: 13.18

UPI Photo: 15.1

Sygma/Nova: 16.1

Sygma/Alain Nogues: 16.2

Sygma/Christine Spengler: 16.3